600po Foto: sg

Izabella Gawin
Polen Süden

„Nun bist du mit dem Kopf durch die Wand.
Und was willst du in der Nachbarzelle tun?"
(Stanisław Jerzy Lec)

Impressum

Izabella Gawin
Polen der Süden

erschienen im
Reise Know-How Verlag Peter Rump GmbH
Osnabrücker Str. 79, 33649 Bielefeld

3., neu bearbeitete und komplett aktualisierte Auflage 2010

Gestaltung
Umschlag: G. Pawlak, P. Rump (Layout);
C. Kouperman (Realisierung)
Inhalt: Günter Pawlak (Layout);
Angelika Schneidewind (Realisierung)
Fotos: die Autorin (sg), Polnisches Fremdenverkehrsamt (pf)
Titelfoto: Izabella Gawin (Motiv: der Rynek in Krakau)
Karten: Thomas Buri, world mapping project (Atlas)
Bildbearbeitung: Ulrich Gröne

Lektorat: Barbara Bossinger
Lektorat (Aktualisierung): Christina Kouperman

Druck und Bindung: Media Print, Paderborn

ISBN 978-3-8317-1884-9
Printed in Germany

Dieses Buch ist erhältlich in jeder Buchhandlung Deutschlands, der Schweiz, Österreichs, Belgiens und der Niederlande. Bitte informieren Sie Ihren Buchhändler über folgende Bezugsadressen:
Deutschland
Prolit GmbH, Postfach 9, D-35461 Fernwald (Annerod)
sowie alle Barsortimente
Schweiz
AVA-buch 2000, Postfach, CH-8910 Affoltern
Österreich
Mohr Morawa Buchvertrieb GmbH, Sulzengasse 2, A-1230 Wien
Niederlande, Belgien
Willems Adventure, www.willemsadventure.nl

Wer im Buchhandel trotzdem kein Glück hat, bekommt unsere Bücher auch über unseren
Büchershop im Internet: www.reise-know-how.de

Wir freuen uns über Kritik, Kommentare und Verbesserungsvorschläge, gern auch per E-Mail an info@reise-know-how.de.
Alle Informationen in diesem Buch sind von der Autorin mit größter Sorgfalt gesammelt und vom Lektorat des Verlages gewissenhaft bearbeitet und überprüft worden. Da inhaltliche und sachliche Fehler nicht ausgeschlossen werden können, erklärt der Verlag, dass alle Angaben im Sinne der Produkthaftung ohne Garantie erfolgen und dass Verlag wie Autorin keinerlei Verantwortung und Haftung für inhaltliche und sachliche Fehler übernehmen. Die Nennung von Firmen und ihren Produkten sowie ihre Reihenfolge sind als Beispiel ohne Wertung gegenüber anderen anzusehen. Qualitäts- und Quantitätsangaben sind rein subjektive Einschätzungen der Autorin und dienen keinesfalls der Bewerbung von Firmen oder Produkten.

016po Foto: pf

Vorwort

„Go East" lautet der neue Reisetrend: Spanien und Italien sind abgegrast, nun möchte man Neues erleben. Was liegt da näher, als in Richtung Osten zu schauen? Unmittelbar vor der Haustür liegt Polen, das größte neue Land der EU. Seit der Wende hat sich dort sehr viel getan. Was einmal grau war, ist einer munteren Frische gewichen. Tausendjährige Städte wurden aufpoliert und strahlen in hellen Farben – die Menschen genießen die neue Schönheit in vollen Zügen.

„Schlesien" und „Galizien" sind die historischen Namen, mit denen die reiche Kulturlandschaft in Polens Süden umschrieben wird. Über das von deutscher Geschichte geprägte Breslau führt die Reise ins bohèmehafte Krakau und ins jüdische Lublin – so unterschiedlich sind all diese Städte, dass man nicht glaubt, in ein und demselben Land zu sein. Abseits der Hauptrouten entdeckt man kleine Schtetl mit Synagogen oder auch Dörfer der Orthodoxen, in deren Mitte eine Holzkirche mit Zwiebelkuppeln steht. Prachtvolle Renaissance-Städte wie Zamość sind in Polens „goldener Zeit" entstanden und künden vom legendären Reichtum des Adels. Lang ließe sich die Liste fortsetzen: Da gibt es die Schwarze Madonna auf dem Hellen Berg, die alljährlich vier Millionen Besucher empfängt, das „polnische Jerusalem" mit seinem furiosen Passionsspiel und einige der wohl schönsten Barockklöster Europas.

Und auch die Landschaft in Polens Süden ist voller Vielfalt: Vom Riesengebirge im Westen über die alpine Hohe Tatra bis zu den Waldkarpaten an der neuen Außengrenze der EU spannt sich ein 500 Kilometer langer Gebirgsbogen. Hier kann man auf markierten Wegen wandern, bergsteigen und biken, im Winter auch Ski- und Snowboardfahren. Die Infrastruktur ist gut ausgebaut: Es gibt Unterkünfte für jeden Geldbeutel, Hotels und Pensionen, aber auch Campingplätze, Hütten und Herbergen.

Dieser Reiseführer enthält eine Fülle von praktischen Tipps, die dabei helfen, einen Polen-Urlaub individuell zu gestalten. Polen ist mit Auto, Bahn und Bus binnen weniger Stunden erreicht, und mit dem EU-Beitritt ist das Land auch politisch näher gerückt: ein „Naherholungsgebiet" (nicht nur für Berliner), das entdeckt werden will.

Ich wünsche Ihnen eine gute Reise!

Izabella Gawin

Inhalt

Provinzen Opolskie und Śląskie

Provinz Małopolskie

604po Foto: sg

Exkurse

Kartenverzeichnis

Stadtpläne und Übersichtskarten

Atlas

Hinweise zur Benutzung

Dieser Band ist ein Tourenführer zum Entdecken der Landschaften und Städte Südpolens, er ist praxisorientiert und systematisch aufgebaut. Im Anfangskapitel **Praktische Reisetipps** findet man in alphabetischer Reihenfolge alles Wissenswerte für die Reisevorbereitung und die Fahrt durch das Land, Stichworte wie Geld und Gesundheit gehören ebenso dazu wie Hinweise zu Unterkünften und zum Essen und Trinken. Wanderer und Wintersportler sollten das Unterkapitel Sport und Erholung besonders beachten, ebenso die Aktivvorschläge bei den Ortsbeschreibungen.

Der Folgeabschnitt widmet sich **Land und Leuten** und vermittelt einen Einblick in die Naturgegebenheiten Polens, seine Kultur und Geschichte. Der umfangreiche Hauptteil des Buches umfasst den **Reiseteil** mit Beschreibungen der südlichen Provinzen Polens. Über Breslau und das Riesengebirge geht die Reise in die Königsstadt Krakau und zur ukrainischen Grenze, in die Hohe Tatra und quer durch die polnischen Waldkarpaten, dann hinauf nach Lublin und zurück über Warschau und Posen. Der Leser hat gleichwohl die Möglichkeit, seine Routen selbst zu gestalten und kann sich mithilfe des Buches auch in den abgelegensten Ecken Polens orientieren. Am Anfang eines jeden Regionalkapitels erhält man einen Überblick über das betreffende Gebiet, dann folgen die Beschreibung der Orte und ihrer Sehenswürdigkeiten sowie im Anschluss die reisepraktischen Infos. Die **Unterkunftstipps** werden ausführlich begründet. Die Preise gelten, sofern nicht anders angegeben, jeweils für ein Doppelzimmer mit WC/Duschbad inklusive Frühstück. Sie sind – ebenso wie die empfohlenen **Restaurants** – mit Sternchen versehen, die sich nicht auf die Hotelkategorie, sondern auf die Preisklasse beziehen (⇗ hintere Umschlagklappe). Bei allen wichtigen Orten ist ein Stadtplan beigefügt, auf dem die nützlichen Adressen eingezeichnet sind. An die benutzten **Abkürzungen** gewöhnt man sich schnell: „ul." steht für das polnische *ulica* (Straße), „al." für *aleja* (Allee) und „pl." für *plac* (Platz).

Für die Suche nach einem bestimmten Ort oder Thema steht im Anhang ein umfangreiches **Register** zur Verfügung. Ferner findet man dort eine kleine **Sprachhilfe** inkl. Ess-Dolmetscher, **zwei Listen der Ortsnamen** mit den polnischen und den entsprechenden deutschen Bezeichnungen sowie ausgewählte **Literaturhinweise.**

Wird ein Thema an anderer Stelle erwähnt oder vertieft, sind **Querverweise** mit dem Symbol ⇗ gekennzeichnet.

Alle Angaben in diesem Buch wurden sorgfältig und aktuell recherchiert. Doch gerade in einem Aufbruchsland wie Polen kann sich hier und da eine Information schnell und unvorhergesehen ändern, vor allem in Krakau und Warschau vergeht keine Woche, ohne dass etwa ein Restaurant neu öffnet oder den Besitzer wechselt. Gerade auch deshalb bin ich für alle Zuschriften dankbar, die mich auf Veränderungen im Land aufmerksam machen. Ich werde alle Anregungen aufgreifen und Veränderungen vor Ort prüfen.

Polens Süden ist am Ende des Buches in einem **Atlas** dargestellt. In den Ortsbeschreibungen wird bei allen beschriebenen Orten mit einem **Pfeil** ⇗ auf diesen Atlas verwiesen, damit sich der Ort auf der Karte schnell finden lässt, z.B. ⇗ **XX/A2.** Dabei verweist die römische Zahl auf die Atlasseite, Buchstaben und arabische Ziffern geben das Planquadrat an.

Namen: deutsch oder polnisch?

In Teilen des heutigen Polen lebten bis zum Ende des Zweiten Weltkriegs Deutsche, das Gebiet war eng mit deutscher Kultur und Geschichte verbunden. Darum gibt es für die dortigen geografischen Orte neben der heute gültigen polnischen immer auch eine deutsche Bezeichnung. Über mehrere Jahrzehnte war die Frage, ob man die deutschen Namen benutzen dürfe, emotional aufgeladen, ein „heißes Eisen". Erst seit der Wende und der damit einhergehenden staatsrechtlichen Anerkennung der Oder-Neiße-Grenze durch die deutsche Regierung geht man das Thema lockerer an. Polen finden es inzwischen ganz normal, wenn deutsche Besucher „Breslau" und nicht *Wrocław* sagen, so wie sie auch in anderen Ländern etwa *Napoli* durch „Neapel" und *Maribor* durch „Marburg" ersetzen.

Um das Verständnis der mitgeteilten Information zu erleichtern, wird in diesem Buch – allerdings nur bei allgemeinen Beschreibungen – der deutsche Ortsname genannt. Beim Reisen durchs Land kommt man freilich mit deutschen Namen nicht weit. Mit Mühe erkennt man „Gleiwitz" in *Gliwice*, dagegen hat „Hirschberg" kaum etwas gemein mit *Jelenia Góra* oder „Krummhübel" mit *Karpacz*. Zur besseren Orientierung werden deshalb im praktischen Reiseteil die polnischen Namen bevorzugt, die deutsche Bezeichnung wird bei Erstnennung, wo es nötig scheint, in Klammern hinzugefügt. Die polnischen Großstädte (z.B. Krakau) sowie geografischen Raumeinheiten (z.B. Riesengebirge) werden deutsch benannt, dort steht die polnische Bezeichnung in Klammern. Sucht man einen bestimmten geografischen Ort, von dem man nur den polnischen oder deutschen Namen kennt, helfen die alphabetisch sortierten Ortsbezeichnungslisten polnisch – deutsch bzw. deutsch – polnisch im Anhang. Und für alle, die den Ehrgeiz haben, die polnischen Zungenbrecher halbwegs korrekt auszusprechen, gibt es im Anhang eine Sprachhilfe!

● Hinweis: Bedingt durch den Zeilenumbruch kann bei der Trennung von **Internet- und E-Mail-Adressen** in diesem Buch ein Trennstrich entstehen, der nicht zur Adresse gehört.

001po Foto: sg

Praktische Reisetipps A–Z

002po Foto: sg

003po Foto: sg

Pantomimen auf dem Marktplatz

Steinpilze gefällig?

Auf dem Flohmarkt: das Personal der Transformationszeit in Puppenform

Anreise

An den Grenzen zu den EU-Staaten sind die Passkontrollen offiziell abgeschafft, doch auf Nachfrage hat man sich weiterhin auszuweisen. Für Bürger der Bundesrepublik Deutschland und Österreichs reicht ein Personalausweis aus, für Bürger der Schweiz ist ein noch mindestens sechs Monate gültiger Reisepass erforderlich. Deutsche, die auch polnische Staatsangehörige sind, müssen sich gemäß polnischem Recht mit dem polnischen Reisedokument ausweisen können. **Kinder** brauchen einen eigenen Ausweis (ab 10 Jahren mit Lichtbild und eigenhändig unterschrieben).

Für **Hunde** und **Katzen** ist der Nachweis einer Tollwutimpfung erforderlich (⇗Tiere).

Mit dem Auto

Den Autofahrern stehen viele **Grenzübergänge** zur Wahl, die meisten von Deutschland aus (E-28, E-30, E-36, E-40 u.a.), weitere von Tschechien (E-65, E-67, E-75, E-462 u.a.) und der Slowakei (E-77). Sie sind in der Regel rund um die Uhr geöffnet, Geldwechsel ist möglich. Die Grenzabfertigung verläuft seit dem Eintritt Polens in die EU unproblematisch, vorbei sind die lästigen Wartezeiten. Der Lkw-Verkehr konzentriert sich auf die Übergänge bei Frankfurt/Oder, Forst und Görlitz. Zu Staus von Pkws kommt es allenfalls zu Ferienbeginn, an Wochenenden und an kirchlichen Feiertagen wie Weihnachten, Ostern und Fronleichnam.

Autofahrer benötigen bei der Einreise den nationalen **Führerschein** und den **Kfz-Schein,** am Wagen ist das **Länderkennzeichen** anzubringen. Ist man mit einem geliehenen Auto unterwegs, muss man die amtlich beglaubigte Vollmacht des Fahrzeughalters vorweisen können – ansonsten geht man in Polen davon aus, der Wagen sei gestohlen.

Die **Verkehrsinfrastruktur** wird mit EU-Mitteln stetig verbessert. Schon jetzt kann man auf vierspuriger Autobahn ohne Unterbrechung von Frankfurt via Görlitz nach Breslau und Krakau, bald auch von Berlin via Posen nach Warschau bzw. Łódź fahren. **Autobahnnutzungsgebühren** für Personenwagen werden bisher nur auf wenigen Strecken erhoben, z.B. auf der A4 zwischen Katowice und Kraków und auf der A2 zwischen Konin und Poznań. Will man die Gebühren bar in Euro zahlen, so ist dies nur mit Banknoten möglich. Zahlung mit Kreditkarten ist an allen Autobahn-Punkten möglich, an denen das Kartensymbol angebracht ist. Da es in der Vergangenheit schon einige Male zu „Störungen des Kartenzahlungssystems" gekommen ist, empfiehlt es sich, etwas polnisches Bargeld dabeizuhaben.

- **Weitere Infos für Autofahrer:** ⇗Unterwegs in Polen.

Routenplaner

Unter **www.viamichelin.de** erhält man bei Angabe des Abfahrts- und Zielorts eine detaillierte, übersichtliche Routenberechnung, dazu Mautgebühren und Benzinkosten!

200po Foto: sg

Mit der Bahn

Bequem ist die Anreise mit dem Zug: Von allen größeren Städten gibt es täglich gute Verbindungen, die meisten führen über Berlin. So fährt viermal täglich ein EuroCity (reservierungspflichtig) von Berlin/Zoo über Frankfurt/Oder nach Posen (Poznań), davon dreimal täglich weiter bis Warschau (Warszawa).

Von Hamburg aus startet eine erstklassige Direktverbindung in Polens Süden: Einmal täglich geht es im InterCity über Berlin/Hbf und Breslau (Wrocław) nach Krakau (Kraków). Zusätzlich fährt ein Zug mehrmals täglich von Dresden via Görlitz nach Breslau.

Nachtzug

Eine attraktive Option sind die Nachtzugreisen: Man steigt abends in den Zug, erreicht am frühen Morgen den Ankunftsort und hat so einen Urlaubstag gewonnen; bei der Fahrt im Schlafwagen erledigt der Schaffner die Passkontrolle für den Gast, der ungestört schlafen kann. Die wichtigsten Nachtzüge verkehren auf den Linien nach Warschau, z.B. ab Amsterdam, Berlin, München und Basel.

Es muss nicht immer ein Rolls Royce sein

058poks Foto: sg

Unterwegs mit Gottes Segen

Preiswert reisen

Günstig wird die Bahnfahrt, wenn man die Sonderregelungen der Deutschen Bahn in Verbindung mit der BahnCard und den speziellen Familienangeboten nutzt. Ein Teil der Vergünstigungen gilt auch im Nachbarland. Informationen erhält man unter dem Stichwort „Plan&Spar Europa".

Mit der Grundkarte des **„Euro Domino"** können an drei frei wählbaren Tagen innerhalb eines Monats alle Strecken in Polen benutzt werden, doch lohnt sich die Karte nur, wenn man mehr als 250 Kilometer pro Tag zurücklegen will. Die Grundkarte kann durch bis zu fünf Zusatztage ergänzt werden und ist für die 1. und 2. Klasse erhältlich. Die meisten Zuschläge sind inbegriffen, die Fahrt zur polnischen Grenze ist um 25 Prozent ermäßigt. Euro Domino wird namentlich ausgestellt und gilt nur in Verbindung mit dem Ausweis.

Für Jugendliche unter 26 Jahren, die jeden Tag unterwegs sein wollen, mag sich auch das klassische **„InterRail-**

Ticket" lohnen. Je nach Gusto und Geldbeutel können sie für die Dauer von 12 bis 30 Tagen kreuz und quer und beliebig oft durch Polen und die südlich angrenzenden Länder (Tschechien, Slowakei, Ungarn und Kroatien) fahren; für die Anreise durch Deutschland bis zur Grenze und zurück erhalten sie 50 % Rabatt.

Auskünfte über **aktuelle Spartarife** erhält man in den Reisezentren der Deutschen Bahn, in Reisebüros mit DB-Lizenz, beim telefonischen Reise-Service 11861 und im Internet unter www.bahn.de.

Schweizer Bürger wenden sich an die Schweizer Bundesbahn (SBB) unter Tel. 0900-300300 (im Internet www.sbb.ch).

Österreicher finden weitere Hinweise bei der Österreichischen Bundesbahn (ÖBB) unter Tel. 05-1717 und im Internet: www.oebb.at.

Fahrradmitnahme

Zahlreiche Reiseveranstalter haben geführte und individuelle Fahrradtouren in ihrem Programm, wobei Räder fast immer gestellt werden. Wer in Polen allein unterwegs ist und sein eigenes Fahrrad mitnehmen will, kauft vor Reisebeginn am Bahnschalter des Abfahrtsortes eine **internationale Fahrradkarte,** mit der es möglich ist, in bestimmten dafür zugelassenen Zügen (vereinzelt auch im IC) die Grenze zu passieren und bis zum polnischen Zielbahnhof weiterzureisen. Die Radfahrer-Hotline erteilt Auskunft zu Reiseverbindungen, Kosten für Fahrradmitnahme und Versand.

- **Radfahrer-Hotline,** Tel. 01805-151415, Samstagabend und Sonntag nicht besetzt

Mit dem Bus

Fernbusse verkehren zwischen einer Vielzahl deutscher und polnischer Städte. Regelmäßige Verbindungen u.a. nach Warschau, Breslau und Krakau bietet z.B. die Deutsche Touring GmbH in Kooperation mit Eurolines. Eingesetzt werden komfortable Fernreisebusse mit Fernsehen und Toilette; zwei Fahrer wechseln sich ab, während der Fahrt herrscht **Rauchverbot.** Kinder bis zum 4. Lebensjahr reisen ohne eigenen Sitzplatz gratis, Kinder zwischen vier und zehn Jahren erhalten 50 % Ermäßigung.

- **Deutsche Touring GmbH,** Am Römerhof 17, 60486 Frankfurt/Main, Servicehotline: 069-7903501, www.touring.de

Daneben gibt es eine große Zahl weiterer Unternehmen, die Polen im Linienverkehr ansteuern. Die wichtigsten Veranstalter mit Telefonnummer und Internetadresse:

- **Berlinlinienbus GmbH,** Tel. 030-8619331, www.berlinlinienbus.de (ab Berlin)
- **Becker Reisen GmbH,** Tel. 04182-28110, www.becker-reisen.de (ab Norddeutschland)
- **Eurotrans,** Tel. 02325-77432, www.eurotrans-bus.de (ab NRW, Hessen und Süddeutschland)

Mit dem Flugzeug

Ein umfassendes, aber vergleichsweise teures Angebot bieten die polnische Fluggesellschaft **LOT** (www.lot.com)

201po Foto: sg

und die mit ihr kooperierende **Deutsche Lufthansa** (www.lufthansa.de). Je nach Abflughafen und Jahreszeit kostet ein Rückflugticket zwischen 250 und 500 €. Nach Warschau kommt man mit LOT von Berlin, Düsseldorf, Frankfurt, Hamburg, München, Zürich und Wien. Die Deutsche Lufthansa steuert Warschau zusätzlich von Köln/Bonn und Stuttgart an. Weitere Angebote haben u.a. **Austrian Airlines** (www.aua.com) und **Iberia** (www.iberia.com).

Billigflieger

Mit der Liberalisierung des Flugmarkts drängen zunehmend Billigflieger auf den polnischen Markt – angeflogen werden Warschau, Krakau, Breslau, Posen und Kattowitz, oft für weniger als 40 € pro Flugstrecke. Die besten Angebote haben:

- **Germanwings** (www.germanwings.com)
- **Air Berlin** (www.airberlin.com)
- **EasyJet** (www.easyjet.com)
- **Wizz Air** (www.wizzair.com)
- **Ryanair** (www.ryanair.com)

Aus der Pionierzeit des Reisens – der Breslauer Hauptbahnhof

Je eher man bucht, desto größer ist die Wahrscheinlichkeit, dass man eines der begehrten Billigtickets ergattert – ihre Zahl ist begrenzt. Wer erst kurz vor der Abreise bucht, zahlt für den gleichen Flug beträchtlich mehr. Auskünfte über alle aktuellen Zielorte und Abflugzeiten findet man im Internet.

Am polnischen Flughafen

Wer mit einer Gruppe reist, achtet sorgfältig auf sein Gepäck und braucht sich ansonsten um fast nichts zu kümmern – alles ist organisiert. Wer auf eigene Faust unterwegs ist, geht in der Ankunftshalle zur **Touristeninformation,** fast immer gibt es daneben auch eine **Wechselstube** und mehrere **Autovermietungen.** Vor dem Hallenausgang warten Linienbusse und Taxis.

Gepäckverlust oder -beschädigung

Geht aufgegebenes Gepäck verloren, wird es verspätet abgeliefert oder beschädigt, haften Airlines bzw. Reiseveranstalter gemäß dem Abkommen von Montreal bis zu einem Betrag von 1200 € pro Passagier, sofern nicht Streiks oder Unwetter die Ursache sind. Der Betroffene darf sich bis zur Lieferung des Gepäcks auf Kosten der Fluggesellschaft mit Toilettenartikeln und Ersatzbekleidung versorgen, muss aber alle Belege sorgfältig aufbewahren.

Beschädigungen sollte der Fluggast schnellstmöglich, spätestens aber eine Woche nach Gepäckerhalt melden. Bei Verspätung und Verlust beträgt die Frist drei Wochen, doch auch hier wird empfohlen, rasch bei der zuständigen Lost & Found-Stelle vorzusprechen.

Mini-„Flug-Know-how"

Ohne einen gültigen Reisepass oder Personalausweis kommt man nicht an Bord. Bei den meisten Flügen muss man mindestens **60 bis 90 Minuten vor dem Abflug** am Schalter der Airline eingecheckt haben. Späteres Erscheinen kann die Verweigerung der Beförderung nach sich ziehen. Einige Fluggesellschaften bieten für frühe Abflüge die Möglichkeit, bereits am Vorabend einzuchecken. Sitzplatzreservierungen bei Buchung sind möglich, aber oft mit Zusatzkosten verknüpft. Größere Beinfreiheit bieten die Sitzplätze am Notausgang (meist kostenpflichtig). Ungestört schlafen kann man vor allem am Fenster, „spazieren gehen" am besten vom Randplatz. Im vorderen Teil des Flugzeugs bis etwa zu den Tragflächen spürt man die Bewegungen der Maschine weniger: Reisende mit Flugangst fühlen sich dort sicherer.

Bei **Billigtickets,** die ein festes Datum beinhalten, gibt es keine Änderungsmöglichkeit bezüglich des Flugtermins. Wenn man den Flug verpasst, hat man Pech gehabt. Nur noch selten sind die Mitarbeiter der entsprechenden Airline bereit, Sie aus Kulanz auf die nächste freie Maschine umzubuchen. Anders ist es mit normalen Tickets: Hier kann der Flugtermin (sofern Plätze frei sind) innerhalb der Geltungsdauer verschoben werden, wofür freilich Gebühren anfallen.

Geht ein Ticket verloren, das schon rückbestätigt wurde, hat man gute Chancen, einen Ersatz dafür zu erhalten. Einige Airlines kassieren dafür aber noch einmal 50–100 € und bei manchen läuft gar nichts mehr. Gut ist es, deutlich lesbare Fotokopien des Tickets zu machen und bei einer Vertrauensperson zu hinterlegen. Das hilft enorm bei einer Neuausstellung des Tickets.

Noch darf bei den meisten Fluggesellschaften **Gepäck** bis zu 15 oder 20 kg pro Person kostenlos eingecheckt werden. Zusätzlich kann jeder Fluggast ein Handgepäckstück (max. 5 kg, Höchstmaße 55 x 40 x 20 cm) mit an Bord nehmen. Übersteigt das Gepäck die Gewichtsgrenze, ist die Airline nicht verpflichtet, das Gepäck auf dem gleichen Flug zu befördern, und man trägt die Mehrkosten für die Zulassung als Übergepäck. Als solches werden mindestens 5 € pro Kilo berechnet. Beim Kauf des Tickets sollte man sich über die Bestimmungen der zur Wahl stehenden Airlines genau informieren. Vor allem Billigflieger verlangen inzwischen hohe Beträge für jedes aufzugebende Gepäckstück.

Aus Sicherheitsgründen sind Taschenmesser, Nagelfeilen und Scheren im aufzugebenden Gepäck zu verstauen. Findet man sie bei der Kontrolle im Handgepäck, werden sie weggeworfen. Darüber hinaus gilt, dass leicht entzündliche Gase und entflammbare Stoffe nichts im Passagiergepäck zu suchen haben. **Flüssigkeiten** sowie wachs- und gelartige Stoffe (wie Sprays, Shampoos, Zahnpasta, Cremes, Suppen) dürfen nur mit an Bord genommen werden, sofern sie die Höchstmenge von 100 ml nicht überschreiten und in einem durchsichtigen, wiederverschließbaren Plastikbeutel verpackt sind, der maximal einen Liter Fassungsvermögen hat. Von den Einschränkungen ausgenommen sind Babynahrung und verschreibungspflichtige Medikamente sowie alle Flüssigkeiten/Getränke/Gels, die nach der Fluggastkontrolle z.B. in Travel-Value-Shops erworben wurden.

Sondergepäck (sperrige Gepäckstücke) muss bei der Fluggesellschaft 1–4 Wochen im Voraus angemeldet werden. Die Beförderung von Fahrrädern, Surfbrettern und Skiern, Tauch- und Golfgepäck ist fast immer mit Zusatzkosten verknüpft. Für die sichere Verpackung hat man selber zu sorgen. Was Fahrräder betrifft, so erwartet das Personal am Check-in-Schalter, dass der Lenker parallel zum Rahmen steht und die Pedalen nach innen gedreht oder abmontiert sind; die Luft ist aus den Reifen herauszulassen. Wer Kratzer am kostbaren Drahtesel vermeiden will, holt sich im Fahrradladen einen speziellen Karton.

202po Foto: sg

Behinderte

Für Menschen mit Handicap ist das Reisen mit öffentlichen Verkehrsmitteln in Polen immer noch schwierig, doch ist es leichter geworden, geeignete Unterkünfte zu finden. Wer nach Polen fahren möchte, sollte vor Antritt der Reise **aktuelle Infos** bei der Bundesarbeitsgemeinschaft des Klubs Behinderter und ihrer Freunde e.V. in Mainz einholen (Tel. 06131-225514).

Der Verein hat eine **Broschüre** herausgegeben, in der alle Reiseveranstalter mit Angeboten für behinderte Reisende aufgelistet sind.

Unterwegs mit Pferdefuhrwerk in den Waldkarpaten

Botschaften und Konsulate

In Deutschland

- **Polnische Botschaft,** Lassenstr. 19–21, 14193 **Berlin,** Tel. 030-223130, Fax 22313155, www.berlin.polemb.net
- **Konsularabteilung der Botschaft,** Richard-Strauss-Str. 11, 14193 **Berlin,** Tel. 030-223130, Fax 22313212
- **Polnisches Generalkonsulat,** Gründgensstr. 20, 22309 **Hamburg,** Tel. 040-611870, Fax 6325030
- **Polnisches Generalkonsulat,** Lindenallee 7, 50968 **Köln,** Tel. 0221-937300, Fax 343089
- **Polnisches Generalkonsulat,** Röntgenstr. 5, 81679 **München,** Tel. 089-4186080, Fax 471318

In Österreich

- **Polnische Botschaft,** Hietzinger Hauptstr. 42-C, 1130 **Wien,** Tel. 01-87015100, Fax 87015136, www.wien.polemb.net

Konsulate gibt es in Innsbruck, Graz und Salzburg, siehe www.bmaa.gv.at

In der Schweiz

- **Polnische Botschaft,** Elfenstr. 20-A, 3006 **Bern,** Tel. 031-3580202, Fax 3580216, www.berno.polemb.net

In Polen

Warschau

- **Deutsche Botschaft** (Ambasada Republiki Federalnej Niemiec) ul. Jazdów 12, 00–467 Warszawa, Tel. 022-5841700, Fax 5841739, www.warschau.diplo.de
- **Österreichische Botschaft** (Ambasada Austriacka), ul. Gagarina 34, 00–748 Warszawa, Tel. 022-8410081, Fax 8410085
- **Schweizer Botschaft** (Ambasada Szwajcarska), al. Ujazdowskie 27, 00–540 Warszawa, Tel. 022-6280481, Fax 6210548, www.eda.admin.ch/warsaw

Krakau

- **Deutsches Generalkonsulat** (Konsulat Niemiecki), ul. Stolarska 7, 31–043 Kraków, Tel. 012-4243000, Fax 4243010, www.krakau.diplo.de
- **Österreichisches Generalkonsulat** (Konsulat Austriacki), ul. Cybulskiego 9, 31–117 Kraków, Tel. 012-4249930, Fax 4216764

Breslau

- **Deutsches Generalkonsulat** (Konsulat Niemiecki), ul. Podwale 76, 50–449 Wrocław, Tel. 071-3772700, Fax 3424114, www.breslau.diplo.de
- **Österreichisches Generalkonsulat** (Konsulat Austriacki), ul. Buska 9/5, 53–326 Wrocław, Tel. 071-3617560, Fax 3617561

Oppeln

- **Deutsches Vizekonsulat** (Konsulat Niemiecki), ul. Strzelców Bytomskich 11, 45–084 Opole, Tel. 077-4232720, Fax 4531963, www.oppeln.diplo.de

Am Zeitungskiosk (kiosk ruch) bekommt man fast alles

008po Foto: sg

Einkaufen

Im **Lebensmittelladen an der Ecke** *(sklep spożywczy)* gibt es Grundnahrungsmittel, dazu Getränke aller Art, auch Bier. Dies ist die Art von Geschäften, wo alles noch seinen gemütlichen, fast sozialistischen Gang geht und wo man sich, vor allem auf dem Land, auf Wartezeiten gefasst machen muss. Ausgiebig unterhält sich die Verkäuferin mit dem Kunden, Freude am Kontakt ist wichtiger als das florierende Geschäft. Die Warenpreise sind im Durchschnitt etwas niedriger als bei uns, doch groß ist der Unterschied nicht mehr.

Für die kleinen Läden ist das Überleben schwierig geworden – immer spürbarer ist die Konkurrenz von Plus, Tesco und Metro, die von den Großstädten ihre Fühler in die Provinz ausstrecken. In den **modernen Supermärkten** funktioniert zwar vieles besser und vor allem schneller als in den Tante-Emma-Läden, doch gibt es dort für den Touristen kaum Neues zu entdecken: In Zeiten der Globalisierung gleicht sich das Angebot überall an.

Shopping Malls und Russenmarkt

Vor allem in Warschau, aber auch in Breslau, Łódź und Krakau entstehen Shopping Malls und Einkaufspassagen. Man kauft bei Dolce & Gabbana, Salamander und H&M, wohl vertrauten Namen. Die größten Einkaufszentren entstehen etwas außerhalb in den Vorstädten. Dort schießen **internationale Großmärkte** wie Carrefour und Real aus dem Boden, Möbelhäuser und überdimensionale Baumärkte. Am Wochenende strömen Abertausende junger Polen in diese Einkaufszentren, um zwischen den kilometerlangen Regalen der großen Handelsketten nach Schnäppchen zu fahnden.

Immer seltener werden die **„Russenmärkte"** an der Ostgrenze Polens. Hier gibt es Raubkopien und Porno-Videos, gefälschte Ikonen und chinesische Präzisionskameras. Nazi-Schriften werden ebenso angeboten wie Orden aus der Zeit des Großen Vaterländischen Krieges. In reißfesten Plastiksäcken bringen Weißrussen und Ukrainer ihre Ware über die Grenze. *Mrówkowy* (Ameisen) werden sie von den Polen genannt. Doch automatisch, wie man es bei Ameisen vermutet, läuft hier gar nichts: Jeden Tag müssen die Pendler neu kalkulieren, ob das Währungsgefälle und die Kauf-, Transport- und Visumkosten in einem vernünftigen Verhältnis zur Aussicht auf Gewinn stehen.

203po Foto: sg

Polnische Waren

Wer unverwechselbar Polnisches sucht, schaut sich an den Rändern der traditionellen **Wochenmärkte** um, z.B. vor der Warschauer Markthalle (Hala Targowa) oder am Rande des Kleparz-Markts in Krakau. Neben gackernden Hühnern kauern Kinder mit Körbchen voll Waldbeeren, Frauen bieten hausgemachten Käse und Dillgurken vom Fass an, in der Tatraregion den *Oscypek*-Schafskäse (⇗ Zakopane). Alte Mütterchen breiten auf ihrer Decke Pilze, Knoblauch und frisches Gemüse aus und hoffen verzweifelt, es möge jemand kommen, der ihnen die Waren abkauft.

Volkskunst von anno dazumal findet sich in den Läden von **Cepelia.** Dieser Verband besteht bereits seit 1949 und hat das Land mit einem dichten Filialnetz überzogen. Dabei ist das Sortiment sehr unterschiedlich: Es gibt Läden mit folkloristischem Kitsch, aber auch Galerien mit Arbeiten international renommierter Künstler, z.B. Webteppiche von *Magdalena Abakanowicz.* Zu den Klassikern polnischen Kunsthandwerks zählen die von Bergbewohnern gestrickten **Pullover, Lederwaren** mit rustikalen Ornamenten und geklöppelte **Spitzendecken** aus dem Beskidenort Koniaków. Aus dem Riesengebirge kommt geschliffenes und geblasenes **Glas,** aus Bolesławiec das berühmte **„Bunzlauer Geschirr".** An Wieliczka erinnern die Ensembles von **Salzfiguren,** eine masowische Spezialität sind **Scherenschnitte** und spinnenartige **Mobili.**

Erfrischend blau: Bunzlauer Keramik

Elektrizität

Die Netzspannung beträgt 230 Volt Wechselstrom, Adapter sind nicht erforderlich. Die Steckdosen entsprechen der Euro-Norm.

Essen und Trinken

Die Polen lieben das lange und genussvolle Speisen. Jede sich bietende Gelegenheit nutzen sie, um einen Festschmaus zu bereiten. Und was da aufgefahren wird, kann sich sehen lassen: gemästetes Federvieh, Wildbret und Spanferkel, dazu Teigwaren und Sahnesoßen, zwischendurch immer wieder ein Wodka und am Ende eine Staffel Desserts. Wer nicht aufpasst, setzt rasch Fettpölsterchen an. Oder er hält es gleich mit der polnischen Adelsmaxime: **„Iss, trink und löse den Gürtel!"**

Die polnische Küche ist abwechslungsreich. Sie hat sich von allen Nachbarvölkern inspirieren lassen, skandinavische und deutsche Einflüsse ebenso aufgenommen wie böhmische, litauische und russische. Der jüdischen Vorliebe für Süßsaures verdankt sie ausgefallene Einsprengsel.

Preiskategorien: Restaurants

Sie beziehen sich auf ein Hauptgericht mit Vor- oder Nachspeise:

Untere Preisklasse €	bis 10 €
Mittlere Preisklasse €€	10–20 €
Obere Preisklasse €€€	20–30 €
Luxuspreisklasse €€€€	über 30 €

Milchbar: Polnisches Fast Food

„Das Geheimnis der Milchbar", sagt *Ewa* von der Filiale am Nowy Świat, „besteht darin, dass es hier ein bisschen wie früher ist." In der kantineähnlichen Volksküche sitzen alte Bäuerinnen neben Studenten, junge *biznesmeni* neben Professoren und Touristen. Auf dem Tisch liegt ein Wachstuch, darauf die Plastikblumen und das obligatorische Aluminium-Besteck. In der staatlich subventionierten Milchbar kann jeder satt werden: ein dreigängiges Menü kostet nicht mehr als zwei oder drei Euro. Es überwiegen Magenfüller wie Piroggen mit Schichtkäse, doch gibt es auch Fleisch und Fischiges.

Und so wird bestellt: An der großen Tafel sind alle Gerichte aufgelistet, die noch „auf Lager" sind, daneben steht der Preis. Am langen Selbstbedienungstresen braucht man nur mit dem Finger auf das Gewünschte zu zeigen – die bekittelte Dame gibt die Order sogleich in Richtung Küche weiter, wenige Sekunden später trifft das dampfende Essen ein. Zu spät, meint *Ewa,* sollte man nicht kommen, denn früher als man denkt sei alles weggeputzt, „und wir sind ohnehin nach dem mittäglichen Akkord fix und fertig."

Typische Gerichte

Exotische Suppen

Suppen rangieren auf der Beliebtheitsskala ganz oben. Sie sind mild und pikant, herzhaft und süß. Einige haben exotische Zutaten wie Sauerampfer, saure Gurke und Sauermehl, andere werden aus Rüben und Kräutern gemixt. Die Zubereitung ist arbeitsintensiv: Beim Klassiker Borschtsch *(barszcz)* muss rote Bete mit etwas Schwarzbrot mehrere Tage im Glas stehen, damit sie schön sauer wird. Anschließend wird sie stundenlang mit Sellerie, Porree und Zwiebel eingekocht. Auf den Tisch kommt nur die klare, scharlachrote Bouillon, die man mit Fleischkroketten *(z krokietkiem),* manchmal auch „mit Öhrchen" *(z uszkami),* deftig gefüllten Teigtaschen, serviert. Im Sommer wird die Suppe variiert: Vermischt man sie mit saurer Sahne und Dickmilch, ergibt das eine Kaltschale *(chłodnik).*

„Weißer Borschtsch", auch *żurek* genannt, besteht aus natürlichem Sauer: Roggenmehl, Knoblauch, Schwarzbrot und Wasser lässt man eine Woche lang an einem warmen Ort stehen, dann wird die abgeschöpfte sämige Flüssigkeit mit Wurst aufgekocht, auf dem Tellergrund schwimmt dekorativ ein verlorenes Ei.

Nationalgericht Bigos

„Welch ein Bigos!" *(Jaki Bigos!)* rufen die Polen, wenn sie vor einem heillosen Durcheinander stehen. Dabei denken sie unwillkürlich an ein Gericht gleichen Namens, das aus den unterschiedlichsten Resten zusammengewürfelt wird. In den Topf kommen Fleisch, Paprika und Äpfel, dazu getrocknete Pflaumen und Pilze, Kümmel und etwas Wein. Das Ganze wird mit Sauerkraut vermischt, das früher aus Großmutters Fass kam und heute im Supermarkt gekauft wird. Mit Gottes Hilfe und etwas Geduld wird daraus ein vollendet harmonisches Gericht. Je länger Bigos steht und je öfter er aufgewärmt wird, desto besser ist sein Geschmack!

Es geht um die Wurst

Fleisch rangiert auf der Speisekarte weit oben. Aus der Zeit, da der Adel im Wald jagen ging, erhielt sich die Tradition, an Festtagen Reh, Hirsch und Wildschwein zu servieren. Wird es gut abgehangen und dann mit Wacholderbeeren und Wermut mariniert, bleibt es zart und erhält eine herbe Note. Sonntags gibt es oft mit Backpflaumen gefüllten Schweinsrücken und Bratente mit Äpfeln, werktags *kotlet schabowy,* paniertes Schweinekotelett. Polnische Würste sind nach wie vor schmackhaft: Beim Metzger stapeln sich u.a. Krakauer und Kabanossi – jede Region hat ihre eigene, unverwechselbare Sorte.

Polnisches Pilzparadies

Im Frühherbst schwirren ganze Familien aus, um die Früchte des Waldes zu ernten. Wer die Kostbarkeiten nicht selber isst, verkauft sie körbeweise auf dem Markt. Neben köstlichen Steinpilzen, die im Polnischen *prawdziki,* die „Wahrhaftigen", heißen, gibt es Pfifferling und Reizker, Morchel und Milchling, Birken- und Butterpilz. Pilze werden mariniert oder in Rouladen gerollt, in Butter oder saurer Sahne gedünstet, oft auch getrocknet und als Aroma für Suppen und Soßen verwendet.

Klöße und Piroggen „wie bei Oma"

In Polen gibt es eine Vielfalt von Klößen, Nockerln, Fladen und Plinsen, die rund und rechteckig, süß und salzig sein können. Sie stammen nicht aus der Fertigpackung, sondern werden von Hand zubereitet. Gute Klöße erkennt man daran, dass sie weich und locker sind, aber fest genug, um in Scheiben geschnitten zu werden.

Zur Familie der Teiggerichte gehören die Piroggen *(pierogi),* die mit den schwäbischen Maultaschen verwandt sind. Aus hochwertigem Mehl, Eiern und einer Prise Salz wird ein Teig geknetet, den man dünn ausrollt. Nun werden runde, mittelgroße Taler ausgestochen, auf die man die gewünschte Füllung legt. Am beliebtesten ist die „russische Pirogge" *(pierogi ruskie)* mit zerstampften Kochkartoffeln, geschmorter Zwiebel, Schichtkäse und Speck. Die Taler werden zu einem Halbmond geschlossen und in siedendes Wasser geworfen. Sie sind gar, sobald sie an der Oberfläche schwimmen und werden zu guter Letzt mit zerlassenem Fett und saurer Sahne beträufelt.

Fisch muss schwimmen

Als guter Katholik isst man freitags sowie zur österlichen und weihnachtlichen Fastenzeit vorrangig Fisch. Dieser kommt meist aus den masurischen Seen, aus dem baltischen Meer oder dem Stettiner Haff. Um gut zu schmecken, muss der Fisch schwimmen: sei es in Tomaten-, Sellerie- und Zwiebelsoße oder „auf jüdische Art" in Aspik. Am häufigsten wird Hering gefangen, gefolgt von Zander, Aal, Hecht und Lachs. Neuerdings ist auch Süßwasserkrebs angesagt. Er wird nicht nur für die Fischsoße verwendet, sondern oft auch „solo" genossen.

Süßes Finale

Polnische Desserts sind wahre Kalorienbomben! Von den vielen bestehenden Törtchen seien hier nur die bekanntesten herausgegriffen. In jeder Konditorei sieht man Mohn-, Apfel- und Käsekuchen *(makowiec, szarlotka, sernik).* Aus habsburgischer Zeit stammen die Cremeschnitte *(kremówka),* die Pischinger-Torte *(piszinger)* und – wie der Name verrät – die Kaisersemmel *(kajzerki).*

Gastro-Szene

In den großen Städten gibt es **Kost aus aller Welt,** doch hat sich trotz aller Vielfalt *kuchnia polska,* **polnische Küche,** sehr gut behauptet. Nachdem die Polen Chinesen, Italiener und Mexikaner kennen gelernt haben, wissen sie, was sie an ihrer eigenen Küche haben. Und auch die *Bar Mleczny* (Milchbar), in der es jedwede polnische Kost, nur keine Milch gibt, hat die Wendejahre bestens überstanden. Sie weigert sich, mit der Zeit zu gehen und ist eben darum äußerst beliebt.

Die in diesem Buch aufgeführten Restaurants werden durch hochgestellte Eurozeichen einer Preiskategorie zugeordnet (s. Kasten S. 28).

Trinkgeld

Im Restaurant kann der Gebrauch des Wortes *dziękuję* (danke) gefährliche Konsequenzen haben. Lässt sich der Kellner das Geld geben, so lassen Sie sich auf keinen Fall hinreißen, ein „Danke" zu flüstern – es würde als Signal gedeutet, dass Sie kein Geld zurück wollen! Sagen Sie also *proszę* (bitte sehr) und lassen Ihr Portemonnaie geöffnet, damit der Kellner sieht, dass Sie noch etwas erwarten.

In den polnischen Medien wird derweil gestritten, ob ein Trinkgeld überhaupt sinnvoll ist und ob nicht die bloße Tatsache, dass viele Gäste sich zu einem Obolus verpflichtet fühlen, die Lokalbesitzer verleitet, das Gehalt

010po Foto: sg

ihrer Kellner unzulässig zu beschneiden. Wäre es nicht besser, von vornherein (wie etwa in Japan) den Lohn aufzubessern und das Trinkgeld als demütigende Geste zu verbieten?

Wodka

Man trinkt den Wodka zur besseren Verdauung, aber auch zur Bewältigung eines seelischen Tiefschlags, in Vorfreude auf das große Liebeserleben und die Besiegelung einer Freundschaft. Wer sich an ihm berauschen will, leert das Glas ruckartig und lässt das „Wässerchen", ohne dass es den Gaumen berührt, direkt in die weit geöffnete Kehle gleiten.

Wodka ist für die Polen, was Whisky für die Schotten bzw. Cognac für die Franzosen ist. Allein 20 verschiedene Sorten bietet Polmos, die größte Destillerie im Land. Es gibt **„klaren" Wodka,** den man am besten eisgekühlt genießt, sowie **„bunten" Wodka,** der mit Kräutern angereichert ist. Die Herstellung ist einfach: Getreide bzw. Kartoffeln, die beiden wichtigsten Zutaten, werden mit Hefe und Wasser angesetzt, worauf das Gebräu alsbald zu blubbern und übel riechende Gase auszuscheiden beginnt. Hat es genügend Alkohol erzeugt, wird es erhitzt, anschließend wird das entstandene hochprozentige Destillat mit Quellwasser auf ca. 40–50 % verdünnt.

Die berühmteste bunte Variante ist der 40-prozentige *Wódka Żubrówka,* abgeschmeckt mit dem im Frühsommer geernteten Büffelgras der Puszcza Białowieska. Schöne klare Wässerchen sind Wyborowa, Lajkonik und Luksusowa; gut schmeckt aber auch Wodka-Siwucha (Schwarzmarkt), der in einer Retro-Flasche mit Packpapier-Etikett verkauft wird.

Seit ein paar Jahren wird die Tradition jüdischer Spirituosen wieder belebt. Zur Wahl stehen zum einen der mit einem Hauch Zimt gewürzte Cymes, zum anderen Jankiel, dessen Plakette einen orthodoxen Juden zeigt, und schließlich der mit einem Klezmer-Musikanten auf dem Etikett werbende Fiddler, der an den Broadway-Erfolg „Fiddler on the Roof" erinnern soll.

Vorsicht!

Ein Gesetz verbietet den Konsum von Alkohol in der Öffentlichkeit – das gilt auch fürs Picknick und den Besuch eines Festes!

Feiertage und Ferien

- **1. Januar:** Neujahr
- **März/April:** Ostern
- **1. Mai:** Tag der Arbeit
- **3. Mai:** Tag der Verfassung
- **Mai/Juni:** Fronleichnam
- **15. August:** Mariä Himmelfahrt
- **1. November:** Allerheiligen
- **11. November:** Tag der Unabhängigkeit
- **25./26. Dezember:** Weihnachten

Die **Sommerferien** beginnen in Polen für alle Schüler um den 25. Juni und dauern bis Ende August.

Auf dem Markt gibt es Oscypek-Käse, Milch, Knoblauch, ...

Feste und Festivals

Beim großen Volksfest erklingen Polka-Kracher und alles, was Beine hat, drängt auf die Tanzbühne: Rentnerpaare und junge Frauen, Bauernburschen und kleine Kinder. Da ein Fest ohne Essen den Namen nicht verdient, wird an Imbissständen wild gegrillt und gebrutzelt. Man isst Wurst, die beim Reinbeißen wunderbar knackt, dazu fließt das Bier in Strömen. Die Polen lieben es, den Alltag hinter sich zu lassen und sich zu vergnügen. Der katholische Jahreskalender bietet ihnen dazu reichlich Gelegenheit: **Nach jeder Prozession** wird geprasst und gezecht, bis sich die Balken biegen. Zu ehren sind nicht nur die vielen Heiligen, sondern auch der eigene **Namenstag** – er ist in Polen bedeutend wichtiger als der Geburtstag.

Weihnachten – das wichtigste Fest

Schon Wochen im Voraus wird man auf Weihnachten eingestimmt. Am 6. Dezember beschenkt der hl. **Nikolaus,** der in Polen *Mikołaj* heißt, alle vermeintlich braven Kinder. Man beginnt mit dem Aufbau von **Krippen,** die ungewöhnlichsten entdeckt man in Krakau: Hierbei handelt es sich nicht etwa um rustikale Bethlehem-Ställe, sondern um Architekturgebilde aus Glanz und Glitter – je pompöser, desto besser. Man sieht Miniaturaus-

204po Foto: sg

gaben von Schlössern wie aus Tausend-und-einer-Nacht, aufgepeppt mit funkelnden elektrischen Lichtern.

Am **Heiligen Abend,** der in Polen *Wigilia* heißt, warten alle auf *gwiazdka* (Sternchen): Sobald sich das erste Gestirn am Himmel zeigt, beginnt ein Festschmaus mit nicht weniger als zwölf Gängen. Fleisch ist allerdings tabu, da auch die Advents- als Fastenzeit begriffen wird. Als Hauptgericht gibt es Karpfen, den man lebend kauft, damit er so frisch wie möglich auf den Teller kommt. Die häusliche Badewanne wird in ein Aquarium verwandelt, in dem das arme Tier seine Runden drehen darf, bevor es ihm „an den Kragen" geht. Nachdem man es geköpft hat, wird es geschuppt und gereinigt, gekocht, gebraten oder gebacken – bei der Zubereitung sind der Fantasie keine Grenzen gesetzt. Viele Familien halten den Brauch aufrecht, ein Gedeck mehr aufzutischen: Der unverhofft anklopfende Gast soll am Weihnachtsschmaus teilhaben können. Nach dem Essen werden *opłatki*, geweihte Oblaten, ausgepackt: große, hauchdünne Tafeln, in die Bilder von Maria und dem Jesuskind eingestanzt sind. Man bricht sich je ein Stück davon ab, schaut einander in die Augen und wünscht sich Glück für das kommende Jahr. Auf dem Land werden selbst Tiere in die Zeremonie einbezogen: Der Hausherr geht in den Stall und „überreicht" die Oblate samt Speiseresten Hühnern und Kühen.

Fronleichnam in Zakopane

Jahresbeginn

Silvester verläuft ähnlich wie im Westen: Man wartet auf den Gongschlag Punkt Mitternacht, lässt die Sektkorken knallen und tanzt bis zum frühen Morgen. Bis zum **Dreikönigsfest** am 6. Januar vertreibt man sich die Zeit mit Umzügen, die an die Reise der Heiligen Familie erinnern. In manchen Dörfern wird auch die Geschichte von König Herodes inszeniert: Laut Bibel ließ dieser alle jüdischen Neugeborenen töten, um sicher zu sein, dass der verhasste Messias darunter sei. Lustvoll wird Herodes' Enthauptung und seine Höllenfahrt dargestellt – ewig soll der Bösewicht im Feuer schmoren. Eine polnische Spezialität ist **Mariä Lichtmess** am 2. Februar: An diesem Tag trägt man große Kerzen in die Kirche, auf dass sie gesegnet werden. Das Licht einer Weihkerze, so der Volksglaube, hilft gegen Blitzschlag und weist dem Sterbenden den Weg ins Jenseits.

Fasching und Fastenzeit

Beim Fasching werden nur die letzten drei Tage gefeiert: mit Umzug, Maskenball und obligatorischem Festmahl. Konditoreien verkaufen unendlich viele, mit Marmelade gefüllte und mit Zuckerguss überzogene *pączki* (Pfannkuchen), damit man noch einmal im

Süßen schwelgen kann, bevor die Fastenzeit beginnt.

Eine Variante des Faschings erlebt man am 21. März, dem offiziellen **Frühlingsanfang.** Mit Tulpen in der Hand flaniert man durch die Stadt; Schüler, die dem Unterricht an diesem Tag fern bleiben dürfen, schminken und verkleiden sich. Auf dem Land schleppen sie die große Strohpuppe *Marzanna* (Frau März) aufs Feld, zünden sie an und ertränken sie im Fluss. Lautstark singen sie, die kalte Wintersfrau möge endlich Ruhe geben.

Krakauer Franziskaner pflegen noch ausgefallenere Zeremonien, um sich auf die kommende Zeit einzustimmen. Jeden Freitag nach **Aschermittwoch** verlassen sie ihr Kloster in einer Schweigeprozession. Sie sind von Kopf bis Fuß schwarz eingehüllt, eine Kapuze verdeckt ihr Gesicht. Sie nennen sich „Brüder des Guten Todes" und meditieren über die Vorzüge menschlichen Leidens und den Tod als Erlösung von allem Nichtigen.

Ostern – fast so wichtig wie Weihnachten

Ostern wird mit Inbrunst zelebriert, denn es geht um nichts Geringeres als Tod und Auferstehung des Erlösers. Jede Etappe seiner letzten Tage wird detailliert in Szene gesetzt: Als Ersatz für die Palmwedel, mit denen er bei seinem Einzug in Jerusalem begrüßt wurde, werden am **Palmsonntag** Weidenkätzchen und Buchsbaumzweige geschwenkt. In einigen Regionen (Tatra, Suwałki, Kurpie) begrüßt man Jesus mit knallbunten, bis zu 20 Meter hohen „Palmen". Inmitten der oft winterlichen Landschaft wirkt das wogende Farbenmeer wie ein heidnisch-fröhlicher Umzug.

Noch am gleichen Tag – und dies schon seit 1608 – beginnen in Kalwaria Zebrzydowska die **Passionsspiele.** Die Bibel ist das dramaturgische Skript, nach dem wort- und detailgetreu die letzten Tage Jesu inszeniert werden. Dabei wird die Handlung nicht etwa in ein zweistündiges Spektakel verpackt, sondern erstreckt sich über fast die gesamte Woche: vom Einzug in Jerusalem über den Judas-Verrat und das Letzte Abendmahl bis zu seiner Kreuzigung auf dem Golgatha. Hunderte von Laienschauspielern in historischem Kostüm agieren derart überzeugend, dass die Zuschauer das Gefühl haben, Zeuge eines realen Geschehens zu sein.

Am **Karfreitag** pilgern die Gläubigen von einer Kirche zur nächsten, um Christi Grab zu besuchen. Alle Kruzifixe sind violett verhüllt, doch die unterm Stoff keck hervorlugenden Zehen verlocken manch einen Gläubigen, einen Kuss draufzuhauchen. Das kann die Feuerwehrleute, die am Grab Wache halten, nicht erschüttern. Sie rühren sich erst, wenn es am **Ostersonntag** mit Paukenschlag geöffnet wird und Jesus – natürlich nur symbolisch – gen Himmel fliegt. Nun ist die Trauer vorbei und das Vergnügen beginnt. Man lässt sich Ostereier, Zuckerlämmchen und *mazurek*-Kuchen vom Priester segnen und verputzt sie beim anschließenden Brunch.

Am **Ostermontag,** auch *lany poniedziałek* (nasser Montag) bzw. *śmigus dyngus* genannt, bleibt man besser zu Hause: Jugendliche schütten Wasser aus Eimern und Plastikbeuteln auf alles, was sich auf der Straße bewegt! Die Wasserorgie soll an Fürst *Mieszkos* Taufe am Ostermontag des Jahres 996 erinnern.

Sommerliche Leichtigkeit

Zu **Fronleichnam** streuen herausgeputzte Mädchen Blüten wie Konfetti auf die Straße – betörend duftet der Weg bis zur Kirche. Am prächtigsten ist die Prozession in Łowicz (bei Warschau), wo sich ein wahres Farbfeuerwerk entfaltet: Die Frauen tragen grellbunt gestreifte Röcke, mit Pailletten bestickte Samtwesten und schwere rote Ketten.

Während der **Sommerferien** steht kein christliches Fest auf dem Programm, doch kaum ist man aus dem Urlaub zurück, beginnt der Reigen von neuem: Am 15. August, zu **Mariä Himmelfahrt,** ist der Teufel los. Ob in Kalwaria Zebrzydowska oder Kalwaria Pacławska, in Licheń oder Tschenstochau – Hunderttausende sind unterwegs, um „ihre" Maria zu sehen. Da der Tag mit dem Erntedankfest zusammenfällt, hat er einen weltlichen Beigeschmack. Das Heu ist gemäht und eingefahren, die Knochenarbeit ist vorbei. In den Wallfahrtsorten steigen Ablassfeiern, in Kirchen werden Ähren und Blumen, Obst und Gemüse zu Stillleben arrangiert.

Stunde W

Wenn am **1. August** ein gewaltiger Krach ertönt, braucht man nicht in Panik zu geraten. Kein Großbrand ist ausgebrochen, kein Atomkraftwerk explodiert. Punkt 17 Uhr heulen die Sirenen, die Kirchenglocken läuten, Autofahrer halten an und bekreuzigen sich. Geschlagen hat die „Stunde W", in der am 1. August 1944 der **Warschauer Aufstand** begann.

Ausnahmezustand 1. November

An **Allerheiligen** herrscht auf der Straße „Stop and Go", Taxis sind Mangelware und die Busse überfüllt. Vor den Friedhöfen bilden sich Schlangen, fast 40 Millionen Polen sind unterwegs, um ihre verstorbenen Freunde und Familienangehörigen zu besuchen. Wenn im Schein Tausender Kerzen die Gräber erglühen, scheint das Reich der Toten plötzlich lebendig, und je mehr Stunden vergehen, desto besser ist die Stimmung. Man trifft Bekannte, die man lange nicht gesehen hat, tauscht Neuigkeiten aus, schlürft Glühwein und verabredet sich zum Abendessen.

Der Friedhofsbesuch geht auf einen alten Brauch zurück, als man den Toten Speis und Trank brachte, um ihre Höllenqualen zu lindern. Das Mickiewicz-Epos *Dziady* („Die Ahnen"), für die Polen so wichtig wie für die Deutschen der „Faust", greift auf diese Deutung zurück.

Am Vorabend von Allerheiligen gedeiht Unchristliches: In den großen

Städten feiern Jugendliche **Halloween** („All Hollows Eve"), indem sie, maskiert und mit Geistergewand, Spuk verbreitend durch die Straßen ziehen. Radio Maryja hat Halloween den Kampf angesagt: Als „satanischer" Brauch gehört er in Polen verboten!

Geld

In vielen Hotels kann man die Rechnung in Euro begleichen, offizielles Zahlungsmittel bleibt aber vorerst der Złoty (1 Złoty = 100 Grosz).

Im Umlauf sind Münzen im Nennwert von 1, 2, 5, 10, 20, 50 Groszy und 1, 2, 5 Złoty, dazu Banknoten von 10, 20, 50, 100 und 200 Złoty.

Preiswertes Urlaubsland

„Übernachtungspreise und Gastronomie sind in Polen kontinentweit unschlagbar" – so titelte die WELT am 25. Juli 2009. Ob diese Aussage Bestand hat, hängt freilich ab vom **Wechselkurs.** Dieser war in den vergangenen Jahren erheblichen Schwankungen ausgesetzt. Innerhalb nur eines Jahres stieg und fiel er um ca. 50 %. Der Mittelwert liegt bei 1:4, d.h., für einen Euro bekommt man um die 4 Złoty. Den aktuellen Umtauschkurs erfragt man im Internet unter www.nbp.pl.

Bargeld tauscht man in Polen besser als in Deutschland. Dabei ist zu beachten, dass in der **Bank** Gebühren anfallen, nicht aber in der **Wechselstube** (Kantor). Die aktuellen Wechselkurse sind jeweils ausgehängt. Sie differieren auch stark zwischen den einzelnen Wechselstuben und Banken, deshalb lohnt ein Vergleich. Am Flughafen und im Bahnhof ist der Tausch nur im Notfall zu empfehlen – der Kurs ist hier um einige Prozentpunkte schlechter.

Nur mit Bargeld zu reisen gilt als unsicher, es empfiehlt sich deshalb, auch eine Maestro-Karte (EC-Karte) oder wahlweise die Postbank Sparcard und eine Kreditkarte dabei zu haben. Bargeld holt man in der Regel am **Geldautomaten** *(bankomat),* über den mittlerweile fast jede Bank verfügt. Die meisten Reisenden nutzen dafür die Maestro-Karte. Mit ihr und der zugehörigen Geheimnummer kann man rund um die Uhr die benötigte Summe im Rahmen der festgesetzten Höchstbeträge abheben. Je nach Hausbank wird dafür pro Abhebung eine Gebühr von 3–4 € bzw. 5–6 SFr. berechnet. Eine Ausnahme bildet die Postbank Sparcard, mit der Geld viermal im Jahr kostenlos an Visa/Plus-Automaten (blaues Plus-Symbol) abgehoben werden kann. Mit der Kreditkarte sollten sich Urlauber nur ausnahmsweise Geld holen, weil dabei bis zu 5,5 Prozent an Gebühr einbehalten werden. Pro Woche darf nur ein eingeschränkter Höchstbetrag bar abgehoben werden; dieser ist je nach Karte unterschiedlich.

Am weitesten verbreitet sind die **Kreditkarten** MasterCard und VISA. Sie werden mittlerweile in allen großen Hotels, Restaurants, Geschäften und Autovermietfirmen akzeptiert;

Checkliste für Kreditkarten

- Bitte prüfen, bis wann die Karte gültig ist!
- Geheimnummer (PIN) auswendig lernen, damit Bargeld an Automaten abgehoben werden kann!
- Vorder- und Rückseite der Karte fotokopieren und die 16-stellige Kartennummer notieren!
- Die Fotokopien getrennt von der Karte aufbewahren, damit man diese bei eventuellem Verlust sperren lassen kann.
- Auch den Namen des kartenausgebenden Geldinstituts notieren!
- Bei der Bedienung von Geldautomaten sicherstellen, dass niemand die Geheimnummer sieht.

Sperren lassen

Geht die Karte verloren oder wird sie gestohlen, ruft man umgehend die zentrale Sperr-Telefonnummer 0049-116116 an. Alternativ setzt man sich mit dem Bankinstitut, das die Karte ausgestellt hat bzw. mit dem weltweit operierenden Notfallservice (s.u.) in Verbindung. Um die Karte sperren zu lassen, wird die Kartennummer benötigt. Außerdem kann man eine Ersatzkarte beantragen und Erste-Hilfe-Geld (Emergency-Cash) anfordern.

Notrufnummern

- **Visa International:** Tel. 001-4105813836 (R-Gespräch, kostenlos)
- **Mastercard:** Tel. 001-3142756690 (R-Gespräch, kostenlos)
- **American Express:** Tel. 0049-699797 1000
- **Maestro-(EC-)Karte:** Deutschland 0049-1805-021021, für Österreich 0043-120 48800, für die Schweiz 0041-12712230

Wer dringend, z.B. wegen eines Unfalls, eine größere Summe ins Ausland überweisen lassen muss, kann sich weltweit über Western Union Geld schicken lassen. Die nächst gelegene Repräsentanz kann man im Telefonbuch oder unter www.westernunion.com nachschlagen.

die entsprechenden Embleme sind an Türen oder Schaufenstern angebracht. Der Kreditkartenaussteller berechnet bei bargeldloser Zahlung eine Gebühr für den Auslandseinsatz in Höhe von ca. 1–2 %.

Gesundheit

Gesetzlich krankenversicherte Patienten können sich bei polnischen Ärzten und Zahnärzten gegen Vorlage der **Europäischen Versicherungskarte** und einer Kopie des Identitätsausweises behandeln lassen. Eine Liste dieser Ärzte bekommt man bei der Krankenkasse. Im Notfall ist die Behandlung kostenlos. Wird Geld verlangt, zahlt man dem polnischen Arzt die vor Ort erbrachten Leistungen und erhält von der Krankenkasse jene Summe zurück, die beim entsprechenden Arztbesuch im Heimatland angefallen wäre. Zur Erstattung der Kosten benötigt man ausführliche **Quittungen** mit Namen des Arztes und des Patienten, Datum, Art, Umfang und Kosten der Behandlung. Um der Gefahr entgegenzuwirken, dass die Krankenkasse nicht alle entstandenen Kosten übernimmt, empfiehlt sich der zusätzliche Abschluss einer **privaten Auslandskrankenversicherung** (möglichst inkl. Reiserückholversicherung, Kosten 5–15 € pro Jahr).

Generell besteht kein Anspruch auf medizinische Behandlung, wenn die Behandlung bis zur Rückkehr ins Heimatland aufgeschoben werden kann.

205po Foto: sg

Und wer eigens nach Polen reist, um sich dort behandeln zu lassen, sollte die Bedingungen der Kostenübernahme dringend vorher mit seiner Krankenkasse klären.

Arzneimittel bekommt man preiswert und vielfach ohne Rezept in der **Apotheke** *(apteka)*. Obwohl sich die Versorgung mit Medikamenten in Polen stark verbessert hat, sollte man Arzneimittel, die man regelmäßig einnehmen muss, in ausreichender Menge mitnehmen. Wer nachts oder an Feiertagen Medikamente benötigt, ist auf Apotheken mit Sonderdienst angewiesen. Die entsprechende Übersicht findet man in Tageszeitungen sowie am Eingang geschlossener Apotheken.

Information

Das **Polnische Fremdenverkehrsamt** versorgt alle Polen-Urlauber mit Info-Blättern und Broschüren.

- **Polnisches Fremdenverkehrsamt,** Kurfürstendamm 71, 10709 **Berlin,** Tel. 030-2100920, Fax 21009214, www.polen.travel/de, info.de@polen.travel
- **Polnisches Fremdenverkehrsamt,** Lerchenfelderstr. 2/Palais Auersberg, 1080 **Wien,** Tel. 01-5247191, www.polen.travel/de-at, wien@pot.gov.pl

Polnische Infostellen vor Ort sind in den großen Städten gut ausgestattet, doch hat man für viele Broschüren eine Gebühr zu entrichten. Die Angestellten sprechen fast immer Englisch bzw. Deutsch.

Internet

Fremdenverkehrsamt

- **www.berlin.polen.travel.de / www.polen.travel/de-at:** Gut aufbereitete Website des Polnischen Fremdenverkehrsamts mit grundlegenden Informationen zum Land und nützlichen Adressen für die Planung der Reise.

Diplomatische Vertretungen und CIA

- **www.berlin.polemb.net:** Online-Service der polnischen Botschaft in Berlin mit aktuellen Nachrichten aus Politik, Wirtschaft und Kultur sowie interessanten Ausführungen zu Land & Leuten und den deutsch-polnischen Beziehungen.
- **www.auswaertiges-amt.de:** Offizielle Reiseinformationen des Auswärtigen Amts mit Länder- und Reiseinfos zu Polen, einem Archiv mit Pressemitteilungen, Reden und Interviews, Sicherheitshinweisen und nützlichen Links.
- **www.cia.gov/cia/publications/factbook/index.html:** Im „World Factbook" ist nachzulesen, was der CIA schon immer über Polen wissen wollte.

Allgemeine Polen-Infos

- **www.ratgeberpolen.de:** Länder- und Reiseinfos, Links zu einer Vielzahl von Themen, u.a. Wirtschaft, Kultur und Medien, Bildung und Sprache.
- **www.urlaub-polen.de:** Polen-Portal mit Infos zu Städten und Regionen, aktuellem Umtauschkurs und einem Blick aufs Urlaubswetter.
- **www.polentouristik.pl:** Vermittlung von Hotels und Pensionen, Angebote für den Aktivurlaub und aktuelle touristische Nachrichten.
- **www.poland.pl:** Nachrichten und Links in englischer Sprache, u.a. zu „Geography and Tourism", „Art and Culture", „Lifestyle", „Media and Information". Es lohnt auch ein Blick in die Sektionen „Nature", „Birds" und „Storks".
- **www.info-polen.com:** Kleiner Polenführer mit touristischen Tipps, Ausführungen zu Geschichte, Kunst und Kultur.
- **www.laender-analysen.de/polen:** Die Polen-Analysen bieten kenntnisreiche Analysen politischer, wirtschaftlicher und kultureller Entwicklungen im Nachbarland. Sie werden vom Deutschen Polen-Institut gemeinsam mit der Bremer Forschungsstelle Osteuropa und der Deutschen Gesellschaft für Osteuropakunde herausgegeben.
- **www.virtualpolen.de:** Private Website mit ausgesuchten Videos zu Polen, Infos u.a. zu deutsch-polnischen Städtepartnerschaften und Jugendaustausch sowie dem Bußgeldkatalog auf polnischen Straßen. Auch kann man sein Wissen über das Nachbarland in einem Polen-Quiz testen.
- **www.apropospolen.de.vu:** Studenten und Dozenten der Leipziger Universität verschicken einen Newsletter, aus dem ihre Begeisterung für alles spricht, was sich im Nachbarland Polen abspielt. Auf ihrer Website findet sich eine umfassende Linksammlung zu politischen und wissenschaftlichen Institutionen innerhalb und außerhalb Polens, Literatur- und Kulturzeitschriften, Verlagen, Printmedien und Nachschlagewerken, Touristik u.v.m.
- **www.polen-netzwerk.de:** Neueste Nachrichten aus Polen.
- **www.infoseite-polen.de/newslog:** Ergänzende Nachrichten aus unserem Nachbarland.
- **http://polish-online.com:** Auf der Homepage für deutsch-polnische Übersetzungen finden sich auch nützliche Nachrichten und Zusatzinfos zum Land, z.B. Ausführungen zu polnischen Städten und ein Überblick über die Fernsehsender.
- **www.deutsches-polen-institut.de:** Zu den wichtigsten Veröffentlichungen des Darmstädter Instituts gehört das „Jahrbuch Polen" mit wechselnden Schwerpunktthemen, vorwiegend zur polnischen Kultur, Politik und Geschichte.
- **www.rbb-online.de/kowalskitrifftschmidt:** Kowalski und Schmidt sind Allerweltsnamen für „den" Polen und „den" Deutschen. Wie leben sie? Was sind ihre Probleme? Wo gibt es Gemeinsames?

Städte und Regionen

- **www.inyourpocket.com:** Der City-Guide zu den großen Städten Polens enthält Hinweise zu ausgewählten Unterkünften, Restaurants und Nachtklubs.
- **www.welcome.com.pl:** Zeitschrift „Welcome to …", die Auswahl reicht von Posen über Warschau, Krakau, Zakopane bis zu den Bieszczaden. Mit einem Archiv früherer Ausgaben.
- **www.what-where-when.pl:** Tipps und Infos zu Warschau und Krakau.
- **www.snowpage.de/resorts/polen.htm:** Detaillierte Angaben zu den Skigebieten Polens.
- **www.gosilesia.pl:** Bestens aufbereitete Website (auch auf Deutsch) mit allen wichtigen Attraktionen der Wojewodschaft Schlesien: Wanderwege und Radrouten, Tauchen und Wasserparks, Felsen- und Höhlenklettern, dazu Hinweise auf Unterkünfte aller Art, Kulturangebote und Verkehr.
- **http://turystyka.dolnyslask.pl:** Umfangreiche Website, geeignet als Vorbereitung für die Reise nach Niederschlesien.
- **www.e-riesengebirge.de:** Informationen rund um Jelenia Gora und das Riesengebirge.
- **www.thevisitor.pl:** Wissenswertes und Interessantes für den Besuch Krakaus und Zakopanes, ein Link führt zu Warschau.
- **www.tatry-fellows.de:** Homepage der polnisch-slowakischen Euro-Region Tatry.

Unterkunft

Bei Online-Buchungen von Hotels ist Vorsicht geboten: Beim letzten Vergleich zeigte sich, dass die Preise, die vor Ort zu zahlen waren, oft günstiger als die im Web angegebenen waren.

- **www.booking.com / www.tripadvisor.de:** Wichtige Hotelbewertungsportale.
- **www.hotelsinpoland.com:** Unterkünfte in Hotels, Pensionen und Schlössern, nach Städten und Regionen alphabetisch sortiert. Hotelketten, SPA-Hotels und neue Hotels werden gesondert aufgeführt.
- **www.urlaub-anbieter.com:** Klickt man aufs „Urlaubsland Polen", hat man die Wahl zwischen einer Vielzahl von Hotels.
- **www.agroturystyka.pl:** „Ferien auf dem Lande" mit englischer Sprachversion; die Lage der Bauernhöfe ist auf der Karte markiert.
- **www.hostelworld.com:** Über das Suchwort „Poland" kommt man zu einer Fülle von Hostels!
- **www.ptsm.org.pl:** Jugendherbergen in Polen.
- **www.campingpolska.com:** Gut aufbereitete Seite nicht nur für Campingfreunde!

Verkehr/Reisevorbereitung

- **www.viamichelin.de:** Nennen Sie Ihren Abfahrtsort und Ihr Ziel in Polen – schon werden die Stationen Ihrer Fahrt minutengetreu angezeigt.
- **www.bahn.de:** Auf der Website der Deutschen Bahn kann man auch Reiseziele in Polen eingeben: bitte in der polnischen Schreibweise und ohne Sonderzeichen!
- **www.rozklad-pkp.pl:** Fahrplan der Polnischen Staatsbahn PKP mit deutscher Sprachversion.
- **www.touring.de:** Fahrplan der Dt. Touring GmbH (Europabus).
- **www.urlaub-polen.de:** Bustickets nach Polen.
- **www.nbp.pl:** Aktueller Stand der Wechselkurse.
- **www.wetteronline.de/Polen.htm:** Aktuelles Wetter für Polen heute und in den kommenden Tagen, übersichtlich aufgeführt nach Regionen.

Sommer-Gaudi
in Krakaus Kanonikergasse

Karten

In den in allen großen Städten vertretenen Filialen der **Buchhandlung EMPIK,** aber auch bei der örtlichen **Touristeninformation** kauft man preiswerte Stadtpläne und Autokarten für die jeweilige Region. Auf den Gebiets- und Nationalparkkarten sind in der Regel alle markierten Wanderwege verzeichnet, die Legende ist mehrsprachig. Eine gute **Landeskarte von Polen** ist bei Reise Know-How im world mapping project erschienen (Maßstab 1:850.000). Ausschnitte dieser Karte bilden den Atlas am Ende des Buches. Die beste **Campingkarte** (Mapa Campingów) erschien beim Verlag Copernicus (Maßstab 1:700.000).

Kinder

In Hotels und Restaurants werden Kinder nicht nur freundlich empfangen, sondern auch mit Angeboten verwöhnt. Spezielle Menüs für Kinder findet man auf vielen Speisekarten, mit Kinderermäßigungen locken Pensionen und Hotels.

Das Beste freilich für Familienurlaub mit Kindern ist ein **Campingurlaub.** Auf Zeltplätzen können sich Kinder frei bewegen und leicht Freundschaft mit anderen schließen. Beliebt sind auch die **Ferien auf dem Bauernhof** *(agroturystyka),* ein Leben unter Hunden und Katzen, Hühnern und Gänsen. Einen solchen Urlaub plant man am besten individuell, die großen

206po Foto: sg

deutschen Reiseveranstalter haben sich auf diese Gruppe von Urlaubern – in Polen zumindest – noch nicht eingestellt. Das Polnische Fremdenverkehrsamt gibt auf Wunsch Hinweise zu bewährten Häusern, im Kapitel „Internet – Unterkunft" sind Adressen für Landurlaub aufgelistet.

Zu den Höhepunkten eines Urlaubs mit Kindern gehört die Floßfahrt durch die Dunajec-Schlucht, die Fahrt mit dem Lift zu den Gipfeln der Tatra hinauf und natürlich eine Urlaubswoche in den „wilden" Bieszczaden, wo man auf den Almen wunderbar wandern, auf Huzulenpferden reiten und sich in kristallklaren Flüssen erfrischen kann.

Kleidung und Reisegepäck

Auf einen Urlaub in Südpolen sollte man sich nicht anders als auf einen Urlaub in einem deutschen Feriengebiet vorbereiten, d. h., man ist **auf alle Wetterkapriolen eingestellt,** hat auch im Hochsommer nebst Sonnencreme Regenjacke, Pullover und Wollsocken dabei. Wer vorhat zu zelten, nimmt Badeschuhe mit, um sich in den Duschkabinen keinen Fußpilz zu holen. Für Wanderer ist eine schützende Kopfbedeckung zu empfehlen, im Gebirge könnte – trotz guter Beschilderung der Wege – ein Kompass oder GPS-Gerät von Nutzen sein.

013po Foto: sg

Medien

Rundfunk

Vormittags strahlt zur Sommerzeit ein Sender des Polnischen Rundfunks die wichtigsten Nachrichten in Deutsch, Englisch und Französisch aus.

Fernsehen

Das polnische Fernsehen mag für den Besucher vor allem interessant sein, um sich über das Wetter der folgenden Tage zu informieren: im ersten Programm täglich ca. 19.55 Uhr! Filme in der Originalsprache gibt es im Fernsehen nicht, aus Kostengründen werden sie auch nicht synchronisiert: Über den Originalton legt sich die Stimme eines Sprechers, der alle Rollen, egal ob Mann oder Frau, übernimmt. Doch zum Glück können mithilfe von Satellitenantennen, wenigstens in besseren Hotels, die Programme westlicher Fernsehstationen empfangen werden.

Presse

Die internationale Presse bekommt man am Bahnhof und in den übers ganze Land verstreuten EMPIK-Läden. Wer Polnisch spricht, besorgt sich die Freitagausgabe der Tageszeitung Gazeta Wyborcza mit der Beilage *Co jest grane* (Was steht an?), die alle wichtigen Termine der jeweiligen Region aufführt.

Mittagspause im Sonnenschein

Museen

Die meisten Museen fordern für den Eintritt nur Minimalbeträge. Preise werden deshalb in diesem Buch nur aufgeführt, wenn sie 2 € übersteigen. Kinder bis 12 Jahre bekommen in der Regel 30–50 % Rabatt.

Öffnungszeiten

In Polen gibt es **keine** gesetzlich festgelegten **Ladenschlusszeiten,** in den großen Städten sind die Geschäfte vielfach bis 20 Uhr, teilweise sogar länger oder rund um die Uhr geöffnet. Supermärkte und Einkaufszentren laden **auch an Sonntagen** zum Besuch ein, allerdings erst nach dem obligatorischen Kirchgang; nur an wichtigen kirchlichen Feiertagen (z.B. Ostern, Fronleichnam) bleiben sie ganztägig geschlossen.

Restaurants sind täglich von 12–22 Uhr, teilweise auch länger geöffnet; Ruhetage sind unbekannt. **Museen** bleiben montags und an Feiertagen geschlossen.

Weitere Öffnungszeiten:

- **Post:** Mo.–Sa. 8–20 Uhr
- **Bank:** Mo.–Fr. 8–17, Sa. 8–14 Uhr
- **Wechselstube** *(kantor):* Mo.–Fr. 9–18, Samstag 9–14 Uhr
- **Apotheken:** Mo.–Fr. 8–19, Sa. 9–14 Uhr
- **Rathaus:** Mo.–Fr. 8–15 Uhr

Post

Postämter bleiben in der Regel sonntags geschlossen (⇗Öffnungszeiten). **Briefmarken** *(znaczek postowy)* bekommt man bei der Post, aber auch in Hotels sowie an Zeitungskiosken und Verkaufsständen für Ansichtskarten. Zwischen der Aufgabe der Post in Polen und ihrer Zustellung in Deutschland, Österreich und der Schweiz vergehen fünf bis neun Tage.

Reisezeit

Für **Wintersportler** ist die Zeit zwischen Weihnachten und Ostern am besten, als schneesicher gilt der Februar. **Wanderer** kommen vor allem im Mai und Juni sowie im September; besonders farbenprächtig sind die Wälder im Frühherbst. Städte wie Breslau und Krakau lohnen zu jeder Jahreszeit einen Besuch.

Für die Urlaubsplanung ist es wichtig zu wissen, wann in Polen **Schulferien** sind. Sie beginnen im Sommer landeseinheitlich am letzten Freitag des Juni und dauern bis zum letzten Freitag des August; die Weihnachtsferien dauern 14 Tage und schließen den 6. Januar (Heilige Drei Könige) ein. Während der Schulferien ist es in den traditionellen Urlaubsorten schwierig, spontan eine billige Unterkunft zu finden; auch Sportagenturen und Verleihstellen sind in dieser Zeit gut gebucht. Wer es einrichten kann, sollte in der Vor- und Nachsaison reisen: Viele Hotels in den Bergen stehen dann leer und man zahlt einen deutlich günstigeren Preis. Doch aufgepasst: In den Städten ist es anders! Dort sind während der Sommerferien Mittelklasse- und Luxushotels nur schwach gefüllt und gewähren Preisnachlass; knapper ist das Angebot in den Monaten Mai, Juni und September!

Sicherheit

Obgleich die Zahl der **Autodiebstähle** zurückgeht, sollte man insbesondere in großen Städten vorsichtig sein und, wo immer dies möglich ist, **bewachte Parkplätze** (*parking strzeżony*) benutzen. Alle Situationen sind zu meiden, in denen sich Menschen drängen: etwa am Bahnhof, im Bus oder in der Straßenbahn.

Bei **Diebstahl oder Verlust der Personalunterlagen** stellen die Konsularabteilungen der jeweiligen Botschaft (⇗Diplomatische Vertretungen) Ersatzpapiere aus. Dazu müssen zwei Passbilder und eine durch die örtliche Polizei ausgestellte Verlustanzeige vorgelegt werden. Es empfiehlt sich für jeden Reisenden, die Registriernummern der Personalpapiere auf einem gesonderten Blatt zu notieren bzw. entsprechende Fotokopien mitzuführen. Die Identifizierung durch das Konsulat wird damit vereinfacht.

Buchtipp

- **Schutz vor Gewalt und Kriminalität unterwegs,** Matthias Faermann, erschienen in der Praxis-Reihe im Reise Know-How Verlag

Sport und Erholung

Angeln

In den Flüssen der Sudeten, Beskiden und Waldkarpaten lässt sich gut angeln. Besonders fischreich ist der Fluss Dunajec in den Pieninen, wo vor einigen Jahren die Weltmeisterschaften im Fliegenfischen ausgetragen wurden. Im San und Dunajec entdeckt man vor allem Bach- und Regenbogenforellen, Hechte im Jezioro Solina (südlich von Przemyśl) und im Jezioro Rożnów (bei Nowy Sącz).

Angelscheine sind in den Ortsverbänden des Polnischen Anglerverbandes (PZW) erhältlich. Dort bekommt man auch Infos zu den einzuhaltenden Schonzeiten, zur Art des Angelns und zur Menge an Fisch, die man behalten darf. Die aktuellen Adressen der Ortsverbände nennt auf Wunsch das Polnische Fremdenverkehrsamt in Berlin bzw. Wien (⇗ Information).

Birdwatching und Wildbeobachtung

Einen Urlaub der ungewöhnlichen Art bietet die Stiftung **World Wildlife Fund** (WWF). Wer Englisch spricht und sich für Tierbeobachtung interessiert, hilft in Südostpolen als „volunteer" (ehrenamtlich) bei der Überwachung bzw. Versorgung der Tiere und erfährt dabei viel Wissenswertes. Für drei Wochen zahlt man bei eigener Anreise etwa 1700 €, im Preis enthalten sind der Transfer ab Sanok, Unterkunft und Vollverpflegung (weitere Angebote im Internet unter www.ecovolunteer.de).

Beliebt ist vor allem das **Wolfsprogramm.** In diesem Fall wohnt man in Tarnawa Niżna im Haus der Nationalparkverwaltung der Waldkarpaten (Bieszczady). In dieser Region gibt es auch die größte Zahl von Greifvögeln: Steinadler mit einer Flügelspannweite von ca. zwei Metern, Schreiadler, Uhu und Habichtkauz.

Golf

Golf ist in Polen nicht länger tabu, Polens Neureiche finden an dieser Sportart Gefallen. Während man in den Clubs in Pommern und an der Ostsee viele Spieler aus Skandinavien und Deutschland sieht, bleiben auf den Plätzen im Süden die Polen meist unter sich. Die attraktivsten Anlagen sind bei Krakau, Warschau und Posen. Es werden jeweils drei- bis fünftägige Kurse angeboten, die Unterrichtssprache ist fast immer Englisch.

Höhlentrekking

Die meisten Höhlen, die während der Sommermonate besichtigt werden können, liegen im Glatzer Bergland und in der Tatra, im Ojców-Nationalpark und im Hochland von Krakau. Die schönste ist die **Bärenhöhle** im Südwesten des Glatzer Berglands; Näheres in den jeweiligen Ortsbeschreibungen.

Weitere unterirdische „Highlights" sind das Salzbergwerk Wieliczka (UNESCO-Weltkulturerbe), das Krei-

Buchtipp

- **Höhlen erkunden,** Alexander Maier, erschienen in der Praxis-Reihe im Reise Know-How Verlag debergwerk in Chełm sowie labyrinthische Kaufmannskeller in früheren Handelsstädten wie Kłodzko, Sandomierz, Jarosław und Opatów.

Jagd

Die schönsten Jagdgebiete Südpolens liegen im Bieszczady-Gebirge (Waldkarpaten). Opfer werden vor allem Hirsche und Rehe, Hasen, Wildschweine und Rebhühner. Die Anschriftenliste aller Reiseveranstalter, die sich auf Jagdurlaub spezialisiert haben, bekommt man beim Polnischen Fremdenverkehrsamt (⇗ Information). Dort erfährt man auch, welche Unterlagen bei der Beantragung einer Waffeneinfuhrgenehmigung in der Konsularabteilung der polnischen Botschaft vorzulegen sind.

Klettern

Freunde des Klettersports begeistern sich an den Felswänden in der Hohen Tatra, im Riesengebirge und im Krakau-Tschenstochauer Juragebirge. In der Tatra hat der nationale Alpenverband eine Kletterschule in Zakopane eröffnet.

Kur und Wellness

Kuren in Polen sind preiswerter als in Deutschland, die Qualität der Unterkünfte, aber auch der ärztlichen Betreuung hat sich in den vergangenen Jahren erheblich verbessert. Sanatorien haben in der Regel den Standard von Dreisternehotels und sind auf die Betreuung ausländischer Gäste vorbereitet – die meisten verfügen über deutsch- bzw. englischsprachige Fachärzte. Besonders empfehlenswert sind die Kurbetriebe in den Sudeten (Świeradów Zdrój, Cieplice) und im Glatzer Bergland (Kłodzko, Kudowa Zdrój, Lądek Zdrój). In den Beskiden hat sich Krynica dank seiner hervorragenden touristischen Infrastruktur einen Namen gemacht.

Seit Polen EU-Mitglied ist, übernehmen die gesetzlichen Kassen einen Teil der **Kurkosten.** In der Regel wird die medizinische Behandlung bezahlt sowie ein Zuschuss für Kost & Logis gewährt. Weil die Preise günstiger als z.B. in Deutschland sind, fällt der zu zahlende Eigenanteil niedriger aus. Es empfiehlt sich eine vorherige Rücksprache mit der Krankenkasse zwecks Bestätigung der Kostenübernahme.

Paragliding

Im Riesengebirge gibt es für Einsteiger und Fortgeschrittene ein gutes Übungsgebiet bei Karpacz. Begehrte Spots in den Schlesischen Beskiden sind der 761 Meter hohe Żar bei Żywiec, der 1257 Meter hohe Skrzyczne und die 998 Meter hohe Wielka Czantoria. Die Hohe Tatra hat an Reiz verloren, seit man nur noch außerhalb des Nationalparks fliegen darf.

Sowohl in Jelenia Góra als auch Zakopane wurden Flugschulen eingerichtet. Dort besteht auch die Möglichkeit, an Rundflügen mit Propellermaschinen teilzunehmen.

Buchtipp

- **Paragliding Handbuch,**
Rasso Knoller und Michael Stritzke,
erschienen in der Praxis-Reihe
im Reise Know-How Verlag

Radfahren

Der Geschäftsführer des Allgemeinen Deutschen Fahrrad Clubs (ADFC) hat es bestätigt: „Schon seit Jahren gehört Polen in die Top Ten der bei uns am häufigsten nachgefragten Ziele." Außer Masuren sind es vor allem der Süden und Südosten, die es den Radfreaks angetan haben - und dies, obwohl bisher nur wenige spezielle Fahrrad-Routen entwickelt worden sind. Das bestehende **Radnetz umfasst gut 3000 Kilometer,** wobei es sich aber bei diesen „Radwegen" fast nie um separate Spuren, sondern meist um markierte, wenig befahrene Nebenstraßen handelt. Gute Arbeit hat man aber im Riesengebirge geleistet, wo ein dichtes Netz ausgewiesener Radwege unterschiedlicher Schwierigkeitsgrade entstand (Details ↗ Szklarska Poręba). Gut sind auch die Bedingungen im Glatzer Bergland rund um Kłodzko, in den schlesischen Beskiden, im Krakau-Tschenstochauer Juragebirge und in der Hohen Tatra (Details ↗ Zakopane). Besonders malerisch ist die Strecke von Zakopane ins grandiose Durchsbruchstal des Dunajec, wo man kurzzeitig auf die slowakische Seite wechselt und dem in den Kalkfels geschlagenen Weg nach Szczawnica folgt. Auch die Anschlusstour nach Stary Sącz ist landschaftlich von großem Reiz. Gutes und preiswertes **Kartenmaterial** bekommt man vor Ort, die markierten Radwege sind in der Regel eingezeichnet.

Im Kapitel Anreise wurde bereits ausgeführt, worauf bei der Planung eines Urlaubs mit eigenem Rad zu achten ist. Vielerorts kann man sich freilich auch in Hotels und Berghütten Fahrräder ausleihen, in größeren Ferienorten gibt es **Rent-A-Bike-Stationen.** Noch bequemer ist der Urlaub mit einem **Radreiseveranstalter.** Dann stehen Leihräder vor Ort bereit, für den Gepäcktransport ist gesorgt, und die Leitung ist fast immer deutschsprachig. Bei einigen Veranstaltern kann man auch „individuelle" Reisen buchen; in diesem Fall bekommt man für die jeweilige Tagestour eine Wegbeschreibung.

Hier eine Auswahl guter Anbieter von Radtouren in Polen:

- **ADFC,** Postfach 107747, 28077 Bremen, Tel. 01805-003479, Fax 0421-3462932, www.adfc.de; geplante Radtouren auch unter www.radreisen-online.de.
- **DNV-Touristik,** Heubergstr. 21, 70806 Kornwestheim, Tel. 07154-131830, Fax 18 2924, www.dnv-tours.de: reichhaltiges Angebot, bitte den Katalog „Radeln und Wandern" anfordern!
- **Determann & Kreienkamp,** Salzstr. 35, 48143 Münster, Tel. 0251-5105309, Fax 5105 315, www.duk-touristik.de: auch für ein älteres Publikum geeignet: z.B. leichte, achttägige Touren von der deutsch-polnischen Grenze ins Riesengebirge.
- **Bird Service,** ul. Św. Krzyża 17, Kraków, Tel. 012-2921460, Fax 2921153, www.bird.pl: Eine zehntägige Tour führt von Krakau über die Hohe Tatra in die Pieninen; die Trekking-Radwanderstrecke führt über weite Strecken durch Flusstäler abwärts.

Reiten

Reiturlaub hat sich in Polen schon früh etabliert. Viele Gestüte sind an alte Gutshäuser und Schlösser angegliedert und bieten „Ferien im Sattel" an: mit Reitunterricht, mehrtägigen Trails,

Unterkunft und Verpflegung. Am schönsten gelegen ist das Schloss Fürstenstein in Niederschlesien (↗ Książ). Preiswert sind die von der PTTK, der „Polnischen Gesellschaft für Touristik und Landeskunde" organisierten Reitferien. Zu den wichtigsten von der PTTK betreuten Wegen gehören die 600 Kilometer lange **Beskiden-Reitstrecke** und die 250 Kilometer lange **Jura-Strecke.** Längs der Wege bestehen Übernachtungsmöglichkeiten, teils in Berghütten, teils in Pensionen oder auf Zeltplätzen.

- **Ausschuss für Gebirgs-Reitsporttourismus der PTTK,** ul. Jagiellońska 6, 31-010 Kraków, Tel. 012-4212113, Beschreibung der Strecken im Internet unter www.pttk.pl

Der Spezialveranstalter „Pferd und Reiter" bietet Kurse und mehrtägige Wanderritte, z.B. auf **Huzulenpferden** durch die Waldkarpaten, ↗ Kasten bei Wetlina.

- **Pferd & Reiter,** Rader Weg 30-A, 22889 Tangstedt, Tel. 040 6076690, Fax 60766931, www.pferdreiter.de

Schiffsausflüge

Im Sommerhalbjahr stehen in Warschau, Breslau und Krakau bequeme Ausflugsschiffe bereit. Schön ist auch die Tour auf dem Dunajec in den Pieninen (Infos ↗ Szczawnica).

Wandern

In den Bergregionen Südpolens gibt es ein dichtes Netz von Wanderwegen. Sie sind auf den meisten **Regionalkarten,** die man für wenig Geld in städtischen Buchläden und Info-Büros bekommt, eingetragen. Ihre Markierung erfolgt im ganzen Land einheitlich. An Start- und Schnittpunkten geben Tafeln mit genauer Angabe der Weglänge und -dauer eine Orientierung. Die Pfade sind mit **fünf Farben** gekennzeichnet (rot, blau, gelb, grün, schwarz): Unten und oben sind die farbigen Markierungszeichen mit weißen Balken versehen. Wegbeginn und -ende sind durch einen Farbpunkt angezeigt, der von einem weißen Kreis eingerahmt ist. An allen wichtigen Wegen gibt es Herbergen, die das ganze

Jahr über geöffnet sind und nie einen Gast abweisen. Da aber Bettwäsche nur selten gestellt wird, sollte man immer einen Schlafsack dabei haben.

Die schönsten Wanderwege führen durch Nationalparks. Der **Sudetenabschnitt des europäischen Fernwanderwegs E-3** ist fast 300 Kilometer lang und verläuft vom Isergebirge über den Nationalpark Riesengebirge zum Glatzer Bergland. Er verbindet die wichtigsten Gipfel von Świeradów Zdrój im Westen bis Paczków im Osten. Wer nur an einer Tageswanderung interessiert ist, steigt von Karpacz auf die Schneekoppe (Tourenbeschreibung ⇗ Karpacz) oder wählt Szklarska Poręba als Einstieg und nimmt den Höhenweg längs der polnisch-tschechischen Grenze über den Reifträger (Szrenica).

Tolle Wanderrouten unterschiedlichster Schwierigkeitsgrade gibt es auch im Heuscheuer-Gebirge (Góry Stołowe), in der Hohen Tatra (Beschreibung der Tour auf den Kasprowy Wierch ⇗ Zakopane) und im südöstlich gelegenen Bieszczady-Gebirge. Eine schwierige, 90 Kilometer lange Strecke führt von Komańcza nach Ustrzyki Górne; sie ist Teil des aus der Slowakei kommenden Fernwander-

wegs E-8 und passiert die Grenze am Dukla-Pass. Wer eine leichte Tour bevorzugt, wählt den 7,5 Kilometer langen Schlussabschnitt (Beschreibung ⇗Wetlina).

Wassersport

Der Gebirgsfluss Dunajec verwandelt sich im Frühjahr in eine ideale Wildwasserstrecke, geübte **Kajakfahrer** lieben vor allem die 90 Kilometer lange Etappe von Nowy Targ nach Nowy Sącz. Leichter zu bewältigen ist die Kamienna oberhalb von Szklarska Poręba und die Łomnica unterhalb von Karpacz.

Bester Ort für **Segler** sind der Soliński- und Myczkowski-Stausee im Bieszczady-Gebirge. Einen Segelschein braucht man in Polen für das Ausleihen einer Yacht, deren Segelfläche größer ist als 10 qm. Mitführen sollte man auf jeden Fall ein Schwimmzeugnis.

Wintersport

Polens Winterhauptstadt heißt **Zakopane,** wo schon viele Meisterschaftskämpfe stattgefunden haben. Die Stadt verfügt über eine Vielzahl von Hotels, Pensionen und Herbergen, es gibt Ski- und Snowboardschulen sowie Verleihstellen für Wintersportausrüstung. Die steilwandigen Berge der Hohen Tatra sind die höchsten zwischen Alpen und Kaukasus, auf

300po Foto: pf

polnischer Seite steigt der Rysy auf 2499 Meter an.

Gute Bedingungen finden **Skifahrer** auch im Riesengebirge, wo die Sudeten an der 1602 Meter hohen Schneekoppe (Śnieżka) ihren höchsten Punkt erreichen. Mit Szklarska Poręba und Karpacz haben sich hier gleich zwei Wintersportzentren herausgebildet. Wachsender Popularität erfreuen sich auch Szczyrk, Ustroń und Wisła in den Schlesischen Beskiden. In Szczyrk befindet sich das größte Skigebiet Polens mit Pisten von mehr als 30 km Länge. In allen genannten Orten gibt es Verleihstellen für Skier, Stöcke, Schuhe, Snowboards und Schneeschuhe.

Die **Skisaison** dauert von Weihnachten bis Ostern, als schneesicherster Monat gilt der Februar. Mit Ausnahme der Waldkarpaten sind die Skigebiete gut erschlossen. Mit Seilbahn, Sessel- und Schlepplift geht es auf die Pisten hinauf, Flutlicht ermöglicht das Fahren bis 22 Uhr. Reicht die Schneedecke nicht aus, werden die zentralen Pisten künstlich beschneit. Diese sind wie in den Alpen schwarz (= schwer), rot (= mittelschwer), blau (= leicht) und grün (= sehr leicht) gekennzeichnet; Langlaufloipen sind orange markiert. Auf den Winterausgaben der Wanderkarten sind Pisten, Loipen und Skilifte eingetragen, auch lawinengefährdete Wege sind vermerkt.

Mit dem Pferdeschlitten
durch verschneite Landschaft

Telefon

Will man ein **Auslandsgespräch** führen, wählt man für Deutschland die 0049, für Österreich die 0043 und für die Schweiz die 0041; bei der anschließenden Ortskennzahl ist die Anfangsnull wegzulassen. Für die Verbindungen **nach Polen lautet die Landesvorwahl 0048;** auch hier wird bei der nachfolgenden Ortszahl die erste Null gestrichen.

Für die **öffentlichen Telefonkabinen** kann man bei der Post, im Hotel oder am Kiosk Telefonkarten (karta telefoniczna) kaufen.

Alle von Fernsprechern angewählten drei- und vierstelligen Auskunftsnummern sind gebührenfrei. Allerdings ist damit zu rechnen, dass die freundliche Dame am anderen Ende der Leitung nur Polnisch versteht. Die **Telefonauskunft** hat landesweit die folgenden Nummern:

- **Ausland:** 912
- **Inland:** 913

Vorwahl in Polen

In Polen sind die ehemaligen Vorwahlnummern fest in die Rufnummer integriert, d.h. wer in Krakau (ehemalige Vorwahl 012) eine Krakauer Nummer anwählt, muss immer die 012 mitwählen! Die Nummer für die jeweiligen Orte wird im Buch bei den „Praktischen Informationen" genannt.

Notruf

Die folgenden Nummern gelten für ganz Polen und können von öffentlichen Telefonzellen kostenlos angewählt werden:

- **Allgemeiner Notruf:** 112
- **Ambulanz:** 999
- **Bergrettungsdienst:** 985
- **Feuerwehr:** 998
- **Pannenhilfe:** 981
- **Polizei:** 997
- **Taxi:** 919

Über den **Touristen-Notruf** 0800 200 300 (kostenfrei) oder die Handy-Rufnummer 0048-226015555 (gebührenpflichtig) können sich Urlauber während der Sommermonate (tgl. 8–24 Uhr) auf Deutsch oder Englisch an die Polizei wenden.

014po Foto: sg

Mobiltelefone

Das eigene Mobiltelefon lässt sich in Polen problemlos nutzen. Doch lohnt es sich, immer und überall erreichbar zu sein? Viele Reisende glauben, diese Fragen bejahen zu müssen und stolpern munter in die **„Handy-Falle“**, denn sie wissen nicht, dass im Ausland auch derjenige zahlen muss, der angerufen wird. Während der Anrufer nur für die Verbindung innerhalb Deutschlands aufkommen muss, hat der Handy-Partner in Polen die Kosten für die Weiterleitung des Gesprächs ins Ausland zu übernehmen. Wer also keine Anrufe empfangen will, sollte alle ankommenden Gespräche besser sperren lassen!

Besonders tief muss in die Tasche greifen, wer mit **Mailbox** arbeitet oder im Ausland einen anderen deutschen Teilnehmer anruft. Ein solches Gespräch realisiert sich via Deutschland, das heißt, der Anrufer zahlt ein Auslandsgespräch von Polen nach Deutschland, der Angerufene zahlt dann für die Weiterleitung von Deutschland an sein Mobiltelefon.

Wesentlich preiswerter ist es, sich von vornherein auf das Versenden von **SMS** zu beschränken. Es ist nicht nur günstiger, auch der Empfang von SMS ist in der Regel kostenfrei. Falls das Mobiltelefon SIM-lock-frei ist, also an-

Verlust des Mobiltelefons

Geht das Mobiltelefon im Ausland verloren oder wird es gestohlen, sollte man die SIM umgehend beim Provider sperren lassen. Dazu muss man in der Regel folgende Angaben machen können, die man sich vorab notiert haben sollte: Rufnummer, SIM-Kartennummer (auf SIM vermerkt), Kundennummer oder Kundenkennwort. Ebenfalls vorher zu notieren ist die IMEI-Nummer (elektronische Zulassungsnummer), die nach Eingabe des Tastencodes Stern-Raute-null-sechs-Raute auf dem Display erscheint – diese muss man in der Regel auch bei der Polizei bei der Diebstahl- oder Verlustmeldung angeben.

Handys kann man auch über die **zentrale Sperr-Nummer** 0049-116116 sperren lassen!

dere Provider nicht gesperrt sind, und man viele Telefonate innerhalb Polens führen möchte, kann man sich vor Ort eine **Prepaid-Karte** kaufen. Vorteil: Man muss für eingehende Gespräche nicht zahlen, erhält allerdings eine neue Rufnummer.

Tiere

Der neue **EU-Heimtierausweis,** kurz „Tierpass" genannt, wird von Europas Sternenbanner auf blauem Grund geziert und ist auch in Polen Pflicht. Er enthält Angaben über Tier und Besitzer, der Arzt bescheinigt darin die gültige Tollwutimpfung. Ein Foto des Vierbeiners kann, muss aber nicht beigefügt werden. Sowohl Hund als auch Katze müssen mit einer Tätowierung oder einem unter die Haut injizierten Mikrochip identifizierbar sein. Vergessen Tierhalter die nötigen Vorbereitungen, werden die Vierbeiner auf Kosten des Halters zurückgeschickt oder für die Dauer von mindestens vier Monaten in amtlicher Quarantäne untergebracht.

Bei der **Anreise im Flugzeug** müssen die Tiere in spezielle Transportboxen im Frachtraum – eine Ausnahme wird nur bei Blinden- und Gehörlosenhunden geduldet. Das mitreisende Tier muss bei der Buchung der Flugreise angegeben werden.

015po Foto: sg

Almosen für obdachlose Tiere

Reist man mit dem **Auto** an, muss der Hund in Polen hinten sitzen und durch ein Gitter vom Fahrer getrennt sein!

Buchtipp

- **Verreisen mit Hund,** erschienen in der Praxis-Reihe im REISE KNOW-HOW Verlag

Toiletten

Außerhalb von Bahnhöfen sind öffentliche Toiletten kaum zu entdecken. In einigen Restaurants und Hotels kann man sie gegen Zahlung einer kleinen Gebühr benutzen. Dabei ist zu beachten: Das Dreieck markiert den Eingang für den Mann, der Kreis den für die Frau!

Unterkunft

Das Angebot an Unterkünften hat sich in den vergangenen Jahren rapide verbessert. In den größeren Städten sowie in allen wichtigen Ferienorten gibt es heute viele Hotels mit westlichem Standard. Längst haben sich internationale Hotelketten wie Ibis, Holiday Inn oder Sheraton etabliert, auf dem Land entstanden zahlreiche neue, familienfreundliche Privathotels. Auch in restaurierten Schlössern und Burgen kann man übernachten, wobei der Preis vor allem im Südosten des Landes erstaunlich niedrig ist.

In Polen ist der Urlaub **von Ort zu Ort** - und dies zu günstigen Preisen - immer noch machbar. Als Stützpunkte sind besonders zu empfehlen: Wrocław (Breslau) - Jelenia Góra/ Szklarska Poręba/Karpacz - Kraków (Krakau) - Zakopane - Przemyśl - Ustrzyki Górne/Wetlina - Zamość - Lublin - Kazimierz Dolny. In den meisten dieser Orte möchte man den gesamten Urlaub verbringen. Frühzeitig reservieren braucht man die Unterkunft nur während der Schulferien, in Städten wie Breslau und Krakau auch während der „Kulturmonate" Mai, Juni und September. Gerade die preisgünstigen Unterkünfte, die in diesem Buch mit einem oder zwei Eurozeichen gekennzeichnet sind, sind schnell belegt. Wer dagegen bereit ist, tiefer in die Tasche zu greifen, wird bei der Buchung vor Ort auf keine Schwierigkeit stoßen - in Luxushotels ist immer noch ein Zimmer frei, dort hat man einzig die Konkurrenz der Geschäftsleute zu fürchten.

Hotels und Pensionen

Das *hotel* **(Hotel)** gibt es in Polen wie auch bei uns in fünffacher Ausfertigung - anhand von Sternen wird es in Kategorien eingeteilt: je höher die Zahl (1-5), desto teurer die Übernachtung. Die Aufgliederung gibt freilich wenig Aufschluss über die Behaglichkeit, die Atmosphäre oder die Lage eines Hotels. Sie verweist lediglich darauf, dass bestimmte formale Kriterien erfüllt sind, z.B. Rezeption rund um die Uhr geöffnet, Zimmer mit Sat-TV und

Preiskategorien: Unterkunft

Um dem Leser eine Vorstellung zu vermitteln, wie teuer die in diesem Buch vorgestellten Unterkünfte sind, wurden die Hotels und Pensionen, Bauernhöfe und Herbergen in **vier Preisklassen** unterteilt. Die Preise gelten jeweils für ein Doppelzimmer inkl. Frühstück. Für ein Einzelzimmer zahlt man in der Regel 70 % des Preises vom Doppelzimmer.

Alle Preise beziehen sich, wenn nicht anders angegeben, auf die **Hauptsaison.** Diese umfasst die Osterferien sowie die Monate Juli und August, in den Wintersportgebieten die gesamte Zeit zwischen Weihnachten und Ostern. In der Nach- bzw. Nebensaison gewähren Hotels und Ausflugsheime starken Preisnachlass.

Untere Preisklasse €	bis 40 €
Mittlere Preisklasse €€	40–80 €
Obere Preisklasse €€€	80–120 €
Luxuspreisklasse €€€€	über 120 €

Internet-Anschluss. Auch die Existenz von Sporteinrichtungen trägt zur Vergabe von Sternen bei. Pool, Sauna und Spa-Einrichtungen sind in Hotels mit vier oder fünf Sternen fast immer, in Hotels mit drei Sternen manchmal vorhanden. Die Preise sind sehr unterschiedlich: Während man in großen Städten tief in die Tasche greifen muss, ist die gleiche Qualität in einer kleineren Stadt bzw. auf dem Land für die Hälfte oder noch weniger zu haben. Grundsätzlich gilt: Am Wochenende wird in der Stadt Rabatt gewährt, allerdings meist nur auf Anfrage.

Preiswerte Hotels kennt man in Polen noch unter einer ganzen Reihe weiterer Namen. *Zajazd* **(Gasthaus)** ist ein Hotel an Verkehrsstraßen, das im Gegensatz zum Motel keinen Autoservice und keine Tankstelle besitzt. In Großpolen gibt es hierfür auch die Bezeichnung *gościniec.*

Das *pensjonat* **(Pension)** kann genau so gut wie ein Dreisternehotel sein, der Hauptunterschied liegt in der Verpflegung: Während ein Hotel über ein A-la-carte-Restaurant verfügt, hat man in der Pension „nur" die Wahl zwischen zwei oder drei Menüs. Oft muss man sich auf eine bestimmte Essenszeit festlegen.

Handelt es sich um Objekte aus sozialistischer Zeit, wird meist der Begriff *dom wycieczkowy* **(Ausflugsheim)** benutzt. Dort gibt es oft noch Mehrbett- und Familienzimmer sowie gemeinschaftliche sanitäre Einrichtungen. Gleiches gilt für das *ośrodek wypoczynkowy* **(Erholungsanlage),** eine ganze Kolonie touristischer Häuschen oder Hütten mit Kantine, Aufenthaltsraum und Sportplätzen. Fast immer werden Sportgeräte verliehen.

Herbergen

Die bei Travellern aus aller Welt so beliebten **Hostels** haben endlich auch in Polen Einzug gehalten. Es gibt sie in Warschau und Breslau, vor allem aber in Krakau. Sie sind privat geführt und tragen so schöne Namen wie Nathan's Villa, Dizzy Daisy oder Oki Doki. Meist werden sie von Polen geführt, die selbst viel in der Welt herumgekommen sind und genau wissen, welche Bedürfnisse Traveller haben: ein preiswertes, sauberes Bett und ei-

nen Gemeinschaftsraum zum Kennenlernen von Gleichgesinnten, eine Küche, in der man sich den ganzen Tag Tee und Kaffee zubereiten kann, einen Internet-Zugang und einen Waschsalon.

Welch ein Unterschied zum Ambiente der **Jugendherberge.** Im Polnischen hat sie den Namen *schronisko młodzieżowe*. Nur einige wenige, die besseren, sind das ganze Jahr über geöffnet und bieten Selbstbedienungsküchen, in großen Städten auch Verpflegung. Während der Sommerferien werden auch Schulen in Jugendherbergen umfunktioniert, freilich sind Massenschlafsäle mit schnarchenden Nachbarn nicht jedermanns Geschmack. Eine bessere Option ist da wohl das **Studentenheim** *(dom studencki)*, das im Sommer für alle Urlauber geöffnet ist und zumeist Doppelzimmer, manchmal sogar eigenes Bad bietet. Inhaber des Internationalen Studentenausweises ISTC erhalten 25 % Ermäßigung.

Rustikale Ferien auf dem Bauernhof – idealer Urlaub für Familien mit Kindern

Im **Dom PTTK** stellt die „Gesellschaft für Touristik und Landeskunde“

einfache, aber preiswerte Zimmer bereit. PTTK-Herbergen findet man vor allem in den Bergen, wo auch der Name *schronisko górskie* **(Gebirgsherberge)** geläufig ist. Zu ihr kann man in der Regel nur zu Fuß auf markierten Wegen gelangen. In allen Herbergen gibt es in der Regel nur Mehrbettzimmer, Toiletten und Duschräume benutzt man gemeinsam.

Camping

Kemping – endlich ein Wort, dessen Aussprache keine Schwierigkeiten bereitet! Insgesamt gibt es in Polen über 200 Plätze, die von der Camping- & Caravaning Federation anerkannt und in zwei Kategorien unterteilt sind. In diesem Buch wurden nur diejenigen aufgenommen, die zur ersten Kategorie zählen und über ein Mindestmaß an Komfort verfügen. Sie werden – von wenigen Ausnahmen abgesehen – auch vom ADAC in seinem alljährlich erscheinenden Campingführer empfohlen und verfügen über Stellplätze für Zelte und Wohnwagen, Kochstellen, Elektro-Anschluss (220 Volt) und Warmwasserduschen, manchmal sogar Waschmaschinen. Stets gibt es ein Imbisslokal, an der Rezeption kauft man Getränke; Einkaufsläden sind aber eher die Ausnahme. Campingplätze sind in Polen meist **nummeriert,** der Weg ist stets gut ausgeschildert. In der Regel sind sie vom **15. Mai bis 30. September** geöffnet. Die Gebühren sind niedrig, Eltern mit zwei Kindern zahlen selbst in der Hauptsaison (Juli/August) selten mehr als 15 €.

Für Gäste ohne Zelt stehen auch ein paar Hütten und Gästehäuser bereit.

Einfache Zeltplätze heißen im Polnischen *pole namiotowe* oder *pole biwakowe* **(Biwakplätze):** umzäunte Anlagen mit fließend Wasser und meist auch einem Toilettenhäuschen. Während der Sommerferien werden viele private Rasenflächen zu einfachen Zeltplätzen umgewandelt.

Privatzimmer

Hängt am Haus ein Schild mit der Aufschrift **pokoje, pokoje wolne** oder **noclegi,** kann man anklopfen und sich nach einem freien Privatzimmer erkundigen. Meist gehört ein eigenes Bad dazu, auf Wunsch wird ein Frühstück serviert. Häufig werden Privatzimmer auch über die örtliche Touristeninformation oder Reisebüros vermittelt, der Preis beläuft sich je nach Ort auf 10 bis 20 € pro Person.

Ferien auf dem Lande

Viele polnische Kleinbauern sind in der Europäischen Union nicht konkurrenzfähig, darum setzen sie ihre Hoffnung auf **agroturystyka.** Alle, die über ein eigenes Häuschen mit Grundstück verfügen, träumen davon, ihre Zimmer an Touristen vermieten zu können – der Staat fördert dieses Vorhaben mit Steuervorteilen und günstigen Krediten. Doch mit der Vermarktung hapert es noch. Teilweise haben sich die Anbieter in lokalen Assoziationen zusammengeschlossen, teilweise auch überregional in der **„Polnischen Föde-**

Foto: sg 250po

Castle Inn Warschau: von Künstlern gestaltet, hier der Escher-Raum

ration für Tourismus auf dem Lande" *(Polskiej Federacji Turystyki Wieskiej).* Als gute Kontaktadresse hat sich das **European Center for Eco Agro Tourism** (ECEAT) bewährt. Es vermittelt ausgewählte Biohöfe, auf denen man seinen Urlaub verbringen kann und die außer Unterkunft auch Radtouren, Ausritte und Kutschfahrten anbieten. Auf Wunsch können Halb- und Vollpension gebucht werden, vielerorts kann man sich die Mahlzeiten auch selber zubereiten. Die Übernachtungspreise sind günstig: eine Person zahlt pro Nacht 8–12 €. Das Polnische Fremdenverkehrsamt verschickt auf Anfrage den Katalog „Ferien auf dem Land", weitere Infos dazu gibt es im ⇗ Internet.

Unterwegs in Polen

Bequemer ist die Reise mit dem Zug, doch sind kleinere Orte oft nur mit dem Bus erreichbar. Das ländliche Polen eignet sich bestens für Fahrradtouren, da hier die Landschaft zumeist flach ist und die Straßen wenig befahren sind. Städte hingegen sollte man meiden, es gibt dort kaum Radwege, dafür eine Vielzahl rücksichtsloser Autofahrer.

Autofahren

Die Mehrzahl der Polenurlauber reist mit dem eigenen Fahrzeug. Mithilfe der EU schreitet der Autobahnausbau zügig voran, die Entrichtung der Gebühren auf den bereits fertig gestellten Strecken verteilt sich jeweils über mehrere Mautstationen. Die Hauptverkehrsstraßen sind bis auf wenige Ausnahmen in gutem Zustand, doch **auf Nebenstrecken ist Vorsicht geboten:** Da gibt es Fahrräder, Pferdefuhrwerke und landwirtschaftliche Fahrzeuge mit nicht ausreichender Beleuchtung, häufig auch tiefe Rinnen, Schlaglöcher und holprige Bahnübergänge. Das Verkehrsaufkommen hat sich in den letzten Jahren stark erhöht, die Zahl stolzer Autobesitzer hat sich seit 1990 mehr als verzehnfacht.

Autovermietung

An den Flughäfen und in den großen Städten sind nationale und internationale Autoverleiher vertreten. Es empfiehlt sich aber, die Wagen schon vor der Reise über deutsche, österreichische oder schweizer Reisebüros zu buchen – der Mietpreis fällt in der Regel günstiger aus.

- **Express Rent A Car:** www.express.pl
- **Sixt:** www.sixt.pl
- **Global Car Rent:** www.globalcarrent.com
- **AVIS:** www.avis.pl
- **Europcar:** www.europcar.com.pl
- **Hertz:** www.hertz.com.pl
- **National Car Rental:** www.nationalcar.com.pl

Verkehrsregeln

Auto- und Motorradfahrer müssen das ganze Jahr nonstop **mit Abblendlicht** fahren; Parken ist bei Dunkelheit nur mit Standlicht gestattet. Das Halten ist innerhalb von 100 m vor und nach einem Bahnübergang untersagt. Im Bereich von Kreuzungen ist das Überholen verboten, Straßenbahnen haben Vorfahrt. Wer an Kreuzungen rechts abbiegen möchte, braucht das Umschwenken der Ampel auf grün nicht abzuwarten, auch ist es in Polen erlaubt, sowohl links als auch rechts zu überholen.

Das Mobiltelefon darf nur benutzt werden, wenn es über eine **Freisprechanlage** verfügt und beide Hände am Steuer bleiben. **Gurtpflicht** besteht in Stadt und Land auf allen Sitzen, für Kinder bis zu 12 Jahren gilt Kindersitzpflicht. Warndreieck, Verbandskasten und Ersatzlampenbox sind mitzuführen.

Die **Promillegrenze beträgt 0,2,** bei Überschreitung kann der Führerschein eingezogen und das Fahrzeug sichergestellt werden.

Polizisten dürfen das **Strafgeld** nicht bar kassieren, sondern müssen eine Rechnung ausstellen. Fällige Strafpunkte werden dem zuständigen Zentralregister im Herkunftsland gemeldet.

Innerhalb geschlossener Ortschaften darf die Polizei Autofahrer rund um die Uhr anhalten und kontrollieren – außerhalb der Ortschaften dürfen Autos von Zivilbeamten nur tagsüber, von uniformierten Polizisten auch nachts gestoppt werden.

Zugelassene Höchstgeschwindigkeiten

	Pkw/Motorrad	Pkw mit Anhänger	Lkw
Autobahn	130 km/h	80 km/h	80 km/h
Schnellstraße mit zwei Fahrbahnen	110 km/h	80 km/h	80 km/h
Schnellstraße mit einer Fahrbahn	100 km/h	80 km/h	80 km/h
Landstraße mit zwei Fahrbahnen	100 km/h	80 km/h	80 km/h
Landstraße mit einer Fahrbahn	90 km/h	70 km/h	70 km/h
Geschlossene Ortschaften	50 km/h	50 km/h	50 km/h

Meidung von Lkw

Das Fahren auf Fernstraßen kann wegen des häufigen Schwerlastverkehrs anstrengend sein. Da ist es hilfreich zu wissen, dass in Polen für Lkws über 12 t an polnischen Feiertagen von 7 bis 22 Uhr sowie am Vortag von 18 bis 22 Uhr **Fahrverbot** gilt. In den Monaten Juni bis September gelten noch zusätzlich Fahrverbote am Sonntag von 7 bis 22 Uhr, im Juli und August darüber hinaus auch am Freitag von 18 bis 22 und am Samstag von 7 bis 14 Uhr.

Tankstellen

Tankstellen sind fast ebenso zahlreich wie in Deutschland, flächendeckend sichergestellt ist die Versorgung mit Superbenzin (95 und 98 Oktan), bleifreiem Benzin (durchgestrichenes „Pb") und Dieselkraftstoff (ON, oft auch Biodiesel). An wichtigen Fernverkehrsstraßen und in größeren Städten bleiben Tankstellen durchgehend geöffnet, ansonsten meist von 6 bis 22, an Sonn- und Feiertagen von 7 bis 17 Uhr. Kraftstoff ist in Polen etwa 20 % günstiger als in Deutschland.

Parkzonen

Aufgrund der immer noch hohen Quote von Autodiebstählen sollte man das Fahrzeug möglichst auf bewachten Plätzen abstellen – vor allem dann, wenn es der gehobenen Preisklasse angehört. In den Innenstädten gibt es stets eine Reihe privat betriebener Parkplätze, wobei man aber unbedingt die **Öffnungszeiten beachten** sollte. Nur wenige Plätze sind rund um die Uhr zugänglich! Und Haftung für Schäden am Fahrzeug oder zurückgelassene Gegenstände ist gleichfalls nicht garantiert. Wer ganz auf Nummer sicher gehen will, wählt deshalb einen (meist teureren) Platz mit der Aufschrift *Strzeżony i Ubezpieczony*, was so viel heißt wie „bewacht und versichert". Daneben gibt es in großen polnischen Städten natürlich auch spezielle Parkzonen, die zu festgelegter Zeit mit Parkschein benutzt werden können. Diesen erhält man beim Parkwächter oder in Parkautomaten. Für unbefugtes Parken werden hohe Geldbußen erhoben.

Winterreise

Ab Oktober empfiehlt es sich, mit **Winterreifen** zu fahren. Nach Schneefällen werden die Hauptverkehrsstraßen schnell und umfassend geräumt, Schneeketten sind nur im Gebirge, hier vor allem in der Hohen Tatra und in den Waldkarpaten erforderlich.

Pannen- und Unfallhilfe

Die Pannenhilfe des Polnischen Motorverbandes PZM erreicht man in ganz Polen unter Tel. 981, den Unfallrettungsdienst unter Tel. 999. Der Notarztwagen heißt auf Polnisch *pogotowie ratunkowe*. Bei Unfällen ist grundsätzlich die örtliche Polizei zu verständigen (Tel. 997). Um mögliche Schadenersatzansprüche durchsetzen zu können, sollte man im Besitz einer Rechtsschutz-, Kasko- oder Schutzbriefversicherung sein und ein Exemplar des Polizeiprotokolls verlangen. Die **Notrufstation des ADAC** in Polen hat die Nummer 022-6222060. Hier die Internetseiten und Notrufnummern der wichtigsten Automobilclubs im Heimatland:

- **ADAC,** www.adac.de; Tel. 0049-89222222; unter Tel. 0049-89767676 erfährt man, wo sich in der Nähe des Urlaubsortes ein deutschsprechender Arzt befindet (die Liste kann man auch vorab anfordern).
- **ÖAMTC,** www.oeamtc.at; Tel. 0043-12 512000
- **TCS,** www.tcs.ch; Tel. 0041-224172220

Wohnwagen und Wohnmobile

Vorerst sieht man neben den Einheimischen vor allem Holländer, die das Land mit Wohnwagen erkunden, doch auch deutsche Urlauber kommen auf den Geschmack. Es locken die Unabhängigkeit und die Chance, preiswert zu reisen. Wer auf Campingplätzen Station macht, hat dort fast immer Stromanschluss, für alle Fälle sollte man ein passendes Verlängerungskabel dabei haben.

Bahn

Die **Polnische Staatsbahn (PKP)** verfügt über ein weit verzweigtes, über 20.000 Kilometer umfassendes Streckennetz, das dazu einlädt, sich eine Tour individuell zusammenzustellen. Die Fahrkarte für eine über 100 km lange Strecke gilt maximal zwei Tage, am ersten Tag der Gültigkeitsdauer muss die Reise beginnen. Am komfortabelsten sind die **Intercity-Züge.** Sie verbinden die großen Städte wie Breslau, Krakau, Posen, Warschau und Danzig. Inter- und Eurocity sowie Expresszüge verfügen über einen Speisewagen *(bufet)*, im **D-Zug** kommt ein Getränkewagen vorbei. Die so genannten **„Schnellzüge"** *(pośpieszny)* sind bedeutend langsamer als D- und Expresszüge, dafür preiswerter. Für diese Züge kann man keine Reservierung vornehmen, in den Ferien sind sie von Schülern und Studenten überfüllt. Wer im Nahbereich kleine Dörfer besuchen will, wählt den **Personenzug** *(osobowy)* – er hält an jeder kleinen Station und hat nur Wagen zweiter Klasse. Bedeutend preiswerter als in Deutschland sind innerhalb Polens die Schlaf- und Liegewagen; man erkundige sich nach den Preisen für *sypialny* (Schlafwagen) und *kuszetka* (Liegewagen).

Kauf der Karte

Die Zugfahrkarte *(bilet)* erhält man außer am Bahnhof *(dworzec PKP)* auch in einigen Filialen des Reisebüros Orbis. Abfahrtstafeln *(odjazdy)* sind stets gelb, Ankunftstafeln *(przyjazdy)* weiß gekennzeichnet. Am Wochenende und in der Hauptferienzeit empfiehlt sich eine **Platzreservierung** *(miejscówka)* zu einem geringen Aufpreis. In allen Zügen, die auf dem Fahrplan mit einem „R" gekennzeichnet sind, ist diese ohnehin obligatorisch. **Nichtraucher** insistieren auf *miejsce dla niepalących,* **Raucher** auf *miejsce dla palących.* Verspäteter Kartenkauf beim Schaffner im Zug hat einen Preisaufschlag zur Folge, Fahrpläne zum Mitnehmen liegen nirgendwo aus.

Angebote

Auch die polnische Bahn beginnt Reisende mit Sonderangeboten zu locken. Das sehr preiswerte **Bilet turystyczny,** eine Art „Schönes-Wochenende-Ticket" der PKP, erlaubt eine unbegrenzte Zahl von Fahrten vom ersten freien Arbeitstag (9 Uhr) bis zum letzten freien Arbeitstag (19 Uhr), gilt aber nicht in Express- oder IC/EC-Zügen. Vorerst gibt es fürs Wochenende auch ein **Bilet wycieczkowy,** eine „Ausflugskarte", bei der man erheblichen Preisnachlass auf einer Strecke von max. 120 Kilometern erhält. Beide Tickets sind am Bahnhofsschalter erhältlich; ist dieser geschlossen, kann man die Karte auch beim Zugschaffner erwerben.

Wer sich schon vor der Reise über aktuelle Sparangebote innerhalb Polens informieren möchte, bestellt das „Polen-Magazin" beim Polnischen Fremdenverkehrsamt (⇗ Kapitel „Information").

Abreise

Anders als in Deutschland ist auf dem Fahrplan nicht das Gleis, sondern der **Bahnsteig** *(peron)* angegeben, sodass man oft nicht weiß: Soll ich in den linken oder rechten Zug einsteigen? Zusätzlich kompliziert wird die Sache dadurch, dass **auf einem Gleis oft zwei Züge** stehen, die in entgegengesetzte Richtung fahren. Damit man am richtigen Zielort ankommt, sollte man sich vorsichtshalber beim Schaffner oder bei anderen Reisenden vergewissern, ob es sich wirklich um den gewünschten Zug handelt.

Ankunft

In der Regel wird man im Zentrum einer Stadt und nicht in einem der vielen Vororte aussteigen wollen. An Hauptbahnhöfen ist dem Städtenamen die Bezeichnung *Główny,* manchmal auch *Centralny* beigefügt. In allen größeren Städten verfügen Bahnhöfe über eine **Gepäckaufbewahrung** rund um die Uhr. Für den zu zahlenden Preis ist der geschätzte Wert bestimmend!

Fahrrad

Für Fahrten innerhalb Polens kauft man am jeweiligen Bahnschalter Fahrradtickets, deren Preis 50 Prozent vom Erwachsenenticket beträgt. Die Mitnahme des Rades ist **nur in den Zügen mit Gepäckwagen,** also in Nahverkehrs- und Regionalzügen möglich; diese sind im Fahrplan mit Gepäck- oder auch Fahrradsymbol gekennzeichnet. Das Fahrradticket wird am Drahtesel befestigt und dieser am Gepäckwagen (steht am Anfang oder Ende des Zuges) abgegeben. Der Schaffner durchtrennt das Ticket und bestätigt die Übernahme des Fahrrades. Nach Ankunft am Bestimmungsbahnhof holt sich der Fahrgast sein Rad aus dem Gepäckwagen. Gibt es keinen Gepäckwagen, so darf man das Rad meist **im Korridor des letzten Wagens** befördern (aber bitte vorher fragen).

In den vergangenen Jahren hat man auch in Polen damit begonnen, für Radfahrer und Mountainbiker spezielle Routen zu markieren. Gute Arbeit leistete man vor allem im Riesengebirge (hier insbesondere in der Region Szklarska Poręba). Doch auch verkehrsarme Nebenstrecken eignen sich oft hervorragend für Touren. Man kann sich Fahrräder in vielen Hotels ausleihen.

Bus

Innerhalb Polens gibt es ein weit verzweigtes Netz des **Staatlichen Autobusverkehrs (PKS).** Tickets bekommt man am Busterminal (Dworzec PKS), der sich meist in der Nähe des Hauptbahnhofs befindet. Ist dieser geschlossen, kauft man sie direkt beim Fahrer. Nummerierte Sitzplätze bekommt man nur, wenn überhaupt, beim Kauf der Karte am Startpunkt. PKS-Busse sind erstaunlich pünktlich und halten in jedem kleinen Dorf. Wer sein Ziel besonders schnell erreichen will, wählt eine der wenigen auf der Anschlagtafel rot eingetragenen Verbindungen. **Haltestellen** erkennt man an den blauen Schildern mit Bussymbol und PKS-Logo.

Auf vielen Strecken unterbieten die **private Busunternehmen** in ihrem Kampf um Fahrgäste die schwerfällige staatliche Busgesellschaft und sorgen für niedrige Preise. Besonders erfolgreich ist **Polski Express.** Er ist schnell und direkt, verkehrt allerdings nur zwischen großen Städten. Bei fast allen Busgesellschaften dürfen Kinder bis zum vierten Lebensjahr ohne eigenen Sitzplatz gratis reisen, Kinder zwischen vier und sieben Jahren erhalten 50% Ermäßigung.

Flugzeug

LOT und ihre Tochtergesellschaft Eurolot (www.lot.com) unterhalten reguläre Flugverbindungen zwischen größeren polnischen Städten. Außer Warszawa (Warschau) sind dies Bydgosczn (Bromberg), Gdańsk (Danzig), Katowice (Kattowitz), Kraków (Krakau), Poznań (Posen), Rzeszów, Szczecin (Stettin) und Wrocław (Breslau). Wer von Warszawa einen Anschlussflug in eine andere polnische Stadt hat, muss vom internationalen zum nationalen Flughafen wechseln. Zwischen beiden besteht eine Busverbindung. Flugtickets sind in den LOT-Verkaufsstellen und Reisebüros erhältlich. Kinder bis zu zwei Jahren ohne eigenen Sitzplatz erhalten 90 Prozent Ermäßigung, für Kinder bis zu 12 Jahren gibt es 50% Ermäßigung.

Öffentlicher Nahverkehr

In den touristischen Informationsbüros großer Städte wie Krakau, Warschau und Posen wird eine **Touristenkarte** *(Karta Polska)* angepriesen, die für ein bis drei Tage freie Fahrt mit öffentlichen Verkehrsmitteln, Vergünstigungen in bestimmten Geschäften und Restaurants sowie kostenlosen bzw. ermäßigten Eintritt in Museen bietet. Dies klingt verlockend, doch Einheimische würden sich diese Karte nie kaufen. Sie gehen lieber zum Zeitungsstand *(kiosk ruch)* und kaufen dort eine **„normale" Tages- oder Wochenkarte.** Tatsächlich ist, wer nicht alle mit der Karte verknüpften Angebote wahrnehmen will, mit der „normalen" Karte sehr viel besser bedient.

Es gibt für den Nahverkehr in jeder Stadt unterschiedliche Regeln. Mal muss man den Fahrschein *(bilet)* bereits vor Antritt der Fahrt entwerten, andernorts darf dies erst im Fahrzeug geschehen. In der Regel ist das Umsteigen mit einem Einzelfahrschein nicht möglich, dann wieder ist es möglich, man hat aber nur eine bestimmte Zeit zur Verfügung. In Städten wie Krakau und Warschau wird einem möglicherweise schon in der ersten Minute die Laune verdorben. Kontrolleure stürzen sich auf Fahrgäste, die gerade frisch eingetroffen und mit Koffer bzw. Rucksack in den Bus gestiegen sind und kontrollieren ihre Tickets. Ein kurzer Blick auf den Rucksack und schon wird ein Strafgeld kassiert: die Ausländer wussten offenbar nicht, dass für das **Gepäckstück ein Zusatzticket** gelöst werden muss, und wenn sie eines gelöst haben, so haben sie vielleicht vergessen es zu entwerten ...

Taxi

Die offiziellen Taxis sind in Polen noch immer preiswert. Man kann sie telefonisch bestellen (z.B. Radio-Taxi 919) und zahlt dafür keine zusätzliche Gebühr. Hält man unterwegs ein Taxi an, ist zu prüfen, ob die Tür mit einer Zahl beschriftet ist oder auf der Scheibe ein Aufkleber den Höchstpreis pro Kilometer anzeigt. Fehlt der Aufkleber, sollte man nach dem maximalen Preis für die gewünschte Strecke fragen. Vorsicht ist vor allem an Flughäfen und an den Bahnhöfen größerer Städte geboten, wo die so genannte „Taxi-Mafia" das Gewerbe mit überzogenen Preisforderungen in Verruf gebracht hat. Bei allen Fahrten im Taxi sollte der Taxameter eingeschaltet sein.

Zollvorschriften

Für die Ein- und Ausfuhr von Waren innerhalb der EU gelten folgende Bestimmungen: Artikel und Genusswaren sind generell abgabenfrei, sofern die Menge der mitgebrachten Waren den privaten Eigenverbrauch nicht übersteigt. Diesen definiert der Zoll wie folgt:

- **Tabakwaren:** 800 Zigaretten oder 200 Zigarren oder 1 Kilogramm Tabak
- **Alkohol:** 10 Liter Spirituosen über 22 % Vol., 90 Liter Wein (davon höchstens 60 Liter Schaumwein), 110 Liter Bier
- **Kaffee:** 10 Kilogramm Kaffee
- **Benzin:** maximal 20 Liter Kraftstoff im Reservekanister
- **Devisen:** Ein- und Ausfuhr von mehr als 10.000 Euro sind deklarationspflichtig

Mit der Rikscha unterwegs in Breslau

Für die Rückeinreise in die Schweiz sollten Bürger dieses Landes folgende Freimengen beachten:

- **Tabakwaren:** 200 Zigaretten oder 50 Zigarren oder 250 Gramm Schnitttabak
- **Alkohol:** 2 Liter Spirituosen unter 15 % Vol., 1 Liter über 15 % Vol.
- **Sonstiges:** neu angeschaffte Waren für den Privatgebrauch bis zu einem Gesamtwert von 300 SFr

Sonderbestimmungen: Die Ausfuhr von Büchern, Kunstwerken und Antiquitäten, die vor dem 9. Mai 1945 hergestellt wurden, ist ohne vorherige Genehmigung der zuständigen polnischen Behörden verboten. Außerdem weist das Auswärtige Amt darauf hin, dass ein in Deutschland zugelassenes Fahrzeug in Polen von keinem Fahrer geführt werden darf, der in Polen gemeldet ist. Bei einer Polizeikontrolle droht die Beschlagnahme des Fahrzeuges, sogar die Ausstellung einer Vollmacht für den Fahrer ist zwecklos.

Darüber hinaus gelten auch weiterhin in allen EU-Mitgliedstaaten nationale Ein-, Aus- oder Durchfuhrbeschränkungen, z.B. für Tiere, Waffen und starke Medikamente. Nähere Infos:

- **Deutschland:** www.zoll.de
- **Österreich:** www.bmf.gv.at
- **Schweiz:** www.ezv.admin.ch/index.html

207-po Foto: sg

018po Foto: sg

Land und Leute

017po Foto: sg

016po Foto: sg

Landleben

Köhler bei der Arbeit:
einer der wenigen Erwerbszweige
in den Waldkarpaten

Studentinnen

Polens südliche Regionen

Polen gliedert sich in vier Landschaftszonen: Auf die Ostseeküste folgen nach Süden der Baltische Höhenrücken, dann die zentrale Tiefebene und eine stetig ansteigende, imposante Gebirgslandschaft. In diesem Buch werden alle Regionen vorgestellt, die in Polens „unterer" Hälfte, südlich der Achse Posen – Warschau liegen.

Quer durch die Mitte des Landes zieht sich in einem breiten Streifen eine **Tiefebene** von West nach Ost. Zwar ist sie nicht völlig flach, doch ist ihr Relief so ausgeglichen, dass man fast immer bis zum Horizont schauen kann. Der Boden ist hier sehr fruchtbar, weshalb der ursprüngliche Mischwald schon im Mittelalter gerodet wurde, um Raum zu schaffen für Getreideäcker, Weizenfluren und Obstgärten, die bis heute das Landschaftsbild bestimmen. Nur auf dem kargen Sandboden, der nichts abwirft, blieb Kiefernwald stehen. Die Landesmitte ist dicht besiedelt und von Straßen und Bahnlinien durchzogen, die West- und Osteuropa in einer dynamischen Achse verbinden.

Rasch wird das Tiefland abgelöst: im Westen durch leicht gewellte **Hügelketten,** im Osten durch die aufeinander folgenden **Hochplateaus** der Krakauer-Tschenstochauer Jura, der Heiligkreuzberge und des Lubliner Hochlands. Je weiter man nach Osten fährt, desto dichter sind sie bewaldet – drei Nationalparks wurden dort eingerichtet.

Spannend wird es für die meisten Besucher erst südlich der Linie Breslau (Wrocław) – Tschenstochau (Częstochowa) – Lublin, wo die von der Eiszeit geformten Hügel in „richtige" Gebirgsketten übergehen. Die **Sudeten** und **Karpaten,** die sich über 500 Kilometer längs der Grenze zu Tschechien und der Slowakei erstrecken, sind sehr unterschiedlich: Während die geologisch älteren Sudeten im Lauf von vielen Millionen Jahren von Wasser und Wind glatt geschliffen wurden, wirken die Karpaten wilder und schroffer. Den höchsten Teil der Sudeten bildet das **Riesengebirge** (Karkonosze), das dank seiner Granitwände und der

ausgedehnten Hochmoore nahe der Schneekoppe fast alpin wirkt. Östlich des **Glatzer Berglands,** nahe dem Dreiländereck Polen, Tschechien und Slowakei, markiert die Mährische Pforte den Übergang zu den Karpaten. Deren höchster Teil ist die **Tatra,** das „kleinste Hochgebirge der Welt". Es steigt auf polnischer Seite bis auf 2500 Meter an, Zacken und scharfkantige Bergkämme türmen sich zu einer steinernen Festung. Über die **Pieninen** (Pieniny), die Tatra und die **Niederen Beskiden** (Beskid Niski) spannt sich der Gebirgsbogen bis zu den **Waldkarpaten** (Bieszczady), der einsamsten Region Polens an der Grenze zur Ukraine und zur Slowakei.

Die 1999 geschaffenen **Woiwodschaften** (= Provinzen), ⇗ hintere Umschlagklappe, entsprechen nicht immer den geografisch sinnvollen Einheiten. In der Tiefebene liegen die großen Regionen **Großpolen** (Wielkopolskie) und **Masowien** (Mazowieckie), die mit den Städten Posen und Warschau zu den wohlhabendsten in Polen zählen. Im Südwesten des Landes erstreckt sich **Niederschlesien** (Dolnośląskie), das Land an der „niederen" Oder, das seinen Namen in Abgrenzung zu Oberschlesien, dem Land an der „oberen" Oder erhielt. Durch die Verwaltungsreform 1999 wurde das historische Oberschlesien

in die westliche, ländlich geprägte Woiwodschaft **Oppelner Land** (Opolskie) und das östliche, industrielle **Oberschlesien** (Śląskie) geteilt: auf der einen Seite das deutsch anmutende Musterländle, auf der anderen der Kohlenpott mit abzuwickelnden Zechen und hoher Arbeitslosigkeit. Weiter östlich folgt die Woiwodschaft **Kleinpolen** (Małopolska) – auch nicht gerade ein glücklicher Name, handelt es sich hier doch weder um einen „kleinen" noch einen unbedeutenden, sondern lediglich um einen „jüngeren" Landesteil. Jünger ist dieser freilich auch nur im Vergleich zu Großpolen, jenem Gebiet rund um Posen, wo im 10. Jahrhundert der polnische Staat entstand. Im Osten liegen die Woiwodschaften **Heiligkreuz** (Świętokrzyskie), **Lubliner Land** (Lubelskie) und **Vorkarpaten** (Podkarpackie). Sie

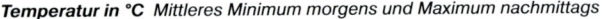

Temperatur in °C *Mittleres Minimum morgens und Maximum nachmittags*

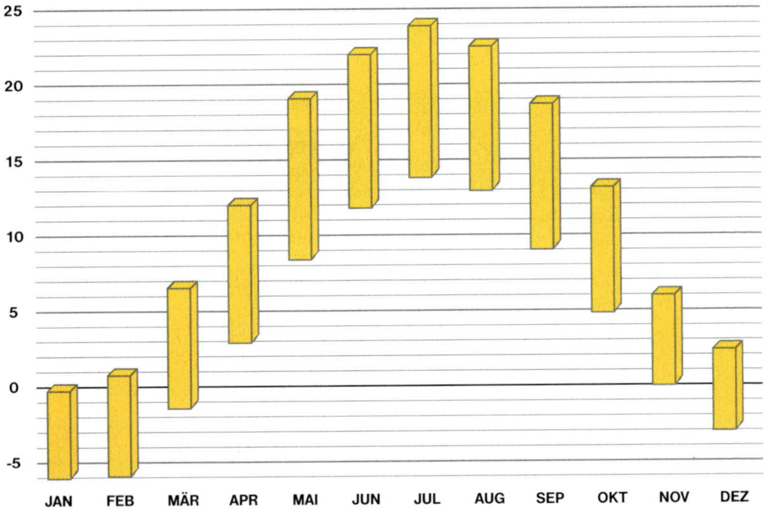

Mittlere Anzahl der Tage mit Niederschlag pro Monat *durchschnittlich 173 pro Jahr*

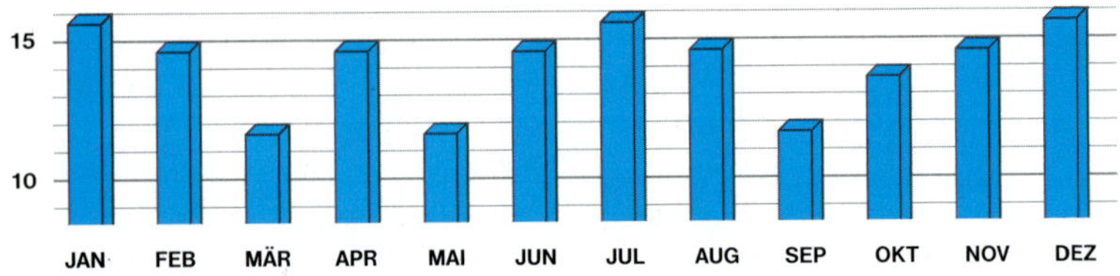

Ob im Riesengebirge oder in den Waldkarpaten: Es gibt zahlreiche Wintersportorte

sind bislang wirtschaftlich wenig erschlossen und gerade deshalb landschaftlich attraktiv. Doch steht zu erwarten, dass sie als Randgebiet der EU-Außengrenze in den Genuss großzügiger Fördermittel kommen.

Klima

In Polen stoßen feuchte, atlantische Luftmassen mit der trockenen Luft Eurasiens zusammen. So herrscht in **Westpolen** – ähnlich wie in Deutschland – ein **gemäßigtes Meeresklima** mit milden, feuchten Wintern und kühlen, niederschlagsreichen Sommern. **Ostpolen** dagegen wird durch das **kontinentale Klima** bestimmt, d.h. die Winter sind etwas kälter, die Sommer dafür etwas wärmer und trockener als in Deutschland. Während in Berlin die mittlere Januartemperatur bei 0 °C liegt, liegt sie in Warschau bei minus 3,5 °C. Im Juli und August klettert das Thermometer in Warschau regelmäßig über 30 °C.

Der Winter mit Schnee und Frost dauert von etwa Mitte Dezember bis Ende Februar. Im März kann es schon mal milde Tage geben, doch beginnt der Frühling erst im April und erstreckt sich bis Ende Mai. Der Sommer dauert von Juni bis August und ist meist sehr heiß. Sprichwörtlich ist Polens „goldener Herbst", der bis weit in den Oktober reicht. Dann beginnt auch in Polens Süden der trüb-neblige Vorwinter mit Schauern und Stürmen.

Flora und Fauna

Wald bedeckt fast ein Drittel der Landesfläche. Die vorherrschende Baumart ist die Kiefer, gefolgt von Laubarten wie Eiche, Buche, Birke und Linde. Polens legendäre **Pilze** wachsen hier, darunter Steinpilz, Pfifferling und Morchel. Der Wald, vor allem die großen zusammenhängenden Flächen im Osten, bieten zahlreichen in Westeuropa ausgestorbenen bzw. bedrohten Tieren einen Lebensraum: Der **Wisent,** das größte Säugetier des alten Kontinents, kann dank intensiver Nachzucht wieder auf freier Wildbahn leben: 500 dieser zotteligen Tiere bevölkern die Wälder an der Grenze zur Ukraine und zu Weißrussland. Polens **Wölfe** haben schon Schlagzeilen gemacht, weil sie in Rudeln die Grenze nach Deutschland passierten. Weniger beweglich sind **Braunbären** und **Luchse,** die vor allem in den Waldkarpaten leben. Außerdem gibt es an die **20.000 Biber, wilde Tarpanpferde** und **Elche,** daneben „normales" Wild wie Hirsch, Reh und Fuchs. Für **Vogelbeobachter** ist Polen längst kein Geheimtipp mehr, in Südpolen kommen sie vor allem im Polesie-Nationalpark nordöstlich von Lublin auf ihre Kosten. Den Storch sieht man überall: je weiter man gen Osten fährt, desto häufiger.

303po Foto: pf

Geschichte

Drei Brüder, heißt es in einer Legende, zogen übers Land und suchten einen Ort, an dem es sich lohnte zu bleiben. *Rus* entschied sich für die Steppe, *Czech* für das Moldautal und *Lech,* der Älteste, für den Zufall: Auf einem großen weiten Feld entdeckte er ein Nest mit schneeweißen Adlern und war so entzückt von ihrem Anblick, dass er beschloss, sich just an dieser Stelle eine Hütte zu bauen. Er gab ihr den Namen *Gniazd* (Nest), woraus später *Gniezno,* die erste Hauptstadt des Landes wurde – mit dem Adler als Polens Wappentier.

Die Legende umschreibt den Aufbruch der Slawen aus ihrem Stammgebiet zwischen Karpaten und Pripjet-Sümpfen in der heutigen Ukraine im 6. Jahrhundert: Einige Stämme zogen nach Osten, andere nach Süden bis zum Balkan und dem Schwarzen Meer, die nächsten wählten das Gebiet zwischen Weichsel und Oder. Sie waren in Sippen organisiert, an deren Spitze ein Herrscher stand, und betrieben karge Landwirtschaft, die ihnen das Überleben sicherte. Jene, die sich süd- und westwärts aufmachten, bezeichnet man heute als Westslawen – zu ihnen gehören auch die Polen.

Auch in Polen anzutreffen: der Wolf

Mit dem Christentum zum eigenen Staat (ab 960)

Es bedurfte eines ehrgeizigen Herrschers, um die Stämme zwischen Oder und Weichsel, jenes Gemisch von Polanen, Wislanen, Slensanen, Kujawiern und Masowiern zu einen. Diese Rolle kam **Mieszko I.** zu, einem Gnesener aus der **Dynastie der Piasten** (reg. ca. 960–992), dessen Stamm *(polane* = Feldbewohner) zum Namensgeber Polens wurde. Mieszko agierte im Schatten eines starken westlichen Nachbarn, der bestrebt war, sein „Heiliges Römisches Reich Deutscher Nation" in Richtung Osten auszudehnen. Längs der Oder, dem wichtigen Handelsweg von der Ostsee nach Schlesien, kam es wiederholt zu Konflikten. Seit der Niederlage gegen die Truppen des Markgrafen *Gero* (963) war *Mieszko* dem deutschen Kaiser tributpflichtig. Um handlungsfähig zu bleiben, tat er das Beste, was er tun konnte. Er schwor seinem heidnischen Glauben ab und **ließ sich taufen,** womit er Anspruch auf päpstlichen Schutz erwarb und seinerseits missionierend tätig werden durfte. Zugleich entzog er seinem deutschen Nachbarn den Vorwand, ihn mittels Gewalt zum „rechten Glauben" bekehren zu können.

Doch gab es in dieser frühen Phase deutsch-polnischer Beziehungen nicht nur Zank und Streit. Die Heirat *Miesz-*

kos mit *Oda,* der Tochter des sächsischen Markgrafen, läutete eine Zeit der Entspannung im gegenseitigen Verhältnis ein (977). Der Pole nahm an kaiserlichen Reichstagen teil und rückte vom Vasallen zum Lehnsmann des Reiches auf. Gleichzeitig nutzte er die Ruhe an der Westfront, um sein Territorium in Richtung Süden und Osten auszudehnen. Er sicherte sich die Kontrolle über Schlesien und das Weichselgebiet um Krakau, die aus dem West-Ost-Handel erzielten Einkünfte flossen nun nicht mehr in böhmische, sondern in polnische Taschen.

Doch nicht *Mieszko,* sondern seinem Sohn **Bolesław I.** (reg. 992–1025) war es vergönnt, seinem Land die Selbstständigkeit zu erkämpfen. Als im Jahr 1000 der deutsche Kaiser *Otto III.* das Grab des kurz zuvor heilig gesprochenen Bischof *Adalbert* in Gnesen besuchte, kam es zu einer folgenreichen Begegnung mit Herzog *Bolesław,* der nun die Früchte für die von ihm praktizierte Loyalität gegenüber dem Reich ernten durfte. *Otto III.* erhob den bis dahin Tributpflichtigen *(tributarius)* in den Rang eines Souveräns *(dominus).* Er kürte ihn zum **„Bruder und Mitstreiter im Reich"**, setzte ihm ein Diadem aufs Haupt und übergab ihm sein Schwert. Auch gestand er ihm das Recht zu, eigene Bischöfe zu ernennen, womit eine vom Heiligen Römischen Reich Deutscher Nation **unabhängige polnische Kirche** entstand. Noch im gleichen Jahr wurde das Erzbistum *Gnesen* gegründet, dem das Bistum von Posen unterstellt war.

Nach *Ottos* Tod (1002) verschlechterte sich das deutsch-polnische Verhältnis, *Heinrich II.* war an der Fortsetzung des Bündnisses mit den Piasten nicht interessiert. Wiederholt kam es zu kriegerischen Auseinandersetzungen, wobei es *Bolesławs* Truppen mehrfach gelang, weit nach Westen vorzustoßen. Im **Frieden von Bautzen** 1018 wurde die Grenze der polnischen Kirchenprovinz nach Westen verschoben, ihr Territorium um Lausitz, Mähren und Pommern erweitert. Noch erfolgreicher war *Bolesław* bei seinen Feldzügen gen Osten, was ihm den Beinamen *Chrobry* (der Tapfere) einbrachte. Schon bald reichte seine Macht von der Oder bis zum Bug, von der Ostsee bis zu den Sudeten und entsprach ungefähr Polen in den Grenzen von heute. 1025 nutzte *Bolesław* einen Konflikt zwischen dem Papst und dem mittlerweile zum Kaiser aufgestiegenen *Heinrich* und ließ sich mit päpstlicher Billigung zum König krönen.

Staatlicher Zerfall (11./12. Jh.)

Doch *Bolesławs* Reich hatte keinen Bestand. Sein Nachfolger **Mieszko II.** verlor wichtige Territorien im Westen und musste 1033 auf den Königstitel verzichten. Nach einem Vorstoß der Böhmen wurde die Hauptstadt von Gnesen ins östlich gelegene Krakau verlegt. Bürgerkriege und Aufruhr heidnisch gebliebener Stämme erschütterten das Land, das immer mehr an Bedeutung verlor. Zum **Zerfall der Zentralmacht** trug auch die 1138 eingeführte Erbfolgeregelung bei, die den ältesten, in Krakau residierenden Königssohn zum Oberherrscher bestimmte und den drei übrigen männlichen Nachgeborenen je einen Landesteil zusprach. Die Piasten-Dynastie splitterte sich in mehrere konkurrierende Linien auf, die sich ihrerseits verästelten. Die Teilfürstentümer waren Großpolen (Wielkopolska), das Stammland um Gnesen und Posen, ferner Kleinpolen (Małopolska), das Gebiet um Krakau, Masowien (Mazowsze), die Landschaft um Warschau und vorerst auch Schlesien (Śląsk) mit Breslau. Pommern fiel bereits 1181 an das Heilige Römische Reich Deutscher Nation. Die Piastenfürsten holten zwecks Mehrung ihrer Einkünfte deutsche Siedler ins Land, damit sie den Boden urbar machten. Auch gründeten sie Städte nach deutschem Recht und nahmen gern Töchter aus deutschen Fürstenhäusern zur Frau.

Neuer Aufstieg (ab 1320)

Nach langen internen Machtkämpfen wurde Polen 1320, also nach fast zweihundert Jahren, neu als **Königreich** begründet: Die Teilfürstentümer Groß- und Kleinpolen wurden vereint. Schlesien gehörte allerdings ab 1335 nicht mehr dazu, als Teil Böhmens wurde es Bestandteil des Heiligen Römischen Reichs Deutscher Nation. Dafür erwarb König **Kazimierz III.** (reg. 1333–70) Masowien und Ruthenien (heute Westukraine), womit sich Polen weit nach Südosten verlagerte. Auch nach innen stabilisierte er seine Herrschaft, indem er einen für damalige Verhältnisse modernen Staat schuf: Er vereinheitlichte das Rechtswesen und die Verwaltung, förderte Kultur und Wissenschaft, 1364 rief er Polens erste Universität ins Leben. Als die Juden in Westeuropa vertrieben wurden, hieß er sie willkommen, wusste er doch, dass durch ihre weit gespannten Kenntnisse und Kontakte Polens Handel und Handwerk nur profitieren konnten. Er stiftete Kirchen und Krankenhäuser, gründete 70 Städte und sicherte die Grenzen durch Burgen. Noch heute kennt jedes polnische Schulkind den Spruch, **Kazimierz III. habe ein hölzernes Polen vorgefunden und ein steinernes hinterlassen.** Als einziger Monarch wurde er mit dem Beinamen *Wielki* (der Große) geehrt.

Befördert wurde **Polens Neugründung** durch die Herausbildung eines Staats an seiner Nordostflanke, der binnen weniger Jahrzehnte zu großer Macht aufgestiegen und bestrebt war, weiter zu expandieren. Die Rede ist vom **Staat der Deutschen Ordensritter,** jener Herren im weißen Mantel mit schwarzem Kreuz, die der polnische Herzog von Masowien 1226 als Hilfstrupp ins Land geholt hatte, um die heidnischen *Pruzzen* zu unterwerfen. Dass der Hilfstrupp sich für seine Kriegerdienste nicht mit einem kleinen Geschenk abspeisen ließ, sondern sogleich einen eigenen Staat gründete – damit hatte der Herzog von Masowien nicht gerechnet.

Ursprünglich waren die **Ordensritter** Kreuzfahrer, die sich ihre Sporen im Heiligen Land bei der Niederwerfung der „Ungläubigen" verdient hatten. Dafür waren sie vom Papst geadelt und zu „Streitern Gottes" erhoben worden. Ihr Anführer, der machtbewusste Hochmeister *Hermann von Salza,* entschloss sich, den Auftrag des masowischen Herzogs anzunehmen, freilich nicht ohne sich zuvor das heidnische, also nach christlicher Auffassung herrenlose Pruzzenland vom Papst übereignen zu lassen. Auch vom deutschen Kaiser *Friedrich II.* ließ er sich den zu erobernden Besitz absegnen. Erst dann gab er seinen Rittern den Marschbefehl.

Von ihren längs der Weichsel errichteten Festungsburgen starteten die Ritter zu blutigen Feldzügen, missionierten erst die Pruzzen, dann die weiter östlich siedelnden Sudauer und Galinder. Ab 1283 begann der Orden mit dem systematischen Aufbau eines eigenen Staats, zu dem bald auch das westlich der Weichsel gelegene Pommerellen gehörte. Mithilfe vorwiegend deutscher Kaufleute, Handwerker und Bauern wurden ca. 100 Städte gegründet, deren straffe Verwaltung als vorbildlich galt. Nachdem der Hochmeister 1309 seinen Hauptsitz in die Marienburg (heute Malbork) verlegt hatte, zog das Ordensheer weiter gen Norden. Es vereinigte sich mit dem dort aktiven Schwertbrüder-Orden und erwarb Livland (1328), Estland (1346), Gotland (1398) sowie die pommersche Neumark (1402).

Goldenes Zeitalter (15./16. Jh.)

Unter dem Eindruck dieser offensiv expandierenden Macht wurden in Polen alle Register gezogen: Thronerbin **Jadwiga** heiratete auf Befehl des Adels 1386 den Großfürsten **Jagiełło von Litauen,** der sich taufen ließ und zum polnischen König aufstieg. Da mit ihm auch seine Untertanen christlich wurden, war dem Deutschen Orden das Motiv für ein weiteres Ausgreifen nach Nordosten entzogen: Es gab in dieser Region nun keinen heidnischen Volksstamm mehr, der zu „missionieren" war. Durch die Personalunion Polen-Litauen avancierte das Doppelreich zum flächenmäßig größten Staat Europas, das von der Ostsee bis fast zum Schwarzen Meer reichte. König *Jagiełło* begründete die – nach den Piasten – zweite große Dynastie des Landes: Die **Jagiellonen** herrschten bis 1572.

Vorerst aber spitzte sich die Auseinandersetzung zwischen Polen-Litauen und dem Deutschen Orden auf die Frage zu, wem die Herrschaft über das Baltikum und den Ostseeraum gebühre. 1410 wurde darüber in **Grunwald** (dt. Tannenberg) entschieden: In der **größten Schlacht des Mittelalters** siegte das polnisch-litauische Heer und tötete mehr als 40.000 Ordensritter, darunter auch den Hochmeister. Da aber die Marienburg nicht eingenommen werden konnte, blieb die Herrschaft des Ordens trotz einiger mit der Niederlage verknüpften Gebietsverluste vorerst intakt.

Nicht die Polen, sondern die eigenen Untertanen versetzten dem Orden den entscheidenden Schlag. Die Kaufleute Königsbergs, Danzigs, Thorns und Elbings waren der hohen Steuerlasten überdrüssig und schlossen sich um die Mitte des 15. Jahrhunderts zum **Preußischen Bund** zusammen. Mit tatkräftiger Unterstützung des polnischen Königs besiegten sie die Ordensritter in einem dreizehnjährigen Bürgerkrieg (1454–66). Darauf zog sich der Hochmeister in einen Rumpfstaat um Königsberg zurück und verwandelte diesen in ein weltliches Herzogtum von Polens Gnaden (Herzogliches Preußen). Niemand konnte damals voraussehen, dass „Preußen" in anderer Gestalt zu einem großen Problem für Polen werden würde.

Polen hat in seiner Geschichte nie wieder eine so lang andauernde politische Stabilität genossen wie unter den Jagiellonen. Doch wuchsen bereits damals die historischen Gegenkräfte heran: Das Adelsparlament suchte den Einfluss der Städte zu mindern, trotzte dem König immer mehr Rechte ab und unternahm alles, um seine Allianz mit dem Bürgertum zu unterminieren. 1569 gelang König **Zygmunt II.** ein letzter politischer Triumph: Er unterzeichnete den Vertrag von Lublin, wodurch die bisherige Personalunion zwischen Polen und Litauen in eine Realunion umgewandelt wurde. Doch mit *Zygmunts* Tod drei Jahre später erlosch die Jagiellonen-Dynastie, und es war fortan der Adel, der über die Königsnachfolge befand – auf die Erb- folgte die **Wahlmonarchie.** Die Hauptstadt wurde in die Mitte des Reichs nach Warschau verlegt, wo auch alle zwei Jahre der Sejm, der gemeinsame Reichstag tagte.

Rapider Niedergang (17./18. Jh.)

Die Stellung des polnischen **Adels** war in Europa einzigartig: **10 % der Bevölkerung** gehörten ihm an (im übrigen Europa ca. 1–2 %) und auch wenn es, was wirtschaftliche Macht und politischen Einfluss betraf, beträchtliche Unterschiede gab, so waren seine Mitglieder einander rechtlich gleichgestellt. In seinen Auseinandersetzungen mit dem König hatte sich der Adel seit dem 14. Jahrhundert viele Rechte ertrotzt. Er konnte im Reichstag über Steuern und Krieg entscheiden, nur mit seiner Zustimmung durfte das Königshaus Gesetze erlassen. Auch besaß er das Monopol auf den Erwerb von Land und sicherte sich den bedingungslosen Zugriff auf die Arbeitskraft der Bauern, konnte über deren Leib und Leben nach Belieben verfügen. Einige Adlige, die so genannten Magnaten, herrschten auf ihren Latifundien wie souveräne Landesherren. Das waren die *Potockis* und *Poniatowskis, Zamojskis, Czartoryskis* und *Radziwiłłs* – bis heute unbestrittene Vorbilder der polnischen Gesellschaft.

Mit der Einrichtung der Wahlmonarchie hatten die Adeligen auch politisch die Macht an sich gerissen: Sie wählten den ihnen genehmen Monarchen „wie einen abrufbaren Konzernchef" *(Adam Krzemiński)* und machten klar, dass er nichts weiter als ein *„primus inter pares"* (Erster unter Gleichen) war. Schon bald war die Liste der Könige, die den polnischen Thron anvisierten, so bunt wie der adelige Lebensstil. Durch Bestechung wichtiger Adelsfraktionen avancierten Günstlinge auswärtiger Herrschaftshäuser zu Königen Polens. Nacheinander bestiegen Franzosen, Ungarn und Schweden den Thron, später auch Sachsen und ein Liebhaber der Zarin. Polen machte sich zum **Spielball anderer Mächte,** wurde in Krisen und Kriege verstrickt. Im Gewirr von Niederlagen und Gebietsabtretungen gab es nur einen einzigen kurzen Triumph, der im Bewusstsein vieler Polen freilich umso tiefer eingegraben ist: 1683 stoppte König **Jan III. Sobieski** das Vorrücken der Türken bei Wien und ließ sich dafür als „Retter des christlichen Abendlandes" feiern.

Folgenreich war das ab 1656 wirksame **„Liberum Veto",** das auf dem absurden Grundsatz der Einstimmigkeit beruhte: Missfiel auch nur einem einzigen Adeligen die Gesetzesvorlage, so konnte er sie mit seinem Vetorecht zu Fall bringen und, wie es hieß, den Reichstag „zerreißen". Solche Machtfülle schmeichelte vor allem dem Kleinadel, richtete aber den Staat schrittweise zugrunde. Als klar wurde, dass der Reichtum des Adels nicht im geringsten zur Modernisierung des Landes eingesetzt, sondern privat verprasst und verschwendet hatte, wurde die „polnische Wirtschaft" zum Gespött im gesamten absolutistischen Europa. Im 18. Jahrhundert nutzten insbesondere Russland und sein Juniorpartner Preußen die Widersprüche der Adelsrepublik und machten das Land faktisch zu ihrem Protektorat, bevor sie es unter Einbeziehung Habsburgs von 1772 bis 1795 schrittweise aufteilten. Für 123 Jahre **verlor Polen seine Souveränität** und verschwand von der politischen Landkarte Europas.

Fremdherrschaft (1795–1918)

Auch wenn es Polen ab 1795 offiziell nicht mehr gab, existierte es doch weiter – als Erinnerung an eine bessere Zeit. Religion, Sprache und Literatur hielten das Volk zusammen, ließen es in einer Reihe von **Aufständen** aufbegehren und in Verkennung realer Kräfteverhältnisse immer wieder scheitern.

Im so genannten **Kongresspolen,** dem **von Russland kontrollierten Teil,** machte man anfangs bemerkenswerte Zugeständnisse an den Unabhängigkeitswillen der Polen. Als „König von Polen" gestattete ihnen **Zar Alexander I.** eine eigene, liberale Verfassung. Das alles war freilich vergebliche Liebesmüh, denn viele Polen konnten es nicht ertragen, dass ein Russe, wie liberal er sich auch geben mochte, der verfassungsmäßigen Versammlung vorsaß. Als dann auch noch die Zügel unter dem neuen **Zaren Nikolaus I.** gestrafft wurden, wollte man die Kraftprobe wagen: Im November **1830** erhoben sich Teile des Kleinadels gegen die zaristische Herrschaft. Der bewaffnete Aufstand endete knapp ein Jahr später mit dem Fall Warschaus. Vorbei war es nun mit der relativen Autonomie Kongresspolens: Nach seiner Angliederung ans russische Imperium ging die Zarenregierung mit verschärfter Repression vor.

Da die Erhebung auch von Polen in anderen Landesteilen unterstützt worden war, reagierten **Preußen und Habsburg** „präventiv" und grenzten die den Polen verbliebenen Freiheitsrechte ein. Früher oder später, ahnten sie, würde der Befreiungsimpuls auch auf die von ihnen kontrollierten Gebiete übergreifen. Tatsächlich ließen die nächsten Aufstände nicht lange auf sich warten. Der erste wurde **1846** von Adelsabkömmlingen aus Posen und Krakau angezettelt und konzentrierte sich auf das österreichische Galizien. Doch die Verschwörer hatten ihre Rechnung ohne die polnischen Bauern gemacht, die zu diesem Zeitpunkt noch nicht wie die in Preußen aus der Leibeigenschaft befreit waren. Sie weigerten sich, die Sensen gegen die fremden Besatzer zu richten, sondern gingen – ganz unpatriotisch – gegen die eigenen Gutsherren vor. Die Habsburger lachten sich ins Fäustchen, denn ihr Militär hatte nun leichtes Spiel.

1848, im Jahr des Völkerfrühlings, scheiterte in Posen eine Allianz von deutschen Radikaldemokraten und polnischen Nationalisten. Letztere vertrauten lieber auf die eigene Kraft und wurden von preußischem Militär besiegt. **1863** loderte die Flamme des Protests erstmals wieder im russisch besetzten Teil. Auslöser war der Beschluss des Zaren, die Bauern aus der Leibeigenschaft zu befreien und den Juden Niederlassungsfreiheit zu gewähren. Die um ihre Einnahmen fürchtenden Magnaten nahmen das zum Anlass, „für Polen" mobil zu machen. Doch ihrer Agitation war auch hier (wie zuvor in Galizien) kein Erfolg beschieden; die Bauern, denen nie das Gefühl vermittelt worden war, Teil der nationalen Gemeinschaft zu sein, sahen keinen Grund, sich an der Seite ihrer ehemaligen Herren für die nationale Sache zu begeistern. So blieben dem Adel und dem mit ihm verbündeten Klerus die Unterstützung ihres „Fußvolks" versagt, der Aufstand scheiterte kläglich. Nun stand Polen eine rigorose **Russifizierung** bevor: Russisch wurde alleinige Amts- und Schulsprache, die meisten katholischen Kirchen wurden geschlossen, zahlreiche Teilnehmer des Aufstands gehängt oder deportiert. Tausende Adelsgüter wurden konfisziert, woraufhin eine zweite große Emigrationswelle nach Frankreich einsetzte.

Auch im preußisch besetzten Teil verschärfte sich die Repression, insbesondere nach der **Reichsgründung von 1871.** Sie spiegelte sich im Kulturkampf gegen das Polentum. Deutsch wurde alleinige Amts- und Unterrichtssprache, eine systematische Kolonisationspolitik trieb die **„Germanisierung des Bodens"** voran – ein Gespenst, das für viele Polen durch den Beitritt zur EU neuerlich aktuell zu werden droht. Zunächst kaufte der deutsche Staat polnischen Grund und Boden, um ihn deutschen Siedlern zur Verfügung zu stellen, ab 1908 ging er dazu über, ihn zu konfiszieren.

Dagegen verbesserte sich das Los der in **Galizien** lebenden Polen. Die habsburgisch-ungarische Doppelmonarchie war durch die Niederlage im Deutschen Krieg 1866 geschwächt und deshalb bemüht, potenzielle Konfliktherde an der Nordostflanke des Reichs zu neutralisieren. Galizien erhielt ein eigenes Regionalparlament und freie Universitäten, Polnisch wurde als Amtssprache anerkannt.

Kurze Wiedergeburt (1918–1939)

Nach dem Ersten Weltkrieg profitierten die Polen von der Niederlage der Teilungsmächte Deutschland und Österreich sowie von den revolutionären Umwälzungen in Russland. Am **14. November 1918** durften sie mit alliierter Hilfe ihren **eigenen Staat** begründen, auch der Traum vom freien Zugang zum Meer wurde Wirklichkeit: Ostpreußen wurde vom Deutschen Reich durch den so genannten „Polnischen Korridor“ abgetrennt, das zu 95 % von Deutschen bewohnte Danzig wurde Freie Stadt unter dem Schutz des Völkerbundes. Auch im Osten gewann Polen große Territorien: **General Piłsudski,** der neue starke Mann im Land, setzte auf militärische Stärke und akzeptierte nicht die nach dem britischen Außenminister benannte „Curzon-Linie“, die entlang der realen ethnischen Grenzen verlief. Mit seinen **Feldzügen gegen die Ukraine und Russland** gelang es ihm, den Grenzverlauf zugunsten des polnischen Staates 250 Kilometer nach Osten zu verschieben. Außerdem erkämpfte Polen das Gebiet um Wilna, das oberschlesische Industrierevier sowie Teile von Westpreußen und Großpolen. Mit seinem am **12. Mai 1926** verübten **Staatsstreich** stellte *Piłsudski* die Weichen für die weitere innenpolitische Entwicklung. Er ließ sich mit diktatorischen Vollmachten ausstatten und proklamierte die gesellschaftliche „Gesundung“ *(Sanacja)*. In den Jahren der „moralischen Diktatur“ wurden die Rechte der in Polen lebenden ethnischen Minderheiten (über 30 % der Gesamtbevölkerung) erheblich eingeschränkt, Kommunisten und Sozialisten eingekerkert.

1934 hatte die polnische Regierung einen Nichtangriffspakt mit Deutschland abgeschlossen, und mehrere Jahre sah es so aus, als wollte sie sich um die Rolle eines Juniorpartners der Nationalsozialisten bewerben. Im September 1938 beteiligte sie sich an der Auflösung der Tschechoslowakei, indem sie per Ultimatum die Abtretung des Gebiets rund um Teschen erzwang, während die Deutschen das Sudetengebiet annektierten.

Schon einen Monat später machte **Hitler** der polnischen Seite einen Vorschlag. Er bot Polen die Verlängerung

019po Foto: sg

des Nichtangriffspakts auf 25 Jahre an und versprach die Anerkennung der bestehenden Grenze. Im Gegenzug sollte Polen zulassen, dass der Freistaat Danzig an Deutschland angeschlossen und durch eine extraterritoriale Autobahn mit dem Reich verbunden würde. Als sich Polen diesem Ansinnen mehrfach verweigerte, beschloss *Hitler,* „die polnische Wehrkraft zu zerschlagen". Am 23. August unterzeichneten *Ribbentrop* und *Molotow,* der deutsche und der sowjetischen Außenminister, ein Abkommen mit geheimem Zusatzprotokoll, das die **„vierte Teilung"** Polens vorsah.

Zweiter Weltkrieg (1939–1945)

Am **1. September 1939** wurde der Plan in die Tat umgesetzt, der Zweite Weltkrieg begann. Die deutschen Invasionstruppen erreichten bis Ende September den Bug, die vereinbarte deutsch-sowjetische Demarkationslinie. Die polnischen Ostgebiete (jenseits des Bug) wurden in die Weißrussische und die Ukrainische Sowjetrepublik integriert, die dort lebende polnische Minderheit war terroristischen Übergriffen ausgesetzt, u.a. wurden über 4000 polnische Offiziere bei **Katyń** hingerichtet. Die Deutschen nahmen eine Zweiteilung des von ihnen besetzten Gebiets vor: Alle ehemals preußischen Teilungsgebiete (Danzig-Westpreußen, das Posener Wartheland und das östliche Oberschlesien) wurden annektiert und mit dem Reich vereinigt, der „polnische Rest" als koloniales Generalgouvernement verwaltet. Es diente als Reservoir billiger Arbeitskräfte und militärisches Aufmarschgebiet für den geplanten Angriff auf die Sowjetunion.

In den folgenden fünf Jahren machte man sich an die Vollstreckung der nationalsozialistischen **„Lebensraumpolitik"**. Schon in den ersten Monaten der Besetzung wurden zwischen 10.000 und 20.000 zur Führungsschicht ihres Landes zählende Polen getötet (Regierungsmitgliedern war die Flucht nach Großbritannien gelungen, wo sie eine Exilregierung bildeten). Parallel dazu startete eine große Umsiedlungsaktion: Polen wurden aus den ans Reich angeschlossenen Gebieten ins Generalgouvernement umgesiedelt, dafür kamen „Volksdeutsche" aus dem Baltikum, dem sowjetischen Ostpolen, aus Bessarabien und der Bukowina „heim ins Reich". Nach dem deutschen Angriff auf die Sowjetunion (22. Juni 1941) wurden die Vertreibungs- und Ansiedlungsprogramme nach Osten ausgedehnt.

Die polnischen Juden wurden seit Kriegsbeginn systematisch verfolgt. Sie wurden in Ghettos zusammengepfercht, bevor sie in **Konzentrationslager** deportiert und dort getötet wurden. Die in der Hauptstadt internierten Juden versuchten, sich ihrer Ermordung durch den **Aufstand im Warschauer Ghetto 1943** zu widersetzen – gegen die deutsche Übermacht hatten sie keine Chance. Über die Zahl

Erinnerung an den Warschauer Aufstand 1944 (Denkmal in der Hauptstadt)

der im Zweiten Weltkrieg ermordeten Juden gibt es keine verlässlichen Angaben, doch wahrscheinlich lag sie bei über 4,5 Millionen.

Mit der Niederlage der deutschen Truppen in Stalingrad begann sich das Blatt an der militärischen Front zu wenden. Auf der **Konferenz der Alliierten in Teheran** im November 1943 unterstrich die sowjetische Regierung ihren Anspruch auf die 1939 annektierten polnischen Territorien: Der anvisierte Grenzverlauf war identisch mit der 1920 von den Alliierten vorgeschlagenen, von den Polen aber nicht akzeptierten Curzon-Linie. Um zu verhindern, dass ihr Land dem sowjetischen Einflussbereich zugeschlagen werde, setzte die polnische Exilregierung auf eine abenteuerliche Strategie. Auf ihren Befehl und ohne Absprache mit den westlichen Alliierten begann am 1. August 1944 der 63 Tage währende **Aufstand der polnischen Untergrundarmee** *(Armia Krajowa* = Heimatarmee). Es ging darum, Warschau aus eigener Kraft zu befreien, um sich der vorrückenden Sowjetarmee als legitimer Hausherr präsentieren zu können. Damit verknüpft war das Ziel, das moskautreue „Polnische Komitee der Nationalen Befreiung“, das fünf Tage zuvor die provisorische Regierungsgewalt im befreiten Lublin übernommen hatte, zu entmachten.

Polen als Sozialistische Volksrepublik (1946–1989)

Nach dem Zweiten Weltkrieg wurde „Zwischeneuropa“ *(Adam Krzemiński)* von den Alliierten neu sortiert. Grenzen wurden neu gezogen, die Bevölkerungen ganzer Regionen ausgewechselt. Damals erhielt Polen seine bis heute gültige territoriale Gestalt. Es verlor jene Ostgebiete, die *Piłsudski* (s.o.) 1920/21 durch seinen Einmarsch in Kiew und Wilna erobert hatte, im Gegenzug wurde es durch Zugewinn im Norden und Westen entschädigt. Es bekam große, ehemals deutsche Gebiete: das südliche Ostpreußen (mit Ermland und Masuren) sowie alles Land östlich von Oder und Lausitzer Neiße (Schlesien, Warthegau mit Posen, Pommern mit Danzig, Westpreußen). Durch die **territoriale Neuordnung** verlor Polen im Osten 180.000 Quadratkilometer und erhielt im Norden und Westen als Kompensation 103.000 Quadratkilometer.

Nach dem Prinzip „ein Staat, ein Volk“ setzten die Alliierten die **ethnische Säuberung** auf die Tagesordnung: Fast alle zwölf Millionen Deutsche, die in den Polen zugesprochenen ehemals deutschen Gebieten lebten, wurden ausgewiesen. Gleiches geschah mit den 1,2 Millionen Ostpolen (nach anderen Quellen mehr als 3 Mio.), die in die von den Deutschen geräumten Gebiete zwangsversetzt wurden, was in der offiziellen Sprachregelung beschönigend „Repatriierung“ hieß.

Ferner wurde festgelegt, wer bis zu den ersten freien Wahlen die Staatsgeschäfte übernehmen sollte. Diese Aufgabe kam nicht der 1939 aus Warschau nach London emigrierten Exilregierung zu, sondern dem 1944 im befreiten Lublin konstituierten moskau-

treuen Polnischen Komitee der Nationalen Befreiung. Aufgrund der Verhaftung wichtiger Vertreter der im Dienst der Exilregierung stehenden Heimatarmee konnte freilich bei den nachfolgenden Wahlen von einer „freien" Entscheidung keine Rede mehr sein.

Die aus den Wahlen siegreich hervorgegangene **Polnische Arbeiterpartei** (ab 1948: Polnische Vereinigte Arbeiterpartei) übernahm die führende Rolle in Staat und Gesellschaft. Sie organisierte den Wiederaufbau des Landes, nationalisierte Banken und Schlüsselindustrien. Ein Skeptiker meinte schon damals, der Kommunismus passe zu Polen „wie der Sattel auf eine Kuh". Entgegen dieser durchaus realistischen Einschätzung *Josef Stalins* wurden planwirtschaftliche Maßnahmen ergriffen und die Landwirtschaft kollektiviert. Nach sowjetischem Vorbild förderte man die Großindustrie, vor allem den Bergbau und die Stahlindustrie. 1949 trat Polen dem Rat für gegenseitige Wirtschaftshilfe bei, sechs Jahre später dem östlichen Militärbündnis (Warschauer Pakt).

Nach *Stalins* Tod 1953 verebbten die Schauprozesse gegen politische Abweichler, und man begann in der Partei über Mängel in der Umsetzung des Wirtschaftsprogramms zu debattieren.

Sozialismus und Kapitalismus:
Karikatur von Andrzej Mleczko

Viele staatliche Betriebe arbeiteten unproduktiv und zielten an den Bedürfnissen der Bevölkerung vorbei. Deren Protest richtete sich lange Zeit nicht gegen das bestehende sozialistische System, sondern nur gegen bestimmte, in Führungspositionen aufgerückte Parteivertreter. Ihnen warf man korruptes Verhalten und Inkompetenz vor und versprach sich von deren Absetzung eine Besserung der eigenen Lebenssituation – so geschehen 1956 in Posen, als nach Massendemonstrationen der zuvor mehrere Jahre eingekerkerte **Gomułka** Generalsekretär der Partei wurde. Er war „Nationalkommunist" und propagierte einen „polnischen Weg zum Sozialismus". Die Kollektivierung der Landwirtschaft nahm er umgehend zurück und versprach den Arbeitern eine bessere, an die Leistung gekoppelte Entlohnung.

Außenpolitisch ging die Regierung kein Risiko ein und unternahm nichts, was einen Konflikt mit der sowjetischen Regierung hätte heraufbeschwören können. Innenpolitisch gestand sie der Kirche mehr Raum zu, es gab in Polen – und dies war einzigartig im sowjetischen Machtbereich – katholische Klubs, Kultur- und Wissenschaftsvereine, die legalisiert waren und relativ unabhängig agierten.

Arbeiterproteste gab es erst wieder 1970, als von der sozialistischen Regierung eine Erhöhung der Lebensmittelpreise verfügt worden war. Die Unruhen breiteten sich von Danzig über das gesamte Land aus; *Gomułka* ließ auf streikende Arbeiter schießen und verlor seinen Posten als Parteichef. **Gierek,** sein Nachfolger, nahm die Preiserhöhungen zurück und leitete mithilfe westlicher Kredite einen wirtschaftlichen Aufschwung ein. Dieser war freilich nur einer auf Pump, und so begann schon wenige Jahre später, auch bedingt durch die Ölkrise und die anschließende weltweite Rezession, die Hoffnung auf die Reformierbarkeit des Systems zu schwinden. Neue Kredite mussten aufgenommen werden, um die alten zu zahlen, das Land saß in der Schuldenfalle. Wieder musste sich ein Regierungschef dazu durchringen, die Lebensmittelpreise zu erhöhen, und wieder gingen Arbeiter dagegen auf die Straße. Und viele Polen fragten sich: Soll das immer so weitergehen? Man wirft uns einen schönen Brocken zu, um ihn uns anschließend zu rauben. Dann wird protestiert und die Polizei schlägt die „Unruhestifter" zusammen. Gibt es Tote, wird der Regierungschef ersetzt, und die Geschichte kann von vorne anfangen – alles bleibt beim Alten ...

1980 standen die Zeichen abermals auf Sturm, doch zwischenzeitlich hatte sich etwas getan. Zwei Jahre zuvor war der Pole **Karol Wojtyła** zum Oberhaupt der katholischen Kirche gewählt worden. Schon kurze Zeit später reiste er als **Papst Johannes Paul II.** in seine Heimat und zelebrierte Messen vor einem Millionenpublikum. Der Papst warnte seine Landsleute davor, ins offene Messer zu laufen und ermahnte sie zum passiven Widerstand.

Als die Fleischpreise 1980 nach altbekannter Manier wieder erhöht wurden, staunte alle Welt. Da gab es in Polen plötzlich eine breite, machtvolle Protestbewegung. Die Revolte begann in Danzig, wo sich unter Führung des Elektrikers **Lech Wałęsa** ein Streikkomitee bildete. Man wollte sich nicht mehr mit Brosamen abspeisen lassen, sondern stellte politische Forderungen, die im Wunsch nach Zulassung freier Gewerkschaften gipfelten. Nachdem sich die Streiks von den Werften im Norden aufs oberschlesische Industrierevier ausgedehnt hatten, lenkte die Staatsmacht überraschend ein. Erstmals in einem kommunistischen Land wurde die **Gründung einer unabhängigen Gewerkschaft** ermöglicht, die über Streikrecht und Zugang zu den Massenmedien verfügte. Die am 31. August gegründete **Solidarność** (Solidarität) vereinte eine Opposition, die von Reformlinken bis zu reaktionären Klerikern reichte. Die Zahl ihrer Mitglieder stieg innerhalb weniger Wochen auf zehn Millionen an.

Zwar versuchte **General Jaruzelski,** Ministerpräsident und Verteidigungsminister des Landes, mithilfe des im Dezember 1981 verhängten **Kriegsrechts** die Uhren zurückzudrehen – doch vergeblich. Im Juli 1983 hob er den Kriegszustand auf, wenig später gab man in Moskau grünes Licht für Gespräche zwischen Regierung und Opposition: Diese regelten den **gewaltfreien Übergang vom Sozialismus zur marktwirtschaftlichen Demokratie.** 1989 wurde mit **Tadeusz Mazowiecki** erstmals in der Nachkriegsgeschichte ein Nichtkommunist Chef der Regierung. Die Polen jubelten: Die nach ihrem Verständnis 50-jährige Phase der Fremdherrschaft (1939–1989) war vorüber, der Weg nun frei für eine **„Dritte Republik"** (Trzecia Rzeczpospolita).

Polen nach der Wende (1989–2003)

Doch die Ernüchterung im Land der Freiheitskämpfer war bald groß. Es wurde ihnen klargemacht, dass sie zwar mit dem Sturz des Kommunismus etwas ganz Tolles vollbracht hätten, sich aber auf eine mehrjährige Warteschleife einstellen müssten, bevor sie die Früchte ihres Kampfes ernten dürften. Pariser Club, Weltbank und IWF (Internationaler Währungsfonds) zeigten sich kulant: Damit ihr überhaupt zahlungsfähig seid, so die Devise, erlassen wir euch einen Teil der Auslandsschulden, doch dafür nehmen wir uns fortan das Recht, euch eng an der Leine unserer Interessen zu halten. Die Zeit des Übergangs, so wurde den Polen bedeutet, werde um so kürzer ausfallen, je entschlossener sie sich daran machten, die Hausaufgaben im neuen Pflichtfach „Marktwirtschaft" zur Zufriedenheit ihrer westlichen Rat- und Geldgeber zu erledigen.

Dem Land wurde eine radikale **Schocktherapie** verordnet. Der Staat, der bis dahin fast alle gesellschaftlichen Bereiche organisiert und finanziert hatte, zog sich aus seinen Verpflichtungen zurück, „kurierte" das Sozialsystem, schloss marode Staatsunternehmen und fror in den noch funktionierenden Betrieben die Löhne

020po Foto: sg

„Was hast Du für das Proletariat getan?“
Sozialismus-Nostalgie nach der Wende

ein. Die Preise überließ er dem freien Markt, was zeitweise zu einer **Inflation** von 600 % führte. Er öffnete den bis dahin vom Westen abgeschotteten Binnenmarkt, damit die polnischen Unternehmer aufgrund der Konkurrenz mit ausländischen, qualitativ höherwertigen Waren zur Modernisierung gezwungen würden.

Die Zeit des Übergangs war für die Bevölkerung bitter – ihr **Lebensstandard** wurde teilweise drastisch gesenkt. Innerhalb kurzer Zeit stieg die **Arbeitslosenzahl** von 0 auf 16 %, die Reallöhne sanken um durchschnittlich ein Drittel. Doch da sich der Erfolg einer Wirtschaft, in der sich jeder selbst der nächste ist, nicht an der Kaufkraft seiner Bürger bemisst, galt Polen in der westlichen Presse als Erfolgsmodell. „Polnische Wirtschaft“, einst ein Synonym für Mangel und Chaos, stand im ausgehenden 20. Jahrhundert für Fortschritt und Effizienz. Es gelang der Regierung, die galoppierende Inflation in den Griff zu bekommen und den Złoty zu stabilisieren. Großes Lob zollten ihr IWF und Weltbank, als sie sich daran machte, im Stahl- und Metallsektor wichtige Kombinate zu verkaufen und zentrale Staatsunternehmen wie die Fluglinie LOT, Telekommunikation und Geldhäuser zu privatisieren. Oft wurde staatliches Eigentum unter Zeitdruck für lächerlich geringe Summen an ausländische Unternehmen veräußert. Zugleich schuf der polnische Staat industrielle Sonderzonen für **ausländische Anleger:** Diese brauchten für die Dauer von bis zu zehn Jahren keine Körperschaftssteuer zu entrichten und waren von Importzöllen befreit. Ausländer investierten insbesondere im Lebensmittel-, Konsum-, Banken- und Versicherungssektor. Bald befanden sich mehr als drei Viertel des polnischen Bankenkapitals in ausländischem Besitz.

Polen in der Europäischen Union (ab 2004)

„Polen braucht die USA für seine Sicherheit und die EU für seinen Wohlstand", so fasste *Adam Michnik,* Herausgeber der größten polnischen Tageszeitung, die neuen Richtlinien der polnischen Außenpolitik zusammen. **1999** trat das Land der **NATO** bei. Die Mehrzahl der Polen glaubte, mit diesem Schritt wirksam gegen den „wilden Osten" geschützt zu sein. Erst mit Verspätung setzte sich die Erkenntnis durch, dass ihr Militär nun Teil einer Weltpolizei war, das sich in blutige Konflikte in allen Teilen der Welt einmischt. Schon **2001** beteiligte sich Polen an den Kämpfen gegen die afghanischen Taliban. Als es auch übereifrig am Überfall auf den Irak mitwirkte, wuchs in Paris und Berlin die Skepsis gegenüber dem östlichen Nachbarn. Man sah in ihm ein „trojanisches Pferd der USA", das die geplante gemeinsame europäische Sicherheitspolitik untergrub.

Polens Beitritt zur **EU** im Jahr **2004** führte zu keiner Verbesserung der Stimmungslage. Die Polen nahmen verbittert zur Kenntnis, dass sie weit davon entfernt sind, vollwertige EU-Bürger zu sein. Deutschland und Österreich schützten sich vor östlichen Billiglohnarbeitern, indem sie sich vorbehielten, ihnen die Arbeitserlaubnis bis zum Jahr 2011 zu verweigern. Auch der angekündigte „Geldregen" aus Brüssel fiel wenig ergiebig aus. Die Transferzahlungen an die neuen Beitrittsländer betrugen maximal 4 % von deren Bruttoinlandsprodukt, womit klargestellt war, dass diese Länder nur einen Bruchteil jenes Geldes empfangen würden, das zuvor für Spanien, Portugal, Griechenland und Irland ausgegeben worden war. Als Startkapital erhielten alle zehn neuen EU-Staaten zusammen magere 10,4 Milliarden Euro.

Vor allem die polnischen **Bauern** waren über die ihnen angebotenen Subventionen empört. Diese beliefen sich auf gerade mal 25 % jener Summe, die ihre Berufsgenossen aus Griechenland und Spanien bekommen hatten. Vertröstet wurden sie mit dem Hinweis auf das Jahr 2013, wenn die polnischen den westlichen Bauern gleichgestellt und dann ebenso viel Geld erhalten würden wie diese, nämlich eine bis dahin stark reduzierte Summe.

In Polen durfte sich nur der freuen, der schon Geld hatte. Das Land gehörte jetzt zum europäischen Binnenmarkt, was für den Kapital- und Warenverkehr den Wegfall aller Schranken bedeutete. In Polen bzw. Deutschland erwirtschaftetes Geld durfte ohne Abzüge von einem EU-Land ins nächste wandern. Gleiches galt für (fast) alle Waren: Wer etwas nach Polen verkaufen wollte, stieß auf keine Zollhemmnisse mehr, umgekehrt hatten polnische Gänse, Daunen und Heringe freien Zutritt in die Supermärkte des Westens.

Angesichts der vielen Hindernisse, die man ihnen in den Weg legte, empfanden es die Polen als gerecht, dass sich ihr Land vor dem **„Ausverkauf"** von Immobilien an zahlungskräftige

Privatleute aus Deutschland durch eine rigide Sperrklausel schützte: Bis 2016 dürfen diese kein Agrar- oder Forstland erwerben. Lediglich für Investitionszwecke ist der Erwerb von Grund und Boden möglich, für den Kauf von Häusern und Wohnungen benötigt man die Erlaubnis des Innenministeriums.

Wie groß die Angst vor einem „Ausverkauf" ist, zeigte sich bei einem 2004 verabschiedeten Parlamentsbeschluss, der von Deutschland – 59 Jahre nach Ende des Zweiten Weltkriegs – Wiedergutmachungsansprüche in zweistelliger Milliardenhöhe einklagte. Dies war die polnische Antwort auf die Versuche eines privaten deutschen Vereins mit dem Namen „Preußische Treuhand", beim Europäischen Gerichtshof in Straßburg ein Verfahren zwecks Rückgabe des 1945 zwangsenteigneten deutschen Eigentums auf polnischem Boden anzustrengen.

Bis heute belastet der Konflikt um das von Politikern der deutschen Regierung propagierte „Zentrum für Flucht, Vertreibung, Versöhnung" die deutsch-polnischen Beziehungen. Misstrauisch verfolgt man in Polen alle Versuche westlich der Oder, die Deutschen im Allgemeinen und die Vertriebenen im Besonderen als „Opfer der Geschichte" zu sehen. Vor allem für ältere Polen bleibt Deutschland auch weiterhin ein „Angstnachbar": Jede

Steckbrief Polen

Staatsname: Rzeczpospolita Polska (Republik Polen)
Staatsform: Parlamentarische Demokratie (mit starken Befugnissen des Präsidenten)
Grenzen: im Westen mit Deutschland, im Nordosten mit Russland (Region Kaliningrad/Königsberg) und Litauen, im Osten mit Weißrussland und der Ukraine, im Süden mit Tschechien und der Slowakei
Verwaltung: Polen ist seit 1999 in 16 Woiwodschaften unterteilt, die in etwa den deutschen Bundesländern entsprechen.
Flagge: waagrecht weiß-rot geteilt
Staatswappen: silberner, golden bekrönter Adler in rotem Schild
Bevölkerung und Fläche: 38,2 Mio. Einwohner auf 312.685 qkm = 122 Einwohner pro qkm
Hauptstadt: Warszawa (Warschau) 1.707.000 Einwohner
Andere große Städte: Lodsch 770.000, Krakau 760.000, Breslau 640.000, Posen 560.000, Danzig 460.000 und Stettin 410.000 Einwohner
Ethnische Zusammensetzung: 98,8 % Polen, 153.000 Deutsche, 50.000 Weißrussen, 27.000 Ukrainer, 12.000 Roma und Sinti, 5600 Litauer, 3200 Russen, 1700 Slowaken
Sprachen: Polnisch, daneben Minderheitensprachen
Religionen: Die polnische Bevölkerung ist zu über 95 % römisch-katholisch; dazu kommen Griechisch-Katholische (Unierte), Griechisch-Orthodoxe, Protestanten, Altkatholiken, Zeugen Jehovas, Muslime und Juden.
Nationalhymne: „Noch ist Polen nicht verloren" (offizielle Hymne seit 1926, auch als Dąbrowski-Marsch bekannt)
Höchste Erhebung: Rysy (2499 m)
Zeitzone: Mitteleuropäische (Sommer-) Zeit

021po Foto: sg

Oft reicht die Minirente nicht

Annäherung Berlins an Moskau wird von den polnischen Konservativen als Neuauflage des „Hitler-Stalin-Pakts" gedeutet.

Wenig glücklich war man über den Wunsch zumeist junger Bewohner, ihr Land nach dem EU-Beitritt zu verlassen und in Westeuropa (vor allem in Großbritannien und Irland) besser bezahlte Arbeit zu suchen. Binnen weniger Jahre stieg die Zahl der polnischen **Arbeitsemigranten** auf mehr als 1,5 Millionen an. Zwar haben diese viel Geld in ihr Heimatland überwiesen, doch das polnische Handelsdefizit konnte damit nicht ausgeglichen werden – hätten die Emigranten ihre Arbeitsleistung im eigenen Land erbracht, so stünde die polnische Volkswirtschaft heute besser da. Als das britische Pfund während der globalen Wirtschaftskrise von 2009 zu schwächeln begann und die Arbeitskraft der Polen in Großbritannien und Irland weniger gefragt war, kehrten viele junge Polen in ihre Heimat zurück. Dort freilich mussten sie erleben, dass zwischenzeitlich der Złoty seinen Höhenflug beendet und die weltweite Abkühlung der Konjunktur auch ihr Land erfasst hatte: Das sinkende Aufkommen aus Unternehmens- und Lohnsteuern hat die Staatseinnahmen schrumpfen lassen. Und auch die Arbeitslosigkeit ist wieder angestiegen – wenn auch in geringerem Umfang als etwa in den baltischen Staaten. Der **Euro** wird voraussichtlich im Jahr 2014 eingeführt.

022po Foto: sg

Sehenswertes bei der Anreise

023po Foto: sg

024po Foto: sg

Würstchen von der Straßenverkäuferin

Wie bei uns: In allen Füßgängerzonen spielen Straßenmusikanten

Hier gibt es einiges zu entdecken …

Anreise via Frankfurt (Oder)

Den **Grenzübergang Frankfurt (Oder)/Słubice** wählen vor allem Polenbesucher, die auf der Autobahn A2, der zentralen West-Ost-Achse, möglichst schnell nach Posen und Warschau kommen wollen. Schlesienurlauber verlassen die Autobahn vier Kilometer nach der Grenze in Richtung Krosno/Zielona Góra und durchfahren dann mehrere kleine, in der Oderniederung gelegene Städte. Von der Grenze bis Breslau sind es 245 Kilometer.

Zielona Góra ↗II/B2

Ein erster Zwischenstopp lohnt in Zielona Góra **(Grünberg),** das seinen Namen einem Weinberg (Park Winny) verdankt. Die hier geerntete Menge Reben reicht allerdings gerade mal aus, um den regionalen Bedarf zu decken. Zu Füßen des Weinbergs liegt die Altstadt mit ihren verkehrsberuhigten Gassen, die im Krieg unzerstört blieb und deshalb über hübsche Ecken verfügt. In der ul. Kupiecka 15 befindet sich die Touristeninfo, in der al. Niepodległości 15 das **Regionalmuseum** mit vielen Details zur Geschichte des Weinbaus.

Wegkapelle auf dem Land

Głogów ↗III/C3

Etwa 50 km weiter südwestlich liegt das im Zweiten Weltkrieg stark zerstörte Głogów **(Glogau),** das erst zur Jahrtausendwende wieder aufgebaut wurde. „Lebendige Ruinen" kontrastieren mit der neuen alten Stadt: An kopfsteingepflasterten Gassen stehen bunte Giebelhäuser mit Erkern und Türmchen, auf dem Marktplatz (Rynek) prangt das restaurierte Rathaus mit seinem 80 Meter hoch aufschießenden Glockenturm. Das benachbarte Theater trägt den Namen des Glogauer Dichters *Andreas Gryphius*. Mit seinem Sonett „Tränen des Vaterlandes" (1636), in dem er die Schrecken des Dreißigjährigen Krieges schildert, hat er sich in deutsche Schulbücher eingeschrieben. Über die ul. Pionerska kommt man zum **Schloss der Glogauer Herzöge** (Zamek Książąt Piastowskich). Der Hungerturm beherbergt mittelalterliche Folterinstrumente, daneben gibt es eine Ausstellung, die daran erinnert, dass Głogów einmal deutsch war: Man sieht Straßenschilder, Fernsprechbücher und Gruppenfotos – lauter Gegenstände deutscher, 1945 aus der Stadt vertriebener Bürger. Von dem Schloss spannt sich eine Hängebrücke über die Oder zur gotischen, im Krieg fast ausgebrannten Kathedrale.

Lubiąż ↗XI/C1

Auf halber Strecke zwischen Głogów und Wrocław (Breslau) liegt Lubiąż **(Leubus).** Schon von weitem sieht

208po Foto: sg

man das „schlesische Escorial", das über dem steilen Oderufer thront. Mönche des Zisterzienserordens legten 1175 den Grundstein zum **Kloster** und ließen es in den folgenden Jahrhunderten stetig vergrößern. So wie es heute aussieht, riesengroß und verschwenderisch barock, stammt es von 1739, als sich der Orden von den Habsburgern protegieren ließ. Doch dieses Bündnis kam den Orden teuer zu stehen. Nach dem Sieg des protestantischen Preußen 1810 wurde er aufgelöst.

Das Kloster wurde verkauft, war nacheinander Gestüt und Irrenanstalt, Nazi-Gefängnis und sowjetisches Armee-Krankenhaus. Mittlerweile hat sich die Stiftung für Deutsch-Polnische Zusammenarbeit seiner angenommen und mit der Restaurierung begonnen. Bereits renoviert ist der Fürstensaal: eine Kunstwelt aus marmoriertem Stuck, Skulptur und Malerei, die reizvoll mit der durch die Fenster sichtbaren bäuerlichen Landschaft kontrastiert. Auch das Refektorium, in dem die Mönche standesgemäß dinierten, kann besichtigt werden (tgl. außer Mo.). Das Deckenfresko, ein Lob auf den rechtschaffenen Christenmenschen, schuf *Michael Willmann* (1630–1706), der „schlesische Rembrandt". Bis zu seinem Tod lebte er vier Jahrzehnte im Kloster und hatte hier sein Atelier. Die Kirche, für die er einst zahlreiche Bilder schuf, kann bislang nur im Rahmen von Konzerten besucht werden. Einige finden während des Breslauer Festivals *Wratislavia Cantans* statt.

Anreise via Forst

Die Autobahn von Berlin über den **Grenzübergang Forst/Olszyna** Richtung Legnica (↗ Legnica) ist die nördliche der beiden „Einflugschneisen" in Polens Süden – nach 190 Kilometern ist Breslau erreicht. Wer es nicht eilig hat, biegt von der A4 auf ruhige Nebenstraßen ab, die durch eine leicht gewellte Heidelandschaft führen.

Żagań ↗II/B3

Über die alte Tuch- und Leinenstadt Żary (Sorau) erreicht man Żagań **(Sagan)**, den interessantesten Ort auf der Strecke nach Legnica. In einem Park südlich des Markts steht ein **Renaissance-Schloss,** das Feldherr *Wallenstein* 1628 vom deutschen Kaiser erhielt. Der „unbesiegbare" Held des Dreißigjährigen Kriegs hat *Friedrich Schiller* zu einem seiner besten Dramen inspiriert. Darin porträtiert er den Feldherrn als einen Karrieristen, der sein privates Interesse geschickt als öffentliches zu tarnen weiß. Nur sechs Jahre konnte sich der Feldherr seines Schlosses erfreuen – 1634 wurde er im Auftrag des schwedischen Königs ermordet. Knapp 200 Jahre später machte das Schloss abermals von sich reden. *Dorothea Talleyrand* schuf sich hier ihr „schlesisches Weimar" und umgab sich mit der Crème de la Crème aus Kultur und Politik. Zu Gast waren bei ihr *Liszt* und *Verdi, E.T.A. Hoffmann, Goethe* und *Humboldt,* dazu *Metternich* und zahlreiche Mitglieder der französischen Regierung. Gegenwärtig beherbergt das Schloss ein Kulturinstitut mit einer Galerie alter Meister, die man allerdings nur nach Voranmeldung besuchen kann (Zamek, ul. Szprotowa 4, Tel. 068-3373461).

Anreise via Bad Muskau

Wählt man den **Grenzübergang Bad Muskau/Łęknica,** stößt man nach 13 Kilometern auf die Autobahn A4.

Bad Muskau ⇗II/A3

Wer ein Faible für „ideale Landschaften" hat, kann zuvor **Bad Muskau** besuchen. Der grenzübergreifende **Fürst-Pückler-Park** wurde von der UNESCO zum **Weltkulturerbe** erklärt, vielen gilt er als „der schönste Landschaftspark in Europa". Fürst *Pückler-Muskau* war nicht nur Namenspate für das bekannte leckere Eis, sondern auch Befürworter einer „natürlichen" Gartenbaukunst. In seinem riesigen Park wollte er ein perfekt komponiertes Natur-Gemälde im Maßstab 1 : 1 erschaffen, seine „Materialien" waren reale Bäume, Büsche und Blumen. Wie zufällig „hingestreute" Bäche und Seen, Blickverengungen und Sichtschneisen von grandioser Tiefe sorgen für ein Wechselbad der Gefühle von romantisch bis erhaben. Der kleinere, interessantere Teil des 800 Hektar großen Parks liegt auf deutscher Seite. Man spaziert am Neuen und Alten Schloss vorbei, besucht das Kavaliershaus (heute Kurhalle) und die Orangerie mit dem angrenzenden Tropenhaus. Über die 2004 wieder eröffnete Neiße-Brücke gelangt man auf die polnische, etwas wildere Seite, wo sich das von *Pückler* so bezeichnete „Weltende" befindet: die im Flussbett schäumend reißende Lausitzer Neiße.

Die Weiterfahrt nach Wrocław (Breslau) verläuft dann über Bolesławiec (s.u.).

Anreise via Görlitz

Wer über Dresden und Bautzen anreist, wählt den interessantesten Einstieg. Man quert die Grenze in Görlitz/Zgorzelec und stößt auf der Autobahn A4 über Bolesławiec nach Legnica (⇗ Legnica) vor. Von der Grenze bis Breslau sind es insgesamt 160 Kilometer. Wer direkt das Riesengebirge ansteuern will, wählt die E-30 von Görlitz nach Jelenia Góra.

Görlitz/Zgorzelec ⇗X/A1

Die Grenzstadt Görlitz/Zgorzelec gleicht in ihrem Westteil einem Museum. Da sie im Krieg unzerstört blieb, konnte sie sich ihr über Jahrhunderte gewachsenes, einmalig geschlossenes Architekturensemble bewahren. Dank einer Modellsanierung unmittelbar nach der Wende wurde sie zur „schönsten Stadt Deutschlands" – so befand niemand Geringerer als der Vorsitzende der Deutschen Stiftung für Denkmalschutz *Gottfried Kiesow.* Doch auch die frischesten Farben können nicht darüber hinwegtäuschen, dass etwas nicht stimmt in dieser

026po Foto: sg

Stadt. Seit die Textilindustrie Konkurs anmelden musste, ist die Einwohnerzahl um ein Viertel auf 60.000 geschrumpft. Tausende sanierter Altbauwohnungen stehen leer, und nur zur Mittagszeit, wenn die Touristengruppen kommen, füllen sich die vielen hübschen Cafés und Restaurants.

Die **Altstadt** besteht aus mehreren großen, ineinander fließenden Plätzen. Der Rundgang beginnt am begrünten Postplatz, der vom Bahnhof über die verkehrsberuhigte Berliner Straße erreichbar ist. Am Marienplatz lohnt das legendäre Kaufhaus zum Strauß (1913) einen Besuch: außen perfekter Art Nouveau, innen ein Tempel der Einkaufslust mit Marmorgalerien, Freitreppen und einer Glaskuppel. Der Platz selbst wird – ebenso wie der nahe Demianiplatz – von einem mächtigen Turm beherrscht. Ostwärts schließt sich an diesen der Obermarkt an, ein lang gestreckter, von Bürgerhäusern gesäumter Platz. Das barocke Napoleonhaus, von dem der französische Feldherr den vorbeidefilierenden Resten seiner einstigen Grande Armée salutierte, beherbergt heute die **Touristeninformation** (Nr. 29).

Unterer Markt in Görlitz/Zgorzelec

Prunkstück der Stadt ist der **Untermarkt.** Ringsum reihen sich prachtvolle Arkadenhäuser, darunter das Alte und das Neue Rathaus sowie die Ratsapotheke mit Sonnenuhr. Der kupferrote Schönhof (1526) beherbergt zusammen mit dem angrenzenden Haus zum Goldenen Baum das **Schlesische Museum,** in dem das deutsch-polnische Kulturerbe der Region ausgeleuchtet wird (Untermarkt 4, Mo. geschlossen). Die Häuser in der Mitte des Platzes, salopp „Zeile" genannt, waren einst Sitz der Stadtwaage und Alten Börse.

Vom Untermarkt führt die Peterstraße zum Platz bei der Peterskirche (1497), die hoch über dem Ufer der Neiße thront. Unten am Ufer öffnet das Café Vierradmühle. Über die alte, zu Polens EU-Beitritt wieder eröffnete Fußgängerbrücke kommt man blitzschnell auf die polnische Seite. Stärker frequentiert ist allerdings der weiter südlich gelegene Übergang nahe der Stadthalle.

Das polnische **Zgorzelec** wirkt im Vergleich zum deutschen Görlitz ziemlich kläglich und kann leicht einen Kulturschock auslösen. Es erlebte nach der Wende einen dramatischen Niedergang und hofft nun, dank Brüsseler Geldspritzen bald an der West-Pracht partizipieren zu dürfen. Wichtigste Sehenswürdigkeit ist die im Stadtpark gelegene **Gedenk- und Ruhmeshalle** (Miesjski Dom Kultury, 1898–1902): Mit klassizistischem Säulenportal, einer großen Kuppel und heroischen Skulpturen spiegelt sie Deutschlands anvisierten Willen zur Weltmacht – heute beherbergt sie das städtische Kulturzentrum.

Bolesławiec

↗X/B1

Nach 43 Kilometern auf der E-40, auf halber Strecke nach Legnica, erreicht man Bolesławiec **(Bunzlau),** eine am Bóbr gelegene Kleinstadt mit hübsch restauriertem Marktplatz. Sie gilt als „Stadt des guten Tons"; seit dem Mittelalter wird hier kunstvoll glasierte **Keramik** hergestellt. Die blauen Gefäße werden häufig mit einem „Pfauenauge" verziert, das dem Betrachter aus dunklem Grund entgegenleuchtet. Die Bestimmung der Gefäße verrät viel über die schlesische Küche: Da gibt es hohe Rumflaschen, in denen Rosinen für diverse Nachspeisen eingelegt werden, kleine Schmalz- und große Gurkentöpfe, Knoblauchgefäße mit Luftlöchern, längliche Heringsschalen und ovale Brottöpfe, Milchkannen und Kuchenformen in allen erdenklichen Größen. Im **Keramikmuseum** nahe dem Marktplatz wird die Entwicklung vom braunen Geschirr zum fantasievollen „blauen Ton" nachgezeichnet (Muzeum Ceramiki, ul. Mickiewicza 13, www.muzeum.boleslawiec.net, Mo. geschl.), in der **Abteilung für Stadtgeschichte** sieht man über 100 ausgewählte Exponate eines Workshops für plastische Keramik (Dział Historii Miasta, ul. Kutuzowa 14, Mo., Di. und Sa. geschl.). Im Museum erhält man auch Infos über Keramik-Verkaufsstellen.

Meist am vorletzten August-Wochenende findet das große **Keramikfest** statt. Populär ist die „Lehmparade" (*Gliniada*), die ausgefallensten Kostüme werden vor dem Rathaus prämiert.

027po Foto: sg

Provinz Dolnośląskie

(Niederschlesien)

028po Foto: sg

Maria-Magdalena-Kirche in Breslau – Engel umschwirren die Kanzel

Vor dem Fredro-Denkmal auf dem Rynek in Breslau

Überblick

Unmittelbar hinter der deutschen Grenze liegt **Niederschlesien** (Dolnośląskie), ein abwechslungsreiches Land, von dem es heißt, es fehle ihm nur das Meer, um vollkommen zu sein: Erst Heide und Moor, Wald und Feld, dann anmutige Hügel und schließlich Gebirge mit zerklüfteten Hängen. Sein kulturelles Zentrum ist **Breslau,** die vorbildlich restaurierte, tausendjährige Metropole mit einer lebendigen Altstadt, historischen Plätzen, Kirchen und Museen. Sie eignet sich auch gut als Ausgangspunkt für Touren ins hügelige Umland, wo man barocke Prachtklöster, „Friedenskirchen" und Schlösser entdeckt. Von Ost nach West schlängelt sich in einer breiten Niederung einer der letzten nicht begradigten Flüsse Europas, die Oder. Sehenswert sind die mittelalterlichen Zisterzienserklöster von Lubiąż und Trzebnica, Stätten des UNESCO-Weltkulturerbes in Jawor und Świdnica, das ehemalige Moltke-Anwesen Krzyżowa und die verschlafenen Residenzstädte Oleśnica und Brzeg. Die Gebirgszüge der Sudeten markieren die Grenze zur Tschechischen Republik. Das beliebteste Urlaubsziel ist das **Riesengebirge** mit dem vorgelagerten Hirschberger Tal, ostwärts gelangt man über reizvolle Nebenstraßen ins **Glatzer Bergland.** In beiden Regionen gibt es Nationalparks: im Riesengebirge rings um die Schneekoppe, im Glatzer Bergland um die Tafelberge Góry Stołowe.

Breslau und Umgebung

Wrocław/Breslau

↗XI/D1

„Blume Europas“, so wird die Stadt an der Oder genannt: eine lebendige, aufstrebende Metropole und zugleich ein Spiegel mitteleuropäischer Vielfalt. Ihr historisches Zentrum wurde in den vergangenen Jahren prächtig herausgeputzt, rund um den Ring atmet sie großstädtisches Flair. Hier und im angrenzenden Universitätsviertel entstand eine Vielzahl von Cafés und Lokalen, die teilweise bis nach Mitternacht geöffnet bleiben – da macht es Spaß, ein paar Tage zu bleiben und das Leben in vollen Zügen zu genießen. Wer sich zwischendurch nach Ruhe sehnt, spaziert durch den vier Kilometer langen Parkgürtel, der sich beschaulich um die Innenstadt legt, oder macht einen Abstecher zur Dominsel, dem mittelalterlichen Schmuckstück, das sich allen Anfeindungen der Moderne erfolgreich widersetzt.

Geschichte

Multikulturelle Vergangenheit

Buchtipp: „CityTrip Breslau“, erschienen im Reise-Know-How-Verlag

Schon früh, so beweisen Funde aus vorgeschichtlicher Zeit, gab es am Übergang der Oder einen bedeutenden Warenumschlagplatz. Ende des 9. Jahrhunderts ließ der böhmische Herzog **Vratislav I.** (894–921) auf der heutigen Dominsel eine Grenzburg errichten und gab ihr den Namen Vratislavia. 990 fiel sie unter die Herrschaft der polnischen Piasten, denen es zehn Jahre später gelang, mit der Gründung des Erzbistums Gnesen die religiöse Unabhängigkeit gegenüber der deutschen Kirche zu erlangen. Das Jahr **1000** gilt als Gründungsjahr nicht nur des polnischen Staates, sondern auch der Stadt Vratislavia, da auf der Dominsel unter Leitung des Erzbischofs von Gnesen ein Bistum errichtet wurde.

In ihrer über tausendjährigen Geschichte gehörte die Stadt, die später den Namen „Wrocław" und „Breslau" annahm, den **Böhmen und Ungarn,** den **Habsburgern und Preußen** und zu guter Letzt wieder den **Polen.** Jede Herrschaft hinterließ in der Architektur ihre Spuren. So stammen die gotischen Backsteinkirchen aus der Zeit, da Breslau das Magdeburger Stadtrecht erhielt, die schönsten Barockbauten aus Habsburger Zeit. In monumentalen öffentlichen Gebäuden erkennt man preußischen Klassizismus, die Aufbruchstimmung der Gründerzeit spiegelt sich in der Belle Epoque ehemals jüdischer Kaufhäuser.

Zerstörung im Zweiten Weltkrieg

Zu Beginn des Zweiten Weltkriegs war Breslau eine **vorwiegend deutsche Stadt** mit 630.000 Bewohnern. Im **Spätherbst 1944** fielen die ersten Bomben, Anfang 1945 begann die Einkreisung durch sowjetische Truppen. Am 15. Februar wurde Breslau von der nationalsozialistischen Führung zur Festung erklärt. Ganze Straßenzüge wurden gesprengt, um sie besser verteidigen zu können. Selbst ein Militärflughafen wurde noch aus dem Boden gestampft. „Bis zum letzten Blutstropfen", verkündete Gauleiter *Hanke,*

209po Foto: sg

werde man um die Stadt kämpfen. Als am **6. Mai 1945** die Rote Armee einrückte, hatte er sich längst aus dem Staub gemacht und war zusammen mit der Parteiführung ausgeflogen. Breslau lag in Schutt und Asche, 68 % der Häuser waren zerstört. Tausende von Menschen hatten während der Belagerung das Leben verloren oder waren als „Deserteure" ermordet worden. Weitere 90.000 starben während der verspäteten Evakuierung.

Galizische Klänge

Nach 1945 wurde die Bevölkerung der Stadt fast komplett ausgewechselt: Die ehemaligen deutschen Bewohner wurden gen Westen vertrieben, ihren Platz nahmen **polnische Neuansiedler** ein. Viele von ihnen waren gleichfalls Vertriebene. Sie kamen aus den *kresy,* den „polnischen Ostgebieten", und insbesondere aus **Lemberg** (poln. *Lwów,* ukr. *L'viv),* dem kulturellen Zentrum des früheren Galizien. Dort hatte man einen besonderen sprachlichen Dialekt gepflegt, der teilweise noch heute zu hören ist: so singend-musikalisch erscheint das Polnische nur hier!

Für die Bewohner war es anfangs schwierig, in der fremden Stadt Wurzeln zu schlagen. Sie hatten das Gefühl, in einem Provisorium zu leben, wussten sie doch nicht, ob der politische Wind sich ändern und die ehemaligen deutschen Besitzer eines Tages kommen und die Rückgabe ihrer Häuser einklagen könnten. Lohnte es denn, sich „wohnlich" einzurichten? Erst im Laufe der Jahre streiften sie die Angst ab und es wurden „ihre" Häuser, in denen sie lebten. Dazu kam „ihre" Kultur, die sie aus der Lemberger Heimat mitgebracht hatten: fast die gesamte Universität samt technischer Ausstattung und wertvoller Bibliothek, dazu das Theater, die Oper und die Philharmonie. Ihre Lebensart, Neugier und Weltoffenheit übten auch auf jene Reiz aus, die aus anderen Teilen Polens zugezogen waren. Und man sprach voller Bewunderung vom „Lemberg der Nachkriegszeit" mit Sitz in Wrocław oder gar dem neu entstandenen „Breslauer Stil". Dieser, so drückte es der Musikkritiker *Wojciech Graf Dzieduszyki* aus, ist ostpolnische Lebensart plus das, was von den Deutschen und ihren Hausfassaden zurückblieb.

Deutsche Spuren

Vorbei ist die Zeit, da man in Breslau alles auszulöschen suchte, was an das deutsche Kulturerbe erinnerte und so tat, als sei die Stadt schon immer polnisch gewesen. Heute ist aufrechter Gang angesagt und man macht sich daran, der historischen Wahrheit zum Durchbruch zu verhelfen. An allen Ecken und Enden der Stadt werden **deutsche Schriftsteller und Philosophen** „wiederentdeckt". Die im Rathaus aufgestellte „Kleine Galerie der großen Breslauer" beinhaltet u.a. die Büsten der Schriftsteller *Gerhart Hauptmann* und *Karl von Holtei,* der

Stadt am Fluss – auch per Schiff lässt sich Breslau erkunden

Philosophin *Edith Stein* und des Malers *Adolph von Menzel,* des Arbeiterführers *Ferdinand Lassalle* und des Physikers *Max Born.* An *Edith Stein* erinnert außerdem eine Tafel auf der Dominsel, *Dietrich Bonhoeffer* wird vor der Elisabethkirche, *Friedrich Schiller* im Scheitniger Park (Park Szczytniki) geehrt. An Fassaden tauchen in deutscher Sprache historische Inschriften auf, Cafés sind mit Plakaten aus der Zeit des Fin de Siècle dekoriert. Doch es steht noch einiges an Erinnerungsarbeit bevor: *Peter Hacks, Günter Anders, Norbert Elias* – alles Söhne dieser Stadt, auf die aus Unkenntnis (oder hat es ideologische Gründe?) bisher nur wenige Breslauer stolz sind.

Wirtschaftlicher Aufschwung

Seit einigen Jahren durchläuft Breslau eine dynamische Entwicklungsphase. Schließlich liegen Berlin und Warschau gleich nahe entfernt, und noch schneller kommt man nach Prag. Schon früh haben die europäischen Großunternehmen erkannt, dass langfristig in dieser Stadt viel zu gewinnen ist: Allein in der ersten Dekade nach der politischen Wende flossen mehr als 2 Mrd. Euro ausländischen Kapitals in die niederschlesische Region. Heute sind vor allem Briten, Deutsche und Schweizer aktiv. Das Kosmetikunternehmen *Cussons* versorgt ganz Polen mit Seife, Shampoo und Body Gel, *Volvo* lässt Busse und Lastkraftwagen bauen. Gleichfalls in Breslau sind der Lebensmittelkonzern *Alfa Laval,* der Elektrokonzern *ABB* und *Northern Telecom* angesiedelt.

Sehenswertes

Die Breslauer Altstadt bildet ein großes, von einem Grüngürtel eingefasstes Oval, das von schachbrettartig angelegten Straßen durchzogen ist. Mittendrin liegt der altstädtische Ring (poln. *Rynek),* der sich bestens als Startpunkt zur Erkundung Breslaus eignet. Nördlich schließen sich das Universitätsviertel sowie die Sand- und Dominsel an, ostwärts geht es zum Panorama von Racławice und zum Nationalmuseum. Im Süden gelangt man über die Einkaufsstraße Świdnicka zur Oper, westlich des Rings liegt das ehemalige jüdische Viertel.

Für alle, die **mit dem Zug angereist** sind, sei als Einstieg das Kapitel „Vom Bahnhof in die Innenstadt" empfohlen. Wer hingegen **mit dem Auto** oder einer Reisegruppe nach Breslau gekommen ist, beginne sogleich mit der Lektüre „Rund um den Ring".

Vom Bahnhof in die Innenstadt

„Der kluge Reisende", so das Kunstmagazin Art, „kommt mit der Eisenbahn – nicht wegen der bösartigen Gerüchte über Autodiebstähle, sondern um sich das 1856 erbaute tudorgotische **Bahnhofsgebäude** nicht entgehen zu lassen." Der erste große Bahnhofsbau im Deutschen Reich erinnert mit seinen minarettartigen Türmen und Zinnen an ein mächtiges Schloss. Von außen zumindest – denn innen wirkt er noch immer vernachlässigt, in der großen Wandelhalle dominiert die Farbe Grau.

210po Foto: sg

Der Bahnhof liegt südlich der Altstadt, den Ring erreicht man zu Fuß in gut 20 Minuten. Über die verkehrsreiche, von mehreren Hotels aus der Gründerzeit gesäumte ul. Piłsudskiego geht es westwärts (links), vor dem Glaspalast des Holiday Inn biegt man rechts ein in die ul. Świdnicka, die ehemalige Schweidnitzer Straße. 14 lebensgroße Figuren „Anonymer Passanten" wandern in den „Untergrund" – eine Erinnerung an das Kriegsrecht 1981. Die geschichtsträchtige Meile weitet sich nach wenigen hundert Metern zum quadratförmigen **Plac Kościuszki,** der von monumentalen Gebäuden und Kaufhäusern eingefasst ist. In seiner Mitte steht ein Gedenkstein zu Ehren von *Tadeusz Kościuszko,* des legendären Freiheitshelden, der 1794 versucht hatte, die drohende endgültige Teilung Polens durch einen Aufstand abzuwenden.

Quert man die ul. Podwale, den ehemaligen Stadtgraben, sieht man zur Rechten die für Johanniter erbaute **Corpus-Christi-Kirche** (Kościół Bożego Ciała), vor deren gewaltiger Backsteinfassade die ehemalige Torwache

Summer in the City

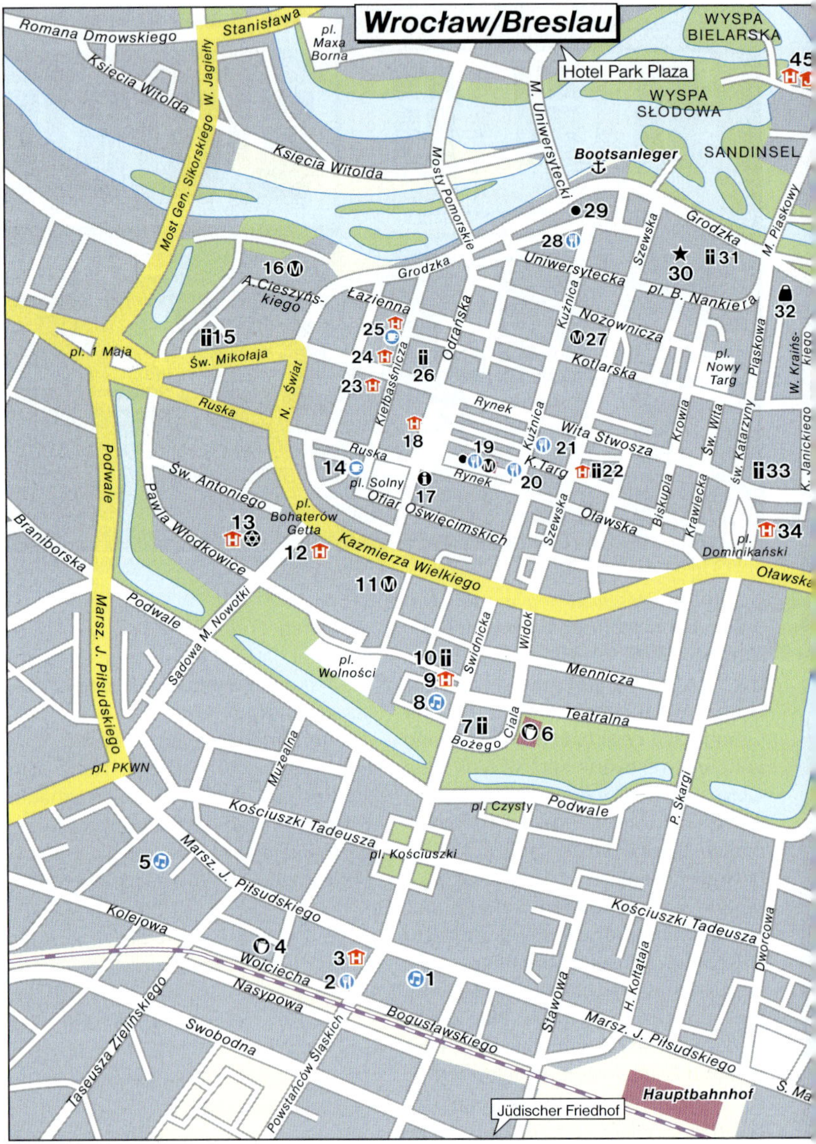

Wrocław/Breslau
Hotel Park Plaza
Jüdischer Friedhof
WYSPA BIELARSKA
WYSPA SŁODOWA
SANDINSEL
Bootsanleger
Hauptbahnhof
Romana Dmowskiego
Stanisława
pl. Maxa Borna
Księcia Witolda
Most Gen. Sikorskiego W. Jagiełły
Mosty Pomorskie
M. Uniwersytecki
Grodzka
Uniwersytecka
pl. B. Nankiera
M. Piaskowy
Łazienna
A. Cieszyńs-kiego
pl. 1 Maja
Św. Mikołaja
N. Świat
Ruska
Kiełbaśnicza
Odrzańska
Kuźnica
Nożownicza
Kotlarska
Szewska
pl. Nowy Targ
Piaskowa
W. Kraińs-kiego
Rynek
Wita Stwosza
Krowia
Św. Wita
Św. Katarzyny
K. Janickiego
K. Targ
pl. Solny
Ofiar Oświęcimskich
Oławska
Biskupia
Krawiecka
pl. Dominikański
Św. Antoniego
pl. Bohaterów Getta
Pawła Włodkowice
Podwale
Braniborska
Kazmierza Wielkiego
Sądowa
M. Nowotki
Świdnicka
Widok
pl. Wolności
Mennicza
Teatralna
Bożego Ciała
Marsz. J. Piłsudskiego
pl. PKWN
Muzealna
pl. Czysty
P. Skargi
Kościuszki Tadeusza
pl. Kościuszki
Kolejowa
Wojciecha
Nasypowa
Swobodna
Taseusza Zielińskiego
Powstańców Śląskich
Bogusławskiego
Sławowa
H. Kołłątaja
Dworcowa
S. Ma
1 2 3 4 5 6 7 8 9 10 11 12 13 14 15 16 17 18 19 20 21 22 23 24 25 26 27 28 29 30 31 32 33 34 45

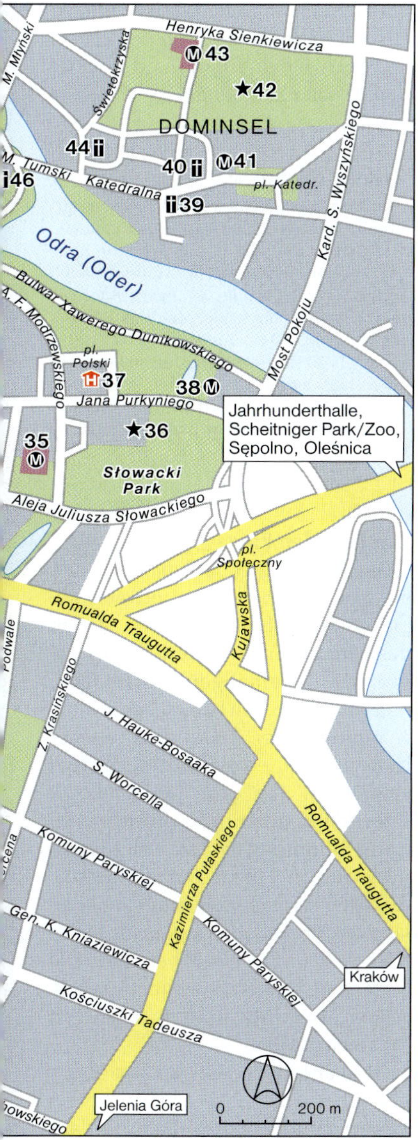

1 Musiktheater
2 Marché
3 Hotel Scandic Wrocław
4 Polnisches Theater
5 Philharmonie
6 Marionettentheater
7 Corpus-Christi-Kirche
8 Breslauer Oper
9 Hotel Monopol
10 Dorotheenkirche
11 Städtisches Museum
12 Hotel Europeum
13 Synagoge zum Weißen Storch, Hostel Mleczarnia
14 Lody La Scala
15 Kathedrale der Polnischen Orthodoxen Kirche
16 Arsenal/Museum für Militaria & Museum für Archäologie
17 Touristeninformation
18 Hotel Dwór Polski
19 Rathaus, Museum für bürgerliche Kunst, Spiż, Piwnica Świdnicka
20 Vega
21 La Scala
22 Hotel Qubus Maria Magdalena, Maria-Magdalena-Kirche
23 Hotel Sofitel Wrocław
24 Hotel Patio
25 Afryka, Hotel Art
26 Elisabethkirche
27 Mineralienmuseum
28 Bazylia
29 Universität/Aula Leopoldina
30 Ossolineum
31 Vinzenz-Kathedrale
32 Markthalle (Hala Targowa)
33 Adalbertkirche
34 Hotel Mercure Panorama
35 Architekturmuseum
36 Panorama von Racławice
37 Hotel Radisson
38 Nationalmuseum
39 Johanniskathedrale
40 Ägidienkirche
41 Diözesanmuseum
42 Botanischer Garten
43 Naturhistorisches Museum
44 Kreuzkirche
45 Hotel und Jugendherberge Tumski
46 Kirche Maria auf dem Sande

(heute Galerie Na Odwachu) wie ein Puppenhaus anmutet. Schräg gegenüber, am Theaterplatz (plac Teatralny), beherrscht die **Niederschlesische Oper** (Państwowa Opera) das Bild, ein Kulturtempel anno 1841 mit imposantem Säulenportikus. Gleich dahinter steht Breslaus ältestes Hotel, das Monopol (1892). Dort stieg die Prominenz ab, wenn sie in der Stadt weilte: 1938 salutierte *Adolf Hitler* von der Fürstensuite im ersten Stock (Zimmer 113) seinen vorbeidefilierenden Truppen, zehn Jahre später wohnte hier *Pablo Picasso,* der beim „Weltkongress zur Verteidigung des Friedens" seine berühmte Friedenstaube zeichnete. Die hinter dem Monopol aufragenden Türme gehören zur **Dorotheenkirche** (Kościół Św. Doroty), die 1351 für die Augustiner erbaut wurde. Ihre architektonische Strenge passte vortrefflich zum proklamierten Ideal der Askese. *Luther,* selber ein Mönch dieses Ordens, warb zahlreiche Augustiner für seine Erneuerungsbewegung an. Als „gleichermaßen überzeugend wie temperamentvoll" lobte der Stadtchronist die 1524 hier gehaltene Predigt, die den Protestantismus in Breslau einläutete.

In schreiendem Kontrast zur strengen Backsteinkirche präsentiert sich das **Einkaufszentrum Solpol,** das kurz nach der politischen Wende entstand. „Bunte Warenwelt statt historischer Reminiszenzen" lautet die Devise, ein poppiger Glasturm ist von schrägen, grellroten und blauen Säulen eingefasst. Kurz darauf stößt man auf die ul. Kazimierza Wielkiego, die den Breslauer Verkehr in weitem Bogen um die Altstadt herumleitet. Man unterquert sie durch einen Tunnel und gelangt wenig später zum Ring.

Zwerge überall

Immer wieder stolpert man in Breslau über bronzene Mini-Gnome – mehr als 100 sind es, allesamt in skurriler Pose und mit höhnisch-hämischem Gesichtsausdruck. Sie sollen an die „orangene Alternative" erinnern, die in der Zeit des Kriegsrechts (1983–84) durch absurde Happenings von sich reden machte. In der Touristen-Info erhält man einen Plan mit Zwergstationen, auf dass man Breslau auf den Spuren der Winzlige erkunden kann.

Rund um den Ring

Der **Ring** ist der „Salon" der Stadt, ein Ort öffentlicher und privater Repräsentation. In seiner Mitte stehen das **Alte und das Neue Rathaus** sowie die **ehemaligen Tuchhallen,** ringsum reihen sich barock beschwingte Bürgerhäuser. Kaum ein Breslauer lässt es sich entgehen, mindestens einmal am Tag über den Platz zu schlendern, denn hier wird man von **guter Stimmung** erfasst, fühlt sich angesteckt von Anmut und Leichtigkeit. Aus allen Himmelsrichtungen münden kleinere Straßen ein, sodass ein stetes Kommen und Gehen herrscht. Die Terrassencafés sind bestens gefüllt, Kinder plantschen in einer originellen Wasserlandschaft.

Der nahezu viereckige Platz (212 x 175 m) wurde 1242 entworfen, ein Jahr nach der Zerstörung Breslaus durch die Mongolen. Offenbar hatten die damaligen Stadtherren Großes vor, denn sie konzipierten ihn so weitläufig, dass kein Gefühl von Enge aufkommt. Mit seiner Erkundung startet man bei der **Touristeninformation** (Hausnr. 14), wo man mit aktuellen Infos und Broschüren, vielleicht auch einem neuen Stadtplan, versorgt wird.

Fotofans kommen schon am frühen Morgen, um Bilder von der attraktiven, dann von der Sonne beschienenen Westseite zu schießen. Besonders auffällig ist das üppig bemalte **Kurfürstenhaus** (Hausnr. 8). Es entstand im Jahr 1672, als Breslau habsburgisch war. Offenbar wollte der ehemalige Besitzer seine guten Beziehungen zur Staatsmacht unter Beweis stellen. Er ließ nicht nur den kaiserlichen Doppeladler am Eingangsportal anbringen, sondern beauftragte den Künstler *Giacomo Scianzi* damit, die Fassade mit Figuren von *Leopold I.* und seinen sieben Kurfürsten auszumalen. In gotisch-verschnörkelten Lettern erscheint der dazu passende Spruch: „Deme Gott und die höchste Obrigkeit wol viel, schadet kein Neyder noch Verleumder". Was soviel heißen mag wie: „Wer Erfolg hat, dem kann Neid nichts anhaben."

Das Nachbarhaus **Zur Blauen Sonne** (Hausnr. 7) gehörte im späten Mittelalter der deutschen Kaufmannsfamilie *Boner* und war vor 1945 im Besitz der *Thyssen*-Familie. Auch hier findet man üppige Fassadenmalerei: Zwischen den Fenstern tanzen Frauen mit wehendem Haar, ein goldener Blumenfries trennt die Etagen. Glaubt man den Stadtchroniken, so weilte hier manch ein Monarch zu Gast, die Palette reicht von König *Władysław* (1511) über König *Ferdinand I.* (1527) bis zu Kaiser *Rudolf II.* (1577). Vom Balkon des Hauses **Zur goldenen Sonne** (Hausnr. 6) verkündete General *von Marwitz* 1742 den „Frieden von Breslau" und deklarierte die Angliederung Schlesiens an Preußen. Heute beherbergt das Palais eine museale Abteilung des Ossolineums. Gleichzeitig bekommt man einen Einblick in die ehemals feudale Wohnkultur Breslauer Bürger (Mo. geschl.).

031po Foto: sg

Kurfürstenhaus

Altpolnisches Ambiente umgibt den Gast im **Dwór Polski,** dem „Polnischen Hof" (Hausnr. 5). Hotel und Restaurant sind mit dunklen Holzmöbeln ausgestattet, man sieht Ritterrüstungen, Schilder und Schwerter. Erinnerungen anderer Art pflegt man im benachbarten Gasthaus **Lwowska** alias Lemberg (Hausnr. 4). Dort beschwören historische Aufnahmen die Schönheit der galizischen Hauptstadt, aus der viele heutige Breslauer stammen. Und auch im **Café Pod Gryfami,** dem Greifenhaus (Hausnr. 2), fühlt man sich aufgrund seines nostalgischen Charakters in Lemberger Zeiten versetzt. Der Giebel des siebenstöckigen Palais ist mit fantastischen Pelikanen und Adlern geschmückt.

Der nächste Halt empfiehlt sich an der Nordwestecke des Rings: Vor der gewaltigen Backsteinfassade der gotischen Elisabethkirche kauern die windschiefen, durch einen Torbogen verknüpften Pfarrhäuschen **Hänsel und Gretel** *(Jaś i Małgosia).* Im Mittelalter schritt man durch das Portal zum Friedhof, den Weg wies die lateinische Inschrift *Mors ianua vitae* (Der Tod, das Tor zum ewigen Leben). Heute steht an diesem Ort eine Bronzeskulptur zu Ehren des Breslauer Pastors *Dietrich Bonhoeffer,* der wegen seiner Kritik an Nazi-Deutschland im Konzentrationslager Flossenburg hingerichtet wurde.

Die **Elisabethkirche** (Kościół Św. Elżbiety) mit ihrem hoch aufragenden,

211po Foto: pf

helmgekrönten Turm ist eines der bedeutendsten Gotteshäuser Schlesiens. Ihr Bau wurde von den Breslauer Patriziern um die Mitte des 14. Jahrhunderts in Auftrag gegeben, aber erst 1482 vollendet. Das Bürgertum unterstrich damit seinen politischen Führungsanspruch, war nicht länger willens, sich vom hohen Klerus bevormunden zu lassen. Dieser musste sich allein schon durch die Größe des Baus herausgefordert fühlen, die Elisabethkirche sollte die Kathedrale auf der Dominsel in den Schatten stellen. Kleine Meisterwerke der Kunst sind die in die Außenwand eingelassenen Reliefs Breslauer Bürger, und auch im Innern wird an die Vertreter des Patriziats erinnert: Viele Grabmäler aus Gotik, Renaissance und Barock verteilen sich auf die drei Kirchenschiffe samt angebauten Kapellen. Seit dem Zweiten Weltkrieg wird das Gotteshaus als katholische Garnisonskirche genutzt. Eher bescheiden wirkt der Hauptaltar mit einem 1945 dort postierten Bildnis der Madonna von Tschenstochau – grandios aber ist die Aussicht vom Kirchturm!

Die Nordseite des Rings hieß in deutscher Zeit **Naschmarkt,** schon im 15. Jahrhundert wurden hier Honig, Lebkuchen, Lakritz- und Karamellbonbons verkauft. Polnische Breslauer haben die Tradition aufgegriffen und in diesem Abschnitt mehrere Konditoreien und Cafés eingerichtet. An der Ecke Rynek/Wita Stwosza, nun schon auf der Ostseite, leuchtet an der Fassade (Hausnr. 41) ein **Goldener Hund,** nach dem das Haus benannt ist *(Złoty Pies).* Angeblich gab es im Mittelalter einen Mann, der stets um Mitternacht das Haus verließ, um seinen Hund auszuführen. Im Mondlicht erstrahlte das Fell des Tieres in so leuchtend goldenen Farben, dass man den Vierbeiner für einen verzauberten Geist hielt. Das **Kaufhaus Merkur** gleich daneben (Hausnr. 39/40) führt zurück in die Welt des Kommerz. Seinen Namen verdankt es dem Schutzpatron der Kaufleute. Hoch oben auf einem Globus thront der antike Gott und symbolisiert die weltumspannenden Handelskontakte.

Der ehemalige Hühnermarkt (ul. Kurzy Targ), eine vom Ring ostwärts abzweigende Straße, führt geradewegs zur gotischen **Maria-Magdalena-Kirche** (Katedra Św. Marii Magdaleny), Breslaus erstem protestantischen Gotteshaus mit Doppelturm (1362). Trafen sich in der Elisabethkirche die reichen Bürger, so waren es hier die Handwerker und Zunftgesellen. Der weite, lichtdurchflutete Innenraum hinterlässt einen überwältigenden Eindruck, doch als die eigentliche künstlerische Meisterleistung gilt ein Detail an der Außenfassade: Das romanische, aus dem 12. Jahrhundert stammende Südportal ist von Säulen eingefasst, in die heidnisch anmutende Figuren und Fabelwesen eingemeißelt sind. Das Mosaik wurde 1546 eingebaut und stammt von einem zuvor abgebrochenen Kloster nördlich der Dominsel.

Ein Genuss fürs Auge:
die Nordseite des Rynek

212po Foto: sg

Nach der Rückkehr zum Ring wenden wir uns seiner Südseite zu. Im Haus **Zum goldenen Becher** (Hausnr. 22) hatte im Mittelalter die berühmte Schweidnitzer Brauerei ihren Sitz, die durch einen unterirdischen Gang mit dem Ratskeller verbunden war. Ein paar Meter weiter, im Haus **Zum Alten Galgen** (Hausnr. 19), wurden bis zum Machtantritt der böhmischen Herrscher (1355) die im Rathaus gefällten Todesurteile vollstreckt. Wer sich die Räume anschaut, wird freilich nichts Makabres entdecken, vielmehr erinnert ein „kaiserliches“ Restaurant an die gute alte Habsburgerzeit unter *Franz Joseph*. Nicht als Werbeträger taugt offenbar die frühere Hausbewohnerin *Clara Immerwahr*, die 1900 als erste Frau Breslaus den Doktortitel erhielt. 1915 schied sie freiwillig aus dem Leben, weil sie die Giftgasforschungen ihres Mannes, des Chemienobelpreisträgers *Fritz Haber*, als „Perversion der Wissenschaft“ begriff. Und auch um *Norbert Elias*, einen der berühmtesten Soziologen des 20. Jahrhunderts, bleibt es merkwürdig still. Er wohnte im Kaufmannshaus Nr. 16, in dem heute ein Lokal namens Ba-

Im Schatten der Elisabethkirche liegt das Café Afryka

Hänsel und Gretel: Winzige Pfarrhäuschen vor der gewaltigen Elisabethkirche chus untergebracht ist. Einen Namen freilich kennen sie alle: den des Komödiendichters **Aleksander Fredro** (1798–1876). Bürger aus Lemberg (Lwów) hatten das Denkmal von „Polens Molière" nach 1945 hierher transportiert. Es prunkt zwischen Bachus und Rathaus, fast genau an jener Stelle, wo zuvor ein Standbild *Friedrich Wilhelms II.* gestanden hatte. Und noch eine Erinnerung wird an diesem Ort wach: Just hier wurde im März 1945 der Breslauer Bürgermeister *Spielhagen* standrechtlich erschossen, weil er es gewagt hatte, gegen die Durchhalteparolen der Nationalsozialisten zu protestieren.

Altes Rathaus

Mitten auf dem Platz steht das **Alte Rathaus,** eines der schönsten öffentlichen Gebäude des Mittelalters. Die Schriftstellerin *Ricarda Huch* schrieb 1927: „Das Kleinod Breslaus, das in seiner behaglichen Pracht und seiner fantasievollen Fülle manches andere im Reich aussticht, ist langsam zusammengewachsen, und trotz des Reichtums seiner Motive, der Giebel, Erker, Türme, Fialen und Friese durch einen unnennbaren und unlehrbaren Zauber ein Ganzes geworden. Es ist das würdigste Haus einer mächtigen Handelspolitik."

Mit dem Bau des Rathauses wurde kurz nach dem Mongolenüberfall begonnen, doch erhielt es seine endgültige Gestalt erst im 16. Jahrhundert. Am schönsten präsentiert es sich an seiner Südostseite mit einem filigranen Schmuckgiebel, unter dem eine **astronomische Uhr** aus dem Jahr 1580 prangt. Eine Sonnenkugel mit goldenem Finger zeigt die Stunden, eine Sichel die Mondphasen an; die Hieroglyphen in den Ecken der Uhr symbolisieren die Jahreszeiten. Der kleine **Erker unter der Uhr** diente viele Jahrhunderte als Nachrichtenbörse. Von hier gab der Bürgermeister politische Ereignisse bekannt, verkündete wichtige Gesetze und Anordnungen. Auf Augenhöhe des Betrachters stehen der Vogtknecht und der Stadtwächter, Vollstrecker der städtischen Gewalt. Links ist zu lesen: „Ich bin ein foytknecht, wer nicht recht tut den fore (fordere) ich vor recht", und rechts: „Ich bin des rats gewappnet man, wer (mich angreifen will) mus ein swert

213po Foto: sg

035po Foto: sg

han". Die Verurteilten wurden an der benachbarten Staupsäule an den Pranger gestellt, so eines Tages der Bildhauer *Veit Stoß,* der es gewagt hatte, ein Rendezvous mit fünf Jungfrauen gleichzeitig zu arrangieren. Freilich wurden auch härtere Strafen vollstreckt: das Henkerbeil für Totschläger und das Schafott für vermeintliche Hexen. Die letzte Hinrichtung erfolgte im Jahr 1681.

Auch an der Südseite des Rathauses ist mittelalterliche Steinmetzkunst zu bewundern. Auf einer Länge von fast 50 Metern ist die Fassade mit verschlungenen Ornamenten verziert, zwei umlaufende Friese zeigen den Alltag anno dazumal: Zechgelage im Wirtshaus, Tanz- und Festreigen, Feilschen auf dem Markt. Unter dem Mittelerker, wo sich das Tor zum berühmten **Schweidnitzer Keller** (Piwnica Świdnicka, ⇗ Essen und Trinken) öffnet, ist eine besonders witzige Szene zu sehen. Ein krugschwenkender Zecher kehrt heim und wird von seiner Frau mit Prügel begrüßt: Eine ironische Anspielung auf den Ratskeller, wo seit über 500 Jahren das **Bier in Strömen** fließt – einst das „Schweidnitzer", heute das **„Piast".** *Alfred Kerr,* der in Breslau geborene Schriftsteller, hat dem Keller ein literarisches Denkmal gesetzt. „In Mitteldeutschland", schrieb er, „gibt es nichts Anmutig-Reicheres, als das edle, frohe, wundersame Rathaus am Ring. Unten der Schweidnitzer Keller. Zwischendurch bei kurzem Aufenthalt ist man hinabgegangen, mehr als einmal, zu den Holzbänken, zu dem Friebe-Bier, zu den Marktleuten, zu den Sumpfhühnern, zu verkommenden Studenten."

An der Südwestecke, nahe dem Fredro-Denkmal, befindet sich der Eingang zum Rathaus, wo ein **Museum für bürgerliche Kunst** mit dem Reichtum der Breslauer Stadtoberen vertraut macht. Zunächst gelangt man in den Gildesaal mit einer „Kleinen Galerie berühmter Breslauer", die in Erinnerung ruft, dass das Breslau der Vorkriegszeit eine deutsche Stadt war. Darunter sind Büsten der Philosophin *Edith Stein,* des Schriftstellers *Gerhart Hauptmann,* des Physikers und Nobelpreisträgers *Max Born* sowie des Sozialdemokraten *Ferdinand Lassalle.* Geradeaus kommt man in den Gerichtssaal, links in die Ratsstube und Stadtschreiberkanzlei, rechts über den Grünen Saal zur Stube des Bürgermeisters. Anhand des gediegenen Interieurs kann man sich den Alltag jener Herren ausmalen, die die Geschicke der Stadt bestimmten. Über eine ausladende Marmortreppe gelangt man ins Obergeschoss: Der dreischiffige Remter ist der schönste Saal, überspannt von einem eleganten Kreuzrippengewölbe, ausgelegt mit Marmor. Hier feierten die reichen Bürger rauschende Feste, während die weniger Begüterten mit dem Erdgeschoss vorlieb nehmen mussten.

● **Museum für bürgerliche Kunst** (Muzeum Sztuki Mieszczański), Sukiennice 14/15, www.mmw.pl, Mi.–Sa. 11–17, So. 11–18 Uhr, Eintritt 2 €

Altes Rathaus – „Perle der Gotik"

Das Breslauer Wappen

Seit 1990 darf es wieder gezeigt werden – das aus der Zeit Kaiser *Karls V.* stammende Breslauer Wappen prangt über dem Eingangsportal des Rathauses. Links oben ist der gekrönte Böhmische Löwe zu sehen, daneben der schwarzgefiederte Schlesische Adler. Auf rotem Grund rechts unten erkennt man die Büste des Evangelisten *Johannes,* daneben ein mächtiges W, den Anfangsbuchstaben von Wratislavia. Das Haupt des Stadtpatrons *(Johannes der Täufer)* markiert die Mitte des Schildes. Bei den Nationalsozialisten war die Nutzung des Wappens untersagt, die kommunistische Regierung mochte es zwar zeigen, doch bitte sehr ohne Evangelisten und ohne Böhmischen Löwen.

036po Foto: sg

Hinter dem Rathaus

In den drei von dunklen Gassen unterbrochenen Häuserzeilen hinter dem Rathaus hatten **im Mittelalter Handwerker und Händler** ihre Läden: Tuchmacher und Schuster, Färber und Gewürzkrämer, Gold- und Silberschmiede. Heute bergen die Passagen, die in Erinnerung ans alte Gewerbe Töpfer-, Eisen- und Tuchhallengasse heißen (Garncarskie/Żelazna/ Sukiennice), kleine Restaurants und Geschäfte. In der mittleren Gasse entdeckt man außerdem die ehemalige Spielstätte des **Theaters Laboratorium.** Sein Gründer *Jerzy Grotowski* (1933–1999) propagierte ein „Armes Theater", das von Requisite und Bühnenbild befreit war. Der Schauspieler sollte sich einzig auf die Ausdruckskraft seines Körpers und seiner Stimme konzentrieren, um die Botschaft zu übermitteln. *Grotowskis* Stücke waren von solch verstörender Intensität, dass sie die Avantgarde in der ganzen Welt beeinflussten, z.B. auch *George Tabori* und *Peter Brooks.* Noch heute werden an die Spielstätte des polnischen Meisters ausländische Ensembles eingeladen, die sich dem Armen Theater des Regisseurs verpflichtet fühlen.

Vom Ring zum Mineralienmuseum

Alle Gassen, die vom Rynek nordwärts starten, führen zur Universität. Man entdeckt in ihnen hübsche Cafés und Studentenkneipen, z.B. zwischen den Straßen Kiełbaśnicza und Odrzańska, wo die Passage **Stare Jatki** (Alte Fleischbänke) verläuft. Ein „Denkmal zu Ehren der geschlachteten Tiere" erinnert daran, dass in der hiesigen Fachwerkgalerie seit dem 13. Jahrhundert Fleisch verkauft wurde. Heute befinden sich hier Ateliers und Geschäfte, zum Kneipenbesuch verabreden sich Studenten und Künstler.

Ein traditionsreiches Café befindet sich auch in der ul. Kuźnicza. Dort war in den Tagen der Solidarność das Theatercafé **Pod Kalamburem** (Hausnr. 29) ein wichtiger Treffpunkt der Aktivisten. Heute weht kein politischer Wind mehr durch die Räume, stattdessen ist Party angesagt, nebenan stärken sich Vegetarier und Esoteriker mit gesunder Kost. In der gleichen Straße gibt es eine Reihe von Buchläden und Antiquariaten, das Geologische Institut hat ein **Mineralienmuseum** mit Meteoriten, Edel- und Schmucksteinen Polens eingerichtet.

● **Mineralienmuseum** (Muzeum Mineralogiczne), ul. Kuźnicza 21/22, Mo.–Sa. 10–15.30 Uhr; mit einer Dependance in der ul. Cybulskiego 30 (Di.–Fr. 10–15 Uhr)

Universitätsviertel

Das Universitätsviertel im engeren Sinne wird im Süden durch die ul. Uniwersytecka und im Norden durch die den Fluss entlanglaufende ul. Grodzka begrenzt. Das Hauptgebäude der **Universität** (Collegium Maximum) liegt unmittelbar an der Oder, ein imposantes, 170 m langes Barockgebäude, das von einem astronomischen Turm überragt wird. Zu Beginn des 18. Jahrhunderts hatte das ehemalige Jesuitenkolleg den Lehrbetrieb aufgenommen, die vier Fakultäten waren Theologie und Recht, Medizin und Astronomie. Kaiser *Leopold I.* erweiterte das Kolleg 1728 zur „Academia Leopoldina“, 1810 wurde es in „Schlesische Friedrich-Wilhelm-Universität“ umbenannt. **Acht Nobelpreisträger** haben hier studiert, u.a. *Theodor Mommsen* (1902), *Fritz Haber* (1918) und *Max Born* (1954).

In der Mitte des Universitätsplatzes steht der Fechterbrunnen mit seinem draufgezauberten degenschwingenden Jüngling (1904). Nur wenige Schritte sind es von hier zum Haupteingang, über dem vier Frauengestalten prangen; sie symbolisieren die Kardinaltugenden Gerechtigkeit, Tapferkeit, Mäßigung und Weisheit. Über das freskengeschmückte Treppenhaus geht es zur **Aula Leopoldina** hinauf, einem der schönsten Hörsäle Polens. Vom Boden bis zur Decke ist er mit Schnitzereien und Goldstuck ge-

037po Foto: sg

Wächterin der Aula Leopoldina

Provinz Dolnośląskie

Arnold Zweig, Breslauer Student 1907–1910

„Meine ersten Semester studierte ich in der schönen alten Kirchen- und Oderstadt Breslau und lernte Architektur und Mittelalter sehen und empfinden. Von der frühen Backsteingotik des mächtig aufgetürmten Domes bis zum geschwungenen und reichen Barock der Bischofspaläste auf der Dominsel - welch ein ununterbrochener Niederschlag kulturellen Werdens im Austausch zwischen Westen und Osten! Breslau war ein Haupttor des Austausches zwischen der polnischen und der deutschen Welt, und der Einfluss von München und Dresden kreuzte sich dort mit dem von Warschau und selbst von Budapest."

schmückt, die ein barock-schwingendes Raumgefühl erzeugen. Wandporträts erinnern an ehrwürdige Professoren, über dem Pult hockt der König, und überall schwirren possierliche Putten und schwertschwingende Engel. Wer Lust hat, besteigt zum Abschluss den 41 Meter hohen Mathematischen Turm, von dessen Aussichtsterrasse sich ein schöner Blick über die Oder bietet.

• **Universität/Aula Leopoldina** (Uniwersytet/Aula Leopoldina), pl. Uniwersytecki 1, www.muzeum.uni.wroc.pl, Aula und Turm Mo., Di., Do. 10.30–15.30 Uhr, Fr.–So. 11–17 Uhr, Eintritt 2 €

Östlich der Universität

Das Kaisertor durchschneidet die Universität und führt über die Oderbrücke auf die ⇗Dominsel. Wir aber bleiben diesseits der Oder und spazieren hinüber zum schlossartigen **Ossolineum** (Biblioteka Zakładu Narodowego im. Ossolińskich) an der Ecke Szewska/Grodzka. Die **Bibliothek** ist

038po Foto: sg

Die Breslauer Universität von der Oderseite

nach dem Lemberger Ossoliński-Institut benannt, dessen Bestände nach 1945 hierher überführt wurden. Wertvolle Manuskripte und Grafiken (u.a. von *Dürer* und *Rembrandt*) werden in Wechselausstellungen gezeigt. Ein Ort der Meditation ist der kleine, dem Mystiker *Angelus Silesius* gewidmete Hofgarten.

Anschließend passiert man mehrere Gotteshäuser: Die nebeneinanderliegenden Kirchen der *hl. Klara* und *Hedwig* beherbergen Grabmäler der Breslauer Piasten. An die orthodoxe **Vinzenzkathedrale** (1226) grenzt das ehemalige Kloster, heute Sitz der Philologischen Fakultät. Weiter östlich steht ein Relikt aus wilhelminischer

Zeit: die aus Stahlbeton erbaute und fast an eine Kirche erinnernde **Markthalle** (Hala Targowa) mit Breslaus größtem Angebot an Gemüse und Obst.

Nationalmuseum

Über den Bulwar Xawerego Dunikowskiego geht es gemütlich am Fluss entlang hinauf zur **Holteihöhe,** dann hinab zur Gondelbucht mit Bootsverleih. In dem angrenzenden wuchtigen Neorenaissance-Bau am Oderufer tagte einst die preußische Provinzregierung. Heute befindet sich hier das **Nationalmuseum** mit einer der reichsten Kunstsammlungen Polens. Vor dem Portal sieht man lebensgroß die wichtigsten Vertreter der nordischen und der südlichen Renaissance: rechts *Dürer,* links *Michelangelo,* beide geschaffen von *Karl August Haertl* (1831–1894), einem der bekanntesten Breslauer Bildhauer seiner Zeit. Der etwas jüngere *Christian Behrens* (1852–1905) schuf die 50 Meter zur Linken postierte, dem Jugendstil verpflichtete „Allegorie des Fischfangs".

Die im Museum gezeigte Kunst reicht weit ins Mittelalter zurück. Im Erdgeschoss entdeckt man **gotische Grabplatten** der schlesischen Piasten, darunter auch den Grabstein *Heinrichs IV.,* dazu wunderbare **Steinmetzarbeiten,** die einst die Kirchen der Stadt schmückten. Über eine ausladende Freitreppe gelangt man in den ersten Stock und begeistert sich an riesigen Heiligenstatuen aus dem 14. Jahrhundert. Man könnte meinen, sie wären mit der Axt aus dem Baumstamm gehauen: monumental und von großer Ausdruckskraft. Die späteren, gleichfalls im ersten Stock ausgestellten Werke wirken feiner: Skulpturen, Reliefs und Gemälde zeigen realistisch gestaltete Figuren mit schmerzensreicher Mimik und Gestik, Ausprägungen der „Schönen Madonna" mit lieblich-melancholischem, oft heiterem Antlitz. Sanft erscheinen auch die Menschen auf den Gemälden des herausragenden Vertreters des schlesischen Barocks *Michael Willmann* (1630–1712). In seinen Bildern spürt man den Einfluss von *Rembrandt, Rubens* und *van Dyck,* doch wirkt der Pinselstrich beschwingter, die Farben erscheinen in eher südlichem Licht.

Ein Stockwerk höher wird **polnische Kunst** präsentiert. Der „Nationalmaler" *Jan Matejko* ist gleich mit mehreren Werken vertreten. Er zeigt die Vertreter von Königtum und Adel in Seide und Samt, mit Säbel und wallender Schärpe. Ende des 19. Jahrhunderts entstand der „Schwur von Jan Kazimierz Waza". Das Bild zeigt den König in der Lemberger Kathedrale, wo er den Bauern ein besseres Leben in Aussicht stellt, wenn sie nur zuvor brav gegen die Schweden kämpfen. Geschichtlichen Themen sind auch *Piotr Michałowksi* und *Jacek Małczewski* verpflichtet. Lemberger Polen haben ihre Gemälde und die vieler anderer Künstler 1945, als die Staatsgrenze

Boote ausleihen in der Gondelbucht

214po Foto: sg

Figur vor dem Nationalmuseum

nach Westen verschoben wurde, aus ihrer Heimatstadt mitgebracht.

Gut vertreten ist auch die **klassische Moderne.** Von einer national verengten Sichtweise heben sich die Allround-Künstler *Stanisław Wyspiański* und *Stanisław Witkiewicz* alias *Witkacy* bewusst ab. Auch die alptraumhaften Installationen von *Magdalena Abakanowicz,* mit deren Namen fast alle internationalen Kunstlexika beginnen, mobilisieren keine nationalen Energien. Nach dem Museumsbesuch stärkt man sich im kleinen Café. Für alle, die an Kunstgeschichte interessiert sind, könnte sich auch ein Besuch in der vormittags geöffneten Bibliothek empfehlen – die Sammlung enthält viele deutschsprachige Titel!

● **Nationalmuseum** (Muzeum Narodowe), pl. Powstańczów Warszawy 5, www.mnwroclaw.pl, Mi. 10–16, Do.-Fr. 9–16, Sa. 10–18, So. 10–16 Uhr, Eintritt ca. 4/2 €

Panorama von Racławice

Am Rand des **Słowacki-Parks,** schräg gegenüber vom Nationalmuseum, befindet sich in einem Rundbau eine **Touristenattraktion:** die Beschreibung der Schlacht von Racławice auf einem **riesigen Panoramagemälde.** Alle 30 Minuten wird eine Gruppe von Besuchern vorgelassen: Im Dämmerlicht werden sie durch einen spiralförmigen Tunnelgang nach oben geschleust, wo unter einer Kuppel eine Aussichtsgalerie postiert ist. Diese ist durch einen Schützengraben von dem ringsum verlaufenden, 114 m langen und 15 m hohen Gemälde getrennt. Verdorrte Bäume, umgestürzte Planwagen und andere Requisiten schaffen die Illusion von Räumlichkeit, aus dem Off werden Kanonensalven abgefeuert und es erklingen Fanfaren. Als Betrachter hat man das Gefühl, unmittelbar am Kriegsgeschehen teilzunehmen. Da sieht man wiehernde Pferde und aufwirbelnde Staubwolken, in deren Schutz Bauern wild entschlossen vorrücken: Mit Harke, Sense und Axt rasen sie dem Feind entgegen, Tod und Kanonenfeuer missachtend. Ganz vorn galoppiert ihr Führer *Kościuszko,* in seinem Gefolge schnittige Reiteroffiziere mit gezücktem Bajonett. Gefangene werden nicht gemacht, denn, so *Kościuszko* später: „Der Eifer des Gefechts gibt den fanatischen Soldaten keine Zeit zum Pardonieren." Gegen die ungestüme Macht der mutigen Polen hilft keine ausgeklügelte Taktik – das russische Heer wird besiegt, sein Befehlshaber wie eine Trophäe abgeführt.

Die Schlacht fand im **April 1794** bei Racławice statt und war ein letzter Sieg der Polen über die Russen, bevor das polnische Königreich ein Jahr später von der Landkarte verschwand. 1894 wurde die Schlacht im damals habsburgisch regierten Lemberg (Lwów) von den **Malern Jan Styka und Wojciech Kossak** zu neuem Leben erweckt. Die Botschaft lautete: In Racławice waren wir stark, mit vereinter Kraft können wir auch heute den (russischen) Feind bezwingen. 1945 kam das Bild von Lemberg nach Breslau, doch hielt man es dort lange Zeit nicht für opportun, es zu zeigen. Seine Botschaft galt als unvereinbar mit der proklamierten polnisch-sowjetischen Freundschaft. Erst 1980, mit Erstarken der Solidarność-Bewegung, begann man das Bild zu restaurieren, fünf Jahre später wurde es in der eigens für diesen Zweck geschaffenen Rotunde ausgestellt.

• **Panorama Racławicka,** ul. Purkyniego 11, www.panoramaraclawicka.pl, tgl. 9.30–16 Uhr; Vorstellungen mehrmals tgl.; es empfiehlt sich, die Karten im Voraus an der Museumskasse zu kaufen (Eintritt 5/4 €).

Dominsel

Die Dominsel, **Breslaus Wiege,** ist seit Versandung der Oder im 19. Jahrhundert mit dem Festland verbunden. Doch noch immer bildet sie eine Welt für sich, ein Ort klösterlicher Stille, deutlich abgehoben vom weltlichen, geschäftigen Teil der Stadt. Es war im Jahr 1000, als auf der Insel eines der ersten Bistümer Polens gegründet wurde – ein Zentrum kirchlicher Macht ist sie bis heute geblieben. Hier reiht sich eine Kirche an die nächste, übers kopfsteinerne Pflaster huschen Nonnen in schwarzer Kutte und angehende Priester. Autos sind von der Dominsel verbannt, bestenfalls sieht man vor dem Bischofspalast dunkle Limousinen.

Das machtvollste Gebäude auf der Dominsel ist die **Johanniskathedrale** (Katedra Św. Jana Chrzciciela), die mit ihren himmelstürmenden, fast 100 Meter hohen Türmen Breslaus Silhouette dominiert. Betritt man ihr Inneres, taucht man in ein Reich der Finsternis ein. So dunkel sind Wände und Gewölbe, dass es unmöglich ist, die reiche Bauplastik zu bewundern. Umso wirkungsvoller leuchten die Glasfenster, die bunte Reflexe auf den Boden zaubern. Im Dom sind Breslaus Bischöfe beigesetzt, die es sich etwas kosten ließen, dauerhaft in Erinnerung zu bleiben. In verschwenderischer Pracht präsentieren sich vor allem zwei Kapellen: Die **Kurfürstenkapelle** für Bischof *Ludwig von Neuburg,* zugleich Kurfürst von Mainz, prunkt mit grau-blauem Marmor und goldenem Stuck, in zahlreichen Varianten spie-

041po Foto: sg

Der Dom – düster und himmelstürmend

gelt sich die Form der Ellipse, die dem Raum eine geheime Dynamik verleiht. Barock ist auch die südlich angrenzende **Elisabethkapelle** für Kardinal *Friedrich,* ein Verehrer der *hl. Elisabeth,* der die Kuppel seines Mausoleums mit Szenen aus ihrem Leben ausschmücken ließ. Der bislang letzte Bischof, der im Dom beigesetzt wurde, ist ein Deutscher: *Adolf Bertram* starb zwar schon 1945, doch wurden die sterblichen Überreste des so genannten „Nazi-Bischofs" erst nach der politischen Wende 1990 in Breslau aufgenommen. Keinesfalls sollte man es versäumen, zur **Aussichtsplattform am Turm** hinaufzufahren: Von oben bietet sich ein überwältigender Blick über die gesamte Stadt (tgl. außer So. 10–18 Uhr).

Im Schatten des Doms steht die kleine **Ägidienkirche** (Kościół Św. Idziego, 1218), die durch ein malerisches Tor mit dem Kapitelhaus verbunden ist. Dieses beherbergt ein **Diözesanmuseum,** das mit einer reichen Sammlung von Skulpturen, Gemälden und geschnitzten Altären aufwartet.

● **Diözesanmuseum** (Muzeum Archidiecezjalne), pl. Katedralny 16, Di.–So. 9–15 Uhr

Wer all der Kirchen überdrüssig ist, findet im **Naturhistorischen Museum** Abwechslung. Viel Botanik gibt es da, aber auch ausgestopfte Tiere, raumfüllende Skelette vom Elefanten bis zum Blauwal, Muscheln in allen Formen und Farben, darunter die „Mördermuschel", das weltweit größte Exemplar ihrer Art. Ein Spaziergang durch den **Botanischen Garten** (Ogród Botaniczny), der auf dem zugeschütteten Oderarm angelegt wurde, beschließt den Besuch. Sonntags finden hier im Sommer kleine Kammerkonzerte statt.

● **Naturhistorisches Museum** (Muzeum Przyrodnicze), ul. Sienkiewicza 21, www.muzeum-przyrodnicze.uni.wroc.pl, Di.–So. 10–16 Uhr, Botanischer Garten 8–18 Uhr (Eintritt 2 €)

Vom Dom führt die ul. Katedralna an pastellfarbenen Kanonikerhäusern vorbei, in einem von der Straße zurückversetzten Palais residiert der Breslauer Erzbischof. Am Ende der Straße „ballen" sich gleich drei Kirchen: die gotische **Peter-und-Paul-Kirche,** die **Martinskirche** und – besonders sehenswert – die mächtige, 1288 von Herzog *Heinrich IV.* gestiftete **Kreuzkirche** (Kosściół Św. Krzyża i Św. Bartłomiej). Ein Portal führt hinauf in die Oberkirche, eines in die Unterkirche – nicht selten finden zwei Gottesdienste gleichzeitig statt. Auf dem Platz vor der Kirche erinnert ein Barockdenkmal an den grausamen Tod eines Heiligen: *Nepomuk,* so heißt es, war Beichtvater der böhmischen Königin und wurde vom eifersüchtigen Ehemann bedrängt, alles auszuplaudern, was die Frau ihm zutrug. Doch der Geistliche blieb standhaft, war nicht willens, den Eid zu brechen. Aus Wut ließ ihn der König ermorden. In bewegten Szenen zeigt das Sockelrelief, wie der Geistliche von der Prager Moldaubrücke in den Fluss gestürzt wurde.

Sandinsel

Gern wird ein Nepomuk-Denkmal in der Nähe von Brücken aufgestellt, in Breslau ist das nicht anders: Nur wenige Schritte sind es bis zur **Dombrücke** (Most Tumski), die auf die **Sandinsel** hinüberführt – auch sie eine Hochburg des Klerus, diesmal des orthodoxen. Rechts ragt die gotische **Annenkirche** (Kościół Św. Anny) auf, die 1946 den Bewohnern aus Polens verlorenen Ostgebieten zugesprochen wurde. Imposanter ist die links aufragende, gleichfalls gotische **Kirche Maria auf dem Sande** (Kościół Najświętszej Marii Panny na Piasku). Auf hoch aufschießenden Säulen ruht ein herrliches Sterngewölbe, das dank der minimalistischen Inneneinrichtung alle Aufmerksamkeit auf sich zieht. Im linken Seitenschiff knien fromme Seelen vor der Ikone der „Siegreichen Madonna" nieder, die aus Mariampol in der heutigen Ukraine stammt. Eine Attraktion ist auch die von Blinden und Tauben geschaffene Kapelle rechts vom Haupteingang, wo eine Weihnachtskrippe die Besucher das ganze Jahr über mit grellen Farben und einem Ave Maria verzückt.

Gestiftet wurde die Kirche im 12. Jahrhundert von Fürstin *Maria Włast,* die auch die finanziellen Mittel für das benachbarte **Kloster** bereitstellte. Längst leben dort keine Mönche mehr, stattdessen bergen die Räume Sammlungen der Universitätsbibliothek. Besonders kostbar sind die mittelalterlichen Handschriften: eine vom *hl. Hieronymus* im 5. Jahrhundert n. Chr. übersetzte Eusebius-Chronik, eine Bibel aus dem 8. Jahrhundert sowie Erstausgaben der Werke von *Marco Polo, Christoph Kolumbus* und *Martin Luther.* Über die **Eisenbrücke** (Most Piaskowy) kehrt man ins Zentrum des weltlichen Breslau zurück.

Um den Salzmarkt

Auch im Südwesten der Altstadt gibt es einige Sehenswürdigkeiten. Ein erster Stopp lohnt auf dem Salzmarkt (pl. Solny), einer Ausweitung des großen Rynek: Vor der Kulisse der Alten Börse (Stara Giełda) verkaufen Frauen duftende Blumen, frisches Wasser holen

Der Japanische Garten
im Scheitniger Park

sie vom Springbrunnen in der Mitte des Platzes. Geht man von hier über die ul. Gepperta südwärts, steuert man geradewegs auf den renovierten Spätgen-Palais zu, wo erst der Kanzler des Breslauer Bischofs (ab 1719), dann König Friedrich II. (ab 1753) residierten. Heute geben die feudalen Räume den Rahmen für das Städtische Museum ab: Man spaziert durch „1000 Jahre Breslau" von der Gründung des Bistums über die deutsche Zeit bis zur Gegenwart – mit Doku-Filmen multimedial aufbereitet. Eine „Galerie Breslauer Maler" zeigt idyllische Riesengebirgslandschaften; interessant ist auch der Blick auf den Barockgarten hinter dem Schloss.

- **Städtisches Museum** (Muzeum Miejskie), ul. Kazimierza Wielkiego 34, www.mmw.pl, Di.–So. 10–16 Uhr

Jüdisches Viertel

Etwas weiter westwärts kommt man zu einem **verkehrsreichen Knotenpunkt,** dem Platz der Ghettohelden (pl. Bohaterów Getta). Ein Gedenkstein in seiner Mitte erinnert an jene 20.000 Breslauer Juden, die im Dritten Reich entrechtet und schließlich ermordet wurden: 1938 mussten sie ihr Vermögen offen legen, damit die „jüdischen Millionäre enttarnt" würden. In der Reichskristallnacht brannten – wie überall im Reich – die Synagogen. Nur ein einziges jüdisches Gotteshaus hat diese Nacht überstanden: Die in einem großen Innenhof gelegene **Synagoge zum Weißen Storch** (ul. Włodkowica 5–7) wurde nur deshalb verschont, weil befürchtet wurde, dass die Flammen auf die Nachbargebäude überschlagen könnten. Bis Ende 1941 fanden hier Gottesdienste statt, anschließend wurde das Bauwerk von den Nationalsozialisten als Sammellager für die Juden benutzt, die in die Vernichtungslager abtransportiert werden sollten. In den letzten Jahren wurde der klassizistische Bau restauriert und dient als Konzert- und Theatersaal. In seinem Umkreis befinden sich ein **Jüdisches**

Informationszentrum, die **Stiftung Bente Kahan** sowie das **Büro der Jüdischen Gemeinde,** der 300 Mitglieder angehören. Auch gibt es wieder einen jüdischen Kindergarten und eine Schule, in der „Hebräisch" und „Jüdische Kultur" gelehrt werden. Juden lebten und leben in Breslau eng mit anderen Religionsgruppen zusammen. Nicht weit entfernt stehen ein protestantisches Gotteshaus, die katholische Franziskanerkirche und eine orthodoxe Kathedrale.

Auf dem romantischen Hof vor der Synagoge kann man in Terrassen-Cafés ein paar schöne Stunden verbringen, viele sagen, hier befinde sich die **Keimzelle des neuen Szene-Viertels,** das in den umliegenden Straßen entsteht. Wie es sich für ein Multi-Kulti-Viertel gehört, haben sich bereits die unterschiedlichsten Milieus etabliert: mit metropolitanen Bistros und düsteren Cafés, exzentrischen Chillout-Lounges und alternativen Terrassen-Bars. Bisher findet man sich vor allem in der von restaurierten Gründerzeithäusern gesäumten Włodkowica. Die Fußgängerstraße öffnet sich zum Grüngürtel des ehemaligen Stadtgrabens, ostwärts geht sie in eine moderne Kulturmeile über: zum neuen **Musikforum** (Eröffnung 2012), der restaurierten **Oper** und dem **Hotel Monopol.**

Folgt man der Włodkowica nordwärts, erreicht man die ehemalige Barbarakirche, heute **Kathedrale der Polnischen Orthodoxen Kirche** (Katedra Polskiego Autokefalicznego Kościóła Prawosławnego). An den Außenmauern sind einige Grabtafeln erhalten geblieben. Bemerkenswert ist vor allem das Pesttor aus dem Jahr 1632, als die Stadt von der Seuche heimgesucht wurde. Ein kaum mehr lesbarer Spruch ermahnt den Kranken: „Dein Endt, O Mensch, ist vor der Tür. Thu Buß, weil du noch lebst allhier." 1918 hat man daneben ein Lutherrelief nach einem Bild von *Cranach* (1521) angebracht.

Arsenal

Von hier ist es nur ein Katzensprung zum ehemaligen Arsenal, ein trutzigbacksteinernes Gebäude aus dem 15. Jahrhundert. Es lehnt sich an die **mittelalterlichen Wehrmauern** an, ist mit Turm und Bastei befestigt. Passend zum Ort befindet sich darin das **Museum für Militaria,** das vom Feuersteingewehr bis zur Kalaschnikoff alles zeigt, womit man seine Feinde außer Gefecht setzen kann. Besonders umfangreich ist die Sammlung von Hieb- und Stichwaffen, und nirgends auf der Welt sind mehr Helme versammelt als hier. In einem anderen Flügel ist das **Museum für Archäologie** untergebracht, in dem alles Wertvolle zusammengetragen ist, was auf schlesischem Boden gefunden wurde: Der Bogen spannt sich von 500.000 Jahre (!) alter Keramik über keltischen Schmuck und römische Münzen bis zu Polens ältestem jüdischen Grabstein (1203). Die Dauerausstellung „Schlesien in der Frühgeschichte" setzt den Schwerpunkt aufs Polnische: Sie beginnt mit der Ankunft der Slawen und endet bei der Piastenmonarchie. Wer vor den Slawen in Schlesien lebte, scheint hier niemanden zu interessieren.

• **Museum für Archäologie** (Muzeum Archeologiczne)/**Museum für Militaria** (Muzeum Militariów), ul. Cieszyńskiego 9, www.mmw.pl, Mi.–Sa. 11–17, So. 10–18 Uhr

Zum Scheitniger Park

Von der ehemaligen Kaiserbrücke, die heute **Most Grunwaldzki** heißt, hat man einen weiten Blick über den Fluss, die Sand- und die Dominsel. Nichts mehr erinnert daran, dass in diesem Teil Breslaus Gauleiter *Hanke,* der Kommandeur der „Festung Breslau", in den letzten Kriegswochen ganze Straßenzüge sprengen und planieren ließ. Zwangsarbeiter, Kriegsgefangene und KZ-Häftlinge mussten im Feuer alliierter Luftangriffe und sowjetischer Artillerie einen Flugplatz bauen – dabei verloren Tausende von Menschen ihr Leben. Das einzige Flugzeug, das schließlich von hier startete, brachte den Gauleiter heim ins sichere Reich. Nach dem Krieg entstand auf der Brachfläche ein akademisches Viertel mit Universitätsklinik, Polytechnikum und landwirtschaftlicher Akademie; im angrenzenden Wohnviertel leben über 10.000 Studenten.

Jenseits der „alten Oder" (Stara Odra) atmet Breslaus „grüne Lunge". Hier liegt nicht nur **Polens größter Zoo** (ul. Wróblewskiego), sondern auch der Scheitninger Park (Park Szczytnicki). An seinem Rand kauert die 1913 von *Max Berg* entworfene **Jahrhunderthalle** (Hala Ludowa, tgl. 8-19 Uhr), salopp „Tortenschachtel" genannt. Die gigantische Eisenbetonkonstruktion wird von einer frei schwebenden Kuppel überspannt, die mit 42 m Höhe und 67 m Spannweite damals die weltweit größte war; 20.000 Menschen fanden unter ihr Platz. Heute wird die „Tortenschachtel" für Rockkonzerte, Mega-Opern und Messen genutzt. Vor der Halle erhebt sich eine fast 100 m hohe Stahlnadel (Iglica), die 1948 zum Weltkongress der Intellektuellen für den Frieden errichtet wurde: Gast war auch **Picasso,** der hier seine berühmte **Friedenstaube** entwarf. Hinter der Halle kann man mehrmals täglich ein **Wasserspiel** bewundern: Aus 300 Geysir-, Nebel-, Schaum- und Palmendüsen wird das nasse Element 40 Meter emporgespritzt, nachts werden die Fontänen effektvoll beleuchtet.

Romantische Wege führen in den 112 Hektar großen, waldähnlichen **Scheitniger Park** (Park Szczytnicki). Besonders schön ist der **Japanische Garten** knapp nördlich der Jahrhunderthalle, der von April bis Okt. ganztägig offen ist. Mit exotischen Pflanzen, wie zufällig hingestreuten Teichen, Wasserfällen und traditionellen Pagoden vermittelt er ein Stück Asien.

Sępolno

In direkter Nachbarschaft liegt das 1929 entworfene **Bauhaus-Viertel** „Wohnen und Werkraum", kurz „WuWa" (heute Sępolno): eine im Stil funktionaler Sachlichkeit gehaltene Ideal-

Kultur am Abend – Konzert in der Aula Leopoldina

stadt mit großzügig geschnittenen Häusern inmitten von viel Grün. Bei ihrer Entstehung wurde sie als „Klein-Marokko" diffamiert - nicht nur wegen ihrer kubistischen Architektur, sondern auch aufgrund des dort gestarteten Versuchs, neue Formen kollektiven Lebens auszuprobieren. So gab es ein von *Hans Scharoun,* dem späteren Erbauer der Berliner Philharmonie, gestaltetes „Haus für allein erziehende Mütter", in dem der Versuch unternommen wurde, die Vereinzelung der Frauen zu durchbrechen. Heute befindet sich in dem Haus ein kleines Hotel. Wer sich einen Überblick über die Breslauer Avantgarde verschaffen will, begibt sich ins **Architekturmuseum** im ehemaligen Bernhardinerkloster im Zentrum der Stadt, wo den „Deutschen Modernen", u.a. *Max Berg, Hans Poelzig, Adolf Rading, Hans Scharoun* und *Erich Mendelson* eine Dauerausstellung gewidmet ist.

• **Muzeum Architektury,** ul. Bernardyńska 5, www.ma.wroc.pl, Di.-Mi. 10-16, Do. 12-18, Fr.-Sa. 10-16, So. 11-17 Uhr

Jüdischer Friedhof

Dass Breslau eine deutsche Stadt war, spürt man nirgends so deutlich wie auf dem Jüdischen Friedhof. Unter alten schattigen Bäumen stehen mehr als 10.000 Grabsteine, in die deutsche Inschriften eingemeißelt sind. Heute ist der Friedhof ein **„Museum der Grabmalkunst"**, eine Art Park mit Mausoleen, Kapellen und Obelisken,

216po Foto: sg

die allmählich restauriert werden. Die meisten Namen der Verstorbenen klingen vertraut: *Wertheim* und *Singer, Fried-* und *Schottländer, Bloch, Schlesinger* und *Mendelssohn.* Viele Grabplatten beschwören den patriotischen Geist der Verstorbenen. Eine mit Stahlhelm und Eichenblatt geschmückte Steinplatte ist „dem Andenken der im Weltkriege gefallenen 450 Gemeindeangehörigen" gewidmet. Auf einer anderen steht in Sütterlinschrift: „Hier ruht unser geliebter Vater, Groß- und Urgroßvater *Israel Silberstein.* Veteran aus dem Befreiungskriege 1813/15". Auf einer Tafel wird an einen Juden erinnert, der „den Tod fürs Vaterland" 1870 in Donchery starb, ein anderer „fiel in den Kämpfen bei Lens". Doch auch weniger deutschnationale Juden sind auf dem Friedhof beigesetzt, so *Ferdinand Lassalle,* der vom Mitglied der Deutschen Burschenschaft zum Gründer des Allgemeinen Deutschen Arbeitervereins aufrückte. Der sozialdemokratische Politiker *Paul Löbe* erinnert sich, dass am 31. August, *Lassalles* Todestag, Tausende von Arbeitern zu seinem Grab zogen: „Jedes Jahr gab es einen Kampf mit der Polizei um die roten Kranzschleifen. Mit Scheren bewaffnet, stellten sich am frühen Morgen die Ordnungshüter am Grabe ein und schnitten jede Schleife mit ‚revolutionär' klingender Inschrift ab, um sie als Trophäe ins Polizeipräsidium zu führen." Mit Geldern der Friedrich-Ebert-Stiftung wurde *Lassalles* Grab restauriert, an „runden" Jahrestagen halten deutsche Sozialdemokraten an seinem Grab eine Rede.

Auf dem Friedhof ruhen auch *Gustav Born,* der Vater des Physikers und Nobelpreisträgers *Max Born, Hedwig* und *Siegfried Haber,* Eltern des Chemienobelpreisträgers *Fritz Haber.* Weitere berühmte Verwandte sind die Sozialreformerin *Frederike Kempner,* Tante des Theaterkritikers *Alfred Kerr,* und *Siegfried Stein,* Vater der Philosophin *Edith Stein.*

● **Jüdischer Friedhof/Museum der Grabmalkunst** (Cmentarz Żydowski/Muzeum Cmentarny), ul. Ślęża 119, tgl. 8–18 Uhr; erreichbar ab Bahnhof mit Straßenbahn 9 und 19

Praktische Informationen

Info

● **Touristeninformation:** Centrum Informacji Turystycznej (The Meeting Point), Rynek 14, 50-107 Wrocław, Tel. 071-3443111, www.wroclaw-info.pl, tgl. 9–20 Uhr, in der Nebensaison kürzer. Das Info-Büro am Ring hilft bei der Unterkunftssuche und gibt Tipps zu Ausflügen, verkauft Souvenirs und Publikationen zur Stadt. In der Dependance gegenüber (neben dem Eingang zum Alten Rathaus) wird man über Veranstaltungen informiert und hat kostenlosen Internetzugang.

● **Weitere Infos im Internet:**
www.wroclaw.pl
www.muzeum.miejskie.wroclaw.pl
www.dolnyslask.info.pl

Unterkunft

Das Angebot an Hotelunterkünften ist groß, dank der Konkurrenz sind die Preise relativ günstig. In den vergangenen Jahren entstanden außerdem viele Hostels (s. Exkurs).

● **Hotel Monopol**€€€, ul. Heleny Modrzejewskiej 2, Tel. 071-3437041, www.hotel.com.pl, 121 Luxuszimmer und Suiten. Top-Hotel der Stadt ist das legendäre Monopol, das 1892 gegenüber der Oper im Stil des Art Nouveau erbaut wurde. Schon immer stieg hier die Prominenz ab, wenn sie in der Stadt weilte; zu den berühmtesten Gästen zählten *Marlene Dietrich* und *Pablo Picasso, Adolf Hitler* logierte in der Fürstensuite im ersten Stock. Nach langjähriger Renovierung hat das Krakauer Familienunternehmen Likus, das auf Luxushotels in historischen Bauwerken spezialisiert ist, das Monopol übernommen und 2009 wiedereröffnet. Das Fünfsternehaus verfügt über einen Spa-Bereich mit Pool sowie zwei exquisite Restaurants, eines davon auf dem Hoteldach mit weitem Blick über die Stadt. Angeschlossen ist eine Edel-Passage mit Vinothek und Delikatessenladen.

● **Hotel Radisson**€€€, ul. Purkyniego 10, Tel. 071-3750000, Fax 071-3750010, www.radissonsas.com, 162 Zimmer. Das Nobelhotel der skandinavischen Kette liegt knapp außerhalb der Altstadt gegenüber von Panorama Racławicka und Stadtpark. Zusammen mit der Breslauer Kunstakademie teilt es sich einen Palast im neoklassizistischen Stil. Die Räume sind in Naturfarben gehalten, das Design ist klar und elegant. Die Zimmer sind groß und komfortabel, Bilder breslauer Künstler sorgen für frische Farbtupfer. Alle Zimmer sind mit Sat-TV, Minibar, Gratis-Safe, Internet-Anschluss und Hosenbügler ausgestattet. Zum Frühstück bedient man sich am hervorragenden warm-kalten Büfett, im Sommer kann man auch draußen sitzen. Mit Gourmet-Restaurant, Sauna, Fitnessraum und bewachter Tiefgarage.

● **Hotel Sofitel Wrocław**€€€, ul. Św. Mikołaja 67, Tel. 071-3588300, Fax 071-3588301, www.sofitel.com, 205 Zimmer. Avantgardistischer Glasbau gegenüber der Elisabethkirche, eine Gehminute vom Markt. Das Design ist minimalistisch, warme Naturfarben und erstklassige Materialien garantieren Wohnkomfort. Das Frühstücksbüfett ist vom Feinsten, im Obergeschoss befindet sich ein ansprechendes Spa-Center mit finnischer und türkischer Sauna sowie Whirlpool.

● **Hotel Qubus Maria Magdalena**€€€, ul. Św. Marii Magdaleny 2, Tel. 071-3410898, Fax 071-3410 920, www.qubushotel.com, 83 Zimmer. Das Viersternehotel steht gegenüber der gotischen Maria-Magdalena-Kirche, nur wenige Schritte östlich des Markts – von einigen Zimmern scheinen die gotischen Giebel zum Greifen nah. Rundum freundliches Ambiente, gutes Frühstücksbüfett und im Untergeschoss ein Hallenbad mit Whirlpool und Sauna zum Entspannen nach dem Sightseeing-Trip.

● **Hotel Art**€€€, ul. Kiełbaśnicza 20, Tel. 071-3424249, Fax 071-3423929, www.arthotel.pl, 80 Zimmer. Im Schatten der Elisabethkirche nahe dem Marktplatz: Das Haus aus dem 16. Jh. begrüßt Besucher mit gotischen Gewölben und viel Pracht, im Vergleich wirken die modernen Zimmer etwas blass. Freuen kann man sich aufs Frühstücksbüfett, das im mittelalterlichen Backsteinkeller eingenommen wird.

● **Hotel Scandic Wrocław**€€€, ul. Piłsudskiego 49/57, Tel. 071-7870000, www.scandichotels.com, 164 Zimmer. Auf dem Weg vom Bahnhof zur Altstadt steht dieser moderne Glasbau mit dem Komfort, den man von der Kette erwartet: von extrabreiten Betten bis hin zum guten Frühstücksbüfett.

● **Hotel Mercure Panorama**€€€, pl. Dominikański 1, Tel. 071-3232700, Fax 071-344 3681, www.orbis.pl, 152 Zimmer. In der Glasfassade des Hotels spiegelt sich die mittelalterliche Adalbertkirche, nebenan befindet sich das noble Einkaufszentrum Dominikański. Besucher erwartet Dreisternekomfort, die Zimmer sind freundlich, allerdings etwas laut – man sollte sich unbedingt im sechsten, dem obersten Stock, einquartieren! Zum Markt läuft man wenige Minuten.

● **Hotel Park Plaza**€€€, ul. Drobnera 7, Tel. 071-3208400, Fax 071-3208459, www.beph.pl, 178 Zimmer. Nördlich der Altstadt, an der Oder gelegenes Viersternehotel, das, je nachdem, welche Seite man wählt, unterschiedlichen Wohnkomfort bietet. Den besten Blick bieten die höher gelegenen Zimmer zur Südseite: Über mehrere grüne Inseln schaut man auf die barocke Prachtfassade der Universität. Besonders empfehlenswert sind die Superior-Zimmer mit allerlei Extras.

● **Hotel Dwór Polski**€€€, ul. Kiełbaśnicza 2, Tel. 071-3723415, Fax 071-3723419, www.dworpolski.wroclaw.pl, 25 Zimmer. Das Beste am „Polnischen Hof" ist seine Lage direkt am Marktplatz (Eingang aber von der Kiełbaśnicza). Über knarrende Dielen gelangt man in die dunklen Zimmer mit Himmelbetten und angestaubtem Dekor, eine Renovierung würde dem Haus gut tun.

● **Hotel Europeum**€€, ul. Kazimierza Wielkiego 27-A, Tel. 071-3714500, Fax 071-3714401, www.europeum.pl, 20 Zimmer. Der moderne Glasbau steht an der lauten, die Altstadt flankierenden Umgehungsstraße neben der ehemaligen Hofkirche. Die Zimmer sind klein und funktional, der Service zuvorkommend. Für die Tiefgarage muss man leider extra zahlen.

● **Hotel Patio**€€, ul. Kiełbaśnicza 24, Tel. 071-3410916, Fax 071-3439149, www.hotelpatio.pl, 48 Zimmer. Freundliches Dreisternehotel drei Gehminuten vom Ring. Die Zimmer sind ohne viel Schnickschnack behaglich eingerichtet und gruppieren sich rings um einen verglasten Innenhof; das Frühstück wird im Café Tête à tête eingenommen.

● **Hotel Tumski**€€, ul. Wyspa Słodowa 10, Tel. 071-3226099, Fax 071-3226113, www.hotel-tumski.com.pl, 56 Zimmer. Das neugotische Palais auf der Mühleninsel, zwischen Altstadt und Dominsel, gehörte einst einer Burschenschaft. Heute ist es ein gemütliches, komfortables Mittelklassehotel mit einem sehr guten Preis-Leistungs-Verhältnis.

● **Jugendherberge Tumski**€, ul. Wyspa Słodowa 10, Tel. 071-3226099, Fax 071-3226113, www.hotel-tumski.com.pl, 7 Zimmer (50 Plätze). Gleich neben dem Hotel: eine sehr schöne Herberge mit Zwei- bis Zehnbettzimmern, besonders preiswert mit JH-Ausweis.

● **Camping AWF Nr. 117**€, al. Paderewskiego 35, Tel. 071-3484651, Fax 071-3483928, geöffnet 1. Mai bis 30. Sept. Der Platz liegt gut 4 km östlich des Zentrums auf dem Gelände des Zentralstadions Olimpia nahe dem Szczytnicki Park. Auch Hütten können angemietet werden. Anfahrt: an der E-40 Ausfahrt Bielanny Wrocławskie wählen, von dort der Ausschilderung Richtung Stadion folgen. Ab Bahnhof mit Straßenbahn 9, 17 und 32.

Wer knackig Frisches sucht, geht in die Markthalle

Preiswert und gut!

Mit den neuen **Hostels** gibt es endlich auch in Breslau eine Alternative zu Hotels. Besonders zu empfehlen ist das Hostel Mleczarnia oberhalb der beliebten gleichnamigen Bar in einem schönen und zentral gelegenen Haus – wunderbar altmodische Räume mit Holzbetten und Lämpchen, alten Gemälden und historischen Fotos, modernem Bad, Kochmöglichkeit, Gratis-Internet und Fahrrad. Alle Zimmer sind unterschiedlich und bieten Raum für 2, 3 und 4, die Herbergsräume für 6, 8 und 12 Personen. Abends finden im Café Konzerte und Kunst-Events statt.

● **Hostel Mleczarnia,** ul. Włodkowica 5, Tel./Fax 071-7877570, www.mleczarniahostel.pl, 9 Zimmer und 1 Apartment.

Essen und Trinken

● **La Scala**€€-€€€, Rynek 38, Tel. 071-3725394, tgl. ab 12 Uhr. Zwei unter einem Dach: unten Pizza & Pasta in lockerem Trattoria-Ambiente plus Sommerterrasse, oben feine italienische Küche in stilvollem Rahmen. Als *Joschka Fischer* Breslau seine Aufwartung machte, hat er hier getafelt.

● **Piwnica Świdnicka**€-€€€, Rynek-Ratusz, Tel. 071-3699500, www.piwnicaswidnicka.com, tgl. ab 12 Uhr. Der „Schweidnitzer Keller" unter dem Alten Rathaus hat über 700 Jahre auf dem Buckel und ist eines der ältesten Restaurants Europas. „Zwischendurch bei kurzem Aufenthalt ist man hinabgestiegen, mehr als einmal, zu den Holzbänken, zu dem Friebe-Bier, zu den Marktleuten, zu den Sumpfhühnern, zu verkommenden Studenten", schrieb der Kritikerpapst *Alfred Kerr* in den 1920er Jahren. „Sumpfhühner" laufen zwar nicht mehr herum, doch ist der Keller seit seiner Wiedereröffnung 2000 wieder Treffpunkt aller Schichten. Zur Wahl stehen neun Gasträume – vom preiswerten Bauern- bis zum teuren Fürstensaal, sehenswert sind sie alle!

217po Foto: sg

● **Spiż**€-€€, Rynek-Ratusz 9, Tel. 071-344 7225, www.spiz.pl, tgl. ab 12 Uhr. Im Kellergewölbe des Neuen Rathauses am Markt: Hauptattraktion ist ein riesiger Kupferkessel, in dem das hauseigene Bier gebraut wird. Gegessen wird, was zum Hopfensaft passt: große Schweineschnitzel und fette Hausmacherwurst, auch Biersuppe wird serviert.

● **Marché**€, ul. Świdnicka 53, Tel. 071-343 9565, tgl. ab 9 Uhr. Im rustikalen Selbstbedienungsrestaurant stellt man sich sein Menü selber zusammen: polnische Piroggen, mediterrane Klassiker und orientalische Kebabs.

● **Bazylia**€, Kuźnicza 42/Ecke Uniwersytecka, tgl. 9–20 Uhr. Im modernen Glasbau am Universitätsplatz isst man supergünstig polnische Küche und genießt dabei den Ausblick auf Barockfassaden. Viel junges, auch außerstudentisches Publikum, lockeres Ambiente.

● **Vega**€, Sukiennice 1, Tel. 071-3443934, Mo.–Fr. 8–18 Uhr, Sa./So. 9–17 Uhr. In einem grünen Barockhaus, direkt neben dem Alten Rathaus und mitten auf dem Markt gelegen! Es gibt vor allem vegetarische Gerichte - viel Salat und Gemüse sowie indische Einsprengsel.

Cafés

● **Lody La Scala**€, pl. Solny 10, tgl. ab 8 Uhr. Das Café am Salzmarkt ist die beste Adresse für Eis *(lody)*, Törtchen und Kanapees *(kanapki)*; alles ist hausgemacht, nur der Kaffee ist aus Italien importiert!

● **Afryka**€, ul. Kiełbasznicza 24, tgl. ab 9.30 Uhr. Im Schatten der Elisabethkirche gibt es guten Kaffee nicht nur aus Afrika, dazu hausgemachten Kuchen und Salate.

Einkaufen

● **Markthalle:** Hala Targowa, ul. Piaskowa 15. Direkt am Oderufer, auch für Obst und Gemüse eine gute Adresse. Blumen kauft man am Salzmarkt (pl. Solny).

● **Buchantiquariate:** besonders zahlreich im Universitätsviertel, z.B. ul. Kuźnicza 43/44, oft auch mit alten deutschen Titeln

● **Volkskunst:** Galeria Sztuki Naiwnej i Ludow, Kiełbaśnicza 31. Galerie westlich vom Rynek mit naiver Holzschnitzkunst und Glasmalerei.

Nightlife

Ob ein Bier im Pub, Livemusik oder ein Klub zum Abtanzen: In Breslau herrscht kein Mangel an guten Ausgeh-Adressen. Die meisten befinden sich rings um den Marktplatz, sodass man für einen Pub Crawl keine langen Wege zurücklegen muss.

● **Highlander,** Rynek-Ratusz 15. Gemütlicher Pub mitten auf dem Marktplatz: Bilder kurzberockter Schotten an der Wand und als Sitzgelegenheit aufgeschnittene Bierfässer, in denen man sich rasch näher kommt. Große Whisky-Auswahl und hauseigenes Highlander-Bier.

● **Na Jatkach,** ul. Jatki 6. Tolle Adresse im Sommer, nur wenige Schritte vom Marktplatz. Der Biergarten „auf den alten Schlachtbänken" (nördlich der Elisabethkirche) füllt sich in Windeseile. Im Winter wird es in den engen Räumen brechend voll, was gleichfalls für gute Stimmung sorgt. In der Semesterzeit wird freitags und samstags getanzt.

- **Piwnica Świdnicka,** Rynek-Ratusz 2. Sie zückt den Schuh, er schwenkt den Krug und zuckt unter dem erwarteten Schlag zusammen: Das Relief über dem Eingang entgeht niemandem, der in den Schweidnitzer Keller hinabsteigt. Einer der Säle öffnet abends als Jazzclub; die Sommerterrasse ist nicht schlecht, um zu sehen und gesehen zu werden.
- **PRL,** Rynek Ratusz 10. Das Kürzel steht für „Volksrepublik Polen“ und ist entsprechend eingerichtet: Die Bar ist mit Lenin-Postern tapeziert, unten öffnet eine beliebte Disco, in der man rasch Bekanntschaften schließt.

Kultur

Aktuelle Hinweise für Kulturveranstaltungen bekommt man am Rynek-Ratusz 24 (Tel. 071-3442864). Für das Festival Wratislavia Cantans und viele andere Events gibt es hier Tickets im Vorverkauf. Näheres dazu im Internet unter www.okis.pl und www.pik.wroclaw.pl.

- **Polnisches Theater:** Teatr Polski, ul. Zapolskiej 3, www.teatrpolski.wroc.pl
- **Marionettentheater:** Teatr Lalek, pl. Teatralny 4, www.teatrlalek.wroclaw.pl
- **Musiktheater:** Teatr Muzyczny Operetka Wrocławska, ul. Piłsudskiego 72, www.teatrcapitol.pl
- **Philharmonie:** Filharmonia, ul. Piłsudskiego 19, www.filharmonia.wroclaw.pl
- **Jahrhunderthalle:** Hala Stulecia, ul. Wystawowa 1, www.halastulecia.pl
- **Breslauer Oper:** Opera Dolnośląska, ul. Świdnicka 35, www.opera.wroclaw.pl

Feste und Festivals

- **Mai:** *Jazz an der Oder.* Schon seit 1964 versammeln sich in Breslau Jazzfreunde aus aller Welt.
- **Juli:** *Festival der Straßentheater.* Auf dem Rynek und in der ul. Świdnicka stellen sich die weltbesten Entertainer vor.
- **September:** *Wratislavia Cantans.* Internationales Festival klassischer Musik, Oratorien und Kantaten, oft auch Filme und Vorträge (www.wratislavia.art.pl).

Aktivitäten

- **Bootsfahrten:** Von der Anlegestelle nahe der Markthalle (Przystań Uniwersytecki/Hala Targowa) starten im Sommer 45-minütige Ausflugsfahrten (meist ab 10 Uhr) zu Törns auf dem Fluss. Von der Ostseite der Sandinsel (Przystań Kardynalska) fährt ein Schiff zur Anlegestelle am Zoo, von wo es nur wenige Schritte zum Scheitniger Park sind. Wer selbst zum Paddel oder Ruder greifen will, geht zur Verleihstation westlich des Nationalmuseums in der Gondelbucht (Zatoka Gondoli).
- **Besuch im Zoo:** Ogród Zoologiczny, ul. Wróblewskiego 1, tgl. ab 9 Uhr. Unweit des Scheitniger Parks (⇗ Sehenswertes) liegt der Breslauer Zoo mit Schimpansen und Gorillas, Kängurus und Giraffen, Löwen und Bären.

Verkehr

- **Auto:** Bewachte Parkplätze gibt es vor allem östlich der Altstadt, zwischen den Hotels Radisson und Qubus Maria Magdalena.
- **Bus** und **Zug:** Beide Bahnhöfe befinden sich knapp südlich der Altstadt, zu Fuß 20 Min. vom Rynek. Im Hauptbahnhof gibt es eine Gepäckaufbewahrung *(bagażownia),* gezahlt wird für die Anzahl der Gepäckstücke und im Voraus. Schnell sind die Zugverbindungen in West-Ost-Richtung (via Opole nach Krakau), ebenso die Verbindungen nach Poznań. Dagegen kommt man in Südrichtung (Riesengebirge/Glatzer Bergland) nur langsam voran, Busse verkehren hier häufiger. Zur Pilgerstadt Częstochowa gibt es Direktverbindungen nur mit dem Bus.
- **Flugzeug:** Der Flughafen Wrocław-Strachowice (www.airport.wroclaw.pl) liegt 13 km westlich der Stadt, Zufahrt mit dem Bus 406 ab ul. Dworcowa.

Haus zum Wachtelkorb – die Fassade ist mit Äsopschen Fabeln bemalt

Legnica

↗XI/C1

Legnica **(Liegnitz),** die größte Stadt der Region, wirkt auf den ersten Blick nicht berauschend - Schlote und Schächte für Kupfergewinnung ragen in den grauen Himmel. Doch sollte man sich davon nicht abschrecken lassen: Jenseits der Industrievororte liegt eine sehenswerte Altstadt, die davon kündet, dass Legnica einmal Hauptstadt eines unabhängigen Herzogtums war (1248–1675).

Südwestlich des Hauptbahnhofs verläuft die Fußgängerstraße Marii Panny. Vorbei an der wuchtigen Marienkirche (Kościół Marii Panny) gelangt man zum Marktplatz: Links ragt die gotische Peter-und-Paul-Kirche (Kościół Św. Piotra i Pawła) auf, in deren Hauptportal *Luthers* trotziger Satz eingraviert ist: „Hier stehe ich, ich kann nicht anders, Gott helfe mir, Amen". Neben dem barocken Rathaus mit seiner weit ausladenden Freitreppe reihen sich die so genannten **„Heringsbuden",** acht malerische Laubenhäuser. Äsopsche Fabelgeschichten zieren das „Haus zum Wachtelkorb". 1842 wurde nach dem Vorbild des florentinischen Palazzo Strozzi das Theater erbaut.

Vom Markt gelangt man nordwärts an der Ritterakademie vorbei zur barocken **Johanniskirche** (Kościół Św. Jana), die ein **kunsthistorisches Kleinod** birgt: Eine kreisrunde Kapelle dient als Mausoleum der schlesischen, 1675 erloschenen **Piasten-Dynastie.** Wohin man schaut, wird das Thema der Vergänglichkeit variiert. Das Kuppelgemälde zeigt den antiken Sonnengott

218po Foto: sg

Helios, der seinen Wagen zum Stehen bringt. Eine lateinische Inschrift verkündet: „Königliche Häuser vergehen, Sterne werden zu Staub, und du staunst: selbst dem Sonnengang ist ein Ende gesetzt." In Silbersarkophagen ruhen die sterblichen Überreste der Piasten, lebensgroße Alabasterskulpturen zeigen sie „beim letzten Gespräch". Wer sich eher für Wirtschaft interessiert, besucht das gegenüberliegende **Kupfermuseum** (Muzeum Miedzi, ul. Partyzantów 1, www.muzeum.miedzi.art.pl, Mo./Di. geschlossen), in dem vom Abbau des Metalls bis zu seiner Verarbeitung alles Wissenswerte zusammengetragen ist.

Folgt man der Straße weiter nordostwärts, gelangt man zum ehemaligen

219po Foto: sg

Herzogsschloss, einem wuchtigen Bau mit drei Türmen und einer Wehrmauer (Zamek, pl. Zamkowy, So./Mo. geschlossen).

Bei **Legnickie Pole** (Wahlstatt), zwölf Kilometer südöstlich, fand am 9. April 1241 eine der größten Schlachten des Mittelalters statt: Ein 10.000 Mann starkes, von Piastenherzog *Heinrich II.* angeführtes deutsch-polnisches Heer stellte sich den Mongolen entgegen und erlitt eine vernichtende Niederlage. Der Herzog wurde enthauptet, seine Mutter *Hedwig* konnte den Sohn nur identifizieren, weil er am linken Fuß sechs Zehen hatte. An der Fundstelle des Leichnams ließ sie eine Kirche errichten, in der heute ein Museum über die Schlacht Auskunft gibt (**Muzeum Bitwy Legnickie,** Mo./Di. geschl.). Direkt daneben entstand im 18. Jahrhundert – nun zu Ehren der Mutter, der heilig gesprochenen *Hedwig* (poln. Jadwiga; ⇗ Trzebnica) – ein Benediktinerkloster. Die zugehörige Kirche gilt als bestes Beispiel schlesischen Barocks: Der elliptische Grundriss und ein sich darüber spannendes gewelltes Gewölbe mit illusionistischer Malerei schaffen ein beschwingtes Raumgefühl.

● **Infos:** www.portal.legnica.eu

Süßes auf dem Marktplatz

Jawor und Złotoryja ↗X/B1

15 km südlich von Legnica liegt Jawor **(Jauer),** das mit seinem hübschen, von Laubengängen umgebenen Platz und seinem Bernardinerkloster, vor allem aber mit seiner 2001 in den Rang eines UNESCO-Weltkulturerbes erhobenen **Friedenskirche zum hl. Geist** viele Besucher anlockt. Sie wurde 1655 fertiggestellt und war eine von drei schlesischen Kirchen, die im Westfälischen Frieden von 1648 den Protestanten unter Auflagen zugestanden wurden. Sie durfte nur außerhalb des Ortskerns entstehen, ohne Glockenturm und ohne Nutzung von Nägeln.

- **Infos:** www.jawor.pl (auch dt.)

Eine schmale Straße verbindet Jawór mit dem westlich gelegenen Złotoryja **(Goldberg).** Im Schatten von Kastanien spaziert man über den Markt, sieht eine kleine Barockkirche mit Zwiebelturm und restaurierte Fachwerkhäuser. Seinen Namen verdankt das Städtchen dem **Gold,** das hier ab dem 13. Jahrhundert geschürft wurde – der Stollen verlief unter dem Nikolaiberg und führte geradewegs zur Friedhofskirche. Zwar waren die Goldvorräte nach 200 Jahren erschöpft, doch bis heute steht Złotoryja im Zeichen von Gold. Beim **Stadtfest am letzten Maiwochenende** dreht sich alles um das Edelmetall, selbst ein „Wettbewerb der Goldwäscher" wird ausgetragen: Jeder Teilnehmer erhält eine bestimmte Portion Kiessand, in der eine nur der Jury bekannte Anzahl Goldflitter versteckt ist. Gewinner ist, wem es gelingt, in kürzester Zeit das geheime Gold auszuwaschen. Bei dem das Fest krönenden Umzug schlüpfen viele Stadtbewohner in mittelalterliche Tracht und tanzen wie ihre Vorfahren aus der „goldenen Zeit". Selbstverständlich gibt es in Złotoryja auch ein **Goldmuseum.** Es befindet sich im ehemaligen Henkershaus und zeigt Gold-Nuggets aus allen Kontinenten, dazu Exponate zur Geschichte des Goldbergbaus sowie eine Sammlung von Mineralien (Muzeum Złota, ul. Zaułek, Mo. geschl.).

- **Infos:** www.zlotoryja.pl (poln.)

Trzebnica ↗XII/A2

Von Breslau führt die E-261 nordwärts an hügeligen Sonnenblumen- und Obstbaumfeldern vorbei zum 24 Kilometer entfernten Wallfahrtsort Trzebnica **(Trebnitz).** *„Trzeba nic"* (Ich brauche nichts) soll **Herzogin Hedwig** gesagt haben, als sie beschloss, ihr Leben der Kirche zu weihen und ins Kloster ging. Dieser Ausspruch gab dem Ort seinen Namen. Bis heute dreht sich hier alles um jene Frau, die um 1174 im oberbayrischen Andechs in eine Grafenfamilie hineingeboren und im zarten Alter von zwölf Jahren mit dem schlesischen Herzog *Heinrich I.* verheiratet wurde. Während dieser weitgehend in Vergessenheit geriet, hat sie sich ins Bewusstsein frommer Polen eingeschrieben: Rund 100 Kirchen und Kapellen sind ihr im ganzen Land

048po Foto: sg

Die hl. Hedwig (Jadwiga) – Schlesiens Schutzheilige

geweiht, als Schutzheilige Schlesiens wird *Hedwig* (poln. Jadwiga) inbrünstig verehrt. Dass sie die Zügel in der Hand hatte, wusste schon eine zeitgenössische Chronik zu berichten: „Wenn sie ihrem Mann auch nach dem Gesetz unterworfen war, so wurde sie ihm doch Führerin auf der Bahn der Tugend und Frömmigkeit." Sie sorgte dafür, dass in Trzebnica 1202 ein Konvent für Bamberger Zisterzienserinnen eingerichtet wurde, dem bald weitere Klostergründungen folgten. Parallel dazu warb sie deutsche Landsleute an, Schlesien wirtschaftlich zu erschließen. Als ihr Mann 1238 starb, zog sie selber ins Kloster Trzebnica, wo sie 1243 starb. Bereits 24 Jahre nach ihrem Tod wurde sie heilig gesprochen, weil sie sich so tatkräftig für die Ausbreitung des Christentums engagiert hatte. Heute betreiben im riesigen **Kloster** betagte Borromäerinnen-Nonnen ein Altenpflegeheim, der Kommentar einer Oberschwester: „Wir sehen uns in der Tradition der Hedwigschen Armenpflege". Die zugehörige **Kirche** (Kościół Klasztorny, ab 9 Uhr geöffnet) ist alles andere als ärmlich. Ursprünglich gotisch, wurde sie im 17. Jahrhundert barock aufgemotzt. Wohin man auch schaut, sieht man gigantische goldstrotzende Altäre, die sich in Prunk zu überbieten suchen. Dazu passt das Grabmal von *Hedwig:* Eine Alabasterfigur zeigt sie als schlafende Schönheit, an ihrer Seite halten vier Heilige Totenwache. Über ihr spannt sich ein Baldachin, gekrönt von Erzengel Michael.

Nach so viel Pracht sehnt man sich nach etwas Einfachem: Im Buchenwald zwei Kilometer südöstlich des Orts versteckt sich eine ehemalige Einsiedelei, heute **Kirche der Trebnitzer Zünfte** (Kościół pod Wezwaniem Wspomozycieli), die vom Boden bis zur Decke mit bunt-naiven Heiligenbildern ausgemalt ist. Eine Skulptur vor der Kirche zeigt eine alte, von Schmerz gezeichnete Maria, die ihren toten Sohn beweint, umringt ist sie von müden Handwerkern.

Erlauchter Stammbaum am Eingangsportal zum Brieger Schloss

049po Foto: sg

Oleśnica

↗XII/A2

An der E-67, 30 Kilometer nordöstlich von Breslau, liegt Oleśnica **(Oels).** An früheren Glanz erinnert das **Renaissance-Schloss** (Zamek) mit markantem Turm, Arkadenhof und zahlreichen Giebeln. Ab 1926 residierte hier Kronprinz *Friedrich Wilhelm,* bevor er 1945 vor der nahenden Sowjetarmee das Weite suchte. Vom Schloss gelangt man über eine Galerie in die benachbarte Schlosskirche (Kościół Zamkowy), die verschiedenen Adelsgeschlechtern als Gruft diente. Sehenswert sind auch das gotische Rathaus und die Dreifaltigkeitskirche auf dem Marktplatz.

Brzeg

↗XII/A3

Verlässt man Breslau auf der Landstraße 94 in Richtung Südosten, kommt man über **Oława (Ohlau),** das mit seinem von Architekt *Schinkel* 1823 modernisierten Rathaus einen Zwischenstopp lohnt, auf direktem Weg nach Brzeg **(Brieg),** eine der schönsten Städte Niederschlesiens. Vorbildlich restaurierte Bauwerke erinnern an die Zeit, da Brieg Hauptstadt eines unabhängigen Fürstentums war. Die meisten Besucher zieht es zum **Schloss** (Zamek): Seinen letzten Schliff erhielt es in der Zeit der Renaissance, als die Piasten, die hier von 1211 bis 1675 residierten, auf der

Höhe ihrer Macht standen. Damit jedermann klar war, aus welch erlauchten Kreisen sie stammten, ließen sie 1552 ihren Stammbaum am Torbogen anbringen. Über dem Portal sieht man – fast lebensgroß – den Bauherrn *Georg II.* und seine Frau *Barbara.* Darüber prangen in Reih und Glied 24 Häupter piastischer Könige und Prinzen, angefangen vom legendären Piasten-Pionier *Lech* bis zu Fürst *Friedrich II.*, dem Vater *Georgs II.* Solchermaßen eingestimmt betritt man den von dreigeschossigen Arkaden gesäumten Schlosshof. Über mehrere fein gemeißelte Portale gelangt man in die Innenräume, die das **Piastenmuseum** beherbergen. Hier wird außer der Geschichte des Fürstentums eine umfangreiche Kunstsammlung präsentiert, darunter einige schöne Altarbilder und Skulpturen (Muzeum Piastów Śląskich, pl. Zamkowy).

Die angrenzende gotische Schlosskapelle (Kaplica Zamkowa) ist fast immer verschlossen, Zugang hat man aber zur schräg gegenüber vom Schloss aufragenden **Heiligkreuzkirche** (Kościół Św. Krzyża). Sie wurde zu Beginn des 18. Jahrhunderts für die Jesuiten erbaut und ist in üppigem Barock dekoriert, illusionistische Deckenmalereien schaffen ein entgrenzendes Raumgefühl. In der Akademie am Südwestrand des Platzes brachten die Jesuiten abtrünnige Seelen zurück auf die rechte, sprich katholische Bahn. Die Lehranstalt dient heute als Polizeischule.

● **Infos:** www.brzeg.pl (auch dt.)

Henryków

↗XI/D2

Das hier von Fürst *Heinrich I.* gestiftete Kloster gehört zu den **Zisterzienserabteien** (↗Lubiąż, ↗Trzebnica, ↗Krzeszów), die im frühen 13. Jahrhundert erbaut wurden, um von hier aus die schlesische „Wildnis" zu erschließen. Auch in Henryków **(Heinrichau)** schufen sich die reich gewordenen Mönche ein luxuriöses Barock-Refugium: Eine abschüssige Kopfsteingasse führt in den ummauerten Klosterhof mit Wolkensäule und Prälatenpalast. Blickfang ist das überkuppelte Eingangsportal der Kirche, zu deren Meisterwerken ausdrucksstarke geschnitzte Heiligenfiguren gehören.

Über den Zobten nach Krzyżowa

35 Kilometer südwestlich von Breslau, auf dem Weg nach Świdnica, ragt aus der Ebene der bewaldete Kegel des **Zobten** (poln. Ślęża) auf. Zwar ist er nur 718 Meter hoch, doch weil er weit und breit der einzige Berg ist, hat man ihn als Heiligtum verehrt. Heidnische Stämme entlehnten ihm ihren Namen *Ślęsane* (deutsch: Slensanen), woraus sich später die Bezeichnung „Schlesien" ableitete. Auf seinem Gipfel brachten sie ihren Göttern Opfergaben dar. Eine Ringmauer wurde um den Kultplatz gezogen, noch heute sieht man archaische, aus Granit gemeißelte Figuren über den Berghang verstreut.

Sobótka

↗XI/C2

050po Foto: sg

Am Fuß des Berges liegt das Städtchen Sobótka **(Zobten)**, das seinen polnischen Namen einem mittelalterlichen Samstagmarkt (poln. *sobota*) verdankt. Dieser fand auf dem Rynek statt, wo heute die wuchtige Jakobskirche (Kościół Św. Jakuba) steht. Ein paar Schritte nordwestlich kommt man zum plac Wolności mit der Annenkirche (Kościół Św. Anny) und der heidnischen Figur „Pilz" *(grzyb)*. Südlich des Rynek wurde im ehemaligen Augustinerhospiz ein Museum eingerichtet, das über den Stamm der Slensanen informiert **(Muzeum Ślężańskie,** ul. Św. Jakuba 19, Mo./Di. geschl.). Wer gern wandert, steigt von Górka (drei Kilometer südwestlich) auf markiertem Weg zum Gipfelplateau des Zobten und genießt einen weiten Ausblick über halb Niederschlesien.

Świdnica

↗XI/C2

Landmarke von Świdnica **(Schweidnitz)** ist der Turm der Pfarrkirche - mit 104 Metern ist er der höchste Schlesiens. Doch zum Verdruss der Katholiken gilt nicht ihre Kirche, sondern die der Protestanten als Hauptsehenswürdigkeit der Stadt: Letztere steht abseits des Zentrums inmitten eines schattigen Friedhofgartens und wurde von der UNESCO zum **Weltkulturerbe** erklärt (Kościół Pokoju, Mo.-Sa. 9-13 und 15-17, So. 15-17 Uhr). Sie entstand kurz nach dem Dreißigjährigen Krieg (1656) als größte der drei **„Friedenskirchen"**, die die siegreichen Katholiken den Protestanten gnädig zugestanden. Sie durfte nur aus vergänglichen Materialien wie Holz, Lehm und Stroh errichtet werden, jegliches Schmuckwerk war untersagt. Umso prachtvoller war dann ihr Inneres. Rundum verlaufen doppelstöckige Emporen, die bis zu 7500 Menschen aufnehmen können, dazwischen schieben sich Logen für reiche Schweidnitzer

Von außen präsentiert sich das Weltkulturerbe in bescheidenem Fachwerk

Bürger. Sie sind mit vergoldetem Stuck verziert, ein farbenfrohes Deckengemälde zeigt das himmlische Jerusalem.

Barocke Pracht entfaltet sich auch auf dem **Marktplatz.** Da stehen die Pestsäule und der Schöne Brunnen, Giebel- und Laubenhäuser. Das ehemalige Rathaus beherbergt ein **Museum der Kaufleute** (Muzeum Dawnego Kupiectwa, Mo. geschl.), in dem ihre einst weit gespannten Handelskontakte dargestellt werden - kräftiges Schweidnitzer Bier war einst in ganz Mitteleuropa begehrt.

Krzyżowa ↗XI/C2

Krzyżowa **(Kreisau)** liegt zwölf Kilometer südöstlich von Świdnica in einer anmutigen Hügellandschaft. Hier befindet sich das ehemalige **Anwesen der Familie Moltke:** Rings um einen weiten grünen Hof gruppieren sich das Schloss, die ehemaligen Stallungen und Wirtschaftsgebäude, auf einem Hügel thront der „Berghof". Das Anwesen ist heute ein Prestigeobjekt der Stiftung für deutsch-polnische Zusammenarbeit und das bekannteste **Jugendbegegnungszentrum** Polens. Statt distinguierter Herrschaften tummeln sich junge Leute mit gepiercter Nase, Gel im Haar und bauchfreiem Shirt. Sie kommen aus ganz Europa und besuchen Workshops zu Film und Theater, Kunst, Musik und Tanz. Einige nehmen auch an Geschichtskursen teil, die den Widerstand gegen das Hitler-Deutschland thematisieren. Tagesbesucher sind willkommen. Sie können sich die Schlossausstellung ansehen (tgl. geöffnet), in der die Bedeutung des „Kreisauer Kreises" herausgearbeitet wird. Außerdem werden Kost und Logis angeboten.

Unterkunft

- **Internationale Jugendbegegnungsstätte Kreisau** (Międzynarodowy Dom Spotkań Młodzieży)€-€€, Krzyżowa 7, Tel. 074-8500 300, Fax 8500305, www.krzyzowa.org.pl. In den ehemaligen Stallungen befindet sich die Herberge mit Doppel- bis Vierbettzimmern (116 Plätze), die meisten mit eigenem Bad. Im ehemaligen Speicher wurden 24 Komfortzimmer untergebracht, beim Büfett-Frühstück hat man Ausblick aufs Herrenhaus. Wer tagsüber Hunger hat, stärkt sich im „Café Speicher" mit Kaffee & Kuchen sowie kleinen Gerichten. Mit Bibliothek und Internet.

Anfahrt

- Mit dem **Auto** biegt man von der Straße 382 Świdnica–Dzierżoniów im Dorf Grodziszcze nach Krzyżowa ab; der Parkplatz der Begegnungsstätte ist umzäunt.
- Wer mit **Bus** oder **Zug** unterwegs ist, fährt von Breslau nach Świdnica und steigt dort in den Bummelzug bzw. in den Bus 12 Richtung Wieruszów. Während man vom Krzyżowa-Bahnhof über 1 km bis zum Anwesen laufen muss, hält der Bus direkt vor dem Eingangstor.

Wałbrzych ↗XI/C2

Mehrere Jahrhunderte wurde in Wałbrzych **(Waldenburg),** der nach Breslau zweitgrößten Stadt Niederschlesiens, Braun- und Steinkohle abgebaut. Doch seit Mitte der 1990er Jahren steht die Förderung still. Von den 150.000 Einwohnern sind die meisten arbeitslos, nun setzt man

Der Widerstand des „Kreisauer Kreises“

In dem kleinen niederschlesischen Dorf Kreisau fanden während des Zweiten Weltkriegs legendäre Gesprächskreise statt, bei denen sich Widerstand gegen die Politik der nationalsozialistischen Führung formierte. Treibende Kraft war *Helmut James Graf von Moltke.* Er war ein Urgroßneffe des Feldmarschalls *Helmuth von Moltke,* dessen Ruhm sich auf die Siege gegen Österreich (1866) und Frankreich (1870) begründete. Der junge *Moltke* hielt nicht viel von militärischen Abenteuern, erlernte die Juristerei und kehrte nach dem Tod des Vaters (1939) nach Kreisau zurück, um das Gut zu übernehmen. Es war zu dieser Zeit ein Wallfahrtsort für Anhänger des preußischen Heroismus, im Hof standen zwei in den Französischen Kriegen erbeutete Kanonen. Noch im gleichen Jahr wurde der junge Moltke Referent für Völkerrecht in der Auslandsabwehr des OKW, des Oberkommandos der Wehrmacht. Dort war auch *Peter Graf Yorck von Wartenburg* als Mitglied der Ostabteilung tätig.

Beiden war nationalsozialistisches Denken fremd, 1941 begannen sie, gemeinsam mit Sympathisanten, Pläne für ein demokratisches Deutschland zu schmieden. Pfingsten 1942 trafen sie sich erstmals im Berghaus oberhalb des Gutshofs. Mitverschwörer des „Kreisauer Kreises“ waren u.a. der Jesuitenpater *Delp,* der sozialdemokratische Politiker *Leber,* der christlich-demokratische Theologe *Gerstenmaier* und der Pädagoge *Reichwein.* Zwei weitere Treffen fanden im Oktober 1942 und Juni 1943 statt. Die Arbeitsprotokolle blieben erhalten: *Freya von Moltke,* die Frau des Juristen, versteckte sie auf dem Dachboden des Berghauses und holte sie erst wieder heraus, als die Russen Schlesien besetzten. Die 1942 formulierte „Grundsätzliche Erklärung“ zählt zu den Schlüsseldokumenten des **Widerstandes gegen Hitler.** Darin heißt es: „Wir sehen im Christentum wertvollste Kräfte für die religiös-sittliche Erneuerung des Volkes, für die Überwindung von Hass und Lüge, für den Neuaufbau des Vaterlandes, für das friedliche Zusammenleben der Völker.“ Die Unterzeichner plädierten für einen humanen Rechtsstaat, der nach der Bestrafung der nationalsozialistischen Führer demokratisch aufgebaut werden sollte. Einen gewaltsamen Sturz des Regimes lehnten sie ab, damit später nicht behauptet werden könnte, das siegreiche deutsche Heer sei von hinten, durch Verrat, „erdolcht“ worden.

Beim Verhör der Mitwisser des Hitler-Attentats vom 20. Juli 1944 führten auch Spuren zum Kreisauer Kreis. Im Januar 1945 wurden *Graf von Moltke, Graf Yorck von Wartenburg* und mehrere andere Mitglieder der Gruppe hingerichtet. Ihre in Briefen und Dokumenten festgehaltenen Ideen wirkten nach. Ostdeutsche Bürgerrechtler und Mitglieder der Aktion Sühnezeichen fassten 1988 den Plan, Kreisau zu einem Ort der Begegnung zwischen Ost und West zu machen. Dafür setzte sich auch Frau *Freya von Moltke* ein, die in den USA lebende Witwe des Gründers des Kreises. Der Krakauer Jesuitenpater *Adam Żak* vermittelte Kontakte zum Breslauer Klub der katholischen Intelligenz, der sich als Parallelorganisation zur Solidarność für die Idee eines internationalen Zentrums begeisterte und das Grundstück erwarb. Frucht der Kontakte war 1989 die „Stiftung Kreisau für Europäische Verständigung“. Noch im gleichen Jahr wurde auf dem Gelände des Gutshofs ein „Versöhnungsgottesdienst“ abgehalten, an dem Kanzler *Kohl* und Ministerpräsident *Mazowiecki* sowie andere hochrangige Politiker beider Länder teilnahmen.

In den folgenden Jahren wurden die verfallenen Gebäude von Grund auf saniert. Finanziert wurde die Renovierung aus dem so genannten Jumbo-Fonds: Polen zahlte die in den 1970er Jahren in der Bundesrepublik aufgenommen Kredite zurück, indem es von der Stiftung für deutsch-polnische Zusammenarbeit ausgewählte Projekte im eigenen Land finanzierte. 1998 erfolgte die offizielle Einweihung der Akademie und Jugendbegegnungsstätte.

Hoffnung auf Einrichtung einer Sonderwirtschaftszone, in der mit billigen Arbeitskräften und Steuervorteilen um ausländische Investoren gebuhlt wird.

Mit ihren weit in die Landschaft ausgreifenden, grauen Armen macht die Stadt (vorerst) einen desolaten Eindruck. Nur die steilen Gassen im alten Kern (Śródmieście) wurden herausgeputzt. Dort gibt es mehrere Kirchen sowie ein **Regionalmuseum,** in dem Mineralien zu sehen sind, die unter der Stadt gefunden wurden (Muzeum Okręgowe, ul. 1 Maja 9, www.muzeum.walbrzych.pl, Mo. geschl.).

● **Touristeninformation:** Rynek 9, Tel. 074-8422000, www.walbrzych.eu.pl, So geschl.

Książ

↗XI/C2

„Wie von Geistern hingezaubert", schrieb Fürst *Pückler-Muskau* zu Beginn des 19. Jahrhunderts, „schwebt auf einem Felsengipfel das königliche Schloss, frei in die blaue Luft sich türmend." Und er fügte hinzu, es „gehört zum Schönsten und Überraschendsten, das ich je in Europa gesehen". Zwar wurde **Schloss Fürstenstein** bereits im 13. Jahrhundert errichtet, doch stammt sein heutiges Aussehen aus dem 16. Jahrhundert, als es Mitglieder der Adelsfamilie *Hochberg* übernahmen. Seit sich diese auch „Fürsten von Pless" (↗Pszczyna) nennen durften, waren sie Schlesiens reichste Grund-

221po Foto: sg

besitzer. Letzter Schlossherr war *Hans Heinrich XV.*, der hier mit seiner englischen Frau *Olivia* fürstlich Hof hielt. Zu den Gästen zählte nicht nur der deutsche Thronfolger *Friedrich Wilhelm*, sondern auch der britische Staatsmann *Winston Churchill*. Die guten Kontakte zum „Kriegsfeind" Großbritannien wurden den *Hochbergs* zum Verhängnis: 1938 mussten sie emigrieren, *Hitler* ließ das Schloss beschlagnahmen und zu einem möglichen Führerhauptquartier mit unterirdischer Bunkerstadt ausbauen.

Heute ist das Schloss ein **„Museum adeliger Wohnkultur"**. Man wandelt durch den Maximilianssaal, den Rosa, Grünen und Goldenen Salon, bestaunt die Adelsporträts und Stilmöbel verschiedener Epochen. Mit Führung kann ein Teil des unter dem Schloss befindlichen Hitler-Stollens besichtigt werden (ul. Piastów Śląskich 1, www.ksiaz.walbrzych.pl).

Nahe dem Schloss befindet sich das renommierte **Staatliche Hengstgestüt.** Der monumentale Fachwerkbau mit einer aus Lärchenholz erbauten Reithalle umschließt einen Sandplatz, auf dem man die eleganten Tiere beim Eintraben beobachten kann (Stadnina koni, ul. Jeździcka 1, www.stadoksiaz.pl).

Unterkunft

Zwei Dreisternehotels in attraktiver Umgebung:

- **Hotel Zamkowy (Schlosshotel)**€€, Tel. 074-6654144, www.hotelzamkowy.pl, 19 Zimmer.
- **Hotel Przy Oślej Bramie (Hotel am Eselstor)**€€, Tel. 074-6649270, www.mirjan.pl, 27 Zimmer und Ap.

Anfahrt

- Mit dem **Bus:** Von Wałbrzych fährt ein Stadtbus alle 30 bis 60 Minuten zum Schlosseingang; Busse von Świdnica halten an der Landstraße, von der man 1 km durch den Park zum Schloss läuft.

Walim

↗XI/C2

22 km südöstlich von Wałbrzych, am Rande des Waldenburger Berglands, liegt das Dorf Walim, der Zugangsort zu der „Unterirdischen Stadt", auch „Hitler-Stadt" genannt. Sie wurde ab 1943 unter größter Geheimhaltung erbaut und besteht aus langen Straßen und riesigen, mehrgeschossigen Sälen. Bis heute weiß man nicht, welche Funktion sie hatte: ein Führerhauptquartier, eine Militärbastion des Ostwalls oder eine Waffenfabrik? Der interessantere der beiden Zugänge ist am Berg Osówka (Anfahrt über Głuszyca und Sierpnica), wo sich auch ein bewachter Parkplatz befindet. Die geführte Tour dauert 1½ Std. (Länge 1,7 km); da die Temperatur nur 6 °C beträgt, braucht man warme Kleidung.

- **Unterirdische Stadt** (Podziemne Miasto), Osówka, www.osowka.pl, tgl. 9–17 Uhr, im Sommer eine Std. länger; weitere Infos im Museum der unterirdischen Stollen (Muzeum Sztolni Walimskich), ul. 3 maja 26, Walim, Tel. 074-8457300, www.sztolnie.pl).

Schloss Fürstenstein

Riesengebirge

(Karkonosze)

Kommt man von Norden, so baut sich jenseits grüner Hügel eine gewaltige, wie mit dem Lineal gezogene Felsmauer auf. Oft ist sie von Wolken umspült, wirkt herb und abweisend. Das Riesengebirge, das **„Reich des Rübezahl“,** ragt an der Schneekoppe bis zu 1602 Meter auf und ist damit der höchste Teil der Sudeten, die sich 300 Kilometer längs der polnisch-tschechischen Grenze erstrecken. Es ist als Nationalpark geschützt, von der UNESCO wurde es zum Biosphärenreservat erklärt. Die Landschaft wirkt alpiner als es die Höhe vermuten lässt, die baumlosen Grate sind mit Hochmoor bedeckt. Das Klima ist rau. Schnee bleibt in der Regel sechs Monate liegen, Nebelmeer und starker Wind können binnen weniger Minuten aufziehen.

052po

Für **Aktivurlauber** ist das Riesengebirge bestens erschlossen: Mit Sessellift erreicht man subalpine Regionen und kann von dort ohne schweißtreibenden Aufstieg zu ausgedehnten, gut markierten Wandertouren aufbrechen. Wer länger unterwegs sein möchte, findet preiswerte Kost und Logis in zehn **„Bauden“** – so heißen in Schlesien die urigen, aus Holz und Naturstein errichteten Berghütten.

Hauptferienziele sind Karpacz (Krummhübel) und Szklarska Poręba (Schreiberhau), im Vorland liegt das Städtchen Jelenia Góra (Hirschberg) mit den eingemeindeten Orten Cieplice (Bad Warmbrunn), Sobieszów (Hermsdorf) und Jagniątków (Agnetendorf). Das zugehörige Hirschberger Tal, gerühmt als „schlesisches Elysium“, war einst bevorzugte Wohngegend des deutschen Hochadels. In einigen seiner Herrenhäuser und Schlösser kann man sich heute einquartieren.

Jelenia Góra

⇗X/B2

Alle, die ins Riesengebirge wollen, kommen unweigerlich in Jelenia Góra **(Hirschberg)** vorbei. Mit seinen kopfsteingepflasterten Promenaden, pastellfarbenen Bürgerhäusern und einem stimmungsvollen Marktplatz ist dies der schönste Ort weit und breit.

Älteste Darstellung von Rübezahl (1561)

Sehenswertes

Vom Zugbahnhof kommend folgt man der ul. 1 Maja, die sich bald in eine Fußgängerstraße verwandelt. Rechts steht in einem großen Park die **Heiligkreuzkirche** (Kościół Św. Krzyża), eine von insgesamt sechs „Gnadenkirchen“, die die schlesischen Protestanten dem Habsburger Kaiser nach 1707 abtrotzten. Es lohnt sich, einen Blick in ihr Inneres zu werfen, in dem zweistöckige, üppig bemalte Emporen 4000 Menschen Platz bieten. Auf Ehrenlogen nahmen Hirschberger Adelsfamilien Platz, in den Grüften längs der Friedhofsmauer wurden sie beigesetzt. Mit etwas Mühe kann man auf den Grabplatten Namen wie *Glogner, Schneider, Katzler* und *Mentzl* entziffern. Vorbei an einer winzigen Kapelle und dem Hotel Jelonek mit seiner auffälligen Sonnenuhr kommt man ins Zentrum. Man durchschreitet das ehemalige Stadttor mit dem Hirschberger Wappen, das – wie nicht anders zu erwarten – einen zum Sprung ansetzenden Hirsch zeigt. Links davon steht die kleine **Annenkapelle** (Kaplica Św. Anny), rechts entdeckt man in einem stillen Winkel die **Erasmus-und-Pankratiuskirche** (Kościół Parafialny Św. Erazma i Pankracego). Während ihre Fassade mit düsteren mittelalterlichen Reliefs „gepflastert“ ist, präsentiert sie sich innen mit ihrem 22 Meter hohen Barockaltar eher luftig.

Kurz darauf betritt man den **Marktplatz** (pl. Ratuszowy), eine wahre Augenweide: Er ist ringsum von pastellfarbenen Laubenhäusern gesäumt, de-

ren Giebel eine bewegte Silhouette abgeben. Im Sommer, wenn die Cafés und Restaurants Tische nach draußen stellen, ist hier immer etwas los. Die beste Stimmung herrscht im Juli, wenn Straßenkünstler aus aller Welt zum Theaterfestival anreisen und die provinzielle Schläfrigkeit für die Dauer einiger Wochen verscheuchen. In der Mitte des Platzes erhebt sich das **Rathaus** (Ratusz), eine Inschrift an seiner Südseite verkündet: „Urbem Boleslaus Disortus struxit" (Diese Stadt erbaute *Boleslaus Schiefmund)* – so geschehen im Jahr 1108. Das Rathaus ist durch einen Übergang mit dem Nachbargebäude verbunden, den „Siebenhäusern", in denen sich Brotbänke, Garküchen und eine Apotheke befanden. Der vor dem Rathaus platzierte Brunnen mit der Figur Neptuns, dem Gott der Meere, verweist auf die einst weit

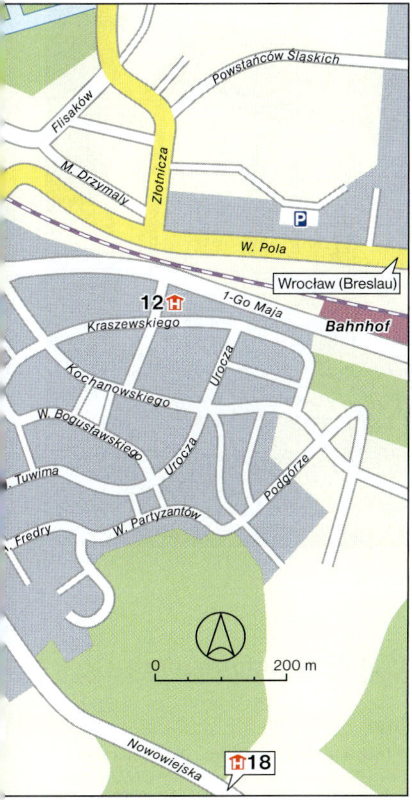

1 Busbahnhof
2 Hotel Baron,
Karczma Grodzka
3 Pożegnanie z Afryką
4 Rathaus
5 Kurna Chata
6 Erasmus-und-Pankratiuskirche
7 Annenkapelle
8 Hotel Jelonek
9 Hotel Europa
10 Heiligkreuzkirche
11 Jugendherberge Bartek
12 Hotel Fenix
13 Touristeninformation
14 Philharmonie
15 Theater
16 Riesengebirgsmuseum
17 Park & Camping
18 Hotel Pałac Paulinum

gespannten, überseeischen Handelskontakte der Stadt.

Einen Abstecher wert ist das **Riesengebirgsmuseum** zehn Gehminuten südöstlich der Altstadt. Es zeigt **Glas** in allen Formen und Farben, geschaffen aus dem im Gebirge reichlich vorhandenen Quarzsand. Den Brennstoff lieferte das Holz des Waldes, das Knowhow brachten Handwerker von der venezianischen Insel Murano. Hinter vorgehaltener Hand heißt es, dass die weltberühmten Glasateliers der Lagunenstadt inkognito manch eine Kostbarkeit im Riesengebirge bestellen. Zu sehen sind 8000 Glasobjekte, mundgeblasene, geschliffene und bemalte, vielfarbig schimmernde und milchige, mit eingeätzten und eingravierten Bildern. Auch naive Hinterglasmalerei aus Schlesien wird ausgestellt. Andere Abteilungen des Museums enthalten

Kunsthandwerk und Waffen; zwei original rekonstruierte Häuser im Garten, eine Bauernkate und ein Kaufmannspalais, illustrieren die ehemalige Wohnkultur der beiden Stände.

• **Riesengebirgsmuseum** (Muzeum Karkonoskie), ul. Matejki 28, www.muzeumkarkonoskie.pbox.pl, Di.–Fr. 9–15.30, Sa.–So. 9–16.30 Uhr

Rynek und Rathaus von Jelenia Góra

Praktische Informationen

Info

• **Touristeninformation,** ul. Bankowa 27, 58–500 Jelenia Góra, Tel. 075-7676925, www.citik.jeleniagora.pl/de, Mo.–Fr. 9–17, Sa. 10–14, in den Sommerferien auch So. 10–14 Uhr. Mit Verkauf von Alben und Landkarten.

Unterkunft

• **Hotel Mercure Jelenia Góra**€€€, ul. Sudecka 63, Tel. 075-7549148, Fax 075-7526266, www.orbis.pl, 188 Zimmer. Wer mit einer Busgruppe unterwegs ist, wird wahrscheinlich hier abgeliefert: ein großes Hotel mit gutem Frühstücksbüfett, auch Hallenbad und Sauna sind vorhanden. Man wohnt 1 km südöstlich der Stadt an der Straße nach Karpacz. Nach einem Zimmer mit Blick auf die Berge fragen!

•Pałac Paulinum€€€, ul. Nowowiejska 62, Jelenia Gora, Tel. 075-6494400, Fax 075-6494403, www.paulinum.pl, 29 Zimmer und Apartments. Rekonstruierter Fabrikantenpalast am Stadtrand mit prachtvoller Innenausstattung und modernem Komfort, Salzgrotte und Whirlpool, Dampfbad und Sauna. Der Name des Hotels geht auf den Paulinerorden zurück, der hier im späten 17. Jahrhundert ein Gut gründete. Zu Spaziergängen lädt der angrenzende Park ein.

•Hotel Baron€€, ul. Grodzka 4, Tel. 075-7523351, www.hotelbaron.pl, 16 Zimmer. Das persönlich geführte, kleine Dreisternehotel liegt knapp westlich des Marktplatzes und ist die beste Wahl. Die Zimmer sind groß und komfortabel (mit Sat-TV und Gratis-Internet-Zugang), auch beim Frühstück kommt keine Enge auf. Die Besitzer haben in Berlin gelebt und sprechen gut Deutsch. Im Erdgeschoss befinden sich zwei Restaurants; Parkmöglichkeit direkt vor dem Haus.

•Hotel Jelonek€€, ul. 1 Maja 5, Tel. 075-764 6541, www.hoteljelonek.com.pl, 12 Zimmer. Das Dreisternehotel „Zum kleinen Hirsch" liegt an der zentralen Fußgängerstraße, nur wenige Schritte vom Markt. Von außen gefällt das Barockhaus anno 1732 aufgrund seiner schönen Sonnenuhr, innen aufgrund seines freundlichen-familiären Ambientes. Mit Einzel- und Doppelzimmer sowie geräumigen Apartments. Das verstärkte Frühstück wird im Dachgeschoss eingenommen; da es dort eng werden kann, muss man sich am Abend zuvor auf eine bestimmte Uhrzeit festlegen.

Schlossunterkünfte im Hirschberger Tal

Im 19. Jahrhundert wurde das Tal als Sommerfrische entdeckt. Hier trafen sich preußischer Hochadel, Prinzen und Könige. Über 20 Burgen und Schlösser gibt es im Tal, gestaltet von so bekannten Architekten wie *Karl Friedrich Schinkel* und *Joseph Lenné*. In einigen kann man heute auch seinen Urlaub verbringen, so im Schloss **Łomnica** (Lomnitz), wo *Elisabeth* und *Ulrich von Küster* ein behagliches Hotel eingerichtet haben. Das Restaurant ist nach Meinung der Eigentümer „das beliebteste Ausflugslokal von Hirschberg". Im benachbarten Barockschloss wurde ein deutsch-polnisches Kulturzentrum mit einer Dauerausstellung zum „Hirschberger Tal" eröffnet.

•Zamek Łomnica€€, ul. Karpnicka 3, Łomnica Dolna, Tel. 075-7130460, Fax 075-7130533, www.schloss-lomnitz.pl, 12 Zimmer, 6 Apartments

Gut schläft man auch in **Staniszów** 3 km südl. Jelenia Góra im ehemaligen Schloss der Prinzen *Stonsdorf*: romantische Zimmer, Kaminsaal, Restaurant und Gartencafé, ringsum ein großer Park.

•Pałac Staniszów€€, Staniszów 100, Tel. 075-7558445, Fax 075-7558534, www.palacstaniszow.pl, 15 Zimmer

Im ehemaligen Eichenschloss in **Karpniki (Fischbach)** öffnete das Luxushotel Pałac Dębowy: ein stilvolles Ziegelgebäude inmitten eines Landschaftsparks. Es wurde 1875 für Hofmarschall Baron *Ulrich Saint Paul-Illaire* erbaut und rühmt sich eines sehr guten Restaurants.

•Pałac Dębowy€€€, ul. Stawowa 12, Karpniki, Tel. 075-7540800, www.palac-debowy.pl, 13 Zimmer

Nach mehrjährigen Bauarbeiten wurde 2007 das Hotel in **Wojanów (Schildau)** eröffnet: ein machtvolles Schloss mit vier Türmen. Genau 400 Jahre zuvor war es erbaut worden, und kein Geringerer als König *Friedrich Wilhelm III.* hatte es 1839 für seine Tochter, Prinzessin *Luise*, gekauft und umgestalten lassen. Heute gibt es zusätzlich Pool, Sauna und einen Beauty Salon. Vom Gartenrestaurant blickt man auf einen großen Park am Bober-Fluss.

•Pałac Wojanów€€, Wojanów 9, Tel. 075-7545300, www.palac-wojanow.pl, 70 Zimmer

• **Hotel Europa**€€, ul. 1 Maja 16/18, Tel. 075-6495500, Fax 075-7524495, www.ptkarkonosze.pl, 40 Zimmer. Das Gründerzeithotel in der Fußgängerstraße bietet Zimmer mit Bad und Sat-TV, Garage und bewachtem Parkplatz. Rabatt am Wochenende.

• **Hotel Fenix**€€, ul. 1 Maja 88, Tel. 075-6416600, Fax 075-6416607, www.hotelefenix.pl, 36 Zimmer. Die 1886 gegenüber dem Bahnhof erbaute Hotel-Villa galt in deutscher Zeit als komfortabelste Unterkunft im Hirschberger Tal. Nach 2000 wurde sie neu eröffnet und es wird versucht, an alten Glanz anzuknüpfen. Die Zimmer sind geräumig und bequem, verfügen über Sat-TV und Minibar; mit Garage und bewachtem Parkplatz.

• **Jugendherberge Bartek**€, ul. Bartka Zwycięzcy 10, Tel./Fax 075-7525746, 56 Plätze, ganzjährig geöffnet. 500 m südwestlich vom Bahnhof, Doppel- bis Sechsbettzimmer.

• **Herberge Park & Camping Nr. 130**€, ul. Sudecka 42, Tel./Fax 075-7524525, www.camping.karkonosz.pl, 21 Zimmer. Knapp südöstlich der Stadt, an der Straße nach Karpacz gelegene Herberge mit sehr einfachen Zimmern. Angeschlossen ist ein schattiger Wiesenplatz, auf dem man seinen Campingwagen bzw. sein Zelt aufstellen kann.

Essen und Trinken

Auf dem Marktplatz gibt es mehrere passable Restaurants, die im Sommer Tische nach draußen stellen. Auch in der Fußgängerzone haben sich mehrere Lokale etabliert.

• **Kurna Chata**€, pl. Ratuszowy 23/24, www.kurnachata.pl, tgl. ab 11 Uhr. Rustikale Hütte *(chata)* auf dem Marktplatz mit polnischem Fastfood wie Piroggen, Bigos und Kutteln. Durch die offene Küche ist es drinnen etwas stickig, besser sitzt man auf der Terrasse im Laubengang.

• **Karczma Grodzka**€, ul. Grodzka 5, Tel. 7646359, tgl. ab 8 Uhr. In der rustikalen „Burgschenke" im Erdgeschoss des Hotels Baron stärkt man sich mit deftigen Suppen, Steak vom Grill und Knoblauchkartoffeln. Nebenan betreiben die Besitzer ein etwas feineres Lokal mit leichter, internationaler Küche.

• **Pożegnanie z Afryką**€, pl. Ratuszowy 4, Tel. 075-7532100, www.pozegnanie.com, tgl. 10–18 Uhr. Winziges Café am Marktplatz, in dem man zwischen Dutzenden von Kaffeesorten aus aller Welt auswählen kann. Im Sommer sitzt man draußen unter den Arkaden.

Kultur

• **Jelenia-Gora-Theater** (Teatr Jeleniogórski im. C.K. Norwida), al. Wojska Polskiego 38, www.teatr.jgora.pl

• **Philharmonie** (Filharmonia Dolnośląska), ul. Piłsudskiego 60, www.filharmonia-dolnoslaska.art.pl

Festivals

• **Juli oder August:** *InternationalesStraßentheaterfestival.* Die besten Straßenmusiker und Clowns kommen für mehrere Tage nach Jelenia Góra und spielen auf dem Rynek.

Verkehr

• **Zug:** Der Bahnhof liegt 1 km östlich des Zentrums. Mehrere Verbindungen tgl. nach Wrocław und Szklarska Poręba, die Linie nach Karpacz wurde eingestellt.

• **Bus:** Vom Busbahnhof (300 Meter westl. vom Ring) starten tgl. mindestens zehn Busse in die wichtigsten Orte des Riesengebirges; fast alle Busse halten auch an der Haltestelle vor dem Zugbahnhof (Dworzec PKP). Zweimal wöchentlich gibt es eine Busverbindung von und nach Berlin via Forst; für die Fahrt werden fünf Stunden benötigt.

Cieplice

X/B2

Zu Jelenia Góra gehört auch Cieplice **(Bad Warmbrunn),** der kleine, acht Kilometer südwestlich gelegene Kurort. Hier trafen sich früher gern die preußischen Adligen, die im Hirschberger Tal ihre Sommerresidenzen hatten. Im **Warmbrunner Wasser** erfrischten sie ihre alten Knochen, fla-

nierten durch den Park und dinierten im Schaffgottschen Palais. Heute wird die feudale Pracht langsam restauriert, doch aufgrund der vorherrschenden niedrigen Preise bleibt Cieplice vorerst in der Hand mittelständischer Kurgäste.

Laut Legende wurde die Heilwirkung des Wassers schon im 12. Jahrhundert entdeckt. Jäger beobachteten, wie sich ein vom Pfeil verwundeter Hirsch in einer Quelle wälzte und kurz darauf frisch und munter davonsprang. Als am Ort des Wunders eine Kapelle errichtet wurde, pilgerten Gehkranke aus der ganzen Umgebung dorthin. Auch Graf *Schaffgotsch,* Besitzer der gesamten Region, verlegte seinen Stammsitz nach Warmbrunn und ließ Trinkhalle, Theater und ein Kurhaus errichten.

Heute liegt eine schläfrige Stimmung über der Stadt. Auf dem **Schlossplatz** flanieren ein paar Kurgäste vor dem Schaffgotschpalais (Pałac Schaffgotschów). Kaum jemand verirrt sich in die Evangelische Kirche (Kościół Ewangelicki), obwohl sie ein Altarbild von *Michael Willmann,* dem „schlesischen Rembrandt“ birgt. Ein paar Schritte weiter erstreckt sich der **Kurpark** mit seinem klassizistischen Theater und dem Kurhaus, wo das schwach mineralisierte, fluorid- und siliziumhaltige Thermalwasser aufgefan-

Im Kurpark von Cieplice

gen wird. Da es erwärmend aufs Gewebe und die tiefer gelegenen Blutgefäße wirkt, wird es zur Behandlung von Gelenk- und Rheumaerkrankungen genutzt. An den Kurpark schließt sich der Norwegische Park (Park Norweski) an, benannt nach einem im nordischen Stil erbauten Holzpavillon, der ein **Naturkundemuseum** beherbergt (Muzeum Przyrodnicze, ul. Wolności 268, www.muzeum-cieplice.com, Mo. geschl.). Ausgestellt sind dort 300 verschiedene Arten ausgestopfter Vögel sowie in Glaskästen aufgespießte bunte Schmetterlinge.

Sobieszów

↗X/B2

Wäre nicht die auf einem Berg thronende Burgruine, führe man an Sobieszów **(Hermsdorf),** dem kleinen Ort zwölf Kilometer südwestlich Jelenia Góra achtlos vorbei. Die Ruine ist nur zu Fuß erreichbar: Vom **Naturkundemuseum** (Muzeum Przyrodnicze, ul. Chałubińsliego 23, Mo. geschl.) führt der rot markierte Waldweg in einer knappen Stunde steil auf den 627 Meter hohen Gipfel. Ein Rundturm und verwitterte, einen Innenhof umschließende Wehrmauern sind alles, was von der einst mächtigen **Burg Kynast** (Zamek Chojnik, tgl. ab 10 Uhr) übrig geblieben ist. Kaiser *Karl IV.* hatte sie im 15. Jahrhundert Ritter *Gottsche Schoff,* dem Urahnen des Schaffgottschen Geschlechts vermacht, dem bald die ganze Region gehörte. Nie wurde die Burg eingenommen, zum Verhängnis wurde ihr die Natur: Nach einem Blitzschlag 1675 brannte sie aus und präsentiert sich seitdem als imposante Ruine mit weitem Ausblick auf das Vorland des Riesengebirges.

Wer im September hierher kommt, wird Zeuge des **Ritterturniers „Die goldene Armbrust".** Es erinnert an die Legende des schönen Burgfräuleins *Kunigunde,* der es gefiel, ihre Anbeter gegeneinander auf den Wehrmauern antreten zu lassen, wobei regelmäßig beide Rivalen zu Tode kamen. Den Zuschauern gefällts, wenn sich die Ritter in mittelalterlicher Montur präsentieren und im Bogenschießen üben, da ist viel Folklore dabei und auch Zechgelage dürfen nicht fehlen. Auf Essbares braucht man in der Burg das ganze Jahr über nicht zu verzichten. Die PTTK-Herberge tischt polnisches Fast Food auf und bietet von Mai bis Oktober Schlafplätze (Schronisko PTTK€, Tel. 075-7553535).

Jagniątków

↗X/B2

„Schade, dass du nicht hier bist", schrieb **Gerhart Hauptmann** 1903, zwei Jahre nachdem er von Schreiberhau ins **Haus Wiesenstein** umgezogen war. „Ich habe einen so großartigen Eindruck wie heut noch nie hier oben gehabt, Böhmen ein Südmeer, Schlesien eine blasse, leuchtende See ..." Bis zu seinem Tod 1946 hat der Literaturnobelpreisträger an diesem Ort gelebt, danach war das Haus über 50 Jahre eine Kurstätte für Kinder aus dem schlesischen Kohlenpott. Hier atmeten sie saubere Bergluft und tobten

223po Foto: sg

im weitläufigen, 1,6 Hektar großen Park. Zur Jahrtausendwende wurde das Haus mit EU-Mitteln aufwendig restauriert und öffnete als **Gerhart-Hauptmann-Museum** und deutsch-polnische Begegnungsstätte (Dom Gerharta Hauptmanna, ul. Michałowicka 32, www.muzeum-dgh.pl, Mo. geschl.).

Sein Traumhaus 14 Kilometer südwestlich von Jelenia Góra hatte *Hauptmann* nach eigener Façon entworfen: „Es hat einen festen, gedrungenen Turm, der die Dämonen schrecken und in einer Welt von Feinden Trotz bieten soll. Sein Inneres denke ich mir heimlich-unheimlich, eine Stätte bedrohter Sicherheit." Diesen Eindruck hat man noch heute, wenn man das Haus betritt: Von außen wirkt es wie eine Trutzburg, innen geheimnisvoll. Nach dem Eintreten findet man sich in der **„Paradieshalle"** wieder und wird mit einer Farborgie aus roten, gelben und grünen Ornamenten begrüßt, darüber wölbt sich ein tiefblauer, sterngeschmückter Gewölbehimmel. Von der „Paradieshalle" gelangt man in den ehemaligen Speisesaal, wo auf Knopfdruck eine **multimediale Ausstellung** *Hauptmanns* Werk in historischen Kontext stellt. Nicht alle Besucher stellt sie zufrieden. Ein Museumsbesucher fragt im Gästebuch: „Wie hat sich *Hauptmann* während des Na-

Hauptmanns Haus Wiesenstein – in der „Paradieshalle"

ziregimes verhalten? Leider dazu keine Dokumente gefunden." Stattdessen rezitiert *Hauptmann* aus dem Off aus seinen Werken, teilweise aus todesschwangeren Gedichten, die er gefasst vorträgt. Auch kurze Dokumentarfilme werden gezeigt: *Hauptmann* in seinem Winterferienort Portofino (1910), *Hauptmann* mit *Richard Strauss* vor dem Excelsior-Hotel in Rapallo (1936) und *Hauptmanns* Bestattung in Hiddensee (1946).

Im goldenen **Kaminsaal** werden wechselnde Ausstellungen zu Leben und Werk des Autors gezeigt. Beim letzten Besuch sah man dort Riesengebirgsbilder seines Sohnes *Ivo,* zuvor eine Schau zum Drama „Die Weber". Wer nach dem Besuch eine Stärkung benötigt, besucht das **Literaturcafé** in der ehemaligen Kellerküche. Urig ist der rubinrot ausgemalte **Weinkeller,** in dem Ihringer Rotwein lagert: *Hauptmann* hatte den Tropfen bei der noch heute existierenden Winzergenossenschaft am Kaiserstuhl bestellt. Schließlich gibt's da noch das ehemalige Schwimmbad im Turmfundament, das von *Hauptmann* als Archiv zweckentfremdet wurde und heute wieder eine **Bibliothek** beherbergt.

Künstlerkolonie in der „magischen Talsenke"

Schon früh wurde die landschaftliche Schönheit des Orts entdeckt. Begeistert schrieb der Schriftsteller *Gerhart Hauptmann:* „Eines Tages erblickte ich bei einer Gebirgspartie von oben dieses Tal und dachte, hier wäre gut Hütten bauen". Wenig später zog er mit Bruder *Carl* ins „Schreiberhäusel", wo er Ruhe fand, seinen Bestseller „Die Weber" zu vollenden. Auch Bruder *Carl* war aktiv. Er war von der Gegend so angetan, dass er in seinem „Rübezahlbuch" alle Geschichten aufschrieb, die ihm die Bergbauern und Holzfäller erzählten. Bald folgten Freunde den Schriftsteller-Brüdern nach: Zur Künstlerkolonie des „schlesischen Worpswede" zählten die Maler *Paula Modersohn-Becker, Heinrich Vogeler* und *Otto Mueller,* die Komponistin *Anna Teichmüller* und der Soziologe *Werner Sombart.*

Szklarska Poręba

↗X/B2

Neben Karpacz ist Szklarska Poręba (**Schreiberhau**) das wichtigste Ferienzentrum der Region. Es liegt zwischen Iser- und Riesengebirge am Fuß des Reifträgers (Szrenica 1362 m) und ist ein idealer Ausgangspunkt für Wander- und Radtouren; die mit Schneekanonen bestückte „Skiarena" ist ein Top Spot für **Freunde des Wintersports.** Traditionsreich ist der auf 50 Kilometer ausgelegte Piasten-Langlauf, noch jung das Hundeschlitten-Profirennen. Mit Action & Fun versucht das Tourismusamt auch ein jüngeres Publikum anzusprechen: Im Sommer organisiert es ein „Adrenalin-Weekend" mit Wettklettern und Bungee Jumping, dazu ein internationales Mountainbike-Festival und Meisterschaften im Drachenfliegen.

Szklarska Poręba besteht aus **drei** recht weit voneinander entfernten **Waldorten** längs des Flusses Kamianna: *Dolny* (dem „Unteren"), *Średny* (dem „Mittleren") und *Górny* (dem „Oberen"). In Szklarska Poręba Górny

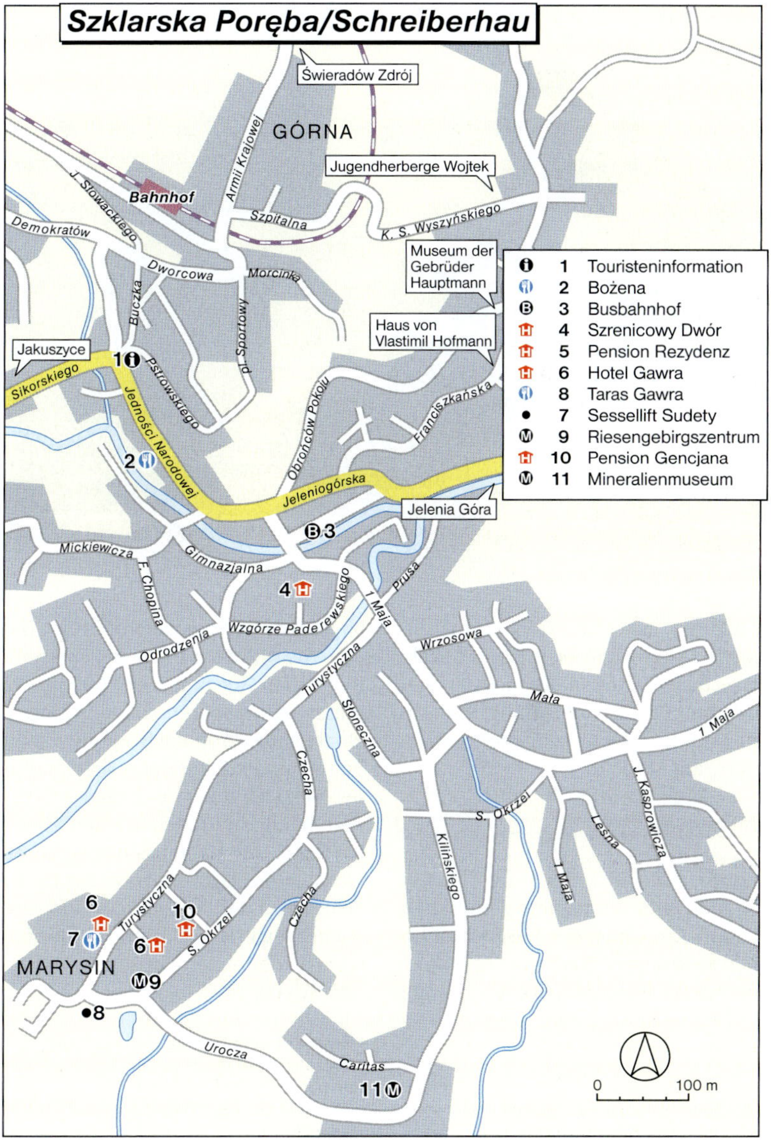
Szklarska Poręba/Schreiberhau
Świeradów Zdrój
GÓRNA
Jugendherberge Wojtek
Bahnhof
Armii Krajowej
J. Słowackiego
Demokratów
Szpitalna
K. S. Wyszyńskiego
Dworcowa
Morcinka
Buczka
pl. Sportowy
Museum der Gebrüder Hauptmann
Haus von Vlastimil Hofmann
Jakuszyce
Sikorskiego
Pstrowskiego
Jedności Narodowej
Obrońców Pokoju
Franciszkańska
Jeleniogórska
Jelenia Góra
Mickiewicza
Gimnazjalna
F. Chopina
Wzgórze Paderewskiego
1 Maja
Prusa
Odrodzenia
Wrzosowa
Turystyczna
Słoneczna
Mała
Czecha
S. Okrzei
J. Kasprowicza
Leśna
Kilińskiego
MARYSIN
Urocza
Caritas
0
100 m
1 Touristeninformation
2 Bożena
3 Busbahnhof
4 Szrenicowy Dwór
5 Pension Rezydenz
6 Hotel Gawra
8 Taras Gawra
7 Sessellift Sudety
9 Riesengebirgszentrum
10 Pension Gencjana
11 Mineralienmuseum

312po Foto: pf

befinden sich Touristeninformation, Kirche, viele Unterkünfte und Lokale. Wer dem Sessellift am nächsten sein möchte, wählt die Siedlung Marysin, den am höchsten gelegenen Ortsteil der Stadt.

Sehenswertes

Hauptattraktion von Szklarska Poręba ist die Natur. Vom sanft gerundeten, baumlosen Gipfel des 1362 Meter hohen **Reifträgers (Szrenica)** öffnet sich ein weites Panorama übers Riesengebirge. Wanderer nutzen die Fahrt mit dem **Sessellift,** um sich den schweißtreibenden Aufstieg über 700 Höhenmeter zu ersparen (⇗Aktivitäten). Doch ganz so einfach ist das nicht: Beim zügigen Einstieg in den fahrenden Sessellift muss rasch die Eisenbarriere hinuntergezogen werden, damit die Füße Halt haben und man vorne nicht „herausfällt" – am besten beobachtet man das Procedere bei den zuvor einsteigenden Gästen. Vor der Ankunft an der oberen Station ist die Barriere wieder hochzuziehen.

Rings um Szklarska Poręba gibt es 12 markierte Fahrradrundtouren

- **Sessellift Sudety** (Kolej-Linowa Sudety), ul. Urocza, ganzjährig 9–16 Uhr, Einstieg zu jeder halben Stunde, neben der Tageskarte gibt es auch ein Vormittags- oder Nachmittagsticket.

Riesengebirgszentrum

Die Natur des Riesengebirges wird in zwei Museen vorgestellt. Wenige Schritte vom Sessellift auf den Reifträger öffnet das Riesengebirgszentrum, das multimedial in Geologie, Flora und Fauna einführt.

- **Riesengebirgszentrum** (Centrum Karkonosze), ul. Okrzei 28, Marysin, Di.-Sa. 10-16 Uhr

Mineralienmuseum

Sympathisch antiquiert wirkt das Mineralienmuseum in einer Holzvilla von 1885. In vollgestopften Vitrinen werden Fossilien, Halbedel- und Edelsteine präsentiert; eine Rarität ist der Meteorit „Gibeon" aus Südwestafrika. Interessant ist auch die Dinosaurier-Ausstellung mit Repliken ausgestorbener Tiere, original das 65 Millionen Jahre alte Ei eines Entenschnabeldinosauriers. Im Museumspark steht der einzige in Europa erhalten gebliebene Karbon-Hain *(Las Karbonski)* – versteinerte Stämme des Baums *Dadoxylon*.

- **Mineralienmuseum** (Muzeum Mineralogiczne), ul. Kilińskiego 20, Marysin, Di.-Sa. 10-18 Uhr, So. 10-16 Uhr.

Museum der Brüder Hauptmann

Das „Schreiberhäusel" nahe der „oberen" Bahnhofsstation beherbergt ein einfaches Museum, in dem persönliche Gegenstände der Brüder *Hauptmann* ausgestellt sind. Außerdem werden Exponate gezeigt, die mit der Rübezahl-Sage verknüpft sind sowie viele Landschaftsbilder. Im Garten befindet sich das Grabmal von *Carl Hauptmann*.

- **Museum der Brüder Hauptmann** (Muzeum w Szklarskiej Porębie), ul. 11 Listopada 23/Szklarska Poręba Górna, Di., Do. und Fr. 9-15.30, Mi., Sa. und So. 9-16.30 Uhr

Haus von Vlastimil Hofmann

Das Haus des Künstlers *Vlastimil Hofmann* entdeckt man in Szklarska Poręba Dolna, etwas versteckt im Wald. Der **Maler** mit deutschem Nach- und tschechischem Vornamen empfand sich zeitlebens als Grenzgänger dreier Kulturen (1881-1970). Er wuchs in Prag auf, studierte in Krakau und fand nach 1946 „Asyl" im polnischen Riesengebirge. Bekannt machten ihn symbolistische Darstellungen von Bauern und Bergbewohnern, die er porträtierte ohne sie zu idealisieren. Aber auch einige „exotische" Sudetenbilder werden ausgestellt.

- **Haus von Vlastimil Hofmann** (Dom Vlastimila Hofmana), ul. Matejki 12, Szklarska Poręba Dolna, Eintritt nur nach tel. Voranmeldung 075-7172752; Zugang am besten über die beim „Muzeum Ziemi" abzweigende ul. Vlastimila Hofmana, dann sogleich rechts einbiegen in die ul. Brzozowa.

Josephinenhütte

Die Josephinenhütte, aufgrund ihres kunstvollen Bleiglases in ganz Europa berühmt, gibt es nicht mehr. Nach dem Zweiten Weltkrieg wurde sie in **„Julia-Hütte"** umbenannt, die es nie geschafft hat, an das einstige Niveau anzuknüpfen. Nach der Wende wurde die Hütte geschlossen und wartet nun auf kapitalkräftige Investoren, mit deren Hilfe Szklarka Poręba wieder ein Standort für erstklassige Glaswaren werden könnte.

Praktische Informationen

Info

•**Touristeninformation,** ul. Pstrowskiego 1, 58-580 Szklarska Poręba, Tel./Fax 075-7172494, www.szklarskaporeba.pl. Freundlich und sehr effizient!

Unterkunft

•**Szrenicowy Dwór**€€€, ul. Wzgórze Paderewskiego 12, Tel. 075-7173461, Fax 075-7173463, www.szrenicowydwor.pl, 33 Zimmer. 100-jähriges Palais mit attraktivem Neubau. Tradition und Moderne wurden geschickt in Einklang gebracht; alle Zimmer mit Kühlschrank, im Restaurant gute polnische Küche.

•**Las**€€, ul. Turystyczna 8, Tel. 075-7175252, www.hotel-las.pl, 134 Zimmer, 11 Apartments. Modernes Hotel im Vorort Piechowice, 4 km östl. des Stadtzentrums an der Straße nach Jelenia Góra. Mit Tennisplätzen und Pool, Sauna, Dampfbad und Solarium.

•**Hotel Gawra**€€, ul. Turystyczna 24, Tel. 075-7175088, Fax 075-7172472, www.gawra.pl, 20 Zimmer. Am Rand des Nationalparks ein Hotel für Biker und Wanderer, 100 m vom Sessellift auf den Szrenica. Die Zimmer sind gemütlich, warme Holztöne kontrastieren mit der Farbe Blau; für Familien gibt es mehrere Dreibettzimmer. Im Sommer kann man draußen auf einer schönen Terrasse frühstücken. Mit Mountainbike-Verleih, Sauna, Internet-Raum.

•**Pension Rezydenz**€€, ul. Narciarska 6, Tel. 075-7172695, www.rezydenz.pl, 10 Zimmer. Ein großes Rübezahlbild an der Fassade, drinnen plüschige Gemütlichkeit: Die von der deutschen Familie *Breuer* geführte Pension liegt nahe dem Sessellift und bietet Zimmer mit Sat-TV, Swimmingpool und abgeschlossenen Parkplatz.

•**Pension Gencjana**€, ul. Okrzei 26, Tel./Fax 075-7172953, www.gencjana.wszklarskiej.net, 4 Zimmer und Apartments. Familiäre Pension auf dem Weg zum Sessellift, von *Franciszka Kucharczyk,* einer deutschsprachigen Mutter

224po Foto: sg

Courage, engagiert geführt. Alle Zimmer haben Balkon, doch wenig Ausblick, im Minirestaurant im Souterrain wird Hausmannskost aufgetischt.

Herbergen für Wanderer

- **Kamieńczyk**€, Tel. 075-7526085, 10 Zimmer, ganzjährig geöffnet. Gemütliche Herberge am gleichnamigen Wasserfall im Wald. Alles Doppelzimmer mit Bad, außerdem gibt es ein Kaminzimmer und ein Kellerlokal; Herr *Jerzy Sielecki* hält das Haus in Schwung.
- **Szrenica**€, Tel. 075-7526011, Fax 075-7523200, 17 Zimmer, ganzjährig geöffnet. Die große Herberge thront wuchtig auf dem 1375 m hohen Reifträger. Man übernachtet in einfachen Einzel- bis Sechsbettzimmern (insgesamt 95 Betten), Bettwäsche wird gegen einen Aufpreis gestellt. Die Duschen und Toiletten sind auf dem Flur. Über ein eigenes Bad verfügt nur das teurere Apartment. Mit Bar und Selbstbedienungsrestaurant.
- **Pod Łabskiem Szczytem**€, Tel. 075-7526088, www.labskiszczyt.pl, 14 Zimmer, ganzjährig geöffnet. Die Herberge „Unter dem Veilchengipfel" auf 1168 m Höhe bietet Doppel- bis Achtbettzimmer, auf Wunsch mit Bettwäsche; die sanitären Anlagen befinden sich auf dem Flur. Gespeist wird im Kaminzimmer mit weitem Blick auf die Berge.

Essen und Trinken

- **Taras Gawra**€, ul. Turystyczna 24, Tel. 075-7172008, tgl. ab 8 Uhr. Pluspunkt ist hier die gepflegte, von Grün eingerahmte Terrasse mit Holzbänken und -tischen. Es gibt traditionelle polnische Küche, z.B. Roggenmehleintopf im ausgehöhlten Brotlaib *(zurek)*, Piroggen „russisch", d.h. mit Schichtkäse oder mit Pilzen und Sauerkraut *(pierogi ruskie, z kapustą i grzybami)*. Lecker schmeckt auch der mit Hühnerfleisch gefüllte Riesenreibekuchen mit Rahm *(placek po węgiersku)*. Das Restaurant befindet sich gegenüber dem Sessellift.
- **Bożena**€, ul. Jedności Narodowej 18, Tel. 075-7172117, tgl. ab 14 Uhr. Haus im Schweizer Stil an der Hauptstraße mit polnischer Hausmannskost. Gut schmecken Forelle mit Kräuterbutter *(pstrąg)* und gegrilltes Kotelett *(polędwica)*. Im Sommer öffnet ein Biergarten.

058 po Foto: sg

Auf dem Weg zur nächsten Herberge

Rast unter den Kuckuckssteinen

Aktivitäten

- **Wandern:** In der Nähe von Szklarska Poręba befinden sich **zwei Wasserfälle,** die man im Rahmen von Kurztouren erkunden kann.

Szklarska Poręba – Kochelfall (Wodospad Szklarki), 1 Std. (Autofahrer 20 Min.). Vom Zentrum folgt man dem grün markierten Weg drei Kilometer parallel zum Kamienna-Bach abwärts und biegt dann

Wanderkarten für das Riesengebirge

Für alle Wandertouren empfiehlt sich der Kauf der Karte **„Riesengebirge - Isergebirge“** im Plan-Verlag (Maßstab 1: 40.000), die vor Ort überall erhältlich ist. Auf ihr sind alle Touren in der Farbe eingezeichnet, in der sie auch in der Landschaft markiert sind; aufgeführt sind alle Herbergen und Grenzübergänge; Orts- und Landschaftsnamen in Polnisch und Deutsch.

rechts (südwärts) in den blau markierten Weg ein. Nach knapp 15 Min. ist der Kochelfall erreicht, der in einem weiten Bogen in einen moosbewachsenen Felstrichter stürzt. Hat man das Schauspiel gesehen, stärkt man sich in der benachbarten Baude (Schronisko Kochanówka). Tipp für Autofahrer: Der Straße nach Jelenia Góra 1,5 km folgen, den Wagen dort auf dem Parkplatz abstellen und dem schwarz markierten Weg, der hinter der Brücke in den blauen einmündet, folgen. So erreicht man den Wasserfall in nur 20 Min.!

Szklarska Poręba - Zackelfall (Wodospad Kamieńczyka), 1¼ Std. (Autofahrer 30 Min.). Besonders spektakulär ist der Zackelfall, der von der Sesselliftstation in Marysin erst über den schwarz, dann den rot markierten Waldweg erreichbar ist. In drei Kaskaden ergießt er sich 27 Meter in einen Granitkessel und schäumt durch eine dunkle Klamm. Auch hier steht oberhalb des Wasserfalls eine urige Baude (Schronisko Kamieńczyk). **Tipp für Autofahrer:** Den Wagen im Viertel Huta abstellen (Parkplatz an der Bushaltestelle PKS Szklarska Poręba Krokus), dann auf rot markiertem Weg in nur 30 Min. zum Wasserfall laufen!

Reifträger (Szrenica) - Szklarska Poręba, 3 Std. Von der Baude auf dem Reifträger (⇗ Sehenswertes) folgt man dem roten Weg

Der Kochelfall

15 Min. und biegt an den monolithartigen „Sausteinen“ (Trzy Świnki) links in den grünen Weg ein, der in 1 Std. zur Herberge Pod Łabskim Szczytem führt. Von dort geht es 20 Min. auf gelbem Weg - vorbei an den „Kuckuckssteinen“ (Kukułcze Skały) - bis zu einer markanten Gabelung, wo man sich links hält und nun auf grünem Weg Szklarska Poręba erreicht.

Reifträger (Szrenica) - Schneekoppe (Śnieżka), 8 Std. Zu den schönsten Strecken im Riesengebirge gehört dieser rot markierte Höhenweg, der in leichtem Auf und Ab vom Reifträger an Schneegruben und Hochmooren vorbei zur Schneekoppe führt. Unterwegs kann man in mehreren Bauden einkehren, auf halber Strecke liegt die Herberge Odrodzenie.

● **Radfahren:** Rings um Szklarska Poręba wurden für Mountainbiker **zwölf Rundtouren** mit einer Gesamtlänge von 300 Kilometern markiert. Darunter befinden sich einige leichte Strecken, die auch für Familien und Gelegenheitsradler geeignet sind. Andere dagegen sind anspruchsvoll und nur konditionsstarken Bikern zu empfehlen. Die zugehörige **Radwegkarte** (auch in Deutsch) erhält man kostenlos in der ⇗ Touristeninformation. Ihre Stellung als polnische Mountainbike-Hochburg unterstreicht Szklarska Poręba mit Wettkämpfen beim *Adrenalin-Weekend* und dem *Bike Action Festival*. Mountainbikes werden in vielen Hotels und Pensionen sowie in Bike-Shops längs der Hauptstraße von Szklarska Poręba Górna (z.B. ul. Wiosenna 8, ab 6 € pro Tag) verliehen.

● **Wintersport:** Die Berge oberhalb von Szklarska Poręba gelten als schneereich, das spezifische Mikroklima schafft Bedingungen, die denen der Alpen in einer Höhe von 2000 Metern entsprechen. An den Hängen unterhalb des 1362 Meter hohen Reiftäger (Szrenica) gibt es **Abfahrtsstrecken** in einer Gesamtlänge **von 20 Kilometern** (www.sudety lift.com.pl). Vor wenigen Jahren wurde die **längste Kunstschneeanlage Europas** eingeweiht, sodass man selbst in „warmen“ Winterperioden nicht aufs Skifahren verzichten muss. Auf der vom Internationalen Skiverband empfohlenen Piste „FIS“ finden alljährlich die Berliner Skimeisterschaften statt.

304po Foto: sg

Vom Talort geht es mit Sessellift zur Mittelstation hinauf, von dort mit Schlepplift auf die Bergstation am Szrenica. Mit Schwierigkeiten gespickt ist sowohl die 4,4 Kilometer lange und wegen ihrer vielen Kurven so genannte „Lollobrygyda" als auch die gut 2 Kilometer lange „Śnieżynka".

Zentrum des Skilanglaufs ist **Jakuszyce,** acht Kilometer westlich von Szklarska Poręba, wo 100 Kilometer gespurte, unterschiedlich schwierige **Loipen** angelegt wurden. Ihre Schleifen bilden die Form eines Kleeblatts, wodurch Übergänge zwischen den einzelnen Streckenabschnitten möglich sind. Im März findet hier der 50 Kilometer lange **„Piastenlauf"** (Bieg Piastów) statt, eines der größten europäischen Langlaufrennen (www.bieg-piastow.pl). Für **Snowboarder** und **Rodler** gibt es extra Pipes. Wer statt präparierter Pisten und Loipen das Abenteuer unberührter Natur sucht, unternimmt **Schneeschuh-** und **Skiwandertouren,** sollte aber zuvor in der Touristeninformation Infos über die aktuelle **Lawinengefahr** einholen.

- **Busausflüge:** Längs der Hauptstraße bieten Reisebüros preiswerte Touren nach Prag, in die „Felsstadt" Skalne Miasto und das „tschechische Paradies" Czeski Raj an.

Feste und Festivals

- **März:** *Piastenlauf.* Internationales Langlaufrennen im Vorort Jakuszyce.
- **Ende Juni:** *Adrenalin-Weekend.* Biker treffen sich zum Off-Road-Rennen, außerdem gibt es Wettkämpfe in Bungee Jumping und Klettern.
- **Anfang August:** *Bike Action Festival.* Größtes Treffen dieser Art in Osteuropa, mit Wettkämpfen im Slalomfahren, einem Mountainbike-Marathon und waghalsigen Vorführungen mit BMX-Rädern.

Verkehr

- **Bus** und **Zug:** Mehrmals täglich kommt man nach Jelenia Góra, Busse fahren auch nach Jakuszyce an der tschechischen Grenze.

716po Foto: sg

Świeradow Zdrój

Bester Ausgangspunkt für Touren durchs Isergebirge ist der traditionsreiche Kurort **Bad Flinsberg,** 22 Kilometer nordwestlich von Szklarska Poręba. Sehenswert ist das Kurhaus von 1899 mit seiner 80 Meter langen, hölzernen Wandelhalle, in seinem Umkreis entdeckt man gemütliche Cafés.

Zu den Kurgästen gesellen sich verstärkt Aktivurlauber. Für Wintersportler wurde eine 2500 Meter lange Skipiste mit Kunstschneeberieselung geschaffen. Neu ist auch die mit Kabinen für acht Personen ausgelegte Gondelbahn auf den 1107 Meter hohen Heufuder *(Stóg Izerski)*. Sie ist das ganze Jahr in Betrieb und wird gern von Wanderern und Mountainbikern benutzt: Statt sich mühsam die Hänge hinaufquälen zu müssen, können sie ihre Tour dank der Bahn in attraktiver Höhe starten lassen.

Info

- **Touristeninformation:** ul. Zdrojowa 10, Tel. 075-7816350, www.swieradowzdroj.pl

Unterkunft

- **Villa Vital**€€-€€€, Świeradów Zdrój, Tel. 75-7816300, Fax 75-7817118, www.villavital.pl, 15 Zimmer. Eine der schönsten Unterkünfte im Isergebirge: Das Hotel liegt am Rand des ruhigen Stadtparks, die Zimmer sind modern eingerichtet, bieten deutsches Fernsehen und kostenloses Internet. Beliebt bei jungen Paaren ist das Apartment unter dem Dach, das so genannte „Romantik-Nest". Gute Noten verdient auch die Küche, ein neuer Wellness-Bereich ist geplant.

Villa Vital in Świeradów Zdrój

Karpacz

↗X/B2

Das Städtchen Karpacz **(Krummhübel)** liegt am Fuß der Schneekoppe und ist das ganze Jahr über gut besucht. Im Sommer kommen Wanderer und Mountainbiker, im Winter Skifahrer und Snowboarder. Gut gewartete Wanderwege erschließen den schönsten Teil des Riesengebirges, im Winter führen Schlepp- und Sessellifte hoch hinauf zu den Pisten. Der Ort, der sich längs eines steilen Tals erstreckt, macht einen gepflegten Eindruck: Villen mit verspielten Holzbalkonen wurden restauriert und die Gehwege aufwendig gepflastert; keine grelle Reklame stört das Erscheinungsbild. An preiswerten Unterkünften herrscht kein Mangel – mit doppelt so vielen Betten wie Bewohnern lebt der Ort ausschließlich vom Tourismus. Das **Publikum ist bunt gemischt,** außer Polen aller Generationen kommen zunehmend Deutsche und Holländer.

Karpacz ist ein typisches Straßendorf, das sich im Umkreis der ul. 3 Maja und ihrer Verlängerung, der ul. Karkonoska, erstreckt. Die vier Kilometer lange Straße verbindet **Karpacz Dolny,** den „unteren" Ortsteil im Osten mit **Karpacz Górny,** dem „oberen" Ortsteil im Westen, wobei sie 400 m Höhenmeter überwindet. Ungefähr auf halber Strecke liegt Biały Jar, ein Verkehrsknotenpunkt mit der zentralen Bushaltestelle. Das städtische Leben spielt sich vor allem in Karpacz Dolny ab, wo es außer Läden und Lokalen auch zwei Kirchen und die Touristeninformation gibt. Karpacz

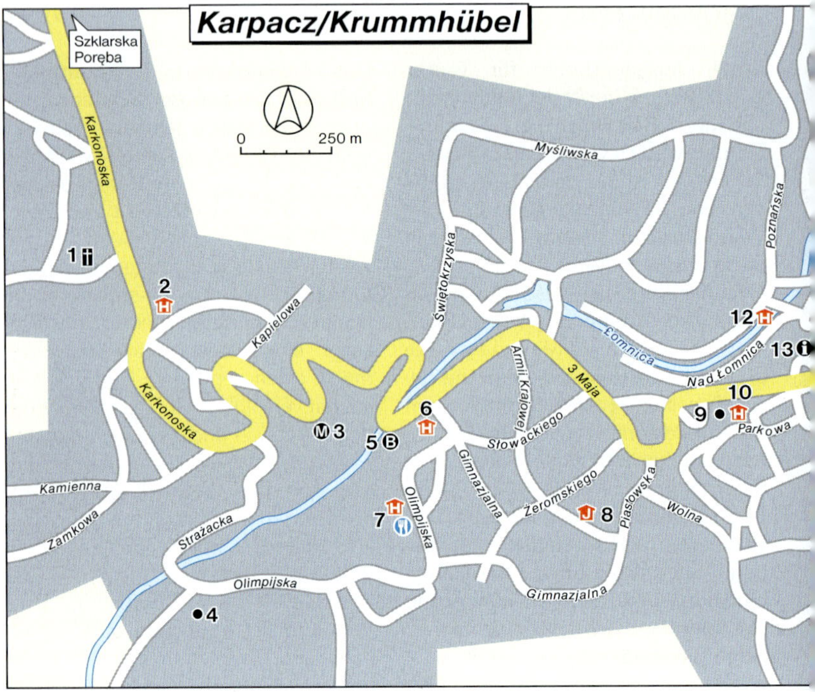

Górny besteht dagegen aus locker gebauten Pensionen und Hotels inmitten von Grün – wer hier wohnt, ist zwar weit vom Zentrum entfernt, doch dafür nahe am Ausgangspunkt vieler Wanderwege. Hier befinden sich auch die Talstation des Sessellifts auf die Koppe und die Hauptattraktion des Orts, die Stabholzkirche Wang.

Für die vier Kilometer lange steile Straße, die die Ortsteile verbindet, benötigt man zu Fuß eine gute Stunde, bei schweißtreibenden Temperaturen noch länger. Wer keine gute Kondition hat, sollte in einen der vielen Busse springen, die die Strecke abfahren; Haltestellen gibt es etwa alle 300 Meter,

Sehenswertes

Museum für Sport und Tourismus

Der Name des Museums schreckt ab, dabei lohnt sich der Besuch. In einem hübschen Holzhaus aus dem 19. Jahrhundert erfährt man, wie früher die **Bergleute, Holzfäller und Heilkräutersammler** arbeiteten und welche Gerätschaften sie erfanden, um sich das Leben im Gebirge zu erleich-

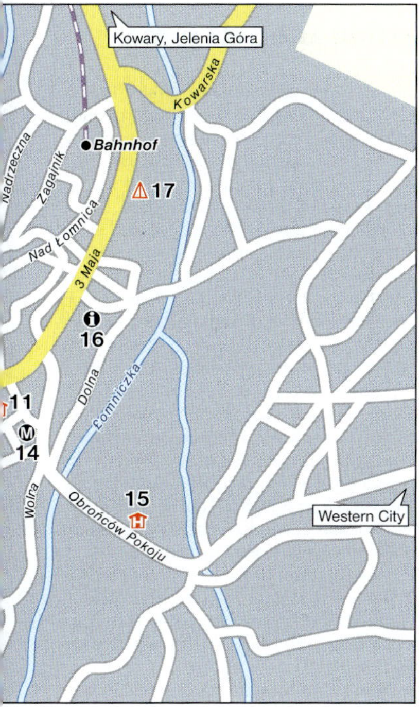

	1	Kirche Wang
	2	Hotel Karkonoski
	3	Spielzeugmuseum
	4	Sessellift
	5	Busstation Biały Jar
	6	Hotel Vivaldi
	7	Hotel Karpatka, U Ducha Gór
	8	Jugendherberge
	9	Rodelbahn
	10	Hotel Rezydencja
	11	Pension Aronia
	12	Pension Kondradówka
	13	Touristenbüro Karpacz
	14	Museum für Sport und Tourismus
	15	Hotel Skalny
	16	Touristeninformation
	17	Camping Pod Lipami

tern: Skier und Schneeschuhe, Rodel- und Hörnerschlitten.

•**Museum für Sport und Tourismus** (Muzeum Sportu i Turystyki), ul. Kopernika 2, Di.–So. 9–16, im Sommer Do. 11–18 Uhr

Spielzeugmuseum

Folgt man der Hauptstraße hinauf in Richtung Karpacz Górny, passiert man das Spielzeugmuseum, dessen Sammlung *Henryk Tomaszewski,* der berühmte Gründer des Breslauer Pantomimentheaters im Laufe seines langen Lebens zusammengetragen hat. In einer **„Straße der Puppenstuben"** werden en miniature alltägliche Szenen dargestellt, außerdem sind **Hampelmänner und Marionetten** aus unterschiedlichsten Materialien und Weltgegenden ausgestellt.

•**Spielzeugmuseum** (Muzeum Zabawek), ul. Karkonoska 5, www.muzeumzabawek.pl, Mo. geschl.

Stabholzkirche Wang

Wichtigste Attraktion der Stadt ist die auf unzähligen Postkarten verewigte Stabholzkirche Wang. Vor ihrem Eingang reiht sich ein Souvenirstand an den nächsten: Man sieht Rübezahl

Die Laboranten – Homöopathie anno dazumal

Theodor Fontane hat ihn berühmt gemacht: „Der letzte Laborant", heißt eine 1891 verfasste Erzählung, die von *Joseph Hieronymus Hampel* handelt, einem Mann, „in dem sich echt schlesischer Aberglaube, in dem Rübezahl die Hauptrolle spielte, mit einem religiösen und sittenstrengen Zuge mischte". Detailliert beschreibt *Fontane* die Arbeitsstätte des Laboranten: „Auf der Sonnenseite – den Strahlen der Sonne nach Möglichkeit ausgesetzt – standen die großen Glaskolben, in denen die mit Weingeist, oder wie *Hampel* sich ausdrückte, mit ‚Aquavit' angesetzten Wurzeln und Kräuter in praller Hitze kochen mussten, während sich an der gegenüberliegenden Schattenseite die großen Apparate befanden, Kupferblasen und Kupferhelme, aus denen die verschiedenen ‚Geister' abdestilliert wurden: Dillgeist, Fichtengeist, Krausenminzengeist, Melissengeist."

300 Jahre zuvor waren aus Böhmen vertriebene Protestanten in die Gegend gekommen und hatten sich mit ihrem Wissen um die Wirkung von Wildkräutern unentbehrlich gemacht. Aus Enzian, Fingerhut und Liebstöckel zauberten sie „Tinkturen für kränkliche Männer und Frauen", die in ganz Schlesien reißenden Absatz fanden. Die **Laienapotheker** organisierten sich in einer eigenen Zunft und legten fest, dass nur derjenige den Titel „Laborant" tragen durfte, der sich im Lauf einer siebenjährigen Ausbildung das Wissen angeeignete, aus welchen Kräutern die 200 verschiedenen Arzneimittel bestanden. Doch Medikamente mit so fantasievollen Namen wie „Venuswagen", „Unserer Lieben Frau Bettstroh", „Schlangenwasser" und „Teufelsabbiss" waren der Schulmedizin ein Dorn im Auge. Ärzte und Apotheker legten den populären **„Medizinalpfuschern"** das Handwerk und erwirkten 1843 per königlichem Dekret, dass ihre Zunft schließen musste; nur *Hampel* durfte, weil er ein Hoffräulein gesund gemacht hatte, bis zu seinem Lebensende tätig sein.

Einkaufstipp: In Erinnerung an die „Laboranten" hat Frau *Elżbieta* einen Laden eröffnet, in dem sie Kräutertees, Naturmedikamente und Mineralsteine aus der Region verkauft:

- **Dom Laboranta,** ul. Nad Łomnicą 28-B

in allen Größen, bunte Mineralien und zottelige Schafsfelle. „Pilger" stärken sich an den Imbissständen, überall riecht es nach Bigos und Bier. Die Kirche selbst steht hinter Bäumen versteckt: Sie ist ganz aus Holz, angeblich **ohne Hilfe eines einzigen Nagels** gezimmert. Tief herabgezogene, ineinander verschachtelte Satteldächer verleihen ihr ein trutziges Aussehen; winzige Holzplättchen, mit denen die Fassade überzogen ist, glänzen wie die Schuppen eines Reptils. Aus Portalen lugen geschnitzte Drachen- und Schlangenköpfe, die nordischen Göttersagen entsprungen scheinen.

Wie, so fragt man sich, kommt ein solcher „Exot" ins Riesengebirge? Die Geschichte ist rasch erzählt: Um 1840 sollte **im südnorwegischen Wang** eine altersschwache, 600-jährige Holzkirche abgerissen werden. *Jan Christian Dahl,* norwegischer Maler und Liebhaber archaischer Architektur, wollte sie bewahren und startete eine internationale Rettungskampagne. Schließlich fand sich der deutsche, in nordische Sagen verliebte **Kö-**

nig Friedrich Wilhelm IV. bereit, die Kirche zu kaufen und nahe seinem Sommersitz im Hirschberger Tal (Karpniki) neu aufrichten zu lassen. So wurde die Kirche **in alle Einzelteile zerlegt** und erst per Schiff, dann per Eisenbahn und Pferdekarren in den obersten Ortsteil von Krummhübel verfrachtet. Jeder Bürger, der auf sich hielt, trachtete danach, im Schatten der **„Königskirche"** beigesetzt zu werden. So präsentiert sich der **kleine Friedhof** heute als Ruhestätte ehemaliger Lokal-VIPs; Bauden- und Fremdenheimbesitzer ruhen hier nebst Kirchenältesten und einem Alt-Bürgermeister. Im protestantischen Gemeindehaus sorgt man dafür, dass die Gräber tipptopp gepflegt sind.

- **Kirche Wang** (Kościółek Wang), ul. Na Śnieżkę 8, www.wang.com.pl, Mo.–Sa. 9–17, So. 12–17 Uhr; an der Kasse werden Souvenirs verkauft, darunter Glasbecher mit eingraviertem Wang-Motiv. Hinweis: Wer die Kirche in aller Ruhe betrachten will, kommt am besten vor 10 Uhr morgens.

Praktische Informationen

Info

- **Touristeninformation,** ul. 3 Maja 25-A, 58-540 Karpacz, Tel. 075-7618605, Fax 075-7619716, www.karpacz.pl, Mo.–Fr. 9–16, Sa./So. 10–13 Uhr (i. d. Hochsaison länger)
- **Privates Touristenbüro Karpacz,** ul. 3 Maja 52, Tel. 075-7619547, Fax 075-7618553, Mo.–Sa. 9–19, So. 9–17 Uhr. Hier arbeitet man effizienter als in der regulären Touristeninformation. *Artur Segiet* vermittelt Privat- und Hotelzimmer und bietet preiswerte Ausflüge, z.B. zum Schloss Książ, ins Kloster Krzeszów oder nach Prag an. Auch Verkauf von Bus- und Zugtickets für ganz Polen.

058po Foto: sg

Unterkunft

An Unterkünften herrscht kein Mangel, vom Nobelhotel bis zur Berghütte ist die ganze Palette abgedeckt. Selbst in der Hochsaison findet man problemlos ein Bett, ohne lange im Voraus reservieren zu müssen. Privatzimmer vermittelt u.a. das Touristenbüro.

- **Skalny**€€€, ul. Obrońców Pokoju 5, Tel. 075-752 70 00, Fax 761 91 03, www.orbis.pl, 146 Zimmer. Hotel der Orbis-Kette am Skilift, 2 km östlich von Karpacz. Die Zimmer sind gepflegt, gut ist das Frühstück. Kleines Hallenbad (16 x 9 m) mit Kinderbecken, Dampfbad, Sauna und Fitness, für Behinderte stufenloser Zugang über die abschüssige Gartenterrasse.
- **Hotel Rezydencja**€€€, ul. Parkowa 6, Tel. 075-76 1 8020, Fax 075-7619513, www.hotel-

Kirche Wang:
steinerner Turm, hölzerner Hauptbau

Provinz Dolnośląskie

rezydencja.pl, 14 Zimmer. Die ehemalige Villa Edelweiß, 1898 als „Logierhaus" eröffnet, ist Karpaczs nobelste Unterkunft. Sie ist im Schweizer Stil ganz aus Holz erbaut, die Zimmer sind groß und mit nostalgischen Stilmöbeln eingerichtet; die meisten haben eine verglaste Veranda mit Weitblick aufs Gebirgsvorland. 1898 rühmte man sich „Zentralheizung, Elektrizität, Bad und Telefon" zu besitzen, heute hat jedes der suiteartigen Zimmer Sat-TV, Internet-Anschluss und Minibar. Das Frühstücksbüfett wird im lichten Jazzcafé eingenommen, im Sommer auch draußen auf der Terrasse. Trotz der zentralen Lage ist das Haus sehr ruhig, da es auf einem grünen Hügel oberhalb der Hauptstraße thront.

• **Hotel Vivaldi**€€, ul. Olimpijska 4 (Biały Jar), Tel. 075-7619933, Fax 075-7619935, www.vivaldi.pl, 27 Zimmer. Das kleine, moderne Hotel liegt im oberen Ortsteil an einem Waldwanderweg, 500 m vom Sessellift auf die Koppe entfernt. Die Einrichtung ist in hellen, mediterranen Farben gehalten, Gänge und Zimmer schmücken „musikalische" Bilder. Es gibt DZ mit Sat-TV, Minibar und Internetanschluss sowie Suiten im Maisonette-Stil. Dazu verfügt jede Etage über eine eigene Sitzecke mit Schreibtisch und Fernseher. Im Erdgeschoss befinden sich das Restaurant, die „Flieger-Bar" (der Hotelbesitzer ist ein begeisterter Pilot) und ein kleines Internet-Café, im Untergeschoss ein Hallenbad mit Whirlpool und Sauna.

• **Hotel Karpatka**€€, ul. Olimpijska 6, Tel./Fax 075-7618563, www.karpatka.com.pl, 6 Zimmer. Ideale Unterkunft für Wanderer: Die restaurierte Holzvilla von 1923 liegt unmittelbar am Waldrand, 400 m von der Talstation des Sessellifts. Da sie nur wenige Zimmer hat und Frau *Gabriela,* die Besitzerin, mit im Haus wohnt, ist die Atmosphäre fast privat. Es gibt einen großen Kaminsaal mit wuchtigen Ledersesseln und originaler Deckenmalerei, einen Frühstücksraum mit Kronleuchter und Kachelofen sowie Sauna und Solarium. Zur Wahl stehen drei gemütliche Zimmer und drei Suiten, in Nr. 3 hat schon Polens Premier gewohnt. Nebenan befindet sich U Ducha Gór, das beste Restaurant von Karpacz.

• **Pension Kondradówka**€€, ul. Nad Łomnicą 20-B, Tel. 075-7618173, 47 Zimmer. Zentral, aber ruhig: moderne, im Bergstil erbaute Pension, engagiert von einer Familie geführt. Die Zimmer sind geräumig, haben Bad und Sat-TV, im Preis inbegriffen ist die üppige Halb- bzw. Vollpension (feste Essenszeiten). Sehr beliebt bei älteren Nostalgie-Touristen.

Wanderung auf die Schneekoppe

• **Charakter:** Lange und anstrengende, abwechslungsreiche Rundtour zum höchsten Gipfel der Sudeten (1602 m). Auf breiten, gut markierten Wegen wandert man erst durch Wald, dann über Bergmatten steil hinauf zum Kamm. Dort bieten sich fantastische Ausblicke: Wände aus Gneis und Granit stürzen senkrecht in die von eiszeitlichen Gletschern ausgehobelten „Gruben". Weit blickt man ins Vorland der Sudeten, an klaren Tagen bis nach Prag! Anschließend folgt die bequeme Etappe: Höhe haltend geht es am Kamm entlang, dann stetig bergab, vorbei am „Kleinen Teich" und bizarr erodierten Felsen zur Stabholzkirche Wang im Ferienort Karpacz.

• **Start- und Endpunkt:** Karpacz, oberer Ortsteil
• **Länge:** 15 km
• **Dauer:** 5½ Std.
• **Markierung:** gelb, schwarz, blau, rot
• **Höhenunterschied:** 900 m im An-, 770 m im Abstieg
• **Einkehr:** Mehrere Bauden (Berghütten) bieten Kost und Logis.
• **Hinweis:** Weniger konditionsstarke Wanderer können sich den anstrengenden Anstieg über 650 Höhenmeter (etwa 2¼ Stunde) ersparen, wenn sie mit dem Sessellift auf die Kleine Koppe (Kopa) hinauffahren und sich dort in die Tour einklinken.
• **Kartentipp:** Alle Wanderungen im Riesengebirge sind auf der Karte „Karkonoski Park Narodowy" (1: 30.000) eingetragen.

• **Hotel Karkonoski**€-€€, ul. Karkonoska 21-A, Tel. 075-7532308, www.karkonoski.com, 30 Zimmer. Attraktives Haus am oberen Ortsrand im Bergstil mit Satteldächern und holzgeschnitzten Balkonen. Die Zimmer sind gemütlich (mit Sat-TV) – allerdings besitzen nur drei einen Balkon. Zum nächsten Skilift sind es knapp 10 m.

• **Pension Aronia**€, ul. Kolorowa 3-B, Tel./Fax 075-7618421, 7 Zimmer. Sehr einfache Zimmer mit Etagenbad und Küchenbenutzung sowie ein Apartment für vier Personen mit ei-

Von **Biały Jar** (Bushaltestelle) im oberen Teil von Karpacz folgt man dem gelb markierten Weg, der parallel zum malerischen Łomnica-Bach verläuft. Nach 800 Metern quert man die Straße Olimpijska nahe der Sesselliftstation (↗ Hinweis). Der Weg führt nun breit durch den Wald, wird aber empfindlich steil. An der Baumgrenze erblickt man die **Hampelbaude** (Strzecha Akademicka 1¾ Std).

Die Tour folgt nun der gelben Markierung bergan. Der Pfad mündet schon wenig später in den schwarzen „Schlesierweg", der in weiten Kehren aufwärts führt. An der **Sesselliftstation auf der Kleinen Koppe** (2¼ Std., 1375 m) dreht der Weg südwärts und geleitet zum „Schlesierhaus" (**Śląski dom,** 2½ Std.), wo abermals eine Rast eingelegt werden kann.

Weiter geht es auf dem blau markierten „Jubiläumsweg". Er mündet am Kamm in den roten ein und hält südwestwärts auf die **Schneekoppe** zu (3¼ Std., 1603 m). Dort bietet sich wieder ein herrlicher Ausblick: Das gesamte Riesengebirge auf polnischer wie auf tschechischer Seite liegt dem Wanderer zu Füßen, grandios wirken die jäh abstürzenden Wände der Schneekoppe.

Der Rückweg verläuft zunächst über einen roten Zickzackweg zum **Schlesierhaus** (Śląski dom). Dort schwenkt man westwärts ein und folgt dem blauen Weg talwärts. Er führt durch ein Hochmoor und über Matten aus kniehohem Gras, knickt dann nordwärts ein und senkt sich steil zur schon bekannten **Hampelbaude** hinab (4 Std., 1300 m, Strzecha Akademicka). Ein besonders schöner Abschnitt folgt: Am Fuße einer Steilwand schimmert der Kleine Teich (Mały Staw), an seinem Ufer steht die schindelgedeckte **Teichbaude** (Samotnia), zu der hinabgestiegen wird (4¼ Std.). Auf blau markiertem Weg gelangt man von dort über Enzianfelder zum **Jagdhaus** (Domek Myśliwski, 4½ Std.), nach weiteren 25 Min. erreicht man eine Kreuzung mit Rastplatz. Dort geht es rechts auf blauem Weg weiter. Bereits auf Kopfsteinpflaster erreicht man die norwegische **Holzstabkirche Wang** im oberen Ortsteil von Karpacz, wo sich eine Bushaltestelle befindet (5½ Std.). Über die ul. Karkonoska bummelt man die restlichen 2½ Kilometer ins Ortszentrum zurück.

305po Foto: sg

Kleine Teichbaude im Riesengebirge

genem Bad und großer Küche oberhalb des Zentrums (neben Rezydencja). Frau *Marzena* spricht gut Deutsch und verleiht Mountainbikes.

- **Jugendherberge Liczyrzepa**€, ul. Gimnazjalna 9, Tel./Fax 075-7619290, http://karpacz.nanoc.pl/liczyrzepa, 66 Plätze, ganzjährig geöffnet. Die meisten Betten leider in Vielbettzimmern.
- **Camping Nr. 165 Pod Lipami**€, ul. Maja 8, Tel. 075-7618867, Juni–Sept. Einfache Anlage am nördlichen Ortseingang: von Jelenia Góra kommend rechts (nahe ehemaligem Bahnhof).

Essen und Trinken

Längs der Hauptstraße reiht sich ein Imbiss an den nächsten, wo man für wenig Geld satt wird. Auch die Halbpension, die in den meisten Pensionen und Hotels angeboten wird, ist traditionell üppig und oft sehr günstig. Wer „richtig" ausgehen will, findet in Karpacz mit „U Ducha Gór" eines der besten Lokale der Region.

- **U Ducha Gór**€-€€, ul. Olimpijska 6, Tel. 075-7618563, tgl. ab 11 Uhr. Beim Betreten der Baude denkt man an Bauernhochzeiten, an Tanz und fetzige Goralenmusik. Frau *Gabriela,* die Karpaczs originellstes Lokal erdacht hat, setzt auf die warme Ausstrahlung von Holz: von der Diele bis zum offenen Dachreiter ist alles aus Lärche gefertigt, Tische, Bänke, Hocker, selbst die Speisekarten sind handgeschnitzt. Auf Riesentellern kommen die deftigen Speisen, z.B. *Bigos,* flambierte Kabanos-Würstchen oder Schweinesteak „auf Räuberart" – allein von der Vorspeise würde man satt. Nach dem Mahl hilft fürs Verdauen der Kräuter-Wodka *Żółdkowa Gorzka.* Und wenn dann am Wochenende Folklore live erklingt, hält es kaum einen Polen mehr auf dem Stuhl! Im Sommer kann man auf der großen Terrasse am Waldrand Platz nehmen – und auch wer nur auf ein kühles Bosman-Bier oder eine *herbata po góralsku* (Tee mit Schuss) vorbeikommt, ist herzlich willkommen. Das Lokal befindet sich im oberen Ortsteil an der Straße zum Sessellift.

Hotel Rezydencja – anno 1898 als Villa Edelweiß eröffnet

Schneekoppe

Bei „Schneekoppe" denkt man an Honig und Müsli, ein gesundes Leben in der Natur. Den realen Berg haben romantische Bilder von *Caspar David Friedrich* berühmt gemacht: Auf ihnen sieht man einsame Wanderer über zerklüftetem, wolkenumspültem Granit, gleichermaßen nah am Himmel wie am Abgrund. Die Schneekoppe wurde auch von *Goethe* besungen, *Kleist* widmete ihr seine „Hymne an die Sonne". Sieht man den Berg in Wirklichkeit, ist man enttäuscht: Mit seinem kahlen, pyramidenartigen Gipfel erhebt er sich nur knapp über den Kamm. Eine ufoähnliche Baude beherbergt eine Imbissstube und eine Wetterstation, daneben steht eine runde, meist verschlossene Holzkirche, durch deren Gitterstäbe Wanderer ihre Glücksmünzen werfen.

Aktivitäten

- **Wandern:** Auf den markierten und gewarteten Wegen finden sich auch nicht geübte Wanderer zurecht – eine gute Kondition sollte man aufgrund der Höhenunterschiede aber mitbringen. Der klassische Rundweg führt über die Schneekoppe (Śnieżka). Wer gerne Trekking-Touren unternimmt, kann von der **Schneekoppe** auf dem rot markierten, aussichtsreichen Kammweg westwärts zum **Reifträger** (Szrenica) laufen, wobei sich auf halber Strecke eine Übernachtung in der **Herberge Odrodzenie** anbietet (8 Std.).
- **Radfahren:** Anders als in Szklarska Poręba wurden in Karpacz keine Radwege markiert. Doch auch auf eigene Faust kann man das „Vorland" von Karpacz sehr gut erkunden, vorausgesetzt, man weicht auf Nebenstraßen aus. **Mountainbikes** kann man im Sklep Motoryzacyjny (ul. 3 Maja 50) **ausleihen.**
- **Paragliding:** Polens beste Flugspots liegen bei Kowary wenige Kilometer nordöstlich von Karpacz. Als Einstieg empfiehlt sich der 853 Meter hohe Rudnik (4 km südöstlich Kowary): Mit dem Auto fährt man zum Pass Przełęcz Kowarska und läuft von dort 600 Meter nordwärts zum Gipfel. Die Landung erfolgt auf den Wiesen von Kowary. Etwas

226po Foto: sg

schwieriger ist der folgende Spot: Vom Grenzpass Przełęcz Okraj läuft man auf grün markiertem Schneekoppenweg 40 Min. zum 1266 m hohen Czoło. Von dort schwingt man sich nordwärts in die Lüfte, gelandet wird wiederum auf den Kowary-Wiesen. Einen Kilometer nordöstlich von Czoło liegt der 1033 Meter hohe Ochsenberg (Wołowa Góra). Von dort lässt man sich südwestwärts bis zur Schneekoppe treiben, bevor man zu den Kowary-Wiesen hinabgleitet.

• **Klettern:** Ein beliebter, ortsnaher Spot für Anfänger ist die 25 Meter hohe Felsgruppe **Krucze Skały.** Sie befindet sich nahe dem Hotel Skalny in Wilcza Poręba.

• **Wintersport:** Ski alpin und Snowboard, Langlauf und Rodeln stehen hoch im Kurs. Von der Talstation der Sesselbahn in Karpacz Górny (www.kopa.com.pl) geht es zur Mała Kopa unterhalb der 1602 m hohen Schneekoppe hinauf. Zwei Dutzend Schlepplifte führen zu **acht Pisten,** unter denen die anspruchsvolle 2,6 km lange Liczyrepa I (Rübezahl) und die halb so lange, mittelschwere Złotówka hervorstechen. Die meisten Pisten können künstlich beschneit werden. Die **Snowboard-Rinne** Góralka befindet sich nahe der Kirche Wang in Karpacz Górny.

Langläufer nutzen das bestehende Netz von Loipen, die allerdings nicht so gut wie bei Szklarska Poręba gespurt sind. Die schönste Tagestour führt von Karpacz auf gelb markiertem Weg zur „Hampelbaude“ (Strzecha Akademicka), in der schon *Goethe* 1790 Kost und Logis fand. Folgt man der blauen Markierung, erreicht man das „Schlesierhaus“ (Dom Śląski) und wenig später die Schneekoppe (2–3 Std.).

• **Rodeln:** Rynna saneczkowa Kolorowa, ul. Parkowa 10. Im Sommer wie im Winter kann man im Zentrum von Karpacz in einen Scooter steigen, wird anschließend auf Höhe gebracht und saust dann durch eine 1 km lange Rinne, über Kurven, Brücken und durch Tunnel talwärts.

• **Bungee** und **Trampolin:** Direkt vor der Talstation der Rodelbahn befindet sich das „Eurobungee“, das vor allem bei Kindern bestens ankommt. An Seilen befestigt schwingen sie in zehn Meter Höhe durch die Luft, versuchen sich in Saltos und Pirouetten.

- **Vergnügungspark für Kinder:** Western City, Ściegny, www.western.com.pl, tgl. ab 10 Uhr. Im Vorort Ściegny, drei Kilometer nördlich von Karpacz Dolny, können Kinder auf mechanischen Stieren reiten, im Flussbett Gold waschen und sich im Schießen üben. Zur Mittagszeit startet ein „indianischer Tanz", etwas später folgt der „Überfall auf die Bank". Wer will, führt sich nachmittags (Mai–Sept., aber nur Sa./So.) eine Rodeo Show mit Country Musik zu Gemüte.

Feste und Festivals

- **Anfang August:** *Internationale Wild West Rallye.* Hunderte Harley-Davidson-Fahrer kommen in die „Western-Stadt" am Rande von Karpacz zum „Poker Rennen". Vor den Rockkonzerten gibt es eine Harley-Parade.
- **Mitte August:** *Tragaria.* Der Wettbewerb der Sänftenträger erinnert an jene armen Schlucker, die einst betuchte Herrschaften auf die Gipfel schleppten. Bei der originellen Parade kann man schwarzhäutige Träger im Baströckchen sehen, die ihre Kundschaft im Kochtopf transportieren oder Butler in Galauniform, die ihre Herrschaften in einem Himmelbett befördern. Die witzigste Sänfte wird prämiert, im Wettbewerb wird die Ausdauer der Träger getestet.

Verkehr

- **Bimmelbahn:** In der Saison verkehrt von 10–17 Uhr eine elektrische Bimmelbahn vom unteren Ortsteil bis hinauf zur Kirche Wang im oberen Ortsteil.
- **Zug:** Der Bahnhof liegt am unteren Ortsausgang von Karpacz, doch wurde aus Spargründen die Verbindung nach Jelenia Góra vorläufig eingestellt.
- **Bus:** Entlang der Strecke nach Jelenia Góra (Start: Oberstadt) gibt es zahlreiche Haltestellen. Der Bus fährt ca. halbstündlich, mal über Kowary, mal über Cieplice. Gute Verbindungen auch nach Szklarska Poręba, Wrocław und Brzeg. Zweimal wöchentlich gibt es eine Busverbindung von und nach Berlin (ZOB) via Forst (Fahrtdauer: 5½ Std.).

Krzeszów

↗X/B2

Mönche hatten stets ein Gespür für ungewöhnliche Orte. In Krzeszów **(Grüssau),** am östlichen Rand des Riesengebirges, bauten sie sich 1242 ein **Kloster,** dessen Türme zwischen grün gewellten Hügeln anmutig aufragen. „Ein Bollwerk des erfüllten Traums gegen die Nüchternheit des Erwachens", schwärmte *Roswitha Schwieb* in ihrem Buch „Reise durch Schlesien und Galizien". Da die Mönche im Zölibat und streng abgeschottet von der Außenwelt ihr Leben verbrachten, kultivierten sie eine Art gebauter Ekstase. Im Innern der **Klosterkirche** (1735) kommt dies besonders stark zum Ausdruck: spiralförmige Säulen, geschwungene Pilaster und Gesimse erwecken den Eindruck, als sei alles in Bewegung. An der Decke prangt ein pastellfarbenes Gemälde mit bärtigen Hirten und Heiligen, mild lächelnden Jungfrauen und biblischen Tieren, umwoben von fleischigen Putten und goldenen Ranken.

Die angrenzende **Josephskirche** ist weniger schwelgerisch, doch dafür wartet sie mit stimmungsvollen **Malereien Michael Willmanns,** des „schlesischen Rembrandts", auf. Das Kloster-Kirchen-Ensemble wurde 2000 von der UNESCO zum **Weltkulturerbe** erklärt.

Ein Abstecher lohnt auch zu den „Laubenhäusern der zwölf Apostel" im 8 km südlich gelegenen **Chełmo Śląskie (Schömberg).** Elf dieser Häuser blieben mit ihren tief herabgezogenen Giebeln bis heute erhalten.

Glatzer Bergland

Kommt man von Norden, öffnet sich bei Bardo, hinter dem Engpass der Glatzer Neiße, ein weiter Kessel. Auf seinem Grund wächst gelber Weizen, die sanft ansteigenden Hänge sind mit Wald bedeckt. Der Kessel misst 40 Kilometer im Durchmesser, da ist viel Platz für kleine Dörfer, behäbige Bauernhäuser und Barockkirchen. Der Kessel ist von bis zu 1425 Meter hohen Gebirgszügen umschlossen, die so unterschiedlich sind, dass man ihnen sechs verschiedene Namen gab. Zu den interessantesten zählen das **Schneegebirge** (Masyw Śnieżnika) und das **Heuscheuer Gebirge** (Góry Stołowe), die als Landschafts- bzw. Nationalpark unter Naturschutz stehen. Nicht ganz so bekannt wie das Riesengebirge stehen sie diesem an landschaftlicher Schönheit kaum nach und sind weniger überlaufen. Vier Kurorte gibt es auf engem Raum, die aufgrund ihrer vergleichsweise niedrigen Preise vor allem von Polen gern besucht werden.

Kłodzko

↗XI/C3

Die Stadt Kłodzko **(Glatz)** liegt 54 Kilometer südlich von Breslau auf einer Bergterrasse über dem Zusammenfluss von Mühlenbach und Glatzer Neiße. Mit ihren steilen, kopfsteingepflasterten Gassen, einem schräg ansteigenden Marktplatz, mehreren Kirchen aller Epochen und einer Festung hoch über der Stadt hat sie sich ein charmant-mitteleuropäisches Ambiente bewahrt. Seit ihrer Gründung 981

061po Foto: sg

Die Brücke in Kłodzko
erinnert an die Prager Karlsbrücke

war sie ein Zankapfel zwischen Böhmen und Polen, bevor sie im 17. Jahrhundert an Habsburg fiel, hundert Jahre später an Preußen und 1945 wieder an Polen.

Landmarke der Stadt sind die hellen Türme der **Barockkirche Maria Himmelfahrt** (Kościół Wniebowzięcia Matki Boskiej). Von hier spannt sich eine Brücke über den Fluss, die mit ihren bewegten lebensgroßen Heiligenfiguren als Miniaturausgabe der Prager Karlsbrücke erscheint. Vorbei an Gründerzeithäusern geht es zum Marktplatz hinauf. Vor dem neugotischen **Rathaus** (Ratusz) steht die Mariensäule mit einem schlafenden Ritter im Sockel. Von hier sind es nur ein paar Schritte südwestwärts zur **Marienkirche** (Kościół Marii Panny), einer Stiftung des Prager Bischofs *Pardubitz* anno 1362. Die ursprünglich gotische Innenausstattung landete im 17. Jahrhundert auf dem Sperrmüll. Decke und Säulen, Altar, Kanzel, Orgel, Kirchen- und Beichtgestühl schwelgen seitdem in überwältigendem habsburgischen Barock.

Einen Steinwurf von der Kirche entfernt informiert das **Museum des Glatzer Landes** über die lange und bewegte Geschichte von Kłodzko (Muzeum Ziemi Kłodzkiej, ul. Łukasiewicza 4, Mo./Di. geschl.). Man erfährt hier, dass die gesamte Altstadt unterkellert ist: Viele Jahrhunderte nutzten die Kaufleute die mehrgeschossigen, miteinander verbundenen Gewölbe als Lagerraum. Sie sind bestens in Schuss und können auf dem bei der Kirche startenden **„Unterirdischen Jahrtausendweg“** erkundet werden (Podziemna Trasa Turystyczna, ul. Zawiszy Czarnego, tgl. ab 9 Uhr). Dieser endet nach zehn Minuten am Eingang zur **Festung** (Zamek), wo das unterirdische Sightseeing fortgesetzt werden kann: Die feuchtklammen, düsteren Verteidigungsschächte, in denen die Soldaten oft tagelang ausharren mussten, scheinen einem Alptraum entnommen. Erleichtert steigt man anschließend zum Turm hinauf, der, wie schon der Baedeker von 1937 wusste, eine „prächtige Aussicht über die Grafschaft Glatz“ bietet.

Praktische Informationen

Info

- **Touristeninformation,** pl. Chrobrego 1, 57-300 Kłodzko, Tel. 074-8677007, Fax 074-8658971, www.powiat.klodzko.pl

Unterkunft

- **Astoria**€, pl. Jedności 1, Tel. 074-8673035, Fax 074-8673036, 17 Zimmer. Gründerzeithaus gegenüber vom Hauptbahnhof, alle Zimmer mit Bad.
- **Jugendherberge**€, ul. Nadrzeczna 5, Tel. 074-8672524, 50 Plätze, ganzjährig geöffnet. 1 km nördlich des Rynek, mit Zwei-, Drei- und Vielbettzimmern.

Essen und Trinken

- **W Ratuszu**€-€€, pl. Chrobrego 3, Tel. 074-8658 145, www.wratuszu.pl. Im Rathaus gibt es klassische polnische Küche, Spezialität ist überbackene Forelle *(pstrąg)*.

Verkehr

- **Bus** und **Zug:** Vom 2 km nördlich gelegenen Hauptbahnhof Kłodzko Główny fahren Züge nach Opole und Kraków. Ganz nahe am Zentrum liegt die Bus- und Bahnhofsstation Kłodzko Miasto, von wo man Wrocław und Bystrzyca Kłodzka erreicht.

Ins Heuscheuer Gebirge

↗XI/C3

Erste Station auf dem Weg in den Nationalpark Heuscheuer Gebirge (Park Narodowy Góry Stołowe) ist das kleine Kurbad **Polanica Zdrój (Bad Altheide),** das sich parallel zu einem Fluss durch eine waldreiche Schlucht zieht. Nach der „Jahrhundertflut" 1997 wurden die Häuser restauriert und die Promenaden herausgeputzt. Der Kurort hat sich den bedächtigen Lebensrhythmus des 19. Jahrhunderts bewahrt. Die Gäste flanieren im Park und im Palmenhaus, trinken das Heilwasser und lauschen Kurkonzerten.

Mehr los ist in **Duszniki Zdrój (Bad Reinerz),** wo rings um eine „Kalte Quelle" ein Kurbad entstanden ist. Einer der bekanntesten Kurgäste war *Fréderék Chopin,* der hier 1826 (als 16-jähriger) sein erstes öffentliches Konzert gab, weshalb ihm zu Ehren alljährlich im August ein renommiertes Festival stattfindet. Außer einem hübschen, von Barockhäusern gesäumten Marktplatz (Info: Rynek 9) bietet der Ort zwei Kuriosa: Die erste findet sich im Hauptschiff der Peter-und-Paul-Kirche (Kościół św. Piotra i Pawła), wo die Kanzel in Form eines Wals „schwebt". Wie im Alten Testament, wo *Jonas* aus dem Rachen eines Meerestieres gespieen wird, steht der Priester während der Messe im geöffneten Maul des Tieres und „speit" seine Predigt den Gläubigen entgegen. Die zweite Attraktion ist eine Fachwerk-Papiermühle von 1605 am nördlichen Stadtausgang. Im dortigen **Papiermuseum** wird Besuchern vorgeführt, wie aus Naturfasern Büttenpapier geschöpft wird, das für kostbare Dokumente, künstlerische Stiche und Radierungen begehrt ist. Wer will, kann im Rahmen eines mehrstündigen praktischen Kurses sein eigenes Papier produzieren (Muzeum Papiernictwa, ul. Kłodzka 42, Mo. geschl.).

Die Stadt **Kudowa Zdrój (Bad Kudowa),** einst „Deutschlands erstes Herzbad“, verströmt nostalgischen Charme. Die stattlichen Villen von einst wurden in Pensionen und Sanatorien verwandelt, im gepflegten Kurpark wachsen exotische Bäume und Sträucher. Mittendrin steht die überkuppelte Trinkhalle (Pijalnia) mit einem altehrwürdigen Marmorbrunnen, aus dem heiße und kalte Quellen sprudeln. Auch wer kein Kurgast ist, kann eine jener kleinen Schnabeltassen erstehen und sich die Wässerchen zu Gemüte führen. Neben der Trinkhalle steht die muschelförmige Konzertbühne, in der Ende August ein Festival zu Ehren des Nationalkomponisten *Stanisław Moniuszko* stattfindet. Details erfährt man bei der Touristeninformation (ul. Zdrojowa 44, Tel./Fax 074-8661387, www.kudowa.pl).

Viele Tagesbesucher kommen nach Kudowa, um im Vorort Czermna (Tscherbeney) die **Schädelkapelle** (Kaplica Czaszek) zu bestaunen: Jeder Fußbreit vom Boden bis zur Decke ist mit menschlichen Knochen getäfelt, die Gebeine von schätzungsweise 3000 Menschen wurden hier „verbaut“. Wem es nach mehr gelüstet, steigt in die Krypta hinab, wo weitere 21.000 Häupter gestapelt sind. Einer der Schädel in der Vitrine neben dem Altar gehört dem ehemaligen Gemeindepfarrer *Wacław Tomaszek,* der zusammen mit seinem Totengräber *Józef Langer* (auch dessen Schädel fehlt nicht) die Kapelle gestaltete. Bleibt die Frage, woher die beiden so viele Tote beschaffen konnten. Wie man hört, haben sie anonym bestattete Opfer von Kriegen und Epidemien ausgebuddelt, um ihnen in der Kapelle eine „würdige“, gottesnahe Begräbnisstätte zu schaffen.

Nach so viel Makabrem möchte man hinaus in die Natur. Zehn Kilometer nordwestlich von Kudowa liegt der **Nationalpark Góry Stołowe,** was so viel heißt wie „Tisch-“ bzw. „Tafelberge“: Wind und Wasser haben im Lauf von Jahrtausenden den Sandstein glatt geschliffen, sodass die Berge wie gigantische „Tische“ in der Landschaft stehen. Die ursprüngliche deutsche Bezeichnung „Heuscheuer Gebirge“ hatte eine ähnliche Bedeutung: Berge, mächtig wie Heuschober.

Vom Weiler **Karłów (Karlsberg)** steigt man über 682 Stufen in 45 Minuten zum Gipfelplateau des Szczeliniec (Großer Heuscheuer, 982 m) hinauf. Ein markierter Rundweg erschließt die Hochebene, von der sich fantastische Weitblicke über die Sudeten öffnen. Am nördlichsten Punkt erinnert eine Tafel an *Goethes* Besuch anno 1790 – Bildungsbeflissene freut's. Der Weg schwenkt dann landeinwärts und führt durch ein Felslabyrinth bizarrer Gesteinsformen (Błędne Skały).

Am Ostrand des Nationalparks, erreichbar über eine dunkle Waldstraße, liegt **Wambierzyce (Albendorf),** wo sich alles um eine **Wallfahrtskirche** dreht: Über eine gewaltige Freitreppe, je eine Stufe für ein Lebensjahr Christi, gelangt man zum monumentalen Hauptportal und betritt einen weiten, ovalen Raum, in dem alles zu schwingen scheint. In all der Pracht kann man glatt übersehen, wem der Kult eigentlich gilt. In der so genannten Gnadenkapelle steht ein winziges, gerade mal 27 Zentimeter hohes Bild der Madonna, die hier seit 1250 Wunder wirkt.

Zum Schneegebirge

↗XVIII/A2

Auch im Südzipfel des Glatzer Berglands ist Interessantes zu entdecken. **Bystrzyca Kłodzka (Habelschwedt)** ist ein mittelalterliches, über der Glatzer Neiße thronendes Städtchen mit Türmen, Basteien und windschiefen Häuschen. Kurios ist das städtische **Zündholzmuseum,** in dem Streichholzschachteln aller Länder und Zeiten, Feuerzeuge und Zigarrenanzünder präsentiert werden (Muzeum Filumenistyczne, Mały Rynek, www.muzeum.filumenistyka.pl, Mo. geschl.).

Das nordöstlich gelegene **Lądek Zdrój (Bad Landeck)** rühmt sich bekannter Kurgäste wie *Goethe* und *Turgenjew,* und selbst Preußenkönig *Friedrich der Große* war einmal hier. 1765 schrieb er begeistert: „Die Bäder von Landeck haben mir den Gebrauch meiner Füße wieder gegeben und gegenwärtig scheint es mir fast, als habe ich die Gicht nie gehabt.“ Verflossene Noblesse spiegelt sich im klassizistischen Kurgebäude und den Villen im Ostteil der Stadt, barock ist der Ortskern mit Marktplatz.

Von hier ist es nicht weit zum **Schneegebirge (Masyw Śnieżnika),** das 1425 Meter aufragt und seinen Namen dem im Winter rauen Klima verdankt. Besonders lohnt ein Besuch der **Bärenhöhle** (Jaskinia Niedźwiedzia, Tel. 074-8141250, www.jaskinia.pl, Mo. und Do. geschl., Tour 5/4 € p.P.), Polens schönster und größter Grotte. Man kann sie in Gruppen von maximal 15 Personen besuchen und braucht für die Tour etwa 40 Minuten. Zwei schöne Wanderwege führen dorthin: Von **Kletno** (Klessengrund) braucht man auf gelb markiertem Weg eine Stunde, doppelt so lang (erst schwarz, dann gelb markiert) ist der Weg von **Międzygórze (Wölfelsgrund),** dem Dorf „zwischen den Bergen“. Dank vieler Holzhäuser im Schweizer und Tiroler Stil wirkt es attraktiv; fünf Gehminuten vom Zentrum stürzt der **Wasserfall** Wodospad Wilczki 27 Meter in die Tiefe.

Aktivitäten

- **Wandern:** Von Kletno und Międzygórze führen markierte Wanderwege zur Bärenhöhle (↗Schneegebirge). Im ↗Heuscheuer Gebirge starten die schönsten Wege in Karłow.
- **Wintersport:** Ein großes Skizentrum (Pistenlänge: 8 km) entstand in den vergangenen Jahren am Berg Czarna Góra im Südosten des Kessels. Die Pisten sind vom Dorf Sienna über mehrere Lifts und eine Kabelbahn erreichbar, auch eine Snowboard-Rinne wurde eingerichtet.

102po Foto: sg

Provinzen Opolskie und Śląskie

(Oppelner Land und Oberschlesien)

700po Foto: sg

Prachtvolle Details
an der Piotrkowska 107 in Łódź

Rubinstein –
die Stadt Łódź ehrt ihren Sohn

Überblick

Die Autobahn Breslau–Krakau durchschneidet die Region, quert das **Oppelner Land,** die polnische „Kornkammer" und **Oberschlesien,** Polens „Kohlenpott".

Opolskie ist die kleinste der 16 Woiwodschaften Polens. Wie ein Keil schiebt sie sich zwischen Nieder- und Oberschlesien, ihre Bewohner beharren auf einer eigenen Identität, fühlen sich als „Oppelner Schlesier". Wer sich hier umschaut, hat keine großen Anpassungsschwierigkeiten – die Provinz ist ein **„Musterländle"** mit deutschem Einschlag. Viele Bewohner sind stolz auf ihre doppelte Staatsbürgerschaft, noch mehr bekennen sich zu ihren deutschen Wurzeln. Man sieht viele deutsche Autokennzeichen, in Läden und Cafés wird man so manches Mal auf Deutsch angesprochen. Die Landschaft präsentiert sich als Patchwork aus Wäldern, Wiesen und Feldern. Hauptattraktion ist der **Annaberg,** der machtvoll über einer weiten Ebene thront. Schöne alte Residenzstädte – **Opole** und **Nysa** – stammen aus jener Zeit, als das unter rivalisierenden Herrscherhäusern zersplitterte Land die größte Dichte von Fürstentümern in Europa besaß.

Ostwärts schließt sich **Śląskie,** das **oberschlesische Industrierevier,** an. Der Schriftsteller *Franz Jung* schrieb 1927: „Die weiten Täler und Höhen haben sich in Hüttenreiche und Halden verwandelt. Aus dem schmutzigen gelbgrünen Wasser steigen lange Schwaden eines giftigen Qualmes auf, der sich in die Lungen der Menschen einfrisst." So schlimm ist es heute zum Glück nicht mehr: Die im Vorfeld des EU-Beitritts erfolgte Schließung vieler Zechen hat die ökologische Situation verbessert, dafür freilich Hunderttausende von Kumpeln arbeitslos gemacht. In den neu eingerichteten „Sonderwirtschaftszonen", in denen ausländische Investoren mit großen Steuererleichterungen rechnen können, setzt man kaum noch auf Kohle und Stahl, dafür um so mehr auf Hightech und Handel.

Südwärts gelangt man von **Kattowitz** über charmante Kleinstädte in die **Schlesischen Beskiden,** nordwärts geht es zum bewaldeten Jura-Hochplateau. Dort liegt **Tschenstochau,** einer der weltweit größten Wallfahrtsorte, wo sich jedes Jahr über vier Millionen Pilger von der legendären „Schwarzen Madonna" segnen lassen. Und noch weiter nördlich, auf dem Weg nach Warschau, liegt ein zweites „gelobtes Land": **Łódź,** das polnische Hollywood.

Oppeln und Umgebung

Opole/Oppeln

↗XIX/C1

Der Provinzhauptstadt hat man schon allerlei werbewirksame Namen angedichtet, z.B. „Rothenburg an der Oder“ und „Schlesisches Venedig“. Sie ist von einem grünen Ring eingefasst, das Zentrum ist restauriert und weitgehend verkehrsberuhigt. Jeder vierte der 130.000 Einwohner ist Student, das Ambiente ist jugendlich-locker. Für den Besuch der Stadt kann man getrost einen Tag einplanen. Wer länger bleiben möchte, findet ein gutes Übernachtungsangebot und kann bequem zu Ausflügen in die umliegenden Bischofs- und Residenzstädte starten (Brzeg, Nysa, Otmuchów und Paczków). Nur im Juni, wenn das **„Festival des polnischen Liedes“** stattfindet, sind Betten in der Stadt rar: Dann treten auf einer großen Open-Air-Bühne Polens geliebte Popstars auf ...

Geschichte

Mehr als tausend Jahre ist Opole alt und hat mehrfach seine Besitzer gewechselt. Im 10. Jahrhundert ließen sich auf der Oderinsel die slawischen Opolanen nieder (altslawisch für „Siedler“), die kurz darauf vom polnischen **König Bolesław I.** erobert wurden. Seine Nachkömmlinge, die **Oppelner Piasten,** orientierten sich ab dem 12. Jahrhundert westwärts und sorgten mit der Anwerbung deutscher Siedler für eine allmähliche „Germanisierung“ der Region. 1335 musste der polnische König auf Schlesien verzich-

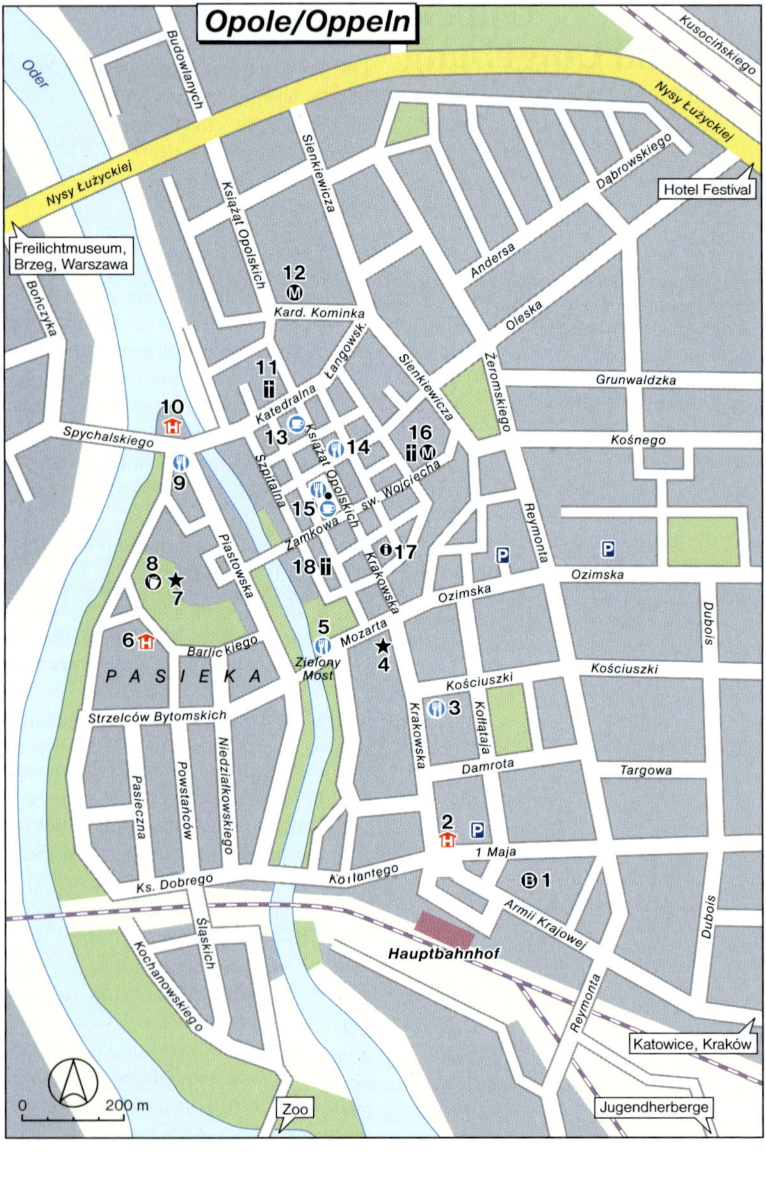
Opole/Oppeln
Oder
Budowlanych
Kusocińskiego
Nysy Łużyckiej
Nysy Łużyckiej
Sienkiewicza
Książąt Opolskich
Dąbrowskiego
Hotel Festival
Freilichtmuseum, Brzeg, Warszawa
Bończyka
Andersa
12
Kard. Kominka
Oleska
Łangowsk.
Sienkiewicza
Żeromskiego
11
Grunwaldzka
Katedralna
10
Spychalskiego
13
Książąt Opolskich
14
16
Kośnego
Szpitalna
9
sw. Wojciecha
15
Reymonta
Zamkowa
17
Piastowska
8
7
18
Krakowska
Ozimska
Ozimska
Dubois
6
Barlickiego
5
Mozarta
4
Zielony Most
PASIEKA
Kościuszki
Kościuszki
3
Strzelców Bytomskich
Krakowska
Kołłątaja
Damrota
Targowa
Niedziałkowskiego
Pasieczna
Powstańców
2
1 Maja
Ks. Dobrego
Korfantego
1
Armii Krajowej
Dubois
Śląskich
Kochanowskiego
Hauptbahnhof
Reymonta
Katowice, Kraków
0
200 m
Zoo
Jugendherberge

1	Busbahnhof
2	Hotel Mercure Opole
3	Zagłoba
4	Denkmal
5	Grabówka
6	Dom Wyciezkowy Toropol
7	Piastenturm
8	Freilichttheater
9	Starka
10	Hotel Piast
11	Kathedrale
12	Diözesanmuseum
13	Café Pożegnanie z Afryką
14	Pod Pająkiem
15	Wirtualna,
	Café Pod Arkadami,
	Rathaus
16	Marienkirche,
	Regionalmuseum
17	Touristeninformation
18	Franziskanerkirche

ten, sodass auch Opole zu Böhmen und mit diesem 1526 zu Habsburg kam. Als **Friedrich der Große** die Schlesischen Kriege gegen Habsburg gewann, wechselte die Stadt abermals ihre Besitzer: Fortan gehörte sie zu Preußen und zum Deutschen Reich. Nach 610 Jahren kehrte sie 1945 „heim" nach Polen – so jedenfalls wollen viele die Geschichte sehen.

Anders als im Rest des Landes wurden die meisten Deutschen nicht vertrieben, da sie als **„Autochthone"**, d.h. als verkappte Polen galten: Menschen, die durch den Zwang der Verhältnisse zu Deutschen gemacht worden waren, ihre polnischen Wurzeln aber nie verleugnet hatten. Als Beleg für diese These galt die Zweisprachigkeit der Bewohner: Neben Deutsch sprachen die meisten Oppelner „Wasserpolnisch", einen oberschlesischen Dialekt. Als die „Autochthonen" nach der Wende nicht länger „Polen" sein mussten, organisierten sie sich in Vereinen der Deutschen Minderheit und entsandten Abgeordnete in den Sejm, das polnische Parlament.

Sehenswertes

Vom schlossartigen, 1900 im Stil der Neorenaissance erbauten Bahnhof führt die breite Fußgängerstraße Krakowska am Hotel Opole vorbei ins Stadtzentrum. Schon auf den ersten Blick wirkt das Städtchen ausgesprochen freundlich, die Menschen bewegen sich gemächlich und kennen keine Hast. Am plac Wolności, dem Freiheitsplatz, prangt ein riesiges pathetisches **Denkmal,** das eine geflügelte Amazone auf dem Rücken eines Wisents zeigt. Gewidmet ist das Mahnmal den **„Helden des Kampfes um die Freiheit des Oppelner Schlesiens",** d.h. jenen Polen, die das Ergebnis des 1920 vom Völkerbund durchgeführten Plebiszits, in dem sich die Mehrheit für einen Verbleib bei

Deutschland ausgesprochen hatte, missachteten und den Anschluss an Polen mit militärischen Mitteln durchsetzten.

Insel Pasieka

Am Denkmal hält man sich links, quert einen kleinen Park und gelangt zum Mühlengraben, wo man sich im Café Grabówka auf efeuumrankter Flussterrasse stärken kann. Anschließend geht es über die ehemalige **Pfennigbrücke** (heute Zielony Most) auf die von der Oder umspülte Insel Pasieka. Über den Mühlengraben hinweg schaut man auf bunte Bürgerhäuser und mittelalterliche Speicher. Zur Linken ragt der walzenförmige **Piastenturm** (Wieża Piastowska) auf, das einzige Überbleibsel jener Burg, in der vom 13. bis 16. Jahrhundert die schlesischen Piasten residierten. Man kann den Turm besteigen (tgl. außer Mo.) und genießt von oben eine prächtige Aussicht über die Stadt. Blickt man gen Westen, sieht man das **Amphitheater** (Amfiteatr), in dem jedes Jahr im Juni ein populäres Musikfestival stattfindet und sich Polens Popstars ein Stelldichein geben.

065po Foto: sg

Kathedrale und Diözesanmuseum

An der nächsten Brücke, die von den schlanken, 73 Meter aufragenden Türmen der Kathedrale (Katedra) dominiert wird, kehrt man zur rechten Flussseite zurück. Der mittelalterliche Backsteinbau verlor den größten Teil seiner gotischen Ausstattung, doch im rechten Seitenschiff entdeckt man noch das in rotem Marmor gemeißelte **Grabmal des letzten Piastenfürsten** *(Jan II., „der Gute")* sowie ein 1470 auf ein Lindenbrett gepinseltes **Marienbild,** dem der polnische Papst ein Diadem verpasste. Nördlich der Kathedrale öffnet das Diözesanmuseum mit **schlesischer Sakralkunst,** auch einigen ausdrucksstarken, von *Veit Stoß* beeinflussten Skulpturen.

● **Diözesanmuseum** (Muzeum Diecezjalne), ul. B. Kominka 1-A, Di./Do. 10–12 und 14–17, erster So. im Monat 14–17 Uhr

Marktplatz

Auf der Straße der Oppelner Fürsten (ulica Książat Opolskich) gelangt man in wenigen Gehminuten zum weitläufigen Marktplatz **(Rynek).** Er ist ringsum von verspielten, pastellfarbenen

Deutsche Minderheit

„Deutsche Insel im polnischen Meer" – so wird das Oppelner Land oft genannt, denn nirgendwo in Polen ist der Anteil deutschstämmiger Bürger so hoch wie hier. Nach dem Zweiten Weltkrieg durften mehr als 500.000 deutsche Schlesier im Land bleiben, da sie der kommunistischen Regierung – ähnlich wie die Masuren – als „Autochthone" galten: Man sah in ihnen polnische Landsleute, die durch das preußische Kaiserreich und das nationalsozialistische Regime ihrer ethnischen Wurzeln entfremdet worden waren. 1951 erhielten sie die polnische Staatsangehörigkeit, Assimilierung hieß das Gebot der Stunde. Ihre Namen wurden polonisiert, sodass aus einer *Dorothea Schmidt* eine *Dorota Szmit* wurde; in der Öffentlichkeit deutsch zu sprechen war nicht opportun.

Mit der politischen Wende von 1989 hat sich die Lage der Deutschstämmigen radikal geändert. Sie dürfen sich in sozial-kulturellen Gesellschaften organisieren und haben Anrecht auf eine deutschsprachige Ausbildung, vielerorts ist Deutsch zur zweiten Amtssprache aufgerückt. Nach den ersten freien Kommunalwahlen hatten zahlreiche Gemeinden, vor allem im Osten des Oppelner Landes, einen deutschstämmigen Bürgermeister, Abgeordnete der deutschen Minderheit zogen ins Parlament. Auch das bundesrepublikanische Rechtsverständnis, demzufolge jeder, der in den Grenzen des Deutschen Reiches von 1937 geboren wurde, Anspruch auf deutsche Staatsangehörigkeit hat, wurde in Polen anerkannt.

So staunten die Polen nicht schlecht, als viele ihrer Mitbürger quasi über Nacht die deutsche Staatsangehörigkeit erhielten und mit ihr das Recht auf Sozialhilfe und Arbeitslosengeld, auf Krankenversicherungs- und Rentenleistungen aus Deutschland. Der spöttische Ausdruck **„Volkswagen-Deutsche"** machte die Runde; man warf ihnen vor, sich einzig aus wirtschaftlichem Kalkül zu ihrer nationalen Identität zu bekennen.

Einen Erfolg feierte die deutsche Minderheit bei der Verwaltungsreform 1999. Anders als einige größere Woiwodschaften, die ihren Status einbüßten, konnte sich das Oppelner Land als eigenständige, selbst verwaltete Provinz behaupten. Nur in einem Punkt haben sich die Deutschen bisher nicht durchsetzen können: Ihr Wunsch, in Schlesien generell zweisprachige Ortsschilder aufzustellen, um „Heimwehtouristen" das Auffinden ihrer Ursprungsorte zu erleichtern, wurde vertagt.

Barockhäusern gesäumt; das **Rathaus** in der Mitte, 1936 nach dem Vorbild des Florentiner Palazzo Vecchio erneuert, wirkt dagegen klassisch-streng. In den vielen Terrassencafés und -bars treffen sich Touristen und Einheimische, an lauen Sommerabenden spielen Musikgruppen auf.

Östlich des Platzes, am Ende der Straße Św. Wojciecha steigt man über eine weit ausladende Freitreppe zur knallgelben **Marienkirche** (Kościół Marii Panny), der früheren „Kirche auf dem Hügel" hinauf. Zuvor könnte man dem **Regionalmuseum** im ehemaligen Jesuitenkolleg am Fuß der Treppe einen Besuch abstatten. Viele **Facetten des Oppelner Landes** werden hier ausgeleuchtet: Die Sammlung reicht von Mammutknochen aus der

Aufstieg zur Marienkirche

Steinzeit über Modelle der mittelalterlichen Stadt bis zu Gemälden zeitgenössischer Maler.

● **Regionalmuseum** (Muzeum Śląska Opolskiego), Mały Rynek 7/ul. Św. Wojciecha 13, www.muzeum.opole.pl, Di.–Fr. 9–16, Sa. 10–16, So. 12–17 Uhr

Franziskanerkirche

Die Franziskanerkirche (Kościół Franciszkanów), südwestlich des Rynek, diente den Piasten als Grablege, entsprechend fürstlich präsentiert sich ihre **Kapelle im rechten Seitenschiff.** Unter einem üppig bemalten Sterngewölbe liegt ein Doppelgrab, das vier Vertreter der Piasten in ruhender Pose zeigt. Auf dem dahinter postierten vergoldeten Altarschrein sieht man Fürst *Bolko I.* wie er der *hl. Anna* ein Kirchenmodell offeriert. Weitere Vertreter der Dynastie sind im angrenzenden **Franziskanerkloster** (pl. Wolności) beigesetzt. Jeden Tag gegen 14 Uhr startet ein Mönch zu einem 45-minütigen **Rundgang durch die Katakomben.**

Freilichtmuseum

Wer sich für die traditionelle **Bauernarchitektur** der Region interessiert, besucht das fünf Kilometer westlich des Zentrums an der Straße in Richtung Wrocław (Breslau) gelegene Freilichtmuseum. Rings um eine **Schrotholzkirche** mit tief herabgezogenem Schindeldach gruppieren sich 50 Häuser, darunter eine Mühle, eine Schenke und eine Webereiwerkstatt, wie sie einst für diese Gegend typisch war.

● **Freilichtmuseum** (Skansen), ul. Wrocławska 174, Di.–So. 10–18 Uhr; im Winter nur Parkbesichtigung Mo.–Fr. 9–14 Uhr

Praktische Informationen

Info

● **Touristeninformation MIT,** ul. Krakowska 15, 45-015 Opole, Tel. 077-4511987, Fax 077-4511861, www.opole.pl, Mo.–Fr. 10–18 Uhr

Unterkunft

● **Hotel Mercure Opole**€€€, ul. Krakowska 57/59, Tel. 077-4518100, Fax 077-4518199, www.orbis.pl, 102 Zimmer. Unschlagbar zentral und preiswerter als die Konkurrenz der gleichen Preisklasse: Es liegt drei Schritte vom Bahnhof am Beginn der Fußgängerstraße, man schläft ruhig. Alle Zimmer wurden jüngst renoviert, verfügen über Sat-TV, Minibar und Internet-Zugang. Im Restaurant werden auch Regionalgerichte serviert, z.B. schlesische Roulade. Der Parkplatz ist kostenpflichtig und bewacht.

● **Hotel Piast**€€€, ul. Piastowska 1, Tel. 077-4549710, Fax 077-4549717, www.hotel-piast.com, 25 Zimmer. Das historische Haus mit Laubengang liegt an der Nordspitze der Pasieka-Insel, einen Katzensprung von der Altstadt entfernt. Es gehört einem aus Oberschlesien stammenden Deutschen, der stolz darauf ist, dass hier Polens Polit-Prominenz absteigt. Das Ambiente ist freundlich-gediegen, allerdings sind die Zimmer zur Straße laut; besser wählt man eines zur Rückseite mit Blick auf den Fluss. Wer nicht sparen muss, quartiert sich in den doppelt so teuren, geräumigen Apartments ein. Auch hier ist der kostenpflichtige Parkplatz bewacht.

● **Hotel Festival**€€€, ul. Oleska 86, Tel. 077-4275555, Fax 077-4275519, www.festival.com.pl, 53 Zimmer. Das Dreisternehotel an der Straße nach Posen, zwei Kilometer nordöstlich des Zentrums, bietet Zimmer mit Sat-TV, Minibar, außerdem Sauna, Indoor-Pool

Früher Pfennigbrücke, heute Zielony Most

066po Foto: sg

und Fitnessraum. Für Familien gibt es Drei- und Vierbettzimmer. Hunde erlaubt.

- **Dom Wyciezkowy Toropol**€, ul. Barlickiego 13, Tel. 077-4537883, Fax 077-4544800, 13 Zimmer. Ehemaliges Ausflugsheim mit einfachen, aber dafür sehr billigen Dreibettzimmern. Das Haus liegt zentral auf der Insel Pasieka nahe dem Amphitheater, der Parkplatz ist nicht bewacht. Zum Stadtzentrum läuft man fünf, zum Bahnhof 15 Minuten.
- **Jugendherberge**€, ul. Torowa 7, Tel. 077-4542855, www.ssm.opole.prv.pl, 16 Zimmer (50 Plätze). Haus an der Zuglinie, 1 km südöstlich vom Bahnhof. Mit einer Selbstbedienungsküche, zwei Räumen mit Sat-TV und Tischtennis.

Essen und Trinken

Rund um den Marktplatz öffnen Bars und Terrassencafés sowie kleine Lokale.

- **Wirtualna**€€, Rynek 2, Tel. 077-4536008. Lokal mit Ausblick auf Ring und Rathaus und internationaler Küche. Gut schmeckt das Cordon rouge mit Salatbeilage.
- **Pod Pająkiem**€€, ul. Książat Opolskich 2, Tel. 077-4532323. Ungarisch und polnisch speist man im Lokal „Zur Spinne" an der Nordostecke des Rynek. Es ist einem rustikalen Balaton-Gasthaus nachempfunden und bietet scharfe *bogracz*-Suppe, gefüllte Kartoffelpuffer und deftiges Schweinskotelett. Am Freitag- und Samstagabend wird getanzt.
- **Zagłoba**€€, ul. Krakowska 39, Tel. 077-4417860, www.zagloba.pl. „In der Versenkung": ein treffender Name für das gemütliche Kellerlokal zwischen Bahnhof und Rynek. Auf der Karte stehen altpolnische Gerichte, z.B. *Juki Huzarskie*, mit Pilzen und Fleisch gefüllter Schweinsrücken, zu dem schlesische Klöße und Rotkohl serviert werden. Mittags gibt es preiswerten Lunch.
- **Starka**€€, Ostrówek 19, Tel. 077-4531214, www.restauracjastarka.pl. Eines der besten Lokale vor Ort: Es liegt auf der Oderinsel und bietet in rustikalem Ambiente polnische Küche mit bayrischem Einschlag. Zartes Eisbein fehlt nicht, lecker schmecken auch Butterpilzsuppe und gebratene Waldpilze.
- **Grabówka**€, ul. Mozarta 2, Mo.–Fr. 10–19, Sa./So. 11–18 Uhr. Im Sommer eine der beliebtesten Ausgeh-Adressen: Im efeuumrankten Terrassenlokal an der Pfennigbrücke stärkt man sich mit gefüllten Crêpes von süß bis pikant, die *Anna* und *Ryszard* in Windeseile zubereiten. Auch wer nur auf einen kühlen Drink oder einen Kaffee vorbeikommt, ist willkommen; im Hintergrund liefen beim letzten Besuch französische Chansons.

Cafés:

- **Café Pod Arkadami**€, Rynek 26. Eines von vielen Terrassencafés am Rynek, bei schönem Wetter stets sehr gut besucht. Hier bestellt man Eis, Kuchen und Desserts, außer alkoholfreien Getränken auch Weine, Bier und diverse Cocktails.
- **Pożegnanie z Afryką**€, ul. Książat Opolskich 22, www.pozegnanie.pl, tgl. 10–21 Uhr. Wer seinen Kreislauf in Schwung bringen will, ist hier richtig: Über 40 verschiedene Kaffeesorten aus aller Welt stehen zur Wahl, die Wände schmücken Bilder von Gasthöfen aus Alt-Oppeln.

Einkaufen

- **Obst- und Gemüsemarkt:** werktags hinter der Marienkirche.

Kultur

- **Philharmonie:** Filharmonia im. J. Elsnera, ul. Krakowska 24, Tel. 077-4542171, www.filharmonia.opole.pl
- **Theater:** Teatr Jan Kochanowskiego, pl. Teatralny 12, Tel. 0774539082, www.teatrkochanowskiego.art.pl, tgl. 10–18 Uhr
- **Freilichttheater:** Amfiteatr, ul. Piastowska 14, Tel. 077-4538121, www.mok.opole.pl

Feste und Festivals

- **Juni:** *Festival des polnischen Liedes.* Große Unterhaltungsshow im Freilichttheater.

Verkehr

- **Bus** und **Zug:** Der Bahnhof befindet sich 1 km südlich der Altstadt. Mit dem Zug gibt es gute Verbindungen nach Wrocław, Częstochowa, Katowice und Kraków, nach Nysa und Kłodzko kommt man besser mit dem Bus.

Über Nysa nach Paczków

Nysa ⇗XVIII/B2

Im Vorland der Sudeten, gut 60 Kilometer südlich von Brzeg, liegt die Kleinstadt Nysa **(Neisse):** Ihre sehenswerten Bauten verdankt sie den Bischöfen, die im 16. Jahrhundert dem protestantisch gewordenen Breslau den Rücken zukehrten und Nysa zum Hauptsitz ihrer Diözese erkoren. Aufgrund der vielen hier gestifteten Kirchen erwarb die Stadt den Beinamen **„Schlesisches Rom“.** In preußischer Zeit wurde der geistliche Einfluss zurückgedrängt; die Stadt wurde Grenzfestung, später Industriestandort.

Mittelpunkt Nysas ist der **riesige Marktplatz** wenige Gehminuten südlich des Bahnhofs. Zierliche Giebelhäuser stehen neben grauen Plattenbauten, Meisterwerke der Gotik und Renaissance kontrastieren mit architektonischer Tristesse. In den vom Krieg gerissenen Baulücken wuchert Grün, hier und da stehen einsame Blumenschalen. Etwas verloren wirkt die **Stadtwaage** (Waga Miejska) in der Mitte des Platzes, entstanden 1604 im Stil des niederländischen Manierismus. Man übersieht sie fast angesichts der gewaltigen **Jakobskirche** (Kościół Św. Jakuba), die mit dem frei stehenden Glockenturm die Nordseite des Platzes beherrscht. Westlich davon der **„Schöne Brunnen“** (Piękna Studnia), über dessen Öffnung ein schmiedeeisernes Gehäuse gestülpt wurde. Die ringsum laufende Inschrift besagt: „Hier steh ich, schön bin ich, es goss mich der Meister Wilhelm Helleweg aus Wien im Jahre 1686“ - wohl ein Könner seines Fachs: archaische Figuren und Ornamente verschmolz er zu einem bizarren Ensemble.

Südöstlich der Jakobskirche liegt das vor sich hin dämmernde „geistliche Viertel“ mit mehreren Kirchen sowie dem **Bischofspalais,** das Kunst und Kunsthandwerk zeigt (Pałac Biskupi/ Muzeum, ul. Biskupa Jorasława 11, Di, Mi, Fr. 9–15, Sa.–So. 10–15 Uhr).

Wer auf den Spuren **Eichendorffs** wandeln will, folgt der ul. Josepha Eichendorffa zum Gemeindefriedhof (Cmentarz Komunalny), wo der Freiherr, der in Nysa seine beiden letzten Lebensjahre (1855–57) verbrachte, beigesetzt ist. Das Grabmal hat die Form eines aufgeschlagenen Buches und ist tipptopp gepflegt.

Unterkunft

- **Navigator**€€, ul. Wyspiańskiego 11, 48-300 Nysa, Tel. 077-4334170, 13 Zimmer. 300 Meter westlich des Marktplatzes gelegenes Hotel, alle Zimmer mit Sat-TV.

Otmuchów ⇗XVIII/A2

10 Kilometer westlich von Nysa folgt Otmuchów **(Ottmachau),** aufgrund seiner Lage zwischen zwei künstlich angelegten **Seen** zur Ferienzeit sehr beliebt. 500 Jahre lang gehörte es den Breslauer Bischöfen, woran die **barocke Pfarrkirche** (Kościół Farny) oberhalb des Marktplatzes erinnert. Eine Plakette am Portal klärt darüber auf, wem sie ihre wiedergewonnene Schönheit verdankt. Zur 300-Jahr-Feier der Kirche habe die Bundesrepublik

„auf Anregung der Heimatgemeinde Ottmachau und mit Unterstützung der Partnerstadt Peine" finanzielle Hilfe gewährt. Die Kirche ist mit Altarbildern von *Willmann,* dem „schlesischen Rembrandt", geschmückt, die Wandmalereien stammen von *Karl Dankwart,* einem Starkünstler des 17. Jahrhunderts. Südlich der Kirche erhebt sich auf einem Hügel die von Wehrmauern eingefasste **Burg,** die früher *Wilhelm von Humboldt,* dem Bruder des berühmten Naturforschers, gehörte und in der man preiswert übernachten kann.

Unterkunft

● **Hotel Zamek**€€, ul. Zamkowa 4, 48-300 Otmuchów, Tel./Fax 077-4315148, www.zamek.otmuchow.pl, 33 Zimmer. Die Zimmer des Burghotels sind modern-funktional, alle mit Bad, breiten Betten und Sat-TV. Zum Haus gehören eine Sauna und ein Tennisplatz, im Restaurant wird traditionelle polnische Küche serviert.

Paczków

↗XVIII/A2

Ein Oval mittelalterlicher, **mit Basteien gespickter Wehrmauern** umschließt die verschlafene, weitere 12 Kilometer westlich gelegene Kleinstadt Paczków **(Patschkau).** Man betritt sie durch ein massives Tor und gelangt zum Marktplatz. In seiner Mitte prangt das Rathaus, ein Renaissance-Bau mit hohem Turm, von dessen Kuppel sich ein prächtiger Blick über die Stadt bietet. Die an die Stadtmauern grenzende **Pfarrkirche** (Kościół Farny) hatte eine wichtige Befestigungsfunktion, woran die wuchtige Fassade erinnert.

Zwischen Moszna und dem Annaberg

Moszna

↗XVIII/B2

Der Weiler Moszna **(Moschen)** liegt auf halber Strecke zwischen Nysa und dem Annaberg. Inmitten eines großen, in einen Wald übergehenden Parks steht ein **Schloss wie aus dem Märchenbuch:** Dutzende kleiner und größerer Türme, insgesamt sollen es 99 sein, schießen empor und überragen steile Dächer, Erker und Zinnen. Ein deutscher Industrieller ließ sich das Schloss 1896 erbauen, seit dem Zweiten Weltkrieg befindet sich darin ein „Zentrum für Nerventherapie". Gäste sind jederzeit willkommen: Sie können einige prachtvolle Räume, so die Gemäldegalerie, den Kaminsaal und das Herrenzimmer besichtigen, sich im Café oder Restaurant stärken.

Głogówek

↗XIX/C2

Die Kleinstadt Głogówek **(Oberglogau)** liegt 13 Kilometer südöstlich von Nysa und ist eine Hochburg der deutschen Minderheit. Es gibt einen hübschen Marktplatz mit Renaissance-Rathaus, gotischer Franziskaner- und barocker Bartholomäuskirche. Hauptattraktion ist das im Norden gelegene **Schloss,** in dem die Grafen *von Oppersdorff* seit dem 16. Jahrhundert residierten. *Franz von Oppersdorff* war ein Bewunderer **Beethovens** und lud den Komponisten mehrfach zu sich ein. Der Musiker revanchierte sich, indem er ihm seine Vierte Symphonie widmete. Es ist seine erregendste und abenteuerlichste Schöpfung, in deren feurigem Spiel kein Instrument geschont wird. In dem im Schloss eingerichteten **Regionalmuseum** steht der originale Flügel, auf dem *Beethoven* seine Stücke vortrug (Muzeum Regionale, ul. Zamkowa 26, Mo. geschl.).

Annaberg

⇗XIX/C2

Der knapp 400 Meter aufragende Annaberg **(Góra Świętej Anny)** liegt an der Autobahn Breslau–Krakau. Wenig aufregend sind seine barocke Wallfahrtskirche, das Aufständischen-Denkmal und das pseudoantike Amphitheater auf seinem Gipfelplateau. Und doch spielt der Ort bis heute im Bewusstsein deutscher und polnischer Schlesier eine zentrale Rolle. Die Religion steht für das Einigende, die Politik für das Trennende zwischen den Völkern. Alljährlich am **26. Juli,** dem Namenstag der *hl. Anna,* pilgern Polen und Deutsche gemeinsam auf den Berg, wobei sie an jeder der 41 Kreuzwegstationen eine ausgiebige Rast einlegen. Auf dem Gipfel angekommen, strömen sie in die **Annakirche** (Kościół Św. Anny) und knien am goldstrotzenden Hochaltar nieder, wo die in ein prachtvolles Gewand gehüllte Figur der Wundertätigen steht. Sie spenden reichlich, damit es *Anna* an nichts fehle und hoffen, dass sie alle Bitten erfüllt.

Einmal im Jahr kommen auch andere „Pilger", hoch dekoriert mit Verdienstorden und weiß-rote Fahnen schwenkend. Es sind **Veteranen der polnischen Freiwilligenverbände,** die lautstark daran erinnern, dass der Annaberg **„schon immer polnisch war"** und „mit Gottes Hilfe ewig unser sein" werde. Ganz so eindeutig ist die Geschichte freilich nicht verlaufen. Nach dem Ersten Weltkrieg hatten 60 % der Oberschlesier für den Verbleib in Deutschland gestimmt, was polnische Patrioten nicht zu akzeptieren bereit waren. Sie entfachten einen Aufstand, der vom zahlenmäßig unterlegenen Deutschen Selbstschutz niedergerungen wurde. Nach der Machtergreifung der Nationalsozialisten 1933 erhielten die bei den Kämpfen gefallenen Deutschen ein Denkmal, das die vermeintliche Überlegenheit der Germanen zelebrierte. Nach dem Zweiten Weltkrieg wurde der Berg polnisch – fortan erinnerte ein Monument an die bei den Abstimmungskämpfen gefallenen Polen. Außerdem werden historische Fotos und Dokumente im **Museum der Aufständischen** gezeigt (Muzeum Czynu Powstańczego, Mo. geschl.).

Unterkunft

●**Anna**€, ul. Leśnicka 7, Tel. 077-4615412, Fax 077-4615291, 19 Zimmer. Hier steigen viele Pilger ab: Die Pension liegt abseits der Hauptstraße und hat bequeme, picobello saubere Zimmer, alle mit Bad und Sat-TV, die Apartments auch mit Kühlschrank. Abends gibt es meist oberschlesische Hausmannskost.

Róża€, ul. Szkolna 6, Tel./Fax 077-4615491, 11 Zimmer. „Zur Rose" ist die preiswerteste Option weit und breit. Zwei deutschstämmige Frauen, *Rita Böhnisch* und *Rosi Migas,* bieten Pensionszimmer mit Sat-TV, Bad und Balkon für 10–12 €, der Parkplatz vor dem Haus ist bewacht.

Racibórz

↗XIX/C3

Nur wenige Touristen verirren sich in die Oderstadt Racibórz **(Ratibor)** nahe der tschechischen Grenze. Mit dem frühen Anschluss an die Bahnlinie Wien–Berlin wurde sie rasch industrialisiert, nur im Stadtkern hat sie sich schöne Flecken bewahrt. Da ist der Marktplatz mit seinen restaurierten Renaissance-Häusern und der barocken **Mariensäule:** auf aufgewirbelten Wolken schwebt die Jungfrau dem Himmel entgegen. Im Umkreis stehen drei Kirchen, deren mächtigste die **Liebfrauenkirche** (Kościół Farny) mit einem 70 Meter aufschießenden Glockenturm ist. In der zum Bahnhof führenden Mickiewicza erinnert ein **Eichendorff-Denkmal** an die Stadtbesuche des Dichters.

Ein Taugenichts zieht in die Welt

„Wem Gott will rechte Gunst erweisen,
Den schickt er in die weite Welt,
Dem will er seine Wunder weisen
In Berg und Wald und Strom und Feld."
(Joseph von Eichendorff, 1788–1857)

067po

Łubowice

↗XIX/C3

Zehn Kilometer nördlich, im Dorf Łubowice **(Lubowitz),** wurde **Joseph von Eichendorff** geboren. Das Schloss, in dem er aufwuchs, ging im März 1945 in Flammen auf und diente danach als „Steinbruch". Mittlerweile sind die Decken eingestürzt, Brombeer und Efeu kriechen durch leere Fensterhöhlen. Selbst der alte englische Park wurde abgeholzt, die Pflanzen durften wuchern, wie sie wollten.

Eichendorff hat den Verfall des Schlosses antizipiert: „Kindisch lag ich im Lubowitzer Garten am Lusthause im Schatten in der Mittagsschwüle und sehe die Wolken über mir und denke mir dort Gebirge und Inseln mit Schluchten ... Jetzt aber ist der Garten verwüstet, das Schloss abgebrannt, die Hirsche sind verlaufen in alle Welt, nur manchmal bei stiller Nacht weidet einer zwischen den wildwachsenden Trümmern."

Aber nicht alles in Łubowice stimmt melancholisch. Immerhin wurde das adrette Gasthaus am Rande des Schlossparks mit einer Million Euro restauriert und beherbergt eine **„Gedächtnisstube",** in dem Leben und Werk des Dichters dokumentiert sind. Wer will, kann hier auch preiswert übernachten (Zajazd Eichendorff€, ul. J. Eichendorffa 22, Tel. 032-4106602). Im Park finden zur Sommerzeit **deutschsprachige Aufführungen** des Stücks „Aus dem Leben eines Taugenichts" statt.

Oberschlesien

Gliwice/Gleiwitz

↗XIX/D2

Die mittelalterliche Altstadt ist quirlig, Jugend dominiert. Mehr als **30.000 Studenten** sind an der Hochschule mit ihren elf Fakultäten eingeschrieben, die meisten in Naturwissenschaften und Technik. Nachdem die Schwerindustrie in den 1990er Jahren drastisch zurückgefahren wurde, setzen die Studenten ihre Hoffnung auf Hightech. General Motors alias Opel Polska lässt vor den Toren der Stadt Mittelklasse- und Lieferwagen bauen, und auch andere Westfirmen nutzen die Steuervorteile der **„Sonderwirtschaftszone Gliwice".**

Erste Polka und Co.

Gliwice (Gleiwitz) gehörte wie die meisten Städte der Region nacheinander zum Fürstentum der schlesischen Piasten und zum tschechischen Königreich, zur habsburgischen und zur preußischen Monarchie. Letztere nahm hier 1796 Europas ersten koksbetriebenen Eisenschmiedeofen in Betrieb und stellte damit die Weichen für die Schwerindustrie. Doch berühmt wurde Gleiwitz durch ein Ereignis ganz anderer Art: Am letzten Augusttag des Jahres 1939 schlüpften **SS-Männer in polnische Uniform,** täuschten einen Überfall auf den Radiosender Gleiwitz vor und gaben der deutschen Regierung einen Vorwand zum „Zurückschlagen" – der Zweite Weltkrieg nahm seinen Lauf.

Der in Gleiwitz geborene **Schriftsteller Horst Bienek** (1930–1990) erinnert sich: „Ich war dreizehn, als ich die Transporte der Güterzüge, vollgeladen mit Juden, nach dem Osten rollen sah, von der Hindenburgbrücke aus, die mein Spielplatz war. Es waren von hier aus nur noch etwa 60 Kilometer bis zur Endstation Auschwitz-Birkenau ... Ich war noch nicht 15 Jahre alt, als russische Soldaten meine Heimatstadt Gleiwitz besetzten und anzündeten. Ich ahnte etwas, aber ich verstand nicht. Ich war 16, als ich das Land meiner Kindheit verlassen musste, für immer: Da ahnte ich bereits, warum." *Bienek* hat seine Geburtstadt zum Dreh- und Angelpunkt seines literarischen Werkes gemacht: Die **„Gleiwitzer Tetralogie"** (Erste Polka, Septemberlicht, Zeit ohne Glocken, Erde und Feuer) ist eine Chronik deutscher Geschichte, erzählt aus dem Blickwinkel eines aus der Heimat Verbannten. Die graue Wohnstraße nordöstlich des Bahnhofs, in der *Bienek* seine Kindheit verbrachte, wurde nach ihm benannt (ul. Horsta Bienka), eine Plakette erinnert an den „schlesischen Autor".

Sehenswertes

Vom Hauptbahnhof führt die schnurgerade, von Sezessionshäusern gesäumte Zwycięstwa zur Altstadt. Nach Querung der Kłodnica passiert man das **Rathaus** mit dem davor postierten Brunnen der Tanzenden Faune: drei muskulöse Wesen, halb Mensch, halb Tier nehmen einander bei der Hand und lächeln diabolisch, als seien sie in eine geheime Verschwörung verstrickt.

Altstadt

Die Zwycięstwa mündet in den **Marktplatz** (Rynek). Die Laubenhäuser erstrahlen in hellen Pastellfarben, im Sommer öffnen Terrassenbars und -cafés. In der Mitte des Platzes steht das heute als Galerie genutzte **Alte Rathaus** (Stary Ratusz), der davor platzierte Brunnen zeigt einen müden Neptun mit Dreizack. Blickt man gen Nordwesten, sieht man den gewaltigen Backsteinturm der gotischen **Allerheiligenkirche** (Kościół Wszystkich Świętych). Die im Süden aufragende **Peter-und-Paul-Kirche** (Kościół Św. Piotra i Pawła) wurde 1992 zur Kathedrale erkoren. Innerhalb der ehemaligen Altstadtmauern steht ein schlichtes Piastenschloss aus dem 16. Jahrhundert, in dem das **Städtische Museum** seinen Sitz hat. Es illustriert die Geschichte der Region, manchmal sind auch kunstgewerbliche Ausstellungen zu sehen.

- **Städtisches Museum** (Muzeum w Gliwicach), Zamek Piastowski, Pod Murami 2, www.muzeum.gliwice.pl, Di., Do. 11–18, Mi., Fr. 9–15, Sa.–So. 10–15 Uhr

Villa Caro

Eine **Dependance des Städtischen Museums** befindet sich knapp außerhalb des Altstadtrings: Die Villa Caro, eine Neo-Renaissance-Residenz, die sich 1885 der Industrielle *Oskar Caro* erbauen ließ, wurde aufwendig restauriert und zeigt wechselnde Ausstellungen zur oberschlesischen Industrie- und Volkskultur.

- **Villa Caro,** ul. Dolnych Wałów 8-A, Di., Do. 11–18, Mi., Fr. 9–15, Sa.–So. 10–15 Uhr

Chopin-Park

Wer Ruhe im Grünen sucht, besucht den Chopin-Park **(Park Chopina).** In einem modernen Palmenhaus wachsen Palmen, Orangen- und Zitronen-

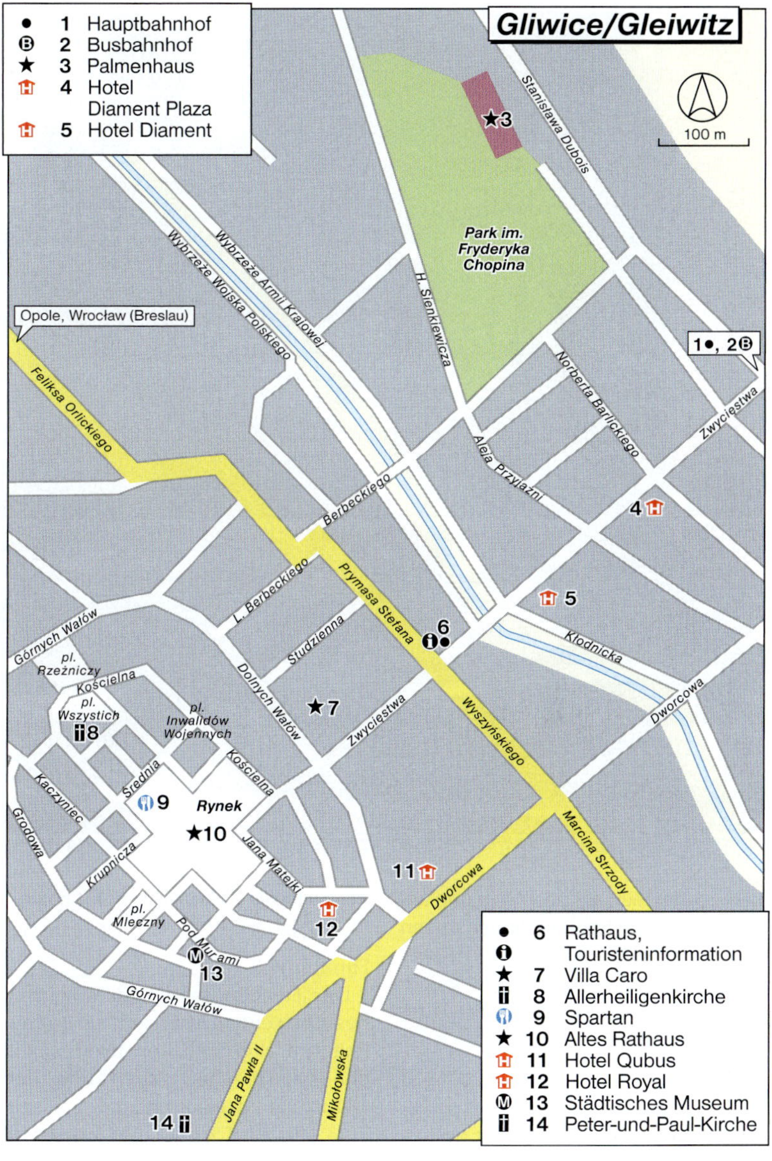

Provinzen Opolskie und Śląskie

068po Foto: sg

bäume, Kakteen aus aller Welt und andere Exoten. Im Sommer finden neben dem Haus jeden Samstag Open-Air-Konzerte statt, bei denen – bei freiem Eintritt – populäre Theater- und Musicalstars auftreten.

Für seine Eisengießerei war Gleiwitz berühmt (hier: Villa Caro)

- **Palmenhaus** (Palmiarnia), Park Chopina, Di.–Fr. 9–18, Sa./So. 10–18 Uhr

Funkturm

Der alte Radiosender Gleiwitz kann besucht werden. Man sieht ein großes Pult, ein altertümliches Telefon und den Lautsprecher, durch den der O-Ton von damals erklingt („... seit 5.45 Uhr wird zurück geschossen").

Der Radioturm ragt 110 m auf und ist damit die **höchste Holzkonstruktion der Welt.** Zusammengehalten wird er mit 16.000 Messingschrauben, die zweimal im Jahr nachgezogen werden müssen.

- **Funkturm** (Maszt Radiostacji), ul. Lubliniecka s/n, www.muzeum.gliwice.pl, Di.–Mi. 9–15, Do. 9–17, Fr.–Sa. 9–15 Uhr

Praktische Informationen

Info

- **Touristeninformation,** ul. Zwycięstwa 21, Tel. 032-2313041, Fax 032-2312725, www.um.gliwice.pl, Mo.–Fr. 7.30–15.30 Uhr

Unterkunft

- **Hotel Diament Plaza**€€€, ul. Zwycięstwa 42, Tel. 032-2311821, Fax 032-2317226, www.hoteldiament.pl, 27 Zimmer. Das ehemalige Hotel Polski hat den Besitzer gewechselt und gehört wie das Haus Nr. 30 zur „Diament-Familie". Die Zimmer sind komfortabel und haben Sat-TV, sind aber überteuert. Haustiere sind zugelassen.
- **Hotel Royal**€€€, ul. Matejki 10, Tel. 032-4000000, Fax 032-4000350, www.hotelroyal.com.pl, 35 Zimmer. Großzügige Zimmer in einem restaurierten Bürgerhaus nahe dem Marktplatz, fast alle mit Jacuzzi-Wanne.
- **Hotel Qubus**€€, ul. Dworcowa 27, Tel. 032-3001100, Fax 032-3001200, www.qubushotel.com, 89 Zimmer. Das moderne, nur fünf Minuten von der Altstadt entfernte Hotel ist eine gute Wahl. Die Zimmer sind klein aber komfortabel, verfügen über Sat-TV und Minibar bzw. Kühlschrank; die Apartments sind geräumig und haben eine Jacuzzi-Wanne. Rundum freundliches Ambiente und ein ausgezeichnetes Frühstücksbüfett, im Konferenzraum können Hotelgäste kostenlos im Internet surfen.

Essen und Trinken

- **Spartan**€, Rynek 11, Tel. 032-2307955, tgl. ab 12 Uhr. Schön sitzt man auf der Terrasse des Lokals mit Blick auf den Neptunbrunnen. Ein guter Ort, um leckere Pilzsuppe oder Roggenmehlsuppe im ausgehöhlten Brot, schlesische Roulade und ungarische Pfannekuchen zu probieren!

Verkehr

- **Bus** und **Zug:** Der Hauptbahnhof liegt 1,5 km nordöstlich der Altstadt. Es gibt gute Zugverbindungen nach Kraków, Opole und Wrocław. Busse sind vor allem für nahe gelegene Ziele zu empfehlen.

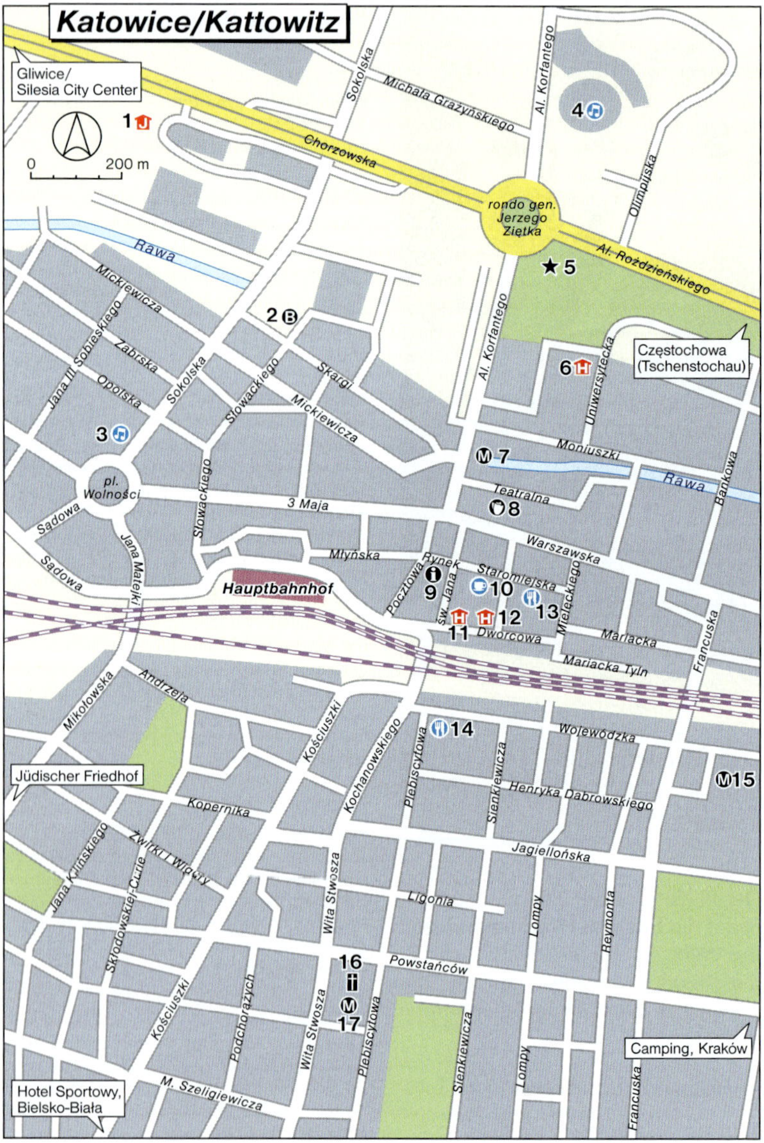
Katowice/Kattowitz
Gliwice/
Silesia City Center
0 200 m
Częstochowa
(Tschenstochau)
Jüdischer Friedhof
Camping, Kraków
Hotel Sportowy,
Bielsko-Biała
rondo gen. Jerzego Ziętka
Hauptbahnhof
pl. Wolności
Rawa
Chorzowska
Al. Rożdzieńskiego
Michała Grażyńskiego
Al. Korfantego
Olimpijska
Sokolska
Mickiewicza
Jana III Sobieskiego
Zabrska
Opolska
Słowackiego
Skargi
Moniuszki
Teatralna
3 Maja
Sądowa
Jana Matejki
Młyńska
Rynek
Pocztowa
św. Jana
Staromiejska
Warszawska
Mielęckiego
Bankowa
Dworcowa
Mariacka
Mariacka Tylna
Francuska
Mikołowska
Andrzeja
Kościuszki
Kochanowskiego
Plebiscytowa
Wojewódzka
Sienkiewicza
Henryka Dąbrowskiego
Kopernika
Żwirki i Wigury
Jana Kilińskiego
Skłodowskiej-Curie
Jagiellońska
Wita Stwosza
Ligonia
Lompy
Reymonta
Powstańców
Podchorążych
M. Szeligiewicza
1 2 3 4 5 6 7 8 9 10 11 12 13 14 15 16 17

1 Jugendherberge
2 Busbahnhof
3 Schlesische Philharmonie
4 Konzerthalle Spodek
5 Denkmal der Schlesischen Aufständischen
6 Hotel Qubus
7 Schlesisches Museum
8 Stadttheater
9 Touristeninformation
10 Café Chopin
11 Hotel Diament
12 Hotel Monopol
13 Tatiana
14 Wunderbar
15 Museum der Stadtgeschichte
16 Christuskathedrale
17 Erzbischöfliches Museum

Katowice/Kattowitz

↗XIX/D2

Katowice ist mit 370.000 Einwohnern die **Hauptstadt der Provinz Oberschlesien** (Śląskie). Direkt vor dem Hauptbahnhof liegt die verkehrsberuhigte Altstadt, deren Jugendstilpaläste restauriert werden. Trauben meist junger Menschen schieben sich auch hier durch die Straßen, bevölkern die Cafés und Terrassenlokale.

Noch vor kurzem galt Katowice als Europas meistverschmutzte Stadt. Bei ihrem Namen dachte man an rauchende Fabrikschlote, Abraumhalden und Stahlhütten. Seit die EU die Schließung vieler Zechen verlangt, wird „umstrukturiert": Der Ausstoß von Schwefel und Stickstoffoxid hat sich halbiert, damit freilich auch die Zahl derer, die eine feste Arbeit haben – über 100.000 Kumpel wurden in den letzten Jahren entlassen.

Geschichte

Wie das benachbarte Gliwice wurde Katowice schon früh industriell erschlossen: 1770 ließ Herzog *von Pless* eine erste **Kohlegrube** anlegen, wenig später folgten weitere Hüttenwerke. Nach dem Ersten Weltkrieg wurde die rohstoffreiche Stadt Polen zugesprochen, nach dem Zweiten Weltkrieg wurde die Industrialisierung intensiviert. Mit der Ernennung des aus Katowice stammenden *Edward Gierek* zum Regierungschef 1970 wurde sie Polens Vorzeigestadt. Hier wurde verwirklicht, was damals modern war: breite,

069po Foto: sg

Am Bahnhof von Katowice

von Hochhäusern flankierte Trassen, aufgelockert durch viel Grün, Krankenhäuser, Bahnhöfe und Veranstaltungshallen im Stil Le Corbusiers. Als dem Land aber Ende der 1970er Jahre das Geld ausging, begann die Architektur zu verrotten. Selbst in die Fabrikanlagen wurde kein müder Groschen mehr investiert, fortan galt es, möglichst schnell viel zu fördern, um Polens wachsende Auslandsschuld zu begleichen.

Heute sind die alten Bergwerke, Stollen und Industrieanlagen Museumsobjekte und werden als **„Technikdenkmäler"** auf der Website http://urystyka.silesiaregion.pl/szt/de/4.html aufgeführt. Die bekanntesten befinden sich in Tarnowitz (Tarnowskie Góry) und Zabrze (Hindenburg).

Sehenswertes

Rund um den Marktplatz

Zentrum der Stadt ist der nördlich der Bahnlinie gelegene Rynek. In Katowice präsentiert er sich nicht wie anderswo als „gute Stube der Stadt", sondern als unübersichtlicher, zugiger Verkehrskreisel. Architektonische Lichtblicke sind das **Stadttheater** von 1907 und – etwas zurückversetzt – das schlossartige ehemalige Grand Hotel. Dieses beherbergt das **Schlesische Museum** mit einer ungewöhnlichen Sammlung **polnischer Kunst aus dem 19. und 20. Jahrhundert.** Alle, die Rang und Namen haben, sind hier vertreten: der Nationalmaler *Jan Matejko* mit seinen naturalistischen Historien- und Schlachtenbildern, der Modernist *Stanisław Wyspiański* und der Expressionist *Witkacy, Olga Boznańska* mit flirrenden Porträts und *Aleksander Gierymski*, der die städtische Armut in realistischer Manier darstellte.

- **Schlesisches Museum** (Muzeum Śląskie), al. W. Korfantego 3, www.muzeumslaskie.art.pl, Di.–Fr. 10–17, Sa./So. 11–16 Uhr

Folgt man der Korfantego ein paar Schritte nordwärts, gelangt man zum **Denkmal der Aufständischen** (Pomnik Powstańców Śląskich). Die drei riesigen Flügelwesen sollen an die deutsch-polnischen Kämpfe von 1919 bis 1921 erinnern - wenn man's nicht wüsste, würde man in ihnen eher Tänzer mit wehendem Haar und Gewand vermuten. In der Ferne erkennt man die **Konzerthalle Spodek** („Fliegende Untertasse"), die mit ihren über 10.000 Plätzen vor allem für Auftritte von Popstars genutzt wird.

Museum der Stadtgeschichte

Auch südlich der Bahnlinie gibt es Sehenswürdigkeiten. So informiert in einem **monumentalen Gründerzeitpalais** das Museum der Stadtgeschichte über die Entwicklung Katowices von einem Bauerndorf zum „Wirtschaftsmotor Polens".

• **Museum der Stadtgeschichte** (Muzeum Historii Katowic), ul. Szafranka 9, www.mhk.katowice.pl, Di. 10–15, Mi. 10–17.30, Do. 11–15, Fr. 11–17.30, Sa./So. 11–14 Uhr

Christuskathedrale und Erzbischöfliches Museum

Südwestlich befindet sich die 1955 eingeweihte Christuskathedrale **(Katedra im. Chrystusa).** Trotz atheistischer Ausrichtung gab sich der sozialistische Staat großzügig und spendierte den Arbeitern ein Gotteshaus, das mit 100 Meter Länge und 64 Meter Höhe zu den größten des Landes zählt. Direkt gegenüber öffnet das Erzbischöfliche Museum mit einer reichen **Sammlung sakraler schlesischer Kunst** von der Gotik bis zum Barock.

• **Erzbischöfliches Museum** (Muzeum Archidiecezjalne), ul. Wita Stwosza 16, Di., Do. 14–18, So. 14–17 Uhr

Jüdischer Friedhof

Gut ein Kilometer südwestlich, erreichbar über die Mikołowska, liegt der 1869 angelegte Jüdische Friedhof. Zwischen alten Bäumen und wild wuchernden Buschwerk stehen **einige Hundert gut erhaltene Gräber.** Parallel zur Geschichte von Katowice sind die älteren hebräisch-deutsch, die jüngeren hebräisch-polnisch beschriftet.

• **Jüdischer Friedhof** (Cmentarz Żydowski), ul. Kozielska 16, So.–Do. 8–15 Uhr, Freitag 8–12 Uhr

Praktische Informationen

Info

• **Touristeninformation,** Rynek 13, 40-003 Katowice, Tel. 032-2593808, www.katowice.eu, Sa.–So. geschl. Hier wird man auch auf Deutsch oder Englisch beraten und erhält Tipps für Ausflüge.

Unterkunft

• **Hotel Monopol**€€€€, ul. Dworcowa 10/Ecke ul. Dyrekcyjna, Tel. 032-7828282, Fax 032-7828283, www.hotel.com.pl, 114 Zimmer. Das luxuriöse Bürgerpalais schräg gegenüber vom Bahnhof will an die Tradition des gleichnamigen Nobelhotels aus den 1930er Jahren anknüpfen. Alles ist in schönstem Sezessionsstil gehalten, selbst die beiden Restaurants und die hauseigene Konditorei machen da keine Ausnahme. Angeschlossen ist ein großer Wellness-Bereich mit Indoor-Pool und Saunen, Fitnessraum und Massagebereich. Am Wochenende Rabatt.

• **Hotel Diament**€€€, ul. Dworcowa 9, Tel. 032-2539041, Fax 032-2539043, www.hoteldiament.pl, 43 Zimmer. Das Hotel ist etwas preiswerter als das benachbarte Monopol und hält sich schon lange, dank treuer Geschäftsleute.

• **Hotel Qubus**€€€, ul. Uniwersytecka 13, Tel. 032-6010100, Fax 032-6010200, www.qubus

Polski Blues

„Alles ist Blues. Die Arbeit. Der Schmutz. Die ganze Misere des Lebens." *Jan Skrzek*, der das sagt, gilt als „Vater" des polnischen Blues. Sein bestes Stück *Górnik* hat er den Bergarbeitern gewidmet: eine trauervolle, fast monotone Mundharmonika-Melodie, die ähnlich klingt wie die nicht enden wollenden Schichten unter Tage. Manchmal tritt er beim internationalen **Rawa-Blues-Festival** von Katowice auf. Sein Organisator *Irek Dudek* ist überzeugt: „Schlesien ist Polens Blues-Mekka, und Polen macht den besten Blues in Europa." 10.000 Leute kommen in die „Fliegende Untertasse", um in- und ausländische Blues-Größen zu hören. Wie wichtig diese Musik für viele Stadtbewohner ist, mag eine Anekdote illustrieren, die *Dudek* erzählt: Kurz nach der Wende trafen sich die besten Blues-Musiker auf der Waldbühne nahe Katowice zu einer Open-End-Party. Die Stimmung war so gut und der Blues so hypnotisch, dass die Musiker das „open end" wörtlich nahmen. Wie im Märchen von Tausend-und-einer-Nacht war immer einer von ihnen am Spielen – Tag und Nacht und volle drei Jahre lang, als ginge es um ihr Leben ...

hotel.com, 150 Zimmer. 2004 eröffnetes Viersternehotel zwischen Zentrum und Universität. Komfortable Zimmer, freundlicher Service, gutes Frühstücksbüfett.

• **Hotel Sportowy**€€, ul. Ceglana 67, Tel. 032-2510093, 27 Zimmer. Das „Sporthotel" liegt knapp 2 km südlich des Zentrums nahe dem Park Kościuszki. Funktionale Zimmer mit Bad, Sauna und Tennisplatz.

• **Jugendherberge Ślązaczek**€, ul. Sokolska 26, Tel./Fax 032-2596487, 50 Plätze, ganzjährig geöffnet. 10 Gehminuten nördlich des Bahnhofs.

• **Camping Dolina Trzech Stawów Nr. 215**€, ul. Murckowska 6, Tel. 032-2565939, geöffnet 1. Mai bis 30. Sept. Die am Hang gelegene Anlage befindet sich 2 km südöstlich vom Stadtzentrum im „Tal der drei Teiche": zwischen Wald und einer durch Lärmschutzwand abgeschirmten Autobahn.

Essen und Trinken

• **Tatiana**€€€, ul. Staromiejska 5, Tel. 032-203 7413. Rustikales, auf altslawisch getrimmtes Lokal in der Fußgängerstraße. Die Küche bietet Östliches und Südliches: Außer litauischer Kaltschale, russischem Ei und polnischer Roggenmehlsuppe (żurek) auch italienische Klassiker. Im Sommer öffnet auf der Fußgängerstraße eine Terrasse.

• **Wunderbar**€€, ul. Plebiscytowa 2, Tel. 032-7817690, tgl. ab 12 Uhr. Ein Kuriosum: Das „Wunderbar" ein paar Gehminuten südöstlich des Bahnhofs bietet gestandene deutsch-bayrische Küche. Im Ambiente von anno dazumal werden Eisbein, Kartoffelsalat oder Bier mit Brezel serviert; Vegetarier greifen zum Kartoffelpuffer mit Lachsmousse.

• **Café Chopin**€, ul. Dyrekcyjna 6, Mo.–Fr. ab 9, Sa. ab 10 Uhr. Kleines Café mit frisch gepressten Säften, belegten Sandwiches und gutem Kaffee aus eigener Rösterei.

Kultur

• **Schlesische Philharmonie:** Filharmonia Śląska, ul. Sokolska 2, Tel. 032-2586261, www.filharmoniaslaska.art.pl

• **Puppentheater Ateneum:** Śląski Teatr Lalki i Aktora, ul. Św. Jana 10, Tel. 032-2538221, www.ateneum.art.pl

• **Stadttheater:** Teatr Śląski im. Stanisława Wyspiańskiego, Rynek 2, Tel. 032-2587251

Glanzvoll wieder erwacht – Hotel Monopol

Festival

● **Oktober:** *Internationales Rawa-Blues-Festival:* im Spodek, der „Fliegenden Untertasse" www.rawablues.com

Verkehr

● **Zug:** Der Bahnhof liegt mitten in der Stadt und bietet hervorragende Verbindungen nach Kraków, Warszawa, Opole und Wrocław; leicht erreichbar sind auch Pszczyna und (mit Umsteigen) Auschwitz/Oświęcim.

● **Bus:** Der Busbahnhof liegt 800 m nördlich des Zugbahnhofs in der ul. Skargi. Die Schnellbusse von Polski Express (Abfahrt gegenüber dem Schlesischen Museum) fahren nach Częstochowa, Łódź, Warszawa und Kraków.

● **Flugzeug:** Vom internationalen Flughafen in Pyrzowice (32 km nördlich) starten auch Billigflüge zu Zielen in Deutschland.

Pszczyna

⇗XX/A1

Verlässt man den Kattowitzer Kohlenpott südwärts auf der E-75, reibt man sich die Augen: Dieses waldreiche, fast bukolische Stück Land soll Oberschlesien sein? In der Ferne schwingen sich die Schlesischen Beskiden bis zu einer Höhe von knapp 1000 Meter auf, die sich östlich anschließenden Saybuscher Beskiden erreichen am „Hexenberg" (Babia Góra) gar stolze 1725 Meter.

Die Kleinstadt Pszczyna **(Pless)** hat einen hübschen, von Barockkirchen und Bürgerhäusern gesäumten Marktplatz. Doch ihr eigentliches Schmuckstück ist das angrenzende, in einem weitläufigen Park gelegene **Schloss** (Zamek). 1846 erwarb die **preußische Adelsfamilie Hochberg** das Anwesen und rückte so zu den größten Grundbesitzern Schlesiens auf. Ihre Ländereien reichten von Pszczyna bis zum 200 Kilometer entfernten ⇗Książ (Fürstenstein). Im Schloss kann man sich ein Bild von einstiger feudaler Lebensart verschaffen: In Filzpantoffeln gleitet man durch den Jagdsaal mit seinen obligatorischen Trophäen, das Waffenkabinett und die Bibliothek, den Großen Saal mit einer Galerie europäischer Meister. Oft wird der Spiegelsaal für Kammerkonzerte genutzt: Dabei erklingen Werke von *Georg Philipp Telemann,* der 1704–08 im Schloss residierte (Muzeum Zamkowe, www.zamek-pszczyna.pl, im Winter Mo. geschl., Eintritt ca. 4 €).

Bielsko-Biała

⇗XX/A2

14 Kilometer südlich von Pszczyna liegt die 170.000 Einwohner zählende Grenzstadt Bielsko-Biała **(Bielitz-Biala),** die aus zwei durch den Fluss Biała getrennten Vierteln besteht: Einst waren sie selbstständige Städte, die der österreichischen bzw. preußischen Besatzungsmacht unterstanden. Was sie einte, war die Textilindustrie: „Bielitzer Tuch" war ein Synonym für qualitativ hochwertige Stoffe. Auch heute lebt die Stadt von der Industrie, wenn auch nicht mehr von Textilien, sondern von Autos: Größter Arbeitgeber der Stadt ist Fiat, der hier Motoren bauen lässt (⇗Exkurs „Der Maluch – ein Museumsstück").

Bielsko, das ältere und interessantere Viertel, liegt westlich des Flusses. In dem Schloss, das im Mittelalter für die Teschener Fürsten erbaut wurde, befindet sich das **Regionalmuseum,** das in die bewegte Stadtgeschichte einführt (Muzeum Okręgowe, ul. Wzgórze 16, www.muzeum.bielsko.pl, Mo. geschl.). Zu Füßen des Schlosses breitet sich ein Gewirr mittelalterlicher Gassen aus, mittendrin liegt der obligatorische **Marktplatz.**

Die größte der drei nahe stehenden Kirchen ist die **Kathedrale** (Katedra), die mit ihrem 61 Meter hohen Turm die Stadtsilhouette dominiert.

Weiter südlich öffnet das **Museum für Technik und Textilindustrie,** das anhand alter Maschinen die Entwick-

071po Foto: sg

Der Maluch – ein Museumsstück

Was der Trabi für die DDR, war der **Polski Fiat** für Polen: Ein Vierteljahrhundert hatte er die Straßen fast für sich allein, knatterte über Kopfstein und Asphalt. **Maluch (Winzling)** wurde er genannt, was keine Übertreibung war. In einem Witz nahm man seine knappen Abmessungen aufs Korn: „Was ist das für eine Mauer, an der wir hier entlangfahren?" fragt der Beifahrer den Lenker des Wagens. Dessen trockene Antwort: „Keine Mauer, mein Freund, das ist der Randstein!"

Der *Maluch* war verhasst und wurde zugleich auch geliebt. Mit ihm glückte manch ersehnte kleine Flucht, der Ausbruch von der Stadt aufs Land oder auch umgekehrt. Allerdings hatten die Polen für die Erfüllung dieses Traums tief in die Tasche zu greifen: 30 durchschnittliche Monatsgehälter mussten für den Kauf hingeblättert werden. Für ein Gebrauchtexemplar war – allen westlichen Gesetzen von Wertverlust zum Trotz – sogar das Doppelte fällig! Polens sozialistische Regierung bezahlte den italienischen Fiat-Produzenten in Form schwerer Maschinen und musste, um Engpässe in anderen Branchen zu vermeiden, die Autoproduktion künstlich knapp halten. Warum, so mag man fragen, produzierte Polen keinen eigenen Wagen?

Die Antwort ist kurz und unbefriedigend: Das Land hatte andere Prioritäten. Erst nach den Unruhen von 1970 sah sich die Regierung genötigt, die aufkeimende Unzufriedenheit mit leichterem Zugang zu Konsumartikeln zu dämpfen. Dazu gehörte die Aussicht auf einen Kleinwagen – und mochte dieser noch so winzig sein. Fiat war bereit einzuspringen und sorgte dafür, dass die Polen mit dem *Maluch* vom Sozialismus in den Kapitalismus fuhren. Doch mit der politischen Wende wurde auch das Ende des Winzlings eingeläutet: Im Jahr 2000 lief das letzte (dreieinhalbmillionste) Stück vom Band, fortan warfen die Polen ihr Auge auf bessere und größere Wagen ...

Seit einigen Jahren lässt Fiat in Bielsko-Biała den 1,3 Liter Turbodiesel Motor bauen. Dieser wird ins benachbarte Tychy geliefert, wo er Fiat Panda, Punto und Idea eingepflanzt wird – jährlich werden etwa 300.000 Autos produziert. Robotisierte Schweiß- und Lackstraßen sorgen dafür, dass für die Herstellung eines Wagens nur noch 16 Stunden Arbeitszeit und für die Gesamtproduktion lediglich 1300 Arbeiter erforderlich sind. 30 % der Wagen werden im Land verkauft, der Rest geht ins Ausland, was Fiat im polnischen Exportvolumen einen Anteil von 3 % beschert.

lung der Branche nachzeichnet (Muzeum Techniki i Włókiennictwa, ul. Sukiennicza 7, www.muzeum.bielsko.pl, Mo. geschl.). Wer sich eher für die einstigen Lebensverhältnisse der Arbeiter interessiert, besucht das **Weberhaus** 400 Meter südwestlich der Altstadt (Dom Tkacza, ul. Sobieskiego 51, www.muzeum.bielsko.pl, Mo. geschl.).

Info

- **Touristeninformation,** pl. Ratuszowy 4, 43-300 Bielsko-Biała, Tel. 033 8190050, Fax 8190 061, www.it.bielsko.pl (deutsch), So. geschl.

Das Schloss in Pszczyna

Von Cieszyn nach Żywiec

⇗XX/A2

31 Kilometer westlich von Bielsko-Biała liegt die Grenzstadt Cieszyn **(Teschen),** die gleichfalls durch einen Fluss geteilt ist. Wer sich einen Überblick verschaffen will, besteigt den Turm auf dem **Schlossberg** (Góra Zamkowa). Nahebei steht eine kreisrunde **vorromanische Kirche aus dem 11. Jahrhundert,** das älteste erhaltene Bauwerk Schlesiens. Über die von Herrenhäusern gesäumte Głęboka gelangt man zum Marktplatz, in dessen Nachbarschaft vier Kirchen aufragen. Das **Stadtmuseum** befindet sich in einem klassizistischen Palais und informiert vor allem über die jüngste Geschichte (Muzeum Miejskie, Pałac Larischów, ul. Regera 6, www.muzeum-cieszyn.ox.pl, Mo. geschl.).

Über Ustroń geht es ins Straßendorf **Wisła (Weichsel)** hinauf. Seit der hier gebürtige Skispringer *Adam Małysz* bei internationalen Wettkämpfen große Erfolge errang, springen in allen Läden Małysz-Souvenirs ins Auge. Die alten Ferienheime werden zu Komforthotels umgebaut, in einer nicht mehr fernen Zukunft will man sich als Top-Spot für Winterurlaub präsentieren.

Spektakulär und serpentinenreich ist die Bergstraße nach **Szczyrk,** Hauptferienort der Schlesischen Beskiden. Wanderer fahren mit der Drahtseilbahn auf den 1257 Meter hohen Skrzyczne, von wo sie auf markierten Wegen die Umgebung erkunden. Doch die meisten Besucher kommen im Winter: Der Ort ist relativ schneesicher, dank steiler Hänge sind anspruchsvolle Abfahrten möglich.

Das Lieblingsbier nicht nur der Schlesier, sondern der meisten Polen wird in **Żywiec (Saybusch)** produziert. Der Ort liegt 12 Kilometer östlich von Szczyrk und wirkt gemütlich: Am Marktplatz steht eine gotische Pfarrkirche, nahebei ein **Renaissance-Schloss** mit schönem Arkadenhof; am Jagdpalais vorbei kommt man in einen großen, von Wasserarmen durchzogenen Park. Am nördlich gelegenen **Stausee** tummeln sich Segler und Surfer, markierte Wanderwege führen in die Saybuscher Beskiden.

● **Brauereimuseum Żywiec** (Muzeum Browaru), ul. Browarna 88, www.muzeumbrowaru.pl. Infos zur Geschichte der Brauerei (heute Heineken) in 18 historischen Kellerräumen.

Die Spitzenklöpplerinnen von Koniaków

Koniaków, das winzige Dorf im Dreiländereck Polen-Tschechien-Slowakei, hat neuerdings einen schlechten Ruf. Ausgerechnet seine ehrbaren Spitzenklöpplerinnen stellen sich, wie die Kirche meint, in den „Dienst der Lüsternheit“: Statt Spitzendecken für den Sonntagstisch fabrizieren sie **sexy Damen- und Herrenhöschen,** die bei den Polen reißenden Absatz finden. Frisch-fromm-frei argumentieren die Frauen mit der Logik des Markts: Endlich sei eine Ware gefunden, die bestens verkäuflich ist. Moralpredigten lassen sie nicht gelten: sie verdienten doch gut, sagen sie, und nicht nur sie seien glücklich, sondern auch die Käufer.

Das „Gelobte Land"

Regisseur *Andrzej Wajda,* Absolvent der Filmhochschule von Łódź, hat seiner Stadt ein filmisches Denkmal gesetzt: „Gelobtes Land" heißt der Klassiker, in dem er ihren Aufstieg von einem unbedeutenden Provinznest zur größten **Textilmetropole** Europas nachzeichnet. Łódź war das „polnische Manchester" – Tag und Nacht wurde gesponnen und gewebt, gewalkt und gefärbt. Weil das Geschäft so gut lief, ließen sich die Textilbarone Wohnpaläste unmittelbar neben ihren Fabriken errichten. Für sie war Łódź tatsächlich ein „gelobtes Land", nicht aber für das Heer der Arbeiter, denen das Leben nichts war als Mühsal und Pein.

120 km südlich, in Częstochowa, erwartet Besucher die geistliche Version des „gelobten Landes". Auch dort zieht sich eine schnurgerade Straße quer durch die Stadt. Sie endet am legendären Kloster auf dem Hellen Berg (Jasna Góra). Was die Besucher dort erwartet, verrät die nachfolgende Stadtbeschreibung.

Częstochowa/ Tschenstochau

↗XIII/D3

In Gefahr und größter Not bringt Madonna schnellen Trost. Hunderte von Wallfahrtsorten hat man ihr gestiftet, damit der Weg zu ihr nie weit sei und das flehentliche Gebet erhört werde. Am berühmtesten ist Częstochowa (Tschenstochau), der Ort, wo „das Herz des wahren Polen schlägt", eines der größten Mariensanktuarien der Welt. Vier Millionen Menschen pilgern jedes Jahr hierher, um den Beistand der **Schwarzen Madonna** zu erbitten. Über die von Denkmälern frommer Polen gesäumte „Allee der Allerheiligsten Jungfrau Maria" ziehen sie hinauf zum **Paulinerkloster auf dem Lichten Berg,** einer Trutzburg mit himmelstürmendem Kirchturm. Alte Frauen legen die letzte Strecke auf den Knien rutschend zurück, dann werfen sie sich zu Boden und bilden mit den Armen ein Kreuz. Andere verharren kniend, haben das Kopftuch fest ums Kinn geschnürt und die gichtigen Hände gefaltet. In ihrem Gesicht zeichnen sich Leid und Schmerz ab, ähnlich den Zügen des Gekreuzigten, zu dem sie so inbrünstig beten.

Hundert Meter weiter herrscht blanker Kommerz: Devotionalienhändler verkaufen Tassen und Teller mit dem Konterfei *Marias,* Heiligenfiguren aus Wachs, Plastik und Porzellan. *Christus* mit kirschrot blutendem Herz ist ein Renner, den Papst gibt es in allen Preislagen, Farben und Größen. Auch Zuckerwatte und Wunderkerzen kann man erwerben, Bibeln mit Golddruck und DVDs mit Titeln wie „Schöpfung der Welt". Eine Drehorgel plärrt unentwegt „Ave Maria".

Hat man die vier Eingangstore passiert, wird man im Tross der Menge in die **Kapelle der Wundertätigen** geschoben. Dort hängt das wohl **begehrteste Bildnis der Welt:** Wie es heißt, hat es der Evangelist *Lukas* höchstpersönlich auf ein Stück Zypressenholz gemalt, das vom Tisch der Heiligen Familie aus Nazareth stammt. Über verschlungene Wege kam die

072po Foto: sg

Ikone 1382 nach Częstochowa. Skeptisch blickt die dunkelhäutige *Maria* auf den Betrachter, kein Lächeln umspielt ihren Mund. Wütende Ketzer haben sie attackiert, die beiden Narben im Gesicht zeugen davon.

Maria hat schon vieles gesehen und durchlitten: Sie schritt Schlachten voran und segnete große Geschäfte, machte Blinde sehend und ließ Menschen vom Totenbett auferstehen. Ihre größte Tat vollbrachte sie 1655, als schwedische Truppen den **„Hellen Berg" (Jasna Góra)** belagerten. Sechs Wochen lang trotzten 250 Mönche den auf 4000 Mann geschätzten schwedischen Einheiten, bis diese nach polnischen Entlastungsangriffen unverrichteter Dinge wieder abzogen. Seit diesem Tag spricht man vom „glorreichen Sieg“ polnischer Truppen über das feindliche Heer. Die Paulinermönche haben diese Tat stilgerecht zum **„Wunder von Częstochowa“** umgedeutet: *Maria,* sagen sie, habe interveniert und die Geschosse ins feindliche Lager zurückgelenkt. Im Bemühen, patriotische Gefühle zu mobilisieren, erhob König *Jan Kazimierz* die Retterin zur **„Königin Polens“.** Die „Krönungsfeierlichkeiten“ in Anwesenheit von Papst *Clemens IX.* fanden 1717 statt, in der Teilungszeit avancierte sie zur Repräsentantin der „Exilregierung“.

Frömmigkeit und Patriotismus sind in Polen nicht voneinander zu trennen. Auch beim **Sturz des Kommunismus** war die Schwarze Madonna in vorderster Front dabei. *Stefan Wyszyński,* der Primas von Polen, legte ihr die Nation 1956 feierlich zu Füßen. Bis zur Jahrtausendfeier des Staates zehn Jahre später zelebrierte er jeden Sommer die Großen Novenen, neuntägige Marienandachten. Im Anschluss wurde die Madonna auf eine Tournee durch fast alle polnischen Städte und Gemeinden geschickt. Mal mehr, mal weniger verschlüsselt verkündete sie den „Untergang des gottlosen Reiches“ und den baldigen „Anbruch der Freiheit“.

Nachdem sie **Kardinal Karol Wojtyła** zum Einzug in den Vatikan verholfen hatte, kehrte sie 1979 an ihren angestammten Platz zurück. „Die Wahl eines Polen zum Papst“, verkündeten damals die Bischöfe, „ist nach allgemeiner Überzeugung das Werk der Allerheiligsten Mutter, der Jungfrau von Tschenstochau und Königin Polens“.

Zur Schwarzen Madonna – Polens größte Wallfahrt

Eine Wallfahrt darf man sich nicht als todernste Angelegenheit vorstellen. Für die Polen ist sie eine Art Ausstieg aus dem Alltag, ein Urlaubstrip zum Nulltarif. Bei der größten Wallfahrt, dem Sternmarsch zu Mariä Himmelfahrt nach Częstochowa sind Zehntausende tagelang unterwegs: Von Warschau brauchen sie neun, von Świnoujście an der Ostsee und dem ermländischen Olsztyn gar vierzehn Tage, um zum Ziel zu kommen. Da laufen Jugendliche in Hippie-Kleidung neben kurzgeschorener Zivilpolizei, masurische Bauern neben schlesischen Bergarbeitern, Nonnen neben Soldaten, Großfamilien neben Singles. Und weil es gut fürs Image ist, sind auch Sportler, Schauspieler und Politiker dabei – und sei es nur für eine Tagesetappe. Eskortiert werden die Pilger vom Roten Kreuz und mobilen Ärzteteams; wer seinen Rucksack nicht mehr tragen kann, deponiert ihn auf einem Begleitfahrzeug. Unterwegs verkaufen Bauern preiswert Proviant, übernachtet wird in Pfarreien, Schulen und Sporthallen. Man singt „We shall overcome“ und „Ich habe für meinen Herren gebetet“, am abendlichen Lagerfeuer greifen ein paar junge Männer zur Gitarre. Der Weg ist das Ziel: Wenn die Pilger erschöpft in Częstochowa eintreffen, haben sie viel erzählt und noch mehr erfahren, vielleicht sogar Freundschaften geschlossen. Wen interessiert da schon die Geschichte *Marias?* Man hört sich den Gottesdienst an, ja, weil er so schön mystisch und die Schwarze Madonna das Gegenbild zur ewig lächelnden Pop-Königin ist, vielleicht auch, weil der Kirchengesang so inbrünstig klingt und die Soutanen der Priester so wunderbar glänzen.

Schwarze Madonna volkstümlich

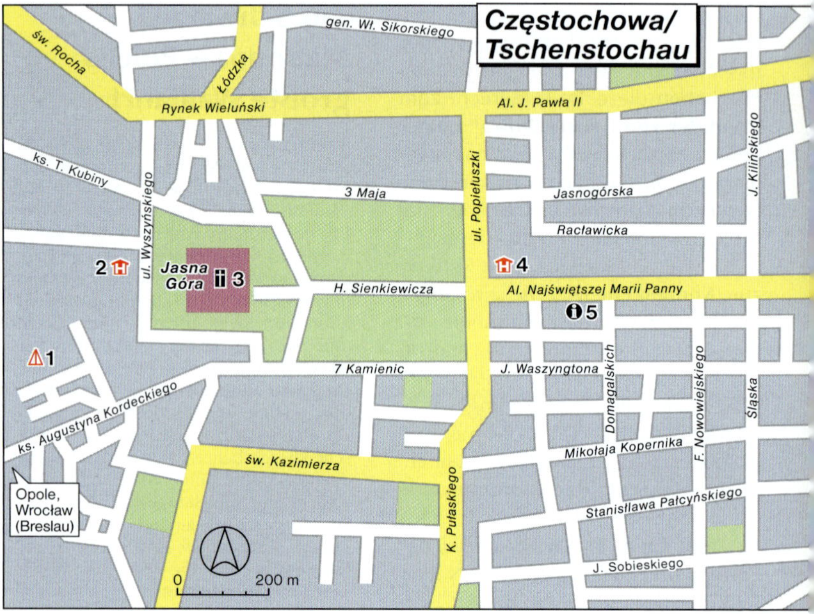

Die durch solch göttliches Walten angespornten Kleriker spürten den Zeitgeist auf ihrer Seite und nutzten die Wallfahrten zum Kloster Jasna Góra zu machtvollen Demonstrationen gegen den sozialistischen Staat. Als die Arbeiter der Lenin-Werft im Sommer 1980 in Streik traten, befestigten sie eine Kopie der Schwarzen Madonna an ihrem Werkstor und beteten täglich zu ihr. Ihr Führer, der **Elektriker Lech Wałęsa,** wusste, wem er seinen Aufstieg zu verdanken hatte. Als ihm 1983 der Friedensnobelpreis zuerkannt wurde, stiftete er ihn sogleich seiner „Königin". Die Urkunde darf im **600-Jahr-Museum** bestaunt werden, ebenso die Schärpe von *Johannes Paul II.,* die der aus Bulgarien stammende *Ali Agca* bei seinem Attentat auf den Papst durchschoss.

● **Paulinerkloster auf dem Lichten Berg** (Klasztor Jasna Góra), ul. A. Kordeckiego 2, www.jasnagora.pl, das Klostergelände ist tgl. 5–21.30 Uhr geöffnet, die Kapelle der Muttergottes von Tschenstochau (Kaplica Matiki Boskiej Częstochowskiej) tgl. 6–12, 15–19.15, 21–21.15 Uhr, das 600-Jahr-Museum (Muzeum Sześćsetlecia) tgl. 11–16.30 Uhr, die Waffenkammer (Arsenał) tgl. 9–17, die Schatzkammer (Skarbiec) tgl. 8–16.30 Uhr, der Kirchturm (Wieża) im Sommer tgl. 8–16 Uhr.

Praktische Informationen

Info

● **Touristeninformation,** al. NMP 65, 42-217 Częstochowa, Tel. 034-3682250, Fax 3682

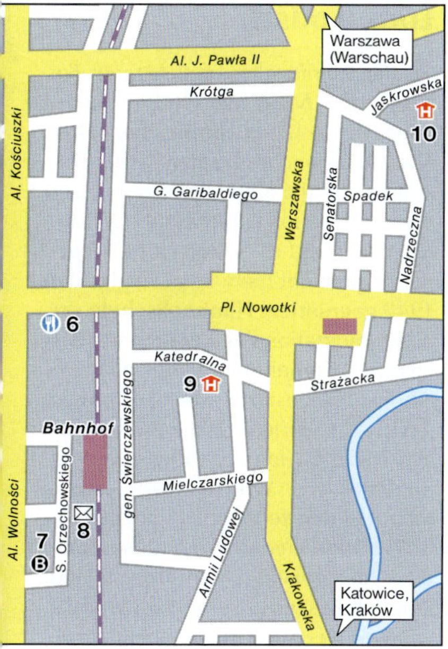

- 1 Camping
- 2 Dom Pielgrzyma
- 3 Paulinerkloster am Lichten Berg
- 4 Hotel Mercure Patria Częstochowa
- 5 Touristeninformation
- 6 Chata
- 7 Busbahnhof
- 8 Post
- 9 Hotel Ha Ga
- 10 Hotel Ibis

260, www.czestochowa.pl, www.sanktuarium.jasnagora.pl, So. geschl. Hier werden auch Privatzimmer vermittelt.

Unterkunft

• **Hotel Mercure Patria Częstochowa**€€€, ul. Ks. Popiełuszki 2, Tel. 034-3247001, Fax 034-3246332, www.orbis.pl, 102 Zimmer. Statt Mystik Nüchternheit pur: Der siebenstöckige Klotz am Fuß des Klosterhügels bietet Komfort, wie man ihn von Mercure erwartet. Die Zimmer sind bequem und haben Sat-TV, morgens gibt's gutes Frühstücksbüfett.

• **Hotel Ibis**€€, ul. Jaskrowska 22, Tel. 034-3774500, www.ibishotel.com, 126 Zimmer. Etwas außerhalb des Zentrums, freundlich-funktional, für die gebotene Qualität günstig.

• **Hotel Ha Ga**€, ul. Katedralna 9, Tel. 034-3246 173, www.haga.pl. Der Vorteil dieses spartanischen Einsternehotels ist außer dem niedrigen Preis die gute Lage wenige Schritte östlich des Zugbahnhofs.

• **Camping Oleńka Nr. 76**€, ul. Oleńki 22/30, Tel. 034-3655799, Fax 034-3247495, 480 Plätze, ganzjährig geöffnet. Ein paar Gehminuten westlich des Klosters gelegener Platz mit Campinghäuschen.

Essen und Trinken

• **Chata**€, al. NMP 12-C, Tel. 034-3243344. In der zentral an der Allee der Allerheiligsten Jungfrau gelegenen „Hütte" stärkt man sich mit deftiger polnischer Kost. Wer's feiner mag, bestellt Schweinefilet in Pilzsoße.

Feste und Feiertage

Mai: Gaude Mater. Festival religiöser Musik
3. Mai: Tag Mariä Krönung
15. August: Mariä Himmelfahrt
26. August: Fest der Gottesmutter
8. September: Mariä Geburtstag
8. Dezember: Mariä Empfängnis

Łódź/Lodsch

↗VI/A2

Als der Schriftsteller *Hans Magnus Enzensberger* Mitte der 1980er Jahre Łódź (Lodsch) als **polnisches Hollywood** ausmalte, tippten sich seine Freunde an die Stirn und sagten: „Der Arme hat Fieber, er fantasiert." 35 Jahre später klingt die Vision eines „Holly-Łódź" gar nicht mehr so abwegig. Die 1948 gegründete **Filmhochschule** genießt internationales Renommee; das Festival „Camerimage", bei dem alljährlich die besten Kameraleistungen gewürdigt werden, lockt Besucher aus aller Welt. *David Lynch,* Regisseur von Kultfilmen wie „Wild at Heart", errichtet auf einem zehn Hektar großen Fabrikgelände eigene Produktionsstudios – hier entstand sein Film „Inland Empire". Er sagt, er sei verliebt in Łódź: „So weit das Auge reicht, sieht man alte Schönheit. Diese Stadt inspiriert mich. Ideen entwickeln sich in Łódź wie von selbst. Es liegt Spannung in der Luft. Das Gefühl, ‚alles tun zu können' – wie bei einem rauschenden Fest. Fahren wir durch Łódź, kann ich die Steine unter den Autoreifen spüren. Egal, wohin ich schaue – mir kommen neue Ideen."

Doch Łódź ist nicht nur ein Film-Mekka. Man kennt und fürchtet es auch als das „gelobte Land" der Textilbarone, die ihren Reichtum in einer protzigen Architektur zur Schau stellten. Seit einigen Jahren macht **Polens zweitgrößte Stadt** auch als Techno-Hochburg von sich reden. „Wir hatten schon immer ein Ohr für Maschinen-Rhythmen", meinen die jungen Łódźer.

073po Foto: sg

Gebet zu Füßen von Kardinal Wyszyński – noch größer ist das Denkmal für den polnischen Papst!

Verkehr

- **Bus** und **Zug:** Die beiden Bahnhöfe befinden sich am Südende der al. NMP, zum Kloster läuft man ca. 20 Min. Gute Verbindungen gibt es nach Katowice, Kraków, Łódź und Warszawa.

Am Wochenende kommen selbst Warschauer angereist, um den Arbeitsalltag bei Techno, Hiphop und House hinter sich zu lassen.

Geschichte

Seit der politischen Wende von 1990 entdecken nicht wenige Stadtbewohner eine vergessen geglaubte Identität. Sie bezeichnen sich mit einem deutschen Wort als „Lodzermenschen" und sind stolz darauf, schon immer an der Spitze des Fortschritts gestanden zu haben. Wie ihre Vorfahren definieren sie sich nicht vorrangig über staatliche oder religiöse Zugehörigkeit, sondern über den Erfolg.

Die historische Wurzel dieser Mentalität reicht ins 19. Jahrhundert zurück, als das 800-Seelendorf Łódź innerhalb weniger Jahrzehnte zur **weltweit größten Textilmetropole** mit 600.000 Einwohnern anwuchs. Von 1815 bis 1914 gehörte sie zum russischen Teilungsgebiet und profitierte davon, dass alle Waren zollfrei ins russische Riesenreich gelangten. Alle, die es nach Łódź verschlug, waren **Einwanderer:** deutsche Handwerker und Heimweber, jüdische Landarbeiter und Kleinpächter, aus der Leibeigenschaft befreite polnische Bauern und russische Beamte. Wer es in Łódź zu etwas bringen wollte, musste ein „Macher" sein, d.h. jemand, der mit etwas Startkapital und Know-how imstande war, ein wirtschaftliches Imperium aufzubauen. Dass dies möglich war, beweisen die *Geyers* und *Scheiblers, Poznańskis* und *Kościeleckis,* die in dieser Zeit zu Textilbaronen und Multimillionären avancierten. Hier spielte es keine Rolle, ob man Deutscher, Pole oder Russe, Katholik, Protestant, Orthodoxer oder Jude war - Geld kannte weder Nationalität noch Religion. Auf die Haltung kam es an: Nur dem gebührte Anerkennung, der seine Interessen konsequent, notfalls auch brachial durchzusetzen wusste. Wen wundert's, dass Boxen im ausgehenden 19. Jahrhundert anerkanntes Lehrfach an mehreren Łódźer Gymnasien war ...

Auch die Arbeiter kämpften in Łódź früher als im übrigen Polen für ihre Interessen: Auf Maschinenstürmerei folgten Barrikadenkämpfe, 1905 organisierten sie als erste den **Aufstand gegen zaristische Staatsgewalt.**

Sprachlich hoben sich die Łódźer gleichfalls ab. Ihr von deutschen und jiddischen Ausdrücken durchsetztes Polnisch hörte sich an, „als ob sie wiederkäuten" *(Mielą jak krowa jęzorem).* Nicht minder fremd klang ihr „Ladscherdajtsch": *Rosa Luxemburg* empfand es als „eine recht eigenartige, komische deutsche Sprache", und der verdutzte *Alfred Döblin* sprach vom seltsamen „Kaudersdeutsch".

Nach dem Zweiten Weltkrieg gab es die **Juden** nicht mehr: Im Ghetto von „Litzmannstadt" - so hieß die von Deutschen besetzte Stadt - wurden 200.000 von ihnen interniert, anschließend in Konzentrationslagern ermordet. Die Deutschen, die nach 1945 nicht geflohen waren, wurden vertrieben, Statt ihrer kamen Polen, die ihre Heimat im Osten hatten verlassen müssen. Die Fabrikproduktion

228po Foto: sg

Ein Schloss für einen Textilfabrikanten – das Poznański-Palais

freilich stoppte nie. Ob im Krieg oder danach, immer wurde in mehreren Schichten rund um die Uhr gearbeitet. Erst die Wende brachte die Räder zum Stehen: Durch das Wegbrechen des osteuropäischen Absatzmarkts und die Konkurrenz asiatischer Billiganbieter war die Produktion nicht länger rentabel.

Sehenswertes

Das Rückgrat von Łódź ist die knapp fünf Kilometer lange, schnurgerade **Fußgängerstraße Piotrkowska,** eingebunden in ein Netz schachbrettartig sich kreuzender, oft recht grau anmutender Straßen. Im Sommer öffnen an der Piotrkowska Terrassencafés und Biergärten; **Rad-Rikschas** stehen bereit, um Passanten preiswert von einem Ende der Straße zum anderen zu kutschieren.

Poznański-Palais

Über das Nordende der Piotrkowska kommt man zum Poznański-Palais, den sich der vom Lumpensammler zum **Baumwollkönig** aufgestiegene **Izrael Poznański** 1872–1902 errichten ließ. Alles Dagewesene wollte er in den Schatten stellen, seine Residenz sollte selbst das Warschauer Königsschloss an Größe und Pracht übertreffen. Nur eines blieb dem Industriellen verwehrt: Als er im Begriff war, den Ballsaal mit goldenen Rubeln zu pflastern, schritt der Zar persönlich ein, da er nicht wollte, dass man mit Stöckelschuhen sein eingestanztes Konterfei malträtierte. In *Poznańskis* Palast führen ausladende Freitreppen in die oberen Stockwerke, wo sich ein Prunksaal an den nächsten reiht. Alle Räume sind restauriert und bilden ein Museum der Stadtgeschichte, in dem die dramatische Entwicklung Łódźs nachgezeichnet wird. Eine Ausstellung ist berühmten Bürgern gewidmet (u. a. *Artur Rubinstein, Julian Tuwim, Władysław Reymont, Jurek Becker, Karl Dedecius*); eine andere informiert über die „Łódźser Triade", die drei großen Bevölkerungsgruppen (Polen, Juden und Deutsche), die das Leben in der Stadt bis 1939 prägten.

• **Museum der Stadtgeschichte** (Muzeum Historii Miasta Łodzi), ul. Ogrodowa 15, www.muzeum-lodz.pl, Mo. 10–14, Di. 10–16, Mi. 14–18, Do. 10–16, Sa.–So. 11–16 Uhr

Manufaktura

Poznańskis Prachtbau steht neben seiner **Fabrik,** deren Backsteintürme an eine Ordensburg erinnern. Hier webten und walkten, färbten und sponnen die Arbeiter Tag und Nacht. Sie wohnten hinter der Fabrik in elenden Quartieren, die neuerdings als „früher sozialer Wohnungsbau" angepriesen werden. 2006 wurde das 150.000 m² große Fabrikgelände in eine der größten touristischen Attraktionen Polens, ein **gigantisches Einkaufs- und Kulturzentrum** verwandelt. Man betritt die Manufaktura durchs Poznański-Tor, durch das einst Tausende von Arbeitern schritten und findet sich wieder auf einem „Marktplatz" mit langen Ladenzeilen und Boutiquen, großem Kino, Cafés und Lokalen und – last not least – einem über 200 Meter langen Wasserspiel. Am Informationsstand versorgt man sich (falls vorrätig) mit einer Karte, um sich einen Überblick über das Gelände zu verschaffen. Kulturelle Highlights dieser „Stadt in der Stadt" sind das **Fabrikmuseum,** das **Museum moderner Kunst** und das **Eksperymentarium,** die nachfolgend vorgestellt werden.

• **Manufaktura,** ul. Jana Karskiego 5, www.manufaktura.com

Fabrikmuseum

Der Eingang zum **Fabrikmuseum** befindet sich in einer kleinen Seitengasse beim Mega-Kino „Cinema City", mit Aufzug geht es zu den Ausstellungsräumen empor. Das Museum führt die Besucher multimedial in die Geschichte der Textilproduktion ein und ruft jene Zeit in Erinnerung, da *Izrael Poznański* zu Macht und Reichtum gelangte.

• **Fabrikmuseum** (Muzeum Fabryki), ul. Drewnowska 58, wwww.muzeum.manufaktura.com, Di.–Fr. 9–19, Sa.–So. 11–19 Uhr

Museum moderner Kunst

In einer gigantischen Webmühle befindet sich das **Museum moderner Kunst,** dessen herausragende Sammlung von der klassischen Avantgarde

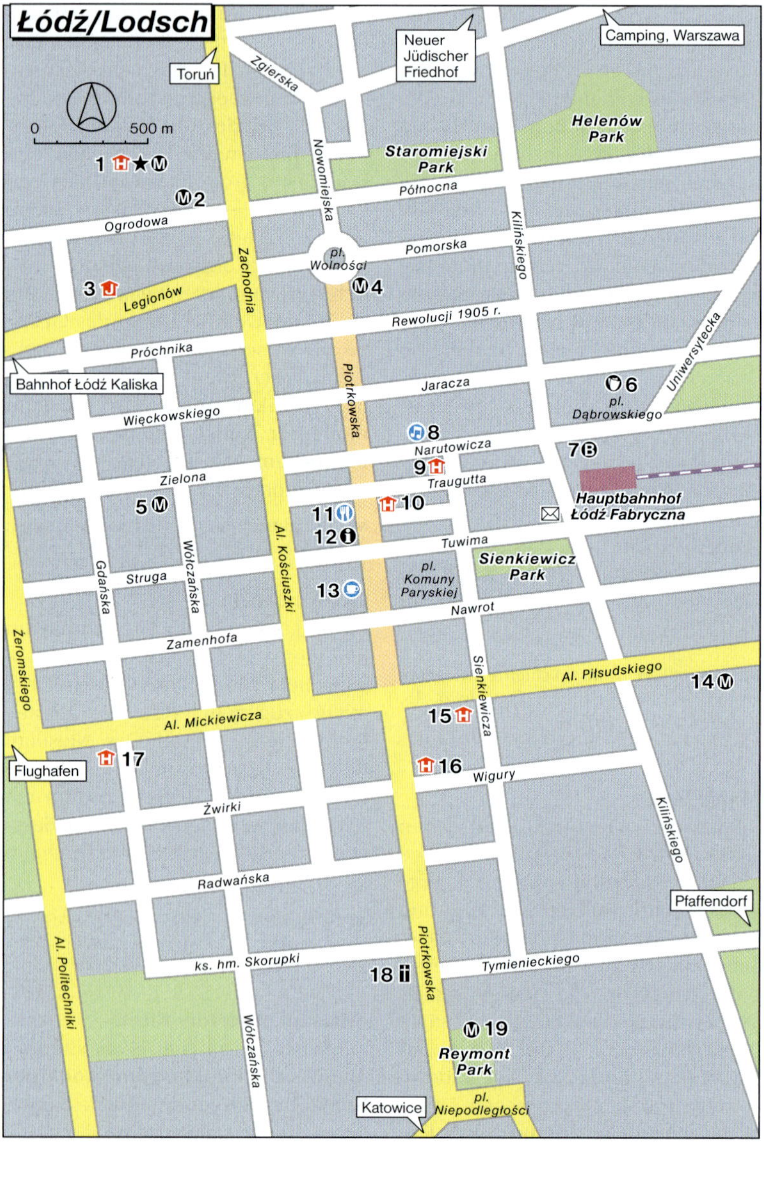
Łódź/Lodsch
Toruń
Neuer Jüdischer Friedhof
Camping, Warszawa
0 500 m
Zgierska
Nowomiejska
Staromiejski Park
Helenów Park
Północna
Ogrodowa
Kilińskiego
Zachodnia
pl. Wolności
Pomorska
Legionów
Rewolucji 1905 r.
Próchnika
Uniwersytecka
Bahnhof Łódź Kaliska
Jaracza
Piotrkowska
pl. Dąbrowskiego
Więckowskiego
Narutowicza
Zielona
Traugutta
Hauptbahnhof Łódź Fabryczna
Tuwima
Sienkiewicz Park
Gdańska
Struga
Wólczańska
Al. Kościuszki
pl. Komuny Paryskiej
Nawrot
Zamenhofa
Żeromskiego
Al. Piłsudskiego
Sienkiewicza
Al. Mickiewicza
Flughafen
Wigury
Żwirki
Radwańska
Pfaffendorf
ks. hm. Skorupki
Tymienieckiego
Al. Politechniki
Reymont Park
pl. Niepodległości
Katowice
1
2
3
4
5
6
7
8
9
10
11
12
13
14
15
16
17
18
19

1	Hotel Andel's, Manufaktura	12	Touristeninfo
2	Museum der Stadtgeschichte	13	Café Verte
3	Jugendherberge	14	Museum für Kinematografie
4	Ethnografisches Museum	15	Ibis
5	Villa Kindermann	16	Rewelo
6	Oper & Theater	17	Hotel Qubus
7	Busbahnhof	18	Kathedrale
8	Philharmonie	19	Museum der Textilindustrie
9	Savoy		
10	Grand		
11	Anatewka		

bis zu zeitgenössischen Installationen reicht. Ursprünglich befand sie sich in einem Poznański-Palast in der ul. Więckowskiego 36. Der Grundstein zum Museum wurde 1931 gelegt, als sich in Łódź die Gruppe „Revolutionäre Künstler" formierte. Diese malten nicht nur Avantgarde, sondern sammelten auch Bilder und Skulpturen geistesverwandter Kollegen: *Marc Chagall, Max Ernst, Fernand Léger,* Jean *Arp, Pablo Picasso* und viele andere sind im Museum ausgestellt. Auch interessante Polen sind zu entdecken, z.B. *Kasimir Malewitsch* (1875–1935), der im revolutionären Moskau den Konstruktivismus erfand. Das neue Museum birgt eine Ausstellungsfläche von 3000 qm, davon sind 600 qm für aktuelle Ausstellungen reserviert. Angeschlossen sind ein Kunstbuchladen (mała litera art bookstore) und ein kleines Café.

• **ms2** (Muzeum Sztuki), ul. Ogrodowa 19, Tel. 042-6339790, www.muzeumsztuki.lodz.pl, Di.–So. 10–19 Uhr

Eksperymentarium

Nicht nur für Kinder: Nach dem Vorbild des von *Frank Oppenheimer* entworfenen Exploratoriums in San Francisco entstand in der Manufaktura ein ungewöhnliches Technik- und Wissenschaftsmuseum: Besucher werden aufgefordert, sich von den ausgestellten Objekten keinesfalls fernzuhalten, sondern mit ihnen in direkten Kontakt zu treten. Über eine Stunde lang läuft man durch fünf abgeschlossene Räume, erlebt spannende Licht- und Tonexperimente, gewinnt spielerisch Einsichten u.a. in Astronomie, Biologie, Chemie und Genetik.

• **Eksperymentarium,** ul. Karskiego 5 (Manufaktura), Tel. 042-6335252

Wolności-Platz

Poznański hatte sich an strategisch wichtiger Stelle positioniert. Nur wenige Schritte sind es von seinem Palast zum runden Wolności-Platz, dem ehemaligen Łódźer Marktplatz mit Rathaus, Kirche und Magistrat. Am Platz befinden sich heute ein leider nur selten geöffnetes **Apothekenmuseum** (Muzeum Farmacji, Nr. 2), der Abwasserkanal des **Dętka-Museums** (Muzeum Kanalizacji, nahe dem Kościuszko-Denkmal, Fr. geschl.) und - ganz besonders zu empfehlen - das **Archäologische und Ethnografische Museum** (Muzeum Archeologiczne i Etnograficzne, Nr. 14, Tel. 042-6329714, www.maie.lodz.pl, Mo. geschl.).

Villa Kindermann

In einer Seitenstraße der Piotrkowska findet sich ein schönes Beispiel für Jugendstil. Die Fassade des Hauses ist mit Pflanzenornamenten überzogen, drinnen beeindrucken farbintensive Bleiglasfenster. Im Haus ist die Städtische Kunstgalerie untergebracht, die wechselnde Ausstellungen polnischer Gegenwartskunst zeigt.

● **Villa Kindermann** (Galeria Willa), ul. Wólczańska 31, Tel. 042-6327995, www.miejska galeria.lodz.pl, Di.-Fr. 11-17, Sa.-So. 11-16 Uhr

Entlang der Piotrkowska

Zurück auf der Piotrkowska passiert man das Hotel Grand (Nr. 72) und entdeckt vor **Artur Rubinsteins Geburtshaus** (Nr. 78) ein Denkmal, das den virtuosen Pianisten am Flügel zeigt. Ein Stück weiter präsentiert sich der Schriftsteller *Julian Tuwim* auf einer Bank (Nr. 104), Literaturnobelpreisträger *Władysław Reymont* sitzt auf einer Truhe und sammelt Notizen (Nr. 137)

229po Foto: sg

- wahrscheinlich Entwürfe für seinen Roman „Das Gelobte Land“, worin er mit dem Łódźer Frühkapitalismus abrechnete. Alsdann quert man die viel befahrene Piłsudskiego, spaziert an der Rubinstein-Philharmonie (Nr. 243) und der Europäischen Akademie (Nr. 262) vorbei.

Vorbei an der neugotischen katholischen Kathedrale gelangt man zur berühmten **„Weißen Fabrik“** des deutschen Fabrikanten *Geyer* aus der Mitte des 19. Jahrhunderts. Sie ist heute ein Museum der Textilindustrie. Die original erhaltenen Maschinenräume geben einen Einblick in die Arbeit der Weber; die ausgestellten Textilien zeigen, welche Stoffe sie herstellten.

• **Museum der Textilindustrie** (Centralne Muzeum Włokiennictwa), ul. Piotrowska 282, www.muzeumwlokiennictwa.pl, Di./Mi. 9–17, Do. 11–19, Fr. 9–17, Sa./So. 11–16 Uhr

Pfaffendorf

15 Gehminuten östlich kann ein weiteres Fabrik-Palast-Ensemble besichtigt werden: Zwei konkurrierende Textilbarone, *Grohmann* und *Scheibler*, schlossen sich zusammen, um Pfaffendorf, **Europas größte Baumwollfabrik,** zu gründen. Die gewaltige Anlage mit Schule und Krankenhaus grenzt unmittelbar an die **Arbeitersiedlung:** backsteinerne Reihenhäuschen mit düsteren Fluren, von denen Ein-Zimmer-Familienwohnungen abgehen, im Hinterhof der Abort – Tristesse, wohin man schaut. Nahebei (welch ein Kontrast!) steht der **Edward-Herbst-Palast:** im Erdgeschoss Spiegelkabinett und Speisesalon, Jagd- und Japanzimmer, Ballsaal und Billardraum, im Obergeschoss die intimen Gemächer; dann im Garten die Orangerie mit Blick auf die Fabrik – alles originalgetreu!

• **Pfaffendorf** (Muzeum Sztuki Rezydencja Księży Młyn), ul. Przędzalniana 70, www.muzeumsztuki.lodz.pl, Di. 10–17, Mi. 12–17, Do. 10–17, Fr. 12–17, Sa.–So. 11–16 Uhr

Außerhalb des Zentrums

Sehenswert ist auch der 1892 angelegte **Neue Jüdische Friedhof** drei Kilometer nordöstlich des Zentrums. Mit 160.000 Gräbern, die sich über ein verwildertes Areal von 41 Hektar verteilen, ist er der **größte in Europa.** Reiche Juden wie *Poznański, Prussak* und *Jarociński, Stiller* und *Silberstein* haben sich hier mit bombastischen Mausoleen für die Ewigkeit gewappnet. Bescheidener waren Ärzte, Anwälte und Kaufleute, z.B. die Eltern von *Artur Rubinstein* und *Julian Tuwim.* Im Ostteil des Friedhofs wurden jene **43.527 Juden** anonym beigesetzt, die 1940–44 im Łódźer Ghetto an Krankheit oder Hunger starben bzw. ermordet wurden. 800 Gräber an der Friedhofsmauer blieben leer: Juden hatten sie für sich selbst ausheben müssen, doch dann rückte die Rote Armee heran und den deutschen Soldaten fehlte die Zeit für den finalen Genickschuss.

In der ul. Stalowa, nördlich des Friedhofs, stößt man auf den original erhaltenen **Bahnhof Radegast** (Rado-

Einst Textilfabrik, heute renommiertes Einkaufszentrum

Polnische Filmschule

Im ehemaligen Scheibler-Palast werden Schlüsselszenen von Filmklassikern gezeigt, Plakate und Fotos erinnern an die große Zeit des polnischen Kinos. Seit 1948 befindet sich in Łódź die **Staatliche Filmakademie,** die über eigene Filmstudios und eine hochwertige technische Ausstattung verfügt. Anfangs litt die Produktion unter den vom Staat verordneten inhaltlichen Vorgaben, doch mit Lockerung der Zensur 1956 entzündete sich ein Feuerwerk künstlerischer Fantasie. Für die „Polnische Filmschule" steht zuallererst der Name **Andrzej Wajda.** Seinen Durchbruch schaffte er mit seinem Film „Kanal" (1957). Darin ging es um den Warschauer Aufstand und den Kampf gegen die deutschen Besatzer. Die internationale Kritik war beeindruckt: Hier wurden endlich einmal keine positiv-sauberen Helden gezeigt, die sich für etwas engagierten, was eh als richtig vorausgesetzt war, sondern widersprüchliche Charaktere, die einsam waren und von Selbstzweifeln gequält. *Wajda* kannte keine Tabus und nahm auf nationale Leitbilder keine Rücksicht. Sein Nonkonformismus wirkte ansteckend: Aus der Kaderschmiede von Łódź kamen u.a. *Roman Polański* und *Andrzej Munk, Krzysztof Zanussi* und *Kazimierz Kutz.*

Nach der Revolte von 1970 wurde der Film aggressiver und klagte ein, was das sozialistische Ideal versprach. **„Die Lüge kann nicht ewig dauern",** lautete ein Schlüsselsatz in *Wajdas* „Mann aus Marmor" (1977): Darin begibt sich die Filmstudentin *Agnieszka* auf die schwierige Suche nach der historischen Wahrheit, steigt hinab in die Kellerverliese staatlicher Museen und beginnt die filmischen Abfallprodukte zu durchwühlen. Im Weggeschnittenen und Ausgeblendeten hofft sie Hinweise auf eine „reale", unverfälschte Wirklichkeit zu finden.

Als 1981 das Kriegsrecht verkündet wurde, zogen es einige Regisseure vor, ins Ausland zu gehen. Mit seinem **„Kurzen Film über das Töten"** schrieb *Krzysztof Kieślowski* Kinogeschichte. Der Film zeigt die Verrohung von Menschen in unserer Zeit, für die das Töten ein Mittel ist, um besser leben zu können, und er zeigt die Brutalität der Justiz, die glaubt, das Problem durch die Vollstreckung der Todesstrafe aus der Welt schaffen zu können. Auch in den Folgejahren wurde *Kieślowski* mit Preisen überhäuft. Er drehte das „Doppelte Leben der Veronika" und die „Drei-Farben-Trilogie" (Freiheit, Gleichheit, Brüderlichkeit).

An der Filmhochschule herrschte indes Krisenstimmung. Das Publikum ging in den 1990er Jahren kaum noch ins Kino; es gierte nach **amerikanischer Unterhaltung,** die es sich im Wohnzimmer „reinziehen" konnte. Um im Geschäft zu bleiben, machten einige Regisseure bewusst Zugeständnisse an den Geschmack der Zuschauer und versuchten, sie mit vertrauten Inhalten und vereinfachter Bildsprache ins Kino zurückzulocken. Sie griffen patriotische Rezepte auf und machten sich daran, kanonisierte literarische Werke zu verfilmen. Vor allem um die Jahrtausendwende hatten sie damit Erfolg, begünstigt durch einen stärker werdenden Kulturchauvinismus, wonach es allemal besser sei, Filme der eigenen Landsleute anzuschauen als Importprodukte aus dem Westen.

Aus Hollywood plus Nationalkitsch entstand **„Pollywood"** mit einer Reihe aufwendig produzierter, romantisch gefärbter Monumentalfilme. Den Auftakt machte *Jerzy*

goszcz), von dem die Juden in Güterwaggons abtransportiert wurden. Eine Ausstellung dokumentiert die Auslöschung der Juden im „Ghetto Litzmannstadt" (www.muzeumtradycji.pl). Daneben schuf der jüdische Architekt *Czesław Bielecki* 2004 ein ungewöhnliches Monument: Eine begehbare Gaskammer samt Krematorium soll Besuchern nahe bringen, wie die

Hoffmann mit seiner Verfilmung des *Sienkiewicz*-Klassikers „Mit Feuer und Schwert". Man erlebt bildgewaltige Kämpfe des polnischen Adels gegen Ukrainer und Kosaken, dazu deftige Trinkgelage, wuchtige Draufgänger und mitreißende Frauen. Es folgte *Andrzej Wajda,* der „Pan Tadeusz" als kitschigen Kostümschinken ablichtete. Dieser war künstlerisch so schlecht, dass er selbst in der um 45 Minuten gekürzten Fassung in Deutschland keinen Verleih fand. In Polen freilich klingelten die Kassen. Schon ein Jahr später nahm sich *Jerzy Kawalerowicz* „Quo Vadis" vor, ein 170-Minuten-Epos über die ersten Christenverfolgungen unter Nero. Mit Produktionskosten in Höhe von 18 Millionen Dollar wurde dies der teuerste Film der polnischen Kinematografie, der Papst durfte das Werk als erster begutachten.

Hat man das Publikum in die Kinos zurückgelockt, darf man wieder (freilich nur mit wenigen Filmen) wagen, sich den realen Gesellschaftsdramen zuzuwenden. *Robert Gliński, Piotr Trzaskalski* und *Marek Koterski* schildern in ihren Filmen das Elend des Kapitalismus.

In Łódź gibt es das ganze Jahr über Veranstaltungen zum Thema „Film". Neben **Camerimage,** das den weltbesten Kameramann kürt, gibt es ein **Festival der Filmmusik,** das **Medien-Festival** „Der bedrohte Mensch" und eine **Messe für Fotografie, Film und Video** (www.fotofestiwal.com). Und natürlich gibt es in dieser Stadt auch ein Kino-Museum:

• **Museum für Kinematografie** (Muzeum Kinematografii), pl. Zwycięstwa 1, www.kinomuzeum.pl, Di. 10–17, Mi. 9–16, Do. 11–18, Fr.–So. 9–16 Uhr

meisten der über 200.000 Lodscher Juden ums Leben kamen: vergiftet mit dem Gas Zyklon B und anschließend verbrannt. Auf dem Schornstein steht auf Polnisch, Hebräisch und Englisch das Fünfte Gebot: „Du sollst nicht töten". Auf Tafeln sind die Namen der Opfer verzeichnet; auf riesigen Betonplatten sind die Namen der Konzentrationslager eingeschrieben.

• **Neuer Jüdischer Friedhof** (Cmentarz Żydowski), ul. Bracka/Eingang ul. Zmienna, So.–Fr. 9–15 Uhr; am besten erreichbar mit Taxi.

Praktische Informationen

Info

• **Touristinfo,** ul. Piotrkowska 87, 90-423 Łodż, Tel. 042-6385956, Tel./Fax 6385955, www.cityoflodz.pl, So. geschl. (mit WiFi- und Internet-Service)

Unterkunft

• **Hotel Grand**€€€, ul. Piotrkowska 72, Tel. 042-6321995, Fax 042-6337876, www.hotel.com.pl, 169 Zimmer. Łódźs ältestes Hotel wurde 1888 an der Flaniermeile Piotrkowska eröffnet. Ab 2010 gehört es dem Familienunternehmen Likus, unter dessen Regie das Haus von Grund auf renoviert wird. Bitte vor der Reise prüfen, ob Zimmer schon buchbar sind.

• **Hotel Andel's**€€€, ul. Ogrodowa 17, Tel. 042-2791000, Fax 042-2791001, www.andelslodz.com, 278 Zimmer. 2009 eröffnetes Viersternehaus in der renovierten Fabrikanlage Manufaktura. Prachtvolle Innenausstattung, alles vom Feinsten und auf dem Dach des Hotels ein großartiger Pool!

• **Hotel Qubus**€€, al. Mickiewicza 7, Tel. 042-2755100, Fax 042-2755200, www.qubushotel.com, 78 Zimmer. Modernes Komforthotel wenige Gehminuten von der Piotrkowska. Zimmer mit Sat-TV, PC-Terminal und WiFi (gratis), elegante, in warmen Farben gehaltene Restaurant-Lounge mit ausgezeichnetem Frühstücksbüfett. Auf Wunsch kann man sich eine aktuelle Tageszeitung ausdrucken lassen. Der Parkplatz ist bewacht.

• **Hotel Revelo**€€, ul. Wigury 4, Tel./Fax 636 8686, www.revelo.pl, 6 Zimmer. Boutique-Hotel in einer Jugendstilvilla von 1925, weni-

Joseph Roth: Hotel Savoy

„Europäischer als alle anderen Gasthöfe des Ostens scheint mir das Hotel Savoy mit seinen sieben Etagen, seinem goldenen Wappen und einem livrierten Portier. Es verspricht Wasser, Seife, englisches Klosett, Lift, Stubenmädchen in weißen Hauben, freundlich blinkende Nachtgeschirre, wie köstliche Überraschungen in braungetäfelten Kästchen; elektrische Lampen, aus rosa und grünen Schirmen erblühend wie aus Kelchen, schrillende Klingeln, die einem Daumendruck gehorchen, und Betten, daunengepolsterte, schwellend und freudig bereit, den Körper aufzunehmen.

Ein Lift nimmt mich auf, Spiegel zieren seine Wände, der Liftboy, ein älterer Mann, lässt das Drahtseil durch seine Hände gleiten, der Kasten hebt sich, ich schwebe – und es kommt mir vor, als würde ich so noch eine geraume Weile in die Höhe fliegen. Ich genieße das Schweben, berechne, wie viel Stufen ich mühsam erklimmen müsste, wenn ich nicht in diesem Prachtlift säße, und werfe Bitterkeit, Armut, Wanderung, Heimatlosigkeit, Hunger, Vergangenheit des Bettlers hinunter –, tief, woher es mich, den Emporschwebenden, nimmermehr erreichen kann.

Mein Zimmer – ich habe eines der billigsten bekommen – liegt im sechsten Stockwerk und trägt die Nummer 703. Die Zahl gefällt mir – ich bin zahlengläubig – die Null in der Mitte ist wie eine Dame, von einem älteren und einem jüngeren Herrn flankiert. Auf dem Bett liegt eine gelbe Decke; gottlob, keine graue, die ans Militär erinnern könnte."

(Aus: *Joseph Roth:* Hotel Savoy, 1924)

ge Gehminuten vom Zentrum. Nostalgische Einrichtung, aber wenig attraktive Umgebung.

● **Hotel Savoy**€€, ul. Traugutta 6, Tel. 042-6329360, Fax 042-6329368, www.hotelspt.com.pl, 60 Zimmer. Zwar ist man um Renovierung bemüht, doch will der Retro-Stil nicht glücken. Das Haus von 1912 liegt immerhin nahe der Piotrkowska und bietet akzeptable Zimmer mit Bad.

● **Hotel Ibis**€€, al. Piłsudskiego 11, Tel. 042-6386700, Fax 042-6386777, www.ibishotel.com, 208 Zimmer. Zentral an einer Kreuzung zur Piotrkowska; akzeptable Zimmer mit Bad und Frühstücksbüfett.

● **Jugendherberge**€, ul. Legionów 27, Tel. 042-6306680, Fax 042-6306683, www.yhlodz.pl, 83 Plätze, ganzjährig geöffnet. Nahe dem Zentrum: saubere Einzel- bis Vierbettzimmer, meist mit eigenem Bad, freundliche Leitung. Anfahrt ab Hauptbahnhof „Łódź Fabryczna" mit Straßenbahn 12, 22 oder 54.

● **Camping Na Rogach Nr. 167**€, ul. Łupkowa 10, Tel. 042-6551013, geöffnet 1. Mai bis 30. Sept. An der Straße nach Warszawa, 5 km nordöstlich des Zentrums (Bus 60), mit Campinghäusern für 1–4 Personen.

Essen und Trinken

An der Piotrkowska und im Einkaufszentrum Manufaktura findet man viele Cafés und Restaurants. Die Palette reicht vom steifen Gastro-Tempel bis zum Fast-Food-Joint, auch fast alle Gastro-Ketten, die man aus Warschau und Krakau kennt, sind hier vertreten (Blikle, Chłopskie Jadło, Paparazzi, Sphinx, Wedel).

● **Anatewka**€€ ul. 6 Sierpnia 2–4, Tel. 630 3635, www.anatewka.pl. Ein paar Schritte von der Piotrkowska entdeckt man ein Lokal, das an Łódźs jüdische Vergangenheit anknüpft. Tische mit Spitzendecken, Porträts bärtiger Juden und Kerzenlicht bilden den Rahmen für Klassiker wie *cymes,* jüdischen Kaviar, Sahnehering und Karpfen in Aspik – alles original nach Großmutters Rezept. Im Sommer mit einer Terrasse auf der Piotrkowska.

● **Piotrkowska Klub 97**€-€€, ul. Piotrkowska 97, Tel. 042-6306573. Der zweistöckige Glasbau auf der Piotrkowska bildet den Eingang zu einem Labyrinth unterschiedlicher Räume. Im ersten Stock gibt es Grillgerichte, Antipasti und preiswerten Lunch (12–17 Uhr) in nostalgischem Ambiente. Im zweiten Stock speist man edel und intim. Auf der Karte stehen hier u.a. Carpaccio-Varianten, Schweinelende mit Pfifferlingen und Kartoffelpuffer mit Wildschweinfilet. Spezialität ist

Borschtsch mit Zwiebelkuchen. Außerdem gibt es einen Pub und am Wochenende Tanz.

- **Café Verte,** ul. Piotrkowska 113–115, tgl. 11–24 Uhr. Stimmungsvolles Café, versteckt in einem Hinterhof der Piotrkowska. Antikes Mobiliar und Meisterbilder von Pionier-Fotografen, Schummerlicht und polnische Chansons sorgen für ein künstlerisches Ambiente. Zum Julius-Meindl-Kaffee isst man hausgemachten Kuchen.

Nachtleben

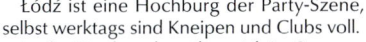

Łódź ist eine Hochburg der Party-Szene, selbst werktags sind Kneipen und Clubs voll.

- An der Piotrkowska reihen sich im Sommer Biergärten, in der kühleren Jahreszeit weicht man in die Bars der Hinterhöfe aus (z.B. Nr. 77 und 17). Top bleibt **Łódź Kaliska,** wo man im schrillen Interieur Techno, Independent, Poetry und Jazz hört (Piotrkowska 102, www.lodzkaliska.pl). Viel los ist auch im ehemaligen Fabrikkomplex von **Manufaktura,** wo man die Wahl hat zwischen Mega-Discos und Nightclubs à la Paparazzi (ul. Karskiego 5, www.paparazzi.com.pl).
- Ein paar Häuser weiter trifft man sich in der **Fabryka,** einer Kultkneipe mit langer Bar und Party-Raum, ul. Piotrkowska 80, tgl. außer Mo. bis 3 Uhr.
- Eine Top-Adresse für Livemusik bleibt das **Forum Fabrykum,** Wółczańska 81/83.

Kultur

- **Philharmonie:** Filharmonia im. A. Rubinsteina, ul. Narutowicza 20/22, Tel. 042-6647979, www.filharmonia.lodz.pl
- **Oper** und **Theater:** Teatr Wielki, pl. Dąbrowskiego, Tel. 042-6339960, www.teatr-wielki.lodz.pl

Feste und Festivals

Aus der Vielzahl der Festivals sollen hier nur zwei herausgegriffen werden. Weitere Festivalinfos bekommt man auf der Internetseite der Touristeninformation.

- **August:** Großes Fest zum „Dialog der Vier Kulturen", von dem die Stadt einmal geprägt war (www.4kultury.pl)
- **November:** *Camerimage.* Renommiertes Filmfestival

113po Foto: sg

Hommage an berühmte „Lodzermenschen"

Verkehr

- **Zug:** Der Hauptbahnhof „Łódź Fabryczna" (Fabrikbahnhof) liegt 800 m östlich der Hauptstraße Piotrkowska. Züge fahren von hier nach Warszawa, Częstochowa und Kraków. Vom Bahnhof „Łódź Kaliska" 3 km westlich geht's nach Łowicz, Wrocław und Poznań.
- **Bus:** Die Busstation liegt neben dem Bahnhof Łódź Fabryczna. Schnellbusse der öffentlichen Linie PKS fahren nach Kielce, mit dem privaten Polski Express kommt man nach Warszawa und Kraków.
- **Flugzeug:** Vom Flughafen Łódź Lublinek, 10 km südwestlich des Zentrums, gibt es Verbindungen nach Warschau, Danzig, Stettin, Posen, Breslau und Krakau, internationale Zielorte sind u.a. Berlin und Wien, www.airport.lodz.pl.

603i Foto: sg

Provinz Małopolskie

(Kleinpolen)

306po Foto: sg

Hohe Tatra, nahe Kasprowy Wierch

Die Tuchhallen und die Marienkirche auf dem Rynek in Krakau

Überblick

Kleinpolen (Małopolska) ist die meistbesuchte Region Polens. Viel gibt es zu sehen, allen voran die alte Königsstadt Krakau, Polens kulturelle Metropole mit südländischem Flair. Vor den Toren der Stadt liegt die weiße Unterwelt des Salzbergwerks Wieliczka, nicht weit ist es auch zum ehemaligen Konzentrationslager Auschwitz. Naturliebhaber zieht es nordwärts auf den Adlerhorstweg und südwärts in die Berge. Über das gewellte Hügelland Podhale erreicht man in 2–3 Stunden die Hohe Tatra, das „kleinste Hochgebirge der Welt", mit Gletscherseen und ewigem Eis. Auf markierten Wegen und Pisten kann man wunderbar wandern und Mountainbike fahren, eine Floßfahrt auf dem Dunajec zählt zu den Höhepunkten der Reise.

Krakau und Umgebung

Kraków/Krakau

↗XXI/C1

Wer Krakau besucht, ist begeistert: Er schwärmt vom ausgelassenen, fast südländischen Ambiente, den vielen Cafés, Jazz- und Kellerkneipen, der glanzvollen Altstadt und dem jüdischen Viertel. Wie keine andere Stadt verkörpert Krakau Polens „goldene Zeit", als das Land von der Ostsee bis zum Schwarzen Meer reichte. Nie wurde Krakau in Kriegen zerstört, ihre verschwenderische Schönheit hat die Jahrhunderte ebenso überdauert wie manche altehrwürdige Tradition. Mit **über 100 Kirchen und Klöstern** ist sie eine Stadt des Klerus. Doch von dessen Einfluss merkt der Besucher nicht viel. Im Stadtbild dominiert die Jugend – jeder siebte der 760.000 Einwohner ist Student. Für Leichtigkeit sorgt auch die Renaissance-Architektur, die italienische Baumeister im 16. Jahrhundert mitbrachten. Habsburgische Lebensart spiegelt sich in Fiakern, Konditoreien und Kaffeehäusern im Wiener Stil.

Geschichte

Krakaus Aufstieg war rasant: Um das Jahr 1000 wurde es dem polnischen Staat einverleibt und wurde bald darauf **„Königsstadt".** 1241 legten die Mongolen die Stadt in Schutt und Asche, doch der Wiederaufbau brachte ein „Wirtschaftswunder". Krakau erhielt das **Magdeburger Recht** zugesprochen, die Bürger waren von Frondienst und Adelstributen weitgehend befreit. Fremde vor allem aus deutschen Landen gaben den Ton in Wirt-

078po Foto: sg

schaft und Verwaltung an – bis 1311 war Deutsch erste Amtssprache!

Nach Vereinigung der rivalisierenden Fürstentümer erstarkte die polnische Zentralmacht, ab 1320 war Krakau (wieder) die Hauptstadt eines geeinten Polen. Unter **Kazimierz III.,** auch „der Große" genannt, wurde sie prächtig aufpoliert und erhielt 1364 eine Universität. Sie expandierte gen Osten und wurde Mittelpunkt des flächenmäßig größten europäischen Staats.

Als es gegen Ende des 15. Jahrhunderts zu wiederholten Übergriffen gegen die ansässige **jüdische Bevölkerung** kam, wies ihr der polnische König ein Viertel in Kazimierz zu und unterstellte sie seinem persönlichen Schutz. Dies animierte viele Juden aus dem Ausland, sich gleichfalls hier niederzulassen – in Kazimierz hatten sie eine abgesicherte Existenz, ohne ihre religiös-kulturelle Identität verleugnen zu müssen.

Unter der Herrschaft der **Jagiellonen** erlebte Krakau sein „Goldenes Zeitalter". Seine Kraft spiegelte sich in Wissenschaft und Bildung, Kunst und Architektur. Als aber die Hauptstadt 1596 nach Warschau verlegt wurde, war es mit Glanz und Gloria vorbei. Krakau verkümmerte zu einem Provinznest am südwestlichen Rand des Reiches, obendrein raffte die **Pest** 1652 die Hälfte der Bevölkerung dahin.

Erst unter **habsburgischer Besatzung,** im letzten Drittel des 19. Jahrhunderts, stieg die Stadt abermals zu einem bedeutenden wissenschaftlich-kulturellen Zentrum auf. Viele Krakauer blicken denn auch nostalgisch auf die Zeit unter Kaiser *Franz Joseph* zurück, als man Pole und zugleich „Westler" sein konnte.

Nach Wiedererlangung der Souveränität 1918 blieb Krakau politisch im Schatten von Warschau, durfte sich aber kulturell als „Hauptstadt" fühlen. Als die **Deutschen 1939 einmarschierten,** war es ihr erstes Ziel, ihr diesen Rang zu nehmen: Im nationalsozialistischen Konzept vom polni-

„Inny Świat" – eine „andere Welt" – zu Kaiser Franz Josef pflegt man ein ironisches Verhältnis schen „Untermenschen“ war für eine intellektuelle Elite kein Platz. Ihr zweites Ziel war es, die Stadt von den dort lebenden 69.000 Juden zu „säubern“. Erst brannten ihre Synagogen, dann mussten sie in den Stadtteil Podgórze umsiedeln. Mit der „Endlösung“ begann man im **Juni 1941:** Viele Juden wurden an Ort und Stelle erschossen; andere kamen in ein Arbeitslager im Krakauer Viertel Płaszów, dann ins Konzentrationslager Auschwitz, wo sie ermordet wurden. Nur wenige Krakauer Juden haben den Zweiten Weltkrieg überlebt.

Als **1945** die sozialistische Regierung die Macht übernahm, stand ihr eine **fast rein katholische Bevölkerung** gegenüber. Der Versuch, mit verstärkter wirtschaftlicher Erschließung und dem Bau eines Hüttenkombinats vor den Toren der Stadt die klerikal-konservative Tradition Krakaus zu brechen, misslang. Die Arbeiter verbündeten sich mit der Kirche und brachten schließlich den Sozialismus zu Fall. Dass sie die ersten Opfer der von ihnen herbeigesehnten Marktwirtschaft würden, hatten sie nicht bedacht. Viele von ihnen wurden nach 1990 arbeitslos, unrentable Industrieanlagen legte man still.

Dagegen erlebte die Krakauer Altstadt zur **Jahrtausendwende** einen kometenhaften touristischen Aufstieg. Das im Krieg unzerstört gebliebene Viertel war von den Abgasen der Kombinate befreit und wurde prachtvoll restauriert. Es ist reich an Kirchen und architektonischen Bauten, sprudelt über von Zukunftsentwürfen und kulturellen Initiativen. Für viele Polen ist Krakau die heimliche Hauptstadt, hier schlägt das Herz ihrer Nation!

Sehenswertes

Ein kurzer Blick auf die Karte genügt, um sich Orientierung zu verschaffen. Im Mittelpunkt Krakaus liegt die birnenförmige, zur **Weichsel** hin schmaler werdende Altstadt (UNESCO-Weltkulturerbe seit 1978). Sie ist von schachbrettartig angelegten Gassen durchzogen und vom fast vier Kilometer langen **Parkgürtel Planty** eingefasst. Mit seinen dichten Baumkronen und dunklen Wegen erscheint er wie ein „Zauberring“, der das alte Krakau von den jüngeren Vierteln trennt. Jenseits des Parks braust der Verkehr, von der Ringstraße zweigen sternförmig breite Avenuen ab.

Marktplatz

Krakaus Marktplatz (Rynek Główny) ist nicht nur einer der größten (200 x 200 m), sondern auch **einer der schönsten Europas:** So weitläufig wurde er angelegt, dass auf ihm die Tuchhallen ebenso Platz finden wie der Rathausturm, die Adalbertkirche und das **Denkmal des Nationaldichters Mickiewicz.** Seine Weite wirkt befreiend: Stets ist hier die Stimmung leicht und beschwingt. Zwölf Straßen, darunter der Königsweg (ul. Floriańska/ul. Grodzka), münden in ihn ein und sorgen dafür, dass der aus allen Himmelsrichtungen einfließende Menschenstrom nie verebbt. Man sitzt in Terrassencafés, die noch aus Habsbur-

ger Zeit stammen, beobachtet Straßenkünstler und -musiker, flirtet und flaniert. In einer Ecke warten Fiaker auf Kundschaft, in einer anderen bieten Blumenfrauen frische Ware an.

Die lang gestreckten **Tuchhallen** (Sukiennice) teilen den Platz. Mit ihren hellen Renaissance-Arkaden und Attiken wirken sie elegant; für einen wohlkalkulierten Schuss östlicher Exotik sorgen vergoldete kleine Kuppeln und Türme. So interessant wie das Außenleben ist auch das Innenleben der Hallen: Im Erdgeschoss reihen sich **hölzerne Krämerbuden,** die mit ihren Waren an einen Basar erinnern. Zum Platz hin gibt es mehrere Cafés und eine **Touristeninformation.**

Bilderflut am Florianstor

Während man im Erdgeschoss auf Schnäppchenjagd geht, taucht man im Obergeschoss in längst versunkene Welten ein. In der **Galerie der polnischen Kunst des 19. Jahrhunderts** hängen riesige Gemälde des Nationalmalers *Jan Matejko* (1838–1893). Auf ihnen wimmelt es von pelz-, brokat- und säbelbestückten Patrioten, die sich in heroischer Pose und Siegeslaune präsentieren. Mit dem Pinsel „den Ruhm der polnischen Waffen mehren“: Das war auch das erklärte Ziel von *Piotr Michałowski* (1800–55) in seinen atmosphärisch dichten Schlachtenbildern. Weitere Werke der Galerie stammen von *Józef Chełmoński, Jacek Malczewski* und *Władysław Podkowiński* – ein großartiger Querschnitt durch die polnische Kunst!

● **Galerie der polnischen Kunst des 19. Jh.** (Galeria Sztuki Polskiej XIX Wieku) Sukiennice, Rynek Główny 1, Details zur Wiedereröffnung (Sommer 2010) auf www.muzeum.krakow.pl

Tief in die Geschichte taucht man in Krakaus ältestem Gotteshaus ein: Die zierliche **Adalbertkirche** (Kościół św. Wojciecha) stammt aus dem 12. Jahrhundert und stellt in ihrer Krypta archäologische Funde aus den Kellergeschossen der Stadt aus. Und auch den ehemaligen **Rathausturm** haben die vergangenheitsverliebten Krakauer in ein **Geschichtsmuseum** verwandelt. Die diversen Stockwerke sind mit Waffen und Wappen bestückt, spannender sind Kuppel und Keller: Von oben bietet sich ein weiter Blick auf den Platz; im Untergeschoss öffnet abends ein Satire-Theater.

● **Rathausturm** (Wieża Ratuszowa), Rynek 1, tgl. 10.30–18 Uhr

Die Zentrale des **Historischen Museums** befindet sich im barocken **Krzysztoforypalais** (Pałac pod Krzysztofory) an der Nordwestecke des Rynek: Von der Gründungsurkunde der Stadt bis zu historischen Fotos aus der Solidarność-Ära ist alles Interessante zur Stadt zusammengetragen. Bizarr ist die Sammlung der **Krakauer Weihnachtskrippen** *(szopki)*. Dabei handelt es sich nicht etwa um rustikale Bethlehemställe, sondern um Architekturgebilde aus Glanz und Glitter – je pompöser, desto besser: Miniaturausgaben von Schlössern wie aus Tausend-und-einer-Nacht, aufgepeppt mit funkelnden elektrischen Lichtern.

● **Historisches Museum zur Geschichte der Stadt Krakau** (Muzeum Historyczne Miasta Krakowa), Rynek 35/Ecke Szczepańska, www.mhk.pl, Mi.–So. 10–17.30 Uhr

Marienkirche

Von der Nordostecke schiebt sich die doppeltürmige **Marienkirche** auf den Platz. Krakauer Kaufleute, die 1335 den Grundstein legten, stifteten einen so prachtvollen Bau, dass neben ihm selbst die königliche Wawel-Kathedrale verblasste. Da im Mittelalter viele Kaufleute in der Stadt Deutsche waren, überrascht es nicht, dass es ein Nürnberger war, der das kostbarste Stück der Kirche gestalten durfte: Zwölf volle Jahre (1477–89) schnitzte **Veit Stoß** an dem zwölf Meter langen und elf Meter hohen **Hochaltar,** einem Meisterwerk europäischer Plastik. Dargestellt ist *Mariä* Entschlafung: Die junge Frau sinkt zu Boden, ihre Glieder sind erschlafft, ihr Blick leer in die Ferne gerichtet. Während sie stirbt, ist sie von Aposteln umringt, die ihr verzweifelt zu helfen suchen. Längst haben sich *Veit Stoß'* Figuren aus der mittelalterlichen Statik gelöst – sie sind in voller Lebensgröße dargestellt, expressiv gestikulierend und leidenschaftlich entrückt; die wallenden Gewänder sind ihrer Bewegung ange-

080po Foto: sg

passt. Noch zwei weitere Werke von *Veit Stoß* kann man in der Kirche entdecken: Im rechten Seitenschiff hängt ein gekreuzigter Christus, einen weiteren, noch größeren entdeckt man im Triumphbogen.

● **Marienkirche** (Kościół Mariacki), pl. Mariacki 5, Mo.–Sa. 11.30–18, So. 14–18 Uhr

Marienplatz

Im Schatten der Kirche liegt der Marienplatz (plac Mariacki), der zusammen mit einer weiteren, der *hl. Brigitte* geweihten Kirche und dem Prälatenhaus ein malerisches Ensemble bildet. Den **Brunnen** in seiner Mitte schmückt eine melancholische Figur: Der Jüngling, der sich so anmutig auf sein Bein stützt, stellt einen mittelalterlichen Studenten dar. Über eine Passage zwischen den beiden Kirchen gelangt man zum **Kleinen Markt** (Mały Rynek), der zum Parkplatz herabgewürdigt wurde und ein Schattendasein fristet.

Entlang der Floriańska

Drei Straßen führen von Norden in die Altstadt: die Floriańska, Św. Jana und die Sławkowska. Die Floriańska ist Krakaus **belebteste Straße,** hier finden sich zahlreiche Wechselstuben, Einkaufsläden und Boutiquen. Auch wer kein Kaffeetrinker ist, sollte einen Blick ins **Café Jama Michalika** (ul. Floriańska 45) werfen, denn eine so originelle Einrichtung findet man selten. Gestaltet wurde sie um 1900 von Künstlern, die mit ihren Objets d'art die Zeche bezahlten. Durch bizarre Bleiglasfenster, auf denen Skelette neben Papageien tanzen, strömt gedämpftes Licht; Jugendstillampen

Hejnał – Spiel mir das Lied vom Tod

Vom Turm der Marienkirche ertönt **zu jeder vollen Stunde** der Hejnał, **eine Trompetenmelodie, die nach den ersten fünf Tönen dramatisch abbricht.** Sie erinnert an den tapferen Turmwächter, der die Bevölkerung 1241 vor dem drohenden Einmarsch der Mongolen warnen wollte. Noch während er blies, wurde er von einem feindlichen Pfeil durchbohrt. Seit jenem Tag wird die Melodie zu jeder vollen Stunde in alle Himmelsrichtungen hinausposaunt – Punkt 12 Uhr wird sie im polnischen Rundfunk übertragen.

Wer schwindelfrei ist, kann den **Turmbläser besuchen:** 237 eng gewundene Steinstufen und knarrende Balken führen hinauf zu seinem Kämmerlein. 24 Stunden währt seine Schicht, dann hat er zwei Tage frei, und ein Kollege der sieben Mann starken Feuerwehrtruppe greift zur Fanfare. Der Blick über die Stadt und ihr Hinterland ist ein Erlebnis. Bei klarer Sicht reicht er bis zur Gebirgskette der Hohen Tatra.

● **Einlass:** im Sommer mehrmals wöchentlich, das Ticket erhält man neben dem Haupteingang der Kirche.

Blick auf die Tuchhallen vom Turm der Marienkirche

schimmern dunkelgrün und violett. Auf die Wände sind Karikaturen gekritzelt, eingedunkelte Gemälde zeigen bohèmehafte und melancholisch abgedrehte Typen. Lässt man sich auf einem der weichen Samtsofas nieder, wird man sogleich von angenehmer Schläfrigkeit erfasst, die von leiser Blues- und Jazzmusik subtil gefördert wird. Die „Michalik-Höhle" ist übrigens ein Nichtraucher-Café – wer unbedingt einen Stängel anzünden will, muss ins Separée.

Gleich nebenan befindet sich das **Jan Matejko Haus,** in dem Polens Nationalmaler fast sein ganzes Leben verbrachte. Hier sind vor allem seine kleinen Werke zu sehen, die Monumentalgemälde hängen in der Galerie in den Tuchhallen.

• **Jan Matejko Haus** (Dom Jana Matejki), ul. Floriańska 41, Di.–Mi. 10–19, Do.–Fr. 10–16, Sa. 10–19, So. 10–15 Uhr. Eintritt: 2 €, ermäßigt 1 €.

Florianstor

Das Florianstor (Brama Floriańska) bildet zusammen mit der kreisrunden Barbakane das letzte **Relikt der einstigen Befestigungsanlagen.** Zu Beginn des 19. Jahrhunderts wurden sie geschleift, um dem Parkgürtel Planty Platz zu machen. Alle, die vom Bus- oder Zugbahnhof kommen, müssen das Tor passieren. Sie tun damit nichts anderes als der König, von dem die Etikette einst verlangte, via Floriańska und Grodzka zum Wawel-Schloss zu ziehen. In Erinnerung daran heißt die Route bis heute **„Königsweg"** (Trakt Królewski).

Entlang der Święty Jana

So belebt die Floriańska, so still ist die parallel verlaufende Święty Jana. Ihr „Kopf" wird von der pompösen Rokoko-Fassade der **Piaristenkirche** (Kościół Pijarów) abgeschlossen, die durch einen Hochgang mit dem schräg gegenüberstehenden Palast verbunden ist. Dieser gehörte einer der mächtigsten polnischen Magnatenfamilien und beherbergt das **Czartoryski Museum.** Nichts ist dem adeligen Sammlungseifer entgangen: Neben handgeknüpften Seidenteppichen aus Isfahan sieht man edelsteinbesetzte Schwerter und Schilder, Fayencen, Kelche und Kristallgläser, von den Türken erbeutete Rüstungen und Feldzelte. Die wahren Kunstwerke gehen fast unter im Gemenge der Kostbarkeiten. Da gibt es Gemälde von *Lukas Cranach d. Ä.* und *Albrecht Dürer, Pieter* und *Jan Breughel* sowie *Rembrandt.* Kronjuwel der Sammlung ist die anmutige **„Dame mit dem Hermelin"** von **Leonardo da Vinci –** gesichert hinter Panzerglas.

• **Czartoryski Museum** (Muzeum Czartoryskich), ul. Św. Jana 19, www.muzeum-czartoryskich.krakow.pl, Di. 10–15.30, Mi. 10–18, Do. 10–15.30, Fr.–Sa. 10–18, So. 10–15.30 Uhr, Eintritt 3/1,50 €.

Universitätsviertel

Die Westseite der Altstadt gehört den Studenten. Ihre **Universität,** die nach Prag älteste Europas, wurde 1364 gegründet und wurde nach der herrschenden Dynastie des ausgehenden Mittelalters „Jagiellonen-Universität" genannt. Mittelpunkt ist das **Col-**

081po Foto: sg

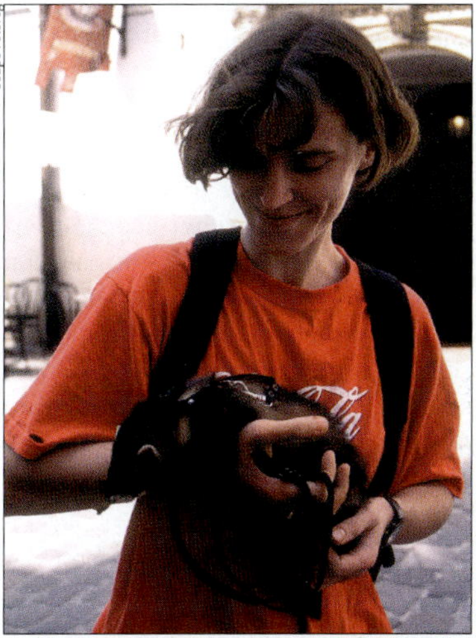

082po Foto: sg

legium Maius, ein backsteinerner klosterähnlicher Bau in der Jagiellońska. Hinter dem Hauptportal öffnet sich ein von Arkaden gesäumter Innenhof mit Brunnen. Treppen führen ins obere Stockwerk, wo die prachtvollen alten Säle besichtigt werden können. Da sind die Bibliothek mit einem illusionistischen Himmelsgewölbe, die universitäre Schatzkammer und die „Stuba Communis“, der Aufenthaltssaal der Professoren.

Der berühmteste Krakauer Student (1491–95), der „die Sonne angehalten und die Erde in Bewegung gesetzt hat“, war ein Astronom. Im **Kopernikus-Raum** sieht man die Geräte, mit denen er gearbeitet hat und den ersten Globus, auf dem die Neue Welt eingezeichnet ist (1510). Abbildungen des Meisters dürfen nicht fehlen: *Kopernikus* im Moment der Erleuchtung, in Grübler- und Meditationspose.

Auch die **Große Aula** huldigt dem Intellekt. Über ihrem Portal prangt die Aufschrift „Plus ratio quam vis“ (Verstand vermag mehr als Gewalt). Hier wird das akademische Jahr eröffnet und verabschiedet, es werden Titel verliehen und wichtige Zeremonien abgehalten. Für den repräsentativen Rahmen sorgen eine geschnitzte Kassettendecke und edles Holzgestühl, Renaissance-Lüster und in Gold gefasste Porträts von Professoren und Mäzenen.

„Dame(n) mit dem Hermelin“

● **Universitätsmuseum** (Muzeum Uniwersytetu Jagiellońskiego), ul. Jagiellońska 15, Führung nur in Gruppen Mo.–Fr. 10–14.20, Sa. 10–13.20 Uhr. Eintritt: 3/1,5 € (Eintritt Innenhof gratis).

In schönstem Glanz erstrahlt die universitäre **Annenkirche.** Deckenfresken preisen den Katholizismus als den einzig wahren Glauben, Stuckarbeiten und Wandmalereien schwelgen in geschwungenen Formen. In einem Mausoleum im rechten Seitenschiff ruht *Jan von Kanty,* der einzige Krakauer Theologie-Professor, der es zum Heiligen brachte.

● **Annenkirche** (Kościół św. Anny), ul. Św. Anny

Künstlereck

Um die Ecke wird im **Kunstbunker** zeitgenössische Kunst gezeigt, die im konservativen Krakau provokant wirkt. Gefälliger sind die Ausstellungen im **Kunstpalast,** einem prachtvollen Jugendstilbau. Der vielseitigste Künstler des Jungen Polen (1869–1907) wird in dem nach ihm benannten **Wyspiański-Museum** vorgestellt: Auf mehreren Stockwerken sieht man seine ausdrucksstarken, vom Symbolismus beeinflussten Gemälde, Entwürfe für Glasfenster (↗ Franziskanerkirche), utopische Architektur-Modelle sowie Requisiten für seine Dramen, die zu den meistgespielten im Land zählen.

083po Foto: sg

- **Kunstbunker** (Bunkier Sztuki), pl. Szczepański 3-A; www.bunkier.com.pl, Di.–So. 11–18 Uhr
- **Kunstpalast** (Pałac Sztuki), pl. Szczepański 4, tgl. 9–18 Uhr
- **Stanisław-Wyspiański-Museum** (Muzeum Stanisława Wyspańskiego), ul. Szczepańska 11, www.muzeum.krakow.pl, Mi. 10–19, Do.–Fr. 10–16, Sa. 10–19, So. 10–15 Uhr, Eintritt 3/1,50 €.

Nationalmuseum

Ein Kilometer westlich der Altstadt, erreichbar über die verkehrsreiche al. Piłsudskiego, liegt das Nationalmuseum. Der monumentale Bau im Stil der neuen Sachlichkeit zeigt **polnische Kunst des 20. Jahrhunderts.** Den Bruch mit der Tradition markieren die Vertreter des „Jungen Polen" mit ihren verfließenden Landschaften und koloristisch flimmernden Porträts. Einen Schritt weiter gingen die Formisten, denen jede Gegenständlichkeit suspekt war, weshalb sie in ihren Bildern reine Bewegung, Farbe und Form darzustellen suchten. Nach dem Zweiten Weltkrieg und dem politischen Tauwetter von 1956 beschritten Polens Künstler neue Wege: Der Bogen spannt sich vom Surrealismus *Zdzisław Beksińskis* über satirische Kirchenkritik à la *Duda-Gracz* bis zu den düsteren Installationen von *Tadeusz Kantor.* International bekannt wurde die Bildhauerin *Magdalena Abakanowicz* mit ihren albtraumhaften Installationen: Aus harzgetränktem Leinen, Holz oder Stein formte sie lebensgroße, kopflose Figuren, die in Reih und Glied einem unbekannten Ziel entgegenschreiten.

Posieren vor dem
Nationaldichter Adam Mickiewicz

- **Nationalmuseum/Museumsgalerie polnischer Kunst des 20. Jh.** (Muzeum Narodowe/Galeria Sztuki Polskiej XX wieku), al. 3 Maja 1, www.muzeum.krakow.pl, Di. u. Do. 10–16, Mi., Fr., Sa. 10–19, So. 10–15 Uhr, Eintritt 3/2 €.

Franziskanerkirche

Auch **südlich des Marktplatzes** zweigen drei Gassen vom Rynek ab: die zentrale Geschäftsstraße Grodzka, die Richtung Philharmonie führende Wiślna und die zwischen beiden verlaufende **Bracka.** Letztere ist die ruhigste und führt geradewegs zur gotischen Franziskanerkirche (Kościół Fraciszkanów), die von innen spektakulärer ist als von außen. Dank Jugendstilkünstler *Stanisław Wyspiański,* der das 1269 gestiftete Gotteshaus mit Bleiglasfenstern versah, ist der Raum in **schillernde Farbgüsse** getaucht. Dringt Sonnenlicht durch die Scheiben, lodert er knallrot, grellgelb und smaragdgrün. Nur mit Mühe kann man dann erkennen, dass auf den Fenstern die Schöpfung der Welt dargestellt ist: Gottvater mit wallendem Haar erhebt sich über das Chaos des Alls.

Über die **Mater-Dolorosa-Kapelle** kommt man in den Kreuzgang des angrenzenden **Franziskanerklosters,** in dem Porträts Krakauer Bischöfe hängen. Von hier starten die Franziskaner nach Aschermittwoch **jeden Freitag** (bis einschließlich Karfreitag) zu einer **Schweigeprozession.** Sie sind von

Kopf bis Fuß schwarz eingehüllt, eine Kapuze verdeckt ihr Gesicht. Sie nennen sich „Brüder des Guten Todes" und meditieren über die Vorzüge menschlichen Leidens und den Tod als Erlösung von allem Nichtigen.

231po Foto: sg

Archäologisches Museum

Um die Ecke befindet sich das ehemalige Karmeliterkloster, das heute das **Archäologische Museum** beherbergt. Die Sammlung enthält Fundstücke aus Polens Frühgeschichte, u.a. den Schmuck einer skythischen Prinzessin, Goldgegenstände aus einem Hunnengrab und die Skulptur des slawischen Gottes Światowid. Der zugehörige Garten ist eine Oase der Ruhe und ein **Skulpturenpark.**

● **Archäologisches Museum** (Muzeum Archeologiczne), ul. Poselska 3, www.ma.krakow.pl, Mo.–Mi. 9–14, Do. 14–18, Fr./So. 10–14 Uhr. Eintritt: 2,50 €, ermäßigt 1,50 €.

Gasse der Kanoniker

Über die Senacka-Passage gelangt man zur **Kanonikergasse** (ul. Kanonicza), die sich in elegantem Bogen bis zum Fuß des Wawel spannt. Durch geöffnete Portale fällt der Blick auf Gärten, die der Straße einen fast ländlichen Charakter verleihen. Fast alle Häuser gehören der Kirche: In Nr. 19 öffnet ein **Zentrum Johannes Pauls II.,** in Nr. 17, dem **Palast des Bischofs Erasmus Ciołek,** zog ein hervorragendes Kunstmuseum ein. Von der Schnitzkunst mittelalterlicher Meister (u.a. mit Werken von *Veit Stoß*) spannt sich der Bogen bis zur orthodoxen Sakralkunst der Gegenwart. Nebenan öffnet das **Erzbischöfliche Museum** mit weiteren Kunstobjekten sowie einem Gedenkraum für Papst *Johannes Paul II.,* der hier viele Jahre als Bischof Karol Wojtyła verbrachte. Doch auch eines „Ketzers" wird – vorerst noch – gedacht: Bis zum Umzug nach Podgórze sind im Keller von Haus Nr. 5 Installationen von *Tadeusz Kantor* zu sehen, der mit seiner surrealen, christlich-jüdischen Mélange Polens Theater revolutionierte.

● **Erzbischöfliches Museum** (Muzeum Archidiecezjalne), ul. Kanonicza 19–21, Tel. 012-4218963, www.muzeumkra.diecezja.pl, Di.–Fr. 10–16, Sa.–So. 10–15 Uhr, 2/1 €

● **Palast des Bischofs Erasmus Ciołek** (Pałac Biskupa Erazma Ciołka), ul. Kanonicza 17, www.muzeum.krakow.pl, Di.–So. 10–18 Uhr. Eintritt 7/4 €.

•**Cricoteca** (Ośrodek Dokumentacji Sztuki Tadeusza Kantora), ul. Kanonicza 5, Mo.–Fr. 10–14 Uhr

Entlang der Grodzka

Parallel zur Kanonikergasse verläuft die Grodzka, die über einen eleganten Brunnenplatz leicht erreichbar ist. Prunkstück der Straße ist die **Peter-und-Paul-Kirche** (Kościół św. Piotra i Pawła), die zu Beginn des 17. Jahrhunderts nach dem Vorbild römischer Jesuitenkirchen entstand. Einen Vorgeschmack auf die Inneneinrichtung geben die zwölf lebensgroßen Apostel, die vor dem Eingang posieren. Golddurchwirkte Altäre, eine pompöse Orgel und die mit feinstem Stuck ausgekleidete Kuppel sind nur einige der Details, die darauf abzielten, den gläubigen wie den abtrünnigen Seelen Glanz und Gloria des Katholizismus vor Augen zu führen.

Dagegen wirkt die unmittelbar angrenzende romanische **Andreaskirche** (Kościół św. Andrzeja) erfrischend nüchtern. In der Zeit der Gegenreformation wurde freilich auch sie im Innern „aufpoliert" - originell ist ihre Kanzel in Form eines Schiffes.

Wawelberg

Trutzig thront das **Wawelschloss** über der Weichsel. Mit seinen hohen Mauern, Türmen und Zinnen dominiert es die Silhouette der Krakauer Altstadt. Über 500 Jahre haben von hier Polens Monarchen geherrscht (1039–1596), in der Kathedrale wurden sie gekrönt und beigesetzt. Schloss und Kathedrale gelten als

232po Foto: sg

wichtigstes Bau-Ensemble in Polen. Jeder Patriot, so ein ungeschriebenes Gesetz, muss ihm mindestens einmal im Leben seine Aufwartung machen.

Die Besichtigung ist nicht immer ein Vergnügen: Beschallt vom Palaver der Touristenführer werden die Besuchermassen durch die Anlage geschleust, eilig muss man weitergehen, um für die nachfolgenden Gäste Platz zu ma-

Renaissance pur im Innenhof des Wawel-Schlosses

Pause auf dem Wawel-Hügel, im Hintergrund die Kathedrale

chen. Wer für die Besichtigung **Ruhe wünscht,** sollte unmittelbar nach der Öffnung **um 9.30 Uhr** kommen; sonntags findet in der Kathedrale eine Messe statt, dann sind Besucher zumindest dort erst nach 12 Uhr zugelassen. Die verschiedenen Abteilungen, für die jeweils **Eintrittsgebühren** zwischen 2 und 4 € zu zahlen sind, schließen in der Regel gegen 15 Uhr, doch während der Sommerferien wird die Öffnungszeit häufig ausgedehnt. **An einem Tag der Woche** (bei der Touristeninformation bitte nachfragen) ist der **Eintritt frei.** Allerdings muss man sich auch dann ein Ticket besorgen, denn die Zahl der zugelassenen Besucher ist limitiert.

Vorbei an der Statue des Volkshelden *Kościuszko* gelangt man aufs Wawel-Plateau, das durch Mauern und Gebäude geschützt und befestigt ist. Zur Linken ragt die gotische **Kathedrale** (Katedra) auf, ein nationaler Grabesschrein, wie es in Polen keinen zweiten gibt: Alle, die Rang und Namen haben, sind hier beigesetzt – ausgenommen die beiden ersten, in Posen ruhenden Herrscher sowie alle „zweitklassigen", d.h. gewählten Monarchen. Als Nationalhelden werden auch zwei Dichter verehrt, deren Sarkophage in der Krypta in einer Nische stehen. **Adam Mickiewicz** (gest. 1855) und **Juliusz Słowacki** (gest. 1849) riefen ihre Landsleute in der Teilungszeit auf, „für Polen" durchs Feuer zu gehen – ihre Werke sind bis heute schulische Pflichtlektüre.

Steigt man zum **Sigismund-Turm** hinauf, hat man einen prächtigen Überblick über die Befestigungsanlage. Die Muskelkraft von zwölf Männern tut Not, um die Glocke zum Klingen zu bringen.

Eine Passage führt zum **Schloss** (Zamek), das zeitgleich mit der Kathedrale entstand. Sein heutiges Aussehen stammt aus dem 16. Jahrhundert, als mit der **Mailänderin Bona Sforza,** der Frau von König *Zygmunt I.,* die Renaissance in Polen Einzug hielt. Aus jener Zeit stammt nicht nur der dreigeschossige Arkadenhof, sondern auch die elegante Einrichtung der **Königlichen Gemächer** (Komnaty Królewksie). Die Wände sind mit Brüsseler Tapisserien geschmückt, umlaufende Friese zeigen Szenen aus dem höfischen Alltag. Alle Holzdecken sind bemalt oder aufwendig geschnitzt; originell ist der Audienzsaal mit 194 Deckenkassetten, die jeweils ein Charakterkopf schmückte – bis heute blieben 30 erhalten.

Eher bescheiden nimmt sich die **Schatz- und Rüstkammer** (Skarbiec Koronny i Zbrojownia) aus, zu deren Highlights das mit Edelsteinen besetzte Krönungsschwert, königliche Banner und Ritterrüstungen zählen. Relativ neu ist die **Ausstellung zum „Orient",** wo man z.B. die von den Türken erbeuteten, aus Teppichen sorgfältig errichteten Feldzelte sieht.

Wer ein Faible für Archäologie hat, besucht die **Ausstellung „Verschollener Wawel"** (Wawel Zaginiony) im angebauten Westflügel des Schlosses. Hier werden frühere, heute auf dem Berg nicht mehr sichtbare Bauten multimedial vorgestellt.

Wawel-Wunder

Da sind zum einen die **Knochen eines Mammuts,** die für alle sichtbar an einer Eisenkette am Portal der Kathedrale hängen. Die Welt, so heißt es, werde nicht untergehen, solange die Kette hält ...

Das zweite Wunder ist an die **Sigismund-Glocke** geknüpft. Wer ihren Klöppel berührt, darf sich einen geheimen Wunsch erfüllen.

Für das dritte Wunder begibt man sich zur **Außenmauer der Kathedrale.** An warmen Sommertagen lehnen sich viele Besucher ans alte Gestein, um sich mit **„positiver Energie"** aufzuladen. Die Augen sind geschlossen oder starr in die Ferne gerichtet, die Körper sind angespannt. „Zehn Minuten in der Woche reichen, um mich geistig fit zu machen", schwört *Janina,* die kurz vor dem Medizinexamen steht. Eine Bestätigung bekam sie von unerwarteter Seite: Esoterisch gesonnene Hindu-Gurus erklärten, sie seien davon überzeugt, der Krakauer Wawelberg sei neben Mekka, Jerusalem und Rom eines der wichtigsten mystischen Energiezentren der Welt. Der Zugang zur Außenmauer wird zuweilen gesperrt – die Kirche befürchtet eine ketzerische „Entweihung" des Orts.

Noch ein Stück tiefer in die Vergangenheit führt die **Drachenhöhle** (Smocza Jama; geöffnet: 1.4.–31.10.), in die man vom Südwestrand des Wawel-Plateaus über 135 Stufen hinabsteigt. Die Klüfte und Kammern der Höhle wurden kurzerhand zum Wohnort des legendären Krakauer Drachens erklärt; und tatsächlich sieht man am Fuße der Höhle eine Drachenskulptur (nur von der Weichselseite erreichbar), die zur Freude aller Passanten tatsächlich Feuer spuckt.

Praktische Informationen

Info

- **Städtische Touristeninformation,** pl. Wszystkich Świętych 3–4, Tel. 012-6161886, www.krakow.pl, tgl. 9–19 Uhr. Zentrale Anlaufstelle für Touristen am Königsweg (ul. Grodzka).
- **Touristenbüro Jordan,** ul. Pawia 8, 31-004 Kraków, Tel. 012-4226091, Fax 012-4291768, www.it.jordan.pl, Mo.–Fr. 8–18, Sa. 9–14 Uhr. Vermittlung von Hotel- und Privatzimmern, Fahrten nach Auschwitz, Wieliczka, Częstochowa und Zakopane.
- **Touristenbüro Marco Polo,** pl. Mariacki 3, Tel. 012-4311678, Mo.–Sa. 9–18, So. 9–15 Uhr
- **Touristeninformation MCIT,** Sukiennice/Tuchhallen, Tel. 012-4217706, Fax 012-4213 036, www.mcit.pl, www.krakow.pl, Mo.–Fr. 9–19, Sa./So. 9–14 Uhr. Mit einem Info-Pavillon im Park nahe dem Słowacki-Theater.
- **Kulturinformation,** ul. Św. Jana 2, Tel. 012-4217787, Fax 012-4217731, www.karnet.krakow 2000.pl, Mo.–Fr. 10 bis 19, Sa. 11–19 Uhr

Unterkunft

In Krakau sind alle wichtigen Hotelketten vertreten, heißen sie nun **Ibis, Novotel, Holiday Inn, Radisson** oder **Sheraton** – die Abfolge zeigt die Preisstaffelung von moderat bis teuer. Sie liegen allesamt zentral und sind komfortabel; wer hier im Rahmen einer Pauschalreise unterkommt, weiß, dass er gut untergebracht ist. Daneben gibt es eine Vielzahl kleiner, gemütlicher Altstadthotels. Stets lohnt es sich, nach einem **„Spezialpreis"** zu fragen, denn vor allem am Wochenende wird oft Rabatt gewährt. Wer etwas jünger ist und in Krakau viel unterwegs sein will, fragt sich allerdings: Warum soll ich überhaupt Geld für ein Hotelzimmer ausgeben, wenn es doch in Krakau so viele **preiswerte Hostels** gibt? Tatsächlich ist Krakau die Stadt mit den meisten Hostels in Polen, und was noch wichtiger ist: Fast alle liegen im Zentrum!

Hotels internationaler Ketten:

- **Hotel Sheraton**€€€€, ul. Powiśle 7, Tel. 012-6621000, Fax 012-6621100, www.sheraton.com/krakow, 233 Zimmer

• **Hotel Radisson**€€€€, ul. Strażewskiego 19, Tel. 012-6188888, Fax 012-6188889, www.radissonsas.com, 210 Zimmer
• **Hotel Andel's**€€€€, ul. Pawia 3, Tel. 012-6600000, Fax 012-6600251, www.andelscracow.com, 159 Zimmer
• **Hotel Holiday Inn**€€€, ul. Wielopole 4, Tel. 012-6190000, Fax 012-6190005, www.hik.krakow.pl, 154 Zimmer
• **Hotel Ibis Kraków Centrum**€€, ul. Syrokomli 2, Tel. 012-2993300, Fax 012-2993333, www.ibishotel.com, 175 Zimmer
• **Hotel Campanile**€€, ul. Św. Tomasza 34, Tel. 012-4242600, Fax 012-4242601, www.campanile.com.pl, 106 Zimmer

Kleinere, aber teure Hotels in der Altstadt:
• **Hotel Stary**€€€€, ul. Szczepańska 5, Tel. 012-3840808, Fax 012-3840809
• **Hotel Copernicus**€€€€, ul. Kanonicza 16, Tel. 012-4243400, Fax 012-4243405, www.hotel.com.pl/copernicus, 29 Zimmer
• **Hotel Wentzl**€€€€, Rynek Główny 19, Tel. 012-4302664, Fax 012-4302665, www.wentzl.pl, 12 Zimmer
• **Hotel Amadeus**€€€€, ul. Mikołajska 20, Tel. 012-4296070, Fax 012-4296062, www.hotel-amadeus.pl, 22 Zimmer
• **Hotel Pod Różą**€€€€, ul. Floriańska 14, Tel. 012-4243300, Fax 012-4243351, www.hotel.com.pl, 54 Zimmer

Etwas günstigere Hotels in der Altstadt:
• **Hotel Warszawski**€€€, ul. Pawia 6, Tel. 012-4242100, Fax 012-4242200, www.hotel-warszawski.pl, 25 Zimmer. Tolle Lage, traditionsreich und fürs Gebotene günstig: Das Komforthotel von 1891 steht gegenüber vom Bahnhof am Eingang zur Altstadt. Die Zimmer und Suiten sind freundlich eingerichtet, verfügen über Sat-TV und Gratis-WiFi, Marmorbäder mit verspiegelter Decke, Handtuchwärmer und extraleisen Wasserhähnen. Das Personal ist so zuvorkommend wie selten in Krakau und das Frühstücksbüfett so reichhaltig, dass man bis zum Abend satt bleibt. Ein bewachter Parkplatz befindet sich gleich nebenan.
• **Hotel Senacki**€€€, ul. Grodzka 51, Tel. 012-4227 686, Fax 012-4227934, www.senacki.krakow.pl, 20 Zimmer. Freundliches Hotel auf halbem Weg zwischen Markt und Wawelberg, die Zimmer sind ein wenig auf alt getrimmt, einige bieten Ausblick auf die Andreas- und die Peter-und-Paul-Kirche. Das Frühstücksbüfett wird im gemütlichen Restaurant eingenommen, im Kellergewölbe aus dem 13. Jh. öffnet eine Bar.
• **Hotel Wit Stwosz**€€€, ul. Mikołajska 28, Tel. 012-4296026, Fax 012-4296139, www.wit-stwosz.com.pl, 17 Zimmer. Das Haus knapp östlich des Marktplatzes gehört der Kirche, daher erstaunt es nicht, dass in jedem Zimmer ein Kruzifix bzw. ein Marienbildnis hängt. Sie sind bequem, für Familien gibt es geräumige Drei- und Vierbettzimmer.
• **Hotel Logos**€€€, ul. Szujskiego 5, Tel. 012-6316200, Fax 012-6324210, www.hotel-logos.pl, 49 Zimmer. Der Name deutet es an: Im Logos will man sich von Krakaus Nostalgie-Welle abheben. Die Glasfassade gibt sich modern, drinnen herrscht freundliche Funktionalität. Die Zimmer im Hauptgebäude sind etwas klein geraten, besser und ruhiger schläft man in der Dependance. Das Frühstücksbüfett ist gut, außerdem gibt es Sauna und Tiefgarage. Das Hotel liegt wenige Gehminuten westlich der Altstadt.
• **Hotel Saski**€€€, ul. Sławkowska 3, Tel. 012-4214222, Fax 012-4214830, www.hotelsaski.com.pl, 60 Zimmer. Vorzüge dieses Hotels: seine gute Lage fast am Marktplatz, eine Fassade aus der Belle Epoque und ein nostalgischer Aufzug von 1903.
• **Hotel Wyspiański**€€-€€€, ul. Westerplatte 15/16, Tel. 012-4229566, Fax 012-4225719, www.hotel-wyspianski.pl, 154 Zimmer. Wer das „Dom Turysty" von früher kennt, ist überrascht: Es hat nicht nur einen neuen Namen, sondern präsentiert sich als Mittelklassehotel mit lichten Hallen. Möglichst sollte man ein von der lauten Straße abgewandtes Zimmer wählen, allerdings kein winziges Normal-, sondern ein etwas teureres Superiorzimmer.
• **Hotel Jordan**€€, ul. Długa 9, Tel. 012-4300292, Fax 012-4228226, www.it.jordan.pl, 19 Zimmer. Freundlich geführtes Mittelklassehotel fünf Gehminuten nördlich der Altstadt. Am besten, da am größten sind die Zimmer im 4. Stock (Nr. 41, 42, 43), in denen drei Personen unterkommen können; stiller ist es in den Räumen zur Hofseite. Originell

ist der Frühstücksraum „Biblioteka Magellan", in dem das Thema Entdeckungsreisen variiert wird: An der Decke prangen Bilder der fünf Kontinente, in den Regalen stapeln sich Reiseführer und das Büfett kommt auf einem Schiffsrumpf daher. Mit Radverleih und angeschlossenem Reisebüro. In der ul. Sobieskiego, ein paar Minuten weiter nördlich, werden preiswertere Zimmer sowie teurere Apartments vermietet.

Krakaus Hostels

Wer sein Geld statt für Unterkunft lieber für Unternehmungen ausgeben will, übernachtet im Hostel (ca. 17 € p. P.). Die meisten bieten außer gemischtgeschlechtlichen Schlafsälen auch DZ, Gemeinschaftsbad und -küche, Gratisinternet, Safe und Waschsalon sowie „kommunikatives" Ambiente (www.hostel.pl). Polens erstes und noch immer bestes Hostel ist **„Nathan's Villa"** zwischen Altstadt und jüdischem Viertel Kazimierz: Es ist picobello sauber und bietet mehr als die Konkurrenz, z.B. einen Kinosaal im mittelalterlichen Backsteinkeller sowie einen Biergarten mit Barbecue. Gleichfalls gut: Mama's Hostel fast am Marktplatz.

- **Nathan's Villa,** ul. Św. Agnieszki 1, Tel. 012-4223545, www.nathansvilla.com
- **Mama's Hostel,** ul. Bracka 4, Tel./Fax 012-4295940, www.mamashostel.com.pl

- **Privatzimmer Jordan**€, ul. Pawia 8, Tel. 012-4226091, www.it.jordan.pl. Freundlich geführtes, kompetentes Büro gegenüber vom Hauptbahnhof; vermittelt werden Doppelzimmer in und außerhalb der Altstadt.
- **Privatzimmer Waweltur**€, ul. Pawia 8, Tel. 012-4221921, www.waweltur.com.pl. Im gleichen Haus wie Jordan, aber nicht so zuvorkommend.
- **Jugendherberge**€, ul. Oleandry 4, Tel. 012-6338822, Fax 012-6338920, www.smkrakow.pl, 365 Plätze, ganzjährig geöffnet. Angegrautes Gebäude 1,5 km westlich; die Betten verteilen sich auf Doppel- bis Vielbettzimmer. Von 10 bis 17 Uhr Sperrstunde, letzter Einlass 23 Uhr. Erreichbar mit Straßenbahn 15.

Camping:

- **Camping Krak Nr. 45**€, ul. Radzikowskiego 99, Tel. 012-6372122106, www.krak.com.pl, ganzjährig geöffnet. Große Anlage beim Motel Krak mit preiswerten Campinghäuschen. Erreichbar mit dem Bus 208.
- **Camping Smok Nr. 46**€, ul. Kamedulska 18, Tel. 012-4298300, www.smok.krakow.pl, ganzjährig geöffnet. 4 km westlich nahe dem barocken Kamaldulenserkloster liegt dieser teils ebene, teils hügelige Platz. Im Zentrum Krakaus auf das blaue Campingschild „Nr. 46" achten.

- **Weitere Unterkünfte:** **↗ Kazimierz!**

Essen und Trinken

- **Chłopskie Jadło**€€, Św. Jana 3, Tel. 012-4295157, www.chlopskiejadlo.com.pl, tgl. ab 12 Uhr. „Bauernschmaus" *(chłopskie jadło)* nennt sich eine kleine Gastrokette, die auf kompromisslose Landküche in unverfälscht rustikalem Ambiente setzt. Viele Nachahmer hat sie gefunden, doch das Original blieb unübertroffen. Man sitzt auf blank gescheuerten Bänken, in pelzgefütterten Schlitten oder in einem Holzbett, lässt sich Piroggen und Suppen, Bigos und Kutteln, fette Wurst oder Riesenportionen Fleisch bringen. Wer einen kleinen Magen hat, bedient sich am Salatbüfett und schlürft hinterher einen Borschtsch (Rote-Rüben-Suppe). Die Stimmung ist gut, ein volles Glas Wodka sollte das Mahl beschließen. Dependancen von Chłopskie Jadło sind in der ul. Grodzka 9 und auf dem Weg nach ↗ Kazimierz.
- **Da Pietro**€€, Rynek Główny 17, Tel. 012-4223279, tgl. ab 12.30 Uhr. Gute Qualität zu vernünftigem Preis – kein Wunder, dass der Italiener auf dem Markt seit vielen Jahren ein Renner ist. Im Sommer sitzt man auf der Terrasse und beobachtet das Treiben, in der kühleren Jahreszeit zieht man sich ins mittelalterliche Kellergewölbe zurück. Pizza und Pasta schmecken ebenso gut wie die Carpaccio-Varianten oder Involotini di pollo, mit Trüffeln und getrockneten Tomaten gefüllte Hühnerrouladen. Großer Vorteil für alle, die nicht so viel Hunger haben: Wer eine halbe Portion bestellt, zahlt auch nur die Hälfte.

● **Vinoteka La Bodega**€€, ul. Sławkowska 12, Tel. 012-4254981, www.bodega.pl, tgl. 10–23 Uhr. Elegant gestylte Tapas-Bar wenige Schritte vom Rynek. Von morgens bis abends kann man hier spanischer Esskultur frönen: Man startet den Tag mit einem starken Kaffee und lässt sich dazu eine *tortilla* kommen, mittags und abends gibt es mediterrane Kost, die mit gutem Wein heruntergespült wird. *Heinz* und *Oliver,* die österreichischen Besitzer, sorgen am Wochenende für Live-Musik: Mariachi, Flamenco oder klassische Gitarre.

● **Wierzynek**€€, Rynek Główny 15, Tel. 012-4249636. Wem das traditionsreiche Restaurant zu nobel ist, wählt das Bistro-Café mit seiner - für polnische Verhältnisse - leichten Küche.

● **La Campana Trattoria**€€, ul. Kanonicza 7, Tel. 012-4302232, tgl. 12–23 Uhr. Im romantischen Garten des ehemaligen „Literaten-Cafés" kann man seit 2009 italienisch speisen. Mit einer sehr guten Weinkarte.

● **Corleone**€-€€, ul. Poselska 19, Tel. 012-4295126, tgl. ab 12 Uhr. Im Sommer sitzt man in einem mediterran inspirierten Innenhof mit viel Grün und plätscherndem Brunnen. Im Winter zieht man sich in die pastellfarbenen Räume zurück, die über das graue Wetter hinwegtrösten. Es gibt großzügige Portionen von Pizza und Pasta, Lamm, Entenbrust und Kalbsfleisch.

● **Chimera**€-€€, ul. Św. Anny 3, Tel. 012-4232178, www.chimera.com.pl, tgl. ab 9 Uhr. Die in der Vitrine ausgestellten Salate sehen so lecker aus, dass einem das Wasser im Mund zusammenläuft. Man lässt sich von allem, was einem gefällt, einen Happen geben, bis der Teller überquillt. Gegessen wird im Innenhof, der abends mit Kerzen erleuchtet ist, oder im mittelalterlichen Kellerverlies.

● **Gospoda Dezerter**€, ul. Bracka 6, Tel. 012-4227931, www.ck-dezerter.pl, tgl. ab 12 Uhr. Wenn Sie bei „Dezerter" an „Deserteur" denken, liegen Sie richtig: Mit Glück und einer gehörigen Portion Verweigerungslust schlägt sich der Held durch einen Roman, der in Galizien ähnlichen Kultstatus hat wie „Schwejk" in Tschechien. Das Lokal knüpft an den Mythos an und bietet großzügige Portionen traditionell habsburgischer Gerichte in rustikalem Ambiente: ungarischen Bogrács-Gulasch und Kartoffelpuffer, Schweinerücken à la Sarajevo und Pute nach Pilsener Art.

● **Taco**€ ul. Poselska 20, Tel. 012-4215441, täglich ab 12 Uhr. In rustikal-mexikanischem Ambiente isst man große Portionen *tacos, enchilladas* und *chili con carne.* Ein edler Ableger dieses Lokals befindet sich auf dem Rynek.

● **U Babci Maliny**€, ul. Sławkowska 17, Tel. 012-4227601, www.kuchniaubabcimaliny.pl, tgl. ab 12 Uhr. „Bei Oma Malina" im Kellergewölbe der Polnischen Akademie gibt's bis zum frühen Abend gute polnische Hausmannskost.

● **Pani Stasia**€, ul. Mikołajska 18 (im Hinterhof), Mo.–Sa. 11.30–15 Uhr. „Frau Stasias" Volksküche hat dem Zeitgeist getrotzt und damit viel Erfolg gehabt: Das Lokal, das schon in sozialistischer Zeit eine Institution war, verköstigt noch heute Scharen von Gästen mit polnischen Gerichten zu unschlagbar günstigem Preis. Alles wird frisch zubereitet, sobald es weggeputzt ist (meist innerhalb von 2–3 Std.), macht der Laden dicht.

Cafés und Teestuben:

„Das Beste, was uns die Habsburger hinterlassen haben", meinen viele Krakauer, „ist die Tradition des Kaffeetrinkens." Sie passt vortrefflich zum Geist der Bohème, zu Genuss und Müßiggang. Lang ist die Liste origineller Cafés, viele Tage könnte man von einem zum nächsten streifen und hätte noch immer nicht alle gesehen. Hier die wichtigsten:

● **Jama Michalika,** ul. Floriańska 45, tgl. ab 10 Uhr. Der Klassiker unter Krakaus Cafés: eine Jugendstil-Höhle mit origineller Einrichtung und leckeren Torten. Steigende Preise sorgen für Selektion, Studenten findet man hier nur selten.

● **Pożegnanie z Afryką,** św. Tomasza 21, tgl. ab 10 Uhr. Im Nichtrauchercafé „Jenseits von Afrika" werden 30 verschiedene Kaffeesorten im dekorativen Kännchen serviert.

● **Loch Camelot,** ul. św. Tomasza 13, tgl. ab 10 Uhr. Café in einer stillen Seitenstraße der Floriańska, ausstaffiert mit naiven Gemälden und Skulpturen. Im Sommer trifft sich das jugendliche und jung gebliebene Publikum auf der Straßenterrasse.

Krakaus Kellerkneipen

Nachts taucht man in die „Stadt unter der Stadt" ab. **Mittelalterliche Kellergewölbe** gibt es im gesamten historischen Zentrum, über abgewetzte Steintreppen steigt man zwei bis drei Stockwerke in die Tiefe hinab. Zu den beliebtesten Kellerkneipen zählt das **Harris Piano** direkt am Rynek. Mehrmals wöchentlich gibt hier die *Olde Metropolitan Band* ihre Songs zum Besten, am Wochenende erklingt „intellektueller" Free Jazz, vorgetragen von Meisterschülern der Krakauer Jazzakademie.

Geht man quer über den Platz, kommt man zu **U Muniaka,** dem „Herzstück" der Krakauer Musikszene. Die Bar wurde Mitte der 1980er Jahre vom Saxophonisten *Janusz Muniak* gegründet, den seine Arbeit mit *Don Cherry* berühmt gemacht hat. Am Wochenende erlebt man den Meister selbst: Stürmisch drückt er die Tasten, faucht seine Seele ins Gebläs und inszeniert fetzig-rasante Stücke à la *Charlie Parker.* Das Publikum besteht aus etablierten Jazzern und Künstlern, vielleicht verirren sich auch ein paar *biznesmeni* hierher, um authentisches Nightlife zu schnuppern.

Die Yuppie-Szene gibt sich ein Stelldichein im **Piec Art,** wo zu coolen Tönen gepflegt-teure Drinks serviert werden. Rotplüschiges Ambiente schnuppert man im **Piano Rouge** am Markt sowie in den „Stahl-Magnolien" (Stalowe Magnolie), wo bis 3 Uhr morgens Live-Musik erklingt.

Doch egal wo man ist, im dunklen Loch oder im gestylten Pub – der Krakauer Jazz fährt unter die Haut, beschwingt den Gang und lässt den Rest der Welt, für ein paar Stunden wenigstens, vergessen.

- **Noworolski,** Rynek Główny 1, tgl. ab 10 Uhr. Vor über 100 Jahren in den Tuchhallen im Wiener Kaffeehausstil eröffnet, hat sich *Lenins* Lieblingscafé seine Einrichtung bis heute bewahrt. Es gibt einen roten, grünen und braunen Saal, schön sitzt man auch unter den Arkaden. Außer Kuchen, belegten Baguettes und anderen Kleinigkeiten werden mehrere Frühstücksgedecke serviert, darunter das „Wiener" mit leckeren Eiern im Glas.
- **Massolit Books & Café,** ul. Felicjanek 4, tgl. ab 10 Uhr. Treffpunkt der in Krakau lebenden Ausländer an der Südwestecke des Parkgürtels. Es gibt starken Kaffee, amerikanischen Kuchen und reichlich Secondhand Bücher, auch in deutscher Sprache.

Jazzbars nahe dem Rynek

- **Pod Jaszczurami,** Rynek Główny 8, www.podjaszczurami.pl, mehrmals wöchentlich Live-Musik.
- **Harris Piano Jazz Bar,** Rynek Główny 28: Di./Do., Sa. Live Jazz
- **U Muniaka,** ul. Floriańska 3: Do./Fr., Sa. Live Jazz
- **Piec Art,** ul. Szewska 12: Mi. Live Jazz
- **Piano Rouge,** Rynek Główny 46, tgl. ab 12 Uhr live-Jazz und Piano-Musik.
- **Stalowe Magnolie,** ul. św. Jana 15: tgl. Live-Musik

Nightlife

- **Paparazzi,** ul. Mikołajska 9. Der Name ist Programm: sehen und Gesehenwerden bei teuren Cocktails an der langen Bar, Treffpunkt von Ausländern und zu Geld gekommenen Polen.
- **Pod Baranami,** Rynek Główny 27, tgl. 16–4 Uhr. Im legendären Club „Zum Widder", in dem über 50 Jahre Polens beste Satiriker auftraten, ist heute Musik angesagt: mal live Jazz, Blues oder Rock, mal heiße Tanzrhythmen.
- **Cień Klub,** ul. św. Jana 15, Mi.–Sa. ab 19 Uhr. Unter den Stahlmagnolien gibt es Bars und Dancefloors mit House, Hiphop und Electronic.

Einkaufen

- **Markt:** Auf dem Rynek Kleparski, nur wenige Schritte nördlich des Parkgürtels, verkaufen vom frühen Morgen bis zum Mittag Bauern aus der Umgebung alles, was sie zubereitet bzw. gesammelt haben. Darunter sind winzige wilde Erdbeeren, Johannis- und Blaubeeren, Steinpilze, Pfifferlinge und Maronen, Einmachgläser mit marinierten Gurken und Champignons, Paprikagirlanden, handgeschöpfter Weißkäse und geräucherter *oscypek* (↗ Exkurs „Käsekrieg"). Je nach Jahreszeit sitzen die Mütterchen hinter Sträußen von duftenden Rosen oder tellergroßen Astern, die Stimmung ist ländlich und herzlich. Erreichbar über die an der ul. Basztowa 15 abzweigende Straße.

- **Einkaufzentren:** Diverse Westläden und Mega-Kinos, Bistros und Lokale findet man in der Galeria Krakowska, am Hauptbahnhof, sowie am Rand des jüdischen Viertels in der Galeria Kazimierz. Eine Edelpassage ist Pasaż 13 auf dem Markt, Rynek Główny 13.
- **Kunsthandwerk:** In den Tuchhallen auf dem Rynek findet man alles von Bunzlauer Keramik über handgestrickte Tatra-Pullover bis zu naiven Holzskulpturen. Weniger auf den Massengeschmack ist das Sortiment in den Galerien unter den Arkaden zugeschnitten.
- **Plakatkunst:** Galeria Plakatu, ul. Stolarska 8. Meisterwerke der „polnischen Plakatschule".
- **Karikaturen:** Andrzej-Mleczko-Galerie, ul. Św. Jana 14. Bissiges aus zwei Jahrzehnten, das man auch als Ausländer ohne viele Worte versteht.

Kultur

- **Philharmonie:** Filharmonia, ul. Zwierzyniecka 1, www.filharmonia.krakow.pl.
- **Altes Theater:** Stary Teatr, ul. Jagiellońska 1, www.stary-teatr.pl
- **Słowacki-Theater:** Teatr Juliusza Słowackiego, pl. Św. Ducha 1, www.slowacki.krakow.pl
- **Krakauer Oper:** Opera Krakowska, ul. Lubicz 48, www.opera.krakow.pl

Kulturinstitute:

- **Goethe-Institut,** Rynek Główny 20, Tel. 012-4226902, www.goethe.de/krakau
- **Österreichisches Kulturinstitut,** ul. Krupnicza 42, Tel. 012-4219900

Feste und Festivals

- **Mai/Juni:** Internationales Kurzfilmfestival
- **Juni:** Lajkonik-Umzug
- **Juni:** Johannisnachtfeier am Weichselufer
- **Juni/Juli:** Festival der Jüdischen Kultur
- **Juli:** Internationales Festival des Straßentheaters
- **August:** Musik im Alten Krakau
- **September:** Sacrum + profanum: unorthodoxes Festival zeitgenössischer Musik, die auch in Stahlwerken und Fabriken aufgeführt wird (www.biurofestiwalowe.pl).
- **Oktober:** Zaduszki Jazzów (Jazztreffen)
- **Dezember:** Wettbewerb der Weihnachtskrippen

Aktivitäten

- **Schiffsausflug auf der Weichsel:** Von der Anlegestelle am Wawel starten tgl. ab 10 Uhr Schiffe zu Kurztouren; am Wochenende steht ein dreistündiger Trip zum Kloster Tyniec auf dem Programm, www.zegluga.krakow.pl

Verkehr

- **Auto:** Bewachte Parkplätze in Zentrumsnähe befinden sich an der Galeria Krakowska (am Hauptbahnhof), am Słowacki-Theater (pl. Św. Ducha) und am Alten Theater (pl. Szczepański).
- **Taxi:** Zuverlässige Firmen sind Radio Taxi (Tel. 919), Barbakan Taxi (Tel. 9661) und Wawel Taxi (Tel. 9666).
- **Bus** und **Zug:** Hauptbahnhof (*Dworzec Główny*) und Busstation (*Dworzec autobusowy*) befinden sich am Nordostrand der Altstadt, Zugtickets kann man auch bei Orbis am Rynek (Nr. 41) erwerben. Gute Verbindungen gibt es nach Oświęcim (Auschwitz), Tarnów und Zakopane. Nach Wieliczka empfiehlt sich der Mini-Bus (alle 15 Min., zahlen muss man beim Fahrer).
- **Flugzeug:** Flughafen Kraków-Balice, 18 km westlich der Stadt, www.www.krakowairport.pl. Billig-Airlines bieten Direktflüge nach Deutschland und Österreich. Vom Flughafen kommt man alle 30 Min. mit Shuttle-Bus und Zug zum Bahnhof, Tickets beim Fahrer.

Kazimierz

XXI/C1

Noch vor wenigen Jahren war es ein vor sich hindämmerndes Arme-Leute-Revier, in das niemand einen müden Groschen investierte. Doch dann öffneten die ersten Galerien und Cafés, *Steven Spielberg* drehte seinen Holocaust-Film **„Schindlers Liste"** und Besucher kamen, um sich die Originalschauplätze anzusehen. Heute stehen top-sanierte Häuser neben Ruinen, mehrere Synagogen wurden restauriert. Immer mehr Studenten und Künstler mieten sich in Kazimierz ein, das Nachtleben ist hier inzwischen fast aufregender als im Krakauer Zentrum.

Nach Kazimierz führen **zwei Wege:** Am Wawel startet die Stradomska, die jenseits des verkehrsreichen Bulwar Dietla den Namen Krakowska annimmt und zum (christlichen) Marktplatz von Kazimierz führt. Alternativ geht es über die im Osten der Krakauer Altstadt beginnende Starowiślna direkt ins jüdische Herz von Kazimierz.

Nicht versäumen – ein Abend mit Kroke

Die Musiker von *„Kroke"* (jiddisch: Krakau) treten stets schwarz gewandet auf: Mit ihren dunklen, breitkrempigen Hüten erscheinen sie als Wiedergänger einer versunkenen Welt. Erst als Erwachsene haben zwei von ihnen erfahren, dass sie jüdischen Ursprungs sind. Ihre Eltern hatten es ihnen verheimlicht, weil sie die Kinder vor dem alltäglichen Antisemitismus schützen wollten. Viel Schmerz ist in ihrer Musik, aber auch unbändige Hoffnung. Ihre Kompositionen erinnern an die farbenfrohe Musik osteuropäischer Juden, aber auch an Zigeunerweisen und Rhythmen vom Balkan. Seit einiger Zeit verlässt *Kroke* die Pfade traditioneller Klezmermusik: Langsame Töne werden bis zur Unerträglichkeit gedehnt, dann plötzlich zu wildem Galopp beschleunigt. *Jerzy Bawol* entlockt seinem Akkordeon zitternde Sphärenklänge, *Tomasz Kukurbas* überlagert sie mit virtuoser Geigenmusik und *Tomasz Latos* begleitet mit dem Kontrabass. So entsteht eine schillernde, mystisch-meditative Klanglandschaft, die nie eintönig wirkt. Gewürzt werden die Stücke mit Jazzelementen, vage, ächzende Schreie setzen markante Akzente.

Sehenswertes

Mittelpunkt des jüdischen Viertels ist die kopfsteingepflasterte Straße **Szeroka,** bei der es sich freilich eher um einen lang gestreckten Platz handelt. In die kleinen, manchmal windschiefen Häuser sind Cafés eingezogen, sie heißen Ariel, Klezmer Hois und Arka Noego. Man sitzt unter Porträts bärtiger Juden und orientalischer Schönheiten, genießt Pessach-Kuchen und trinkt koscheren Wodka. Allabendlich werden die siebenarmigen Menorah-Leuchter entzündet, Musikensembles wie *Kroke* und *Galicyjskie Trio* variieren virtuos Klezmer-Musik. Außer ausländischen Besuchern kommen auch viele Krakauer, meist jüngere Leute, in die Szeroka. Sie bevorzugen allerdings Bars, die nicht auf jüdisch getrimmt sind.

Alte Synagoge

Die wichtigste Sehenswürdigkeit am Platz ist die Alte Synagoge. Sie gilt als **eine der wertvollsten in Europa,** was

1 Chłopskie Jadło
2 Hostel Nathan's Villa
3 Hotel Alef
4 Tempel-Synagoge / Jüd. Gemeindezentrum
5 Kupa-Synagoge
6 Remuh-Synagoge
7 Arka Noego
8 Klezmer Hois
9 Hotel Rubinstein, Rubinstein
10 Popper-Synagoge
11 Ariel
12 Alte Synagoge
13 Galizisches Museum
14 Hohe Synagoge
15 Hotel Eden
16 Izaak-Synagoge
17 Zentrum für jüdische Kultur
18 Touristeninformation
19 Fronleichnamskirche
20 Ethnografisches Museum
21 Paulinerkirche

man angesichts der abweisenden Backsteinfassade kaum glauben mag. Der Bau entstand unmittelbar nach dem Pogrom, das 1493 zum Exodus der Krakauer Juden führte. Seine festungsartige Fassade spiegelt das Gefühl der Bedrohung, das die Juden damals empfanden. Auf Schmuck wurde bewusst verzichtet, um christliche Neider nicht auf den Plan zu rufen. Doch so abweisend die Synagoge von außen erscheint, so leicht und luftig wirkt sie im Innern. In der Mitte der Bethalle steht die zierliche Bima, von der der Rabbi die Thora verlas, darüber spannt sich ein weites Gewölbe.

Die Halle ist Teil des **Museums für jüdische Geschichte und Kultur,** in dem liturgische Geräte ausgestellt werden, daneben Gemälde jüdischer Maler wie *Malczewksi* und *Gottlieb.* In der Ausstellung über deutsche Besatzungspolitik erfährt man, dass am 4. Dezember 1939 Eingreiftruppen in die Synagoge eindrangen und die dort versammelten Juden zwangen, die Thorarollen zu bespucken; anschließend wurden sie erschossen.

• **Alte Synagoge** (Stara Synagoga), ul. Szeroka 24, www.mhk.pl, Mo. 10–14, Di.–So. 9–17 Uhr, geschl. am ersten Sa. und So. im Monat

Galizisches Museum

Um die Ecke liegt ein Museum, das sich von folkloristischer Darstellung jüdischer Lebenswelten wohltuend abhebt: In einem puritanischen Saal zeigen großformatige Fotos das heutige jüdische Erbe in Südostpolen. Mit Judaica-Buchladen und Café; gelegentlich gibt's Klezmer-Konzerte, manchmal einen „Sabbat-Supper".

• **Galizisches Museum** (Galicja Muzeum), ul. Dajwór 18, www.galicjamuzeum.org, tgl. 9–20 Uhr

Remuh-Synagoge

Wieder auf der ul. Szeroka, lohnt ein Besuch der kleinen Remuh-Synagoge, die noch heute als Gotteshaus dient. Sie stammt aus dem 16. Jahrhundert und trägt den Namen des Wunderrabbis *Moses Isserle* alias *Remuh,* der hier predigte und auf dem angrenzenden **Alten Friedhof** beigesetzt wurde. Sein steinerner Sarkophag ist stets mit zusammengerollten Wunschzetteln gespickt. Fromme Juden aus aller Welt vertrauen ihm ihre Ängste und Hoffnungen an. Ihre geheimen Botschaften hinterlassen sie auch an der Klagemauer, die aus jenen Grabsteinen zusammengesetzt ist, die deutsche Soldaten herausgerissen hatten, um mit ihnen Straßen zu pflastern.

• **Remuh-Synagoge** (Synagoga Remuh), ul. Szeroka 16, tgl. außer Sa. 9–16 Uhr; das Käppi für Männer kann geliehen werden.

Zum Neuen Friedhof

Nur bis 1800 wurden auf dem Alten Friedhof die Verstorbenen beigesetzt. Anschließend wich man auf den **Neuen Friedhof** (Nowy Cmentarz, ul. Miodowa 55, Sa. geschl.) aus, der sich in Luftlinie knapp 200 Meter östlich befindet (zehn Gehminuten entfernt). Unter Bäumen stehen Hunderte von Grabsteinen mit polnischen, hebräischen, jiddischen und deutschen Inschriften, ein weltentrückter Ort, den die Natur allmählich zurückerobert.

Tempel-Synagoge

1862 wurde von aufgeklärten Juden die Tempel-Synagoge gegründet. Hier wurden die Gottesdienste oft in polnischer Sprache gehalten, Männer und Frauen waren beim Gebet nicht getrennt. Aufgrund der guten Akustik ist die Synagoge ein beliebter **Aufführungsort für Konzerte.** Seit 2008 ist nebenan das moderne Jüdische Gemeindezentrum geöffnet.

• **Tempel-Synagoge** (Synagoga Tempel), Ecke ul. Miodowa/Podbrzezie, Sa. geschl.

233po Foto: sg

Izaak-Synagoge

Biegt man von der Szeroka westwärts in die „dunkle Gasse" (ul. Ciemna), gelangt man an zwei Hotels vorbei in die Izaaka. Sie ist nach der barocken Izaak-Synagoge benannt, die 1638 der reiche Kaufmann *Izaak Jakubowicz* stiftete. In ihrem restaurierten Innenraum werden **historische Fotografien** aus Kazimierz gezeigt; **Dokumentarfilme** illustrieren den jüdischen Alltag in den 1930er Jahren und im Zweiten Weltkrieg.

- **Izaak-Synagoge** (Synagoga Isaaka), ul. Kupa 16/ul. Izaaka, www.chabadkrakow.pl, Sa. geschl.; eine Kopfbedeckung ist für männliche Besucher Pflicht und kann vor Ort ausgeliehen werden.

Hohe Synagoge

Von hier ist es nur ein Katzensprung zur **Józefa,** die mit ihren kleinen Läden und Werkstätten allmählich wieder ihre alte Rolle als wichtigste Handelsstraße im Viertel gewinnt. An ihrem Beginn steht die Hohe Synagoge (Synagoga Wysoka, ul. Józefa 40), die so genannt wird, weil sich der Betraum im Obergeschoss befand. Im Erdgeschoss ist ein Judaica-Laden.

Plac Nowy

Über die Estery kommt man zum Plac Nowy, den **„Neuen Platz"** von Kazimierz. Ringsum ist er von **Szenebars und Cafés** gesäumt. In seiner Mitte werden werktags Obst und Gemüse, Fisch und Fleisch verkauft, sonntags findet ein kleiner Flohmarkt statt. Das Gebäude an der Westseite des Platzes, eine ehemalige Bethalle, ist das **Zentrum für jüdische Kultur,** gesponsert vom US-amerikanischen Kongress für zwei Millionen Dollar. In der mit orientalischen Pflanzenornamenten dekorierten Haupthalle finden Konzerte und Vorträge statt; rings um einen Lichthof verlaufen zweistöckige Galerien, über die man in Ausstellungssäle gelangt.

- **Zentrum für jüdische Kultur** (Centrum Kultury Żydowskiej), pl. Nowy/ul. Meiselsa 17, Tel. 012-4306449, www.judaica.pl, Mo.–Fr. 10–18, Sa./So. 10–14 Uhr

Podgórze

Über die Starowiślna kommt man in 15 Minuten nach Podgórze, wo deutsche Truppen **1941** die Krakauer Juden in einem **Ghetto** einschlossen.

Wer es zu verlassen wagte, wurde mit dem Tod bestraft. *Tadeusz Pankiewicz,* Besitzer der „Apotheke zum Adler" (Apteka Pod Orłem), war der einzige Nichtjude, der zu jener Zeit in Podgórze blieb. Nach dem Krieg veröffentlichte er seinen Bericht über die Erlebnisse jener Jahre im Buch **„Die Apotheke im Krakauer Ghetto".** Die Apotheke ist heute eine Erinnerungsstätte.

Quert man vom „Platz der Ghettohelden" die Straße Na Zjedzie und folgt erst der Kacik, dann der Lipowa, gelangt man in 5 Min. zu **Schindlers Fabrik.** Berühmt wurde der Gestapo-Mann durch *Spielbergs* Film „Schindlers Liste". Aufgezeigt wird, wie es dem Fabrikanten gelang, „seinen" 1000 Juden das Leben zu retten. Die Fabrik soll in ein Kulturzentrum verwandelt werden.

- **Ghettomuseum** (Muzeum Pamięci Narodowej), pl. Bohaterów Getta 18, Podgórze, www.mhk.pl, Mo. 10–14 Uhr, Di.–Sa. 9.30–17 Uhr
- **Schindlers Fabrik** (Fabryka Schindlera), ul. Lipowa 4, unregelmäßig geöffnet

Jüdisches Kulturfestival

Einmal im Jahr, meist von Ende Juni bis Anfang Juli, findet in Kazimierz ein rauschendes Fest statt (www.jewishfestival.pl). Zu Gast waren bereits *Joseph Malovany,* Chefkantor der New Yorker Synagoge in der Fifth Avenue, der meditative Wüstensänger *Shlomo Bar,* die Gruppe *Brave Old World* und *Klezmer Madness.* Abends gibt es Konzerte, tagsüber ein buntes Begleitprogramm. Der Bogen spannt sich von jüdischer Kochkunst über Crash-Kurse in Hebräisch und Jiddisch bis zu Vorträgen und Ausstellungen. Am letzten Abend wird auf der Szeroka ein großes Open-Air-Fest gefeiert. Wenn zur Klezmer-Musik das Tanzbein geschwungen wird, erstarren die Puristen der Betroffenheitskultur. „Darf man das – tanzen am Ort der Vernichtung?" Die Akteure antworten: Das Tanzen ist Ausdruck dafür, dass die Erinnerung der Jugendlichen nicht länger vergangenheits-, sondern zukunftsgerichtet ist. „Diese jungen Juden, die Musiker und ihre Zuhörer weigern sich, Mahnmal zu sein. Sie wollen leben" *(Natan Sznaider).* Intellektueller geht es im Oktober beim **Bajit Chadasz** zu, dem „Monat der Begegnung mit jüdischer Kultur".

Praktische Informationen

Info

- **Touristeninformation,** ul. Józefa 7, Tel. 012-4220471, Fax 4306503, Di.–So. 10– 18 Uhr

Unterkunft

- **Hotel Rubinstein**€€€, ul. Szeroka 12, Tel. 012-3840007, www.hotelrubinstein.com, 22 Zimmer. Nobelhotel, benannt nach der Kosmetik-Königin *Helena Rubinstein,* die hier ihre ersten 18 Lebensjahre verbrachte. Edel ist auch das Restaurant mit Fusion-Küche und jüdischen Einsprengseln.
- **Pension Klezmer Hois**€€€, ul. Szeroka 6, Tel./Fax 012-4111245, www.klezmer.pl, 12 Zimmer. Wenn möglich, sollte man sich in den riesigen Zimmern Nr. 19 oder 14 einquartieren: Sie sind mit Antiquitäten eingerichtet und bieten Blick auf den Hauptplatz von Kazimierz, aus dem alten Radio erklingen Blues-Melodien – passend zum nostalgischen Ambiente des Hauses. Im Frühstücksraum, der mit Samtsofas und Tischen mit Spitzendecken eingerichtet ist, fühlt man sich nicht wie in einem Hotel, sondern wie in einer guten alten Stube anno dazumal.

Galizisches Museum – ohne folkloristisches Beiwerk

234po Foto: sg

• **Hotel Alef**€€€, ul. Agnieszki 5, Tel. 012-4213870, Fax 012-4243132, www.alef.pl, 40 Zimmer. Kleines Hotel in einer ehemaligen Schule an der Grenze zu Krakau. Funktionale Zimmer mit Sat-TV und Duschbad, nur das teure Vorzeigezimmer Nr. 102 ist mit Stilmöbeln und alten Gemälden „jüdisch“ inspiriert. Das Frühstück wird in einem großen Salon eingenommen.

• **Hotel Eden**€€€, ul. Ciemna 15/Ecke ul. Jakuba, Tel. 012-4306565, Fax 012-4306767, www.hoteleden.pl, 27 Zimmer. Kleine Komfortunterkunft nahe dem Hauptplatz von Kazimierz, die einzige, die koscheres, d.h. vom Rabbi abgesegnetes Frühstück serviert, über ein Mikwe-Bad und eine Salzgrotte verfügt sowie Mezuza-Glücksstäbchen an jeder Tür.

Essen und Trinken

• **Ariel**€€, ul. Szeroka 17–18, Tel. 012-4217920

• **Klezmer Hois**€€, ul. Szeroka 6, Tel. 012-4111245

• **Arka Noego**€-€€, ul. Szeroka 2, Tel. 012-4291528

In diesen drei Lokalen am „Hauptplatz“ von Kazimierz wird jüdische Küche in traditionellem Ambiente angeboten. Unter den Porträts bärtiger Rabbis und sephardischer Schönheiten werden Purim-Hähnchen und „gefilte Fisch“, süßsaure Jankiel-Suppe und Pessah-Käsekuchen serviert. Allabendlich erklingt Live-Musik: jiddische Lieder und fetzige Klezmermelodien, manchmal auch ukrainische Folksongs oder Zigeunerweisen.

• **Rubinstein**€€, ul. Szeroka 12, Tel. 012-3840007, www.hotelrubinstein.com, tgl. ab 12 Uhr. Kein Klezmer-Ambiente bietet das durchgestylte Restaurant im gleichnamigen Hotel. Spezialität des Hauses ist Ente mit Spinat auf Blaubeeren, doch enthält die Karte noch viele weitere polnische und internationale Gourmet-Gerichte.

Nightlife

Während sich die Touristen am Hauptplatz treffen, weicht die Krakauer „Szene“ auf die

Gegend um den **Plac Nowy** aus. Dort reiht sich ein gutbesuchtes Lokal ans nächste.

- **Alchemia,** pl. Nowy/ul. Estery 5, www.alchemia.com.pl. So düster wie das Laboratorium eines Alchemisten, rauchgeschwängert und beschallt mit Jazz und Blues. Jeder der Räume ist anders, am witzigsten ist die alte Küche *(kuchnia)* mit einem originalen Interieur aus Polens „bleiernen Jahren".
- **Mleczarnia,** ul. Meiselsa s/n, tgl. 11–24 Uhr. Die „Molkerei" ist mit dunkel getünchten Wänden, Spitzendeckchen auf Flohmarkttischen und flackerndem Kerzenschein ein typisches Kazimierz-Café. Ungewöhnlich ist der Sommergarten gegenüber: Man sitzt in Strandkörben unter schattigen Obstbäumen und fühlt sich aufs Land versetzt.
- **Stajnia,** ul. Józefa/ul. Meiselsa, tgl. 11–24 Uhr. Im Hof einer ehemaligen Schmiede *(stajnia)* kann man im Sommer gleichfalls gut sitzen und ein kühles Bier genießen.
- **Singer,** ul. Estery 20. *Jurek* und *Lucyna* haben ein Händchen für Melancholie: Selbst wenn draußen die Sonne scheint, sind die Fenster mit schweren Samtgardinen zugehängt und es brennt Kerzenlicht. Die Gäste lassen sich in tiefen Sesseln nieder, stellen ihr Bier auf ausrangierten Singer-Nähmaschinen ab und hören düstere Songs ...
- **Propaganda,** ul. Miodowa 20, ab 20 Uhr. *Andrzej Jasiak,* der Pionier von Polens „sozialistischer" Kneipenszene, hat inzwischen im ganzen Land Nachahmer gefunden. Sie nennen sich „roter Oktober", „Volksrepublik" oder „Proletariat": ein roter Stern am Eingang, knallrote Wände mit Postern in sozialistischem Agit-Prop, *Che Guevara* und *Stalin,* als musikalische Beigabe Marschmusik und Loblieder auf die Helden der Arbeit.

Aktivitäten

- **Rundgänge** und **Exkursionen:** Führungen „auf den Spuren von Schindlers Liste" und Fahrten nach Auschwitz organisiert die Buchhandlung *Jarden* an der ul. Szeroka

Verkehr

- **Straßenbahn:** Das Zentrum des jüdischen Kazimierz erreicht man ab Krakaus Altstadt mit Straßenbahn 3, das „christliche" Kazimierz mit 6, 8 und 10.

Wieliczka

↗XXI/C1

15 Kilometer südöstlich von Krakau liegt ein **Salzbergwerk,** in dem seit über 800 Jahren „weißes Gold" gefördert wird und das von der UNESCO in den Rang eines **Weltkulturerbes** erhoben wurde. Es besteht aus einem mehrstöckigen Labyrinth von Stollen und Sälen, die Besuchern im Rahmen eines 90-minütigen und zwei Kilometer langen Rundgangs vorgestellt werden (Temperatur 12–14 °C). Hierbei können sie aus Salz geformte Skulpturen und geschnitzte Altäre, Kristallgrotten, Kapellen und türkisfarbene Salzseen bewundern. Größte aller Kapellen ist die aus glitzerndem Steinsalz gehauene **Kinga-Kapelle,** in der Gottesdienste und Konzerte zelebriert werden. Über 30 Jahre haben Bergarbeiter an der Fertigstellung dieses 54 x 17 x 12 Meter großen Kunstwerks geschnitzt – 1927 wurde es eingeweiht: Schwere Lüster hängen von der hohen Decke, an den Seitenwänden stehen Nachbildungen berühmter Kunstwerke, darunter das **„Abendmahl"** von *Leonardo da Vinci.* Eines Tages freilich, fürchten Fachleute, könnten die Kunstwerke so glatt werden wie die Wand, denn menschlicher Atem zersetzt die Salzkristalle und lässt sie schmelzen.

Auf die Kapelle folgt eine **tiefe Höhle:** „Trotz tausender Gefahren", steht hier geschrieben, „kommt der Bergmann jeden Tag unerschrocken in sein grausames Grab." Viele Bergleute ha-

Blickfang an der Szeroka – Café Ariel

ben im Untertagebau ihr Leben verloren. Sie stürzten in die Tiefe oder wurden von herabfallenden Balken erschlagen. In einer Chronik aus dem 17. Jahrhundert heißt es, 10 % von ihnen seien jedes Jahr beim „Ausbrennen" von explosivem Methangas gestorben.

● **Salzbergwerk** (Kopalnia Soli), ul. Daniłowicza 10, Tel. 012-2787302, www.kopalnia.pl, April–Okt. tgl. 7.30–19.30, Nov.–März tgl. 8–16 Uhr; der Besuch ist nur im Rahmen einer geführten Tour möglich. Eintritt 15/12 €, Kartenreservierung in Krakau: ul. Wiślna 12-A.

Anfahrt

● Wer mit eigenem **Pkw** fahren möchte, verlässt Krakau in Richtung Südosten über die Starowiślna und die Wieliczka und folgt dann der E-40. Nach 13 Kilometern erreicht er die Bergwerkstadt, die Zufahrt zum Bergwerk ist ausgeschildert.
● Fast jede Stunde fährt ein **Zug** von Krakau nach Wieliczka (Fahrtdauer 20 Min.).
● **Privatbusse** fahren mehrmals stündlich ab Bahnhofsnähe.

Ojców-Nationalpark

↗XX/B1

Von der Königsstadt spannt sich das **dicht bewaldete Jura-Plateau** 100 Kilometer nordwestwärts bis zum Wallfahrtsort Częstochowa (Tschenstochau). Das Kalksteingebirge, vor 150 Mio. Jahren aus den Ablagerungen eines warmen Meeres entstanden, gefällt mit bizarr geformten, weißen Felsen, die das Regenwasser im Laufe der Zeit modelliert hat. Am Rande des Plateaus verläuft der rot markierte **Adlerhorstweg** (Szlak Orlich Gniazd), der seinen Namen einer Reihe **mächtiger Burgen** verdankt. König *Kazimierz III.* ließ sie im 14. Jahrhundert erbauen, um seinen frisch zusammengefügten Staat vor Angriffen der benachbarten Böhmen zu schützen. Die meisten Burgen wurden 300 Jahre später von den Schweden zerstört. Überdauert haben romantische Ruinen, nur ein Schloss (↗Pieskowa Skała) wurde originalgetreu wieder aufgebaut.

Der **Ojców-Nationalpark** (Ojcowski Park Narodowy) macht mit dem landschaftlich schönsten Teil des Adlerhorstwegs vertraut: ein tief eingeschnittenes, von einem Bach durchrauschtes Tal, zu beiden Seiten Kalksteinwände, in den angrenzenden Wäldern Buchen, Birken und Eichen. Auf einer **Karte,** die man im Krakauer EMPIK-Laden kaufen kann (Maßstab 1: 22.500) sind alle Wanderwege und Sehenswürdigkeiten eingezeichnet.

Bester Startpunkt für Wanderungen ist das 20 Kilometer nordwestlich von Krakau gelegene Dorf **Ojców** (mit Auto und Bus gut zu erreichen). In einem seiner hübschen Holzhäuser, dem ehemaligen Hotel „Zum Däumling" (Pod Łokotkiem), ist ein **Naturkundemuseum** untergebracht. Wer sich mehr für die Geschichte des Tals interessiert, besichtigt das **Regionalmuseum** (Muzeum Przyrodnicze/Muzeum Regionalne, tgl. 10–15 Uhr).

Größte der im Nationalpark befindlichen **200 Höhlen** ist die **Däumlingshöhle** (Jaskinia Łokietka, 9–18 Uhr), erreichbar vom Parkplatz Ojców auf

087po Foto: sg

dem schwarz markierten und 1,6 Kilometer langen Weg südwärts. Die Höhle verdankt ihren Namen *Władysław Łokietek* (= Ellenlang/Däumling), einem kleinwüchsigen Fürsten, der 1320 zum König Polens gekrönt wurde. Zuvor hielt er sich hier mehrere Monate vor seinem böhmischen Rivalen König *Wenzel II.* versteckt. Tropfsteine sind in der Karsthöhle nicht zu sehen, dafür aber ausgeprägte Wirbelkessel mit einem Durchmesser von bis zu drei Metern.

Zu einer zweiten interessanten Höhle kommt man von Ojców auf grün markiertem Weg. Die **Dunkle Höhle** (Jaskinia Ciemna, 10–17 Uhr) imponiert mit großen Stalagmiten und kleineren Stalaktiten. Archäologen fanden Spuren von Menschen, die vor ca. 120.000 Jahren dort lebten.

Läuft man von Ojców auf der Straße nordwärts, erreicht man nach 45 Minuten **Grodzisko,** wo auf einem Felsplateau hoch über dem Flussbett eine Kirche thront (in wenigen Minuten erreichbar, blau-rot markierter Weg). Einsam und unzugänglich lebten hier im 13. Jahrhundert Nonnen des Klarissenordens mit ihrer Priorin *Salomea.* Als sie 1316 von *Władysław I.* nach Krakau gerufen wurden, verödete die Anlage. Ein Krakauer Kanoniker, der den Ort 1677 wiederentdeckte, war von der Gegend so bezaubert, dass er eine barocke Kirche errichten ließ.

Schloss Pieskowa Skała

Hinter ihr öffnet sich ein Hof mit drei künstlichen Grotten, 50 Stufen führen zur **Einsiedelei der Heiligen Salomea.**

Nach einer weiteren Stunde auf der Straße passiert man den **Herkulesfelsen** (Maczuga Herkulesa), einen grauweiß verwitterten, keulenartigen Monolithen von 18 Metern Höhe. Er weist den Weg zu einem der schönsten Baudenkmäler polnischer Architektur, dem auf einer Felskuppe kauernden **Schloss Pieskowa Skała** (Mo. geschl.). Im 14. Jahrhundert stand hier eine Burg, 200 Jahre später wurde sie nach dem Wunsch der Magnatenfamilie *Szafraniec* zu einem **prachtvollen Renaissance-Palast** ausgebaut. Der mächtige Bau wird von Türmen aufgelockert, eine Zugbrücke führt in den trapezförmigen Innenhof. Dieser ist von dreistöckigen Arkadengängen gesäumt, über die man in die Schlosssäle gelangt. Hier wird **europäische Kunst vom Mittelalter bis zum Beginn der Moderne** ausgestellt. Höhepunkt der Sammlung sind die „sarmatischen Porträts", die Polens Magnaten in orientalischem Kostüm zeigen. Dazu passen die Kostüme aus dem Bestseller-Film „Mit Feuer und Schwert" – Samt und Seide, verziert mit goldenen Ornamenten, Säbel, Pelzmützen und lange Schärpen. Das Schloss verdankt seinen Namen (dt. **„Hundefels")** einer Frau, die – wie fast immer in polnischen Legenden – Schimpf und Schande auf sich geladen hatte. Sie war ihrem Mann untreu gewesen, weshalb sie dieser zur Strafe im Schlossturm gefangen setzte. Gewiss wäre sie eines sicheren Todes gestorben, wenn da nicht ihr anhänglicher Hund gewesen wäre: Jeden Tag kletterte er zum Felsen hinauf und brachte seiner Herrin die Überreste seines Essens. Apropos Essen: Das **Café-Restaurant** Zamkowa ist tgl. ab 10 Uhr geöffnet und bietet Kleinigkeiten in stilvollem Ambiente; im Sommer öffnet eine Aussichtsterrasse.

Eingangstor zum Konzentrationslager Auschwitz

Oświęcim/ Auschwitz

↗XX/A1

Der Name „Auschwitz" steht auf keiner Landkarte mehr. Die Kleinstadt 53 Kilometer westlich von Krakau heißt nun Oświęcim. Sie wurde 1270 gegründet, hat ein Piastenschloss, sieben Kirchen und ein Salesianerkloster, ein Hallenbad und eine Eissporthalle – alles, was man zum Leben braucht, Geschäfte, Bars, Cafés, ja sogar eine Disko. Und doch scheinen die meisten Besucher bis auf weiteres nicht interessiert, das „normale" Oświęcim kennen zu lernen – sie steuern am Ort vorbei und wollen sehen, woran sie beim Namen „Auschwitz" zuallererst denken: **das Arbeits- und Todeslager, den größten Friedhof der Welt.**

Die Anlage entstand ab Sommer 1940 auf Initiative des deutschen Chemie-Konzerns IG-Farben, der an der Nutzung der ergiebigen Sand- und Kiesvorkommen und der Produktion

088po Foto: sg

von synthetischem Kautschuk interessiert war. Die erforderlichen Arbeitsplätze sollte das örtliche KZ zum Nulltarif liefern. Neben dem **Stammlager (Auschwitz I)** entstanden ab März 1941, einige Kilometer entfernt, das **Arbeitslager Buna-Monowitz (Auschwitz III)** und **Birkenau (Auschwitz II).** Für den Ausbau des Lagers, so Kommandant *Rudolf Höss,* sprach seine „günstige Lage in Bezug auf die Kommunikationswege"; hier kreuzten sich die Zuglinien Berlin-Lemberg und Wien-Warschau.

In enger Komplizenschaft zwischen Chemie-Konzern und Waffen-SS wurde die Anlage zum größten Arbeits- und Vernichtungslager des Holocaust. Bis 1944 wurden hier **über eine Million europäische Juden** vergast oder erschossen und anschließend verbrannt; dazu kamen etwa 250.000 nichtjüdische Polen, Sinti und Roma, sowjetische Kriegsgefangene, Homosexuelle, politische Häftlinge und Anhänger religiöser Gruppen. Teile des Lagers wurden von den Deutschen vor ihrem Rückzug im Januar 1945 zerstört, doch was als Gedächtnisstätte erhalten blieb, reicht aus, um sich das Ausmaß des praktizierten Völkermords vorstellen zu können.

Das Konzentrationslager trägt heute den Namen **Staatliches Museum Auschwitz.** In der Dokumentationsstätte des Stammlagers (Auschwitz I) sieht man auf Erfassungsfotos Häftlinge, die vom baldigen Tod noch nichts wissen. Die Schriftstücke sind fein säuberlich erstellt, enthalten Namen und Nummern, Einlieferungstermin und Todesdatum. Als die Sowjets das Lager am 27. Januar 1945 befreiten, fanden sie zwischen den Ruinen der Krematorien Zehntausende von Anzügen und Kleidern, Schuhen, Zahnbürsten und Brillen, Goldzähnen, Beinprothesen und sieben Tonnen Haare.

Massenvergasungen gab es **ab März 1942.** Züge fuhren zur „Rampe" in Birkenau heran, wo die aus ganz Europa eintreffenden jüdischen Häftlinge selektiert wurden. Ärzte der SS fällten die Entscheidung, wer sogleich vergast werden sollte und wer für den temporären Arbeitseinsatz in den umliegenden Industrieanlagen infrage kam. Die Arbeitsunfähigen mussten sich entkleiden und alles, was sie besaßen, abgeben. Sie gingen dann in einen großen **„Duschraum",** in den von außen das Blausäuregas Zyklon B eingeschleust wurde. Nach 20 Minuten war alles vorbei. Kräne und Loren standen bereit, um die Toten von den Gaskammern in die Krematorien zu bringen.

Bei den **Nürnberger Kriegsverbrecherprozessen** wurden die Namen der Unternehmen genannt, die vom System der Zwangsarbeit und den medizinischen Experimenten im Lager profitierten. Ganz oben auf der Liste stand der Konzern **IG Farben,** gegen den ein Sonderverfahren eingeleitet wurde. Aus den Protokollen geht hervor, dass er nicht nur an der Ausbeutung jüdischer Arbeitskraft, sondern auch an der Verwertung ihrer sterblichen Überreste verdiente. Und sie war ebenso wie die Deutsche Gesellschaft für Schädlingsbekämpfung am Vertrieb des Todesgases Zyklon B beteiligt. Dennoch fielen die Urteile milde aus, die Firmenmanager wurden zu Freiheitsstrafen verurteilt. Sie waren schon bald wieder auf freiem Fuß und durften in der Bundesrepublik ungestört an die Spitze von Bayer, BASF und Hoechst, den Nachfolgeunternehmen der IG Farben, zurückkehren.

- **Staatliches Museum Auschwitz** (Państwowe Muzeum w Oświęcimiu), ul. Więźniów Oświęcimia 20, Tel. 033-8448102, Fax 8431 934, www.auschwitz.org.pl, tgl. Juni–Aug. 8–19 Uhr, Mai, Sept. 8–18 Uhr, April, Okt. 8–17 Uhr, März, Nov. 8–16 Uhr, Dez.–Febr. 8–15 Uhr, Gruppenführung tgl. 11.30 Uhr, Kindern unter 14 Jahren wird vom Besuch abgeraten. Mehrmals tgl. wird ein 15-minütiger Dokumentarfilm, auch in Deutsch, über die Befreiung des Lagers durch die Sowjet-Armee am 27. Januar 1945 gezeigt, 8–16 Uhr. Zu jeder vollen Stunde bringt ein Shuttle-Bus Besucher von Auschwitz ins 2 km entfernte Vernichtungslager Birkenau (15. April–31. Okt.), alternativ gibt es Taxis.
- **Auschwitz Centrum Żydowski,** pl. Skarbka 3, Tel. 033-8447002, Fax 033-8447003, www.ajcf.org, Sa. geschl. Das 3 km vom Museum entfernte „Jüdische Zentrum" zeigt Ausstellungen und Dokumentarfilme, die das Leben der einst vorwiegend jüdischen Stadt Oświęcim veranschaulichen. Angeschlossen ist die Synagoge Chevra Lomdei Mishnayot.

Unterkunft

- **Internationale Jugendbegegnungsstätte**€€ (Międzynarodowy Dom Spotkań Młodzieży), ul. Legionów 11, 32-600 Oświęcim, Tel. 033-8432107, Fax 033-8432377, www.mdsm.pl, 37 Zimmer. Die Anlage ist von der deutschen evangelischen Kirche geführt und liegt 800 m östlich vom Hauptbahnhof und 1,7 km nordöstlich des Auschwitz-Museums. Zur Wahl stehen Doppel- bis Vierbettzimmer mit Bad, angeschlossen ist ein Zeltplatz. Lockeres, unkompliziertes Ambiente, mit Café und Kantine.
- **Centrum Dialogu i Modlitwy**€, ul. Kolberga 1, Tel. 033-8431000, Fax 033-8431001, 20 Zimmer. Von der katholischen Kirche geführtes „Dialog- und Betzentrum" 700 m südwestlich des Stammlagers. Angeboten werden Bed & Breakfast in Doppel- bis Zehnbettzimmern mit je eigenem Bad. Angeschlossen ist ein Restaurant.
- **Hotel Olecki**€€, ul. Leszczynskiej 16, Tel. 033-8475000, Fax 033-8475033, 29 Zimmer. Zweistöckiges und funktional ausgestattetes Haus, 200 m von der Gedenkstätte Auschwitz entfernt. Alle Zimmer mit Bad und Internetzugang, Frühstück im Preis inklusive. Der Parkplatz ist kostenlos.

Anfahrt

- **Auto:** Von Krakau fährt man auf der gebührenpflichtigen Autobahn A4 Richtung Katowice, nimmt die Ausfahrt Oświęcim und folgt dann der Ausschilderung (Straße 993).
- **Bus:** Stündliche Verbindungen von Kraków, auch mit preiswertem Privatbus nach Oświęcim (Haltestelle Muzeum)
- **Zug:** Nur wenige Bummelzüge von und nach Kraków, der Bahnhof Oświęcim liegt über 2 km vom Museum entfernt (Stadtbus 24, 29).

Kalwaria Zebrzydowska und Wadowice

Südwestlich von Krakau liegen zwei kleine Orte, die zu den Top-Ten katholischer Pilger gehören: Kalwaria Zebrzydowska, das **„polnische Jerusalem"**, und Wadowice, der **Geburtsort von Karol Wojtyła** alias Papst *Johannes Paul II.* Beide Orte sind von Krakau leicht mit dem Bus erreichbar und können im Rahmen eines Tagesausflugs problemlos besichtigt werden.

Kalwaria Zebrzydowska ⇗XX/B2

Kalwaria Zebrzydowska, der **„Kalvarienberg des Herrn Zebrzydowski"**, liegt 30 km südwestlich von Krakau am Fuß der Beskiden. Weil der Weg in die Heilige Stadt so lang und beschwerlich war, sann besagter Herr, ein Adliger, auf Abhilfe: warum nicht Jerusalem nach Polen holen? So ließ der glühende Katholik um 1600 seine persönliche Vision des Jerusalemer Tempelbergs errichten: Das Ensemble von **44 Kapellen,** die durch einen Rundweg miteinander verbunden sind, wurde von der UNESCO zum **Weltkulturerbe** erklärt.

In der Regel legen Pilger, die vor allem an hohen Feiertagen kommen, die steile, 500 Meter lange Strecke zum Berg auf Knien rutschend zurück. Erster Anlaufpunkt ist die üppig **barocke Bernhardinerkirche** mit einer Silberfigur der Muttergottes im Hochaltar. Doch nicht ihr gilt die Aufmerksamkeit der Pilger, sondern einem **„wunder-**

307po Foto: pf

Pomp und Passion

Am **Palmsonntag** beginnen in Kalwaria Zebrzydowska die **Passionsspiele** – und dies Jahr für Jahr seit 1608! Die Bibel ist das dramaturgische Skript, nach dem wort- und detailgetreu *Jesu* letzte Tage inszeniert werden. Dabei wird die Handlung nicht etwa in ein zweistündiges Spektakel verpackt, sondern erstreckt sich über die gesamte Woche: vom Einzug in Jerusalem über den Judas-Verrat und das Letzte Abendmahl bis zu seiner Kreuzigung auf dem Golgatha. Hunderte von Laienschauspielern in historischem Kostüm agieren derart überzeugend, dass die Zuschauer das Gefühl haben, Zeuge eines realen Geschehens zu sein.

Ein zweites großes Fest startet nach den Sommerferien. Am **13. August** wird der Tod der Muttergottes, gemeinhin **„Mariä Entschlafung"** genannt, mit einem großen Begräbnismysterium zelebriert. Eine lebensgroße Marienfigur wird ins Grab gelegt, danach ertönen Klagegesang und Trauergebet. Zwei Tage später, zu **Mariä Himmelfahrt,** wird alles wieder gut. Auf einer Sänfte wird die Figur durch die malerische Berglandschaft getragen und unter Kanonenschüssen in den Himmel befördert.

tätigen" Marienbildnis links davon: Diese vergießt angeblich echte, menschliche Tränen, weshalb sich ihr die Gläubigen besonders verbunden fühlen. Von der Kirche führt ein acht Kilometer langer Weg über die angrenzenden Hügel. Die auf ihnen thronenden Kapellen sehen ihren Jerusalemer Vorbildern verblüffend ähnlich. Besonders schön ist das einer Rose nachempfundene **„Haus der Jungfrau Maria"** sowie das ellipsenförmige **„Haus des Kaiphas"**.

• **Klasztor Bernardynów,** ul. Bernardyńska 46, www.kalwaria.eu

Wadowice ↗XX/B2

14 Kilometer westlich liegt Wadowice, das seine Berühmtheit **Karol Wojtyła** verdankt (s. Exkurs nachfolgende Seite): Nachdem er zum Papst gekürt wurde, vollzog sich die wundersame Verwandlung des unscheinbaren Industriestädtchens zum bedeutenden Wallfahrtsort. Auf dem blumengeschmückten Marktplatz steht die frisch gestrichene Pfarrkirche, in der *Karol* getauft wurde. Links vom Eingang prangt das Bildnis der Jungfrau, das es dem Heranwachsenden angetan hatte und heute als „heilig" gilt. Im **Rathaus** hinter der Kirche (ul. Kościelna 4) beleuchten wechselnde Ausstellungen **Leben und Werk des verstorbenen Papstes** (nur zur Mittagszeit geöffnet). Noch mehr Aufmerksamkeit erregt sein *Geburtshaus* in der Kościelna 7. Die Zweizimmerwohnung, in der er bis zu seinem 18. Lebensjahr lebte, ist mit Jugendfotos tapeziert (Mo. geschl.). Zuletzt stärkt man sich mit einer „päpstlichen Cremeschnitte" (kremówka papieska) – Karol Wojtyłas Lieblingsspeise, die er bevorzugt in der Cukiernia Beskidzka genoss (ul. Jagiellońska 23).

Passionsspiele in Kalwaria Zebrzydowska

Der polnische Papst – ein Held der Neuzeit

Monatelang stand sein Gedichtband auf der Bestseller-Liste, und „Abba Pater", eine Platte mit seinen Liedern, rangierte auf Platz 1 der polnischen Hitparade. Literaturnobelpreisträger *Czesław Miłosz* pries „seine Heiligkeit" als Vorbild, Popkönigin *Kayah* widmete ihm den Song *Anioł Widział* (Er sah einen Engel) – es wurde ihr größter Erfolg.

Geboren wurde der ehemalige Papst am **18. Mai 1920** als *Karol Wojtyła*. Als Jugendlicher verbrachte er viel Zeit in den Bergen und durchwanderte mit seinem Vater die Tatra. 1938 zog er nach Krakau und begann an der Universität das **Studium der Polonistik,** das er aber nach dem Einmarsch der Deutschen abbrechen musste. Fortan suchte er Halt in Kunst und Religion, **verfasste Theaterstücke und religiöse Gedichte,** schrieb sich 1942 im konspirativen Erztumsseminar ein. Es folgte eine geistliche Bilderbuchkarriere: 1946 promovierte er und hielt Vorlesungen an der Lubliner Katholischen Universität, im Krakauer Wawel wurde er 1958 zum Bischof und 1967 zum Kardinal ernannt. Am **16. Oktober 1978** stand er ganz oben: Mit *Karol Wojtyła* alias *Johannes Paul II.* wurde **zum ersten Mal in der Geschichte ein Pole zum Papst** gewählt. Bei seinem Amtsantritt rief er aus: „Reißt die Tore weit auf für Christus! Seiner rettenden Macht öffnet die Grenzen der Staaten, die wirtschaftlichen und politischen Systeme, die weiten Gebiete der Kultur, der Zivilisation und des Fortschritts!" Als sie das hörten, waren seine Landsleute begeistert. Mit ihm an der Spitze würde es aufwärts gehen, eines nicht mehr fernen Tages würde Polen den Kommunismus abstreifen und in den Kreis freier Nation zurückkehren.

Von Anbeginn war es das Ziel des Papstes, die in Jalta festgelegte **Teilung Europas aufzuheben.** Im Rahmen der neuen vatikanischen „Ostpolitik" suchte er schon früh Gespräche mit den Vertretern der polnischen Protestbewegung. Ein enger Kontakt bildete sich 1980 zu **Lech Wałęsa,** dem Führer der Gewerkschaft Solidarność, heraus. „Ohne die Kirche", bekannte dieser, „könnte nichts geschehen, mich selbst würde es nicht geben, und ich wäre nicht, was ich bin."

Der Papst hatte auch **Freunde in der US-Regierung.** Voll des Lobes für ihn war Außenminister *Haig*, da seine Informationen „in jeder Hinsicht besser und aktueller" seien als die des Geheimdienstes. Mit dem Präsidenten *Ronald Reagan* stimmte er in der Einschätzung der weltpolitischen Lage überein. Militärisch war die Vernichtung des Kommunismus nur um den Preis der atomaren Selbstauslöschung zu haben, da galt es – parallel zu verstärkten Rüstungsanstrengungen – sensiblere Strategien zu entwickeln, die tauglich waren, der Sowjetunion den Todesstoß zu versetzen.

Der US-Präsident war begeistert von der Kraft der polnischen Gewerkschaft, die „gegen alles war, was die Sowjets oder die Kommunisten wollten". Als am 13. Dezember 1981 das **Kriegsrecht in Polen** ausgerufen wurde, rief der Präsident sogleich den Papst an, um seinen Rat einzuholen. Dieser bestärkte ihn im Verzicht auf offene Konfrontation, der Kampf der Solidarność sollte subversiv unterstützt werden. In der Gewerkschaft sahen beide das geeignete Instrument, Polen aus dem kommunistischen Staatenverbund herauszuhebeln: Tausende von Telex- und Faxgeräten, Druckmaschinen und Fotokopierern wurden über kirchliche Kanäle ins Land geschleust, die Propagandasendungen von Radio Free Europe, Voice of America und Radio Liberty vervielfacht. Von seiner Kanzel im Vatikan kommentierte der Papst allwöchentlich die Vorgänge in seiner Heimat. Zugleich wies er Primas *Glemp* an, die **Botschaft des passiven Widerstandes** von allen Altären Polens zu verkünden.

Die **Zusammenarbeit zwischen dem Vatikan und den USA** setzte sich auch nach Aufhebung des Kriegsrechts fort. 1984 sandte der Papst Erzbischof *Pio Laghi* nach Santa Barbara, um Präsident *Reagan* von der Nutzlosigkeit der gegen Polen verhängten **Wirtschaftssanktionen** zu überzeugen: Diese ermöglichten es der polnischen Regierung, Punkte zu sammeln, indem sie die Versorgungsschwierigkeiten dem westlichen Ausland anlastete. Schon einen Tag später war die Handelsblockade gelockert und die polnische Regierung geriet in Legitimationszwang.

Bis zur offiziellen Wiederzulassung 1989 erhielt Solidarność Hilfe vom CIA und vom National Endowment for Democracy, aber auch vom Vatikan und von westlichen Gewerkschaften. Die Zeitschrift Time veröffentlichte einen Special Report zum Thema „The Holy Alliance", worin sie die Geheimkontakte zwischen dem Papst und dem amerikanischen Präsidenten in aller Offenheit enthüllte. **Der Papst,** so das Fazit des achtseitigen Berichts, **habe durch seine tatkräftige Unterstützung entscheidend zum Sturz des Sozialismus beigetragen – in Polen und ganz Osteuropa.** Der einstige sowjetische Staatschef *Gorbatschow* nahm 1991 eine ähnliche Einschätzung vor: „Was in Osteuropa in den letzten Jahren geschehen ist, wäre nicht möglich gewesen ohne diesen Papst, ohne die große, auch politische Rolle, die er im Weltgeschehen gespielt hat."

Johannes Paul II. **besuchte bei seinen Reisen über 130 Länder** und legte 1,2 Millionen Kilometer zurück. Er war ein Meister des modernen Marketing und wusste das Fernsehen für seine Masseninszenierungen zu nutzen. In seinem Heimatland blieb seine Autorität auch im hohen Alter unerschüttert. Er hielt die sich zersplitternde polnische Gesellschaft zusammen und suchte sie auf dem rechten, gottesfürchtigen Weg zu halten. Er verurteilte die negativen Auswirkungen des Neoliberalismus und den zügellosen Konsum, nahm Stellung gegen den Irak-Krieg und die Pauschalverurteilung des Islam. Außerhalb Polens hat er sich mit seinen ultrakonservativen Moralvorstellungen, seiner Einstellung zur Rolle der Frau und zur Geburtenkontrolle nicht nur Freunde gemacht.

2005 ist er gestorben – der Tag, an dem er in den Vatikan einzog (16.10.), wurde zum nationalen Feiertag.

715po Foto: sg

Podhale und Hohe Tatra

Südlich von Krakau durchfährt man eine bucklige, mit Wiesen überzogene Landschaft. Sie heißt Podhale, was in der Sprache der Bergbewohner „Unter der Alm" heißt. Bei Zakopane ist die ländliche Anmut abrupt vorbei. Schroff-zackige Granitwände schieben sich vor den Horizont, mit ewigem Eis bedeckte Gipfel ragen in den Himmel. Die Hohe Tatra, das **„kleinste Hochgebirge der Welt",** erreicht auf polnischer Seite 2499 Meter (Rysy), auf slowakischer Seite sogar 2655 Meter (Gerlach). Der Winter ist lang und lockt Ski- und Snowboardfahrer an, in der restlichen Jahreszeit kommen Wanderer, Mountainbiker und Kletterer. Am wenigsten überlaufen ist die Region in der ferienlosen Zeit im Frühjahr und Herbst.

Nowy Targ ↗XXI/C3

Knapp 35.000 Einwohner zählt Nowy Targ **(Neuer Markt),** die älteste Stadt der Vorgebirgsregion Podhale. Ihrer günstigen Lage am Schnittpunkt der Flüsse Biały und Czarny Dunajec verdankte sie im Mittelalter ihren Aufstieg zu einer wichtigen Handelsstadt. An den alten Glanz erinnert heute nur wenig. Auch der große **Markt,** der jeden Donnerstag auf dem zentralen Platz stattfindet, hat in den letzten Jahren an Reiz verloren. Der Viehhandel, der einst die Atmosphäre bestimmte, spielt nur noch eine untergeordnete Rolle. Da lohnt es sich mehr, 15 Kilometer ostwärts nach **Dębno** zu fahren, wo sich das schönste Bauwerk des Tatravorlands befindet: Eine **gotische Holzkirche** überrascht mit wunderbaren Wand- und Deckengemälden sowie expressiven Skulpturen. Zur sonntäglichen Messe singen herausgeputzte Dorfbewohner melancholische Choräle und werden dabei von einem Glockenspiel begleitet.

Zakopane

↗XXI/C3

Ein Städtchen im Vollrausch: Im Sommer kommen Tausende von Touristen zum Wandern und Biken, im Winter zum Snowboard- und Skifahren. Zakopane ist das **beliebteste Ferienziel der Polen,** selbst die Badeorte an der Ostsee können ihm nicht das Wasser reichen. Dank seiner Lage in einem 825 Meter hohen Tal kommt man von hier schnell in die Bergregionen der Hohen Tatra auf polnischer und slowakischer Seite.

Kultort

Zu einem beliebten Ort bei Künstlern, Schriftstellern und Musikern avancierte Zakopane Ende des 19. Jahrhunderts. Sie entdeckten die Schönheit des alpinen Gebirges und ließen sich von den **Góralen,** den „wilden" Bergbewohnern, zu zahlreichen Werken inspirieren. *Stanisław Witkiewicz senior* schuf im Rückgriff auf traditionelle Bauernarchitektur den Zakopane-Stil: Häuser aus mächtigen Bohlen, unter deren tief herabgezogenem Holzdach geschnitzte Veranden Platz finden. *Witkiewicz junior,* genannt *Witkacy,* gründete derweil ein avantgardistisches Theater, das bis heute existiert. Die fetzige Góralenmusik beeinflusste den Komponisten *Karol Szymanowski, Jan Kasprowicz* schrieb klassische Naturgedichte. All diesen Künstlern sind heute Museen gewidmet. Auch der sonst so kritische *Alfred Döblin,* der 1924 nach Zakopane kam, war von der Gegend und ihren Bewohnern fasziniert. In seinem Reisetagebuch notierte er: „In ganzen Scharen sah ich sie aus der Kirche kommen. Männer

089po Foto: sg

Wohnen im Holzhaus

hoch wie die Tannen, ungewöhnlich mächtige Exemplare, manche von einer wilden Räuberschönheit ... Sie tragen sonderbare enge weiße Hosen, vorn unter den Leisten mit Ornamenten geschmückt. Auf dem Kopf flache Deckelhüte, schöne bestickte Lederjacken hängen ihnen über den Schultern. Ein geschickter Menschenschlag mit natürlichem Kunstsinn. Sie sprechen polnisches Platt, haben ihre besonderen Sitten, sehen manchmal wie Indianer aus."

Noch heute sind die Góralen stolz auf ihre Tracht. Sie tragen sie sonnund feiertags, zur Hochzeit und zum Begräbnis. Doch nicht nur in ihrem Aussehen heben sie sich von den „Flachlandbewohnern" ab. Wie ihre Vorfahren, aus der Walachei eingewanderte Nomaden, widmen sie sich der Schafzucht und **feiern kuriose Feste:** Sie springen durchs Feuer und schwingen die Axt, wobei sie spitze Schreie ausstoßen. Derweil fiedelt eine Kapelle was das Zeug hält, ein Góralenchor singt, halsbrecherisch die Tempi wechselnd. Beim anschließenden Festschmaus wird alles serviert, was den Bergbewohnern lieb und teu-

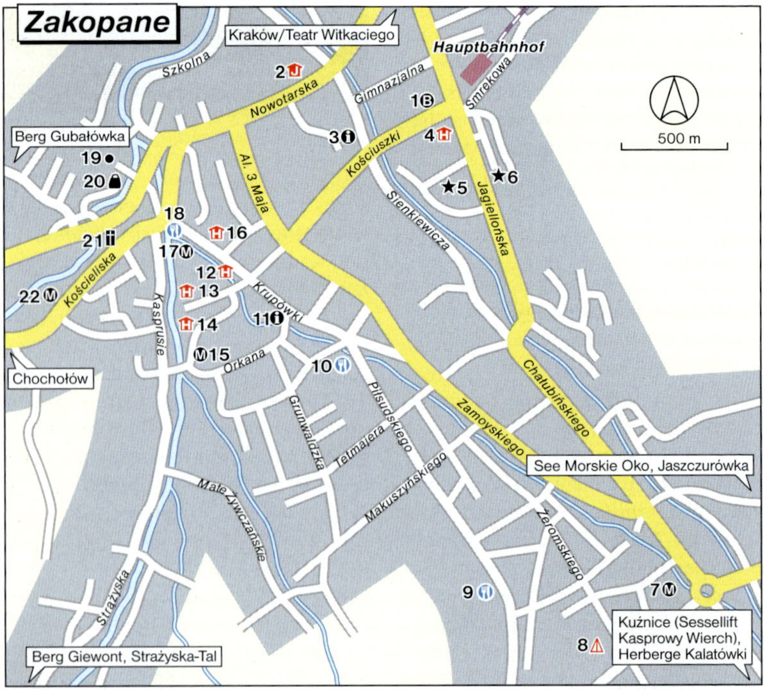

er ist: Räucherkäse *oscypek,* gebratene Forelle und Grillfleisch „auf Räuberart" - und danach gibt's Góralentee mit hochprozentigem Schuss.

Sehenswertes

Zentrale Fußgänger- und Flaniermeile ist die **Krupówki,** auf der sich manch ein Besucher an „Ballermann" erinnert fühlt: Fast-Food-Stände und Spielhöllen reihen sich aneinander, ein schier endloser Menschenstrom wälzt sich von früh bis spät über die Straße. Góralenfrauen verkaufen geräucherten Käse, Kutscher bieten ihren Fiaker für eine Spazierfahrt an. Die meisten Polen scheinen dieses Tohuwabohu zu mögen; so jedenfalls scheint es, wenn man all die gut gelaunten Schulklassen sieht, die Senioren mit ihrem Wanderstock und die Yuppies in ihrer modischen Outdoor-Kluft.

Außer Geschäften und Lokalen gibt es an der Krupówki ein **Tatra-Museum,** das über alles informiert, was die Bergregion vom platten Land unterscheidet. Es zeigt originalgroße Nachbildungen hölzerner Góralenkaten, fantasievolles Kunsthandwerk und originelle Trachten. Historische Fotos veranschaulichen Zakopanes Aufstieg vom verlassenen Bergdorf zum beliebten Ferienziel. Hinter dem Haus erwartet den Besucher ein Botanischer Garten mit allen wichtigen Pflanzenarten der Tatra.

● **Tatra-Museum** (Muzeum Tatrzańskie), ul. Krupówki 10, www.muzeumtatrzanskie.com.pl, Mi.–Sa. 9–16.30, So. 9–15 Uhr

Entlang der Kościeliska

Sehenswert ist auch die 1847 erbaute **Dorfkirche** an der Kościeliska, Zakopanes schönster Straße. Sie ist ganz aus Holz erbaut, selbst die Kronleuchter sind geschnitzt. Der **Friedhof** hinter der Kirche wird von den Góralen liebevoll-ironisch *Zakopiański Pantheon* genannt. Eine Open-Air-Galerie naiver Kunst: Viele Gräber sind mit Schnitz- oder Glasarbeiten geschmückt, die eher fröhlich als trauervoll wirken. Ein Stück die Straße hinauf passiert man die **Villa Koliba** (1893), auch sie ganz aus Holz und von *Wit-*

1	Busstation
2	Jugendherberge
3	Touristeninformation
4	Hotel Villa Marilor
5	Hasior-Galerie
6	Aquapark
7	Tatra-Nationalparkmuseum
8	Camping Pod Krokwią Nr. 97
9	Bąkowo Zohylina
10	Bąkowo Zohylina Niżna
11	Promotionsbüro
12	Hotel Gazda
13	PTTK-Touristenheim
14	Pension U Ceprów
15	Villa Atma, Szymanowski-Museum
16	Hotel Sabała
17	Tatra-Museum
18	Redykołka
19	Talstation Gubałówka-Bahn
20	Markt
21	Alte Dorfkirche
22	Villa Koliba, Museum des Zakopane-Stils

235po Foto: sg

kiewicz entworfen. Das darin untergebrachte Museum begeistert nicht nur Architekten – jeder, der „warmes" Design aus Naturmaterialien mag, wird sich hier wohl fühlen.

● **Museum des Zakopane-Stils** (Muzeum Stylu Zakopiańskiego), ul. Kościeliska 18, Mi.–Sa. 9–17, So. 9–15 Uhr

Villa Atma

Ein schönes Beispiel für den Zakopane-Stil ist auch die 500 Meter südöstlich gelegene Villa Atma. Sie dient als **Museum für Karol Szymanowski** (1882–1937), den nach *Chopin* bedeutendsten polnischen Komponisten.

Villa Koliba –
Museum des Zakopane-Stils

Atma nannte er das Haus, in dem er fünf Jahre verbrachte; in Sanskrit heißt das so viel wie „Seele, innere Ruhe". Just hier fand der Komponist die Muße, sein wichtigstes Werk zu kreieren. Es heißt „Harnasie" und ist inspiriert von der bizarren Rhythmik, dem kraftvollen Gesang und der schrägen „Goralentonleiter". Kostproben von *Szymanowskis* Musik sind in den Sommermonaten zu hören.

● **Szymanowski-Museum** (Muzeum Karola Szymanowskiego), ul. Kasprusie 19, Mi./Do., Sa./So. 10–15.30, Fr. 10–16 Uhr

Władysław-Hasior-Galerie

Lohnenswert ist auch ein Besuch in der Władysław-Hasior-Galerie nahe dem „Schwarzen Bach" (Czarny Potik). Der Künstler, der hier einen Großteil seines Lebens verbrachte und 1999 starb, schuf einen typisch **polnischen Pop-Art-Stil.** Da es keine Waren aus der Retorte, dafür aber umso mehr Heiligenbilder gab, dienten ihm diese als Material für seine ironisch verfremdeten Assemblagen. Im Westen fand *Hasiors* „Poetik der polnischen Provinz" viele Freunde.

• **Władysław-Hasior-Galerie** (Galeria Władysława Hasiora), ul. Jagiellońska 18-C, Mi.-Sa. 11-17.30, So. 9-15 Uhr

Jaszczurówka

Wer Lust hat, einige weitere „Perlen" des Zakopane-Stils kennen zu lernen, fährt vom Rondo vier Kilometer ostwärts zum Weiler Jaszczurówka. Auf einem gemauerten Plateau erhebt sich die **Villa Pod Jedlami** (ul. Koziniec 1) mit großzügigen, im Jugendstil geschnitzten Veranden. Knapp zwei Kilometer weiter folgt *Witkiewicz'* wohl schönstes Werk, die **Jaszczurówka-Kapelle** (1908). Sie ist benannt nach *Jaszczur,* dem von den Góralen verehrten Feuersalamander. Doch im Dachgiebel kauert kein Tier, sondern ein virtuos geschnitzter „Christus im Elend".

Käsekrieg

Im Kampf gegen Brüssel hat Polen gesiegt - nach langen Querelen wurde der **geräucherte oscypek-Schafskäse** als EU-Spezialität „mit Herkunftsgarantie" patentiert. Käsebauer *Jacek* erinnert sich: „Es war verdammt schwer, dem französischen Käsewart beizubringen, dass unsere Schafsmilch nicht pasteurisiert werden darf." Und er findet es unerhört, dass der Franzose wegen der Bakterien in der Rohmilch Bedenken äußerte, „wo doch jeder weiß, dass der französische Roquefort gleichfalls aus nicht-pasteurisierter Milch besteht und das EU-Gütesiegel bekam."

Seinen typischen Geschmack verdankt der *oscypek* den saftigen Tatra-Weiden. Haben sich die Schafe auf ihnen satt gegessen, liefern sie eine köstliche Milch. Diese wird mehrere Stunden eingekocht und dabei ständig gerührt. Danach wird der walzenförmige Käse eine Woche über Holzkohle „geglüht" und erhält so seine charakteristische goldgelbe Farbe. Geräuchert ist er sehr kräftig, roh schmeckt er mild und zart. Man isst ihn pur oder vom Grill, gern auch mit einem Löffel Preiselbeeren!

Weitere Molkerei-Spezialitäten:

• *redykółka* - kleiner, aus *oscypek*-Resten hergestellter Käse
• *bryndza* - Weichkäse aus Schafs- und Kuhmilch, der wie Butter in einem Fass geschlagen wird
• *bundz* - wie *bryndza,* aber mit Lab versetzt
• *żentyca* - kefirähnliches Getränk aus Schafsmilch

Praktische Informationen

Orientierung

Vom **Zug- und Busbahnhof** folgt man der Kościuszki - vorbei an der Touristeninformation - 15 Gehminuten zur zentralen Flanier- und Vergnügungsmeile **Krupówki.** An ihrem unteren Ende befindet sich Zakopanes zentrale Kreuzung: Links beginnt die **Kościeliska,** mit ihren Holzhäusern Zakopanes schönste Straße, geradeaus gelangt man über den Markt zur **Talstation der Gubałówka-Bahn,** rechts geht es über das Viertel Harenda stadtauswärts. Am oberen Ende geht die Krupówki in die Zamoyskiego über (Richtung Rondo). Vom Rondo erreicht man geradeaus den Vorort Kuźnice mit der **Talstation der Kasprowy-Seilbahn,** links kommt man über den Weiler **Jaszczurówka** zum Bergsee **Morskie Oko.**

Info

• **Touristeninformation,** ul. Kościuszki 17, 34-500 Zakopane, Tel. 018-2012211, Fax 018-2066051, www.zakopane.pl, Mo.-Sa. 9-17 Uhr. Auch Privatzimmer werden vermittelt (Aufenthaltsdauer mind. 3 Tage).

• **Promotionsbüro** (Biuro Promocji Zakopanego), ul. Generała Galicy 8, 34-500 Zakopane, Tel. 018-2066950, www.promocja.zakopane.pl, So. geschl.

Unterkunft

• **Hotel Villa Marilor**€€€, ul. Kościuszki 18, Tel. 018-2064411, Fax 018-2064410, www.hotelmarilor.com, 20 Zimmer. Schönes, im neoklassizistischen Stil erbautes Villenhotel im Stadtpark zwischen Bahnhof und Zentrum. Die Zimmer sind elegant, verfügen über Sat-TV, Minibar und Internetzugang. Gefrühstückt wird im nostalgischen Café-Restaurant mit ausladender Freitreppe, es gibt Sauna, Whirlpool und einen Tennisplatz.

• **Hotel Sabała**€€, ul. Krupówki 11, Tel. 018-2015 092, Fax 018-2015093, www.sabala.zakopane.pl, 32 Zimmer. Das 1894 ganz aus Holz erbaute Hotel an Zakopanes Flaniermeile wurde vor ein paar Jahren restauriert und bietet gemütliche Zimmer nebst einer *karczma,* einem rustikalen Gasthaus. Außerdem Hallenbad, Whirlpool und Sauna.

• **Hotel Gazda**€€, ul. Zaruskiego 2, Tel. 018-2015 011, Fax 018-2015330, 55 Zimmer. Dreisternehotel in bester Lage im Ortszentrum, leider sind die Zimmer etwas klein.

• **Pension U Ceprów**€€, ul. Kasprusie 7, Tel. 018-2064331, Fax 018-2064332, www.uceprow.pl, 21 Zimmer. Gemütliche Pension in einem restaurierten Berghaus wenige Gehminuten westlich der Flaniermeile. Alle Zimmer mit Bad, außerdem gibt es einen Kaminraum. Im rustikalen Lokal werden Spezialitäten serviert, z.B. scharfer Eintopf im Kessel *(kociołek góralski)* und Steinpilzsuppe im Brottiegel *(zupa z borowików).* Am Wochenende spielt eine Goralen-Kapelle.

• **PTTK-Touristenheim**€-€€€ (Dom Turysty PTTK), ul. Zaruskiego 5, Tel. 018-2063207, Fax 018-2063204, www.domturysty.z-ne.pl, 98 Zimmer. Unterkunft in einem denkmalgeschützten Haus, fast an der Flaniermeile und obendrein preiswert. Zur Wahl stehen Apartments, Doppel-, Drei- und Vierbett- sowie herbergsähnliche Vielbettzimmer.

• **Jugendherberge Szarotka**€, ul. Nowotarska 45-G, Tel./Fax 018-2066203, www.szarotkaptsm.republika.pl, 60 Plätze, ganzjährig geöffnet. 10 Gehminuten westl. des Bahnhofs: DZ mit/ohne Bad sowie Vielbettzimmer.

• **Herberge Kalatówki**€, Droga Brata Alberta, Pf. 194, Tel. 018-2012827, Fax 018-2063644, www.kalatowki.pl, 34 Zimmer. Zu Fuß in 30 Min. ab Seilbahnstation Kuźnice: Hier ist man weit weg vom Zakopane-Rummel inmitten eines weiten, bewaldeten Tals. Mit funktionalen, holzvertäfelten Einzel- bis Fünfbettzimmern, die sich Etagenbäder teilen sowie einem gemütlichen Lokal.

• **Camping Pod Krokwią Nr. 97**€, ul. Żeromskiego 26, Tel./Fax 018-2012256, ganzjährig geöffnet. 2 km südlich des Zentrums (nahe Rondo) gegenüber den Sprungschanzen gelegener Waldplatz. Für den Winter stehen beheizte Campinghäuschen bereit, außerdem gibt es einen hauseigenen Skilift und eine Loipe, ein Bus fährt zu weiteren Lifts.

Essen und Trinken

• **Redykołka**€€, ul. Kościeliska 1, Tel. 018-2066332, tgl. ab 10 Uhr. Ein Klassiker unter Zakopanes Gasthäusern, seit Jahrzehnten beliebt. Außen und innen ist es ganz aus hellem Holz, die in Tracht gekleideten Kellner servieren gebratenen Schafskäse *(bacoski),* Schäfersuppe *(zupa juhaska),* Forelle mit Kräutern *(pstrąg)* und andere Regionalspezialitäten.

• **Gazdowo Kuźnia**€€, ul. Krupówki 1, Tel. 018-2064111, www.gazdowokuznia.pl, tgl. 11 Uhr. „Bauernschmiede" mit goralischer Hausmannskost. Spezialität: gebratenes Ferkel.

• **Bąkowo Zohylina**€€, ul. Piłsudskiego 6 und 28-A, Tel. 018-2066216 und 018-2012045, www.zohylina.pl, tgl. ab 12 Uhr. Zwei Lokale im „unteren" *(niżnio)* und „oberen" *(wyżnio)* Abschnitt der Straße mit stets flackerndem Herd und Kamin. Außerdem im oberen Lokal ein Grillplatz mit überdachten Tischen, daneben ein Forellenteich. Es gibt Spanferkel, Schinken und Hammelkeule, abends, wenn eine Goralen-Kapelle aufspielt, erhöhen sich die Preise um 2 €.

Einkaufen

●**Markt:** Zwischen dem Nordende der Flaniermeile Krupówki und der Talstation der Gubałówka-Bahn verkaufen Bauern Obst, Gemüse und Käse, Leder-, Fell- und Strickwaren.

Kultur

●**Witkiewicz-Theater** (Teatr Witkaciego), ul. Chramcówki 15, Tel. 018-2000660, www.witkacy.zakopane.pl. Aufgeführt werden moderne Stücke, Karten Di.-Sa. 9-14 Uhr oder eine Stunde vor Beginn der Vorstellung.

Nachtleben

●**Paparazzi – The Original Pub,** ul. gen. Galicy 8, www.paparazzi.com.pl. Ein Ableger aus Krakau: Fotos der Schönen und Reichen schmücken den Pub.

Festivals

●**Juli:** *Tage der Szymanowski-Musik.* In der Villa-Atma werden Stücke des Komponisten gespielt.

●**August:** *Internationales Festival der Bergfolklore.* Aus dem Hohen Atlas, dem Himalaya und Kaukasus reisen Ensembles zum wichtigsten kulturellen Ereignis der Region an.

Ausflugsziele

●**Gubałówka:** Mit der Zahnradbahn (8.30-19.30 Uhr mehrmals stdl.) geht es zur 1120 m hoch gelegenen Bergalm Gubałówka hinauf, von wo sich das schönste Panorama aufs Tatra-Gebirge bietet. Auf blau markiertem Pfad kehrt man in zwei Stunden nach Zakopane zurück.

●**Kasprowy Wierch:** Noch spektakulärer ist die Seilbahnfahrt ab Kuźnice (7.30-18 Uhr) auf den 1985 m hohen Kasprowy Wierch am Grenzkamm zur Slowakei. Man schwebt über Almen und Kiefernwälder zum Kalksteinplateau Myśenickie Turnie; nach dem Umsteigen geht es über grauen Granit zum Gipfel. Vom Passweg schaut man südwärts über zerklüftete Bergstaffeln bis in die Slowakei, nordwärts gleitet der Blick über Gletscherseen bis ins Podhale-Vorland. Wanderungen starten in alle Himmelsrichtungen, besonders schön ist der ostwärts weisende rot markierte Kammweg, von dem der blaue Weg zurück nach Zakopane abzweigt.

●**Morskie Oko:** 20 km südöstlich von Zakopane liegt der größte Gletschersee der Tatra, das **„Meeresauge"** Morskie Oko. Mit Auto und Bus kommt man bis zum Parkplatz Palenica Białczańska, von wo man die restlichen 9 km zu Fuß zurücklegt (3 Std., 340 Höhenmeter). Wer nicht laufen will, steigt in eine Pferdekutsche (im Winter Pferdeschlitten), die in gut 1 Std. bis Włosienica fährt; von dort sind es nur noch 2 km bis zum Meeresauge. Im glitzernden Wasser des Sees spiegeln sich schneebedeckte Zweitausender, darunter der **Rysy,** mit 2499 Metern Polens höchster Berg. Die Góralen glaubten, der See sei unterirdisch mit dem Meer verbunden und gaben ihm deshalb seinen poetischen Namen. Am Ufer steht eine rustikale **Herberge** mit Kost und Logis (Schronisko nad Morskim Okiem, Tel. 018-2077609, mit 3 bis16-Bett-Zimmern). Die meisten Besucher genießen den spektakulären Seeblick und kehren anschließend wieder ins Tal zurück. Doch wer etwas vom Zauber spüren will, den der See ausstrahlt, sollte ihn einmal umrunden: Auf dem rot markierten Weg braucht man 45 Min., wobei man in zusätzlichen 45 Min. einen Abstecher vom Scheitelpunkt zum 180 m höher gelegenen Czarny Staw (Schwarzer Teich) einlegen kann. Überwältigend ist von dort der Blick auf den Morskie Oko!

●**Dolina Kościeliska/Dolina Chochołowska:** Wunderschöne Täler westlich von Zakopane, erreichbar mit dem Auto oder Bus (Richtung Chochołów). Wer nicht wandern will, vertraut sich einem Goralen an, der ein Stück mit der Kutsche hinauffährt. Beide Täler sind durch mehrere Wege verbunden, z.B. den schwarz markierten *Ścieżka nad Reglami* und den gelben, zur Ornak-Hütte führenden Weg.

●**Chochołów:** In dem Dorf, 19 km nordwestlich von Zakopane, erinnern viele Holzhäuser aus dem frühen 19. Jh. an den traditionellen Baustil der Goralen. Im Museum gedenkt man des Bauernaufstands von 1846 (Chochołów 75, Mi.-So. 10-14 Uhr).

Weitere Aktivitäten

● **Floßfahrt auf dem Dunajec:** Reisebüros organisieren Ausflüge nach Kąty (↗ Szczawnica).

● **Wandern:** Die Region ist reich an markierten Wegen. Empfehlenswert ist der Kauf der Karte *Tatrzański Park Narodowy* im Maßstab 1:25.000, auf der alle Wege eingetragen sind.

● **Mountainbiken:** Rings um Zakopane wurden Radwege markiert, die auch durch den Nationalpark führen. Attraktiv sind die Routen durchs Alpental Chochołowska und das „Tal des trockenen Wassers" (Dolina Suchej Wody) sowie die Forstpiste am Nordrand des Nationalparks *(Droga pod Reglami)*. Eine Übersichtskarte mit sämtlichen Touren gibt es in der Touristinfo. Räder werden in den Sportgeschäften der Flaniermeile vermietet.

● **Wasserpark:** Aqua Park, ul. Jagiellońska 31, Tel. 018-2025815, www.aquapark.zakopane.pl. Das Schwimmbad ist tgl. 8–22 Uhr geöffnet.

● **Wintersport:** 50 Schlepp- und Sessellifte führen zu Pisten aller Schwierigkeitsgrade. Bester Ort für Anfänger ist die Alm Antałówka, gleichfalls leicht sind die Hänge auf dem Nosal östlich der Stadt (Seilbahn Jaszczurówka) und der Höhenzug Gubałówka (Zahnradbahn). Leicht bis mittelschwer sind die Pisten auf der Kalatówki-Alm sowie in den Dörfern Bukowina und Białka Tatrzańska. Die erfahrenen Skicracks treibt es auf den Kasprowy Wierch, zu dem eine Seilbahn in zwei Etappen hinaufführt. Schön ist die 9,7 km lange Abfahrt im Gąsienicowa-Tal; kaum weniger spektakulär, aber nur 5,7 km lang die durchs Goryczkowa-Tal.

Verkehr

● **Auto:** Bewachte Parkplätze gibt es an der Station der Gubałówka-Zahnradbahn bzw. südlich der Stadt in der ul. Czecha nahe dem Rondo.

● **Bus** und **Zug:** Bahnhof und Busstation befinden sich 1 km nordöstlich des Stadtzentrums. Tgl. gibt es mehrere Verbindungen nach Kraków, private Minibusse starten gegenüber dem Busbahnhof zu Zielen um Zakopane.

Wanderung auf den Kasprowy Wierch

● **Charakter:** Aufgrund des zu bewältigenden Höhenunterschieds eine anstrengende Rundtour auf markierten, gut begehbaren Lehm- und Steinwegen. Sobald man aus dem Wald heraustritt, wird man mit der ganzen Schönheit der Hohen Tatra konfrontiert: Scharf gezackte Berge säumen lange Täler mit Gletscherseen, am Kamm des Kasprowy Wierch blickt man auf eine schier endlose, weit in die Slowakei hineinragende Gesteinswüste. Der Abstieg erfolgt über bequeme Waldwege.

● **Start- und Endpunkt:** Seilbahnstation Kuźnice 3 km südöstlich von Zakopane, erreichbar mit Linien- und Shuttle-Bus

● **Länge:** ca. 12 km

● **Dauer:** 5.40 Std.

● **Markierung:** blau, gelb, grün

● **Höhenunterschied:** je 1000 m im An- und Abstieg

● **Einkehr:** Herberge Murowaniec auf der Gąsienicowa-Alm, am Kasprowy Wierch ein Lokal

● **Hinweis:** Wer sich den steilen An- oder Abstieg ersparen will, benutzt die Seilbahn, die auf der Strecke Kuźnice–Kasprowy Wierch verkehrt. In der Nebensaison ist es kein Problem, ein Ticket auf dem Gipfel zu kaufen, in der Hochsaison ist mit langen Wartezeiten zu rechnen.

● **Tipp:** Alle Wanderungen im Nationalpark Hohe Tatra sind auf der Karte „Tatrazański Park Narodowy" (1:25.000) eingetragen.

Vom Parkplatz in Kuźnice folgt man dem blau markierten Weg ostwärts. Rasch führt er in dichten Fichtenwald. Es werden mehrere die Bystra überspannende Holzbrücken gequert. Nach knapp 10 Minuten ignoriert man den links abzwei-

Hohe-Tatra-Gipfel im Mai

236po Foto: sg

genden grünen Weg. Nach weiteren 10 Minuten bietet eine lichte Anhöhe Ausblick auf Zakopane und den dahinter aufragenden Gebirgszug Gubałówka.

Beharrlich steigt der Weg an, bevor er am Grat des Skupinów Upłaz (0.40 Std.) fast höhehaltend durch eine verwitterte Karstlandschaft führt. Dann geht es wieder steiler aufwärts zum „Pass zwischen den Koppen" (Przełęcz między kopami, 1499 m), wo von rechts der gelb markierte in unseren Weg einmündet. Bei klarer Sicht eröffnen sich weite Ausblicke – besonders spektakulär in Richtung Süden zu einem pyramidenförmigen, wild zerklüfteten Grat (1½ Std.). Vom Pass führt uns der blaue Weg schnurstracks zur Murowaniec-Herberge auf der Gąsienicowa-Alm, wo man sich mit deftiger Kost stärken kann.

Anschließend geht es auf gelbem Weg weiter, zur Linken sind kurzzeitig grünblau schimmernde Gletscherseen zu sehen. Ein links abzweigender Pfad bleibt unbeachtet. Bei Erreichen des Kamms knickt unser Weg rechts ein und bringt uns zum Kasprowy Wierch (3.25 Std., 1985 m). Das Panorama ist atemberaubend: So weit das Auge reicht – graugezackte Gebirgsstaffeln bis weit ins slowakische Hinterland!

An der Seilbahnstation biegt man scharf rechts in den grün markierten Weg ein, der sich in zahlreichen Kehren über den Nordwesthang des Kasprowy Wierch hinabschraubt. Dessen abgesprengtes Gestein wird zunächst von niedrigem, windgepeitschtem Fichtenwald abgelöst, wenig später breitet sich Tannenwald aus. Am Kalkfels Myślenickie Turnie (4¾ Std., 1352 m) befindet sich die Mittelstation der Seilbahn, von der ein breiter, weiterhin grün markierter Weg gemächlich abwärts führt. Man gelangt schließlich ins Tal der Bystra, quert den Fluss auf einer Brücke und stößt auf den blau markierten, vom Hinweg bereits bekannten Weg, der zur unteren Seilbahnstation in Kuźnice zurückführt (5 Std., 40 Min.).

Pieninen und Poprad-Tal

Die Pieninen (poln. *Pieniny),* ein Gebirgszug zwischen Tatra und Sandezer Beskiden, sind dort am schönsten, wo sich der Dunajec sein Bett in den Fels gegraben hat: Weißgraue, senkrecht aufragende Wände spiegeln sich im grünen, schnell fließenden Wasser. Freilich gibt es neben dem Durchbruchstal noch einiges mehr zu entdecken. Die Pieninen bestehen aus drei ca. 40 Kilometer langen, hintereinander gestaffelten Gebirgszügen, deren mittlerer Teil als Nationalpark geschützt ist. Dort befindet sich auch der höchste Gipfel, der Drei-Kronen-Berg (Trzy Korony, 982 m). Östlich schließt sich das Flusstal des Poprad an.

Von Szczawnica nach Niedzica

↗XXI/C3

Ein guter Ausgangspunkt zur Erkundung der Pieninen ist **Szczawnica,** ein **gemütlicher Ferienort mit Kuranlagen,** vielen alten und neuen Gästehäusern. Er erstreckt sich vier Kilometer längs des Grajcarek-Baches und gefällt vor allem im oberen Ortsteil (Szczawnica Wyżna), wo sich Holzhäuser im Schweizer Stil aneinander reihen. Dort befindet sich auch die Kurhalle, in der alkalisches Quellwasser Linderung bei Allergie- und Kreislauferkrankungen verspricht. Jünger ist das Publikum im fünf Kilometer entfernten Nachbarort **Krościenko,** wo sich vor allem Wanderer einquartieren. Von beiden Orten fahren Busse nach Kąty, wo die **Floßfahrt auf dem Dunajec** startet, aber auch nach Krakau und Nowy Sącz.

Info/Unterkunft

- **PTTK-Büro,** ul. Główna 1, 34-460 Szczawnica, Tel. 018-2622332, www.pttk.szczawnica.pl, Mo.-Fr. 8-16 Uhr
- **PTTK-Büro,** ul. Jagiellońska 28, 34-450 Krościenko, Tel. 018-2623059, Mo.-Fr. 8-15 Uhr

Beide Büros vermitteln eine Vielzahl preiswerter **Privatzimmer.** Dem PTTK untersteht auch die Herberge Orlica direkt am Dunajec am Ortsrand von Szczawnica (ul. Pienińska 12, Tel. 018-2622245) mit Zimmern für 2-12 Personen.

Floßfahrt auf dem Dunajec

Der Startpunkt liegt 12 km südwestlich Szczawnica im Weiler Kąty (letzte Haltestelle vor Sromowce Niżne) und ist auch von Krakau (via Nowy Targ) und Zakopane (via Niedzica) leicht zu erreichen. Zusammen mit neun weiteren Passagieren besteigt man ein Floß, das aus mehreren zusammengeschnürten Nachen besteht, und lässt sich von erfahrenen Flößern zwei Stunden durch die majestätische Landschaft staken. Die Fahrt ist ungefährlich, sodass man sich unbesorgt auf die Landschaft konzentrieren kann: Auf einer Strecke von 17 Kilometern schlängelt sich der Fluss an zerklüfteten, 300 Meter aufragenden Klippen vorbei. Besonders schön ist der Abschnitt am Fuß des Drei-Kronen-Berges, bevor sich der Fluss zu einem Nadelöhr verengt. Danach gleitet man durch eine ruhige Wald- und Wiesenlandschaft bis Szczawnica, wo ausgebootet wird. Auf Wunsch werden die Gäste mit einem Minibus zum Start zurückgebracht.

- **Kąty Przystań Flisacka,** Sromowce Niżne, Tel. 018-2629721, Fax 018-2629793, www.flisacy.com.pl, tgl. April 9-16, Mai-August 8.30-17, September 8.30-16, Oktober 9-14 Uhr, Preis ca. 10 € plus Busfahrt

092po Foto: sg

Aktivitäten

- **Wandern:** Markierte Wege erschließen die Region, auf der Karte *Pieniński Park Narodowy* (Maßstab 1:25.000) sind sie eingetragen. Zu den Klassikern gehört der in Krościenko startende zweistündige Aufstieg via Szopka-Pass auf den 982 Meter hohen Trzy Korony. Bei klarer Sicht eröffnet er über den Dunajec-Canyon Ausblick bis zur Hohen Tatra. Vom Gipfel aus bieten sich mehrere Anschlusstouren an:

  In 90 Min. erreicht man auf blauem Pfad den Sokolica (747 m). Von hier geht es in einer Stunde auf grünem Weg zurück nach Krościenko oder in 45 Min. auf blauem Weg weiter nach Szczawnica. An der Herberge Orlica setzt man mit dem Boot auf das rechte Dunajec-Ufer über.

  Oder man geht über den Szopka-Pass (nahebei die hübsche Herberge Trzy Korony) südwärts via Sromowce Niżne oder westwärts 30 Min. auf blauem und weitere 30 Min. auf rotem Weg, in beiden Fällen ist die Floßanlegestelle Kąty das Ziel.

Niedzica

↗XXI/C3

Empfehlenswert ist der Besuch der Burg von **Niedzica,** fünf Kilometer westlich von Kąty. „Achtung Geister!" signalisiert ein Schild am Eingang – doch keine Bange, mit den ungarischen Schlossherren ist auch der Spuk von dannen gegangen. Die aus dem 14. Jahrhundert stammende Burg beherbergt ein **Museum zur Geschichte der Grenzregion** (Zamek, tgl. 9–17 Uhr). Von der Aussichtsterrasse blickt man auf den mächtigen Damm, der das Wasser des Dunajec zu einem großen See staut, am gegenüberliegenden Ufer erkennt man die **Burgruine von Czorsztyn** (Zamek, Mo. geschl.). Zwei Kilometer nördlich liegt das neue, gleichnamige Feriendorf.

Unterkunft

- **Hotel Lokis**€€, 34-441 Niedzica, Zamek 76, Tel. 018-2628540; www.lokis.com.pl, 19 Zimmer und 3 Apartments. 300 m vom Ufer des Czorsztyn-Stausees, der Blick reicht bis zum Tatra-Gebirge.

Von Nowy Sącz nach Krynica

↗XXII/A2

In **Nowy Sącz,** von Krakau und Tarnów mit allen Verkehrsmitteln gut erreichbar, beginnt das malerische Poprad-Tal. Parallel zu dem durchs Gebirge sich schlängelnden Fluss verlaufen die Bahnlinie und die Straße. Bevor man in die Natur aufbricht, lohnt ein Spaziergang über den **riesigen Marktplatz** der Stadt (vom Bahnhof 30 Min. zu Fuß): Historische Bürgerhäuser und ein Rathaus bilden die Kulisse für Alltag, Flirt und Geschäft. An der Nordostecke des Platzes bekommt man in der Touristeninformation Tipps für die Weiterreise, preiswerte Unterkünfte sind leider rar (ul. Piotra Skargi 2, 33-300 Nowy Sącz, Tel. 018-4442422, www.nowy-sacz.pl, So. geschl.). Im **Freilichtmuseum** drei Kilometer südöstlich der Stadt wurde ein Lemkendorf mit 55 Holzhäusern und orthodoxer Kirche rekonstruiert (Skansen, ul. Długoszowskiego 83-B, Mo. geschl.).

In typischer Holzarchitektur – Pension Witoldówka in Krynica

Stary Sącz ↗XXII/A2

Zehn Kilometer südwestlich vom „neuen" liegt Stary Sącz, das „alte" Sącz. Das Provinzstädtchen steht ganz im Zeichen der **seligen Kinga,** die anno 1270 ein Frauenkloster gründete. Nach dem Tod ihres Mannes, des Fürsten *Bolesław* („der Schüchterne"), wurde sie Äbtissin des Klosters und betätigte sich als Wohltäterin, wofür sie heilig gesprochen wurde. Die von *Kinga* gestiftete Kirche der Armen Klarissinnen befindet sich östlich des alten, kopfsteingepflasterten Marktplatzes.

Krynica ↗XXII/A2

Nach 50 weiteren großartigen Zugkilometern ist Krynica erreicht: **einer der größten Kurorte** Polens mit nostalgischen Holzvillen und luxuriösen Pensionen. In den Kurcafés auf der Promenade *(deptak)* trifft man sich zum Plausch bei Kaffee und Salonmusik, viele polnische Künstler stellen ihre Werke aus. Im **Reisebüro Jaworzyna** hilft man bei der Suche nach Unterkunft und gibt **Wanderbroschüren** aus (ul. Pułaskiego 4, 33-380 Krynica, Tel. 018-4715654, www.jaworzyna.pl,

249po Foto: sg

Provinz Małopolskie

Nikifor aus Krynica

Einer der **berühmtesten naiven Maler** des 20. Jahrhunderts ist *Nikifor* (1895–1968), den Krynica, die Stadt, in der er geboren wurde und die er fast nie verließ, zu bunten, verträumten Bildern inspirierte. Er schuf Aquarelle, aber auch Gouachen und Bleistiftzeichnungen. Meist sind seine Bilder kleinformatig, zum Malen benutzte er Packpapier, Zigarettenschachteln und Blankoseiten aus Schulbüchern. Lieblingsthemen waren Stadtbilder, die angereichert waren mit Fantasieelementen. Von den Stadtoberen erhielt er den Beinamen *Krynicki* (Nikifor aus Krynica).

Nikifor, Sohn einer taubstummen und allein stehenden Frau, hatte Sprachstörungen und konnte weder lesen noch schreiben, lebte viele Jahre als Bettler und hatte nur wenige Freunde im Ort. Als er noch auf der Straße saß und Bilder für Touristen malte, hielten ihn die meisten Mitbewohner für einen armen Irren. Einer der wenigen, die von Anfang an zu ihm hielten, war der Maler *Marian Włosiński*. Er holte *Nikifor* zu sich, als bekannt wurde, dass dieser beim Malen kein Wasser, sondern Speichel benutzte und daraufhin die meisten seiner Bilder verbrannt wurden. Dabei war doch die Wahrheit, so *Włosiński*, noch ein ganzes Stück interessanter: „Immer wenn er mit einer Farbe fertig war, steckte er den Pinsel in seinen Mund und schluckte den Rest der Farbe. Tatsächlich sind die Farben auf seinen Bildern sehr intensiv, weil er den Pinsel nur selten ins Wasser tauchte". Seit 2004 ist *Włosiński* ein begehrter Interviewpartner. In diesem Jahr wurde *Nikifors* Leben verfilmt, es gab mehrere Buchveröffentlichungen und Ausstellungen.

In der **Villa Romanówka** gedenkt man dem berühmten Sohn der Stadt mit einer beeindruckenden Ausstellung.

- **Muzeum Nikifora,** Bulwary Dietla 19, Mo. geschl.

So. geschl.). Meist kann man im Büro auch die Karte Beskid Sądecki (1:75.000) erwerben, die gute Dienste beim Aufstieg auf den Jaworzyna (1114 m) und die umliegenden Berge leistet. Die Karte Beskid Niski i Pogórze (Maßstab 1: 25.000) brauchen alle, die - ausgestattet mit Schlafsack - auf dem rot markierten Wanderweg die Niederen Beskiden nach **Komańcza** durchqueren wollen (Dauer: 4–6 Tage).

Im Umkreis von Krynica kann man ein paar wunderschöne **Holzkirchen** *(cerkiew)* sehen, die typisch für Polens Südosten sind und die man um so häufiger sieht, je mehr man sich der ukrainischen Grenze nähert. Sie gehörten einst den Lemken und Bojken, Anhängern des unierten und orthodoxen Glaubens, die nach dem Zweiten Weltkrieg der Hilfe für die ukrainischen UPA-Rebellen bezichtigt und großenteils aus der Region vertrieben wurden. Die Kirchen gingen in der Regel an die Katholiken über, nur wenige wurden nach 1990 den Orthodoxen zurückgegeben. In der **Marienkirche** von Krynica sind die Zeiten angeschlagen, da die Messe in den kleinen Kirchen gelesen wird - unmittelbar davor und danach kann man ihnen einen Besuch abstatten. Unbedingt sehenswert sind die **Kirchen von Powroźnik** (1643) und **Mochnaczka Niżna** (1787).

Unterkunft

- **Wisła**€, Bulwary Dietla 1, Tel. 018-4715512, Fax 4715999, www.krynica.com.pl/wisla. Pension in bester Promenadenlage, der Besitzer, Herr *Kaczyński,* ist kulturell engagiert:

Unter seiner Fittiche findet alljährlich das Jan-Kiepura-Festival statt, benannt nach einem der berühmtesten Sänger Polens des 20. Jh.

Ostwärts durch die Niederen Beskiden

↗XXII/B2; XXIII/C2

Östlich von Krynica liegen die Beskid Niski (Niedere Beskiden), die sich südlich von Sanok in die spektakuläreren Bieszczady (Waldkarpaten) verlängern. Autostraße und Zuglinie verlaufen nördlich des Gebirgszugs, attraktiver Zwischenstopp ist die Kleinstadt Biecz am Ufer der Ropa.

Biecz

↗XXII/B2

Im 16. Jahrhundert zählte der Ort zu den wohlhabendsten Städten der Region, profitierte vom Handel mit ungarischen Weinen und war ein Zentrum der Justiz und des Geisteslebens. Heutige Besucher dürfen sich an jene Blütezeit erinnert fühlen. Mehrere Renaissance-Häuser wurden bereits renoviert, stolz prunkt das von einem 50 Meter hohen Turm gekrönte Rathaus auf dem Marktplatz. Über hundert Jahre älter ist die spätgotische Fronleichnamskirche, die man aber nur vor und nach einer Messe besichtigen kann. Im **Regionalmuseum** wird an die wichtigsten Ereignisse der Stadtgeschichte erinnert, so auch an den Umstand, dass Biecz Sitz einer berüchtigten **Henkerschule** war. 1614 wurden auf dem Rynek mehr als 100 Sünder hingerichtet (Muzeum Regionalne, ul. Kromera 1, Mo. geschl.). Busse halten direkt am Rynek und fahren mehrmals täglich nach Nowy Sącz und Krosno, der Bahnhof liegt einen Kilometer westlich und bringt Reisende ein- bzw. zweimal täglich nach Kraków und (via Jasło) nach Sanok.

Unterkunft

- **Hotel Centennial**€€, Rynek 6, 38-340 Biecz, Tel. 013-44710110, Fax 013-4471576, www.centennial.com.pl, 10 Zimmer. Die beste Option weit und breit: ein komfortables kleines Hotel in einem Bürgerhaus am Ring mit edel eingerichteten Zimmern, dazu ein gemütliches Restaurant mit Garten.
- **Hotel Grodzka**€, ul. Kazimierza Wielkiego 35, Biecz, Tel./Fax 013-4471121, 16 Zimmer. Funktionales und preiswertes Hotel knapp außerhalb des Zentrums an der Straße nach Krosno.
- **Jugendherberge**€, ul. Parkowa 1, Biecz, Tel. 013-4471829, 60 Plätze, ganzjährig geöffnet. Im obersten Stock einer Schule, auch eine Küche ist vorhanden.

Krosno und Bóbrka

↗XXIII/C2

In Krosno, im späten 19. Jahrhundert Zentrum der polnischen Erdölindustrie, muss man trotz eines **schönen und lebhaften Marktplatzes** nicht unbedingt anhalten. Mit unattrakiven Neubauten greift die 50.000 Einwohner-Stadt weit in die landwirtschaftlich genutzten Randgebiete aus.

12 Kilometer südwestlich, in Bóbrka, war 1854 das weltweit erste Erdölfördergebiet entstanden. Heute gibt es dort ein **Freilichtmuseum,** das auch an den damaligen Apotheker *Ignay Łukasiewicz* erinnert, der die Öllampe erfand und ein bedeutender Fabrikbe-

602po Foto: sg

sitzer wurde (Skansen, Muzeum Przemysłu Naftowego, Mo. geschl.).

Dukla

↗XXII/B2

Die meisten Urlauber fahren von Krosno direkt weiter ins 40 Kilometer entfernte Sanok, das nordwestliche Eingangstor zu den legendären Bieszczaden (↗Bieszczaden). Interessant ist freilich auch der Einstieg über Dukla, eine kleine Stadt 23 Kilometer südlich von Krosno, die *Andrzej Stasiuk* vortrefflich in seinem Roman „Die Welt hinter Dukla" verewigt hat. Einst lag sie am Schnittpunkt wichtiger Handelsstraßen, heute liegt sie danieder – weit und breit keine Arbeit in Sicht, im-

mer mehr junge Leute emigrieren gen Westen. Schon im 20. Jh. hatte sich das Schicksal zweimal gegen Dukla verschworen: 1914 kam es in der Stadt zu schweren Kämpfen zwischen deutsch-österreichischen und russischen Einheiten, 1944 starben über 100.000 Soldaten, vorwiegend Angehörige der Roten Armee, in der Schlacht zwischen sowjetischen und deutschen Verbänden am Dukla-Pass. 90 % aller Häuser wurden bei den damaligen Kämpfen zerstört. Das **Museum** im barocken Mniszech-Palast erinnert mit einer Ausstellung an die Schlacht und zeichnet die einzelnen Etappen der **„Operation Dukla"** detailliert nach (Muzeum Historyczne, ul. Trakt Węgierski 5-A, montags geschl.).

Der 17 km südlich von Dukla liegende **Dukla-Pass** markiert die Grenze zur Slowakei. In die Bieszczaden biegt man fünf Kilometer vor dem Pass links ab in die E-897 Richtung Komańcza. **Komańcza** ist Zielpunkt des von Krynica kommenden, rot markierten Wanderwegs, der die Niederen Beskiden in West-Ost-Richtung quert.

Unterkunft

- **Pension Galicja**€, ul. Trakt Węgierski 32-A, 38-450 Dukla, Tel./Fax 013-4331455, 8 Zimmer. „Galizisches Gasthaus", alle Zimmer mit eigenem Bad. Spezialität des Lokals sind Kartoffelpuffer mit unterschiedlicher Füllung, fleischig und vegetarisch.

UNESCO-Weltkulturerbe aus Holz

In der Region wurden sechs mittelalterliche Kirchen, die **ganz aus Holz** erbaut und volkstümlich ausgemalt sind, zum Weltkulturerbe erklärt. Sie befinden sich in Haczów (15 km südlich Krosno), in Binarowa (nordwestlich von Biecz), in Powróżnik (7 km südlich von Krynica), in Dębno (15 km östlich von Nowy Targ), in Lipnica Murowana (15 km südlich von Bochnia) und in Sękowa (südlich von Gorlice). Meist sind sie nur zur Messe geöffnet, doch kann man in der Regel im benachbarten Pfarrhaus nach dem Schlüssel fragen.

114po Foto: sg

Provinz Podkarpackie

(Vorkarpaten)

112po Foto: sg

Alltag im Hinterhof

Am Rynek in Przemyśl

Überblick

Eine 250 km lange Straße durchschneidet die Provinz und führt von Krakau zur Grenzstadt Przemyśl, heute ein wichtiger Außenposten der EU. Unterwegs gibt es mehrere Orte, in denen es sich auszusteigen lohnt: z.B. **Tarnów,** eine Stadt mit lebendigem jüdischen Erbe, **Rzeszów,** die Provinzhauptstadt und **Łańcut** mit seinem legendären Schlosspark.

Podkarpackie, das „Vorland der Karpaten", ist die Lieblingsregion der aufmüpfigen polnischen Jugend. Am spannendsten finden sie das Leben südlich von Przemyśl, wo „der Teufel den Menschen noch Gute Nacht sagt". Die **Waldkarpaten** mit ihren windgepeitschten Hochsteppen und dichten Buchenwäldern sind eines der letzten Naturparadiese Europas, die von der Tourismusindustrie nicht in Beschlag genommen sind. Sie erstrecken sich vom Dukla-Pass im Westen bis zur slowakisch-ukrainischen Grenze im Osten, ihr Kerngebiet wurde von der UNESCO zum **Biosphärenreservat** erklärt. Holzkirchen mit zwiebelförmigen Kuppeln und Friedhöfe mit kyrillisch beschrifteten Grabmälern erinnern an die Volksgruppen der **Bojken und Lemken,** die bis 1947 dort lebten – heute kehren ihre Nachfahren ins Land der Väter zurück und richten Pensionen oder agrotouristische Höfe ein. Polens wilder Osten zieht all jene an, die fernab vom Kommerz das Abenteuer intakter Natur suchen. Sie wandern auf markierten Trekkingrouten, schlafen auf Biwak- und Campingplätzen und köcheln sich ihre Mahlzeit auf Esbit. Im Juli und August sind derer so viele, dass an ruhigen Schlaf kaum zu denken ist – bis tief in die Nacht erklingt die Gitarre, wird debattiert und getrunken.

Von Tarnów nach Przemyśl

Tarnów

XXII/A1

Tarnów hat eine Judengasse und im Wappen einen Halbmond, dazu Europas einziges Zigeunermuseum. Die Altstadt wurde in den letzten Jahren prachtvoll restauriert; „nie“, so der amtierende Bürgermeister, „war sie schöner“. Und seit es in der Stadt mehrere gute Hotels und Restaurants gibt, kann man sie auch als Basis für Ausflüge in die nahen Beskiden empfehlen.

Unverkennbar ist der **mittelalterliche Bauplan:** Eine ovalförmige Straße umschließt die Altstadt mit ihren rechtwinklig sich kreuzenden Gassen, in ihrer Mitte liegt der große, von Bürgerhäusern gesäumte **Marktplatz** (Rynek). Dominiert wird dieser von einem wuchtigen **Rathaus,** das mit backsteinernen Renaissance-Attiken geschmückt ist und ein **Museum** mit Adligenporträts, Glaskunst und Porzellan beherbergt (Muzeum Tarnów, Rynek 1, www.muzeum.tarnow.pl, Mo. geschl. mit Filiale Rynek 20/21).

Das **Regionalmuseum** an der Nordseite des Platzes stellt kleinpolnische Kunstwerke aus, Ausstellungen widmen sich dem Erbe des 1. Weltkriegs und der Geschichte der Tarnower Juden (Rynek 20/21, Mo. und Sa. geschl.).

An seiner Nordwestecke weitet sich der Rynek zu einem Nebenplatz, der fast vollständig von der gotischen **Kathedrale** ausgefüllt wird. Diese hat nicht nur schöne Portale und Gewölbe, sondern auch ein halbes Dutzend Grabmäler, die als **Meisterwerke der Renaissance-Plastik** gelten. Lebensgroß sind verstorbene Mitglieder des

703po Foto: sg

Was von der Synagoge übrig blieb

Tarnowski-Clans in Marmor gemeißelt; am schönsten erscheint *Barbara Tarnowska,* die der Hofarchitekt *Bartolomeo Berecci* gestaltete: Die junge Frau ruht in fast lasziver Pose und hat den Kopf auf die rechte Hand gestützt, während die linke zwischen ihren leicht geöffneten Beinen liegt.

In einem original erhaltenen Backsteinhaus von 1524, gleich hinter der Kathedrale, befindet sich das sehenswerte **Diözesanmuseum.** Es zeigt ausdrucksstarke Madonnen, geschnitzte Altäre sowie eine ungewöhnliche Sammlung naiv-sakraler Glasmalerei (Muzeum Diecezjalne, pl. Katedralny 6, Mo. geschl.).

Von der Nordostecke des Marktplatzes zweigt die kopfsteingepflasterte **Judengasse** (ul. Żydowska) ab. Windschiefe Häuser drängen sich aneinander, an manchen Eingängen sieht man Halterungen für Mesusa-Stäbchen, die den Bewohnern Glück bringen sollten. Hier und in den angrenzenden Straßen, der „Gasse der Wechsler“ und „des Bethauses“, lebten die meisten Juden von Tarnów. Beim Einmarsch der Deutschen im September 1939 waren es 25.000, fast die Hälfte der damaligen Stadtbevölkerung. Eine Plakette in polnischer und hebräischer Sprache erinnert an die Erschießungen auf dem Markplatz, denen im Juni 1942 innerhalb weniger Tage Tausende zum Opfer fielen. Über eine Passage gelangt man zum Fischmarkt (plac Rynby), wo zwischen dichten Bäumen eine tempelartige **Bimah** steht: die „Kanzel“, von der im jüdischen Gottesdienst die Thora verlesen wird. Sie ist letzter und einziger Rest der vielen Synagogen, die es in der Stadt einmal gab. Provisorisch ist sie mit einem von der Lauder-Stiftung finanzierten Dach vor Regen geschützt.

Über die Eliyahu-Goldhammer-Straße, benannt nach dem langjährigen jüdischen Vizebürgermeister der Stadt, gelangt man zum „Platz der Ghettohelden“ (plac Bohaterów Getta). Orientalisch angehaucht ist die **Mikwe,** das ehemalige rituelle Badehaus der Juden, heute eine Ladenpassage. Nahebei, an der Ecke Dibowa/Bożnica,

Cyganie, cyganie ...

Dem Engagement des Museumsdirektors *Adam Bartosz* ist es zu danken, dass man in Tarnów keinen Bogen um Juden und Zigeuner macht. Einmal im Jahr organisiert er einen *Festyń cygański,* ein **Zigeunerfest,** zu dem Roma und Sinti aus ganz Polen anreisen, um zu tanzen, zu zechen und zu schmausen. Es findet im Hof des **Ethnografischen Museums** statt, das *Bartosz* schon in sozialistischer Zeit in einem ehemaligen Gasthof vor den Toren der Altstadt einrichtete (Muzeum Etnograficzne, ul. Krakowska 10, Mo. geschl.). Es handelt ausschließlich von der Geschichte und Kultur der Zigeuner in Polen. In der Hauptabteilung wird mit Fotos und Dokumenten an das Schicksal jener 50.000 erinnert, die vor dem Krieg in diesem Land lebten. Auf Karten werden ihre Migrationsbewegungen nachgezeichnet. *Hans Globke,* der bei den Nazis Verwaltungsjurist im Reichsinnenministerium und nach dem Krieg rechte Hand von Ex-Kanzler *Adenauer* war, vertrat die Ansicht, die Rassengesetze sollten nicht allein auf Juden, sondern auch auf Zigeuner angewandt werden. Und so wurden diese gleichfalls ermordet – in Auschwitz und Treblinka, Bełżec, Chełm und Sobibór.

Eine Sonderausstellung berichtet von „Papuscha", der ungekrönten Dichterkönigin der Zigeuner. Ihr Kopf war voller poetischer Bilder, doch sie konnte weder lesen noch schreiben. Da griff sie einen Rat ihrer Freunde auf, stahl Hühner und schenkte sie netten Polen, damit diese ihr im Gegenzug das Alphabet beibrachten. Schließlich wurden ihre Gedichte von Polens „Zigeunerspezialisten" *Jerzy Ficowksi* entdeckt und ins Polnische übersetzt – bald war *Papuscha* im ganzen Land berühmt. Anfangs missfiel es der Sippe, dass ihre intimsten Gefühle und Gedanken an die Polen weitergeleitet wurden. Doch mittlerweile hat sie es gelernt, dem „Verrat" Positives abzugewinnen: Vielleicht verbessert sich ja das Zusammenleben, wenn die Polen lernen, die Zigeuner zu verstehen ...

Die Vertreter der Roma und Sinti sind *Adam Bartosz* dankbar, dass er sich so stark für sie einsetzt. Doch am liebsten wäre es ihnen, wenn er im Museum ganz auf politische Grenzen verzichtete. Einer sagt: „Die gesamte ethnische Gruppe, auch über Polen hinaus, sollte dokumentiert werden, Zigeuner haben die politische Aufteilung in Länder nie respektiert." Es gibt die Roma als den wichtigsten südosteuropäischen Stamm, daneben die in Deutschland vorherrschenden Sinti, die Danusche und die Kaldarasch, die Kalé und die Lovara, die Aschkali und Gorbati, um nur einige der Stämme zu nennen, die sich auf eine ägyptische Herkunft berufen und in den Indern ihre Urahnen sehen.

Und er fragt, warum die Deutschen immer so auf Sprache versessen seien. „Schauen Sie, in Polen heißen wir ganz selbstverständlich *cyganie,* also ‚Zigeuner'. Man hält in Polen nicht viel von uns. Aber doch nicht deshalb, weil wir diesen Namen tragen! Würden sie ‚Roma' sagen, wäre das doch dasselbe! Die Deutschen mit ihrer Sprachkosmetik nennen uns ‚politisch korrekt' Roma oder Sinti, was in vielen Fällen keine korrekte Bezeichnung ist, sie lieben unsere Musik und Folklore, doch ansonsten verhöhnen sie unser Nomadendasein. Nein, man soll lernen, uns endlich so zu akzeptieren, wie wir sind. Dann ist es uns auch vollkommen egal, wie man uns nennt."

Im Restaurant **Ke Moro** kann man „auf Zigeunerart" essen: wahlweise im „Wohnwagen", im „Zigeunerpalast" oder im „Hindusaal" (ul. Żydowska 13, Tel. 014-6276445).

erinnert ein Denkmal an den „ersten Auschwitz-Transport" im Juni 1940. Wer von hier der Nowadąbrowska nordwärts folgt, kommt nach gut zehn

704po Foto: sg

Minuten zum **Jüdischen Friedhof** (Kirkut, ul. Słoneczna s/n; den Schlüssel erhält man im Regionalmuseum am Rynek). Das ursprüngliche Eingangstor befindet sich heute im Holocaust Memorial Museum in Washington – auf welch verschlungenen Wegen es dorthin gelangte, bleibt schleierhaft. Über 3000 Grabsteine, die bis ins frühe 16. Jahrhundert zurückreichen, stehen kreuz und quer, sind verwittert und von Efeu überwuchert. Mittendrin wurde ein Denkmal „für die Tarnower Juden" errichtet, in das die Säule einer zerstörten Synagoge eingearbeitet ist.

Praktische Informationen

Info

•**Touristeninformation,** Rynek 7, 33-100 Tarnów, Tel. 014-6889090, www.go-tarnow.com, tgl. ab 9 Uhr. Freundlich geführtes Büro in einem alten Bürgerhaus. Mit vielen Broschüren zur Stadt und Region.

Unterkunft

•**Pokoje gościnne**€, Rynek 7, Tel. s.o. Im Obergeschoss der Touristeninformation werden vier Zimmer vermietet. Am besten, da größer und mit Aussicht auf einen grünen Hügel, sind Nr. 2 und 4; Nr. 1 und 3 haben Schrägdach und Blick in den Himmel. Frühstück kann im 100 m entfernten Café Tatrzańska geordert werden.

•**Camping Nr. 202**€, ul. Piłsudskiego 28-A, Tel. 014-6215124, www.camping.tarnow.pl, 1. April–30. September 1 km nördlich des Zentrums gelegener Wiesenplatz inmitten eines Apfelgartens, auch einfache Hütten können gemietet werden.

Essen und Trinken

•**U Jana**€€, Rynek 14, Tel. 014-6260564, www.hotelujana.pl, tgl. ab 11 Uhr. Altpolnische Küche in stilvollem Rahmen, wahlweise unter den Arkaden am Rynek, im mittelalterlichen Kellergewölbe oder im Jagdsaal. Auf der Karte stehen Roggenmehl- (*żurek*), Kartoffelpuffer mit Gulasch (*placek*) und Eisbein in Honigsoße (*golonka po staropolsku*).

•**Tatrzańska**€-€€, ul. Krakowska 1/Ecke Batorego, Tel. 014-6224636, www.kudelski.pl, tgl. ab 9 Uhr. Bei Einheimischen aller Schichten und Generationen beliebtes Café-Restaurant vor der Altstadt. Außer Kaffee und Kuchen gibt es Suppen und Salate, von 12 bis 18 Uhr ein sehr preiswertes, dreigängiges Menü.

Rzeszów

↗XXIII/C1

Mit 155.000 Einwohnern ist Rzeszów die Hauptstadt der Woiwodschaft: nicht gerade eine Schönheit, aber dank mehrerer Hochschulen voll jugendlicher Kraft. Herz der Stadt ist auch hier der rechteckige, kopfsteingepflasterte **Marktplatz** (Rynek). Er ist von Bürgerhäusern gesäumt, in denen sich urige Cafés und Restaurants befinden. In seiner Mitte prangt ein heroisches **Denkmal für Tadeusz Kościuszko,** Polens meistverehrten Befreiungshelden. Das zierliche **Rathaus** erscheint mit seinen Erkern, Zinnen und Türmchen wie ein Märchenschloss.

Unter dem Platz verbirgt sich ein **Labyrinth mehrstöckiger Kellergewölbe,** in dem Rzeszóws Kaufleute früher ihre Waren lagerten. Man kann es im Rahmen einer 200 Meter langen **Unterirdischen Touristenroute** besichtigen (Podziemna Trasa Turystyczna, Rynek 12, Eingang ul. Króla Kazimier-

Tarnów: Spaziergang in der Altstadt

107po Foto: sg

za, Di.–Sa. 10–16, So. 12–17 Uhr; Dauer der Führung ca. 30 Min.).

Das **Ethnografische Museum** an der Nordseite des Rynek zeigt Trachten der Region, naive Holzschnitzereien und Kunsthandwerk (Muzeum Etnograficzne, Rynek 6, Sa.–Mo. geschl.). Es ist eine Filiale des **Regionalmuseums** im ehemaligen Piaristenkloster, wo in freskengeschmückten Prunksälen Gemälde polnischer Meister vom 18. bis zum 20. Jahrhundert, europäische Kunst, Stilmöbel und Fayencen ausgestellt werden. Auch Geschichtliches wird beleuchtet, so der Exodus der Juden, die nationalsozialistische Vernichtungspolitik und der Widerstand gegen sie (Muzeum Okręgowe, ul. 3 Maja 19, Mo. und Sa. geschl.).

Weiter südlich steht inmitten einer Grünanlage das barocke **Sommerpalais** der Familie *Lubomirski* (ul. Dekerta), entworfen vom königlichen Architekten *Tylman van Gameren*. Über eine Freitreppe und ein üppig verziertes Portal gelangt man ins Innere des Palasts, der eine Musikakademie beherbergt.

Der Adelsfamilie gehörte auch die hinter dem Palais aufragende, im

Beim Festival der Exilpolen

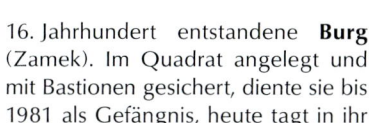

16. Jahrhundert entstandene **Burg** (Zamek). Im Quadrat angelegt und mit Bastionen gesichert, diente sie bis 1981 als Gefängnis, heute tagt in ihr das Städtische Gericht.

Der *Ligęza*-Clan, Rzeszóws zweite große Dynastie, verewigte sich in der **Bernhardinerkirche** (Kościół Bernardynów) nordwestlich des Rynek. Die Kirche diente ihm als feudales Mausoleum, die Mönche hatten für sein jenseitiges Seelenheil zu beten. Lebensgroß ließen sich die acht wichtigsten Sprösslinge um 1630 nahe dem Hochaltar in Alabaster meißeln: Knieend und voller Demut verharren sie vor dem Herrn.

Die meisten Kirchenbesucher zeigen den einstigen Stadtherren die kalte Schulter und pilgern zur Statue der Allerheiligsten Jungfrau in der **Kapelle** rechts vom Eingang. Viele Wunder hat sie schon vollbracht, ein Wandgemälde stellt hundert Seelen dar, die sie von ihrem Leiden befreite bzw. vom Totenbett auferstehen ließ.

Lohnenswert ist auch ein Abstecher in die Bożnicza, die Straße des „Bethauses". In ihr befinden sich die **Altstädtische Synagoge** von 1617 (Synagoga Staromiejska, ul. Bożnicza 4, heute Zentrum zur Erforschung jüdischer Kultur) und die 69 Jahre später entstandene **Neustädtische Synagoge** (Synagoga Nowomiejska, ul. Sobieskiego 18, heute Galerie).

Der größte **jüdische Friedhof** entstand um 1850 ein Kilometer südöstlich der Stadt, doch blieben von ihm nur wenige Grabsteine erhalten. Deutsche Soldaten rissen sie heraus und verwendeten sie zum Pflastern von Straßen. An der Wand zur Linken des Friedhofseingangs befindet sich ein Massengrab für die im Rzeszower Ghetto umgekommenen Menschen (Kirkut, ul. Dołowa, Schlüssel in der Werkstatt nebenan).

Von den Juden, die überlebten und 1945 in ihre Heimatstadt zurückkehrten, ist keiner geblieben – zu feindlich war der Empfang seitens der katholischen Mitbürger. Auch die traditionsreiche Tannenbaum-Stiftung zog es vor, nach Przemyśl umzuziehen.

Infos im Internet:
- www.podkarpackie.travel.pl
- www.rcit.res.pl

Unterkunft

- **Hotel Pod Ratuszem**€€, ul. Matejki 8/Ecke Rynek, 35-064 Rzeszów, Tel./Fax 017-8529 770, www.hotelpodratuszem.rzeszow.pl, 14 Zimmer. 2003 eröffnetes Hotel in einem restaurierten Bürgerhaus am Markt. Es verfügt über modern-funktionale, aber etwas kleine Zimmer, in denen auch das Frühstück serviert wird. Der Eingang zum Hotel befindet sich etwas versteckt in einer Passage, man muss klingeln, um einzutreten.
- **Jugendherberge**€, Rynek 25, Tel. 017-8534430, 14 Zimmer (90 Plätze), ganzjährig geöffnet. Aufgrund der guten Lage am Markt und der niedrigen Preise verschmerzt man es, dass die Räume schon sehr verwohnt sind. Es gibt 6 Doppel- sowie Dreibett-, Vierbett- und Vielbettzimmer (je mit eigenem Duschbad), Bettwäsche kostet ein paar Cents extra. Zwischen 10 und 17 Uhr muss man die Herberge verlassen.

Essen und Trinken

Fast alle interessanten Lokale befinden sich auf dem Rynek, der sich im Sommer in einen großen Biergarten verwandelt.

Łańcut

↗XXIII/C1

Łańcut mag ein unbedeutendes Städtchen sein, doch sein **Schloss** (Zamek, Mo. geschl.) zählt **zu den schönsten Polens.** Es liegt in einem großen Park, in dem Raben umherstolzieren, und ist so gut gepflegt, dass man meinen möchte, es werde noch immer vom Besitzer persönlich bewohnt. Doch dieser nahm 1944 Reißaus, als die Rote Armee nahte. Er packte seine wertvollsten Habseligkeiten in elf Güterwaggons und flüchtete nach Liechtenstein. Die deutschen Soldaten halfen ihm beim Packen, denn *Alfred Potocki* hatte preußisches Blut – seine Mutter war eine „von Hohenzollern". Bevor *Potocki* flüchtete, befestigte er am Schlossportal ein Schild mit der Aufschrift **„Polnisches Nationalmuseum"**, um die sowjetischen Soldaten von der Plünderung der zurückgelassenen Schätze abzuhalten. Seine Rechnung ging auf, und schon 1945 richtete die sozialistische Regierung im Schloss tatsächlich ein Nationalmuseum ein. Die Sammlungen wurden in der Folge kontinuierlich erweitert, sodass es mit all seinen Gemälden, Stilmöbeln und kunsthandwerklichen Kostbarkeiten dem Königsschloss in Warschau kaum nachsteht.

Die Eintrittskarte berechtigt zum Besuch von **Schloss-, Kutschen- und Ikonenmuseum.** In der Regel muss man Filzpantoffeln überstreifen und sich einer Gruppe anschließen, die Führung dauert ca. 90 Minuten. Über eine ausladende Treppe geht es in den ersten Stock, wo Büsten und Porträts verflossener Adeliger stehen, dazu Kopien und Originalgemälde europäischer Meister. Es gibt türkische und chinesische Gemächer, Boudoirs in verschiedenen Farben, herrliche alte Bäder mit vergoldeten Wasserhähnen. Auch auf ein Studierzimmer mochte *Potocki* nicht verzichten, obwohl man sich angesichts der vielen Spiegel und Goldrahmen ein konzentriertes Arbeiten kaum vorstellen kann. Das „Studieren" wird sich wohl auf das Blättern in Zeitgeist-Magazinen beschränkt haben – das jedenfalls suggerieren die in der Bibliothek ausgestellten alten Ausgaben von „Punch" und „Country Life". Man bewundert den Ballsaal mit illusionistischer Himmelsdecke, im benachbarten Hoftheater verlustierte sich der Adel bei bukolischen Stücken. Seit 1961 findet im Schloss jeweils im Mai ein **Festival Alter Musik** statt, zu dem internationale Größen wie das *Kronos Quartett, Emma Kirkby* und *Katia Ricciarelli* anreisen.

Im **Park** sieht man noch die alte fünfzackige Verteidigungsanlage, die Fürst *Lubomirski* 1641 vom italienischen Baumeister *Mateo Trapola* entwerfen ließ. Die Frau des letzten *Lubomirski*-Grafen, *Izabela Czartoryska,* befahl 1760 die Wälle abzutragen und das Schloss dem damaligen Geschmack anzupassen. Seine heutige Gestalt erhielt es Ende des 19. Jh. auf Wunsch der *Potockis.* Am Südrand des Parks lohnt ein Besuch des **Kutschenmuseums.** Der letzte Schlossherr war ein fanatischer Sammler. Er besaß 55 Kutschen für unterschiedliche Anlässe: für Hochzeiten und Begräbnisse, für den

Posttransport, für den Sommer und den Winter. Mit weiteren 75 Kutschen, die nach 1945 dazukamen, rühmt sich Łańcut als eins der größten Kutschenmuseen weltweit.

Nebenan öffnet ein **Ikonenmuseum,** dessen 1000 Gemälde aus zerstörten orthodoxen und unierten Kirchen der Karpaten stammen. In wechselnden Ausstellungen wird jeweils ein kleiner Teil zugänglich gemacht.

Auf Anfrage bei der Schlosskasse wird auch die **Synagoge** (Synagoga, pl. Sobieskiego) geöffnet. Von außen fällt sie kaum ins Auge, doch wer sie betritt, fühlt sich dem Paradies ein Stück näher. Der hohe, helle Raum ist mit Pastellfarben ausgemalt. Ein umlaufender Fries zeigt ineinander verschlungene Tiere und Pflanzen, große Ansichten erinnern an Jerusalem, die heilige Stadt. In der Mitte des Raums steht der zierliche Bimah-Pavillon, von dem einst der Rabbi aus der Thora vorlas. Ein großer Seitenraum ist nach dem chassidischen **„Hellseher" Jakub Izaak** benannt, der hier Tausende von Gläubigen empfing. Es hieß, er habe jedem von der Stirn ablesen können, wer er war und welche Gestalt seine Seele in einem früheren Leben hatte. Er heilte Kranke, verteilte Ratschläge und begründete eine Gelehrtenschule, dessen herausragender Vertreter *Naphtali* aus Ropczyce war. Dass die Synagoge den Zweiten Weltkrieg unbeschadet überstand, hat sie dem letzten Schlossherrn zu verdanken: *Alfred Potocki* setzte sich bei den Nazis erfolgreich dafür ein, das „gute Familienstück" nicht zu sprengen.

Wodka-Museum

In einem ehemaligen Herrenhaus in der ul. Kolejowa 1 werden alte Flaschen, Gläser und Destillieranlagen ausgestellt. Aber man erfährt auch einiges über die Adelsfamilie *Potocki,* die vor über 200 Jahren die Destillierie gründete. Besuche leider nur für Gruppen nach Voranmeldung (Tel. 017-2253460), Infos: www.muzeumgorzelnictwa.pl.

Juden aus aller Welt pilgern heute zum **Alten Jüdischen Friedhof** 15 Gehminuten nördlich der Stadt (Stary Cmentarz Żydowski, ul. Moniuszki, Schlüssel nebenan in der ul. Jagiellońska 17). Dort befindet sich auch das frisch restaurierte Grab von **Naphtali aus Ropczyce,** dem ersten Intellektuellen der chassidischen Welt. Über das Grab beugt sich ein baumhoher Busch, der im Frühjahr rosarot erblüht. Fromme Juden haben jede Blüte untersucht, aber nie eine gefunden, die der anderen gleicht. Von der älteren Dame, die den Friedhof bewacht, erfährt man, dass der Busch im Herbst kleine rote Beeren trägt. Ein Körbchen davon, versetzt mit Zucker und Hefe, ergebe einen süßen, duftenden Wein. „Eine letzte Gabe von *Naphtali*", meint sie, „für die Armen von Łańcut".

Weit weniger gepflegt ist der **Neue Jüdische Friedhof** im Süden der Stadt (Nowy Cmentarz Żydowski, ul. Traugutta). Eine Tafel erinnert daran, dass hier im Zweiten Weltkrieg viele Juden von Deutschen erschossen wurden.

Pilgerziel frommer Juden und Katholiken

In Leżajsk, 29 Kilometer nordöstlich von Łańcut, lebte **Eli Melekh,** einer der berühmtesten Rabbis der orthodoxen Juden. Sein Grab ist heute die wichtigste Pilgerstätte der chassidischen Juden - zu seinem Todestag Anfang März kommen Pilger aus aller Welt.

Katholiken besuchen dagegen die riesige, zwei Kilometer nördlich der Stadt gelegene Barockkirche mit einer **wundertätigen Marienikone.** Fantastisch ist die Orgel mit 6000 Pfeifen, 70 verschiedenen Registern und vier Manualen. Von ihrem Klang kann man sich während der Messe, aber auch während des Orgelfestivals im Mai überzeugen.

Unterkunft

- **Hotel Zamkowy**€-€€, ul. Zamkowa 1, 37-100 Łąncut, Tel./Fax 017-2252671, www.zamkowa-lancut.pl, 21 Zimmer. Preiswertes Schlosshotel mit Gästezimmern im Südflügel, die meisten mit Stilmöbeln eingerichtet. Wer auf ein eigenes Bad verzichten kann, zahlt weniger. Während des *Festivals Alter Musik* im Mai und in den Sommerferien ist das Hotel frühzeitig ausgebucht.

Jarosław

↗XXIII/D1

In der alten Handelsmetropole am linken Sanufer erinnert der mittelalterliche Marktplatz mit Rathaus und Patrizierhäusern an einstigen Wohlstand. Im Renaissancehaus des Bankiers *Orsetti* (1581) befindet sich das **Stadtmuseum** (Kamienica Orsettich, Rynek 4, Mo. geschl.). Dort bekommt man Infos zum 150 Meter langen **„Unterirdischen Touristenweg“** (Podziemna Trasa Turystyczna, Eingang Rynek 14, Dauer 30 Min.): In den Kellerräumen lagerten die Kaufleute aus aller Herren Länder ihre Waren, Bewohner fanden Schutz vor den Tataren.

Unterkunft

- **Hotel Asticus**€-€€, Rynek 25, 37-500 Jarosław, Tel. 016-6231344, 13 Zimmer. Kleines, von *Lesław Kółeczko* familiär geführtes Hotel am Markt. Die Zimmer gruppieren sich um einen luftigen, verglasten Innenhof und haben Duschbad und Sat-TV. Am besten und größten ist Nr. 6 mit Säulenportikus, Balkon und Blick aufs Rathaus. Preiswerte polnische Hausmannskost.
- **Jugendherberge**€, ul. Reymonta 1, Tel. 016-6233356, 40 Plätze, ganzjährig geöffnet. Im Norden der Altstadt.

Przemyśl

↗XXIII/D1

Das 70.000 Einwohner zählende Przemyśl liegt an der ukrainischen Grenze und ist Polens Schaufenster in Richtung Osten: Die tausendjährige Altstadt steigt vom San terrassenförmig den Hügel empor, Kirchtürme überragen das Dächergewirr. Auf halber Strecke passiert man einen **Marktplatz mit galizischem Charme,** *Joseph Roth* oder *Bruno Schulz* könnten hier noch heute wunderbare Geschichten erfinden. Von den vielen Minderheiten, die einst in der Stadt lebten (Ruthenen, Tataren, Walachen, Ungarn, Rumänen, Juden und Deutsche), sind einzig die **Ukrainer** geblieben. Sie pflegen besondere Riten, so die **„Flusstaufe“ zu Ostern,** wenn Hunderte halbnackter Menschen in die eisigen Fluten des San steigen.

Geschichte

Przemyśl war immer eine **Grenzstadt,** hart umkämpft zwischen Polen und Ruthenen (Ukrainern). Nach mehrfachem Besitzerwechsel nahm sie 1341 **König Kazimierz der Große** endgültig für Polen ein. Ihre Blütezeit erlebte sie Ende des 16. Jahrhunderts, als sie Sitz dreier Diözesen war: Neben einem polnischen, römisch-katholischen Bischof residierte in Przemyśl ein griechisch-katholischer, der mit jenem uniert war und ein orthodoxer, der gegen dieses Bündnis opponierte. Die Juden genossen ab 1577, früher als anderswo, Autonomie und hatten ihren eigenen Seelenhirten, den Oberrabbi.

Mit den polnischen Teilungen kam Przemyśl zu Österreich, das die strategisch wichtige Stadt zu einer Festung ausbaute. Auf einen 15 Kilometer langen **„inneren" Wall,** der Przemyśl umgab, folgen zwei „äußere", dreimal so lange **Wehrgürtel,** die mit 37 mächtigen Forts gespickt waren: Keine andere Stadt weltweit – Verdun ausgenommen – war derart umfassend befestigt.

Doch alle mächtigen Mauern haben die Stadt nicht zu schützen vermocht. 1915 wurde sie im Handstreich von **russischen Truppen eingenommen,** unter hohen Verlusten zurückerobert und wieder verloren. Dass sie so schnell in Feindeshand fiel, hat einen simplen Grund: **Oberst Redl,** Leiter des österreichischen Geheimdienstes, war zugleich Chef der zaristischen Spionageabwehr. Der legendäre Doppelagent hatte den Russen alle Bau- und Aufmarschpläne zur Stadt übergeben. „Oberst *Redl*", dem Regisseur *Istvan Szabo* einen grandiosen Film gewidmet hat, nahm sich vor Ausbruch des Ersten Weltkriegs das Leben.

Im Zweiten Weltkrieg wurde Przemyśl **ethnisch „gesäubert":** Die Juden wurden deportiert und ermordet; viele Ukrainer siedelten 1942 in den von den Deutschen ausgerufenen ukrainischen Vasallenstaat über. 1947 mussten – nunmehr unter polnischer Herrschaft – alle der Sympathie für die Ukraine Verdächtigen die Stadt verlassen; 150.000 Bewohner der Vorkarpa-

103po Foto: sg

Przemyśl: Stadt am San

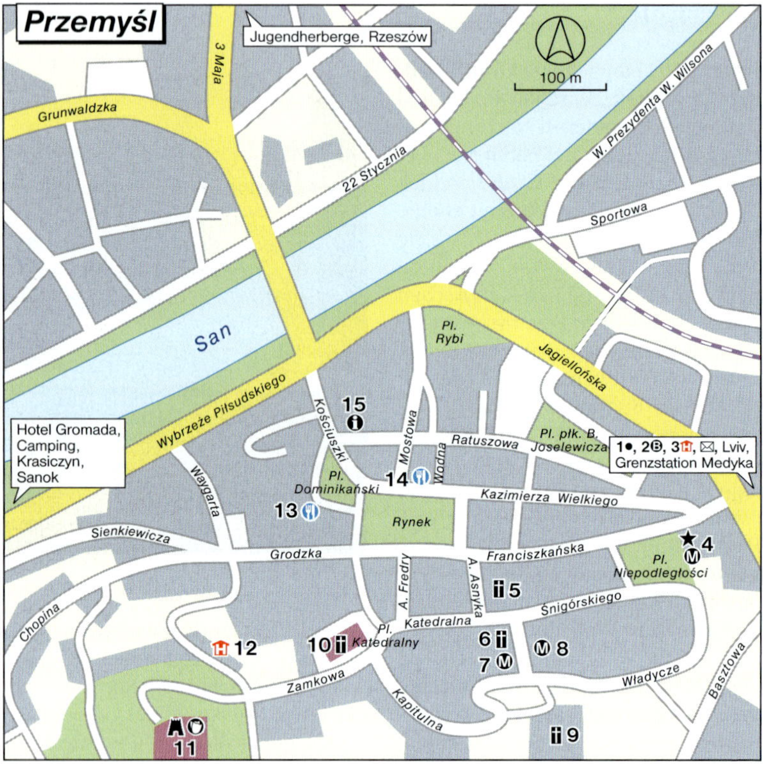

ten wurden bei der so genannten „Aktion Weichsel" zwangsumgesiedelt. Danach wurden Konflikte zwischen den Polen und Ukrainern lange Zeit nicht debattiert, offiziell galten alle Nationalitätenprobleme als gelöst.

Erst **nach der Wende 1990,** als sich Polens Minderheiten wieder offen artikulieren durften, brachen alte Wunden auf. Als die Unierten die Rückgabe ihrer von der Kurie konfiszierten Kirche forderten, war auf Hauswänden zu lesen: „Ukrainer ins Gas" – die Gegenseite rächte sich mit Aufschriften wie „Polnische Faschisten". Der **Hass** nahm solche Dimensionen an, dass die Regierung Pläne für eine polnisch-ukrainische Universität ad acta legte und selbst die Straße zur Grenze – entgegen dem Willen der Bürger – an Przemyśl vorbei verlegte. Der Boykott „von oben" zwang die Stadtoberen zum Umdenken: Als sie erkennen mussten, dass Nationalismus nicht gut

- 1 Bahnhof
- 2 Busbahnhof
- 3 Hotel Europejski
- 4 Uhrturm/Museum
- 5 Franziskanerkirche
- 6 Jesuitenkirche
- 7 Diözesanmuseum
- 8 Regionalmuseum
- 9 Karmeliterkirche
- 10 Johanniskathedrale
- 11 Burg/Theater
- 12 Hotelik Pod Basztą
- 13 Wyrwigrosz
- 14 Pizzeria Margherita
- 15 Touristeninformation

fürs Geschäft ist, begannen sie die Werbetrommel für „Völkerverständigung“ zu rühren. Unter der Ägide von *Zbigniew Brzeziński,* der aus der Gegend stammt und als „kalter Krieger“ die US-Administrationen von *Kennedy* bis *Carter* beriet, wird jährlich ein hochdotierter **„Versöhnungspreis“** vergeben.

Freilich ist der eiserne Vorhang, der **seit Polens Eintritt in die EU** zwischen Polen und der Ukraine aufgezogen wurde, kaum geeignet, alte Gegensätze zu mildern. Wenig nützt es, wenn sich die polnische Regierung in Brüssel für ihre „slawischen Brüder im Osten“ ins Zeug legt und deren EU-Beitritt fordert. Auch ist dieses Engagement keineswegs uneigennützig, liegen doch in der Ukraine jene „verlorenen Ostgebiete“, die Polen im Vertrag von Jalta an die Sowjetunion abtreten musste. Durch eine Einbindung der Ukraine in die EU hofft man, sie „für Polen“ eines Tages zurückgewinnen zu können.

Sehenswertes

Vom neobarocken Prachtbahnhof geht man südwärts zur Mickiewicz-Straße. Hält man sich rechts, kommt man zum Plac na Bramie, dem „Torplatz“ am Eingang zur verkehrsberuhigten Altstadt. Links ragt der **Uhrturm** auf, der ehemalige Kirchturm einer abgebrannten orthodoxen Kirche. Er eröffnet nicht nur einen weiten Blick über die Stadt, sondern bietet auch ein interessantes **Museum.** Ausgestellt werden Glocken in allen Größen sowie ausgefallene Pfeifen. Damit die Kunst des Rauchens nicht ausstirbt, findet in der Stadt jedes Jahr ein Wettbewerb statt: Mit nagelneuer Pfeife, drei Gramm Tabak und zwei Streichhölzern ausgestattet, gilt es, den Genuss in die Länge zu ziehen. Den Rekord von fast vier Stunden hält eine Frau.

• **Glocken- und Pfeifenmuseum** (Muzeum Dzwonów i Fajek), ul. Władycze 3, Di. 10.30–17.30, Mi./Do. 10–14, Fr. 10.30–17.30, Sa. 10–15, So. 12–16 Uhr

247po Foto: sg

Markt

Vom Uhrturm ist es nur ein Katzensprung zum Markt (Rynek). Er ist schräg angelegt und mit Kopfstein gepflastert, durchzogen von diagonalen Lindenalleen und Blumenbeeten. Ringsum stehen **Bürgerhäuser aus Wohlstandszeiten,** einige mit mächtigen Laubengängen, andere mit ausgefallenem Fassadenschmuck. Dass der Platz nicht am Reißbrett entstand, sondern mit der Zeit gewachsen ist, erkennt man an den malerischen Seitenausbuchtungen; Treppen führen in die oberen „Etagen" der Stadt. Von früh bis spät ist der Marktplatz belebt. Jugendliche treffen sich in den Terrassencafés, ältere Frauen sitzen am Brunnen und beobachten ihre Tauben fütternden Enkel. Man hat viel Zeit füreinander und genießt es, sie „ungenutzt" verstreichen zu lassen.

An der Südostecke des Marktplatzes erhebt sich die **Franziskanerkirche** (Kościół Franciszkański) mit riesiger Säulenfassade. Das Innere ist barock, überall stehen goldene Altäre und expressiv bewegte Heiligenfiguren. Die hinter der Franziskanerkirche aufragende **Jesuitenkirche** (Kościół Pojezuicki) ist seit 1991 die Kathedrale der Unierten: außen barock, innen byzantinisch. Eine großformatige Ikonostase zeigt wichtige Heilige, auch hier wurde an Blattgold nicht gespart.

Eine der vielen Kirchen in Przemyśl

Regionalmuseum

Wer weitere farbenprächtige Ikonen sehen will, besucht das Regionalmuseum im ehemaligen Palast des unierten Bischofs. Höhepunkt der Sammlung ist das **„Jüngste Gericht"** aus dem 18. Jahrhundert, auf dem pechschwarze Teufel provozierend vor einer Heerschar von Engeln tanzen.

- **Regionalmuseum** (Muzeum Ziemi Przemyskiej), pl. Czackiego 3, Di.–So. 10–14 Uhr

Diözesanmuseum

Wenn die Unierten ein Museum haben, dürfen die Katholiken nicht nachstehen: Nebenan öffneten sie ein Diözesanmuseum **mit sakralen Kunstwerken,** die ältesten stammen aus dem 12. Jahrhundert.

- **Diözesanmuseum** (Muzeum Diecezalne), pl. Czackiego 2, Di.–So. 10–12 Uhr und 13–15 Uhr

Karmeliterkirche

Eine „Etage" höher thront die barocke Karmeliterkirche (Kościół Karmelitów). Sie trägt die Handschrift des Architekten *Galeazzo Appiani,* des Hofarchitekten der allmächtigen Magnatenfamilie *Krasicki.*

Auch wer kein Kirchenfan ist, wird an ihrer **geschnitzten Kanzel** Gefallen finden: Dargestellt ist ein Schiff in stürmischer See, ausgestattet mit Mast, Segel und Takelwerk.

Bis heute ist die Kirche zwischen Unierten und Katholiken hart **umkämpft:** 1630 für die Karmeliter erbaut, diente sie ab 1784 den Unierten als Kathedrale. Im Verlaufe der „Aktion Weichsel" (1947) wurde sie ihnen genommen und der katholischen Kirche übergeben. Spannend wurde es 1990, als sie der Papst in einer Geste der Wiedergutmachung den Unierten zurückgeben wollte. Prompt verweigerten ihm die Katholiken die Gefolgschaft und besetzten das Gotteshaus, strichen den Glockenturm rot weiß, in den Farben der polnischen Flagge; sie demontierten alles, was an den unierten Glauben erinnerte, darunter auch die byzantinische Kuppel. Stattdessen brachten sie eine Gedenktafel an, auf der der polnische Adler von einem Hakenkreuz und einem ukrainischen Dreizack bedrängt wird.

Johanniskathedrale

Nahebei gibt es noch die katholische Johanniskathedrale (Katedra), deren **71 Meter hoher Turm** Przemyśls Landmarke abgibt. Dass sie 1460 im Stil der Gotik errichtet wurde, merkt man nur an den Maßwerkfenstern und dem Netzgewölbe, alles Übrige ist ba-

Nadelöhr in die EU

14 Kilometer jenseits von Przemyśl ist die EU-Welt zu Ende. An der Grenze beginnt das weite Reich der Armut, das aus westlicher Sicht bestenfalls als Absatzmarkt und Lieferant billiger Rohstoffe taugt. Für die **Ukrainer** dagegen beginnt in Przemyśl der **„goldene Westen".** Für sie ist die Stadt das Einfallstor nach Europa, dem Land des Schwarzmarkts und der Schwarzarbeit.

Um illegale Immigration und Schmuggel zu unterbinden, ließ Polen mit millionenschwerer EU-Unterstützung die Grenze aufrüsten: Es vermehrte seine Kontrollposten, installierte Nachtsichtgeräte, Wärmebildkameras und Neutronendetektoren. Seit 2003 verlangt Polen von den Ukrainern, den Russen und Weißrussen ein Visum, seit 2004 zusätzlich den Nachweis eines „Aufenthaltsgeldes" in Höhe von 100 Euro pro Tag – ein harter Schlag für den einstigen **„kleinen Grenzverkehr"** in der strukturschwachen Grenzregion. Vorwiegend Frauen wagen den gefährlichen Weg von Ost nach West. **„Schmugglerinnen der Armut"** werden die Ukrainerinnen genannt, die mit teurem Touristenvisum vor dem Schlagbaum stehen, vollbepackt mit *papierosi* (Zigaretten) und *garitka* (Schnaps), die in der Ukraine spottbillig sind. Ob sie an der Grenzstation Medyka durchkommen, hängt von der Laune der Polizeibrigade ab.

Am Tag, da wir unterwegs sind, ergeht übers Handy die Botschaft in Polen stationierter Landsleute, es werde vorrangig „auf Menschenschleuser und Drogendealer" geachtet, was erwarten lässt, dass die Schmugglerinnen die Schranke problemlos werden passieren können. Hinter der Grenze werden sie ihre Ware zum Verkauf anbieten und dann selber auf Einkaufstour gehen. Medikamente, Elektrowaren und Kosmetika sind in Przemyśl erheblich billiger als in der ukrainischen Heimat. Für viele Frauen freilich ist die polnische Stadt nur ein **Zwischenstopp.** Ist die Schmuggelware eingelöst, haben sie wahrscheinlich genug Geld für ein Busticket in Richtung Südeuropa. Jeden Tag, im Sommer wie im Winter, starten von Przemyśls Bahnhof Busse nach Madrid und Alicante, wo die Frauen als Kellnerinnen, Pflegerinnen und Haushälterinnen arbeiten. Sie verdienen dort in einem Monat etwa so viel wie in Lemberg in zwei Jahren.

rock. Edel ist die aus schwarzem und rotem Marmor gestaltete **Fredro-Kapelle,** in der sich die gleichnamige Adelsfamilie ein Denkmal „für die Ewigkeit" schuf. Auch „Polens Molière", der Komödiendichter *Aleksander Fredro* (1798–1876), ist hier beigesetzt. Das städtische Theater trägt ihm zu Ehren den Namen „Fredreum".

Burg

Im Sommer inszeniert das städtische Theater seine Stücke im Hof der hoch über der Stadt thronenden Burg. **König Kazimierz III.** ließ sie nach der Einnahme Przemyśls 1341 errichten, ihre heutige Gestalt erhielt sie in der Zeit der Renaissance. Mächtige Rundtürme mit Attika-Krone, ein eleganter Giebel und schräge Stützmauern geben ihr ein bewegtes Aussehen.

Im Turm wurde eine **Dauerausstellung zur Schauspielkunst** eingerichtet. Vorbei an Kostümen, Plakaten und Karikaturen steigt man zur Aussichtsplattform hinauf und genießt einen weiten Blick über den San bis zu den Ausläufern der Karpaten.

- **Burg** (Zamek), Di.–So. 10–17 Uhr

Praktische Informationen

Info

- **Touristeninformation,** Rynek 26, 37-700 Przemyśl, Tel. 016-6751664, Fax 016-6787 309, www.przemysl.pl, inform@wp.pl, Mo.–Fr. 8–16, Sa. 10–14 Uhr, Juli–August Mo.–Fr. 8–18, Sa./So. 10–14 Uhr. Großes Büro am Nordostrand des Rynek mit Broschüren und Büchern zu Przemyśl, auch handgearbeitete Pfeifen aus der Stadt kann man hier kaufen.

Unterkunft

- **Hotel Europejski**€€, ul. Sowińskiego 4, Tel. 016-6757100, Fax 016-6768693, www.hotel-europejski.pl, 29 Zimmer. 2003 eröffnetes Mittelklassehotel in einem renovierten Bürgerhaus gegenüber vom Bahnhof, ca. 5 Gehminuten von der Altstadt. Die Rezeption ist freundlich, die Zimmer sind klein, aber sauber und freundlich. Das Restaurant serviert gute polnische Küche.
- **Hotel Gromada**€€, ul. Wybrzeże Józefa Piłsudskiego 4, Tel. 016-6761111, Fax 016-6761113, www.gromada.pl, 117 Zimmer. Großer, moderner Hotelkasten 500 m westlich der Altstadt über dem San. Steril aber gepflegt, das Personal könnte freundlicher sein. Die Zimmer sind funktional eingerichtet, verfügen über Bad und Sat-TV; einige sind behindertengerecht. Wer leichten Schlaf hat, sollte die von der Straße abgewandten Räume wählen. Morgens kann man zwischen mehreren Frühstücksgedecken wählen. Mit Garage und kostenpflichtigem Parkplatz. Erreichbar ab Bahnhof zu Fuß in 15 Min., ansonsten zwei Haltestellen mit dem Bus 41.
- **Hotelik Pod Basztą**€, ul. Królowej Jadwigi 4, Tel. 016-6788268, 8 Zimmer. Eine gute Option für Traveller: Das „kleine Hotel unter der Bastei" liegt absolut ruhig in einer grünen Wohnstraße zwischen Burg und unierter Kathedrale. Herr *Janusz* vermietet einfache, saubere Zimmer mit Balkon und Etagenbad. Über eigenes Bad verfügt nur das etwas teurere Apartment für max. 4 Personen. Einige Räume haben eine große Terrasse mit weitem Blick über die Stadt, andere bieten Aussicht ins Grüne. Den Gästen stehen eine Küche, ein Speiseraum und eine Sommerterrasse mit Grill zur Verfügung. Nettes, familiäres Ambiente.
- **Jugendherberge Matecznik**€, ul. Lelewela 6, Tel. 016-6706145, www.ptsm-matecznik.pl, 54 Plätze, ganzjährig geöffnet. Herberge in einem alten Bürgerhaus 1 km nordwestlich des Zentrums mit Doppel-, Dreibett-, Vierbett- und Vielbettzimmern, Küche und Speiseraum. Bettwäsche kostet extra, mit internationalem JH-Ausweis gibt's auf den niedrigen Preis (DZ 10 €) 25 % Rabatt.
- **Camping Zameczek Nr. 233**€, ul. Wybrzeże Józefa Piłsudskiego 8-A, Tel. 016-

6785642. Wiesenplatz am Fluss, hinter Hotel Gromada; spartanische Campinghäuschen können angemietet werden.

Essen und Trinken

Rund um den Marktplatz reihen sich Cafés, Bars und Restaurants. Vor allem im Sommer, wenn alle Lokale ihre Terrassen öffnen, herrscht gute Stimmung.

- **Pizzeria Margherita**€, Rynek 4, Tel. 016-6789898, tgl. 10–23 Uhr. Zur Wahl stehen 40 Pizzen in den Größen klein, mittel, groß *(mała, średnia, duża),* wobei schon die kleine Variante so reich belegt und dick mit Käse überbacken ist, dass davon fast zwei satt werden können. Außerdem gibt es Risotti und Spaghetti, zum Essen zapft *Jarek* Żywiec-Bier.
- **Wyrwigrosz**€, Rynek s/n, Tel. 016-678 5858, www.wyrwigrosz.pl, tgl. ab 11 Uhr. In der „oberen Etage" des Rynek unter schattigen Bäumen oder im gepflegten Innenraum gibt es polnische und asiatische Gerichte: russische und chinesische *pierogi,* süßsaure Salate und Schweinekotelett, Ente auf Sechuan-Art und deftiges Eisbein.

Feste

- **Juni:** *Multikulturelles Galizien.* Konzerte, Ausstellungen und Vorträge machen mit den Kulturen der verschiedenen Volker vertraut, die in dieser Region lebten.
- **August:** *Fest des hl. Vincent.* Großes Fest auf dem Marktplatz zu Ehren des Stadtpatrons, dessen Reliquien in der Franziskanerkirche ruhen.

Verkehr

- **Bus** und **Zug:** Der Zugbahnhof liegt knapp nordöstlich des Zentrums, gleich dahinter befindet sich der Busterminal. Mehrere Busse tgl. starten nach Sanok und Ustrzyki Dolne, ein Bus nach Zamość und Chełm. Mit dem Zug kommt man nach Kraków via Rzeszów und Tarnów. Ins ukrainische Lviv (Lemberg) gibt es tgl. mehrere Verbindungen.

Krasiczyn

↗XXIII/D1

Zehn Kilometer westlich von Przemyśl, erreichbar mit Stadtbus 40, liegt das **Schloss Krasiczyn.** Es wurde zu Beginn des 17. Jh. von *Galeazzo Appiani* für Fürst *Stanisław Krasicki* entworfen. Der vierflügelige Bau ist an jeder Ecke mit einer wuchtigen, zylinderförmigen Bastei befestigt. Eine jede ist anders gestaltet und repräsentiert das Weltbild des einstigen Schlossherrn: Auf den „göttlichen" Kuppelturm folgt der „päpstliche", dann der „königliche" und der „adelige". Der fünfte, höchste Turm bildet den Eingang in den weitläufigen Innenhof, der ringsum mit Sgraffiti ausgemalt ist. Auch hier wird auf strenge Ordnung gehalten: Auf die Medaillons römischer Kaiser folgen die der polnischen Könige, dann die Apostel an der Kapellenwand. Eine „Damenloge" gibt es ebenfalls, von der die Burgfräulein einst den Ritterturnieren zuschauen durften. Mehrmals im Jahr wird diese Tradition wiederbelebt. In historischem Kostüm treten die Ritter an, um sich gegenseitig aus dem Sattel zu heben. Steht kein Turnier an, verlustiert man sich im weitläufigen Park mit seinem Schwanenteich und der Jägerhütte.

Unterkunft

- **Zamek,** Tel. 016-6718321, Fax 016-6718 316, www.krasiczyn.com.pl, 50 Zimmer. Zur Wahl stehen Zimmer im Schloss, im Kutschenhaus, im Schweizer und Jäger-Pavillon. Im Restaurant wird Deftiges serviert, u. a. Roggenmehlsuppe (żurek), Blutwurst mit Klößchen (kasza) und Lachsroulade.

Waldkarpaten

Beste Bedingungen für Aussteiger- und Aktivurlaub bieten die **Bieszczady** (Waldkarpaten) mit dem zugehörigen, bis in die Slowakei und Ukraine reichenden Nationalpark (www.bieszczady.info.pl). Bis 1947 war dies die **Heimat der Bojken und Lemken,** zweier Volksstämme, die 1947 im Rahmen der „Aktion Weichsel" in andere Teile Polens umgesiedelt wurden, weil sie angeblich mit ukrainischen Aufständischen sympathisierten. In den folgenden Jahrzehnten wurden ausgebrannte Häuser von Wald überwuchert, nur orthodoxe Holzkirchen (und das Museum in Sanok) erinnern an die untergegangene Kultur.

Markierte Wege führen hinauf auf die nackten, knapp **1400 Meter hohen Bergkämme** *(połoniny),* bis zum Horizont reihen sich Gebirgsstaffeln aneinander. In den einsamen Regionen gibt es **Bären und Wölfe,** bei der Direktion des Nationalparks in Ustrzyki Górne erfährt man, wo und wann man an einer Tierbeobachtung teilnehmen kann. Wandert man allein, sieht man zwar in der Regel keine Bären und Wölfe, dafür aber Hirsche und Rehe, Wildkatzen und Luchse. Besonders schön sind die Monate Mai, Juni, September und Oktober, wenn man hier fast alleine ist. Die meisten Urlauber reisen über ⇗Przemyśl und ⇗Sanok an und fahren mit dem Bus (seltener mit eigenem Auto) in den Südostzipfel nach ⇗Ustrzyki Górne und ⇗Wetlina. Camper-Ausrüstung ist selbst für Langstrecken-Touren (z.B. Ustrzyki Górne–Komańcza) nicht unbedingt nötig, denn es gibt ein dichtes Netz von Herbergen.

118po Foto: sg

Sanok

↗XXIII/C2

Sanok zählt 40.000 Einwohner und ist das nördliche Eingangstor zu den Waldkarpaten. Die Läden sind gut bestückt; Urlauber finden hier alles, was sie für die Fahrt in den einsamen Südosten benötigen. Schmuckstück der Stadt ist das Renaissance-Schloss aus dem 15. Jahrhundert auf einem steil abfallenden Hügel am Nordostrand. Es beherbergt ein **Historisches Museum** mit einer bedeutenden Ikonensammlung. Die ausgestellten Objekte datieren aus dem 14.–18. Jahrhundert und stammen vorwiegend aus den nach der Vertreibung der Ukrainer 1947 verwaisten Holzkirchen der griechisch-katholischen Konfession (Muzeum Historyczne, ul. Zamkowa 2–4, leider kein Parkplatz, Mo geschl.).

Die Synagoge in Lesko

Im **Touristenbüro** PTTK (ul. 3 Maja 2, 38-500 Sanok, Tel. 013-4632512, www.sanok.pl, So. geschl.) bekommt man Broschüren zur **„Ikonenroute"**, eine 15-stündige Wanderstrecke von einer Holzkirche zur nächsten.

Zwei Kilometer nördlich der Stadt (Bus 1 oder 3 ab Rynek) wurde ein fantastisches **Freilichtmuseum** eingerichtet: mit über 100 rekonstruierten Holzbauten, darunter zwei russisch-orthodoxe Kirchen, Getreidespeicher, Bienenstöcke, Wind- und Wassermühlen. Nirgendwo erhält man in Südostpolen eine bessere Illustration zur Bau- und Lebensweise der verschiedenen Volksgruppen, insbesondere der Bojken und Lemken. Für den Rundgang im Rahmen einer Gruppe sind zwei Stunden einzuplanen (Skansen, ul. Traugutta 3, mit gr. Parkplatz, Mo. geschl.).

Große und kleine Bieszcaden-Schleife

Die „offizielle" **große Schleife** ist 144 km lang, startet in **Lesko** und erlaubt Zugang zu den abgelegensten Winkeln des National- und Landschaftsparks. Stationen sind Ustrzyki Dolne, Czarna, Ustrzyki Górne, Wetlina, Cisna und Baligród. Ich schlage allerdings vor, diese Tour ab Cisna um 20 Kilometer zu erweitern und über Komańcza und Rzepedz zurückzufahren. **Komańcza** ist das einzige polnische Dorf, in dem Orthodoxe und Angehörige der griechisch-katholischen Konfession heute die Mehrheit stellen und man - vor allem an der Straße nach Jaśliska - viele traditionelle Lemkenhäuser sieht. Besonders eindrucksvoll ist die orthodoxe Kapelle der Schützenden Muttergottes auf einem Hügel am westlichen Ortsausgang und der Kuppelbau der griechisch-katholischen Kirche. Bei **Rzepedź** lohnt ein Abstecher zur orthodoxen, mit sechs Zwiebeltürmen geschmückten Holzkirche im Weiler Turzańsk.

Die **kleine Bieszczaden-Schleife** ist nur 78 km lang und weniger zu empfehlen. Sie führt von Lesko zunächst südwärts, bei Hoczew biegt man links ab zum **Solina-See,** wo eine touristische Anlage mit Hotels und Gästehäusern, Camping und Bootsverleih entstand (nicht jedermanns Geschmack!). Weiter geht es über Polańczyk nach Czarna, wo man links abzweigt und über Ustrzyki Dolne nach Lesko zurückfährt.

Unterkunft

- **Jagielloński**€-€€, ul. Jagiellońska 49, Tel./Fax 013-4631208, www.hoteljagiellonski.pl, 21 Zimmer. Dreisternehotel an der Straße nach Lesko. Die Zimmer sind geräumig und haben Sat-TV, Räder sind ausleihbar.

Verkehr

- **Bus** und **Zug:** Der Bahnhof befindet sich 1½ km südlich der Stadt. Mit dem Bus kommt man gut nach Ustrzyki Górne und Wetlina; Züge fahren via Zagórz nach Komańcza bzw. Ustrzyki Dolne, von dort geht es nur mit dem Bus weiter. **Achtung:** Von Oktober bis Mai werden die Strecken Wetlina - Ustrzyki Górne und Bukowiec - Polana nicht von Bussen befahren!

Ustrzyki Górne

↗XXIII/D3

Ustrzyki Górne liegt 650 Meter hoch am Ufer des Wołosaty und ist seit 1973 Zentrum des neu gegründeten Nationalparks. Der Ort eignet sich hervorragend zur Erkundung des **Bieszczady-Nationalparks** und verfügt über Unterkünfte aller Art: ein Hotel, mehrere Herbergen, Privatzimmer und einen Zeltplatz.

Unterkunft

- **Hotel Górski**€€, 38-700 Ustrzyki Górne, Tel./Fax 013-4610604, 54 Zimmer. Nach seiner Eröffnung Mitte der 1990er Jahre das Vorzeigehaus der Region, könnte es mittlerweile eine Renovierung gebrauchen. Mit Hallenbad, Sauna und gutbürgerlichem Restaurant.
- **Dom Biały BPN**€, Ustrzyki Górne, Tel. 013-4610641, 18 Zimmer. Die Herberge untersteht der Leitung des Nationalparks und liegt 300 m von der Hauptstraße entfernt, am rot markierten Wanderweg zum Szeroki Wierch. Es gibt vorwiegend Vierbettzimmer, dazu ei-

ne Küche für Selbstversorger. Ähnliche Bedingungen im Hotelik pod Tarnicą in Wołosate (Tel. 013-4610611).

● **Raj Helmuta€**, Rabe 14, Czarna, Tel. 013-4619232, www.rajhelmuta.cba.pl, 5 Zimmer. „Helmuts Paradies" heißt die gemütliche Pension 26 km nördlich von Ustrzyki Górne. Der Österreicher *Helmut Melzer* vermietet mit hellen Holzmöbeln eingerichtete Zimmer „mit vier Bädern", außerdem Fahrräder.

● **Camping PTTK Nr. 150€**, Ustrzyki Górne, Tel. 013-4611036, Mai–Sept. Wald- und Wiesenplatz am Fluss neben dem Hotel Górski, auch urige Campinghütten.

Essen und Trinken

Urig und billig speist man **auf dem Campingplatz** und in den südwärts längs der Straße liegenden **Imbissstuben.** An der zentralen Kreuzung gibt es „Einkaufsläden".

Auf der Połonina Caryńska – angekommen auf dem Kamm

Aktivitäten

- **Wandern:** Ustrzyki Górne ist ein hervorragender Ausgangspunkt für Touren in den Nationalpark, z.B. auf den Berg Tarnica (1346 m) oder zum Wielka Rawka (1304 m). Mithilfe der **Wanderkarte** *Bieszczady Mapa Turystyczna* (1:75.000), erhältlich im Hotel oder am Kiosk, lassen sich alle Varianten mühelos erschließen. Der rot markierte Weg zur Alm Połonina Caryńska (1297 m) ist weniger anstrengend, wenn man ihn in Brzegi Górne beginnen lässt (s.u.).
- **Reiten:** In Wołosate befindet sich eine Zucht für Huzulen-Pferde. Ausritte, Kutschen- und Schlittenfahrten vermittelt die Direktion des Nationalparks.

Ausritt auf Huzulen-Pferden

Sie sind klein und robust, dafür trittsicher im schwierigen Berggelände. Und weil sie so zutraulich sind, gelten sie als ideale Reitpferde für Anfänger und Kinder. Nachdem die Karpatenrasse fast ausgestorben war, gelang binnen weniger Jahrzehnte die Nachzucht – heute gibt es in den Bieszczady wieder über 100 Huzulen-Pferde. In Wołosate (bei Ustrzyki Górne) befindet sich eine **staatliche Zuchtstation,** die auch Ausritte, Kutsch- und Schlittenfahrten organisiert. Unkomplizierter freilich ist es, bei privaten Züchtern Reitferien zu buchen. Eine bekannte Profi-Züchterin ist Frau *Elżbieta Chrapkiewicz*, die nicht nur fließend Deutsch spricht, sondern sich auch „staatlich geprüfte Bergreitführerin" nennen darf. Ausrüstung wird gestellt, die Preise sind günstig und übernachten kann man bei Frau *Ela* auch: Sie vermietet „Momos Hütte", ein Gästehaus mit Kamin, Küche und Bad. *Sven Flechsig*, ein Leser dieses Buches, war vom dortigen Aufenthalt begeistert: „eine spannende und einzigartige Weise, die Waldkarpaten zu entdecken!"

- **Chata Momo**€, Rabe 10, Czarna (26 km nördl. Ustrzyki Górne), Tel. 013-4619074, www.chatamomo.com.pl (ganzjährig)

- **Radfahren:** Mountainbikes sind ausleihbar im Hotel Górski.

Verkehr

- **Bus:** Ganzjährig Verbindungen über Czarna Górna nach Lesko und Ustrzyki Dolne, im Juli/August auch via Wetlina nach Lesko.

Wetlina

↗XXIII/D3

Wetlina liegt inmitten einer sanften Hügellandschaft am Westeingang zum Nationalpark. Der 500 Einwohner zählende Ort erstreckt sich über mehrere Kilometer entlang der Straße, wobei drei Häusergruppen zu unterscheiden sind. Das Hotel Górski hat seinen Platz in **Zabrodzie** am südöstlichen Ortsausgang, das Pensjonat Leśny Dwór in **Stare Sioło** (Altes Dorf), vier Kilometer entfernt. Das Ortszentrum trägt den Namen **Osada** (Ansiedlung). Hier wurde anstelle der nach dem Krieg zerstörten orthodoxen Kirche 1980 eine **moderne Holzkirche** errichtet. Pfarrer *Aleksej* betreut die Gemeinde: Jeden Tag braust er mit seinem kleinen Fiat los, um die weit verstreute Bevölkerung mit seinem Segen zu beglücken. Das Vehikel ist nicht zu übersehen: Jesusbildchen und Rosenkränze hängen an der Windschutzscheibe, im Kofferraum lagern Unmengen von Bibelexemplaren.

Unterkunft

- **Hotel Górski**€€, Wetlina 49, Osada Rawka, Tel. 013-4684634, www.hotelgorski.net.pl, 10 Zimmer. Kleines „Berghotel" am Ortseingang (von Ustrzyki Górne kommend), alle Zimmer mit Bad, im Sommer kann man sich

063po Foto: sg

in einer der Holzhütten am Fluss einquartieren. Angeschlossen ist ein gemütliches Lokal.

- **Hotel Leśny Dwór**€€, 38-700 Wetlina 73, Stare Sioło, Tel./Fax 013-4684654, 13 Zimmer. Gemütlicher, aus Lärchenholz erbauter „Waldhof" oberhalb des Dorfes. Kleine, aber gemütliche Zimmer, behagliche Aufenthaltsräume, in denen man mit anderen Gästen leicht in Kontakt kommt und deftige Hausmannskost sorgen dafür, dass man sich wohl fühlt. Die Försterfamilie kennt die Gegend wie ihre Westentasche und hilft bei der Planung von Wander- und Radtouren. Mit Rad- und Skiverleih. Anfahrt: Von der Durchgangsstraße in Wetlina (nordwestlicher Ortsteil Stare Sioło) 1 km bergaufwärts.
- **Jugendherberge**€, Wetlina, Tel. 013-4684 606. Das Haus hat 52 Plätze und ist ganzjährig geöffnet.

Essen und Trinken

Das **Restaurant im Hotel Górski** steht auch Gästen, die nicht im Hotel wohnen, offen und ist bedeutend besser als der Gasthof nahe der Kirche.

Verkehr

- **Bus:** Das ganze Jahr über Verbindungen nach Lesko und Sanok, im Sommer auch nach Ustrzyki Górne.

Auf der Połonina Wetlińska

Wanderung über windige Hochsteppen

- **Charakter:** Auf einen steilen, anstrengenden Aufstieg folgt ein aussichtsreicher Höhenbummel längs wilder Hochalmen, anschließend geht es durch dichten Buchenwald hinab. Die Wege sind markiert und gut begehbar.
- **Startpunkt:** Brzegi Górne (Bushaltestelle), auf halbem Weg zwischen Ustrzyki Górne und Wetlina, nur im Juli und August erreichbar mit dem Bus. Die Landstraße Ustrzyki Górne - Wetlina ist so wenig befahren, dass man auf ihr gut zum Ausgangspunkt laufen kann; die wenigen vorbeikommenden Autos halten auf ein Handzeichen.
- **Endpunkt:** Ustrzyki Górne
- **Länge:** 7½ km
- **Dauer:** 4 Std.
- **Markierung:** rot
- **Höhenunterschied:** 570 m im An-, 620 m im Abstieg
- **Einkehr:** Hotel und Herberge in Ustrzyki Górne, im Sommer Imbiss in Brzegi Górne
- **Kartentipp:** Alle Wandertouren im Nationalpark Bieszczady sind auf der Karte „Mapa Turystyczna Bieszczady" (1: 75.000) eingetragen.

An der Kreuzung von Brzegi Górne biegt man in die schmale Asphaltstraße in Richtung Dwernik ein, verlässt sie aber schon nach wenigen Metern auf einem rechts abzweigenden, ausgetretenen Pfad, der an einem Marienstock vorbei zu einer Anhöhe führt. Dort stößt man auf einen verwilderten Friedhof: Auf verwitterten Grabsteinen erkennt man kyrillische Schriftzüge, laut Informationstafel stand hier bis 1946 eine orthodoxe Kirche.

Vom Friedhof führt der nun rot markierte Weg ostwärts durch Buchenwald bergan. Bei Erreichen einer Lichtung kann man auf einer Holzbank vor dem steilen, nun folgenden Anstieg ein letztes Mal Kraft schöpfen. Der Weg wird schmaler und steiniger, durch Wald windet er sich zur Baumgrenze empor. Dort bietet sich ein ganz anderes Bild: Silbergraues, vom Wind „gekämmtes" Steppengras bedeckt den steilen Hang.

In gerader Linie zieht sich jetzt der Weg zum Kamm der Połonina Caryńska hinauf, von dessen höchstem Punkt (2¼ Std., 1297 m) sich ein Rundumblick auf die tiefer liegenden Gebirgsstaffeln bietet. Dieser großartige Blick begleitet den Wanderer während der gesamten folgenden Kammstrecke.

Nach ein paar Minuten mündet ein von rechts heraufkommender, grün markierter Weg ein, der parallel zu „unserem" roten Weg verläuft, bevor er am Gipfel Wierchołek (2¾ Std., 1239 m) links zur Herberge Koliba abzweigt. Wir bleiben weiter auf Südostkurs und gelangen wenig später zu einem Pass (1107 m), wo der Abstieg beginnt. Steil führt der Weg in dichten Wald, quert den schäumenden Wołosaty-Bach und führt zur Hauptstraße von Ustrzyki Górne (4 Std.).

104po Foto: sg

Provinz Świętokrzyskie

(Heiligkreuzberge)

099po Foto: sg

Der Kirchturm von Sandomierz

Gänse marsch!

Überblick

Das Zentrum der Provinz ist die **Bischofsstadt Kielce.** Von dort spannen sich die **Heiligkreuzberge** (Świętokrzyskie) in weitem Bogen ostwärts. Zwar erreichen sie gerade mal eine Höhe von 600 Metern; doch da sie aus flachem Land aufragen, wirken sie machtvoll. Ihr lang gestreckter, mit zerschmettertem Quarzstein übersäter Kamm ist das Ziel vieler Wanderer. Jüdische Spuren entdeckt man in den südlich gelegenen Orten, vor allem im schönen Sandomierz.

105po Foto: sg

Kielce

↗XV/C1-2

Die Hauptstadt der Provinz Heiligkreuzberge, auf halber Strecke zwischen Krakau und Warschau, zählt 220.000 Einwohner. Zwar ist sie von Plattenbauten umstellt, doch bietet die Altstadt einige Sehenswürdigkeiten. Ihr Zentrum ist die lebendige, von Läden und Lokalen flankierte **Fußgängerstraße Sienkiewicza,** die vom Bahnhof knapp 1,5 km ostwärts führt.

Bischofspalast

Auf halber Strecke lohnt ein Abstecher zum Schlossplatz mit einem 1641 in schönstem Barock errichteten Bischofspalast (Pałac Biskupów Krakowskich). Stadt und Region gehörten bis 1789 den Krakauer Bischöfen, einer von ihnen war *Jakub Zadzik,* der den Bau des Palasts in Auftrag gab und eine wichtige Rolle bei der Vertreibung der Polnischen Brüder (Arianer) spielte: einer protestantischen Abspaltung, die entschlossen für die Aufhebung sozialer Gegensätze eintrat.

Der Palast dient heute als **Nationalmuseum** und kann besichtigt werden. Im ehemaligen Speisesaal kann man ein Porträt des Bischofs sehen, links und rechts hängen Bilder seiner Nachfolger. In mehreren Sälen illustrieren Deckengemälde die Kriege jener Zeit und erinnern daran, dass Bischof *Zadzik* zeitweise als Außenminister tätig war.

Interessant sind auch die in einem Seitenflügel ausgestellten **Gemälde polnischer Meister,** vor allem die von Vertretern des „Jungen Polen“ (um 1900). Zu entdecken sind symbolistische Frauendarstellungen von *Wys-*

piański, ironische Selbstporträts von *Malczewski* und expressiv-verzerrte Kompositionen von *Witkacy* (Muzeum Narodowe, pl. Zamkowy 1, www.muzeumkielce.net, Mo geschl.; zum Nationalmuseum gehört auch eine umfangreiche ethnografische Sammlung am Rynek 3–5).

Kathedrale

Einen Blick lohnt auch die gegenüber dem Palast aufragende Kathedrale (Katedra). Sie ist **romanischen Ursprungs,** im 17. Jahrhundert wurde sie barockisiert. Die mittelalterliche Düsternis wird durch illusionistische Deckengemälde und goldschimmernde Altäre aufgehellt, künstlerisch wertvoll ist einzig das aus Alabaster gemeißelte Grabmal der Adeligen *Zebrzydowska.*

Museum des Kielcer Dorfes

Mehrere Museen der Stadt stehen im Dienst der Traditionspflege. In einem **reetgedeckten Haus** südlich des Schlossplatzes befindet sich das Museum des Kielcer Dorfes (Muzeum wsi Kieleckiej, ul. Jana Pawła II 6, Sa. geschlossen).

Freilichtmuseum

An der E-77, der Straße nach Jędrzejów, wurde ein **„Kielcer Dorf" in Originalgröße** nachgebaut (Skansen Ziemi Kieleckiej, Tokarnia, Mo. geschl.).

Paradieshöhle

Spannender als das Freilichtmuseum ist die Paradieshöhle **(Jaskinia Raj)** an der Straße nach Chęciny, zehn Kilometer südwestlich von Kielce. Der Eingang befindet sich 600 Meter von der Straße entfernt und ist über einen mit Holz ausgelegten Weg erreichbar. Die Grotte wurde 1964 entdeckt und diente den Menschen **vor 50.000 Jahren als Zufluchtsort.** Sie ist 180 Meter lang und bis zu acht Meter hoch, ihre Kammern sind mit fantastischen Stalagmiten und Stalaktiten geschmückt. Die halbstündige Besichtigung ist vorerst leider nur im Rahmen einer polnischsprachigen Führung möglich. Aufgrund der ganzjährig kühlen Temperatur von 8 °C sollte man eine warme Jacke dabei haben (Jaskinia Raj, Dobrzączka, ul. Sienkiewicza 74, Mo. geschlossen).

Sonnenuhrmuseum

Wer ein Faible für Uhren hat, fährt noch ein Stück weiter bis **Jędrzejów.** Der Stolz des Städtchens ist ein Sonnenuhrmuseum, das angeblich nach Oxford und Chicago drittgrößte der Welt. Unter den 300 Exponaten befinden sich mehrere aus Elfenbein geschnitzte Meisterwerke im Taschenformat, eine Uhr gibt pünktlich zur Mittagszeit einer angeschlossenen Kanone den Befehl zum Feuern. Das älteste Stück stammt von 1524 und gibt aus der Position der Sterne die Zeit an (Muzeum Gnomiczne, Rynek 7, Mo. geschl., Führung zu jeder vollen Stunde).

In Schale geworfen

106po Foto: sg

Literaturmuseum

In **Oblęgorek,** 16 km nordwestlich von Kielce, wurde dem Schriftsteller *Henryk Sienkiewicz* (1846–1916) im Jahr 1900 ein Palais geschenkt, um damit sein 25-jähriges Wirken als Autor zu honorieren. Fünf Jahre später wurde er mit dem Literaturnobelpreis ausgezeichnet, sein bekanntestes Werk ist *Quo vadis?* (1896), ein Roman über das frühe Christentum in Rom zur Zeit *Neros,* der Anfang der 1950er Jahre in Hollywood verfilmt wurde. Heute dient das Palais als Literaturmuseum (Muzeum H. Sienkiewicza, Di.–So. 10–16 Uhr).

Info

- **Im Internet:**
www.um.kielce.pl/en/tourism
www.swietokrzyskie.pl

Unterkunft

- **Pod Złotą Różą**€€€, pl. Moniuszki 7, Tel. 041-3415002, Fax 041-3437881, www.hotel-pod-zlota-roza.pl, 24 Zimmer. Dreisternehotel in einem renovierten Stadthaus aus dem frühen 20. Jh. im Zentrum von Kielce. In jedem Zimmer hat man kostenfreien Internetzugang.
- **Elita**€€, ul. Równa 4-A, Tel. 041-3442230, Fax 041-3443337, www.hotelelita.com.pl, 11 Zimmer. Freundliches Zweisternehotel zwischen Bahnhof und Altstadt, alle Zimmer mit Sat-TV.

Nationalpark Heiligkreuzberge ⇗XV/C-D1

„Unmittelbar hinter dem Ort Kielce begann das Hügelland: Düster und bewaldet tauchten die Hügel auf, eingehüllt in die Nebelstreifen, die langsam mit dem Wind dahinsegeln und sich in den Spitzen der Tannen verfangen." So beschreibt *Primo Levi* die Heiligkreuzberge in seinem Roman „Wann, wenn nicht jetzt?"

Das Gebirge mit dem seltsamen Namen erstreckt sich in einem 70 Kilometer weiten Bogen nordostwärts und ist **reich an Mineralien.** Sein schönster Abschnitt, der 15 Kilometer lange Kamm **vom Łysica (612 m) zum Łysa Góra (595 m),** ist seit 1950 als Nationalpark geschützt. Leider wurde der Tannenwald, der den Kamm früher bedeckte, durch sauren Regen erheblich geschädigt.

Das am Ostrand des Parks gelegene **Nowa Słupia** ist ein guter Einstiegsort. Hier wird man im **Metallurgischen Museum** mit prähistorischen Minen und Schmelzöfen vertraut gemacht (Muzeum Starożytnego Hutnictwa Świętokrzyskiego, ul. Świętokrzyska 59, Mo. geschl.). Am zweiten Septemberwochenende feiert man *Dymarki,* das **„Fest der Schmelzöfen",** ein riesiges Volksfest, zu dem Menschen aus der ganzen Region anreisen.

Ein halbstündiger Wanderweg führt von Nowa Słupia ins verwunschene **Św. Krzyż.** Als Benediktiner 1193 diesen Ort zum ersten Mal sahen, beschlossen sie zu bleiben. Auf dem 595 m hohen **Kahlen Berg** (Łysa Góra), wo die Slawen ihren Göttern huldigten, ließen sie ein **Kloster** errichten und nannten es „Heiliges Kreuz" (Św. Krzyż). Den Namen verdankt es den mitgeführten fünf Spänen, die angeblich von jenem Kruzifix stammten, an dem *Jesus Christus* gekreuzigt wurde. Lange Zeit war das Kloster wichtigstes Pilgerziel der Polen; erst im 17. Jahrhundert lief ihm die Schwarze Madonna von Tschenstochau den Rang ab. 1819 wurde der Orden aufgelöst, fortan diente das Kloster als Verbannungsort und Gefängnis. Hauptattraktion der barock gestalteten Kirche ist die Krypta: Dort steht ein verglaster Sarg mit einem einbalsamierten Leichnam, der um seine letzte Ruhe betrogen ist – tagtäglich wird er von Schaulustigen angestarrt. Auch im **Missionsmuseum** ist Exotisches zu bestaunen: Pfeil und Bogen, Kunst- und Alltagsgegenstände stammen von jenen Afrikanern und Asiaten, die von den Benediktinern zum wahren Glauben bekehrt wurden. Im Westflügel des Klosters befindet sich ein **Naturkundemuseum,** das in die Geologie, Flora und Fauna der Heiligkreuzberge einführt (Muzeum Przyrodniczo-Leśne, Mo. geschl.).

Doch wie immer ist die Natur eindrucksvoller als ihre Präsentation: Der Nordhang des Łysica (erreichbar über einen nahe dem Sendemast abzwei-

Schachspiel im Park

genden Weg) ist mit zertrümmertem Quarzitgestein *(gołoborze)* übersät, der in der Sonne silbern leuchtet.

Praktische Informationen

Wer gern wandert, fährt mit dem Bus nach Nowa Słupia und ersteigt auf dem zwei Kilometer langen Königsweg (Droga Królewska) Św. Krzyż. Von dort geht es auf rot markiertem Weg zunächst nach Szklana Huta, dann am Waldrand, später durchs Dickicht zum Łysica (612 m). Vom Gipfel lässt man sich die restlichen drei Kilometer nach Św. Katarzyna hinabtreiben (insgesamt 17 km, Dauer 5 Std.) und fährt mit dem Bus nach Kielce zurück.

Wer nur schauen, doch wenig wandern will, fährt mit dem Bus oder Auto auf der 74 nach Szklana Huta unterhalb von Św. Krzyż (23 km). Vom dortigen Parkplatz pendeln Bus und Kutsche mehrmals täglich nach Św. Krzyż. Für den Rückweg bieten sich zwei Optionen: Alle, die mit öffentlichem Bus unterwegs sind, können auf dem zwei Kilometer langen Königsweg nach Nowa Słupia hinablaufen, von wo der Bus nach Kielce startet. Autofahrer müssen zum Parkplatz in Szklana Huta zurück (Bus, Kutsche oder 30 Min. zu Fuß).

Unterkunft

- **Baba Jaga**€, ul. Kielecka 18, 25-303 Św. Katarzyna, Tel. 041 3112226, www.babajaga.hg.pl, 23 Zimmer. *Baba Jaga* ist in polnischen Märchen eine Hexe – doch das „Hexenhaus" präsentiert sich nicht als dunkles Loch, sondern als normale Pension mit Doppel- bis Vierbettzimmern, wahlweise mit und ohne Bad. Gemütlich ist das Lokal, in dem „Hexenspezialitäten" serviert werden.

- **Jugendherberge Pod Pielgrzymem**€, ul. Świętokrzyska 61, Nowa Słupia, Tel. 041-3177016, 53 Plätze, ganzjährig geöffnet. Das 1938 erbaute Haus mit Veranda und grünem Dach diente im Zweiten Weltkrieg als deutsche Gendarmerie. Heute bietet es spartanische, aber saubere Unterkunft.

Ein Labyrinth unter dem Marktplatz

Dem „geliebten Städtchen Sandomierz" verdanken die Romane des in Polen berühmten Autors *Jarosław Iwaszkiewicz* (1894–1980) zahlreiche Impulse. In seiner Kindheit war er fasziniert von Berichten über geheimnisvolle Gänge unter dem Marktplatz und von Fuhrwerken, die im Boden versinken. Noch als 70-Jähriger erinnerte er sich an Bettler und Ablassmusikanten, die am Marktplatz herumlungerten, und an die apokalyptische Hymne eines blinden Greises, der die Sonne als Baumeisterin von Altären beschrieb.

Die Kellergänge unter dem Marktplatz sind heute für Besucher zugänglich. Der „Unterirdische Touristische Weg" startet an der Oleśnickich-Straße nahe dem Rynek und endet am Rathaus. Er führt auf 450 Meter Länge durch etwa 30 Kellergewölbe, die sich unter dem Marktplatz ausbreiten. Damit ist freilich nur ein Bruchteil jenes unterirdischen Labyrinths erfasst, das die Stadt im 16. Jahrhundert erbaute, als sie zum wichtigsten Binnenhafen auf der Strecke Krakau-Danzig aufrückte. In den Kellergewölben lagerten Weinfässer, Lebensmittel und Leinenstoffe.

- **Unterirdischer Touristischer Weg** (Podziemna Trasa Turystyczna), Rynek 26, Di.–So. 10–17 Uhr, 30-minütige Tour in polnischer Sprache, Start zu jeder vollen Stunde

Sandomierz

↗XVI/A1

90 Kilometer östlich von Kielce, rings um den Zusammenfluss von Weichsel und San, breitet sich fruchtbares Schwemmland aus. Gern wird es **„Garten Polens"** genannt, denn so weit das Auge reicht, erstrecken sich Obstplantagen, auf denen Äpfel und Kirschen, Pfirsiche und Aprikosen wachsen. Über dem linken Ufer der Weichsel liegt Sandomierz, das viele Jahrhunderte vom Getreide- und Holzhandel auf diesem wichtigen Wasserweg profitierte. Bis heute hat es sein intaktes mittelalterliches Stadtbild bewahrt und strahlt eine angenehm provinzielle Atmosphäre aus.

Der klassische Eingang erfolgt durch das **Opatower Tor** (Brama Opatowska) im Norden der Altstadt. Wer sich einen Überblick verschaffen will, kann zur Aussichtsplattform hinaufsteigen und über die Gassen bis zur Weichsel schauen. Über die Opatowska gelangt man zum rechteckigen **Marktplatz,** der von Häusern aus der Zeit der Gotik, der Renaissance und des Barock gesäumt ist. Mittendrin steht das backsteinerne, von einer Attika gekrönte **Rathaus** mit einer Abteilung des **Museums für Stadtgeschichte.** Das interessanteste Ausstellungsstück ist ein maßstabstreues Modell der mittelalterlichen Stadt, das einen Vergleich mit dem heutigen Sandomierz erlaubt (Muzeum Miasta, Rynek, Mo. geschl.).

Kathedrale

Vom Marktplatz führt die kopfsteingepflasterte Mariacka zur mächtigen, **Mitte des 14. Jahrhunderts** erbauten Kathedrale (Katedra). Zu ihren Schätzen gehören mittelalterliche, russisch-byzantinische Fresken im Chorraum, die erst Ende der 1990er Jahre bei Restaurierungsarbeiten freigelegt wurden. Vermutlich stammen sie von Meister *Andrej,* der auch die Malereien in der Lubliner Dreifaltigkeitskapelle schuf.

Gleichfalls interessant ist ein makabrer, rings um das Kirchenschiff angeordneter Gemäldezyklus. Er trägt den Titel **„Folterkalender"** und zeigt zwölf unterschiedliche Todesarten: Christliche Märtyrer werden enthauptet, aufgeschlitzt, gerädert und gesteinigt, wobei reichlich Blut fließt und Gedärme hervorquellen. Viel Zeit muss *Karol de Prevot,* der die Bilder im 18. Jh. malte, im Leichenschauhaus verbracht haben, denn die drastischen Details wirken realistisch. Offenbar war *Prevot* ein Spezialist für Härtefälle, denn auch die großen düsteren Geschichtsgemälde unter der Barockorgel stammen aus seiner Hand: Dargestellt ist das Massaker der Mongolen von 1259, die Sprengung des Schlosses während der „schwedischen Sintflut" 1656 und die antisemitische Darstellung eines jüdischen Ritualmords.

Diözesanmuseum

Im Schatten der Kathedrale steht das **Długosz-Haus,** in dem der gleichnamige Chronist von 1476 bis zu seinem Tod 1480 lebte. Heute beherbergt es ein Diözesanmuseum mit einer kuriosen Sammlung von Alltags- und Kunstgegenständen (Dom Długosza, ul. Długosza 9, Mo. geschl.).

Burg

Ein paar Schritte unterhalb liegt die vierstöckige Burg, die ebenso wie die Kathedrale Mitte des 14. Jh. von **König Kazimierz III.** finanziert wurde. In ihrer langen Geschichte wurde sie oft umgebaut, im 20. Jh. erhielt sie ihr mittelalterliches Aussehen zurück. Das in der Burg untergebrachte **Regionalmuseum** mit archäologischen und ethnographischen Exponaten ist eher bescheiden (Muzeum Okręgowe, ul. Zamkowa 14, Mo. geschl.). Interessanter ist es, zur **Aussichtsterrasse** hinaufzusteigen und den Blick über die Weichsel zu genießen.

Jakobskirche

Zu den ältesten Bauten der Stadt gehört die benachbarte spätromanische Jakobskirche (Kościół św. Jakuba) aus dem **frühen 13. Jh.** Einziger Schmuck ist ein Ziegelfries, in den Tier- und Pflanzenornamente eingewoben sind.

Folgt man der schattigen Staromiejska westwärts, gelangt man zu einer Anhöhe mit der kleinen Pauluskirche. Links von ihr startet die **Löss-Schlucht der Königin Jadwiga** (Wąwóz Królowej Jadwigi), die zu einer Weichselterrasse führt. Von dort kann man im Rahmen eines Rundwegs in die Altstadt zurückkehren.

Unterkunft

•**Pod Ciżemką**€€, Rynek 27, 27-600 Sandomierz, Tel. 015-8320550, Fax 8320552, www.sandomierz-hotel.com.pl. Gemütliches Dreisternehotel in einem restaurierten Bürgerhaus am Markt, alle 8 Zimmer im Obergeschoss und mit Sat-TV. Im Restaurant gibt's polnische Küche mit italienischem Einschlag.

098po Foto: sg

Baranów Sandomierski

↗XV/D2-3

24 Kilometer südlich von Sandomierz stößt man auf eine **Miniaturausgabe des Krakauer Wawel,** erbaut vom Hofarchitekten *Santi Gucci* 1591–1606 für die Adelsfamilie *Leszczyński.*

Das vierflügelige Schloss (Zamek) ist mit vier Rundtürmen befestigt und mit Attiken geschmückt, den eleganten Innenhof säumen doppelstöckige Arkaden. Von hier gelangt man ins Erdgeschoss, das mit Originalmöbeln der Epoche eingerichtet ist (Mo. geschl.). Wer feudal wohnen will, kann sich im Schlosshotel einquartieren, im Restaurant Magnacka wird altpolnische Küche serviert.

Unterkunft

- **Hotel Zamek**€€, ul. Ząbkowa 20, Tel. 015-8118039, Fax 015-8118040, www.hotele.zamkowe.pl, 37 Zimmer

Sandomierz: Kleinstadtidyll

237po Foto: sg

Provinz Lubelskie

(Lubliner Land)

606po Foto: sg

Die Figur des Juden – ein folkloristisches Utensil

Das Krakauer Tor in Lublin

Überblick

Das hier vorgestellte Gebiet liegt zwischen Weichsel und Bug und grenzt teils an Weißrussland, teils an die Ukraine. Bis zum Zweiten Weltkrieg lebte hier eine große Zahl von Juden, ihr Erbe ist bis zum heutigen Tag vielerorts präsent. Vor allem drei Orte lohnen einen Besuch: die Hauptstadt **Lublin** mit ihren verwinkelten Gassen am Fuß einer mächtigen Burg, **Zamość,** ein pastellfarbener Renaissance-Traum aus dem späten 16. Jahrhundert, und das bei Künstlern so beliebte Weichselstädtchen **Kazimierz Dolny,** mit windschiefen Getreidespeichern und opulenten Kaufmannshäusern ein Prachtstück aus Polens „goldener Zeit". Aber auch Naturliebhaber kommen auf ihre Kosten: Vor den Toren der Stadt liegt der **Nationalpark Roztocze,** in dem wilde Tarpanpferde leben. In den Dörfern geht es langsam und bedächtig zu; „gar zu bedächtig", meinen die Bewohner, die darauf hoffen, mithilfe von EU-Geldern aus der Lethargie geweckt zu werden.

Lublin

↗VIII/B2

Die über 360.000 Einwohner zählende Stadt ist die Metropole des Ostens. Sie ist eine kulturelle und wissenschaftliche Hochburg, hat viele Theater und zwei konkurrierende Universitäten: eine katholische und eine staatliche. Die Neustadt ist quirlig und modern, die restaurierte Altstadt führt in die jüdische Epoche zurück. Grau ist der Ring der Plattenbauten, der das Zentrum umschließt – ihn lässt man am besten links liegen.

Geschichte

Lublins Aufstieg begann 1341, als **König Kazimierz III.** die 200 Jahre zuvor gegründete Stadt mit mächtigen Wehrmauern umgab und sich Handel und Handwerk ungestört entfalten konnten. Als 1569 Polen und Litauen in der **„Lubliner Union"** vereint wurden und das so geschaffene Doppelreich zum mächtigsten Staat Osteuropas aufrückte, nahm die Stadt einen rasanten Aufschwung – hier kreuzten sich die zentralen Handelsrouten. Ein Reisender aus Venedig notierte 1575: „In Lublin, das in der Mitte aller polnischen Provinzen liegt, gibt es Jahrmärkte, wohin Leute aus allen Grenzländern ziehen. Es kommen Russen, Tataren, Türken, Italiener, Juden, Deutsche, Ungarn, dazu auch Armenier und Litauer." Wohlhabende Kaufleute ließen sich Bürgerpaläste im Stil der „Lubliner Renaissance" erbauen, die hiesige Talmud-Hochschule, Vorläufer der Rabbinischen Hochschule, begründete Lublins Ruf als **„jüdisches Oxford".** Ab 1580 tagte hier die „Vierländersynode", das oberste Regierungsgremium aller Juden in Polen und Litauen, Ruthenien und Wolhynien (heute Ukraine). Freilich fanden hier nicht nur Juden ihre Heimstatt – es kamen auch Lutheraner, Kalviner und andere „Ketzer".

Aufgrund von Kriegen verlor die Stadt ab Mitte des 17. Jahrhunderts an

Bedeutung. 1795 fiel sie an Österreich, 1831 wurde sie von Russland annektiert. Ein neuer Aufschwung setzte erst wieder um 1870 ein, als Lublin einen Eisenbahnanschluss erhielt und schrittweise industrialisiert wurde. Bald war die Stadt ein wichtiges Zentrum für Textil- und Lebensmittelindustrie, Handel und Kultur.

Am 2. September 1939 fielen die ersten **deutschen Bomben** auf Lublin, 16 Tage später marschierte die Wehrmacht ein. Das „jüdische Oxford" gab es bald nicht mehr: 1941 wurden alle Juden der Stadt in ein Ghetto gepfercht, ein Jahr später 34.000 von ihnen in die Konzentrationslager Bełżec und Majdanek deportiert.

Als eine der ersten polnischen Städte wurde Lublin am **25. Juli 1944 von sowjetischen Truppen befreit.** Sie wurde damit zur Keimzelle des neuen polnischen Staates: Hier entwickelte das in Moskau gegründete „Komitee der nationalen Befreiung" die Grundlinien der zukünftigen Gesellschaftsordnung. Im Januar 1945 erwuchs aus dem Komitee die Provisorische Regierung Polens, die bei den ersten Nachkriegswahlen mit *Stalins* Hilfe als Siegerin hervorging. Die Altstadt wird seit einigen Jahren saniert, viele Häuser stehen immer noch leer.

Sehenswertes

Der klassische Einstieg in die Altstadt erfolgt durch das backsteinerne **Krakauer Tor** (Brama Krakowska). Es ist mit Zinnen, Basteien und einem mächtigen Turm befestigt, Zeuge einer Zeit, da feindliche Überfälle an der Tagesordnung waren. Wer das Tor passierte, wurde von der Jungfrau *Maria* begrüßt; noch heute lächelt sie von einem Bild auf die Passanten herab. Einen umfassenden Überblick über Lublin verschafft das in seinem Turm untergebrachte **Museum zur Stadtgeschichte**.

• **Museum zur Stadtgeschichte** (Muzeum Historii Miasta), Brama Krakowska, pl. Łokietka 1, Mi.–Sa. 9–16, So. 9–17 Uhr

Marktplatz

An der Touristeninformation vorbei gelangt man zum kopfsteingepflasterten Marktplatz (Rynek), dem wichtigsten **Treffpunkt der Stadt.** Er ist von stattlichen Bürgerhäusern mit Attiken im Stil der „Lubliner Renaissance" geschmückt: gezackte und geschwungene Ornamente, die der Fassade gleich einer Krone aufgesetzt sind und einen Hauch Fernost auf den Platz zaubern. Vor dieser Kulisse kann man sich *Isaak Bashevis Singers* „Zauberer von Lublin" vorstellen, die Geschichte jenes schlitzohrigen Wanderschauspielers, der seine Zeitgenossen mit virtuosen Tricks um ihr Geld brachte.

Doch auch eine bekannte Lokallegende passt gut hierher. Sie rankt sich um das ehemalige, 1579 eingerichtete **Krontribunal** in der Mitte des Platzes. So hart, sagt man, waren die hier gefällten Urteile, dass die Bürger den Teufel um Hilfe anflehten. Eine arme gottesfürchtige Witwe, der per Gerichtsbeschluss ihr letztes Stück Land geraubt werden sollte, soll voller Zorn

ausgerufen haben: „Das ist kein Recht, das hier gesprochen wird – selbst ein Teufelstribunal wäre gerechter!“ Satan hatte gute Ohren und war sogleich zur Stelle – der Freispruch ward auf dem Gerichtstisch mit Krallenzeichen besiegelt. Die **„Teufelskralle“** war früher hier im Rathaus zu besichtigen, doch seit das **„Museum des Krontribunals“** nicht mehr öffnet, wird sie im Schlossmuseum ausgestellt.

Am Rynek bleibt die Kralle mit einer Freske am Haus Nr. 4 verewigt, und auch das **Café Czarcia Łapa** ist nach ihr benannt.

Ein Schwätzchen
mit der Burg im Hintergrund

246po Foto: sg

Bis vor kurzem wurde dort vor ausverkauftem Haus die Tradition teuflischer Künste gepflegt: ein Kabarett kommentierte mit giftig-galligem Humor die Unbotmäßigkeiten dieser Welt. Haus Nr. 2 erinnert an bekannte polnische Autoren wie *Biernat von Lublin* (1465–1529) und *Jan Kochanowski* (1530–84); beide haben in diesem Gebäude gelebt.

Burggasse

Die Burggasse (ul. Grodzka) wird von restaurierten Häusern gesäumt und ist die Lebensader der Altstadt. Hier entdeckt man Cafés, Bars und Galerien, das Apothekenmuseum (Muzeum Apteka) im Haus Nr. 5-A war beim letzten Besuch noch immer geschlossen. Ein paar Schritte weiter, am Haus Nr. 11, erinnert eine Tafel in polnischer und hebräischer Sprache an ein ehemaliges Kinderheim. Als *Alfred Döblin* 19 Jahre zuvor Lublin besucht hatte, waren ihm die vielen Kinder aufgefallen: „Eine Straße, Grodzka, führt mich abwärts. Kinder spielen herum. Es wird bunt, sehr lebhaft; ich bin in die Judenstadt geraten. Häuser sind gelb und rosa bemalt. Ein Tor biegt sich über die Straße, grellrot". Damit ist das **Burgtor** gemeint, ein Stadttor aus dem 14. Jh., das früher den christlichen vom jüdischen Teil Lublins trennte. Heute befindet sich hier eine Theaterwerkstatt mit Ausstellungen zur Welt der polnischen Juden.

● **Kulturzentrum Brama Grodzka,** ul. Grodzka 21, Tel. 081-5325867, www.tnn.lublin.pl

Burg und Schlossmuseum

Jenseits des Torbogens, den *Döblin* erwähnt, ist die „finstere" Altstadt abrupt zu Ende: Die Gasse weitet sich und führt hinauf zur imposanten Burg (Zamek). Im Mittelalter wurde sie **von König Kazimierz III. errichtet,** von der ursprünglichen Anlage blieben aber nur ein Rundturm und eine Kapelle erhalten. In den 1820er Jahren diente sie als Gefängnis und erhielt eine neugotische Fassade. Als die Deutschen 1939 die Haftanstalt übernahmen, wurden dort fast alle Juden Lublins interniert, bevor sie in Konzentrationslager deportiert wurden. Am Burgeingang erinnert an sie eine kleine Plakette. Auffälliger platziert ist eine Tafel, die der Opfer der Kommunisten 1944–46 gedenkt.

Wo einst die Gefängniszellen waren, befindet sich heute das Schlossmuseum. Außer Kunsthandwerk der Region findet man vor allem interessante Werke polnischer Künstler. Nationalmaler *Jan Matejko* (1838–93) ist mit zwei riesigen Gemälden vertreten: Das erste stellt die „Ankunft der Juden in Polen 1096" als Gnadenakt gegenüber misstrauischen Fremden dar. Das zweite Gemälde feiert die „Lubliner Union" als Unterwerfung des litauischen Adels unter die polnische Krone. Frei von nationalem Pathos ist dagegen die Ausstellung der Ikonen.

Sie stimmen bereits auf die **Dreifaltigkeitskapelle** (Kaplica św. Trójci) ein, die **zu den wertvollsten Baudenkmälern des mittelalterlichen Polen** gehört. Auf der einzigen saaltragenden Säule sind Heilige dargestellt, auf den Wänden entfaltet sich ein Panorama der kosmischen Ordnung, *Christi* Leben und Passion. Interessant ist auch die Darstellung des Stifters der Kapelle, des litauischen Großfürsten *Jagiełło,* der seinem heidnischen Glauben abschwören musste, um Polens König zu werden. Ein erstes Bild zeigt seine Missionierung, ein zweites präsentiert ihn bereits als frommen Mann, der vor der Jungfrau *Maria* niederkniet. Der König hatte östliche Meister mit der Ausmalung „seiner" Kapelle beauftragt, Stil und Ausführung verweisen auf engen Kontakt zu künstlerischen Zentren in Kiew und Nowgorod. Der Maler signierte selbstbewusst mit „Andrej am 10. August 1418", sei-

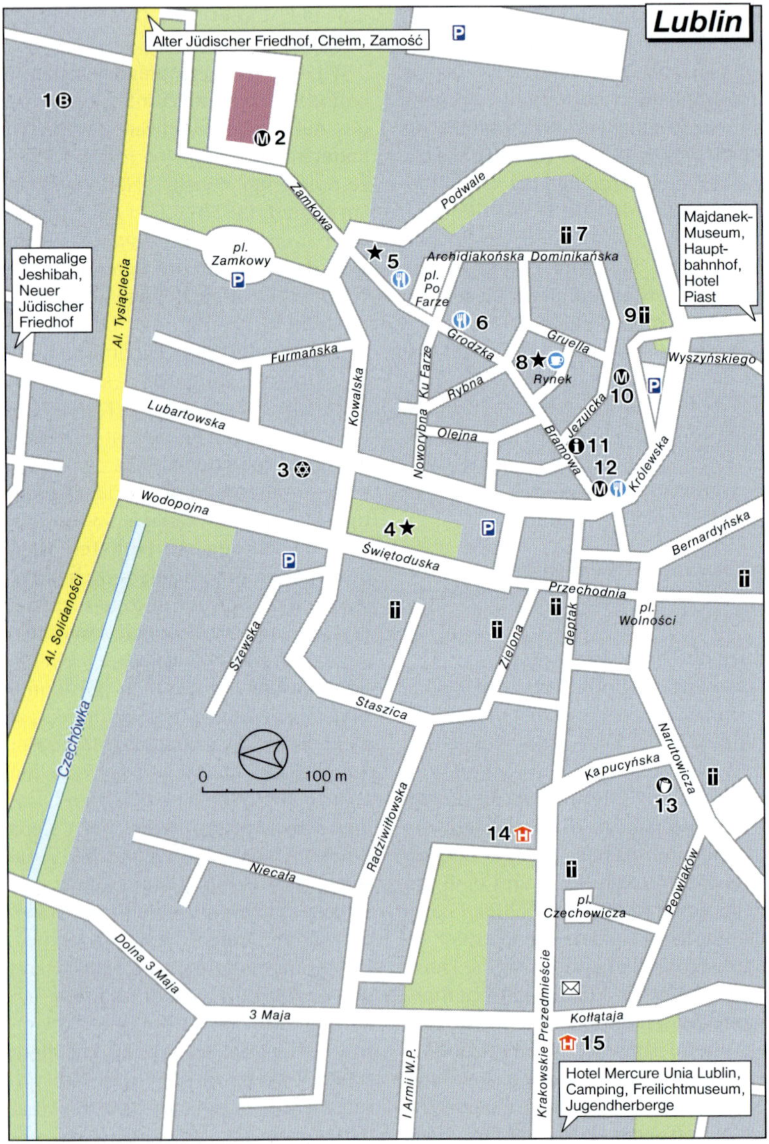
Lublin
Alter Jüdischer Friedhof, Chełm, Zamość
ehemalige Jeshibah, Neuer Jüdischer Friedhof
Majdanek-Museum, Hauptbahnhof, Hotel Piast
Hotel Mercure Unia Lublin, Camping, Freilichtmuseum, Jugendherberge
1
2
3
4
5
6
7
8
9
10
11
12
13
14
15
Zamkowa
Podwale
pl. Zamkowy
Al. Tysiąclecia
Archidiakońska
Dominikańska
pl. Po Farze
Grodzka
Gruella
Rynek
Wyszyńskiego
Furmańska
Kowalska
Ku Farze
Rybna
Noworybna
Olejna
Jezuicka
Bramowa
Królewska
Lubartowska
Wodopojna
Świętoduska
Bernardyńska
Przechodnia
pl. Wolności
deptak
Zielona
Szewska
Al. Solidanośći
Staszica
Czechówka
0
100 m
Kapucyńska
Narutowicza
Radziwiłłowska
Niecała
Peowiaków
pl. Czechowicza
Dolna 3 Maja
3 Maja
Kołłątaja
I Armii W.P.
Krakowskie Przedmieście

Ⓑ	1	Busterminal
Ⓜ	2	Schlossmuseum
✡	3	Synagoge
★	4	Platz der Ghettoopfer
★	5	Burgtor,
🍴		Szeroka 28
🍴	6	Złoty Ośiół
✝	7	Dominikanerkirche
☕	8	Café Czarcia Łapa,
★		Altes Rathaus
✝	9	Kathedrale
Ⓜ	10	Trinitarierturm Diözesanmuseum
ℹ	11	Touristeninformation
Ⓜ	12	Krakauer Tor, Museum zur Stadtgeschichte,
🍴		Ulice Miasta
🎭	13	Osterwa-Theater
🏨	14	Hotel Europa
🏨	15	Grand Hotel Lublinianka

ne Kollegen unterschrieben mit „Kurył" und „Juszko". Die Malereien waren mehrere Jahrhunderte unter einer dicken Farbschicht verborgen: 1899 wurden sie zufällig wieder entdeckt, doch erst 100 Jahre später, nach ihrer Restaurierung, öffentlich zugänglich gemacht.

• **Schlossmuseum** (Muzeum Lublina), ul. Zamkowa 9, www.zamek-lublin.pl, Sept.–Mai Di.–Sa. 9–16, So. 9–17, Juni–Aug. Di.–Sa. 10–17, So. 10–18 Uhr

Dominikanerkirche

Auf der Grodzka kehrt man in die Altstadt zurück. Am Plac po Farze lohnt ein Stopp: nicht nur wegen der rekonstruierten Fundamente der **Michaelis-Kirche,** sondern wegen des Blicks zurück auf die mächtige Burgfassade. Über die ul. Archidiakońska gelangt man zur barocken Dominikanerkirche (Kościół Dominikanów). Alle, die in Lublin Rang und Namen hatten, wurden hier beigesetzt. Das schönste Grabmal ist das der **Familie Ferlej** in einer Kappe am rechten Seitenschiff: Die Gründer der Dynastie sind vollplastisch in liegender Pose dargestellt, ihre Gesichtszüge so realitätsnah, als hätte man ihnen eben erst die Totenmaske abgenommen. Bevor man die Kirche verlässt, lohnt ein Blick auf das rechts vom Eingang aufgehängte Bild „Feuersbrunst", das das in Flammen aufgehende Lublin anno 1711 zeigt.

Kathedrale

Wo es Dominikaner gibt, sind die **Jesuiten** nicht weit. Ende des 16. Jahrhunderts ließen sie sich eine Kirche errichten, die heute in den Rang einer Kathedrale (Katedra) aufgerückt ist. Ihr Inneres steht im Zeichen der Gegenreformation: Wände und Decken schmücken Fresken, die den „Triumph des Glaubens über die Ketzerei" feiern. Geschaffen hat sie *Josef Majer* aus Mähren, der auch die vom rechten

Seitenschiff abzweigende **„Flüsterkapelle“** (Kaplica Akustyczna) ausmalte: Diese ist so gestaltet, dass ein im Flüsterton gegen die Wand gesprochenes Wort am anderen Ende des Raums laut widerhallt. Angrenzend liegt die Schatzkammer mit Messkelchen und Monstranzen.

● **Kathedrale** (Katedral), pl. Katedralny 1, Besuch der Krypta nach tel. Voranmeldung Tel. 081-5321196

Diözesanmuseum

Wer noch mehr Lust auf **Kirchenkunst** hat, besucht das benachbarte Diözesanmuseum im **Trinitarier-Turm.** Von seiner Aussichtsterrasse eröffnet sich ein weiter Blick auf die Altstadt von Lublin.

● **Diözesanmuseum** (Muzeum Archidiecezjalne), Wieża Trynitarska, ul. Królewska 10, Di.–So. 10–17 Uhr

Jüdisches Lublin

Bei Ausbruch des Zweiten Weltkrieges lebten 120.000 Menschen in Lublin. Davon bekannten sich knapp **43.000 zum jüdischen Glauben.** Die Stadt verfügte über 38 Synagogen und eine Jeshibah, das jüdische Pendant zur katholischen Universität, mehrere Mikweh-Bäder und ein jüdisches Krankenhaus. Als im Februar 1941 der Überfall auf die Sowjetunion unmittelbar bevorstand, sollte in Lublin das Gros der Wehrmacht stationiert werden. Für die Unterbringung der Soldaten brauchte man Platz, weshalb die Juden ihre Wohnungen räumen mussten und in ein Ghetto am Fuß des Burghügels gepfercht wurden.

Ein Jahr später vertraute **Joseph Goebbels** seinem Tagebuch an: „Es wird hier ein ziemlich barbarisches und nicht näher zu beschreibendes Verfahren angewandt, und von den Juden selbst bleibt nicht mehr viel übrig. Der ehemalige Gauleiter von Wien (= *Odilo Globocnik),* der diese Aktion durchführt, tut das mit ziemlicher Umsicht und auch mit einem Verfahren, das nicht allzu auffällig wirkt.“ Am Ende des Jahres gab es in Lublin keine Juden mehr: Sie waren in die Konzentrationslager Majdanek und Bełżec deportiert worden.

Heute erinnert nur noch wenig an die Juden. Es gibt eine bescheidene **Synagoge** im Obergeschoss des Hauses in der Lubartowska 8, in der eine kleine, unregelmäßig geöffnete Ausstellung historische Fotos und Lubliner Ansichten zeigt. Nahebei weitet sich die Lubartowska zum **Platz der Ghettoopfer** (Plac Ofiar Getta). Auf einem Denkmal steht in großen Lettern: „In Erinnerung an die polnischen Bürger jüdischer Nationalität in der Lubliner Region, deren Leben von den nationalsozialistischen Faschisten im Zweiten Weltkrieg brutal beendet wurde.“

Folgt man der Lubartowska über die vielbefahrene Aleja Tysiąlecia nordwärts, passiert man den klassizistischen Palast der ehemaligen **Jeshibah,** die zu einem Begegnungszentrum ausgebaut wurde.

Über die abzweigende ul. Unicka gelangt man zum 1829 angelegten **Neuen Jüdischen Friedhof** (Nowy Cmentarz Żydowski). Viele Gräber wurden zerstört, doch entstand aus ihren Platten und Elementen eine eindrucksvolle Mauer. Ein kuppelartiges, unregelmäßig geöffnetes Mausoleum birgt eine Ausstellung zur Geschichte der Lubliner Juden.

Südöstlich davon, unweit der Burg, befindet sich der **Alte Jüdische Friedhof** (Stary Cmentarz Żydowski), auf dem berühmte Rabbis wie *Jakub Isaak Hurwitz* und *Shalom Schachna* beigesetzt sind. Viele Gräber aller Stilepochen blieben erhalten, das älteste Grab stammt von 1541. Vom Gipfel des Friedhofshügels blickt man auf das, was einmal das Jüdische Viertel war und sieht dort einen großen Parkplatz und die Trasse der „Jahrtausendallee“ (al. Tysiąclecia).

Freilichtmuseum

3 km nordwestlich der Stadt kann ein **Skansen** besichtigt werden: ein Ensemble von typischen Häusern und Hütten der Lubliner Region, auch an eine orthodoxe Kirche wurde gedacht. Erreichbar mit Bus 5, 18 und 20.

• **Lublin Open Air Museum,** al. Warszawska 96, Tel. 081-5338513, www.skansen.lublin.pl, Mai–Sept. 10–18, April und Okt. 9–17 Uhr, sonst nach tel. Anfrage

Konzentrationslager Majdanek

Vier Kilometer südöstlich von Lublin, an der Straße nach Zamość, liegt **Majdanek,** eines der größten Konzentrationslager in deutscher Besatzungszeit. Es wurde 1941 auf Befehl *Himmlers* als „Kriegsgefangenenlager der Waffen-SS“ erbaut: Außer sowjetischen Soldaten, Polen, Roma und Sinti wurden hier Juden aus allen von Deutschland besetzten Ländern interniert. Viele der etwa 360.000 Insassen starben an von Hunger und Krankheit, die meisten jedoch durch Erschießen, Injektion von „Todesspritzen“ oder Vergiftung.

Das von Stacheldraht umzäunte Lager mit Wachtürmen, Baracken, Gaskammern und Krematorium dient heute als Museum. Eine Ausstellung informiert über die Geschehnisse, auch Dokumentarfilme werden gezeigt. Ein monumentales Denkmal vor dem Museum erinnert an die Befreiung des Lagers 1944, auf der entgegengesetzten Seite steht ein Mausoleum mit der Asche der im Lager Ermordeten.

Von den 1500 Aufsehern des Lagers wurden während des in Deutschland durchgeführten „Majdanek-Prozesses“ gerade mal zehn vor Gericht gestellt. Fünf Männer, die man des gemeinschaftlichen Mordes in 1000 Fällen sowie der Teilnahme an Massenexekutionen beschuldigte, erhielten Haftstrafen von drei bis zehn Jahren. *Hildegard Löchert,* der zur Last gelegt wurde, dass sie einer hochschwangeren Frau das Kind von einem Schäferhund aus dem Leib hatte reißen lassen, erhielt zwölf Jahre Haft. *Hermine Braunsteiner,* von den Insassen „Stute“ genannt, weil sie Häftlinge mit ihrem eisenbestückten Stiefel niedertrat, erhielt wegen Mordes in 1181 Fällen lebenslänglich, wurde aber 1996 entlassen und lebt in einem Altersheim in Nordrhein-Westfalen.

• **Majdanek-Museum** (Muzeum na Majdanku), Droga Męczenników Majdanka 67, www.majdanek.pl, Di.–So. 8–16, Außengelände bis 18 Uhr; Anfahrt mit Bus 28 ab Bahnhof.

111po Foto: sg

Schlafen im Kloster

Im Kloster in der ul. Podwale 15 (Tel. 081-5324138) kann man in Zimmern für 2–7 Personen gut und günstig übernachten - einfach an der Klosterpforte klingeln, werktags ist Verständigung auch auf Englisch möglich. Für einen kleinen Obolus kann man das Auto im Klosterhof parken - übrigens auch dann, wenn man hier nicht übernachtet!

Praktische Informationen

Info

● **Touristeninformation,** ul. Jezuicka 1/3, 20-950 Lublin, Tel. 081-5324412, www.turystyka.lubelskie.pl und www.loit.lublin.pl, Mo.–Fr. 9–17, Sa. 10–15 Uhr, im Sommer auch So. 10–15 Uhr. Das Büro an der Altstadt gibt Tipps zur Stadterkundung. Wer jüdische Friedhöfe besuchen will, erfährt, wo er die Schlüssel erhält.

Unterkunft

● **Grand Hotel Lublinianka**€€€€, Krakowskie Przedmieście 56, Tel. 081-4466100, Fax 081-4466200, www.lublinianka.com, 72 Zimmer. Luxushotel nahe der Altstadt, klassizistische Architektur gepaart mit modernem Komfort.

● **Hotel Europa**€€€, ul. Krakowskie Przedmieście 29, Tel. 081-5350303, Fax 081-5350304, www. hoteleuropa.pl, 76 Zimmer. Kein Hotel liegt näher an der Altstadt: Der klassizistische Palast von 1867 erstreckt sich längs der Hauptgeschäftsstraße, ein Flügel weist zum begrünten Litauer Platz. Die Zimmer sind geräumig und gemütlich, haben Sat-TV, Minibar und Internet-Zugang.

● **Hotel Mercure Unia Lublin**€€€, al. Racławickie 12, Tel. 081-5332061, Fax 081-5333021, www.orbis.pl, 111 Zimmer. Das Dreisternehotel liegt 20 Gehminuten westlich der Altstadt. Von außen ist es ein unansehnlicher Block, doch die Zimmer sind freundlich.

● **Jugendherberge**€, ul. Długosza 6, Tel./Fax 081-5330628, 80 Plätze. 2 km westlich der Altstadt am Sächsischen Garten, erreichbar ab Busterminal mit den Stadtbussen 5, 10, 18, 57.

● **Camping Graf-Marina Nr. 65**€, ul. Krężnicka 6, Tel./Fax 081-7441070. Wiesenplatz 7 km südlich der Stadt am Zemborzycki-See mit bescheidenen sanitären Anlagen.

Essen und Trinken

● **Ulice Miasta**€€**,** pl. Łokietka 3, Tel. 081-5340592, www.ulicemiasta.com.pl, tgl. ab 10 Uhr. Am Eingang zur Altstadt erinnert das Kellerlokal daran, wie „die Straßen der Stadt" (ulice miasta) einst aussahen. Dazu passt traditionell polnische Küche, leichter sind die Salat-Varianten.

● **Złoty Ośiół**€-€€, ul. Grodzka 5-A, Tel. 081-5329 040, tgl. ab 11 Uhr. Der „Goldene Esel" in der Burggasse hat einen romantischen kleinen Innenhof und eine altpolnische Speisekarte. Auch wer nur auf ein Getränk vorbeikommt, ist willkommen. Mit preiswertem Mittagsmenü.

• **Szeroka 28**€-€€, ul. Grodzka 21, Tel. 081-7346109. „Lublin wie es einmal war“: Der Name des Lokals ist einer versunkenen Altstadtgasse entlehnt; auch die Klezmer-Musik und die jüdisch inspirierten Gerichte erinnern an die einstigen Bewohner Lublins. Nostalgisches Interieur, eine Terrasse mit Blick auf die Burg und ein bunt gemischtes Publikum sorgen für gute Stimmung.

• **Café Czarcia Łapa,** Rynek 19, tgl. ab 10 Uhr. Nach der „Teufelskralle“ benanntes Café am zentralen Marktplatz.

Nachtleben

Den Abend könnte man in der Altstadt beginnen, wo mit **U Szewca** (Nr. 18) und dem **Old Pub** (Nr. 8) zwei traditionsreiche Lokale alle Krisen der letzten Jahre überlebt haben. Viele Studenten sieht man rund um den Rynek und in den Kneipen und Clubs längs der Krakowskie Przedmieście, z.B. im **Hollywood Café** (Nr. 17, www.hollywoodcafe.pl) und im **Klub 68** (Nr. 68, www.klub68.com).

Kultur

• **Philharmonie:** Filharmonia, ul. Kapuczyńska 7, Tel. 081-5315112, www.filharmonia.lublin.pl

• **Osterwa-Theater:** Teatr Osterwy, ul. Narutowicza 17, Tel. 081-5324244, www.teatrosterwy.pl

• **Hans-Christian-Andersen-Puppentheater:** Teatr im. H. Ch. Andersena, ul. Dominikańska 1, Tel. 081-5321628, www.teatrandersena.pl

Verkehr

• **Bus:** Vom Busterminal am Fuß der Burg gibt es gute Verbindungen nach Kazimierz Dolny, Kozłówka, Sandomierz und Zamość. Achtung: Die Busse nach Przemyśl fahren am Bahnhof ab!

• **Zug:** Der Bahnhof liegt 2½ km südlich der Altstadt. Es gibt viele Züge nach Warschau, Kielce und Chełm.

Historisches Foto –
auch dieses Haus am Markt wurde saniert

Chełm

↗IX/C,D3

„In Chełm, der Stadt der Narren, kauften alle Hausfrauen Fisch für den Sabbat. Die Reichen kauften große Fische, die Armen kleine. Gekauft wurden sie am Donnerstag, ausgenommen, zerteilt und zubereitet am Freitag, und am Sabbat wurden sie gegessen.“ So beginnt *Isaak Bashevis Singer* seine Schelmengeschichte **„Die Narren von Chełm“.** In der Stadt 65 Kilometer östlich von Lublin waren die meisten Bewohner Juden. Sie lebten in den Häusern rings um den Marktplatz und in den angrenzenden Gassen. Das einzige, was heute an sie erinnert, ist die **ehemalige Synagoge** an der Ecke Kopernika/Krzywa – heute ein Bank- und Bürohaus.

Freilich kommen die meisten Besucher ohnehin nicht wegen der jüdischen Vergangenheit in die Stadt. Vielmehr wollen sie das **Kreidebergwerk** erkunden, dessen Stollen sich unter der Stadt erstrecken. Da die Stadt unter den ausgehobenen Hohlräumen einzustürzen droht, wird heute keine Schreibkreide mehr gefördert, doch geblieben ist ein 1,8 Kilometer langer „Touristenweg“. Die Besichtigung ist nur im Rahmen einer Führung möglich; Individualtouristen müssen warten, bis eine Kleingruppe beisammen ist. Die Temperatur im Stollen liegt bei 8–10 °C (Chełmskie Podziemna Kredowe, ul. Lubelska 55-A, Mai-Aug. 9–18, Sept. bis Apr. 9–16 Uhr).

Nahe dem Eingang zum Bergwerk befinden sich eine barocke **Piaristenkirche** (Kościół Pijarski) und das

Stadtmuseum mit einer Sammlung moderner Kunst. Die archäologische und ethnografische Abteilung ist in zwei angrenzenden Gebäuden untergebracht (Muzeum Miasta, ul. Lubelska 55–57, Mo. geschl.). Zuletzt könnte man auf den **Kathedralhügel** hinaufspazieren, der von einer etwas nüchternen Marienbasilika (Bazylika Mariacka), dem Bischofspalast und einem Kloster gekrönt wird.

Info

- **Touristeninformation,** ul. Lubelska 63, 22-100 Chełm, Tel. 082-5653667, www.itchelm.pl

Kozłówka

↗VIII/B2

Fährt man von Lublin 38 Kilometer nordwärts, kommt man via Lubartów nach Kozłówka, das für sein **Barockschloss** berühmt ist. Die Besitzer waren keine armen Leute: Bis zum Tag, da die Rote Armee einrückte, besaßen sie 4500 Hektar Wald und 3000 Hektar Ackerland, fünf Dörfer, acht Gutshöfe, drei Mühlen, eine Brennerei und eine Molkerei sowie ein Torfbergwerk. Die **Zamojskis** residierten standesgemäß: Die Säle, einer prächtiger als der nächste, sind im Rokoko-Stil eingerichtet; selbst im Bad ist jeder Quadratmeter Wand mit Kunst behängt – irgendwo mussten ja die 1000 Gemälde der Familiensammlung untergebracht werden. Wohin man schaut, sieht man üppige Körper in lasziver Pose, Jagdszenen und unendlich viele Porträts herrisch dreinblickender Adeliger in Rüstung oder in Seide und Samt.

Doch welch ein Kontrast, wenn man die Seitenflügel des Schlosses betritt! Dort ist Polens **größte Galerie des Sozialistischen Realismus** untergebracht. Hart geschnittene Profile, mit schwarz-dynamischem Strich konturiert, leuchtende, klare Farben, Menschen in Bewegung – eine Art Pop Art mit politischer Aussage, die da lautet: „Der Morgenröte des Sozialismus entgegen". Man spürt förmlich, wie eine neue Epoche herbeizitiert wird, in der sich, so der Wunsch, alles zum Guten wenden werde. Man sieht tatkräftige Arbeiter und zupackende Bäuerinnen, *Marx, Engels, Lenin* und *Stalin* natürlich, der sein Haupt kummervoll neigt und salopp „der Schmerzensmann" genannt wird (Muzeum Zamojski und Galeria Sztuki Socrealizmu, Mo. geschl.).

Zamość

↗XVII/C1

So etwas hat es wohl nur in Polen gegeben: Ein einzelner Adliger häufte so viel Reichtum an, dass er sich den Bau einer Privatstadt leisten konnte. Sein Ehrgeiz zielte auf die Verwirklichung einer **„gebauten Utopie".** Alles, was in der Zeit der Renaissance als schön und modern galt, wurde hier verwirklicht, angefangen vom sternförmigen Festungswall bis zu den perfekten Proportionen von Straßen, Plätzen und Häusern. Der Adelige hieß **Jan Zamojski** (1542–1605) und war so unbescheiden, dass er der Stadt gleich auch noch seinen Namen gab.

310po Foto: sg

Heute liegt Zamość abseits der Hauptverkehrswege und lebt von der Erinnerung an die längst verflossenen Zeiten. Doch immerhin hat *Marcin Zamojski,* 17. Graf im Stammbaum seiner Familie und nach der Wende erster gewählter Bürgermeister, durchgesetzt, dass die architektonische Anlage von der UNESCO als eine der „herausragenden Leistungen europäischen Städtebaus" gewürdigt und in das **Verzeichnis des Weltkulturerbes** aufgenommen wurde.

Sehenswertes

Auf dem exakt 100 x 100 Meter großen **Marktplatz** (Rynek Wielki) laufen alle Straßen zusammen. Blickfang ist das **Rathaus** (Ratusz), das mit seiner weit ausladenden Freitreppe und dem hohen Turm einen imposanten Eindruck macht. Pünktlich um 12 Uhr schmettert vom Balkon über der Uhr **ein Posaunist seine Melodie** über den Platz

Der Platz ist ringsum von zweistöckigen, **in Pastellfarben leuchtenden Arkadenhäusern** gesäumt. Einige sind mit ausgefallenen Reliefs geschmückt, andere haben elegante Attiken. Einst wurden sie von Kaufleuten bewohnt, die – vom Privileg der Steuerfreiheit angelockt – aus so entfernten Weltge-

Arkaden und Attiken:
Mediterranes Flair in Zamość

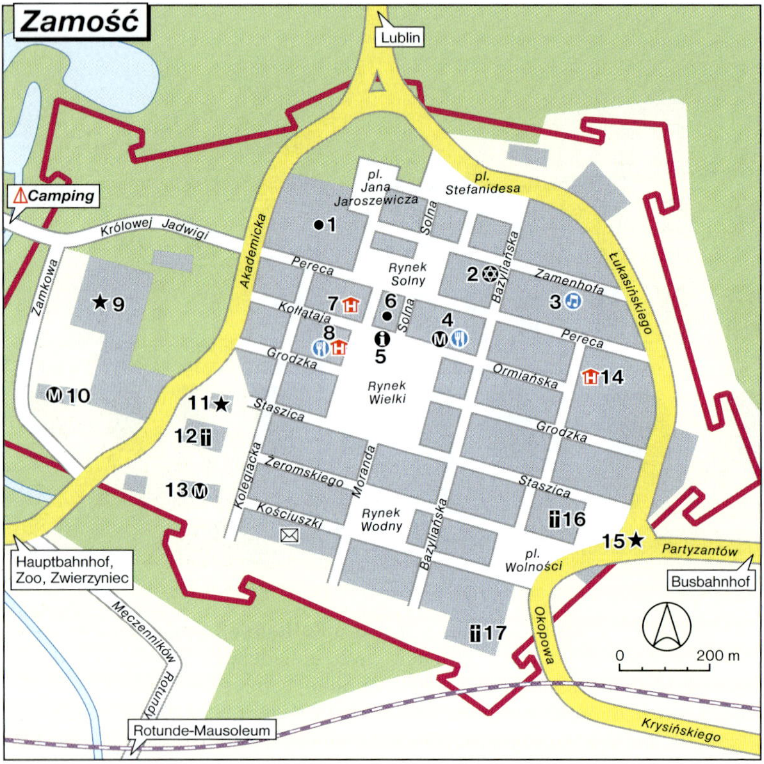

genden wie Armenien, Griechenland, Italien und Schottland kamen.

Regionalmuseum

Eines der Häuser an der Nordseite dient als Regionalmuseum und erlaubt einen Einblick in ihre Lebensart. Knarrende, auf Hochglanz gebohnerte Dielen und schwere Balkendecken, von denen Kerzenlüster hängen, schaffen ein dunkles, erdrückendes Ambiente. In den Räumen wird dem **Stadtgründer Zamojski** gehuldigt – man sieht ihn in ehrwürdiger Pose auf Gemälden und Dokumenten.

• **Regionalmuseum** (Muzeum Okręgowe), Rynek Wielki/ul. Ormiańska 30, Di.–So. 9–16 Uhr

Museum im Alten Zeughaus

Westlich des Marktplatzes residierte der Stadtgründer im **Zamojski-Palais** (Pałac Zamojskich), heute tagt darin das Gericht. Im angrenzenden **Alten**

- 1 Akademie
- 2 ehemalige Synagoge
- 3 Jazzclub Kosz
- 4 Regionalmuseum, Muzealna
- 5 Touristeninformation
- 6 Rathaus
- 7 Zamojski
- 8 Arkadia
- 9 Zamojski-Palais
- 10 Museum im Alten Zeughaus
- 11 Glockenturm
- 12 Kathedrale
- 13 Diözesanmuseum
- 14 Renesans
- 15 Lemberger Stadttor
- 16 Franziskanerkirche
- 17 Nikolaikirche

Zeughaus, in dem er seine Kriegsbeute verwahrte, befindet sich passenderweise ein Museum mit alten Uniformen und Waffen.

●**Museum im Alten Zeughaus** (Muzeum Arsenał), ul. Zamkowa 2, Di.–So. 10–16 Uhr

Kathedrale

Von hier ist es nur ein Katzensprung zur Kathedrale (Katedra), eine luftige Basilika mit einem auf schlanken Säulen ruhenden Renaissance-Gewölbe. **Jan Zamojski** hat die Kirche gestiftet, in ihr wurde er beigesetzt: Sein Marmorgrabmal befindet sich am Kopfende des rechten Ganges, von wo man in die Familiengruft gelangt. Besteigt man den frei stehenden Kirchturm, wird man gleichfalls mit *Zamojski* konfrontiert. Die größte der drei Glocken ist über 300 Jahre alt und wiegt nicht weniger als 4300 Kilogramm, natürlich heißt sie „Jan".

Diözesanmuseum

Nur das Diözesanmuseum im alten Pfarrhaus hinter der Kirche betreibt keinen *Zamojski*-Kult. Ausgestellt werden Schätze, die die Kirche im Lauf der letzten Jahrhunderte angesammelt hat, darunter silberne und goldene Messkelche, edelsteingeschmückte Kruzifixe und Perlenketten für *Maria.*

●**Diözesanmuseum** (Muzeum Sakralne), ul. Kolegiacka 2, Mi.–Sa. 11–16, So. 10–13 Uhr

Nördlich des Marktplatzes

Nordwestlich des Marktplatzes befindet sich die ehemalige **Akademie** (Akademia), die 1630 nach Krakau und Wilna als dritte Universität Polens gegründet wurde. Heute ist sie eine ganz normale Schule, obwohl ehrgeizige Eltern meinen, man sollte aus der Vergangenheit Kapital schlagen und sie in ein Elite-Gymnasium verwandeln.

Nordöstlich des Markts lebten einst viele Juden. Als es sie nicht mehr gab, verwandelte sich ihre reich dekorierte **Synagoge** in eine Bibliothek – nur unwirsch zeigten die Mitarbeiter den mit Büchern gefüllten Schrein. Erst nach der Jahrtausendwende wurde sie res-

Rosa Luxemburg

Eine kleine Plakette am Haus Rynek Wielki 37 erinnert an sie: Am 5. März 1870 wurde *Rosa Luxemburg* im russisch besetzten Zamość als Tochter eines jüdisch assimilierten Kaufmanns geboren. So international wie die Stadt war auch ihr Zuhause: Sie wuchs polyglott auf, sprach polnisch, russisch, jiddisch und deutsch.

Als ihr die kleine Stadt zu eng wurde, zog sie ins Warschauer Mädcheninternat. Schon bald begann sie, auf ihren Ruf als „Tochter aus gutem Haus" zu pfeifen. Als 16-Jährige hatte sie bereits Kontakt zu sozialrevolutionären Kreisen und musste zwei Jahre später „wegen Unruhestiftung" nach Deutschland fliehen. Doch auch von dort trieb es sie fort.

1891 wechselte sie nach Zürich, wo sie Geschichte, Ökonomie, Philosophie und Jura studierte. Ihre Dissertation schrieb sie über „Die industrielle Entwicklung Polens", ein Thema, das sie aus eigener Anschauung kannte. Freilich war *Rosa Luxemburg* das Leben im wissenschaftlichen Luftschloss suspekt, von Anfang an versuchte sie, ihre theoretische Arbeit in politische Praxis umzumünzen: Sie verfasste Artikel für die „Leipziger Volkszeitung" und den „Vorwärts", gründete 1894 die „Sozialdemokratie des Königreichs Polen und Litauen" und lehrte an der Parteischule der SPD.

Gegen den Nationalismus immun, wandte sie sich bei Kriegsausbruch 1914 vehement gegen die „Burgfriedenpolitik" ihrer Partei, was ihr viele Feinde in den eigenen Reihen bescherte. Wegen eines Aufrufs zur Kriegsdienstverweigerung wurde sie dann zu einem Jahr Gefängnis verurteilt, anschließend bis 1918 in „Schutzhaft" genommen. Doch selbst diese Zeit wusste sie produktiv zu nutzen. Nach der „Akkumulation des Kapitals" verfasste sie „Die russische Revolution", die den berühmt gewordenen Satz enthält: „Freiheit nur für die Anhänger des Staates, nur für die Mitglieder einer Partei ist keine Freiheit, **Freiheit ist immer die Freiheit des anders Denkenden.**"

Kurze Zeit nach ihrer Freilassung gründete sie zusammen mit *Karl Liebknecht* die **Kommunistische Partei Deutschlands.** Während der revolutionären Unruhen im Nachkriegsdeutschland setzte der Staat dem Leben der radikalen Kritikerin ein Ende: Am 15. Januar 1919 wurde *Rosa Luxemburg* von Freikorps-Offizieren gefoltert und getötet. Ihre Leiche wurde am 13. Juni im Berliner Landwehrkanal gefunden und zusammen mit dem gleichfalls ermordeten *Karl Liebknecht* (1871–1919) auf dem Friedrichsfelder Friedhof beigesetzt.

tauriert und für Ausstellungen geöffnet (Synagoga, ul. Zamenhofa/Bazyliańska). Nahebei befindet sich die **Mikwe,** das rituelle Badehaus. Der Ort, in dem sich Juden vom Schmutz des Alltags befreiten, dient heute als Jazzkeller (Mykwa, ul. Zamenhofa 3).

Rotunde

Folgt man der Bazyliańska über die ehemaligen Stadtmauern hinaus südwärts, kommt man zur Rotunde, einem der Stadt zugewandten halbkreisförmigen Backsteinbau. Nach dem Einmarsch der Deutschen, als Zamość „Himmlerstadt" hieß, wurden hier **8000 Juden erschossen.** Tod durch Vergasung erwartete ab 1942 die nach Bełżec deportierten restlichen 6000 Juden.

- **Rotunde-Mausoleum** (Rotunda), ul. Męczenników Rotundy, Di.–So. 9–17 Uhr

Praktische Informationen

Info

- **Touristeninformation,** Rynek Wielki 13, 22-400 Zamość, Tel. 084-6392292, Fax 084-6270813, www.zamosc.pl, Mo.-Fr. 8-17, Sa./So. 9-16 Uhr. Freundliche Beratung, hier kann man auch Touren zu den unterirdischen Verteidigungsgängen buchen.

Unterkunft

- **Renesans**€€, ul. Grecka 6, Tel. 084-6392001, www.hotelrenesans.pl, 24 Zimmer. Modernes Dreisternehotel wenige Schritte vom Marktplatz mit freundlich-funktionalen Zimmern.
- **Zamojski**€€, ul. Kołłątaja 2-6, Tel. 084-6392516, Fax 084-6392501, www.orbis.pl, 54 Zimmer. Teurer als die Konkurrenz, dafür in bester Lage am Markt in zusammengelegten Renaissance-Häusern. Die Zimmer sind gutbürgerlich eingerichtet, haben Sat-TV und Kühlschrank, einige auch einen spektakulären Blick. Sehr gut essen kann man im Hotelrestaurant Victoria.
- **Arkadia**€€, Rynek Wielki 9, Tel. 084-6386539, www.arkadia.zamosc.pl, 6 Zimmer. Ebenfalls direkt am Markt, oberhalb des gleichnamigen Restaurants. Von einigen der gemütlichen Zimmer blickt man auf die armenischen Häuser gegenüber. Groß und altmodisch plüschig ist Apartment 99.
- **Camping Duet Nr. 277**€, ul. Królowej Jadwigi 14, Tel. 084-6392499, www.duet.virgo.com.pl. 1 km westlich der Altstadt mit 15 Holzhäuschen für max. 6 Personen.

Essen und Trinken

Außer in Hotelrestaurants isst man auch gut im hier aufgeführten Museumslokal:

- **Muzealna**€-€€, ul. Ormiańska 30 (Rynek), Tel. 084-6387300. Im Kellergewölbe des Museums sitzt man gemütlich, isst Piroggen und Suppen oder - etwas feiner - ein „gräfliches Stück" *(kąsek hrabiego),* das sich als mit Speck und geräucherten Pflaumen gefülltes Geflügelfleisch entpuppt. Außerdem auch nicht schlecht: das mit einer pikanten Pilzdecke überbackene und mit Klößchen servierte Schweinskotelett *(schab z farszem pieczarkami).*

Nachtleben

- **Klub Kosz,** ul. Zamenhofa 3 (Eingang über Hinterhof), www.kosz.zam.pl. 1982 öffnete der Jazzclub Kosz im ehemaligen jüdischen Badehaus. Jeden Freitag gab es ein Live-Konzert, im Mai/Juni das Festival „Jazz an der Grenze" und im September die „Internationalen Jazztage". Bleibt zu hoffen, dass sich Sponsoren finden, die dafür sorgen, dass das Lokal auch in Zukunft weiterarbeiten kann.

076po Foto: sg

Zamość: eine Renaissance-Stadt aus einem Guss

Wo blieben die Kinder von Zamość?

Im November 1941 begann die so genannte „Pazifikation": Polnische Bauern wurden ausgesiedelt, denn noch vor Weihnachten sollten Volksdeutsche als Schutzwall gegen die Russen in ihre Höfe einziehen. Kräftige Polen kamen zur Zwangsarbeit ins Reich, Schwache ins Konzentrationslager. Kinder wurden von den Familien getrennt und gemeinsam mit den Alten in jene Lager verschickt, in denen zuvor die Juden untergebracht waren. Später wussten die Deutschen nicht, was sie mit den Kindern und Greisen machen sollten.

Im **Januar 1943** wurden sie in Waggons verfrachtet und verließen das Lager mit unbekanntem Ziel. Im Feature „Wo sind die Kinder von Zamość" begab sich die Autorin *Gabriele ten Hövel* auf Spurensuche. Viele Kinder, schreibt sie, wurden von den Polen gerettet, andere endeten in Auschwitz oder Majdanek. Wieder andere mussten zur „Musterung" nach Litzmannstadt (Łódź) und wurden einem rassischen und psychologischen Ausleseverfahren unterworfen – wobei sie hoffen durften, als „wertvolle Blutsträger für das Deutschtum" eingestuft zu werden." (G. ten Hövel)

Was aus den „nicht eindeutschungsfähigen" Kindern wurde, kann man in Bełżec nachvollziehen: Im Ort, 45 km südlich von Zamość an der E-372, wurde 2004 mit Unterstützung des United States Holocaust Memorial Museum an der Stelle des ehemaligen Vernichtungslagers eine **Gedenkstätte** eingerichtet: In der Mitte eines weitläufigen, mit Basalt aufgeschüttetem Feldes symbolisiert ein tief ins Gelände eingeschnittener Gang den Weg in die Gaskammer, auf den zwischen 1941–43 Hunderttausende Menschen gezwungen wurden (täglich 9–17 Uhr).

Aktivitäten

- **Zoobesuch:** Wer mit Kindern unterwegs ist, möchte vielleicht den kleinen Zoo gegenüber vom Bahnhof besuchen. Zu den Exoten zählen Affen und Tiger.

Verkehr

- **Bus:** Der Busbahnhof PKS liegt 2 km östlich der Altstadt und bietet Verbindungen nach Lublin, Sandomierz und Warszawa, über Łańcut nach Rzeszów, Przemyśl und Kraków.
- **Zug:** Der Bahnhof PKP liegt 1 km südwestlich der Altstadt. Gut kommt man nach Zwierzyniec, nur auf Umwegen nach Lublin.

Nationalpark Roztocze

↗XVII/C1,2

Nirgendwo in Polen, heißt es, seien die Erdböden besser als in der Region von Zamość, nirgendwo schmeckten Erdbeeren und schwarze Johannisbeeren so gut wie im östlichen Grenzland. Angebaut werden auch Weizen und Zuckerrüben, Hopfen und Raps – hier und da sieht man sogar Tabakfelder.

Die **20 Kilometer breite Hügelkette** der Roztocze erstreckt sich südlich von Zamość bis in die Ukraine hinein. Wo sie am dichtesten bewaldet ist, in den ehemaligen Jagdgründen des *Zamojski*-Clans, wurde der Nationalpark eingerichtet. Auf 79 Quadratkilometern sandigen Bodens wachsen Buchen, Tannen, Kiefern und Eichen, Biologen freuen sich über ungewöhnliche Pflanzen wie den bunten Eisenhut und den Fahnen-Targant. Markierte Wanderwege führen zu Lichtungen und kleinen Seen, an denen Tarpanpferde weiden.

Bester Ausgangspunkt zur Erkundung des Parks ist das Dorf **Zwierzyniec** 32 Kilometer südwestlich von Zamość. Es gibt hier eine nach dem Ort benannte **Brauerei** (ul. Browarna), eine **Barockkirche auf dem Wasser** (Kaplica na Wodzie) und ein modernes **Naturkundemuseum**, an dem mehrere Wanderwege starten (Muzeum Roztoczańskiego Parku Narodowego, ul. Plażowa 3, Mo. geschl.).

Der schwarz markierte Waldweg führt schnurstracks zum **Echo-Teich,** an dem sich häufig die wilden Tarpanpferde aufhalten. Etwas länger ist der blau markierte Pfad, der einen Umweg über Dünen nimmt und gleichfalls am See endet. Anstrengender und steiler ist der rote Weg, der in 1½ Kilometern auf den **„Berg der Buchen“** (Bukowa Góra) geleitet.

Kazimierz Dolny

↗VIII/A2

Links der **Weichsel** erstreckt sich flaches Land bis zum Horizont, am rechten Ufer steigen bewaldete Hänge sanft bergan. Hier sucht sich der Fluss seinen eigenen Weg, schüttet Inseln und Sandbänke auf und verzweigt sich in ein Gewirr von Nebenarmen. An diesem malerischen Flecken liegt Kazimierz Dolny, das mit seiner **Renaissance-Architektur** und einem **großen Landschaftspark** zu Polens attraktivsten Reisezielen zählt. Maler und Bildhauer waren die ersten, die seine Schönheit entdeckten, heute ist Kazimierz Dolny ein beliebtes Wochenendziel vor allem der Warschauer. higer geht es werktags zu – allerdi nur in der Vor- und Nachsaison. End Juni, beim **Folklore-Festival,** erwacht sie zu fast hektischer Betriebsamkeit.

Geschichte

König Kazimierz III. („der Große“) hat viele Städte gegründet, darunter auch zwei an Polens größtem Fluss. Beiden gab er seinen Namen: Das heute Krakau angegliederte Kazimierz an der „oberen“ und das malerische Kazimierz an der „unteren“ Weichsel (poln. *dolny*). In Kazimierz Dolny ließ er eine Burg erbauen, verlieh dem Ort Stadtrechte und Privilegien. Seine „goldene Zeit“ erlebte er zwischen 1550 und 1650, als die Stadt im **Handelsgeschäft** erfolgreich mit Toruń und Sandomierz konkurrierte. Kaufleute verschifften Getreide nach Danzig und kehrten mit exotischen Spezereien und Heringen heim. Ihre Waren lagerten sie in 50 großen Speichern am Fluss, während sie selbst in prachtvollen Residenzen rings um den Marktplatz wohnten. Viele Kaufleute von Kazimierz waren Juden, hießen *Lewenstajn, Honigbaum, Bromberg* und *Kronberg.*

Mit Polens Niedergang nach den Schwedischen Kriegen ging es auch in Kazimierz Dolny bergab, zumal sich die Weichsel ihr Bett weiter westwärts, von der Stadt weg, suchte und so den Warenumschlag erschwerte. Auch die beiden Weltkriege haben Kazimierz zugesetzt, **1945** war die Stadt ein **Trümmerhaufen.** Ein aufwendiges Restaurierungsprogramm Mitte der

1950er Jahre brachte die Rettung: Die Stadt wurde originalgetreu wieder aufgebaut und gilt nun als eine der schönsten **„Perlen der Renaissance"** – ein Großteil der 4000 Bewohner lebt vom Tourismus.

Am Markttag glaubt man sich in ein Schtetl zurückversetzt

Sehenswertes

Mittelpunkt von Kazimierz Dolny ist der **Marktplatz** (Rynek) mit holprigem Kopfsteinpflaster und einem hölzernen Brunnen. Blickfang sind zwei Laubenhäuser, deren Fassade mit Reliefs übersät und von mächtigen Attiken gekrönt ist. Tiere und Pflanzen, antike Götter

und christliche Heilige sind zu einem fantastischen Ganzen verwoben; an herausragender Stelle sind die Schutzpatrone der Kaufleute platziert, der **hl. Christopherus** und der **hl. Nikolaus.** 1616 hatten sich zwei durch Getreidehandel reich gewordene Brüder die nach ihnen benannten **Przybyła-Häuser** (Kamienice Przybyłów) erbaut.

An der Senatorska nordwestlic… Rynek kann man ein weiteres Beis… der Renaissance-Baukunst bewu… dern: Das Haus der Familie *Celej* vo… 1630 (Kamienica Celejowska) beherbergt das **Stadtmuseum,** in dem viele jener Gemälde ausgestellt sind, die Kazimierz' frühe Bewunderer geschaffen haben (Muzeum Kazimierza Dolnego, ul. Senatorska 11, Mo. geschl.).

Nicht weit ist es von hier zur volkstümlich bemalten **Reformierten Kirche des Franziskanerklosters** (Kościół Reformatów), erreichbar über 60 von der Klasztorna hinaufführenden Holzstufen. Von oben bietet sich ein weiter Blick über die Stadt!

Auf der entgegengesetzten Seite des Rynek steht die **Pfarrkirche** (Kościół Farny). Von der Klangfülle ihrer mächtigen Renaissance-Orgel kann man sich bei einem der am Wochenende stattfindenden Konzerte überzeugen.

Gegenüber der Pfarrkirche öffnet das **Goldschmiedemuseum,** in dem Werke von der Gotik bis zur Renaissance ausgestellt sind, darunter auch jüdische Kultgegenstände (Muzeum Sztuki Złotniczej, Zamkowa 2, Mo. 10–13, Di.–So. 10–17 Uhr).

Ein Stück stadtauswärts folgen die Ruinen der von König *Kazimierz* errichteten **Burg** (Zamek). Von dort führt ein Waldweg zur 200 Meter höher gelegenen **Bastei** (Wieża Basztowa). Ihre Mauern sind vier Meter dick, der Eingang befindet sich sechs Meter über dem Erdboden und war nur über einziehbare Leitern erreichbar. Heute kann die Bastei leicht be-

…er Spitze bietet
… – fast so schön
…**g der Drei Kreuze**
…krzyży) unmittelbar süd-
…urg. Seinen Namen verdankt
…ei Kreuzen, die hier zur Erinne-
…ung an die Pestopfer im 18. Jahrhundert errichtet wurden. Von der Westseite des Berges führt ein Weg direkt hinunter zum Marktplatz.

Hinter dem „großen" liegt der **Kleine Marktplatz** (Mały Rynek), an dem sich die jüdischen Holzhäuser drängten. Rekonstruiert wurde aber nur das ehemalige Schlachthaus aus schweren Balken in der Platzmitte, heute gibt es dort zwei Kulinaria-Läden.

Schräg gegenüber, an der Ecke zur Lubelska, entdeckt man die 1677 errichtete **Synagoge** (Synagoga), die zeitweilig als Kino genutzt wird. Eine an der Rückwand verschämt angebrachte Tafel erinnert daran, dass „3000 polnische Bürger jüdischer Herkunft" im Zweiten Weltkrieg von „Hitlers Schergen" ermordet wurden. Kein Gedenkraum verweist darauf, dass Juden in Kazimierz fast tausend Jahre lang lebten, nach 1930 gar die Hälfte der Bevölkerung ausmachten. Nur eine **„Klagemauer"** an der Czerniawy, knapp außerhalb der Stadt, erinnert an sie: errichtet aus Grabsteinen, die Wehrmachtsoldaten aus dem jüdischen Friedhof herausrissen, um damit den Hof ihres Hauptquartiers zu pflastern. Die Reste des Friedhofs befinden sich zwischen Bäumen versteckt auf dem Hügel hinter der Mauer.

Bei einem Spaziergang längs der Weichsel erblickt man einige der einst über 50 **Getreidespeicher** (Spichlerze). Mit ihrer weiß getünchten Giebelfassade, Erkern und Malereien muten sie wie Paläste an. Einer von ihnen beherbergt ein **Naturkundemuseum,** das über Flora und Fauna des Landschaftsparks informiert. Interessant ist sein Dachboden, der aus massiven Balken zusammengefügt wurde, ohne einen einzigen Nagel zu verwenden (Muzeum Przyrodnicze, ul. Puławska 54, Mo. geschl.).

„Stadt der Bilder und Pflaumen"

Mit diesen Worten charakterisierte der Warschauer Kunstprofessor *Tadeusz Pruszkowski* das Weichselstädtchen. So fasziniert war er von dem Ort, dass er sich dort 1923 niederließ und junge Maler um sich scharte. Zu den Vergnügungen der Bohéme gehörten Nacktbäder am Weichselstrand, ein Nachmittagskaffee am Markt und bei Mondlicht eine Bootspartie zur Burg Janowiec. Die Künstler proklamierten eine **„Bruderschaft des Heiligen Lukas"** und ließen sich von der Atmosphäre der Stadt zu bukolischen Bildern inspirieren. In ihnen ist die Welt noch in Ordnung: Heilige schauen gütig auf den Betrachter hinab, Bauern in traditioneller Tracht bevölkern den Marktplatz. Doch Dauer war der Bruderschaft nicht beschieden. Bevor sie sich zu einer Künstlerkolonie à la Worpswede entwickeln konnte, wurde sie von der Wirklichkeit eingeholt. Bei Kriegsbeginn trennten sich die Wege der Maler. Einige wurden eingezogen, andere wanderten in den Untergrund; *Pruszkowski* wurde 1942 von der Gestapo verhaftet und kurze Zeit später erschossen. Geblieben sind die im Stadtmuseum ausgestellten Bilder.

Praktische Informationen

Info

- **PTTK-Büro,** Rynek 27, 24-120 Kazimierz Dolny, Tel. 081-8810046, www.kazimierzdolny.pl, So. geschl.

Unterkunft

- **Dom Architekta SARP**€-€€, Rynek 20, Tel./Fax 081-8835544, , www.dom-architekta.pl, 34 Zimmer. Polens Architekturgenossenschaft hat sich eines der schönsten Häuser vor Ort ausgesucht: Das stilvolle Gebäude steht direkt am Marktplatz mit Blick auf eine nostalgische Kulisse. Die Zimmer sind klein aber gemütlich; beim letzten Besuch waren Halb- bzw. Vollpension obligatorisch.
- **Agharta**€€, ul. Krakowska 2 / Ecke ul. Klasztorna, Tel. 081-8820421, www.agharta.com.pl, 5 Zimmer. Restauriertes Haus nahe Markt. Die Zimmer sind hell im Kolonialstil eingerichtet: Die Holzmöbel, Stoffe und handbemalten Badfliesen kommen aus Indonesien. Am größten ist das Balkonzimmer mit Blick auf den Markt; gemütlich ist das Dachstübchen. Morgens bedient man sich am Büfett, muss das Frühstück aber im eigenen Zimmer einnehmen.
- **Dom Turysty Spichlerz**€ und **Hotel Murka**€€, ul. Krakowska 59-61, Tel. 081-8810036, Fax 081-8810037, http://elo.pl/kazimierz und www.kazimierz.pttk.pl, 39 Zimmer. Ein Getreidespeicher 1½ km westl. der Stadt bietet einfache Zimmer mit Bad. Hell und luftig sind die Räume in der klassizistischen Villa Murka (gleicher Besitzer).
- **Camping Nr. 36**€, ul. Krakowska 61, Tel. 081-810036, Juni bis Sept. Wiesenanlage beim „Speicher" (Spichlerz Kobiałki).

Essen und Trinken

- **Piekarnia**€-€€, ul. Nadrzeczna 6a, Tel. 081-8810 643, www.sarzynski.com.pl. In der „Bäckerei" (piekarnia) kann man sich ab 6 Uhr morgens fürs Weichselpicknick eindecken: Berühmt ist das Hefegebäck von Herrn *Cezary Sarzynski,* das als handgeformter Hahn mit Preiselbeerfüllung reißenden Absatz findet. In der Bäckerei hängt noch Großvaters Diplom von 1905 – in polnischer und, weil Kazimierz Teil des Zarenreichs war, auch in russischer Sprache. Auch wer „Handfestes" essen will, geht nicht leer aus. Ab 12 Uhr öffnet im Obergeschoss ein elegantes Restaurant mit feiner altpolnischer Küche, lecker z.B. das Schweinefilet mit grüner Pfeffersoße und glasierten Möhrchen *(polędwiczki z sosem z zielonego pieprzu).*
- **Grill Dom Michalaków**€-€€, ul. Nadrzeczna 24, Tel. 081-8810579, tgl. ab 12 Uhr. *Janusz Michalak,* Sohn eines bekannten Künstlers, serviert Fleisch vom Grill mit Gemüse und Salat. Spezialität sind Kalbfleischvarianten. Man sitzt an Holztischen im umgebauten Pferdestall oder im Garten des klassizistischen Landhauses aus dem 18. Jahrhundert.

Aktivitäten

- **Wandern:** Dunkle, von Bäumen überschattete Hohlwege mit „in der Luft hängenden" Baumwurzeln führen durch den 30.000 Hektar großen Landschaftspark rings um die Stadt. Die Routen starten alle am Marktplatz, wobei man zwischen leichten Spazierwegen *(szlaki spacerowe)* und längeren Touristenwegen *(szkaki turystyczne)* wählen kann. Auf dem nordostwärts führenden roten Pfad kommt man nach 4 km zu den **Ruinen der Bochotnica-Burg,** die König *Kazimierz III.* für seine jüdische Geliebte *Esterka* errichten ließ.
- **Bootsausflug:** Von der Anlegestelle am Fuße der Altstadt starten im Sommer Schiffe zur Burgruine von Janowiec am gegenüberliegenden Ufer. Die Möwen und Sandbänke lassen leicht Meeresgefühle aufkommen. Vom Ufer erreicht man in 2 km Fußmarsch die Burgruine; es stehen auch Elektro-Carts bereit. Die im 16. Jh. erbaute Burg wirkt noch im Verfall grandios; in ihrem Park öffnet ein Freilichtmuseum mit Herrenhaus, Scheunen und Speichern (Di.–So. 10–18 Uhr).

Verkehr

- **Bus:** Überlandbusse fahren mehrmals tgl. nach Warschau, Nałęczów und Lublin. Die Linie 12 verbindet Kazimierz mit dem Bahnhof Puławy-Miasto.

238po Foto: sg

Provinz Mazowieckie

(Masowien)

708po Foto: sg

Eingang zu Schloss Wilanów

Im Warschauer Zentrum

Überblick

Schon ein flüchtiger Blick auf die Landkarte verrät, dass das in Polens Mitte gelegene Warschau alle Fäden in der Hand hält: Sternförmig ist das Straßen- und Zugnetz auf die Hauptstadt ausgerichtet, hier befinden sich die Schaltstellen politischer und wirtschaftlicher Macht.

Weit muss man aus der Stadt hinausfahren, um jenes alte Masowien zu finden, das durch Chopins Musik geistert und Literaten zu großartigen Werken inspirierte: eine melancholische Landschaft mit Trauerweiden, endlos langen Feldern unter einem weiten Himmel ...

Warszawa/ Warschau

↗VII/C,D1

Wer Kontraste mag, besucht sowohl die alte als auch die neue **Hauptstadt.** Während Krakau den Müßiggang liebt, verbreitet die 1,7 Millionen Einwohner zählende Metropole hektische Betriebsamkeit. Statt Bohème herrscht hier Big Business. Alle, die Karriere machen wollen, kommen nach Warschau, wo die wichtigen Entscheidungen getroffen werden und das Geld großzügiger als anderswo fließt. Wie Fremde wirken die Menschen, die über die breiten, zugigen Magistralen hasten, ihr Gesichtsausdruck ist meist angespannt. Dem Zeitgeist entspricht auch die neue, in wenigen Jahren hochgezogene Skyline der Stadt: Hundert Bürotürme ragen in den Himmel – mit ihrer glatten, gläsernen Ästhetik könnten sie ebenso gut in Shanghai oder New York stehen. Von Goldgräberstimmung künden überdimensionierte Einkaufszentren an den Ausfallstraßen, in den Vororten entstanden gepflegte Reihenhaussiedlungen für die Profiteure des neuen Systems.

Sehenswertes

Kulturpalast

Warschaus Zentrum entstand auf den Trümmern des Zweiten Weltkriegs. Es wird durch ein Raster schnurgerader, sich rechtwinklig kreuzender Straßen erschlossen, auf denen Tag und Nacht Stop-and-Go-Verkehr herrscht. Geographischer und optischer **Mittelpunkt der Stadt** ist der Kulturpalast am Schnittpunkt der Jerusalems- und der Marschallallee (al. Jerozolimskie/Marszałkowska).

Den 242 Meter hohen Palast machte **Stalin** dem polnischen Volk zum Geschenk, weshalb er das bevorzugte Hassobjekt vieler älterer Stadtbewohner ist. „Nicht einmal ein *Bin Laden* würde damit fertig“, spotten sie und hoffen, er möge eines Tages im Hochhausdschungel untergehen. Jüngere Warschauer sehen den Palast neutral, ihnen gefällt der Zuckerbäcker-Stil ebenso gut wie die hypermoderne Ästhetik der benachbarten „Goldenen Terrassen“ und der „Galeria Warszawska“.

Auch das luxuriöse Innere des Kulturpalasts kommt an: Wohin man schaut: Kassettendecken aus Zedern-

Stadtpläne S. 352, 356, Atlas S. VII

Provinz Mazowieckie

Rings um den Kulturpalast

22
pl. Grzybowski
Próżna
Zielona
Twarda
Bagno
21
Rysia
Szkolna
Jasna
Świętokrzyska
Ordynacka
Galczynskiego
Kopernika
16 ⊠
15
Moniuszki
Warecka
Nowy Świat
17, **18**
19, **20**
Sienkiewicza
Jasna
14
Gorskiego
Foksal
13
Marszałkowska
Złota
Zgoda
Szpitalna
Chmielna
3 Ⓜ
Pl. Defilad
1
2
Chmielna
Bracka
4 Ⓜ
Widok
Al. Jerozolimskie
Bracka
Emilii Plater
Złota
5
Krucza
Nowogrodzka
11
12
Parkingowa
Żurawia
Hauptbahnhof
6
Al. Jerozolimskie
Emilii Plater
Nowogrodzka
9
Poznańska
Żurawia
Marszałkowska
Wspólna
10
7
św. Barbary
8
Wspólna
Hoża
Krucza

0   200 m

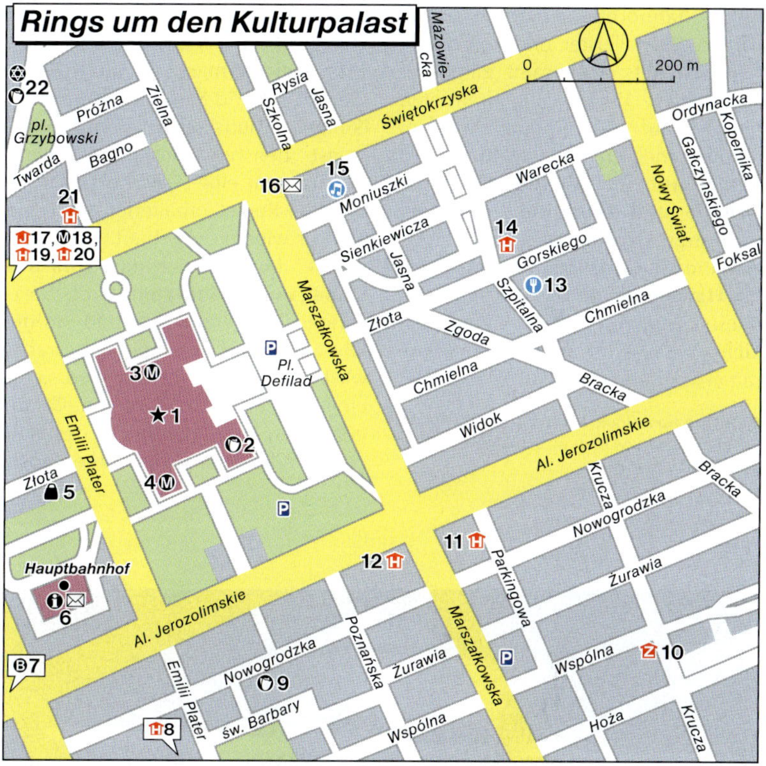

★	1	Kulturpalast
○	2	Theater "Dramatyczny"
Ⓜ	3	Evolutionsmuseum
Ⓜ	4	Technisches Museum und Planetarium
▲	5	Elnkaufszentrum "Złote Tarasy"
●	6	Hauptbahnhof,
⊠		Post und
❶		Touristeninformation
Ⓑ	7	Busterminal PKS
🏨	8	Hotel Rialto
○	9	Teatr Muzyczny Roma
🅉	10	Privatzimmer Syrena
🏨	11	Polonia Palace
🏨	12	Hotel Novotel
❶	13	Wedel
🏨	14	Hotel Gromada
♫	15	Nationalphilharmonie
⊠	16	Hauptpost
🅹	17	Jugendherberge Karolkowa
Ⓜ	18	Museum des Warschauer Aufstandes
🏨	19	Hotel Westin
🏨	20	Hotel Radisson
🏨	21	Hostel Oki Doki
✡	22	Synagoge,
○		Jüdisches Theater
🅿		Bewachter Parkplatz

holz, Marmorböden verschiedener Farben, Kristalllüster und vergoldete Keramikreliefs. Insgesamt zählt der Kulturpalast 154.000 Quadratmeter, die sich auf 3300 Räume verteilen, darunter mehrere **Theater, Kinos** und **Restaurants,** das **Museum für Technologie und Evolution,** außerdem die **Kongresshalle,** Warschaus Pracht-Auditorium. Ganz unten befindet sich ein **Hallenbad** von olympischen Ausmaßen, oben im 30. Stock eine **Aussichtsterrasse** mit grandiosem Panoramablick über Warschau.

• **Kulturpalast** (Paąc Kultury i Sztuki), Nauki, pl. Defilad, www.pkin.pl, Aussichtsterrasse tgl. 11–17 Uhr

Piłsudski-Platz

Folgt man der Marszałkowska nordwärts, gelangt man zum **Sächsischen Garten** (Ogród Saski) mit dem weitläufigen Piłsudski-Platz. Vom Königspalast, der hier einst stand, blieb 65 Jahre nur eine Säulenreihe als „lebendige Ruine" erhalten – doch nun wird er wieder aufgebaut. Unter der „Ruine" befindet sich das **Grab des Unbekannten Soldaten** (Grób Nieznanego Żołnierza), das rund um die Uhr von einer Ehrengarde bewacht wird – täglich um 12 Uhr wird sie in einem feierlichen Zeremoniell abgelöst. An der Südwestecke des Platzes befindet sich eine moderne **Kunst-**

239po Foto: sg

galerie (Galeria Zachęta, pl. Małachowskiego 3, www.zacheta.art.pl, tgl. ab 12 Uhr). Nördlich des Platzes geht es – vorbei an der von *Norman Foster* entworfenen Glas-Rotunde – zum **Großen Theater** (Teatr Wielki), wo allabendlich mehrere Aufführungen stattfinden.

Königsschloss

Der **Schlossplatz** (plac Zamkowy) ist der Eingang zur Altstadt (Stare Miasto). Blickfang ist die hoch aufschießende **Sigismundsäule,** auf der jener Monarch steht, der die Hauptstadt 1596 von Krakau nach Warschau verlegte. Er residierte im kupferroten Königsschloss, in dem Senat und Sejm, die beiden Kammern des polnischen Adelsparlaments, tagten.

Heute ist das Schloss ein Museum und Warschaus **Top-Sehenswürdigkeit:** Besucher spazieren durch feudale Räume, private und offizielle Kabinette, Ball-, Ritter- und Audienzsaal.

Besonders interessant ist der **Canaletto-Raum,** benannt nach *Bernardo Bellotto* alias *Canaletto,* der als Hofmaler Ende des 18. Jahrhunderts zahlreiche Ansichten von Warschau anfertigte. Auf ihnen sind die Straßenzüge so präzise wiedergegeben, dass die Architekten beim Wiederaufbau der Hauptstadt auf sie als Vorlage zurückgreifen konnten: Das neu erschaffene alte Warschau ist eine exakte Kopie jener Bilder!

• **Königsschloss** (Zamek Królewski), pl. Zamkowy 4, www.zamek-krolewski.com.pl, tgl. 11–16 Uhr, im Sommer länger, Eintritt 4–8 €.

Johanniskathedrale

Die stimmungsvolle, kopfsteingepflasterte ul. **Świętojańska** ist Warschaus Touri-Meile: Straßenkünstler, Porträtmaler und Schuhputzer bieten ihre Dienste an, vor lauter Ablenkungen übersieht man fast die gotische Johanniskathedrale (Katedra Św. Jana). Patriotisch gesonnenen Polen gilt sie als Nationalheiligtum, „Helden" wie Kardinal *Wyszyński* und der Literaturnobelpreisträger *Henryk Sienkiewicz* sind in ihr beigesetzt.

Altstädtischer Markt

Im Sog der Masse wird man auf den Altstädtischen Markt (Rynek Starego Miasta) gespült, ein prachtvolles Ensemble pastellfarbener Barockhäuser. Die meisten von ihnen beherbergen teure Restaurants für Touristen und Geschäftsleute, „normale" Polen sieht man hier so gut wie nie.

An der Nordseite hat sich das **Historische Museum** etabliert, in dem Warschaus 700-jährige Geschichte anschaulich nacherzählt wird: vom Aufstieg zur polnischen Hauptstadt über ihren Fall 1944 bis zum Wiederaufbau. Eindrucksvoll ist der Dokumentarfilm zum Warschauer Aufstand während der deutschen Besatzungszeit.

• **Historisches Museum** (Muzeum Historyczne), Rynek Starego Miasta 28, www.mhw.pl, Di. und Do. 11–18, Mi. und Fr. 10–15, Sa./So. 10.30–16 Uhr

Bummeln auf
Warschaus nächtlichen Boulevards

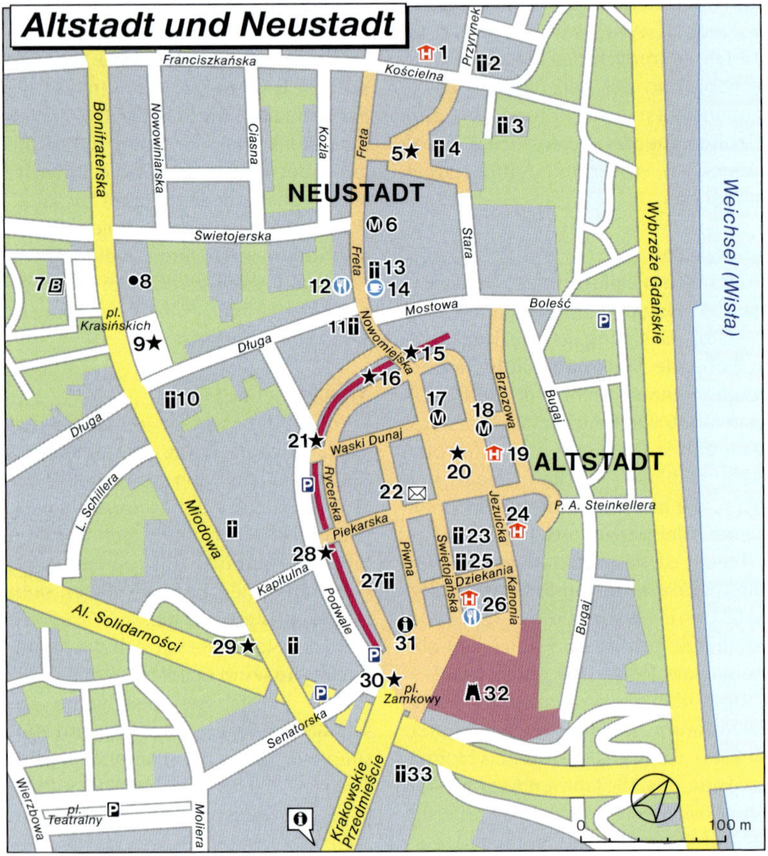

Neustadt

Die Nowomiejska führt über die **Barbakane,** eine mittelalterliche Backsteinbastei, in die Neustadt (Nowe Miasto). So jung wie der Name vermuten lässt ist sie nicht – neu ist sie nur im Vergleich zur 200 Jahre älteren Altstadt aus dem 13. Jh.

Man passiert die **Pauliner-** und die **Dominikanerkirche** (Kościół Paulinów/Kościół Dominikanów), kommt an hübschen Cafés und mehreren Museen vorbei und gelangt schließlich zum **Neustädtischen Markt** (Rynek Nowego Miasta), der weniger geschlossen als sein altstädtisches Pen-

🏨	1	Hotel Le Regina
⛪	2	Marienkirche
⛪	3	Kirche des Heiligen Benno
⛪	4	Sakramentenkirche
★	5	Neustädtischer Markt
Ⓜ	6	Marie-Curie-Museum
B	7	Nationalbibliothek/ Krasiński-Palais
●	8	Oberstes Gericht
★	9	Denkmal des Warschauer Aufstandes 1944
⛪	10	Piaristenkirche
⛪	11	Paulinerkirche
🍴	12	Pod Samsonem
⛪	13	Dominikanerkirche
☕	14	Café To Lubię,
☕		Café Pożegnanie z Afriką
★	15	Barbakane
★	16	Pulverturm
Ⓜ	17	Historisches Museum
Ⓜ	18	Adam-Mickiewicz-Museum
🏨	19	Old Town Apartments
★	20	Altstädtischer Markt,
★	21	Denkmal des Kleinen Aufständischen
✉	22	Post
⛪	23	Jesuitenkirche
🏨	24	Hostel Kanonia
⛪	25	Johanniskathedrale
🏨	26	Hotel Castle Inn,
🍴		Polka
⛪	27	St. Martinskirche
★	28	Jan-Kiliński-Denkmal
★	29	Nike-Denkmal
★	30	Zygmuntsäule
ℹ	31	Touristeninformation MUFA
♜	32	Königsschloss
⛪	33	Annakirche

dant erscheint. Hier warten weder Kutschen noch Kunstmaler auf zahlungswillige Kundschaft. Blickfang des Platzes ist die von Königin *Maria Sobieska* gestiftete strahlendhelle **Barockkirche der Sakramentinerinnen** (Kościół Sakramentek), die dem Platz eine elegante Note verleiht.

Warschauer Aufstand

Auf dem Rückweg zum Schlossplatz empfiehlt sich ein Abstecher zum Krasiński-Platz. Das **Denkmal des Warschauer Aufstands** (Pomnik Powstania Warszawskiego), effektvoll platziert zwischen den Säulen des Obersten Gerichts und der Piaristenkirche,

240po Foto: sg

zeigt überlebensgroße, in Stahl gegossene Figuren, die aus Kanälen emporsteigen. Sie zücken das Gewehr und machen sich zur Flucht bereit, wirken siegesgewiss. Auf einer kleinen Tafel steht, dass im September 1944 mehr als 5000 Aufständische beim Versuch, den Nazi-Schergen zu entkommen, in den Kanalstollen der Hauptstadt ertranken. 2004 wurde zum 60. Jahrestag des Aufstands ein neues großes **Museum** eingeweiht – es befindet sich zwei Kilometer westlich des Platzes im ehemaligen Wasserwerk.

• **Museum des Warschauer Aufstands,** ul. Grzybowska 79/Ecke Przykopowa, www.1944.pl, Mi. 10–18, Do. 10–20, Fr.-So. 10–18 Uhr.

Königsweg

Am Schlossplatz beginnt der „Königsweg", der über über den Prachtboulevard Krakowskie Przedmieście (wörtl. „Krakauer Vorstadt") südwärts ins zehn Kilometer entfernte Schloss Wilanów führt.

Vor allem auf der Anfangsstrecke reihen sich Adelspaläste und Kirchen aneinander, allen voran die **Annakirche** (Kościół Św. Anny). Viele Häuser gehören heute der Regierung: Vorbei am Denkmal des polnischen Nationaldichters *Adam Mickiewicz* kommt man zum **Präsidentenpalais** (Nr. 40), ihm gegenüber residiert das **Ministerium für Kunst und Kultur** (Nr. 21). Es folgt das **Bristol,** Polens renommiertestes

Hotel (Nr. 42). Die 1816 gegründete **Universität** umfasst schlossartige Bauten, ihr gegenüber öffnet das Palais der **Akademie der Bildenden Künste.** Da in ihm *Chopin* seine ersten Klavierstücke komponierte, wurde ein „Chopin-Salon" mit originalem Konzertflügel eingerichtet. Sehenswert ist auch das **Chopin-Museum** (2010 zum 200. Geburtstag des Musikers wiedereröffnet).

• **Chopin-Salon** (Salonik Chopinów), Krakowskie Przedmieście 5; das **Chopin-Museum** (Muzeum F. Chopina) befindet sich ein paar Gehminuten entfernt in der ul. Okólnik 1, www.nifc.pl.

Zum Nationalmuseum

Am **Kopernikus-Denkmal** ändert der Königsweg seinen Namen und auch seinen Charakter. Er heißt fortan **Nowy Świat** (Neue Welt) und spannt sich in einem klassizistisch bebauten Bogen südwärts. Promenaden mit Straßencafés und Läden laden zum Bummeln ein. Hier präsentiert sich Warschau als das „Paris des Ostens"!

Am Rondo de Gaulle mündet die Straße in die Jerusalem-Allee (al. Jerozolimskie), der Königsweg setzt sich geradeaus fort. Zuvor lohnt ein Abstecher links ins Nationalmuseum, in dem **Kunstschätze von der Antike bis zur Gegenwart** ausgestellt werden.

• **Nationalmuseum** (Muzeum Narodowe), al. Jerozolimskie 3, www.mnw.art.pl, Di.–So. 10–16 Uhr; Eintritt 4,2/2,5 €.

Die Siegesgöttin – Wahrzeichen einer Stadt, die sich nicht unterkriegen lässt

Zum Schloss Ujazdowski

Am Platz der Drei Kreuze (plac Trech Krzyży) beginnt die Ujazdowski-Allee, Warschaus Regierungsmeile mit **Sejm** und **Senat,** dem polnischen Parlament. In begrünten Villen und Palästen haben ausländische Botschaften Stellung bezogen. Eine Brücke spannt sich über die Stadtautobahn Armii Ludowej, dahinter beginnt das ländliche Warschau: Inmitten eines großen Parks steht das Schloss Ujazdowski mit einem **Zentrum für zeitgenössische Kunst,** das für seine kontroversen Ausstellungen bekannt ist.

• **Zentrum für zeitgenössische Kunst** (Centrum Sztuki Współczesnej), Zamek Ujazdowski, al. Ujazdowskie 6, www.csw.art.pl, Di.–So. 11–17 Uhr, Freitag oft länger; Eintritt 3/1,5 €.

Łazienki-Park

Als romantische Landschaft mitten in der Stadt präsentiert sich der Łazienki-Park. Polens letzter König ließ ihn von den besten Gartenarchitekten seiner Zeit gestalten, um fernab der Regierungsgeschäfte seinen künstlerischen Neigungen nachzugehen.

Der Park ist offen für jedermann – ein Refugium der Stille mit dosiert eingestreuten „Attraktionen". Gleich hinter dem Eingang steht ein **Chopin-Denkmal,** das den Komponisten unter einer masowischen Weide zeigt: An Sommersonntagen wird ihm zu Füßen ein Flügel postiert, Klaviervirtuosen spielen (gratis) Mazurken, Etüden und Präludien.

Alsdann spaziert man an der **Alten Orangerie** vorbei und kommt zum

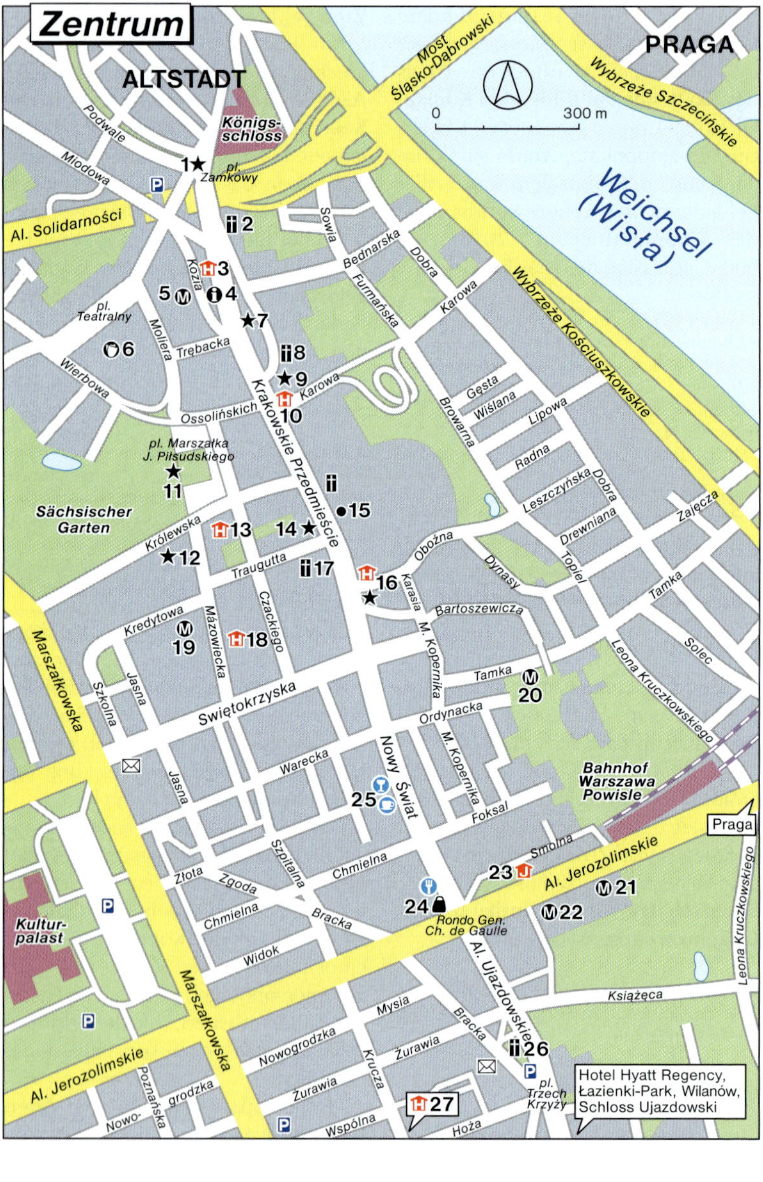
Zentrum
ALTSTADT
PRAGA
Königsschloss
Most Śląsko-Dąbrowski
Wybrzeże Szczecińskie
Weichsel (Wisła)
0 300 m
Podwale
Miodowa
pl. Zamkowy
Al. Solidarności
Sowia
Bednarska
Dobra
Kozia
Furmańska
Karowa
Wybrzeże Kościuszkowskie
pl. Teatralny
Moliera
Trębacka
Wierbowa
Ossolińskich
Krakowskie Przedmieście
Gęsta
Wiślana
Browarna
Lipowa
pl. Marszałka J. Piłsudskiego
Radna
Leszczyńska
Sächsischer Garten
Królewska
Traugutta
Oboźna
Drewniana
Zajęcza
Dynasy
Topiel
Tamka
Karasia
Bartoszewicza
Kredytowa
Mazowiecka
Czackiego
M. Kopernika
Solec
Leona Kruczkowskiego
Marszałkowska
Szkolna
Jasna
Świętokrzyska
Ordynacka
Nowy Świat
Warecka
Bahnhof Warszawa Powiśle
Foksal
Praga
Smolna
Szpitalna
Chmielna
Złota
Zgoda
Al. Jerozolimskie
Bracka
Rondo Gen. Ch. de Gaulle
Kulturpalast
Widok
Al. Ujazdowskie
Książęca
Mysia
Nowogrodzka
Krucza
Żurawia
Poznańska
pl. Trzech Krzyży
Hotel Hyatt Regency, Łazienki-Park, Wilanów, Schloss Ujazdowski
Wspólna
Hoża
1 2 3 4 5 6 7 8 9 10 11 12 13 14 15 16 17 18 19 20 21 22 23 24 25 26 27

★ 1 Zygmuntsäule
2 Annakirche
3 Dom Literatury
4 Touristeninformation CIT
5 Karikaturenmuseum
6 Großes Theater (Teatr Wielki)
★ 7 Adam-Mickiewicz Denkmal
8 Karmeliterkirche
★ 9 Präsidentenpalast
10 Hotel Bristol
★ 11 Grabmal des unbekannten Soldaten
★ 12 Galerie Zachęta
13 Hotel Victoria
★ 14 Chopin-Salon
• 15 Universität Warschau
16 Hotel Harenda,
★ Nikolaus-Kopernikus-Denkmal
17 Heiligkreuzkirche
18 Hotel Mazowiecki
19 Ethnografisches Museum
20 Chopin-Museum
21 Militärmuseum
22 Nationalmuseum
23 Jugendherberge Smolna
24 Rest. Sense,
Multimedia EMPIK
25 Bar Familijny,
Café Blikle
26 Alexanderkirche
27 Nathan's Villa

Palais auf der Insel, dem original erhaltenen königlichen Lustschloss. Umherstolzierende Pfauen schlagen ihr Rad - Gondeln stehen bereit, um Besucher zum „antiken", als romantische Ruine errichteten Theater hinüberzuschippern.

• **Łazienki-Park** (Łazienki Królewskie), al. Ujazdowskie/ul. Agrykola 1, www.lazienki-krolewskie.com, Park tgl. 9–19 Uhr, Museen Di.–So. 9.30–15 Uhr (Bus 116, 180, 519, 522)

Schloss Wilanów

Der Königsweg endet sechs Kilometer weiter am Schloss Wilanów, das sich **König Jan III. Sobieski** errichten ließ, nachdem er 1683 die Türken vor Wien erfolgreich geschlagen hatte. Außen und innen präsentiert es sich als eine **„Perle des Barocks"**, der Park ist am Wochenende bevorzugter Picknickplatz der Warschauer.

Doch in Wilanów findet auch zeitgenössische Kunst einen Platz: Im ehemaligen Reitstall vor dem Schloss öffnete 1968 das erste **Plakatmuseum** der Welt. Von jeder Werbeästhetik befreit, konnte sich in sozialistischer Zeit eine „Polnische Plakatschule" entwickeln, die poetische Bildsprache, Pop-Art und Fotomontage subtil verwob und international für Furore sorgte. Im westlichen Ausland staunte man über so viel Witz und Originalität.

• **Schloss Wilanów** (Pałac Wilanów), ul. Wiertnicza s/n, www.wilanow-palac.art.pl, tgl. außer Di. 9.30–16.30, So. 10.30–16.30 Uhr (Bus 116, 180, 519, 522)
• **Plakatmuseum Wilanów** (Muzeum Plakatu), ul. K. Potockiego 10/16, www.postermuseum.pl, Di.–Do. 10–16 Uhr, Sa./So. 10–17 Uhr

311po Foto: sg

Praktische Informationen

Info

- **Touristeninformation CIT,** ul. Krakowskie Przedmieście 65, 00-429 Warszawa, Tel. 022-19431, www.warsawtour.pl, tgl. 8–18 Uhr. Südlich des Schlossplatzes erhält man Stadtplan und Kulturkalender, vielleicht auch Tipps für neue Hotels. Weitere Info-Stellen befinden sich am Flughafen und am Bus-Terminal, besonders gut ist das Info-Team am Zentralbahnhof.
- **Touristeninformation MUFA,** pl. Zamkowy 1–3, Tel./Fax 022-6351881, Mo.–Fr. 9–18, Sa. 10–18, So. 11–18 Uhr. Privates Info-Büro am Schlossplatz.

Unterkunft

Hotels internationaler Ketten:

In den Vier- und Fünfsternehotels erhalten Reiseveranstalter erheblichen Rabatt, Individualtouristen können Glück haben mit Last-Minute-Angeboten im Internet. Da die Hotels vor allem von Geschäftsleuten genutzt werden, stehen viele Zimmer am Wochenende leer und werden günstiger vermietet.

- **Polonia Palace**€€€€, al. Jerozolimskie 45, Tel. 022-3182800, Fax 022-3182801, www.poloniapalace.com, 206 Zimmer. Das Grand Hotel aus dem Jahr 1913 erstrahlt nach seiner Restaurierung in frischem Glanz – für alle, die sich mal etwas leisten wollen, eine hervorragende Adresse. Das Frühstücksbüfett dehnt man gern auf mehrere Stunden aus. Dazu ist das Hotel wunderbar gelegen: schräg gegenüber vom Kulturpalast und nur fünf Minuten vom „Königsweg" entfernt.
- **Hilton**€€€€, ul. Grzybowska 63, Tel. 022-3565555, Fax 022-3565556, www.warsaw.hilton.com. Warschaus führendes Konferenzzentrum, von den Eck-Suiten – je höher, desto besser – bietet sich ein großartiger Blick auf die Metropole. Das sehr gute Frühstück wird neben der Lobby im Erdgeschoss eingenommen.
- **Bristol**€€€€€, ul. Krakowskie Przedmieście 42/44, Tel. 022-5511 000, Fax 022-6252577, www.starwoodhotels.com, 206 Zimmer. Berühmt und von außen noch immer prächtig anzuschauen, doch eine Renovierung im Innern täte not.
- **Sofitel Victoria**€€€€€, ul. Królewska 11, Tel. 022-6578011, Fax 022-6578057, www.orbis.pl, 340 Zimmer. Großer Hotelkasten mit Blick auf den Piłsudski-Platz.
- **Radisson**€€€€, ul. Grzybowska 24/Ecke Jana Pawła II, Tel. 022-3218888, Fax 022-3218 889, www.radissonsas.com, 311 Zimmer. Vier Sterne, modern und zuverlässig.
- **Hotel Westin**€€€€, al. Jana Pawła II 21, Tel. 022-4508000, Fax 022-4508111, www.westin.pl, 361 Zimmer. Eleganter, zwanzigstöckiger Glaspalast mit sehr gutem Frühstücksbüfett.
- **Hotel Novotel**€€€€, ul. Marszałowska 94, Tel. 022-6210271, Fax 022-5960122, www.orbis.pl, 731 Zimmer. Das Hochhaus an der Ecke Jerozolimskie/Marszałkowska überragt seine Nachbarn, steht aber qualitativ im Schatten des Polonia Palace.

Kleinere, aber teure Hotels:

- **Ma Maison Le Regina**€€€€, ul. Kościelna 12, Tel. 022-5316000, Fax 022-5316001, www.leregina.com, 61 Zimmer. Boutique-Hotel in Nowy Świat, der „neuen" Altstadt mit minimalistisch eingerichteten Zimmern und schönem Pool & Spa.
- **Hotel Rialto**€€€€, ul. Wilcza 73, Tel. 022-5848 700, Fax 022-5848701, www.hotelrialto.com.pl, 44 Zimmer. Hotel im Stil des Art déco mit Sauna und Fitness. Nur schade, dass Starkoch *Kurt Scheller* nicht mehr Chef des Restaurants ist!

Łazienki-Park:
mit der Gondel zum antiken Theater

Preisgünstigere Unterkünfte:

●**Castle Inn,** s. „Schräges Design", s. Kasten.

●**Hotel Gromada Centrum**€€€, pl. Powstańców Warszawy 2, Tel. 022-5829900, Fax 022-5829527, www.gromada.pl, 298 Zimmer. Das ehemalige „Haus des Bauern" ist heute ein Mittelklassehotel zwischen Zentralbahnhof und Altstadt. Riesige Lobby, aber eher kleine Zimmer mit Sat-TV.

●**Hotel Harenda**€€€, ul. Krakowskie Przedmieście 4/6, Tel. 022-8260071, Fax 022-826 2625, www.hotelharenda.com.pl, 43 Zimmer. Die Fassade des Zweisternehotels ist gründerzeitlich-gediegen, das Innenleben funktional. Die Einrichtung wird durch die Lage am „Königsweg" wett gemacht.

●**Hotel Dom Literatury**€€€, ul. Krakowskie Przedmieście 87, Tel./Fax 022-8283920, 13 Zimmer. Fürs Gebotene ein unverschämter Preis, aber dank seiner Lage am Schlossplatz beliebt: kein eigenes Bad und kein Aufzug, der Rezeptionist spricht kein Englisch.

●**Hotel Mazowiecki**€€€, ul. Mazowiecka 10, Tel./Fax 022-8272365, www.mazowiecki.com.pl, 56 Zimmer. Funktionales Hotel in zentraler Lage nahe dem Königsweg. Die Zimmer (mit Sat-TV) wurden jüngst renoviert, sodass nichts an die frühere Nutzung durch Armeeangehörige erinnert.

●**Old Town Apartments**€€-€€€€, Rynek Starego Miasto 12/14, Tel. 022-3512260, Fax 8314956, www.warsawhotel.com, 50 Apartments. Komfortapartments in der Altstadt und am Königsweg, in alten Bürgerhäusern und restaurierten Adelspalästen. Zur Wahl stehen preisgünstige Studios sowie luxuriöse Suiten für 2–6 Personen alle mit gut ausgestatteter Küche und Bad (35–120 qm). Am romantischsten ist die Unterkunft „Rynek Chic" am Altstädtischen Markt mit großen Fenstern zum Platz, hohen Decken und Parkett - daneben befindet sich das Vermittlungsbüro. Es lohnt sich, nach Last-Minute-Angebote zu fragen.

●**Nathan's Villa**€-€€, ul. Piękna 24/26, Tel. 022-6222946, www.nathansvilla.com. Gute Option für Traveller und fast noch zentral! Das Hostel im Hof eines restaurierten Bürgerpalais macht von außen einen guten Eindruck und ist auch innen perfekt: Parkettböden, helle Holzmöbel und frische Farben in sämtlichen Räumen. Zur Wahl stehen billige Schlafplätze in Vier- bis Achtbettzimmern (gemischtgeschlechtlich) sowie drei etwas teurere Doppelzimmer. Die Bäder auf dem Flur sind sauber. Im Preis sind Frühstück, Internet, Kaffee und Tee rund um die Uhr, Kühlschrankbenutzung und Waschservice inbegriffen. In der Küche kann man sich kleine Mahlzeiten zubereiten. Ein sehr kommunikativer Ort, ideal für Soloreisende! Anfahrt: Mit den Bussen 131, 501, 505, 525 oder mit der Straßenbahn bis pl. Konstytucji.

Schräges Design am Schlossplatz

Jedes Zimmer wurde von einem anderen Künstler gestaltet: Eine Farborgie in Rot-Schwarz-Grau ist der „Escher-Salon" mit vibrierenden 1970er-Grafiken sowie einem kreisrunden Bett unter einer Kuppel. Schloss-Blick bieten auch „Kieślowski" zu Ehren des berühmten polnischen Regisseurs und „Viktor" mit an die Wand gepinselten Sprüchen. „Magritte" bietet über einen Blumengarten hinweg Blick auf die Kathedrale und zollt dem Surrealisten Tribut: Die Wände schmücken seine Bild-Repliken und goldene Lampenkäfige. Von Polens Top-Cartoonisten *Gawronkiewicz* wurde „Komiks" gestaltet, der Warschauer Motive popartig verfremdet hat. Im „Orient Express" erinnern Reiseutensilien an Expeditionen anno dazumal, während in „Alices Zimmer" vor einem Himmelbett ein freches GoGo-Girl an der Wand prangt. Auch kleinere Zimmer sind kurios: „Perskie" (Persien) wartet mit lila Divan und Schummerlicht auf, „Sahara" mit Wasserpfeife und arabischen Schriftzügen. Alle Zimmer sind mit Komfortbad, Sat-TV und Gratis-Internet ausgestattet; gefrühstückt wird im opulenten Polska-Restaurant.

●**Castle Inn**€€€, pl. Zamkowy/Świętojańska 2, Tel. 022-4250100, Fax 6350425, www.castleinn.pl, 21 Zimmer

• **Oki Doki Hostel**€-€€, pl. Dąbrowskiego 3, Tel. 022-8265112, Fax 022-8268367, 18 Zimmer, www.okidoki.pl. In einem Monumentalbau des Sozialistischen Realismus Ecke Marszałkowska/Świętokrzyska: Über eine Freitreppe gelangt man in die oberen Stockwerke, in die das Hostel eingezogen ist – eine poppige Warschauer Sirene weist den Weg. Die DZ mit Bad (und Frühstück) haben Lucja und Ernest eingerichtet: Im „Dom Turysty" sind die Wände mit Landkarten tapeziert und auf dem Nachtisch steht ein Globus, im „Aniołami" geben „Engel" den Ton an und im „Warszawa" Schnappschüsse aus der Hauptstadt. Außerdem gibt es preiswertere Drei- bis Achtbettzimmer. Engagierte Rezeption, Gratis-Internet, Küche und Frühstücksraum.

• **Hostel Kanonia**€-€€, ul. Jezuicka 2, Tel. 022-6350676, www.kanonia.pl. Hostel in der Altstadt: 9 Zimmer für 2–12 Personen, auf jedem Stockwerk gibt es Bad und Toiletten. Die Rezeption ist rund um die Uhr besetzt. Vormittags wird ein kleines Frühstück serviert, danach haben die Herbergsgäste die Küche zur freien Verfügung.

• **Jugendherberge**€-€€, ul. Smolna 30, Tel./Fax 022-8278952, www.smolna30.prv.pl, 20 Zimmer, zur Mittagszeit und ab 23 Uhr geschl. Die Herberge befindet sich in einem restaurierten Gründerzeithaus fast am Königsweg. Zur Wahl stehen Einzel- bis Vierbettzimmer inkl. Küchenbenutzung.

• **Jugendherberge**€-€€, ul. Karolkowa 53-A, Tel. 022-6328829, Fax 022-6329746, www.ptsm.org.pl, 140 Betten, 11–17 Uhr geschl. 2 km westlich vom Zentralbahnhof, erreichbar mit den Straßenbahnen 12 und 24 (bis „Centrum Wola"). Doppel- bis Vielbettzimmer, in letzteren erhält man mit JH-Ausweis 10 % Rabatt. Bettwäsche kostet aber extra.

• **Camping Wok Nr. 90**€, ul. Odrębna 16, Tel. 022-6127951, Fax 022-6156127, www.wonder.com.pl, 15.5.–15.10. Wald- und Wiesenplatz 12 km südöstlich des Zentrums nahe am Fluss. Anfahrt: von der E-30 Posen – Warschau in die 801 einbiegen und auf der östlichen Weichselseite der Uferstraße folgen.

Essen und Trinken

• **Polka Magda Gessler**€€, ul. Świętojańska 2, Tel. 022-6353535. Das Restaurant gegenüber vom Königsschloss präsentiert mit goldenen Blumenfresken ausgemalte Gewölbe, Stillleben mit Früchten und Kerzen, dazu eine zeitgemäß abgewandelte polnische Landküche. Originell sind die Kartoffelpuffer, die je nach Gusto mit saurer Sahne, Pilzsoße oder Ratatouille serviert werden. Eine längere Wartezeit erfordern die köstlichen *mazurki słone*, die so gut sättigen, dass sich zwei Personen eine Portion teilen könnten: Blechgestelle ausgelegt mit kümmelgewürztem Mürbeteig und einer quicheartigen Füllung mit Räucherfleisch oder -fisch, Poree-Camembert oder Birne und Walnuss! Süßschnäbel sollten sich die Nachspeise nicht entgehen lassen: Nirgends aß ich eine so tolle Schokoladentrüffeltorte wie hier! Auch die übrigen Desserts, die von *Magda Gesslers* Konditorei **Ale Gloria** gebracht werden, sind vorzüglich. Zur Verdauung empfiehlt sich Krzeska, ein mit 16 Kräutern versetzter Wodka.

• **Sense,** ul. Nowy Świat 19, Tel. 022-8266570, www.sensecafe.com. Nahe der Marszałkowska-Kreuzung: Das Ambiente ist locker, die Fusion- und Ethno-Küche raffiniert und der Service freundlich – was will man mehr? An der blauen Bar, deren Styling an das zerstampfte Eis im Cocktail-Glas erinnert, werden die stadtbesten Cocktails gemixt – wohl nirgends gibt es eine größere Auswahl an Wodka. Das Publikum ist bunt gemischt, auch viele in Warschau lebende Ausländer fühlen sich hier wohl. Werktags gibt es ein preiswertes Mittagsmenü; stets sehr gut schmecken Sushi und Sashimi.

• **Qchnia Artystyczna**€€, al. Ujazdowskie 6, Tel. 022-6257627, www.qchnia.pl, tgl. ab 12 Uhr. Im Sommer sitzt man auf der Terrasse des Ujazdowski-Schlosses am Rand des Łazienki-Parks und genießt den Weitblick ins Grüne; ist's kühl, nimmt man im lichtdurchfluteten Innenraum Platz. Wie der Name andeutet, ist kreative Küche angesagt, stets frische Zutaten, viel Salat und leichte Soßen.

• **Pod Samsonem**€-€€, ul. Freta 3/5, Tel. 022-8311788, www.podsamsonem.pl, tgl. ab 12 Uhr. Nicht koscher, aber jüdisch inspiriert: Geboten werden Klassiker wie Karpfen in

Aspik und Hühnchen mit *cymes*, einer süßsauren Beilage. Leider wurde die Essensqualität in letzter Zeit etwas heruntergefahren.

- **Bar Familijny**€, ul. Nowy Świat 39, tgl. ab 10 Uhr. Die Bar „Zum Trauten Heim" ist ein Relikt aus sozialistischer Zeit inmitten einer auf Luxus erpichten Umgebung. Sie verköstigt jene Warschauer, die sich die horrenden Restaurantpreise nicht leisten können.
- **Café Blikle**€€, Nowy Świat 35, www.blikle.pl, tgl. ab 10 Uhr. Das traditionsreiche Café wurde 1869 gegründet, alte Fotos künden von früheren Zeiten. Höhere Preise sorgen für ein „elitäres" Publikum.
- **Café To Lubię**€, ul. Freta 10, tgl. ab 10 Uhr. „Das lieb' ich": Kleines Nichtrauchercafé im Anbau der Neustädter Dominikanerkirche. Bei *Barbara Bednarz* sind sämtliche Kuchen, Kekse und Quiches hausgemacht, dazu gibt es vorzüglichen Kaffee. Hausspezialität ist Honigwein *(miód pitny)* der Marke Trojniak Trybunalski. Ein schöner Ort, um sich auszuruhen und Passanten zu beobachten.
- **Pożegnanie z Afryką**€, ul. Freta 4–6, tgl. ab 10 Uhr. „Jenseits von Afrika" mit Kaffeesorten aus aller Welt darf auch in der Hauptstadt nicht fehlen.
- **Wedel**€, ul. Szpitalna 8, Mo.–Sa. ab 10, So. ab 12 Uhr. In einer Art-Déco-Trinkstube *(pijalnia)*, die an Warschaus berühmte Confiserie angeschlossen ist, können Nichtraucher heiße Schokolade schlürfen – im Winter gibt es keinen besseren Ort, um sich aufzuwärmen!

Einkaufen

- **Einkaufsstraßen:** Die schönsten sind die ul. Nowy Świat und eine von ihr abzweigende Fußgängergasse, die ul. Chmielna.
- **Shopping Malls:** Wer große Zentren bevorzugt, besucht die 2007 eröffneten **Złote Tarasy** (Goldene Terrassen) unmittelbar

241po Foto: sg

nördlich des Hauptbahnhofs. Auf einer Fläche von über 200.000 Quadratmetern findet man hier Läden und Boutiquen aller Art (ul. Złota 59, Mo.–Sa. 10–22, So. 10–20 Uhr, Haltestelle Dworzec Centralny). Ebenso beliebt ist das drei Jahre zuvor eröffnete Einkaufszentrum **Arkadia,** 2 km nordwestlich des Hauptbahnhofs (al. Jana Pawła II 82, Mo.–Sa 10–22, So. 10–21 Uhr, Haltestelle Rondo Radosława).

- **Flohmarkt:** Im Westen der Stadt trifft man sich am Samstag- und Sonntagvormittag auf dem **Bazar na Kole** (ul. Obozowa 99, Stadtteil Koło).
- **Bücher & Zeitungen:** EMPiK, ul. Nowy Świat 15/17, Tel. 022-6270650, www.empik.com. Wichtige Anlaufadresse für polnische und internationale Presse, dazu eine große Auswahl an Büchern, Musik und Videospielen. Auch Konzertkarten werden verkauft.

Kultur

Aktuelle Kulturangebote hält die Touristeninformation bereit.

- **Theater und Oper:** Teatr Wielki / Opera Narodowa, pl. Teatralny, Tel. 022-8265019, www.teatrwielki.pl und www.narodowy.pl. Im Großen Theater finden fast jeden Abend Opern-, Theater- und Ballettaufführungen statt. Interessante Aufführungen erlebt man auch im Teatr Dramatyczny im Kulturpalast (Tel. 022-6566844, www.teatrdramatyczny.pl).
- **Jüdisches Theater:** Państwowy Teatr Żydowski, pl. Grzybowski, www.teatr-zydowski.art.pl. Viele Stücke in jiddischer Sprache mit Simultanübersetzung.
- **Musiktheater:** Teatr Muzyczny Roma, ul. Nowogrodzka 49, Tel. 022-6280360, www.teatrroma.pl. Viele bekannte West-Musicals fanden hier ihre (polnische) Premiere.
- **Klassik:** Filharmonia Narodowa, ul. Jasna 5/ul. Sienkiewicza 10, Tel. 022-5517128, www.filhamonia.pl. Auf der Homepage informiert man sich über anstehende Festivals und Einzelkonzerte.
- **Musik von Chopin:** Gratiskonzerte in den Sommermonaten jeden Sonntag im Łazienki-Park.

Nachtleben

Die Warschauer arbeiten hart und gehen werktags früh zu Bett. Doch am Wochenende schlagen sie über die Stränge. Erst treffen sie sich zum *biforek,* der „Before Party" in einem der Pubs, gegen Mitternacht ziehen sie weiter in Diskos. Das wichtigste Club-Revier liegt östlich des Kulturpalasts: Jazzfreunde treffen sich im **Tygmont** (ul. Mazowiecka 6/8), Aufsteiger im **Paparazzi** (ul. Mazowiecka 12), Künstler und Werbegrafiker im **Między Nami** (ul. Bracka 20). Beliebt ist auch der Biergarten **Harenda** (Krakowskie Przedmieście 4/6).

Aktivitäten

- **Rundgang „Jüdisches Warschau":** Our Roots, Jewish Information and Tourist Bureau, ul. Twarda 6, Tel./Fax 022-6200556. Von allen großen Hotels starten Touren durch das jüdische Warschau, zum Programm gehört meist der Besuch des Jüdischen Historischen Instituts und des Jüdischen Friedhofs.

Feste und Festivals

- **Juni–August:** Sommerjazztage. Bester internationaler Jazz (www.adamiakjazz.pl).
- **Juli:** Mozartfestival. Für Mozart-Liebhaber gibt's nicht Schöneres: fast alle Werke des Meisters in historischen Räumen.
- **September:** Warschauer Herbst. Eines der wichtigsten Festivals zeitgenössischer Musik weltweit (www.warsaw-autumn.art.pl).

Gute Cocktails im Sense

- **Oktober:** Jazz Jamboree. Seit 1958 in der fantastischen Kongresshalle im Kulturpalast: Jazz-Größen aus aller Welt (www.jazz-jamboree.pl).

Verkehr

- **Städtische Verkehrsmittel:** Gut ausgebaut ist das Netz von Bus- und Straßenbahnlinien, ergänzend kommen ein paar Metrolinien hinzu. Tickets bekommt man am Kiosk oder etwas teurer beim Fahrer, Nachtbusse mit Aufschlag. Für die Entwertung der Tickets hat man selber zu sorgen. Am besten kauft man sich die preiswerte Tages- oder Wochenkarte und kann dann beliebig oft hin und her fahren. Für deutlich mehr Geld erwirbt man bei der Touristeninformation die *Warszawska Karta Turysty*: Die Touristenkarte gilt für ein bzw. drei Tage und beinhaltet freie Fahrt in allen öffentlichen Verkehrsmitteln, Eintritt in zahlreiche Museen sowie Rabatt in ausgewählten Kinos und Restaurants.
- **Auto:** Bewachte Parkplätze gibt es z.B. am Kulturpalast (ul. Parkingowa, Tiefgarage hinter dem Hotel Forum) und am Hotel Dom Chłopa (pl. Powstańców Warszawy).
- **Zug:** Meist kommt man am Zentralbahnhof an (Warszawa Centralna PKP, al. Jerozolimskie 54), Schnellzüge verbinden die Stadt u.a. mit Berlin und Wien. Die Gleise befinden sich unterirdisch, Tickets erhält man oben in der Haupthalle, wo auch die zentrale Touristeninformation untergebracht ist. Züge nach Łowicz fahren vom Regionalbahnhof (Dworzec Śródmieście), gleich neben dem Zentralbahnhof ab.
- **Bus:** Internationale Busse kommen am Dworzec PKS Warszawa Zachodnia an (al. Jerozolimskie 144). Der wichtigste Anlaufpunkt für den nationalen Busverkehr (Privatlinie Polski Express) ist die Haltestelle an der al. Jana Pawła II zwischen Zentralbahnhof und Hotel Holiday Inn.
- **Flugzeug:** Der internationale Flughafen Okęcie befindet sich 10 km südlich von Warschau und ist mit dem Stadtbus 175 erreichbar (www.lotnisko-chopina.pl). Direktflüge gibt es u.a. nach Berlin, Düsseldorf, Frankfurt, Hamburg, Köln, München, Stuttgart, Wien und Zürich.

Żelazowa Wola

↗VII/C1

Ob jung oder alt – wohl jeder Pole kennt den Namen des masowischen Dorfes 52 km westlich von Warschau. Hier wurde **Fryderyk Chopin geboren,** einer der größten Komponisten der Musikgeschichte. Sein Vater war Franzose, doch weil er am Kościusko-Aufstand 1794 teilnahm, verzeihen ihm die Polen dies gern. Als Französischlehrer des Grafen *Skarbek,* des Besitzers von Żelazowa Wola, verdiente er sein Brot und verliebte sich in die auf dem Gutshof lebende *Justyna Krzyżanowska.* Am 22. Februar 1810 kam *Fryderyk* zur Welt – nur einige Monate wohnte er hier, bevor er mit den Eltern umzog nach Warschau. Als Jugendlicher kehrte er mehrmals in den Geburtsort zurück, kurz vor dem Novemberaufstand 1830 besuchte er ihn ein letztes Mal.

Genau 100 Jahre später wurde das Geburtshaus in ein biografisches Museum verwandelt, doch bald darauf von den Nazis, die *Chopins* Musik als „dekadent" verurteilten, zerstört. Nach 1945 wurde das Haus stilgerecht rekonstruiert: ein von Efeu überwucherter Gutshof inmitten eines romantisch-verträumten Parks. Das eher bescheiden wirkende **Museum** enthält Erinnerungsstücke, Bilder, Stilmöbel und Porzellan, nicht fehlen darf ein altes Klavier.

Haus und Park sind der ideale Aufführungsort für **Konzerte** mit romantischer Klaviermusik. Von Anfang Mai bis zum 17. Oktober, dem Todestag des Musikers, treffen sich Chopin-

Freunde **jeden Sonntag um 11 und 15 Uhr** und lauschen berühmten Pianisten bei der Interpretation von Mazurkas und Polonaisen. Welcher Künstler wann spielt, erfährt man im Warschauer Touristenbüro.

• **Chopin-Museum** (Muzeum Chopina), Mai–Sept. Di.–So. 9.30–17.30, sonst 10–16 Uhr; mit dem Bus erreichbar ab Warschauer Westbahnhof (Dworzec Zachodni). Eintritt: 2 €, ermäßigt 1,50 €.

Chopins Musik – in einem Blumenbeet versteckte Kanonen

Es ist *Chopin* **(1819–1872)** gelungen, Polens „Seele" bis in die tiefsten Spalten auszuleuchten – bis heute gilt er vielen als der größte Künstler, den das Land hervorgebracht hat. Man hatte ihm schon früh das Klavierspiel ermöglicht. Mit acht Jahren komponierte er die Polonaise g-Moll und wurde als musikalisches Wunderkind gefeiert. Wann immer sich für ihn die Gelegenheit bot, kehrte er zu seinem Geburtsort nach Żelazowa Wola zurück. Er liebte die weiten, von Trauerweiden gesäumten Felder und ließ sich vom Klang der masowischen Volksmusik zu Mazurken inspirieren. 1829 hatte er seinen ersten Auftritt in Wien und feierte einen großen Erfolg mit den Konzerten für Klavier und Orchester.

Als er 1830 vom Novemberaufstand erfuhr, hielt er sich gerade in Stuttgart auf. Die Erschütterung des 20-jährigen Künstlers spiegelt sich in der Etüde c-Moll, der Revolutionsetüde, und in beiden Präludien in a-Moll und d-Moll.

Nie wieder kehrte er nach Polen zurück: Die meiste Zeit verbrachte er fortan in Paris, wo er in privaten Salons spielte und Wohltätigkeitskonzerte für polnische Emigranten gab. 1836 lernte er die von Männern umschwärmte Schriftstellerin *George Sand* kennen. Als er mit ihr zwei Jahre später nach Mallorca reiste, litt er schon an einer schweren Lungenkrankheit. Im darauf folgenden Winter entstanden einige seiner schönsten Kompositionen, z.B. die 2. Sonate in b-Moll (Trauermarsch-Sonate), die Polonaise A-Dur und mehrere Präludien.

Fast zehn Jahre lebte er mit *George Sand* zusammen, doch die Liebe verflog und das Lungenleiden wollte nicht weichen. 1847 trennten sich die Lebenswege. *Chopin* versenkte sich in die Noten, schrieb an gegen die Einsamkeit und den drohenden Tod. Am 17. Oktober 1849 starb er in seiner Wohnung am Place Vendôme, zu den Klängen von *Mozarts* Requiem wurde er auf dem Friedhof Père Lachaise begraben. Sein Herz wurde 1880 exhumiert und in der Warschauer Heiligkreuzkirche bestattet.

Robert Schumann hat über seine Stücke gesagt, es seien „in einem Blumenbeet versteckte Kanonen". Vor allem die heroische As-Dur-Polonaise hat ihn begeistert. Wenn die Besatzer, so vermutete er, um das in dem Stück verborgene feindliche Potenzial wüssten, dürfte es gewiss nicht gespielt werden. Zwar wirkt *Chopins* Musik wie „dahingeplaudert", doch dies ist nur äußerer Schein. Abgründige Mächte und intensiver Weltschmerz sind am Werk. Die Nationalsozialisten, die das ebenso sahen, haben die Musik des „dekadenten" Romantikers kurzerhand verboten.

125po Foto: sg

Im Freilichtmuseum

Łowicz

↗VI/B1

30 Kilometer südwestlich von Warschau liegt die **alte Bischofstadt** Łowicz. Vor allem zu **Fronleichnam,** wenn hier **Polens farbenprächtigste Prozession** stattfindet, lohnt sie einen Besuch. Einer jahrhundertealten Tradition folgend sind die Frauen in Trachten aus handgewebtem Leinen gekleidet, das bunt bestickt und mit herrlichen Blumenmotiven verziert ist. Dazu tragen sie knallbunte Ketten, kiloweise werfen sie duftende Blütenblätter auf die Straße.

Wer die Prozession nicht miterleben kann, kann die Trachten im zweiten Stock des **Regionalmuseums** anschauen. Dort sind auch die kunstvollen Scherenschnitte ausgestellt, die einst die Bauernkaten schmückten. Das Museum befindet sich in einem kleinen Palais aus dem späten 17. Jahrhundert, das lange Zeit als Priesterseminar genutzt wurde; die ehemalige Kapelle birgt eine Sammlung sarmatischer Kunst (Muzeum Łowickie, Stary Rynek 5–7, www.muzeum.low.pl).

Arkadia und Nieborów

↗VI/B1

Sieben Kilometer südöstlich Łowicz (Bus Łowicz–Skiernewice) liegt der **Landschaftspark Arkadia,** den sich Fürstin *Helena Radziwiłł* Ende des 18. Jahrhunderts als bukolisches Refugium errichten ließ: „Mein gelobtes Land Arkadien, meines Herzens Wunschgefild. Ich betrete deinen Boden, und die Sehnsucht ist gestillt." Der Park wirkt romantisch-wild, verdankt sich aber präziser Planung; selbst die Ruinen sind künstlich inszeniert. Auf einem See schwimmt eine Insel, ringsum breiten sich Wälder und Wiesen aus. An gewundenen Flussläufen führt der Weg zum klassizistischen Tempel der Diana, eine Ruine erinnert an einen römischen Aquädukt. Auch von einem Amphitheater sieht man nur Reste, über der sybillischen Grotte wölbt sich eine Brücke im gotischen Stil. Dazwischen Aufschriften, die von Resignation gezeichnet sind: „Ich fliehe die anderen, um mich zu finden" oder auch „Die Hoffnung nährt Chimären, doch das Leben geht weiter" (Park Arkadia, Mo. geschl.).

Wer sehen möchte, wie *Helena Radziwiłł* gelebt hat, fährt vier Kilometer weiter ins **Barockschloss von Nieborów.** 1690–96 wurde es vom Hofarchitekten *Tylman van Gameren* errichtet und ist heute ein reich bestücktes **Museum feudaler Lebensart.** Doch nicht nur das Interieur, auch der Park ist sehenswert. Südlich des Schlosses erstreckt sich ein symmetrisch angelegter französischer Garten, der von einer Lindenallee durchschnitten wird. Die rechtwinklig sich kreuzenden Wege sind von Heckenwänden und schnurgeraden Kanälen gesäumt. Für eine Auflockerung der strengen Geometrie sorgen kleine Nischen, in denen sich barocke Skulpturen verstecken (Muzeum w Nieborowie, Mo. geschl.).

- **Infos im Internet:** www.nieborow.art.pl

710po Foto: sg

Provinz Wielkopolskie

(Großpolen)

248po Foto: sg

Altes Rathaus

Begrüßung auf dem Posener Marktplatz

Überblick

Die Region rund um Posen heißt **„Großpolen"** (Wielkopolska): Der Name irritiert, denn weder handelt es sich um einen besonders großen noch um einen besonders schönen Landesteil. „Groß" bedeutet den geschichtsverliebten Polen vor allem „historisch wichtig". Jedes Schulkind lernt, dass die Gegend **zwischen Warthe und Weichsel Polens Wiege** war: Hier wurde am Ende des 10. Jahrhunderts „ihr" Staat gegründet. Auch wenn sich der politische Schwerpunkt bereits kurze Zeit später nach Osten verlagerte, wird die Erinnerung ans großpolnische Stammland gehegt und gepflegt. Viele bescheiden sich nicht mit dem Besuch Posens und Gnesens, sondern pilgern auf der **„Route der Piasten"** (Bezeichnung für die erste Herrscherdynastie) von einem ihrer Wirkungsorte zum nächsten, selbst wenn es dort nur kärgliche Ruinen zu sehen gibt. Naturliebhaber ziehen den **Großpolnischen Nationalpark** südwestlich von Posen vor oder besuchen die **Schlösser von Kórnik und Rogalin.**

Poznań/Posen

↗IV/A1

Posen ist nicht nur „polnisches Stammland". Vor allem ist es ein florierendes **Messezentrum,** über das viel Geld in die Stadt fließt. Das sieht man an der herausgeputzten Altstadt mit ihren schicken Läden, Cafés und Restaurants sowie an dem regen Kulturleben. Zehntausende junger Leute kommen zum Studium in die Stadt, aufgrund der guten Jobaussichten bleiben die meisten für immer.

Geschichte

1999 legten Archäologen Grundmauern einer Burg aus dem späten 10. Jahrhundert frei, die größer als alle bisher entdeckten Piasten-Residenzen war. Dennoch darf sich Posen nicht als „erste polnische Hauptstadt" präsentieren. Die Piasten zogen mit ihrem Hof von Pfalz zu Pfalz, weshalb sich auch Gniezno, Lednica und ein halbes Dutzend weiterer Orte damit schmücken, den Grundstein zu Polens Geschichte gelegt zu haben. Nach 960 ließ **Fürst Mieszko I.** auf der Posener Dominsel ein Missionsbistum errichten, 1253 entstand am linken Wartheufer eine **Handelsstadt mit Magdeburger Stadtrecht.** In der Folge wurden deutsche Siedler angeworben, gemeinsam mit Polen sorgten sie für den wirtschaftlichen Aufschwung. Die schönsten Gebäude der Stadt stammen aus ihrer **Blütezeit im 15. und 16. Jahrhundert.**

Nach 800-jähriger polnischer Herrschaft wurde die Stadt **1793 Preußen einverleibt.** Die Aufstände der Polen von 1830 und 1863 beendeten die anfangs liberale Besatzungspolitik. Der „Kulturkampf", eine offensive, von *Bismarck* forcierte **Germanisierungspolitik,** löste einen hundertjährigen Nationalitätenkonflikt aus, in dessen Verlauf die jeweils herrschende Macht auf „ethnische Säuberung" drängte: So waren es 1918, als Posen wieder zu

Polen kam, deutsche Bürger, die staatlichen Schikanen ausgesetzt waren. Als 1939 das Posener „Warthegau" geschaffen wurde, wurden eine Million Polen ins „Generalgouvernement" vertrieben. Sechs Jahre später schlug das Pendel ein weiteres Mal zurück: Die Stadt wurde wieder Polen zugesprochen, und alle Deutschen mussten hinaus.

Sehenswertes

Alter Marktplatz

Auch in Posen führen alle Wege zum **Alten Marktplatz** (Stary Rynek), dem Mittelpunkt der Stadt. Im Sommer öffnen Terrassencafés und -restaurants, Straßenkünstler und -musiker treten in Aktion. Ringsum leuchten die Fassaden der Renaissance- und Barockhäuser, zwei Springbrunnen versprühen ihre Gischt.

In der Mitte des Platzes erhebt sich Posens **Rathaus:** Dreigeschossige Arkaden türmen sich übereinander, zwischen ihren Bögen sind die Tugenden der Ratsherren ausgemalt. Darüber prangt eine von zierlichen Basteien eingerahmte Attika, im Hintergrund ragt der 62 Meter hohe Rathausturm empor. Jeden Mittag **um 12 Uhr** springen aus einem Verschlag über der **Rathausuhr zwei weiße Böckchen** hervor und stoßen mit den Hörnern zwölfmal gegeneinander, am Sonntag gibt's als Zugabe Fanfarenmusik.

Das Innere des Rathauses ist heute zu einem **Historischen Museum** umfunktioniert. Über eine Freitreppe gelangt man in die Eingangshalle mit ei-

Geliebte Bambergerin

Hinter dem Rathaus entdeckt man ein Kuriosum: Ein Brunnen zeigt eine Frau mit Kopftuch und weitem Rock, schwer beladen mit zwei Wasserkrügen. Es ist die **„Bambergerin"** *(Bamberka),* die daran erinnert, dass Anfang des 18. Jahrhunderts verarmte Bauern aus der fränkischen Stadt die von Krieg und Krankheit verwüsteten Posener Dörfer wieder aufbauten. Die Bambergerin, nach 1945 in die historische Requisitenkammer befördert, wurde 32 Jahre später, als die deutsch-polnische Verständigung auf der politischen Tagesordnung stand, wieder hervorgeholt. Heute befindet sich hinter der Frauenfigur das **Restaurant Bamberka,** das mit hausgemachten Weißwürsten für deutsch-deftige Küche wirbt.

In neuerer Zeit werden Universitätsarbeiten zum Thema „Bamberger" gefördert: Die Ethnologin *Paradowska* kommt aufgrund ihrer Stammbaum-Forschung zum Schluss, dass jeder dritte heutige Posener fränkische Wurzeln hat. Ein **Bamberger Museum** stellt nebst alten Fotos und Dokumenten historische Erinnerungsstücke aus. Hier sind auch die pompösen Trachten zu sehen, die die Frauen trugen: ein knallrotes Kleid mit weißer Spitzenschürze, auf dem Haupt einen riesigen, mit Blumen gespickten Rundhut (Muzeum Bambrów Poznańskich, ul. Mostowa 7–9, www.bambrzy.poznan.pl, Fr.–Sa. 10–14 Uhr).

Anfang August, beim **Fest der Bamberger,** kann man die Trachtenfrauen beim Tanz auf dem Marktplatz „live" erleben. Die Posener Bamberger erfreuen sich bei den Polen großer Wertschätzung. Das hat auch mit ihrem aktiven Widerstand gegen die Germanisierungspolitik im 19. und 20. Jahrhundert zu tun: Unter *Bismarck* benutzten viele Nachfahren der Bamberger ostentativ die verfemte polnische Sprache, während der Nazi-Zeit lehnten sie es ab, sich in die deutschen Volkslisten einzutragen.

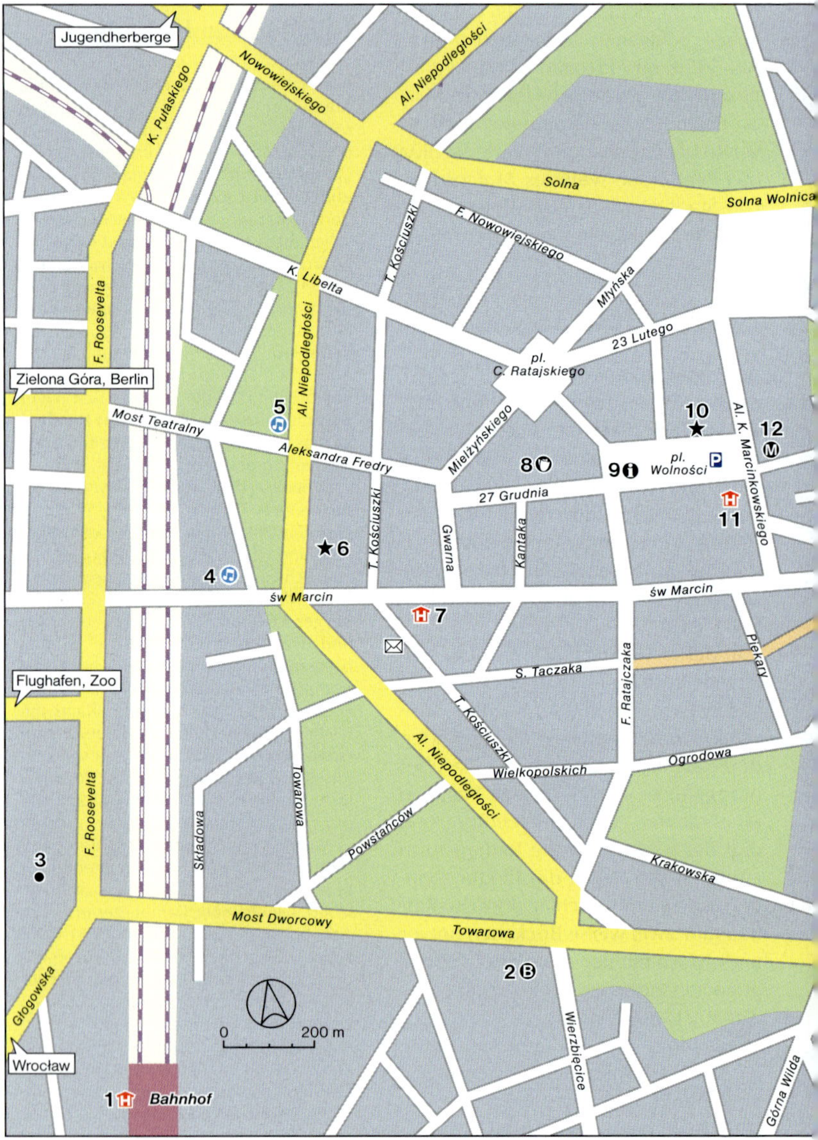
Jugendherberge
K. Pułaskiego
Nowowiejskiego
Al. Niepodległości
Solna
Solna Wolnica
F. Nowowiejskiego
T. Kościuszki
K. Libelta
Młyńska
23 Lutego
pl. C. Ratajskiego
F. Roosevelta
Zielona Góra, Berlin
Most Teatralny
Aleksandra Fredry
Mielżyńskiego
Al. K. Marcinkowskiego
pl. Wolności
27 Grudnia
Gwarna
Kantaka
św Marcin
S. Taczaka
F. Ratajczaka
Piekary
Flughafen, Zoo
Ogrodowa
Wielkopolskich
Towarowa
Składowa
Powstańców
Krakowska
Most Dworcowy
Głogowska
Wierzbięcice
Górna Wilda
Wrocław
Bahnhof
0
200 m
1
2
3
4
5
6
7
8
9
10
11
12

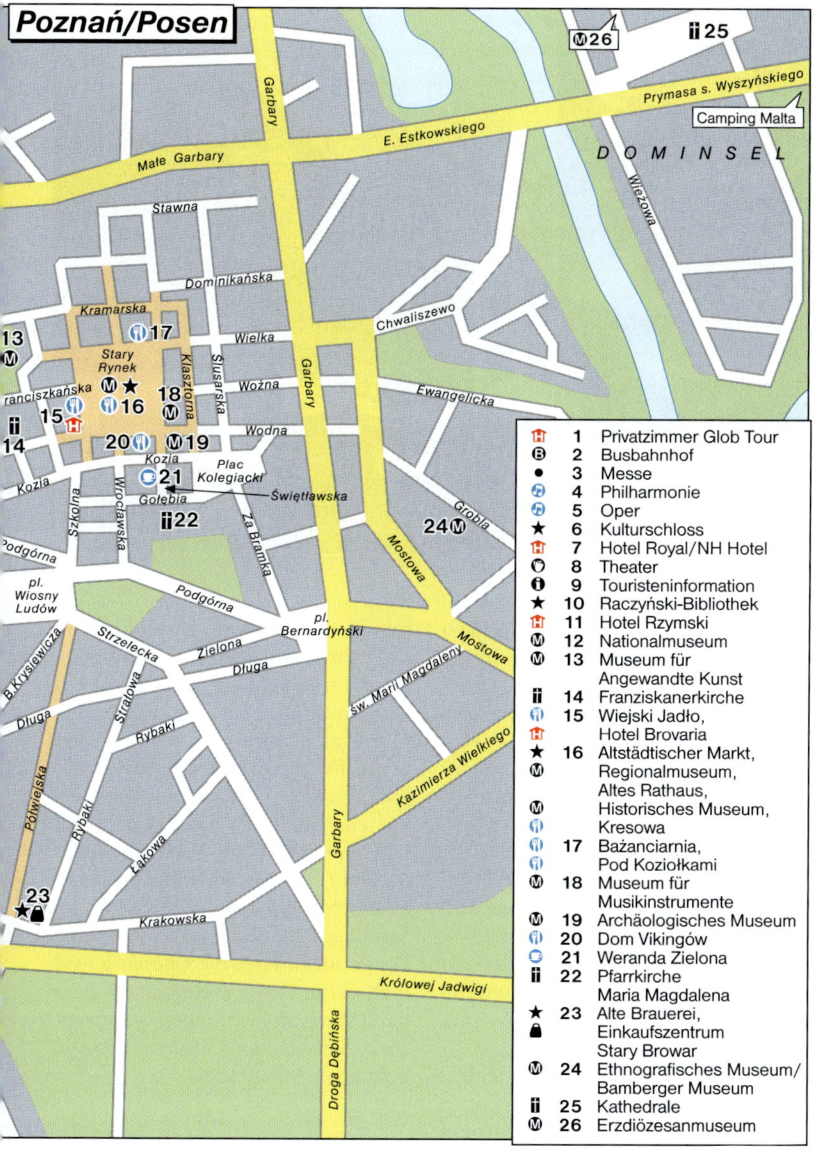
Poznań/Posen

Provinz Wielkopolskie

🏨	1	Privatzimmer Glob Tour
Ⓑ	2	Busbahnhof
●	3	Messe
🎭	4	Philharmonie
🎭	5	Oper
★	6	Kulturschloss
🏨	7	Hotel Royal/NH Hotel
○	8	Theater
❶	9	Touristeninformation
★	10	Raczyński-Bibliothek
🏨	11	Hotel Rzymski
Ⓜ	12	Nationalmuseum
Ⓜ	13	Museum für Angewandte Kunst
ⓘ	14	Franziskanerkirche
🍴	15	Wiejski Jadło, Hotel Brovaria
🏨		
★	16	Altstädtischer Markt,
Ⓜ		Regionalmuseum, Altes Rathaus,
Ⓜ		Historisches Museum,
🍴		Kresowa
🍴	17	Bażanciarnia,
🍴		Pod Koziołkami
Ⓜ	18	Museum für Musikinstrumente
Ⓜ	19	Archäologisches Museum
🍴	20	Dom Vikingów
○	21	Weranda Zielona
ⓘ	22	Pfarrkirche Maria Magdalena
★	23	Alte Brauerei,
🛒		Einkaufszentrum Stary Browar
Ⓜ	24	Ethnografisches Museum/ Bamberger Museum
ⓘ	25	Kathedrale
Ⓜ	26	Erzdiözesanmuseum

243po Foto: sg

nem üppig bemalten, auf zwei Säulen ruhendem Gewölbe. Kaum weniger prächtig sind die übrigen Säle, in denen Exponate aus der tausendjährigen Stadtgeschichte ausgestellt sind (Muzeum Historii Miasta Poznania, Stary Rynek 1, www.mnp.art.pl, Mo. geschl.).

Links vom Rathaus ducken sich kleine **Krämerhäuser,** in der Zeile dahinter steht die **Hauptwache,** in der heute das **Museum des Posener Aufstands 1918–1919** untergebracht ist (Muzeum Powstania Wielkopolskiego 1918–1919, Stary Rynek 3, www.muzeumniepodleglosci.poznan.pl, Mo. geschl.).

In einem niedrigen Bau im Südteil des Rynek befindet sich vorerst noch das **Großpolnische Militärmuseum** mit einer Ausstellung zur Geschichte des polnischen Heeres (Wielkopolskie Muzeum Wojskowe, Stary Rynek 9, www.mnp.art.pl, Mo. geschl.).

Wer gerne musiziert, wird das **Museum für Musikinstrumente** an der Südostecke des Platzes besuchen wollen. Auf mehreren Stockwerken sind Instrumente aus aller Welt ausgestellt, darunter 150 Klaviere und kuriose mechanische Apparate wie Musikboxen, Spielautomaten und Grammophone. Ein Raum ist *Fryderyk Chopin* gewidmet, der in Posen mehrfach Konzerte gab (Muzeum Instrumentów Muzycznych, Stary Rynek 45, www.mnp.info.poznan.pl, Mo. geschl.).

Provokativ: Posens Ring

Pfarrkirche Maria Magdalena

In Erinnerung an **Chopin** finden an seinem **Geburts- und Todestag** (1. März und 17. Oktober) in der benachbarten Pfarrkirche Maria Magdalena (Kościół Farny Św. Marii Magdaleny) Konzerte statt. Außerdem gibt es jeden Samstag zur Mittagszeit Vorführungen auf der **historischen Orgel.**

Herrlich ist es, sich der Kirche über die **Świętosławska** zu nähern: Gewaltig und glühendrot türmt sie sich vor dem Betrachter auf. Mit einer Länge von 55, einer Breite von 25 und einer Höhe von 27 Metern wirkt sie entgrenzend, riesige Säulen sorgen für ein dramatisches Spiel von Licht und Schatten.

Die **Jesuiten,** für die die Kirche im 17. Jahrhundert erbaut wurde, unterhielten nebenan ein Kolleg, in dem sie verwirrte Seelen auf katholischen Kurs brachten. Als das protestantische Preußen Posen übernahm, wurden alle Orden entmachtet – auch die Jesuiten mussten das Weite suchen.

Franziskanerkirche

Wo Jesuiten waren, durften Franziskaner nicht fehlen. Westlich des Markts, erreichbar über die gleichnamige Straße, steht die Franziskanerkirche (Kościół Franciszkanów), gleichfalls ausgestaltet in üppigem Barock. In einem Schrein hängt das Marienbildnis **„Unsere Liebe Frau von Posen",** das seit über 300 Jahren Wunder tut.

Museum für Angewandte Kunst

Hügelaufwärts kommt man zum ehemaligen **Fürstenschloss,** in dem das Museum für Angewandte Kunst seinen Sitz hat. Zu sehen sind Kult- und Gebrauchsgegenstände vom Mittelalter bis zur Gegenwart, darunter Webarbeiten, Keramik und Möbel.

- **Museum für Angewandte Kunst** (Muzeum Sztuk Użytkowych), ul. Franciszkańska/Góra Przemysła 1, www.mnp.art.pl, Mo. geschl.

Nationalmuseum

Am repräsentativen Wolności-Platz gleich um die Ecke befindet sich das Nationalmuseum, das im neuen Flügel **polnische Kunst** und im alten Flügel **europäische Meister** zeigt.

- **Nationalmuseum** (Muzeum Narodowe), pl. Wolności/al. Marcinkowskiego 9, www.mnp.art.pl, Mo. geschl.

Raczyński-Bibliothek

Das imposante Gebäude gegenüber, das mit seiner Säulen-Kolonnade dem Pariser Louvre verblüffend ähnlich sieht, ist kein Museum: Es beherbergt die Raczyński-Bibliothek, gestiftet von der gleichnamigen Adelsfamilie für die im deutschen Posen lebenden Polen im 19. Jahrhundert.

Zum Kaiserschloss

Westlich des Freiheitsplatzes (pl. Wolności) erstreckt sich das neue, in preußisch-deutscher Gründerzeit entstandene Posen: Breite Straßen sind von stattlichen Bürgerhäusern gesäumt, monumentale öffentliche Gebäude künden vom Aufbruch in eine neue Zeit. An der Niepodległości-Allee stehen die **Oper** (Teatr Wielki, wörtlich „Großes Theater") und die **Philharmonie** (Filharmonia).

242po Foto: sg

An der ul. św. Marcin prangt das neoromanische **Kaiserschloss,** 1905–10 für Kaiser *Wilhelm II.* errichtet und während des Zweiten Weltkriegs von Nazi-Architekt *Albert Speer* wuchtig aufgemotzt. Das Schloss beherbergt ein Kulturzentrum, ein Kino und mehrere Galerien, auch finden hier das ganze Jahr über Veranstaltungen statt. Seitlich liegt der Mickiewicz-Platz mit einem ästhetisch wenig überzeugenden Denkmal, das an die 73 Toten des Posener Aufstand von 1956 erinnert.

• **Kaiserschloss** (Zamek), ul. św. Marcin 80–82, www.zamek.poznan.pl, Di.–So. 11–19 Uhr

Posener Barock – im Hintergrund die Kirche Maria Magdalena

Dominsel

Letzte Station des Rundgangs ist die Dominsel (Ostrów Tumski). In der **Kathedrale** (Katedra) steuern die polnischen Besucher auf die **Goldene Kapelle** zu, wo eine Pause obligatorisch ist. Dort stehen die überlebensgroßen **Figuren von „Mieczysław I." und „Bolesław I."** – die Namen sind in Goldlettern am Sockel eingeritzt. Der Ältere hält in der Linken ein Kreuz, der Jüngere, in voller Montur, ein Schwert: Polens erste Herrscher verkörpern Christentum und militärische Kraft, Traditionen, auf die man sich auch im heutigen Polen gern beruft.

In der **Krypta** der Kathedrale sind die Herrscher-Sarkophage aufgestellt. Sie sind mit Münzen und Noten übersät. Das soll den Spendern Glück bringen.

Im Schatten der Kathedrale duckt sich die gotische **Marienkirche** (Kościół Marii Panny), das Erzdiözesanmuseum zeigt sakrale Kostbarkeiten, u.a. ein Gemälde von *Anton van Dyck*.

• **Erzdiözesanmuseum** (Muzeum Archidiecezjalne), ul. Lubrańskiego 1, www.muzeum.poznan.pl, So. und Mo. geschl.

Praktische Informationen

Info

• **Touristeninformation,** ul. Ratajczaka 44, 61-772 Poznań, Tel. 061-9431 und 061-8519645, Fax 8560454, www.cim.poznan.pl, Mo.–Fr. 10–19, Sa. 10–17 Uhr. Knapp westlich der Altstadt: Hotelreservierung, Vermittlung von Stadtführern und Verkauf des monatlichen Veranstaltungshefts.

• **Städtisches Touristenbüro,** Stary Rynek 59, Tel. 061-8526156, Fax 061-8526964, www.city.poznan.pl, Mo.–Fr. 9–17, Sa. 10–14 Uhr. Büro auf dem Marktplatz.

Unterkunft

• **Hotel NH**€€€, ul. Św. Marcin 67, Tel. 67, Tel. 061-6248800, www.nh-hotels.com, 95 Zimmer. Elegantes, minimalistisch gestyltes Viersternehotel der spanischen Kette NH. Die Zimmer sind in ruhigen Beige- und Brauntönen gehalten, die Bäder luxuriös. Herausragend ist das Frühstücksbüfett mit frisch gepresstem O-Saft und Delikatessen; nach dem Sightseeing entspannt man im Wellness-Bereich mit Trocken- und Dampfsauna.

• **Hotel Royal**€€€, ul. Św. Marcin 71, Tel. 061-8582300, Fax 061-8582306, www.hotel-royal.com.pl, 27 Zimmer. Das liebevoll eingerichtete Dreisternehotel in einem restaurierten Gründerzeithaus liegt zwischen Hauptbahnhof und Altstadt. Warme Farben, handgearbeitete Holz- und Schmiedeeisenmöbel sorgen für Behaglichkeit, das verstärkte Frühstück wird im nostalgischen Café eingenommen. Freundlich-persönliches Ambiente.

• **Hotel Brovaria**€€, Stary Rynek 74, Tel. 061-8586868, Fax 061-8586869, www.brovaria.pl, 17 Zimmer. Komforthotel in zwei benachbarten Bürgerhäusern am Markt. Die Zimmer sind im Fin-de-Siècle-Stil eingerichtet, haben Sat-TV und Internetzugang – man sollte ein Zimmer zur Marktseite wählen, um den schönen Ausblick zu genießen. Im Erdgeschoss öffnet ein Restaurant, das – wie das Hotel – einer Brauerei (poln. *browaria*) gehört.

• **Hotel Rzymski**€€€, al. Marcinkowskiego 22, Tel. 061-8528121, Fax 061-8528983, www.rzymskihotel.com.pl, 87 Zimmer. Das „römische" Hotel befindet sich in einem Bürgerhaus am Eingang zur Altstadt. Die Zimmer sind funktional, haben aber Sat-TV. Der Service ist nicht gerade effizient, dafür ist der Preis etwas niedriger als in anderen Dreisternehotels.

• **Privatzimmer**€-€€, Glob Tour, Dworzec Centralny PKP, Tel. 061-8660667. Rund um die Uhr werden am Posener Hauptbahnhof Privatzimmer vermittelt; freundlicher Service.

• **Jugendherberge**€, ul. Drzymały 3, Tel. 061-8485836, 90 Plätze, ganzjährig geöffnet. Die beste der vier Posener Herbergen liegt 3 km nördlich des Bahnhofs und ist mit der Straßenbahn Nr. 11 erreichbar.

• **Camping Malta Nr. 155**€, ul. Krańcowa 98, Tel. 061-8766203, Fax 061-8766283, www.posir.poznan.pl, Mai–Sept. Ideal für Posen-Besucher: Am Regatta-See (4 km östlich des Zentrums) gelegener Wiesenplatz mit Campinghäuschen und guten sanitären Anlagen.

Essen und Trinken

• **Bażanciarnia**€€€, Stary Rynek 94, Tel. 061-8553358, www.bazanciarnia.pl, tgl. 11.30–24 Uhr. „Die Fasanerie" am Markt ist im Landhausstil eingerichtet, standesgemäß teuer und unschlagbar gut. Geboten wird polnische Adelsküche: Exotisch schmeckt *żurek* (Roggenmehlsuppe), der hier mit Steinpilzen und hausgemachter Weißwurst angereichert wird, zart die Bratente mit Äpfeln und perfekt durchkomponiert das hausgemachte Tiramisu.

• **Dom Vikingów**€€, Stary Rynek 62, Tel. 061-8527153, www.domvikingow.pl, tgl. 10–22 Uhr. Bürgerhaus am Markt mit feiner Bistro-Küche und großer Auswahl an Weinen, die man auch glasweise bestellen kann. Die dänischen Besitzer *Anne-Beth* und *Carsten Pedersen* haben sie von befreundeten Winzern aus aller Welt mitgebracht, auch Raritäten sind dabei.

• **Wiejski Jadło**€-€€, Stary Rynek 77 (Eingang ul. Franciszkańskiej), Tel. 061-8536600, www.wiejskie-jadlo.pl, tgl. 12–22 Uhr. Holzbänke und naive Heiligenbilder bilden den Rahmen für polnische Landküche: Roggenmehlsuppe (*żur*), Bigos und Piroggen. Dazu trinkt man stilecht *kwas chlebowy*, das an Malzbier erinnert.

• **Pod Koziołkami**€, Stary Rynek 95, Tel. 061-8517 868, So.–Do. 11–23, Fr./Sa. 10–24 Uhr. „Unter den Ziegen" am Markt bietet zwei Restaurants unter einem Dach: im Erdgeschoss eine Salatbar im gehobenen Fast-Food-Stil, im Kellergewölbe deftige polnische Küche mit Schwerpunkt Grillfleisch.

• **Kresowa**€€, Stary Rynek 2, Tel. 061-8531 291, Mo.–Sa. 12–23, So. 12–18 Uhr. Altmodisch sympathisches Lokal mitten auf dem Alten Markt, versteckt hinterm Rathaus. *Kresowa* heißt „aus Polens verlorenen Ostgebieten", und so findet man hier v.a. litauische, weißrussische und ukrainische Gerichte. Zu den Klassikern zählen *blinis* (gebratene Teigtaschen mit pikanter Fleischfüllung) und *zepelinai* (Kartoffel-Piroggen). Die Decke

244po Foto: sg

schmücken Karikaturen berühmter Gäste, darunter von Literaturnobelpreisträger *Czesław Miłosz.*

• **Weranda Zielona**€, ul. Świętosławska 10, tgl. 10–23 Uhr. Das Café liegt nur wenige Schritte vom Altstadtmarkt und verbreitet mit seinen grünen Holzmöbeln, Weidenkätzchen und frischen Blumen ländlichen Charme. Auf der Anrichte stehen hausgemachte Torten, Frau *Irmina* bietet reich belegte *kanapki* und *bagetki,* Frühstücksgedecke von „bayrisch" (mit Bockwürstchen) bis „norwegisch" (mit Lachs). Im Sommer öffnet ein kleiner Garten. Eine Filiale befindet sich in der ul. Paderewskiego 7 (Pasaż Niebieski).

Nachtleben

• **Blue Note Jazz Club,** ul. Św. Marcin 80/82 (Eingang ul. Kościuszki 76) www.bluenote.poznan.pl, tgl. ab 19 Uhr. Legendärer Jazzclub auf halbem Weg zwischen Bahnhof und Altstadt. Hier treten Polens beste Musiker auf, manchmal gibt's auch Tango-, Rock- und Reggae-Abende.

• **Proletaryat,** ul. Wrocławska 9, tgl. Ab 13 Uhr. Im Schaufenster eine Lenin-Büste, drinnen seine Gesammelten Werke, dazu Gemälde von *Marx* und *Engels,* knallig-rote Ledersessel und Plakate zorniger junger Männer. Für Stimmung sorgen die Internationale und andere revolutionäre Songs. *Przymek,* der aufgrund einer verblüffenden Ähnlichkeit mit *Lenin* den Barmann macht, sagt über sein Publikum: „Hier sind alle Schichten und Generationen versammelt, Sozialismusnostalgiker ebenso wie Kommunistenhasser."

Kultur

Die **Monatszeitschrift iks** informiert über alle anstehenden Kulturveranstaltungen. Erhältlich ist sie in der Touristeninformation.

• **Kaiserschloss** (Dawny Zamek Cesarksi), ul. św. Marcin 80/82, www.zamek.poznan.pl. Im ehemaligen Schloss Kaiser *Wilhelms II.* finden Konzerte, Ausstellungen und Theateraufführungen statt.

Stary Browar, die alte Brauerei

- **Philharmonie** (Filharmonia), ul. Św. Marcin 81, www.filharmonia.poznan.pl
- **Oper** (Teatr Wielki), ul. Fredry 9
- **Theater** (Teatr Polski), ul. 27 Grudnia 8/10.

Feste und Festivals

- **Februar:** Jazzepoche. In- und ausländische Ensembles treffen aufeinander (www.jazz.pl).
- **Juni:** Johannisjahrmarkt. Folklore und Tanz auf dem Alten Markt.
- **Juni–Juli:** Festival der Avantgarde-Theater. Polens wichtigstes Theatertreffen mit zeitgenössischem Tanz und Theater, Film und Kunstausstellungen (www.maltafestival.com.pl).

Verkehr

- **Auto:** Parken kann man nordöstlich des Stary Rynek an der Ecke Garbary/Dominikańska und an der Żydowska.
- **Bus:** Von der PKS-Station (ul. Towarowa) kommt man nach Pobiedziska und Gniezno sowie den Schlössern Kórnik und Rogalin.
- **Zug:** Vom Bahnhof (ul. Dworcowa), 2 km südwestlich des Rynek, fahren EC-Züge nach Berlin und Warszawa, mehrmals tgl. IC-Verbindungen nach Kraków und Wrocław.
- **Flugzeug:** Von Ławica, 7 km westlich von Poznań (www.airport-poznan.com.pl), starten Direktflüge u.a. nach Frankfurt, Köln, München und Wien.

Alte Brauerei

Die 1876 errichtete Backsteinbrauerei wurde zu einem der **schönsten Einkaufs- und Kulturzentren Europas:** Unter einer Lichtkuppel verlaufen in weitem Rund mehrgeschossige Galerien mit Marken-Boutiquen, Bistros und Cafés. Der Clou der Alten Brauerei sind freilich nicht die Geschäfte, sondern die Kunstinstallationen, die es zu einer Galerie ersten Ranges machen: klassische Riesenköpfe, an Manga-Comics erinnernde Gemälde, kinetische Pixel-Grafiken, gesteuert von versteckten Kameras. Noch mehr Kunst bietet das ultramoderne Hotel Blowup Hall 5050.

- **Stary Browar,** ul. Ratajczka s/n, Mo.–Sa. 9–21, So. 10–20 Uhr

Gniezno/Gnesen

↗IV/B1

Das 50 km östlich von Posen gelegene Gniezno war die **erste Hauptstadt Polens.** Hier hat der junge deutsche Kaiser *Otto III.* im Jahr 1000 die Pilgerfahrt zum Grab des heilig gesprochenen *Adalbert* zu einer politischen Mission genutzt. Er erhob *Bolesław Chrobry,* seinen polnischen Vasallen, zu einem Souverän, setzte ihm ein Diadem aufs Haupt und erlaubte ihm, eine vom Reich unabhängige Kirchenordnung aufzubauen. So wurde Gniezno Sitz des polnischen Primas und damit Keimzelle eines unabhängigen Staats.

Wichtigste Sehenswürdigkeit der Stadt ist die auf einem Hügel thronende, im gotischen Stil rekonstruierte **Kathedrale,** in deren Vorläufer der hl. *Adalbert* (poln. Wojciech) ein Jahr vor dem Besuch des deutschen Kaisers bestattet wurde. 997 war der Geistliche von Gniezno aufgebrochen, die wilden Pruzzen zu missionieren, die ihn allerdings wenig freundlich empfingen: Sie erschlugen ihn, seine sterblichen Überreste durfte *Bolesław I.* gegen bares Gold erwerben. Eine gigantische **Statue** vor der Kathedrale zeigt *Bolesław I.* mit Schild und Schwert. Manch ein Pole posiert zu seinen Füßen und lässt sich nach dem Motto „Ich und mein Ahnvater" ablichten. Danach pilgert er zum romanischen **Portal,** auf dem 18 Flachreliefs vom Leben und Sterben des hl. Adalbert erzählen. Der von sechs Adlern getragene Sarg mit den Reliquien des Märtyrers befindet sich im **Presbyterium.**

601i Foto: sg

Anhang

077po Foto: sg

706i Foto: sg

Das Słowacki-Theater in Krakau

Sonnenuhr anno 1736 –
am Hotel Jelonek in Jelenia Góra

Aus ihrer Milch
wird oscypek-Käse gewonnen

Sprachhilfe

Den ersten Kontakt mit der polnischen Sprache hat man wahrscheinlich in einem deutschen Bahnhof oder Reisebüro: „Sie wollen nach Breslau? Ja, wie hieß das noch mal ... Wrotzlaw?" Und am Bildschirm wird eine Strecke ausgespuckt: Zgorzelec–Węgliniec–Bolesławiec–Wrocław. Das wirkt nicht gerade vertrauenerweckend, dabei sind diese Ortsnamen noch recht harmlos im Vergleich etwa zu Szczebrzeszyn. Da möchte man verzweifeln: Auf ellenlangen Strecken kein einziger rettender Vokal! Wie kann man das dem Gaumen zumuten? Was die Aussprache zusätzlich kompliziert, sind die hübschen kleinen Häkchen unter dem a und dem e, das durchgestrichene l, das aussieht wie ein verrutschtes t, die kecken Striche über dem s, z und o sowie das aus der Reihe tanzende z mit Punkt. Und auch was normal erscheint, hat einen seltsamen Klang: So hart und fachmännisch rollen die Polen das r, dass Zweifel über die Herkunft des Sprechers unmöglich sind.

Trotzdem: Versuchen wir's – es kann nichts schaden, sich ein paar Brocken dieser Sprache anzueignen, und mag sie noch so schwer sein! Zunächst gilt es, sich all jene Buchstaben und Laute einzuprägen, die es im Deutschen nicht gibt:

ą	nasaliert wie franz. b**on**
ę	nasaliert wie franz. Jean Gab**in**
ł	ähnlich dem engl. **wh**ere
ś	ein weiches **sch**
ć	ein weiches dch wie in Mä**dch**en
ń	ähnlich dem nj in A**nj**a
ó	entspricht dem kurzen u in M**u**nd
ź, ż, rz	ähnlich wie franz. **j**ournal
z	wie stimmhaftes s in **S**onne, doch im Auslaut stimmlos
sz	entspricht sch in **Sch**ach
cz	entspricht tsch wie in **Tsch**echien

Der Hauptakzent liegt in der Regel auf der vorletzten Silbe. Alle Vokale sind kurz und offen und in Kombination mit anderen Vokalen getrennt auszusprechen (i-e, e-u). Gleiches gilt für Konsonantenkombinationen: so wird ck nicht zu k verkürzt (Aussprache: *tsk*).

Eine große Hilfe bei der Vorbereitung eines Polenaufenthalts sind die bei REISE KNOW-HOW erschienenen **AusspracheTrainer** sowie der **Kauderwelsch Digital** auf CD-Rom. Mit diesen CDs kann man bereits zu Hause die Sprache üben. Die wichtigsten Sätze und Redewendungen aus dem Konversationsteil des Kauderwelsch-Buches **„Polnisch – Wort für Wort"** (Bd. 35) werden hier hörbar. Unterwegs sollte man dann immer dieses kleine Buch aus dem REISE KNOW-HOW Verlag in der Tasche haben, das als Sprechführer so angelegt ist, dass man auch als Anfänger schnell mit den Einheimischen ins Gespräch kommt.

Grundvokabular

- Guten Tag — *dzień dobry*
- Guten Abend — *dobry wieczór*
- Gute Nacht — *dobranoc*
- Wie geht es Ihnen? — *Jak się Pan (m)/Pani (w) ma?*

● Wie geht's?	*Jak się masz?*
● auf Wiedersehen	*do widzenia*
● hallo/tschüss	*cześć*
● danke	*dziękuję*
● bitte	*proszę*
● bitte sehr	*proszę bardzo*
● entschuldigung	*przepraszam*
● ja	*tak*
● nein	*nie*
● warum?	*dlaczego?*
● Ich verstehe nicht!	*Nie rozumiem!*
● Ich weiß nicht!	*Nie wiem!*
● Bitte langsam!	*Proszę powoli!*
● Ich spreche kein Polnisch!	*Nie mówię po polsku!*
● Wie viel kostet das?	*Ile to kosztuje?*
● Die Rechnung bitte!	*Poproszę o rachunek!*
● Das ist zu teuer!	*To za drogo!*
● billig	*tanio*
● klein	*mały*
● groß	*duży*
● wenig	*mało*
● viel	*dużo*
● gut	*dobry*
● schlecht	*niedobry/zły*
● besetzt	*zajęty*
● frei	*wolny*
● geöffnet	*czynne/otwarty*
● geschlossen	*nieczynny/zamknięty*

Ortsangaben

● Wo ist ...?	*Gdzie jest ...?*
● hier	*tu/tutaj*
● dort	*tam*
● links	*na lewo*
● rechts	*na prawo*
● geradeaus	*po prostu*
● gegenüber	*na przeciw*
● nahe	*blisko*
● weit	*daleko*

Zeitangaben

● wann?	*kiedy?*
● wie lange?	*jak długo?*
● Wie spät ist es?	*Która jest godzina?*
● morgens	*rano*
● nachmittags	*po południu*
● abends	*wieczorem*
● jetzt	*teraz*
● heute	*dziśaj*
● gestern	*wczoraj*
● morgen	*jutro*
● Tag	*dzień*
● Nacht	*noc*
● Woche	*tydzień*
● Monat	*miesiąc*

Zahlen

0	*zero*
1	*jeden*
2	*dwa*
3	*trzy*
4	*cztery*
5	*pięć*
6	*sześć*
7	*siedem*
8	*osiem*
9	*dziewięć*
10	*dziesięć*
100	*sto*
1000	*tysiąc*

Unterkunft

● Hotel	*hotel*
● Herberge	*schronisko*
● Unterkunft	*noclegi*
● Zimmer	*pokój*
● Haben Sie ein Zimmer frei?	*Czy ma Pan/Pani (m/w) pokój?*
● Kann ich das Zimmer sehen?	*Czy mogę zobaczyć pokój?*
● Wie viel kostet das Zimmer?	*Ile kosztuje ten pokój?*
- mit Frühstück	*ze śniadaniem*

Essen und Trinken

● Frühstück	*śniadanie*
● Mittagessen	*obiad*
● Abendessen	*kolacja*

• Suppe	*zupa*
• Brot	*chleb*
• Butter	*masło*
• Marmelade	*dżem*
• Käse	*ser*
• Wurst	*kiełbasa*
• Eis	*lody*
• Obst	*owoce*
• Kuchen	*ciastko*
• Mineralwasser	*woda mineralna*
• Kaffee (mit Milch)	*kawa (z mlekiem)*
• Tee (mit Zitrone)	*herbata z cytryną*
• Milch	*mleko*
• Saft	*sok*
• Bier	*piwo*
• Wein	*wino*
• Zucker	*cukier*
• Salz	*sól*
• Pfeffer	*pieprz*
• Senf	*musztarda*
• Zum Wohl!	*Na zdrowje!*

Polnische Speisekarte

In preiswerten kleineren Lokalen ist die Speisekarte nur auf Polnisch erhältlich. Darum hier die wichtigsten Ausdrücke auf Polnisch mit deutscher Entsprechung.

• *barszcz czerwony*	Rote-Rüben-Suppe
- *z krokotkiem*	mit Fleischkrokette
- *z uszkami*	mit kl. Teigtaschen
• *bigos*	Krautgulasch mit Pilzen
• *chłodnik*	Rote-Bete-Kaltschale
• *cielęcina*	Kalbfleisch
• *dania bezmięsne*	fleischlose Gerichte
- *jarskie*	vegetarische Gerichte
- *mięsne*	Fleischgerichte
- *rybne*	Fischgerichte
• *drób*	Geflügel
• *filet z kurczaka*	Hähnchenfilet
• *frytki*	Pommes Frites
• *grzyby*	Pilze
• *gulasz wołowy*	Rindsgulasch
• *jajecznica*	Rührei
• *jajko*	Ei
• *kaczka pieczona z jabłkami*	gebratene Ente mit Äpfeln
• *karp w galarecie*	Karpfen in Aspik
• *kiełbasa*	Wurst
- *z rożna*	Grillwurst
• *kotlet szabowy*	Schweineschnitzel
• *kurczak*	Hähnchen
• *lody*	Eis
• *makowiec*	Mohnkuchen
• *mizeria*	Gurkensalat mit saurer Sahne
• *parówki*	Würstchen
• *pieczarki*	Champignons
• *pieczeń*	Braten
• *pierogi*	gefüllte Teigtasche
- *po ruskie*	- auf Russisch
- *z mięsem*	- mit Fleisch
- *z kapustą*	- mit Sauerkraut
• *placki ziemniaczane*	Kartoffelpuffer
• *pomodory*	Tomaten
• *pstrąg*	Forelle
• *ryba*	Fisch
• *ryż*	Reis
• *sałatka*	grüner Salat
- *jarzynowa*	Gemüsesalat
- *z pomidorów*	Tomatensalat
• *ser biały*	Schichtkäse, Quark
• *surówka*	Rohkost, Salatbeilage
• *szarlotka*	Apfelkuchen
• *szaszłyk*	Fleischspieß
• *sznycel*	Schnitzel
• *śledź w oleju*	Hering in Öl
• *warzywa*	Gemüse
• *ziemnaki*	Kartoffeln
• *zupa*	Suppe
• *żurek*	Sauerrahmsuppe

Unterwegs

• Abfahrt	*odjazd*
• Ankunft	*przyjazd*
• Flughafen	*lotnisko*
• Bushaltestelle	*przystanek autobusowy*
• Straßenbahn	*tramwaj*
• Bahnhof	*dworzec*
• Gleis	*peron*
• Fahrkarte	*bilet*
• erste/zweite Klasse	*pierwsza/druga klasa*
• Sitzplatzreservierung	*miejscówka*
- für (Nicht)raucher	*dla (nie)palących*
• Tankstelle *stacja*	*benzynowa*

Benzin (bleifrei)	*benzyna (bezołowiowa)*
bewachter Parkplatz	*parking strezony*
Post	*poczta*
Brief	*list*
Postkarte	*pocztówka*
Briefmarken	*znaczki*
Telefon	*telefon*
Telefonkarte	*karta magneticzna*

Wichtige Bezeichnungen auf Polnisch

aleja (Abk. al.)	Allee
cerkiew	orthodoxe Kirche o. Kirche der Unierten
cmentarz	Friedhof
dom	Haus
droga	Weg
dworzec	Bahnhof
góra (pl. góry)	Berg
kantor	Wechselstube
kawiarnia	Café
klasztor	Kloster
kościół	Kirche
muzeum	Museum
- archeologiczne	Archäologisches Mus.
- diecezjalne	Diözesanmuseum
- etnologiczne	Ethnografisches Mus.
- historyczne	Geschichtsmuseum
- okręgowe/ regionalny	Regionalmuseum
- przyrodnicze	Naturkundemuseum
objazd	Umleitung
pałac	Palast
pensjonat	Gästehaus
piwnica	Keller
plac (Abk. pl.)	Platz
pokoje wolne	Zimmer frei
przejazd wzbroniony	Durchfahrt verboten
ratusz	Rathaus
restauracja	Restaurant
ruch	Kiosk
rynek	Ring, Marktplatz
schronisko młodzieżowe	Jugendherberge
skansen	Freilichtmuseum
święty (Abk. św.)	Heiliger
ulica (Abk. ul.)	Straße
wieża	Turm
zajazd	Gasthof
zamek	Schloss
zdrój	Kurort

Im Notfall

Ich habe Fieber	*mam temperatura*
Ich habe Zahnschmerzen	*mam ból zęba*
Krankenhaus	*szpital*
Rettungswagen	*pogotowie ratunkowe*
Pannenhilfe	*pogotowie techniczne*
Hilfe!	*Pomocy! Ratunku!*
Ich bin bestohlen worden!	*Zostałem okradziony/ okradziona (m/w)!*
Polizei	*policja*
Botschaft	*ambasada*

Literaturtipps

- **Izabella Gawin/Dieter Schulze:** *KulturSchock Polen.* REISE KNOW-HOW, Bielefeld 2006. Andere Länder, andere Sitten: Vom Handkuss bis zum Madonnenfieber werden die irritierenden Erfahrungen beschrieben, die im Umgang mit dem Nachbarn gemacht werden – eine spannende Begleitlektüre für jeden Polenurlaub!
- **Thomas Urban:** *Polen.* Verlag C.H. Beck, München 2008. Vieles kennt der Leser dieses Buches schon aus früheren Publikationen des Autors: Die Geschichte unseres Nachbarlands wird sachlich und politisch korrekt vorgestellt.
- **Alfred Döblin:** *Reise in Polen.* dtv, München 2001. Die Reisereportage von 1924 liest sich auch heute noch spannend: Döblin richtet sein Augenmerk auf alles, was abseits der Sehenswürdigkeiten liegt, vor allem die heute nicht mehr bestehende jüdische Welt.
- **Matthias Kneip:** *Polenreise – Orte, die ein Land erzählen.* House of the Poets, Paderborn 2007. Shopping in Słubice, der Tod eines Schauspielers am Breslauer Bahnhof oder der Beginn des Zweiten Weltkriegs im Radiogebäude von Gleiwitz: Aus vielen Beobachtungen entsteht ein lebendiges Polen-Bild, das freilich dort, wo der Autor Missstände positiv verklärt, nicht überzeugt. So kommentiert Kneip ein altes Mütterchen, das im Schneematsch vor einer Heiligenstatue kniet, mit den Worten: „Ich bewundere die Polen für ihren Glauben".
- **Uwe Rada / Inka Schwand:** *Polen hin und weg – Kurztrips zum Nachbarn.* edition q. im be.bra Verlag Berlin 2007. Dieses Büchlein kann einen Reiseführer nicht ersetzen, doch macht es Appetit auf Polen. Es führt vom Berliner „Club der polnischen Versager" zu den Schnäppchenjägern von Słubowice, in die Ruinenstadt Kostrzyn oder nach Łagów, das kleinste Städtchen Europas. Knüpfen sich die Autoren bekannte Orte vor, so aus ungewohntem Blickwinkel: die Breslauer Architekturmoderne, das Kaiserhaus in Posen und das Warschauer Arbeiterviertel Praga.
- **Dehio-Handbuch der Kunstdenkmäler in Polen:** *Schlesien.* Deutscher Kunstverlag, München/Berlin 2005. Eine Pionierarbeit deutscher und polnischer Wissenschaftler: Auf 1300 (!) eng bedruckten Seiten werden alle wichtigen Kunstdenkmäler Schlesiens vorgestellt, angereichert um Skizzen und Grundrisse.
- **Julian Bartosz/Hannes Hofbauer:** *Schlesien: Europäisches Kernland im Schatten von Wien, Berlin und Warschau.* Promedia, Wien 2000. Eine kritische, sorgfältig recherchierte Auseinandersetzung mit der Geschichte Schlesiens.
- **Arno Herzig:** *Schlesien – Das Land und seine Geschichte,* Ellert Richter Verlag, Hamburg 2008. Der in Schlesien gebürtige Autor hat seinen Band anregend bebildert und auch die Situation der Juden beleuchtet. Für die Geschichte nach dem Zweiten Weltkrieg engagierte er zwei Breslauer Historiker, die, wie die FAZ monierte, „etwas verkrampft" den Versuch unternehmen, „deutsche Schmerzen gegen polnische und umgekehrt aufzuwiegen".
- **Andrzej Stasiuk:** *Galizische Geschichten.* Suhrkamp, Frankfurt/M. 2004. Literarische Reportagen aus einem vergessenen Winkel Europas, dessen Helden Wanderarbeiter, Traktorfahrer und Dorfhuren sind. Im gleichen Verlag erschien „Die Welt hinter Dukla", eine Hommage an Polens wilden Osten.
- **Polenplus:** Die grafisch anspruchsvoll gestaltete Zeitschrift widmet sich in jeder Ausgabe schwerpunktmäßig einem Thema. Sie überzeugt mit realitätsnahen Beschreibungen des polnischen Alltags, überraschenden Perspektiven, Witz und Intelligenz. 2008 erhielt sie den Viadrina-Preis für ihre Verdienste um die deutsch-polnischen Beziehungen.

HILFE!

Dieses Reisehandbuch ist gespickt mit unzähligen Adressen, Preisen, Tipps und Infos. Nur vor Ort kann überprüft werden, was noch stimmt, was sich verändert hat, ob Preise gestiegen oder gefallen sind, ob ein Hotel, ein Restaurant immer noch empfehlenswert ist oder nicht mehr, ob ein Ziel noch oder jetzt erreichbar ist, ob es eine lohnende Alternative gibt usw.

Unsere Autoren sind zwar stetig unterwegs und versuchen, alle zwei Jahre eine komplette Aktualisierung zu erstellen, aber auf die Mithilfe von Reisenden können sie nicht verzichten.

Darum: Schreiben Sie uns, was sich geändert hat, was besser sein könnte, was gestrichen bzw. ergänzt werden soll. Nur so bleibt dieses Buch immer aktuell und zuverlässig. Wenn sich die Infos direkt auf das Buch beziehen, würde die Seitenangabe uns die Arbeit sehr erleichtern. Gut verwertbare Informationen belohnt der Verlag mit einem Sprechführer Ihrer Wahl aus der über 200 Bände umfassenden Reihe „Kauderwelsch" (siehe unten).

Bitte schreiben Sie an:

REISE KNOW-HOW Verlag Peter Rump GmbH, Postfach 140666,
D-33626 Bielefeld, oder per e-mail an: info@reise-know-how.de

Danke!

Anhang

Kauderwelsch-Sprechführer – sprechen und verstehen rund um den Globus

Ortsbezeichnungen polnisch – deutsch

Beskid Niski	Niedere Beskiden
Beskid Śłaski	Schlesische Beskiden
Bielsko-Biała	Bielitz-Biala
Bieszczady	Waldkarpaten
Bolesławiec	Bunzlau
Brzeg	Brieg
Bystrzyca Kłodzka	Habelschwedt
Cieplice	Bad Warmbrunn
Cieszyn	Teschen
Czermna	Tscherbeney
Częstochowa	Tschenstochau
Dolnośląskie (Woj)	Niederschlesien
Duszniki Zdrój	Bad Reinerz
Głogów	Glogau
Głogówek	Oberglogau
Gliwice	Gleiwitz
Gniezno	Gnesen
Góra Świętej Anny	Annaberg
Góry Stołowe	Heuscheuer Gebirge
Henryków	Heinrichau
Jagniątków	Agnetendorf
Jaskinia Łokietka	Däumlingshöhle
Jaskinia Ciemna	Dunkle Höhle
Jaskinia Niedźwiedzia	Bärenhöhle
Jasna Góra	Heller Berg
Jelenia Góra	Hirschberg
Kłodzko	Glatz
Karłów	Karlsberg
Karkonosze	Riesengebirge
Karpacz	Krummhübel
Katowice	Kattowitz
Kraków	Krakau
Krzeszów	Grüssau
Krzyżowa	Kreisau
Kudowa Zdrój	Bad Kudowa
Lądek Zdrój	Bad Landeck
Legnica	Liegnitz
Łódź	Lodsch
Lubelskie (Woj)	Lubliner Land
Lubiąż	Leubus
Łubowice	Lubowitz
Małopolska (Woj)	Kleinpolen
Masyw Śnieżnika	Schneegebirge
Mazowieckie (Woj)	Masowien
Międzygórze	Wölfelsgrund
Morskie Oko	Meeresauge
Moszna	Moschen
Nowy Targ	Neuer Markt
Nysa	Neisse
Odra	Oder
Ojcowski Park Narodowy	Ojców-Nationalpark
Oława	Ohlau
Oleśnica	Oels
Oświęcim	Auschwitz
Opole	Oppeln
Opolskie (Woj)	Oppelner Land
Otmuchów	Ottmachau
Paczków	Patschkau
Pieniny	Pieninen
Podkarpackie (Woj)	Vorkarpaten
Polanica Zdrój	Bad Altheide
Poznań	Posen
Pszczyna	Pless
Racibórz	Ratibor
Śląskie (Woj)	Oberschlesien
Ślęża	Zobten (Berg)
Śnieżka	Schneekoppe
Sobieszów	Hermsdorf
Sobótka	Zobten (Ort)
Strzelin	Strehlen
Świdnica	Schweidnitz
Świętokrzyskie (Woj)	Heiligkreuzberge
Szklarska Poręba	Schreiberhau
Szrenica	Reifträger
Tatrzański Park Narodowy	Tatra-Nationalpark
Trzebnica	Trebnitz
Trzy Korony	Drei-Kronen-Berg
Wałbrzych	Waldenburg
Wambierzyce	Albendorf
Warszawa	Warschau
Wielkopolskie (Woj)	Großpolen
Wisła	Weichsel
Wodospad Kamieńczyka	Zackelfall
Wodospad Szklarki	Kochelfall
Wrocław	Breslau
Żagań	Sagan
Złotoryja	Goldberg
Zgorzelec	Görlitz
Zielona Góra	Grünberg
Ziemia Kłodzka	Glatzer Bergland
Żywiec	Saybusch

Ortsbezeichnungen deutsch – polnisch

Agnetendorf	Jagniątków
Albendorf	Wambierzyce
Annaberg	Góra Świętej Anny
Auschwitz	Oświęcim
Bad Altheide	Polanica Zdrój
Bad Kudowa	Kudowa Zdrój
Bad Landeck	Lądek Zdrój
Bad Reinerz	Duszniki Zdrój
Bad Warmbrunn	Cieplice
Bärenhöhle	Jaskinia Niedźwiedzia
Bielitz-Biala	Bielsko-Biała
Breslau	Wrocław
Brieg	Brzeg
Bunzlau	Bolesławiec
Däumlingshöhle	Jaskinia Łokietka
Drei-Kronen-Berg	Trzy Korony
Dunkle Höhle	Jaskinia Ciemna
Glatz	Kłodzko
Glatzer Bergland	Ziemia Klodzka
Gleiwitz	Gliwice
Glogau	Głogów
Gnesen	Gniezno
Goldberg	Złotoryja
Görlitz	Zgorzelec
Großpolen	Wielkopolskie
Grünberg	Zielona Góra
Grüssau	Krzeszów
Habelschwedt	Bystrzyca Kłodzka
Heiligkreuzberge	Świętokrzyskie
Heinrichau	Henryków
Heller Berg	Jasna Góra
Hermsdorf	Sobieszów
Heuscheuer Gebirge	Góry Stołowe
Hirschberg	Jelenia Góra
Karlsberg	Karłów
Kattowitz	Katowice
Kleinpolen	Małopolska
Kochelfall	Wodospad Szklarki
Krakau	Kraków
Kreisau	Krzyżowa
Krummhübel	Karpacz
Leubus	Lubiąż
Liegnitz	Legnica
Lodsch	Łódź
Lubliner Land	Lubelskie
Lubowitz	Łubowice
Masowien	Mazowieckie
Meeresauge	Morskie Oko
Moschen	Moszna
Neisse	Nysa
Neuer Markt	Nowy Targ
Niedere Beskiden	Beskid Niski
Niederschlesien	Dolnośląskie
Oberglogau	Głogówek
Oberschlesien	Śląskie
Oder	Odra
Oels	Oleśnica
Ohlau	Oława
Ojców-Nationalpark	Ojcowski Park Narodowy
Oppeln	Opole
Oppelner Land	Opolskie
Ottmachau	Otmuchów
Patschkau	Paczków
Pieninen	Pieniny
Pless	Pszczyna
Posen	Poznań
Ratibor	Racibórz
Reifträger	Szrenica
Riesengebirge	Karkonosze
Sagan	Żagań
Saybusch	Żywiec
Schlesische Beskiden	Beskid Śłaski
Schneegebirge	Masyw Śnieżnika
Schneekoppe	Śnieżka
Schreiberhau	Szklarska Poręba
Schweidnitz	Świdnica
Strehlen	Strzelin
Tatra-Nationalpark	Tatrzański Park Narodowy
Teschen	Cieszyn
Trebnitz	Trzebnica
Tschenstochau	Częstochowa
Tscherbeney	Czermna
Vorkarpaten	Podkarpackie
Waldenburg	Wałbrzych
Waldkarpaten	Bieszczady
Warschau	Warszawa
Weichsel	Wisła
Wölfelsgrund	Międzygórze
Zackelfall	Wodospad Kamieńczyka
Zobten (Berg)	Ślęża
Zobten (Ort)	Sobótka

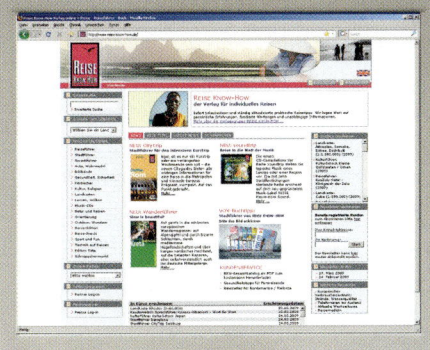

Register

Die Autorin

Izabella Gawin, geboren 1964 in Polen, studierte in Bonn und Bremen Kunstgeschichte undGermanistik, bevor sie begann, den Deutschen ihr einstiges Heimatland näher zu bringen. Sie ist jeden Sommer in Polen unterwegs und hat gemeinsam mit Dieter Schulze mehr als zehn Reiseführer zu Polen verfasst. Zuletzt erschien im Verlag Reise Know-How der „Kultur-Schock Polen".

650lp Foto: gs

Die Karten auf den folgenden Seiten sind Ausschnitte aus der Polen-Karte des **world mapping project** von Reise Know-How im Maßstab 1:850.000

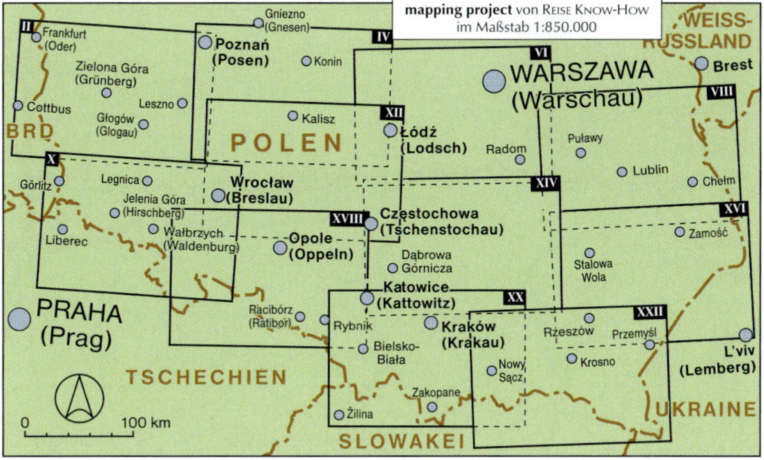

Zeichenerklärung

- Autobahn
- Schnellstraße
- Fernstraße
- Nebenstraße
- Sonstige Straße
- Eisenbahn
- Nationalpark

- Kloster
- Höhle
- Sehenswürdigkeit
- Grenzübergang
- Aussichtspunkt
- Int. Flughafen
- Nat. Flughafen

2000 m
1000 m
500 m
300 m
200 m
100 m

0 20 km

Maßstab 1 : 850 000

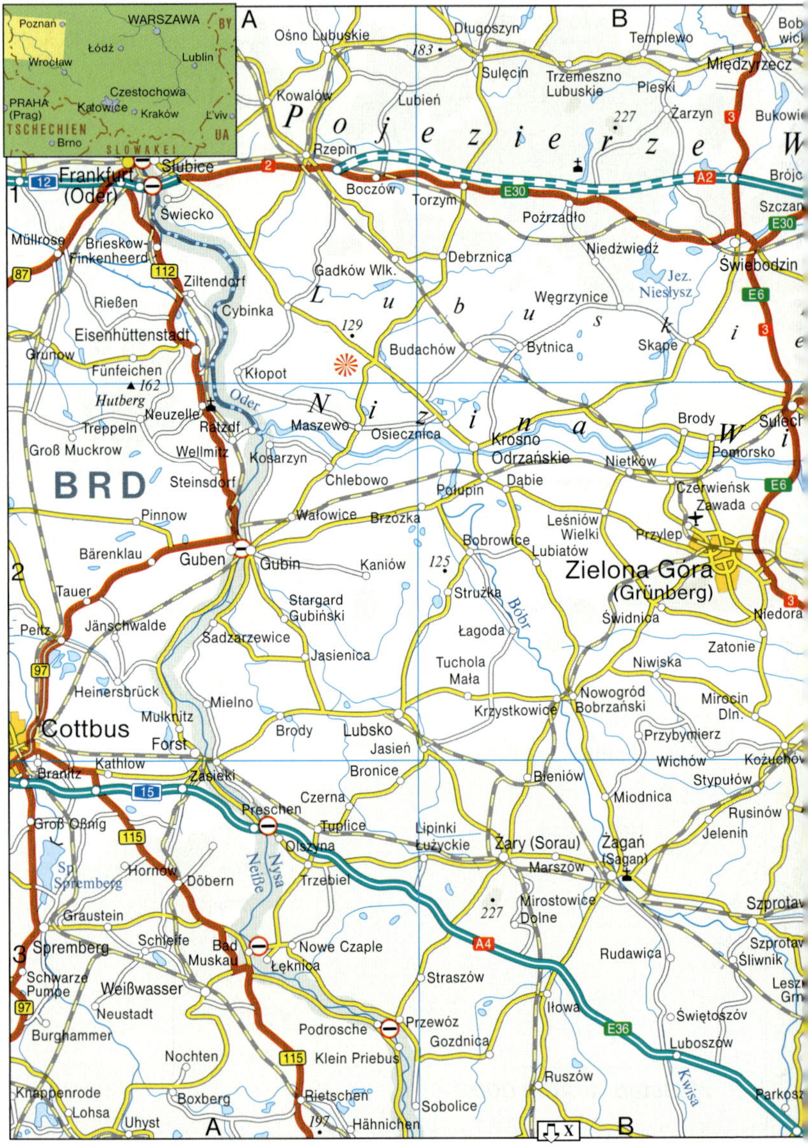
Poznań
WARSZAWA
BY
Łódź
Wrocław
Lublin
Czestochowa
PRAHA
(Prag)
Katowice
Kraków
L'viv
TSCHECHIEN
UA
Brno
SLOWAKEI
A
B
Ośno Lubuskie
Długoszyn
183
Templewo
Międzyrzecz
Sulęcin
Trzemeszno Lubuskie
Pieski
Kowalów
Lubień
227
Żarzyn
Bukowie
P o j e z i e r z e
Rzepin
Słubice
Frankfurt (Oder)
Boczów
Torzym
Bróje
Świecko
Poźrzadło
Szczan
Müllrose
Brieskow-Finkenheerd
Niedźwiedź
Debrznica
Świebodzin
Gadków Wlk.
Jez. Niesłysz
Ziltendorf
Węgrzynice
Rießen
Cybinka
L u b u s k i e
Eisenhüttenstadt
129
Budachów
Bytnica
Skąpe
Grunow
Fünfeichen
Kłopot
162
Hutberg
Oder
N i z i n a
Brody
Sulech
Neuzelle
Maszewo
Osiecznica
Krosno Odrzańskie
W
Treppeln
Ratzdf.
Pomorsko
Groß Muckrow
Wellmitz
Kosarzyn
Nietków
BRD
Steinsdorf
Chlebowo
Połupin
Dąbie
Czerwieńsk
Zawada
Pinnow
Wałowice
Brzózka
Leśniów Wielki
Przylep
Bobrowice
Lubiatów
Bärenklau
Guben
Gubin
Kaniów
125
Zielona Góra (Grünberg)
Tauer
Stargard Gubiński
Strużka
Bóbr
Świdnica
Niedora
Peitz
Jänschwalde
Łagoda
Sadzarzewice
Zatonie
Jasienica
Tuchola Mała
Niwiska
Heinersbrück
Nowogród Bobrzański
Mielno
Krzystkowice
Mirocin Dln.
Mulknitz
Cottbus
Brody
Lubsko
Przybymierz
Forst
Jasień
Wichów
Kożuchów
Kathlow
Bronice
Branitz
Zasieki
Bieniów
Stypułów
Czerna
Miodnica
Preschen
Groß Oßnig
Tuplice
Lipinki Łużyckie
Żary (Sorau)
Żagań (Sagan)
Rusinów
Jelenin
Olszyna
Hornow
Marszów
Nysa Neiße
Spremberg
Döbern
Trzebiel
Szprotaw
227
Mirostowice Dolne
Graustein
Schleife
Bad Muskau
Nowe Czaple
Rudawica
Szprotaw
Spremberg
Śliwnik
Łęknica
Schwarze Pumpe
Straszów
Weißwasser
Leszn Gr.
Iłowa
Neustadt
Świętoszów
Podrosche
Przewóz
Burghammer
Gozdnica
Luboszów
Nochten
Klein Priebus
Ruszów
Kwisa
Knappenrode
Rietschen
Parkosz
Boxberg
Sobolice
Lohsa
Uhyst
197
Hähnichen
X
12
87
112
97
15
115
2
3
A2
E30
E6
A4
E36
1
2
3

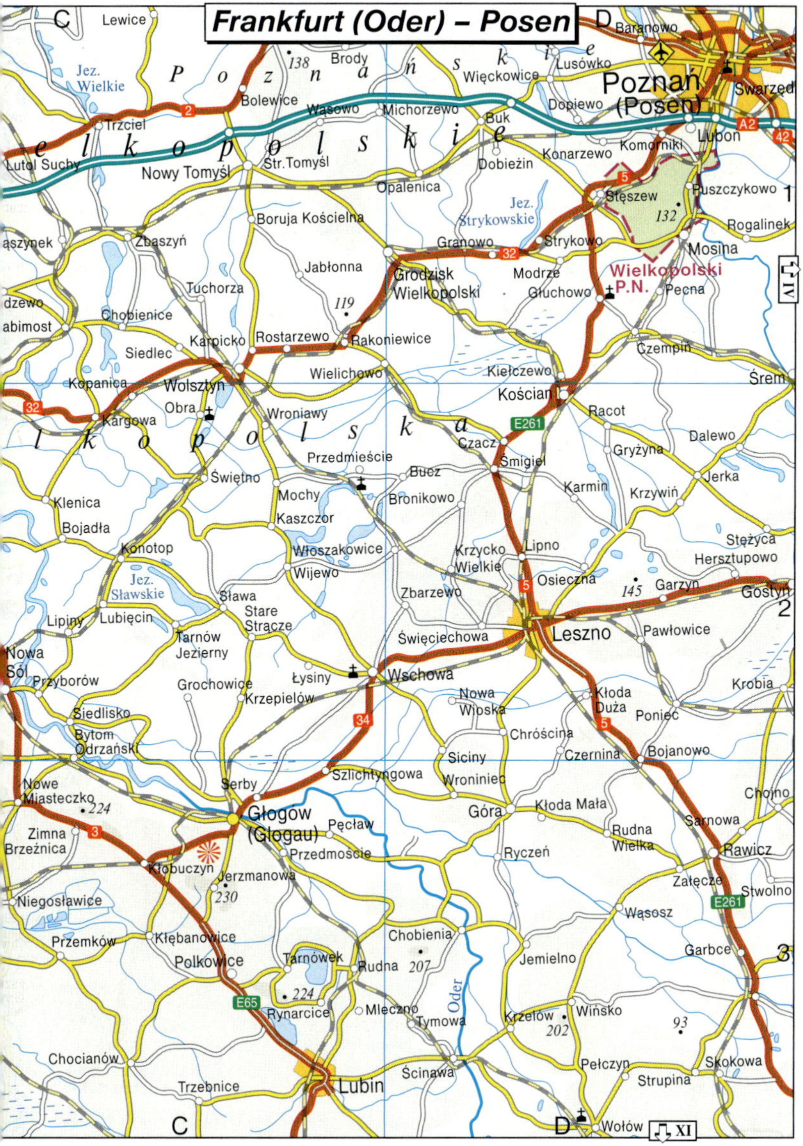
Frankfurt (Oder) – Posen
C
D
Lewice
Jez. Wielkie
Brody
Baranowo
Lusówko
Więckowice
Poznań
(Posen)
Swarzęd
Bolewice
Wąsowo
Michorzewo
Buk
Dopiewo
Trzciel
Lutol Suchy
Nowy Tomyśl
Str. Tomyśl
Dobieżin
Konarzewo
Komorniki
Luboń
Opalenica
Stęszew
Puszczykowo
Jez. Strykowskie
Boruja Kościelna
Rogalinek
Zbąszyń
Granowo
Strykowo
Mosina
Jabłonna
Grodzisk Wielkopolski
Modrze
Głuchowo
Wielkopolski P.N.
Pecna
Tuchorza
Chobienice
Siedlec
Karpicko
Rostarzewo
Rakoniewice
Czempiń
Kopanica
Wolsztyn
Wielichowo
Kiełczewo
Śrem
Kościan
Obra
Kargowa
Wroniawy
Racot
Czacz
Dalewo
Przedmieście
Śmigiel
Gryżyna
Buez
Świętno
Karmin
Jerka
Klenica
Mochy
Bronikowo
Krzywiń
Bojadła
Kaszczor
Konotop
Włoszakowice
Krzycko Wielkie
Lipno
Stężyca
Hersztupowo
Jez. Sławskie
Wijewo
Osieczna
Garzyn
Gostyń
Sława
Zbarzewo
Lipiny
Lubięcin
Stare Strącze
Leszno
Pawłowice
Tarnów Jezierny
Święciechowa
Nowa Sól
Przyborów
Grochowice
Łysiny
Wschowa
Krobia
Krzepielów
Nowa Wioska
Kłoda Duża
Siedlisko
Poniec
Bytom Odrzański
Chróścina
Czernina
Bojanowo
Siciny
Szlichtyngowa
Wroniniec
Nowe Miasteczko
Serby
Chojno
Góra
Kłoda Mała
Głogów (Glogau)
Pęcław
Sarnowa
Zimna
Brzeźnica
Rudna Wielka
Przedmoście
Rawicz
Kłobuczyn
Ryczeń
Jerzmanowa
Załęcze
Stwolno
Niegosławice
Wąsosz
Chobienia
Przemków
Kłębanowice
Jemielno
Garbce
Polkowice
Tarnówek
Rudna
Mleczno
Oder
Krzelów
Wińsko
Rynarcice
Tymowa
Chocianów
Ścinawa
Pełczyn
Strupina
Skokowa
Lubin
Trzebnice
Wołów
IV
XI
Atlas

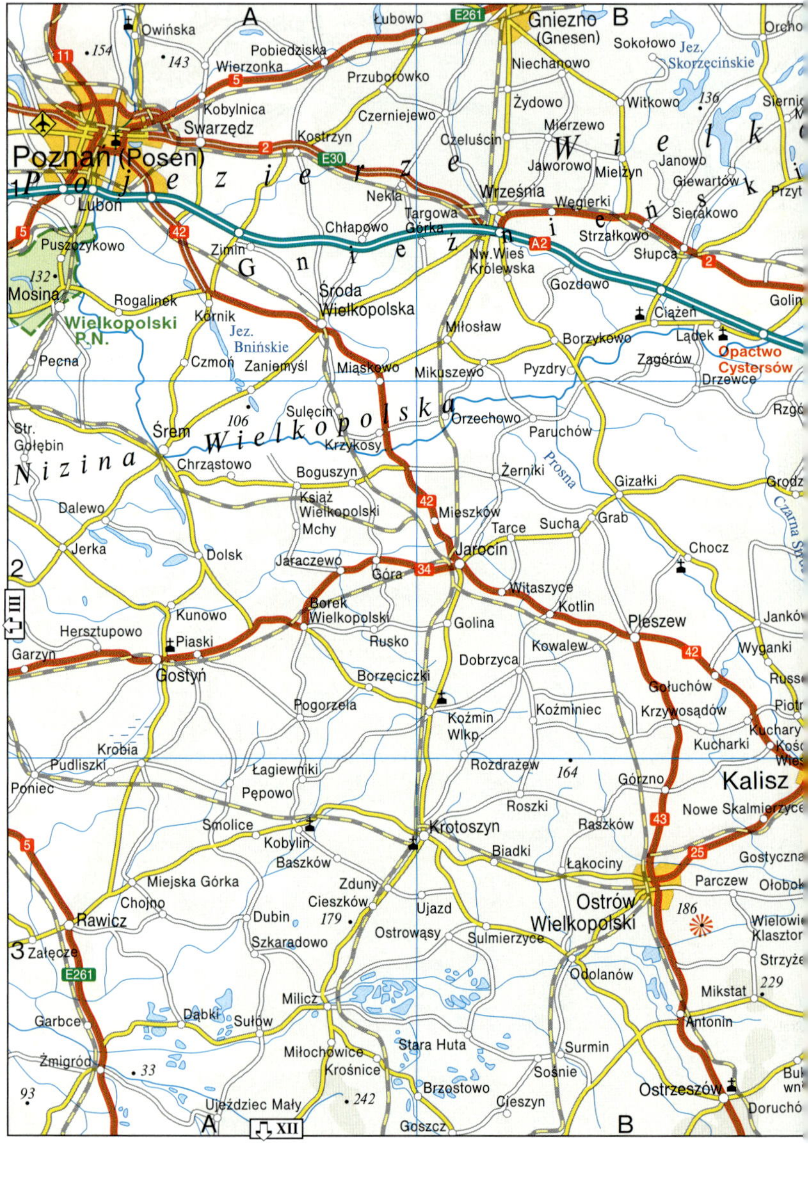

A
B
1
2
3
Poznań (Posen)
Owińska
Pobiedziska
Wierzonka
Kobylnica
Swarzędz
Łubowo
Gniezno
(Gnesen)
Sokołowo
Jez. Skorzecińskie
Przuborówko
Niechanowo
Czerniejewo
Żydowo
Witkowo
Kostrzyn
Czeluścin
Mierzewo
Jaworowo
Mielżyn
Janowo
Giewartów
Nekla
Wrześnie
Węgierki
Sierakowo
Luboń
Targowa Górka
Chłapowo
Strzałkowo
Puszczykowo
Zimin
Nw. Wieś Królewska
Słupca
Mosina
Gozdowo
Rogalinek
Środa Wielkopolska
Ciążeń
Kórnik
Jez. Bnińskie
Miłosław
Lądek
Wielkopolski P.N.
Borzykowo
Opactwo Cystersów
Pecna
Czmoń
Zaniemyśl
Miąskowo
Mikuszewo
Pyzdry
Zagórów
Drzewce
Sulęcin
Orzechowo
Str. Gołębin
Śrem
Paruchów
Krzykosy
Chrząstowo
Boguszyn
Żerniki
Prosna
Gizałki
Książ Wielkopolski
Dalewo
Mchy
Mieszków
Tarce
Sucha
Grab
Jarocin
Chocz
Jerka
Dolsk
Jaraczewo
Góra
Witaszyce
Kotlin
Pleszew
Borek Wielkopolski
Kunowo
Golina
Hersztupowo
Piaski
Rusko
Kowalew
Wyganki
Garzyn
Gostyń
Dobrzyca
Borzęciczki
Gołuchów
Pogorzela
Koźmin Wlkp.
Koźminiec
Krzywosądów
Kuchary
Kucharki
Krobia
Pudliszki
Rozdrażew
Łagiewniki
Górzno
Kalisz
Poniec
Pępowo
Roszki
Nowe Skalmierzyce
Smolice
Krotoszyn
Raszków
Kobylin
Biadki
Gostyczna
Baszków
Łąkociny
Miejska Górka
Zduny
Parczew
Ołobok
Chojno
Cieszków
Ostrów Wielkopolski
Rawicz
Dubin
Ujazd
Wielowieś Klasztorna
Ostrowąsy
Sulmierzyce
Załęcze
Szkaradowo
Odolanów
Strzyżew
Milicz
Mikstat
Garbce
Dąbki
Sułów
Antonin
Stara Huta
Surmin
Żmigród
Miłochowice
Krośnice
Sośnie
Brzostowo
Ostrzeszów
Ujeździec Mały
Cieszyn
Doruchów
Goszcz
Pojezierze Gnieźnieńskie
Pojezierze Wielkopolskie
Nizina Wielkopolska
Czarna Struga
154
143
132
136
106
164
186
179
229
242
33
93
11
5
2
42
34
43
25
E261
E30
A2
III
XII

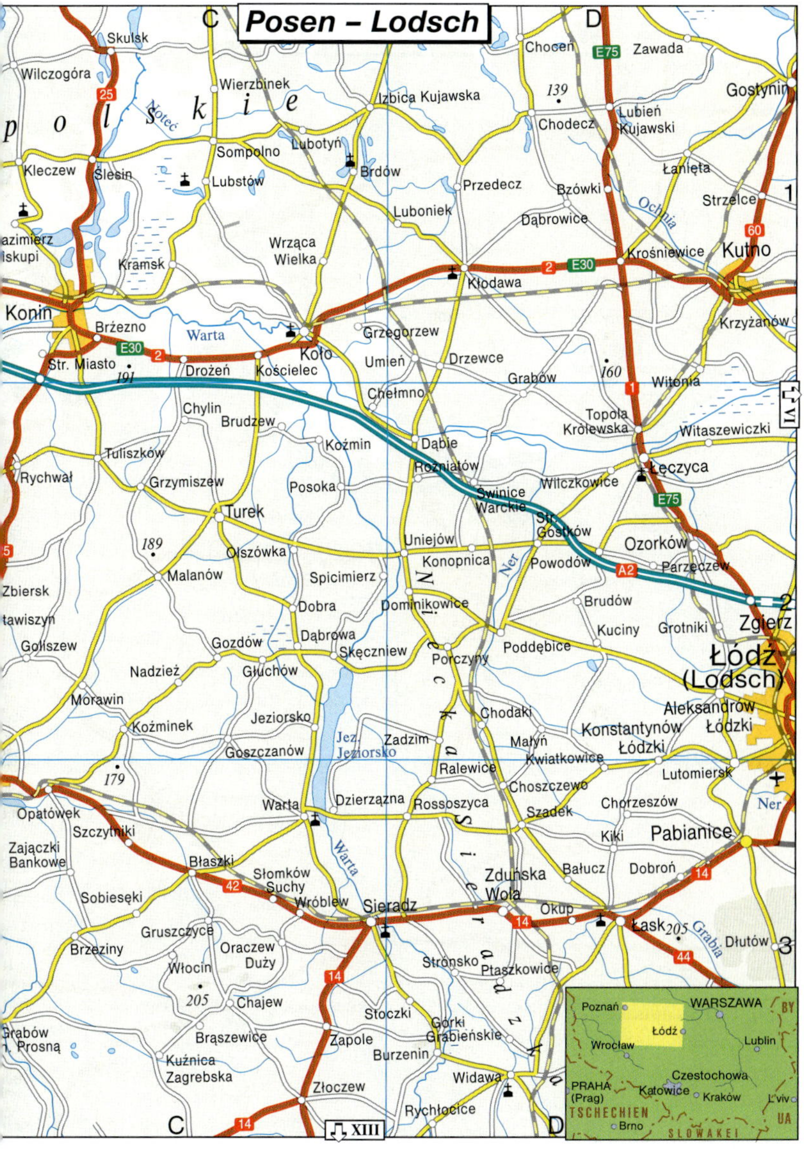
Posen – Lodsch
C
D
1
2
3
VI
XIII
Skulsk
Wilczogóra
Wierzbinek
Izbica Kujawska
Chocen
Zawada
Gostynin
Noteć
p o l s k i e
Lubień Kujawski
Chodecz
Sompolno
Lubotyń
Kleczew
Ślesin
Lubstów
Brdów
Przedecz
Bzówki
Łanięta
Strzelce
Ochnia
Lubionek
Dąbrowice
azimierz iskupi
Wrząca Wielka
Kramsk
Kłodawa
Krośniewice
Kutno
Konin
Brzezno
Warta
Koło
Grzegorzew
Krzyżanów
Str. Miasto
Drożeń
Kościelec
Umień
Drzewce
Grabów
Witonia
Chełmno
Chylin
Brudzew
Koźmin
Dąbie
Topola Królewska
Witaszewiczki
Tuliszków
Rychwał
Grzymiszew
Posoka
Rożniatów
Świnice Warckie
Wilczkowice
Łęczyca
Turek
Str. Gostków
Ozorków
Uniejów
Olszówka
Konopnica
Powodów
Parzęczew
Malanów
Spicimierz
Ner
Zbiersk
Dobra
Dominikowice
Brudów
Zgierz
tawiszyn
Gozdów
Dąbrowa
Kuciny
Grotniki
Goliszew
Skęczniew
Porczyny
Poddębice
Łódź (Lodsch)
Nadzież
Głuchów
Aleksandrów Łódzki
Morawin
Chodaki
Jeziorsko
Konstantynów Łódzki
Koźminek
Zadzim
Małyń
Goszczanów
Jez. Jeziorsko
Kwiatkowice
Lutomiersk
Ralewice
Choszczewo
Opatówek
Dzierzązna
Rossoszyca
Chorzeszów
Warta
Szadek
Szczytniki
Kiki
Pabianice
Zajączki Bankowe
Błaszki
Słomków
Suchy
Zduńska Wola
Bałucz
Dobroń
Sobiesęki
Wróblew
Sieradz
Okup
Łask
Grabia
Dłutów
Gruszczyce
Brzeziny
Oraczew Duży
Strońsko
Ptaszkowice
Włocin
Chajew
Stoczki
Górki Grabieńskie
Grabów n. Prosną
Brąszewice
Zapole
Burzenin
Kuźnica Zagrebska
Widawa
Złoczew
Rychłocice
N i e c k a
S i e r a d z k a
E75
E30
A2
25
2
1
14
42
44
60
139
160
191
189
179
205
Poznań
WARSZAWA
BY
Łódź
Lublin
Wrocław
Czestochowa
PRAHA (Prag)
Katowice
Kraków
L'viv
TSCHECHIEN
Brno
SLOWAKEI
UA

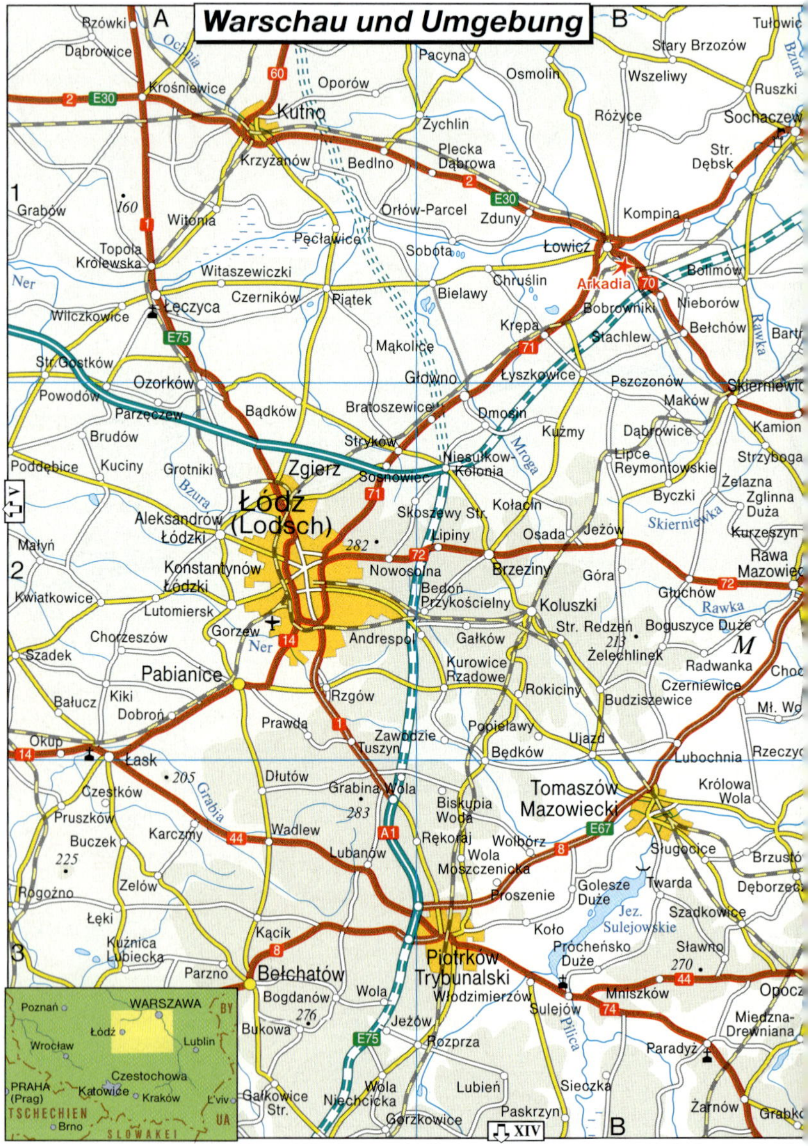
Warschau und Umgebung
A
B
1
2
3
M
Rzówki
Dąbrowice
Krośniewice
Oporów
Kutno
Pacyna
Osmolin
Stary Brzozów
Wszeliwy
Tułowic
Ruszki
Różyce
Sochaczew
Żychlin
Plecka Dąbrowa
Krzyżanów
Bedlno
Str. Dębsk
Grabów
Witonia
Orłów-Parcel
Zduny
Kompina
Pęcławice
Sobota
Łowicz
Topola Królewska
Witaszewiczki
Chruślin
Arkadia
Bolimów
Ner
Czerników
Piątek
Bielawy
Bobrowniki
Nieborów
Łęczyca
Wilczkowice
Krępa
Bełchów
Stachlew
Rawka
Makolice
Str. Gostków
Głowno
Łyszkowice
Pszczonów
Skierniewic
Ozorków
Powodów
Bratoszewice
Maków
Parzęczew
Bądków
Dmosin
Kuźmy
Dąbrowice
Kamion
Brudów
Stryków
Mroga
Lipce Reymontowskie
Strzyboga
Poddębice
Kuciny
Grotniki
Zgierz
Niesułków-Kolonia
Sosnowiec
Żelazna
Bzura
Łódź (Lodsch)
Byczki
Zglinna Duża
Aleksandrów Łódzki
Skoszewy Str.
Kołacin
Skierniewka
Kurzeszyn
Lipiny
Osada
Jeżów
Małyń
282
Rawa Mazowiecka
Konstantynów Łódzki
Nowosolna
Brzeziny
Góra
Kwiatkowice
Bedoń Przykościelny
Głuchów
Lutomiersk
Koluszki
Rawka
Gorzew
Str. Redzeń
Boguszyce Duże
Chorzeszów
Andrespol
Gałków
213
Żelechlinek
Szadek
Kurowice Rządowe
Radwanka
Pabianice
Rokiciny
Czerniewice
Bałucz
Kiki
Rzgów
Budziszewice
Dobroń
Mł. Wo
Prawda
Popielawy
Okup
Zawodzie
Ujazd
Rzeczyc
Łask
Tuszyn
Będków
Lubochnia
205
Dłutów
Grabia
Tomaszów Mazowiecki
Królowa Wola
Czestków
Grabina Wola
Biskupia Wola
Pruszków
283
Karczmy
Wadlew
Rękoraj
Wolbórz
Sługocice
Buczek
Lubanów
Wola Moszczenicka
Brzustó
225
Zelów
Twarda
Rogożno
Proszenie
Golesze Duże
Dęborzec
Łęki
Jez. Sulejowskie
Szadkowice
Kącik
Koło
Kuźnica Lubiecka
Próchenśko Duże
Sławno
Piotrków Trybunalski
270
Parzno
Bełchatów
Opocz
Bogdanów
Wola
Włodzimierzów
Mniszków
276
Sulejów
Bukowa
Jeżów
Miedzna-Drewniana
Rozprza
Paradyż
Pilica
Wola Niechcicka
Lubień
Sieczka
Gałkowice Str.
Żarnów
Gorzkowice
Paskrzyn
Grabko
V
XIV
Poznań
WARSZAWA
BY
Łódź
Wrocław
Lublin
Czestochowa
PRAHA (Prag)
Katowice
Kraków
L'viv
TSCHECHIEN
UA
Brno
SLOWAKEI

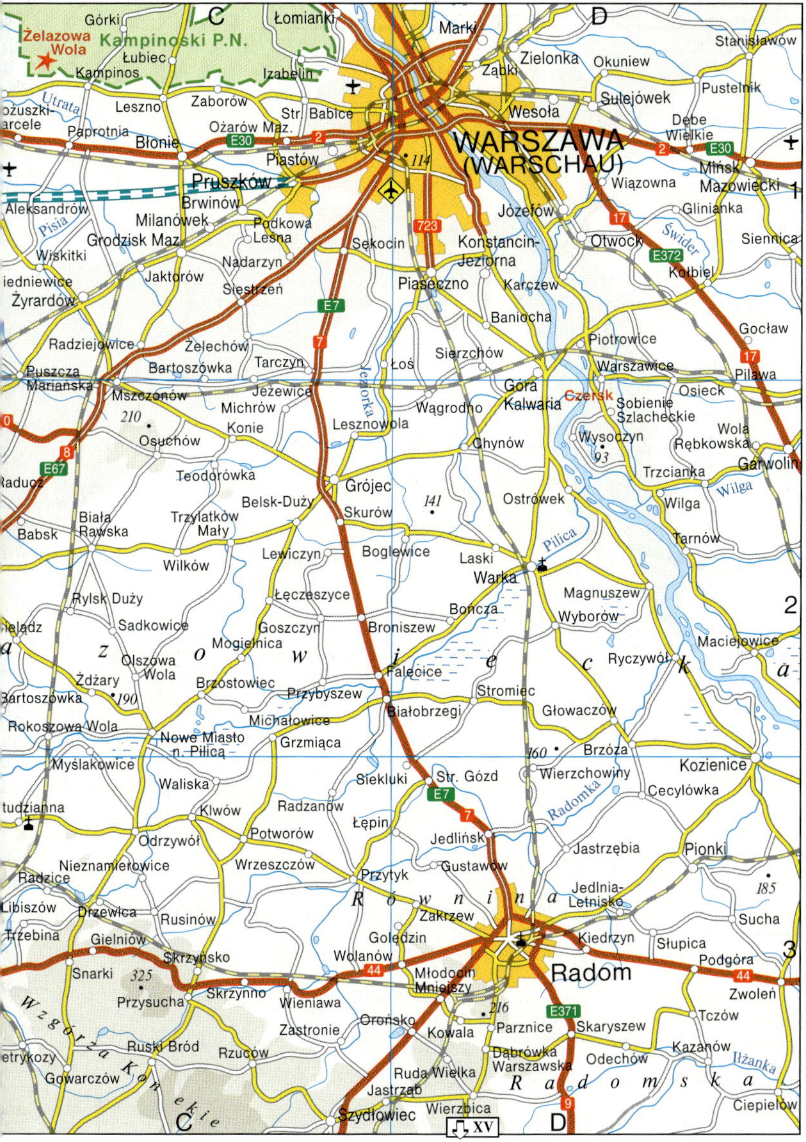
C
D
Górki
Łomianki
Marki
Żelazowa Wola
Kampinoski P.N.
Łubiec
Kampinos
Izabelin
Ząbki
Zielonka
Okuniew
Stanisławów
Utrata
Leszno
Zaborów
Str. Babice
Wesoła
Sulejówek
Pustelnik
Paprotnia
Ożarów Maz.
Błonie
E30
2
WARSZAWA
(WARSCHAU)
Dębe Wielkie
Mińsk Mazowiecki
Piastów
114
Pruszków
Brwinów
Wiązowna
Aleksandrów
Pisia
Milanówek
Podkowa Leśna
723
Józefów
Glinianka
Grodzisk Maz.
Sękocin
Konstancin-Jeziorna
Otwock
17
Świder
Siennica
Wiskitki
Nadarzyn
E372
Kołbiel
Jaktorów
Piaseczno
Karczew
Żyrardów
Siestrzeń
E7
Baniocha
Gocław
Radziejowice
Żelechów
Piotrowice
Sierzchów
7
Bartoszówka
Tarczyn
Łoś
Warszawice
Puszcza Mariańska
Jeziorka
Pilawa
Mszczonów
Jeżewice
Góra Kalwaria
Czersk
Sobienie Szlacheckie
Osieck
Michrów
Wągrodno
210
Konie
Lesznowola
Wola Rębkowska
Osuchów
Wysoczyn
93
Chynów
8
Garwolin
E67
Teodorówka
Trzcianka
Raducz
Grójec
Wilga
Belsk-Duży
141
Ostrówek
Skurów
Wilga
Biała Rawska
Trzylatków Mały
Babsk
Tarnów
Pilica
Lewiczyn
Boglewice
Laski
Wilków
Warka
Magnuszew
Rylsk Duży
Łęczeszyce
Bończa
2
Sieładz
Sadkowice
Goszczyn
Broniszew
Wyborów
Mogielnica
Maciejowice
Olszowa Wola
Ryczywół
Żdżary
Falęcice
190
Brzostowiec
Stromiec
Bartoszówka
Przybyszew
Białobrzegi
Głowaczów
Rokoszowa Wola
Michałowice
Nowe Miasto n. Pilicą
Grzmiąca
160
Brzóza
Kozienice
Myślakowice
Siekluki
Str. Gózd
Wierzchowiny
Waliska
Cecylówka
Radomka
Studzianna
Radzanów
Klwów
Łępin
Potworów
Odrzywół
Jedlińsk
Jastrzębia
Pionki
Nieznamierowice
Wrzeszczów
Przytyk
Gustawów
Radzice
185
Równina
Jedlnia-Letnisko
Libiszów
Drzewica
Zakrzew
Rusinów
Sucha
Trzebina
Gielniów
Goledzin
Kiedrzyn
Słupica
Skrzyńsko
Wolanów
3
Podgóra
44
Snarki
325
Młodocin Mniejszy
Radom
Przysucha
Skrzynno
Wieniawa
Zwoleń
216
E371
Wzgórza Koneckie
Zastronie
Orońsko
Kowala
Parznice
Skaryszew
Tczów
Ruski Bród
Rzuców
Dąbrówka Warszawska
Odechów
Kazanów
Iłżanka
Petrykozy
Gowarczów
Ruda Wielka
Radomska
Jastrząb
9
Wierzbica
Ciepielów
Szydłowiec
XV

Atlas

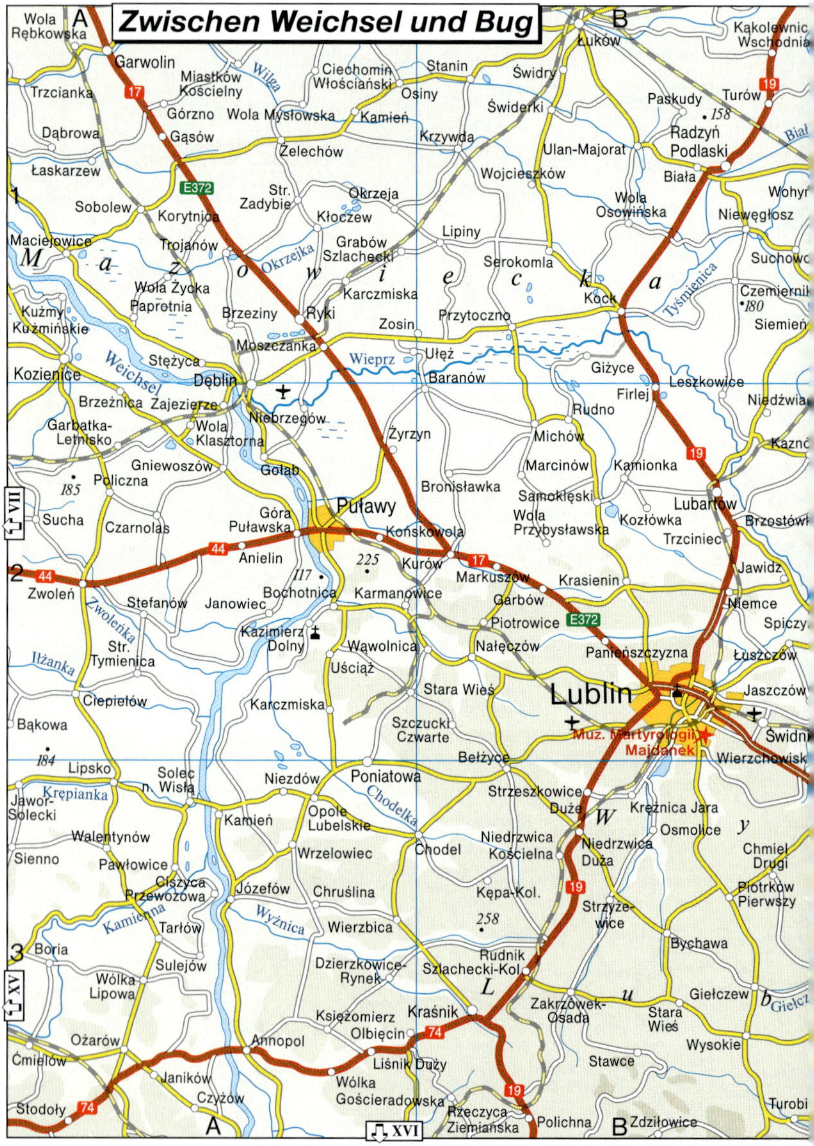
Zwischen Weichsel und Bug
A
B
1
2
3
VII
XV
XVI
Wola Rębkowska
Garwolin
Trzcianka
Miastków Kościelny
Ciechomin Włościański
Stanin
Łuków
Kąkolewnica Wschodnia
Wilga
Świdry
Osiny
Górzno
Wola Mysłowska
Kamień
Świderki
Paskudy
Turów
158
Dąbrowa
Gąsów
Krzywda
Radzyń Podlaski
Żelechów
Ulan-Majorat
Łaskarzew
Biała
Wojcieszków
E372
Str. Zadybie
Okrzeja
Wola Osowińska
Wohyń
Sobolew
Korytnica
Kłoczew
Niewęgłosz
Lipiny
Maciejowice
Grabów Szlachecki
Trojanów
Serokomla
Suchowola
Okrzejka
M a z o w i e c k a
Tyśmienica
Wola Życka
Karczmiska
Kock
Czemierniki
Papnotnia
180
Kuźmy Kuźmińskie
Brzeziny
Ryki
Zosin
Przytoczno
Siemień
Moszczanka
Stężyca
Wieprz
Ułęż
Giżyce
Weichsel
Kozienice
Dęblin
Baranów
Leszkowice
Brzeźnica
Zajezierze
Firlej
Niedźwiada
Rudno
Niebrzegów
Garbatka-Letnisko
Wola Klasztorna
Żyrzyn
Michów
Kaznów
Gniewoszów
Marcinów
Kamionka
Gołąb
Policzna
185
Bronisławka
Samoklęski
Puławy
Lubartów
Sucha
Góra Puławska
Wola Przybysławska
Kozłówka
Brzostówka
Czarnolas
Końskowola
Trzciniec
44
Anielin
225
Kurów
17
Markuszów
Jawidz
Zwoleń
117
Bochotnica
Karmanowice
Krasienin
Stefanów
Janowiec
Garbów
Niemce
Zwoleńka
Piotrowice
Spiczyn
Kazimierz Dolny
Wąwolnica
Nałęczów
Str. Tymienica
Pańeńszczyzna
Łuszczów
Iłżanka
Uściąż
Stara Wieś
Lublin
Jaszczów
Ciepielów
Karczmiska
Bąkowa
Szczucki Czwarte
Muz. Martyrologii Majdanek
Świdnik
184
Bełżyce
Wierzchowiska
Lipsko
Solec n. Wisłą
Niezdów
Poniatowa
Jawor-Solecki
Krępianka
Chodelka
Strzeszkowice Duże
Kamień
Opole Lubelskie
W
Krężnica Jara
Walentynów
Osmolice
y
Chodel
Niedrzwica Kościelna
Niedrzwica Duża
Chmiel Drugi
Sienno
Wrzelowiec
Pawłowice
Ciszyca Przewozowa
Józefów
Kępa-Kol.
19
Piotrków Pierwszy
Chruślina
Strzyżewice
Kamienna
Tarłów
Wyżnica
Wierzbica
258
Bychawa
Boria
Rudnik Szlachecki-Kol.
Sulejów
Dzierzkowice-Rynek
Wólka Lipowa
L
Zakrzówek-Osada
u
Giełczew
b
Giełczew
Stara Wieś
Kraśnik
Księżomierz
Ożarów
Olbięcin
74
Wysokie
Annopol
Ćmielów
Stawce
Liśnik Duży
Janików
Wólka Gościeradowska
Czyżów
Turobin
Stodoły
Rzeczyca Ziemiańska
Polichna
Zdziłowice

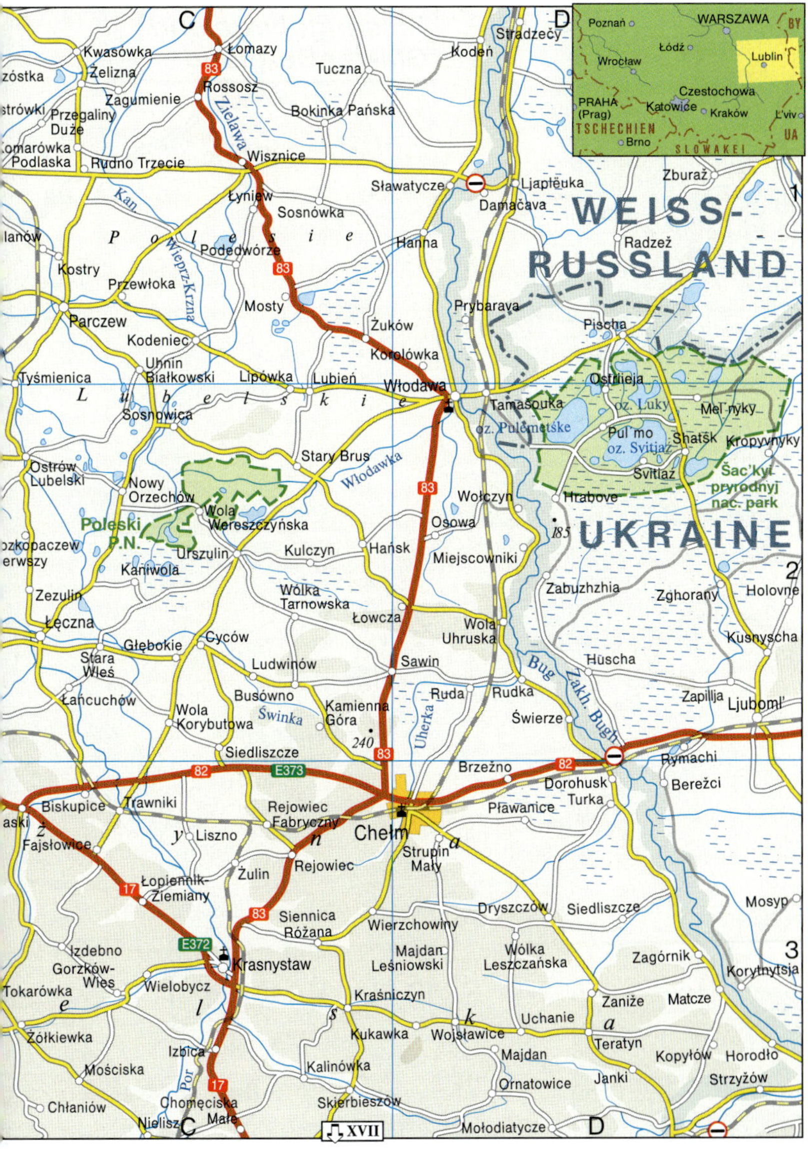
C
D
Poznań
WARSZAWA
BY
Łódź
Wrocław
Lublin
Czestochowa
PRAHA (Prag)
Katowice
Kraków
L'viv
TSCHECHIEN
Brno
SLOWAKEI
UA
Kwasówka
Łomazy
Żelizna
Zagumienie
Przegaliny Duże
Komarówka Podlaska
Rudno Trzecie
Rossosz
Zielawa
Wisznice
Tuczna
Bokinka Pańska
Koden
Stradzečy
Sławatycze
Ljapleuka
Damačava
Zburaż
Łyniew
Sosnówka
Kan. Wieprz-Krzna
P o l e s i e
Podedwórze
Hanna
WEISS-RUSSLAND
Radzež
Kostry
Przewłoka
Mosty
Prybarava
Parczew
Kodeniec
Żuków
Pischa
Korolówka
Uhnin
Białkowski
Tyśmienica
Lipówka
Lubień
Włodawa
Ostrijeja
L u b e l s k i e
Sosnowica
Tamašouka
oz. Luky
Mel'nyky
oz. Pulemetske
Pul'mo
oz. Svitjaz
Shatsk
Kropyvnyky
Stary Brus
Włodawka
Svitiaz
Šac'kyj prypodnyj nac. park
Ostrów Lubelski
Nowy Orzechów
Wola Wereszczyńska
Poleski P.N.
Wołczyn
Hrabove
Osowa
185
UKRAINE
Urszulin
Kulczyn
Hańsk
Miejscowniki
Kaniwola
Zezulin
Wólka Tarnowska
Zabuzhzhia
Zghorany
Holovne
Łowcza
Łęczna
Cyców
Głębokie
Wola Uhruska
Kusnyscha
Stara Wieś
Ludwinów
Sawin
Huscha
Bug
Zakh. Bugh
Łańcuchów
Busówno
Ruda
Rudka
Zapillja
Ljuboml'
Wola Korybutowa
Świnka
Kamienna Góra
Uherka
Świerze
240
Siedliszcze
83
82
E373
Brzeżno
Rymachi
Dorohusk
Berežci
Biskupice
Trawniki
Rejowiec Fabryczny
Turka
Pławanice
Fajsłowice
Liszno
Chełm
Strupin Mały
Rejowiec
Żulin
17
Łopiennik-Ziemiany
Dryszczów
Siedliszcze
Mosyp
Siennica Różana
Wierzchowiny
E372
Izdebno
Majdan Leśniowski
Wólka Leszczańska
Zagórnik
Gorzków-Wieś
Krasnystaw
Korytnytsja
Tokarówka
Wielobycz
Kraśniczyn
Zaniże
Matcze
Żółkiewka
Kukawka
Wojsławice
Uchanie
Teratyn
Izbica
Kopyłów
Horodło
Mościska
Kalinówka
Majdan
Janki
Strzyżów
Por
Ornatowice
Chłaniów
Chomęciska Małe
Skierbieszów
Nielisz
XVII
Mołodiatycze
1
2
3

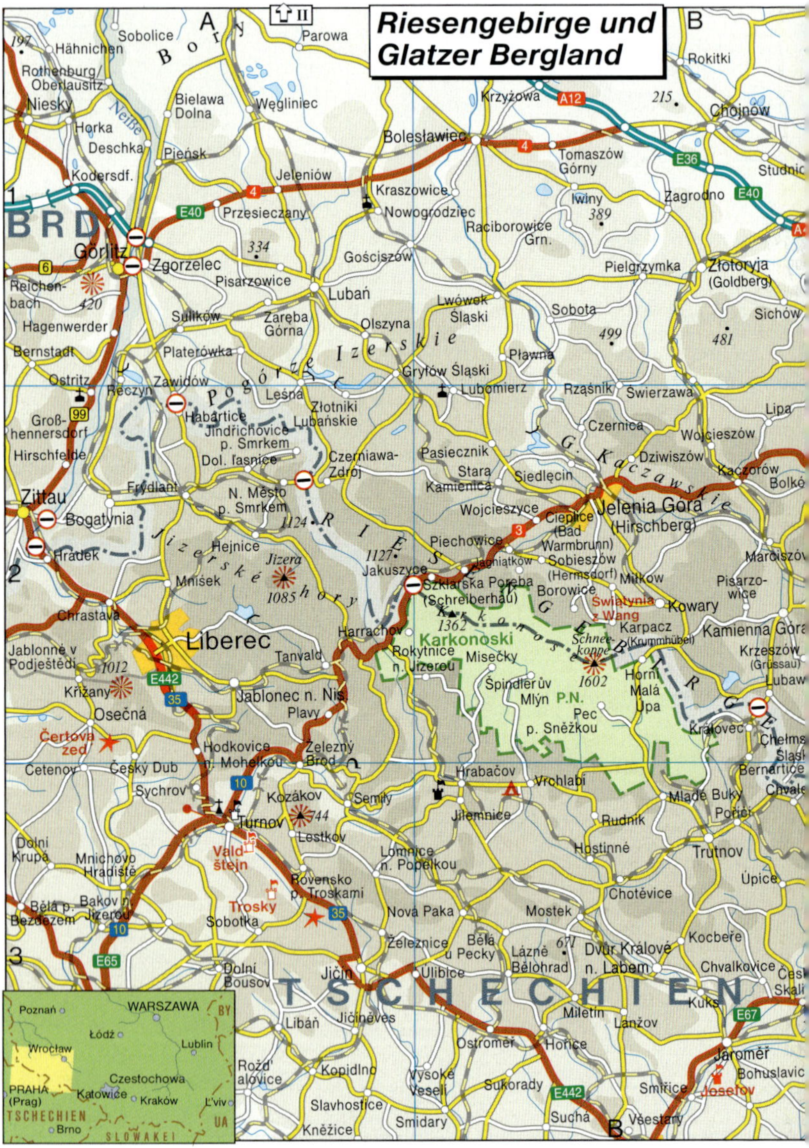
Riesengebirge und Glatzer Bergland
A
B
1
2
3
II
BRD
TSCHECHIEN
Bory
Pogórze Izerskie
Góry Kaczawskie
Jizerské hory
RIESENGEBIRGE
Karkonosze
Karkonoski P.N.
Hähnichen
Sobolice
Parowa
Rokitki
Rothenburg/Oberlausitz
Niesky
Bielawa Dolna
Węgliniec
Krzyżowa
Chojnów
Horka
Deschka
Pieńsk
Bolesławiec
Tomaszów Górny
Studnica
Kodersdf.
Jeleniów
Kraszowice
Iwiny
Zagrodno
Przesieczany
Nowogrodziec
Raciborowice Grn.
Görlitz
Zgorzelec
Gościszów
Pielgrzymka
Złotoryja (Goldberg)
Reichenbach
Pisarzowice
Lubań
Lwówek Śląski
Sobota
Sichów
Hagenwerder
Sulików
Zaręba Górna
Olszyna
Bernstadt
Platerówka
Pławna
Ostritz
Reczyn
Zawidów
Leśna
Gryfów Śląski
Lubomierz
Rząśnik
Świerzawa
Groß-hennersdorf
Habartice
Złotniki Lubańskie
Lipa
Jindřichovice p. Smrkem
Czernica
Wojcieszów
Hirschfelde
Dol. řasnice
Czerniawa-Zdrój
Pasiecznik
Dziwiszów
Stara Kamienica
Siedlęcin
Kaczorów
Bolków
Zittau
Frýdlant
N. Město p. Smrkem
Bogatynia
Wojcieszyce
Cieplice (Bad Warmbrunn)
Jelenia Góra (Hirschberg)
Hrádek
Hejnice
Jizera
Piechowice
Marciszów
Jakuszyce
Jagniątków
Sobieszów (Hermsdorf)
Mníšek
Szklarska Poręba (Schreiberhau)
Borowice
Miłków
Pisarzowice
Chrastava
Świątynia z Wang
Kowary
Karpacz (Krummhübel)
Kamienna Góra
Liberec
Harrachov
Schneekoppe
Jablonné v Podještědí
Tanvald
Rokytnice n. Jizerou
Mísečky
Krzeszów (Grüssau)
Křižany
Jablonec n. Nis.
Špindlerův Mlýn
Horní Malá Úpa
Lubawka
Osečná
Plavy
Pec p. Sněžkou
Královec
Chełmsko Śląskie
Čertova zeď
Hodkovice n. Mohelkou
Železný Brod
Cetenov
Český Dub
Hrabačov
Vrchlabí
Bernartice
Chvaleč
Sychrov
Kozákov
Semily
Jilemnice
Mladé Buky
Poříčí
Turnov
Lestkov
Rudník
Valdštejn
Lomnice n. Popelkou
Hostinné
Trutnov
Dolní Krupá
Mnichovo Hradiště
Rovensko p. Troskami
Úpice
Chotěvice
Bělá p. Bezdězem
Bakov n. Jizerou
Trosky
Nová Paka
Mostek
Sobotka
Kocbeře
Železnice
Bělá u Pecky
Lázně Bělohrad
Dvůr Králové n. Labem
Chvalkovice
Česká Skalice
Dolní Bousov
Jičín
Úlibice
Miletín
Kuks
Libáň
Jičíněves
Lanžov
Ostroměř
Hořice
Jaroměř
Rožďalovice
Kopidlno
Vysoké Veselí
Sukorady
Smiřice
Josefov
Bohuslavice
Slavhostice
Smidary
Suchá
Všestary
Kněžice
197
215
389
334
420
499
481
1124
1127
1085
1362
1602
1012
744
671
A4
A12
E36
E40
E442
E65
E67
4
6
3
99
35
10
Neiße
Poznań
WARSZAWA
Łódź
Wrocław
Lublin
Czestochowa
PRAHA (Prag)
Katowice
Kraków
L'viv
Brno
TSCHECHIEN
SLOWAKEI
BY
UA

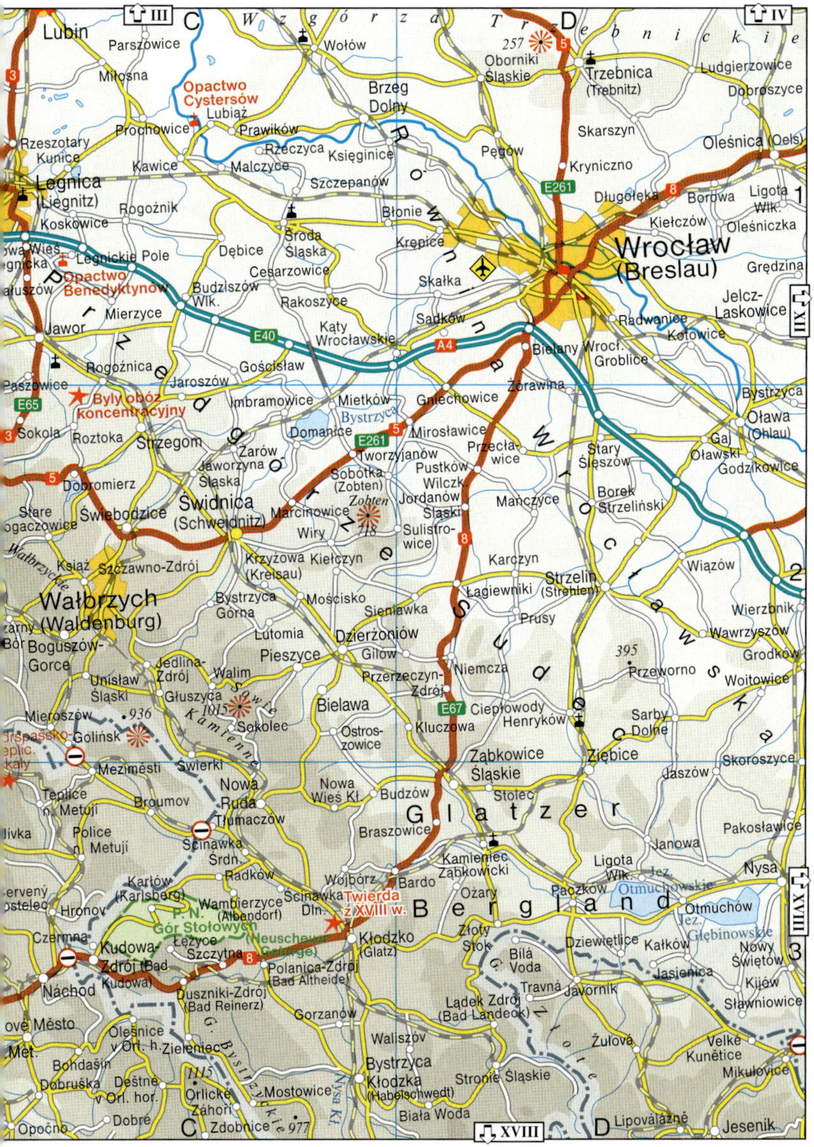
III
IV
XII
XVIII
XVII
XV
C
D
1
2
3
Wzgórza Trzebnickie
Lubin
Parszowice
Wołów
Oborniki Śląskie
Trzebnica (Trebnitz)
Ludgierzowice
Dobroszyce
Miłosna
Opactwo Cystersów
Lubiąż
Brzeg Dolny
Prochowice
Prawików
Rzeczyca
Księginice
Skarszyn
Oleśnica (Oels)
Rzeszotary
Kunice
Kawice
Malczyce
Pęgów
Kryniczno
Legnica (Liegnitz)
Szczepanów
E261
Długołęka
Borowa
Ligota Wlk.
Rogoźnik
Błonie
Kiełczów
Oleśniczka
Koskowice
Środa Śląska
Krępice
Wrocław (Breslau)
Legnickie Pole
Dębice
Skałka
Gręndzina
Opactwo Benedyktynów
Cesarzowice
Jelcz-Laskowice
Budziszów Wlk.
Rakoszyce
Sadków
Radwanice
Kotowice
Mierzyce
Kąty Wrocławskie
E40
A4
Bielany Wrocł.
Jawor
Groblice
Rogoźnica
Gościsław
Jaroszów
Żórawina
Paszowice
Były obóz koncentracyjny
Imbramowice
Mietków
Gniechowice
Bystrzyca
Oława (Ohlau)
E65
Bystrzyca
Sokola
Roztoka
Domanice
Mirosławice
Strzegom
E261
Przecławice
Stary Śleszów
Gaj Oławski
Żarów
Tworzyjanów
Godzikowice
Jaworzyna Śląska
Sobótka (Zobten)
Pustków Wilczk.
Dobromierz
Jordanów Śląski
Mańczyce
Borek Strzeliński
Stare Bogaczowice
Świebodzice
Świdnica (Schweidnitz)
Marcinowice
Zobten
718
Sulistrowice
Wiry
Karczyn
Wiązów
Książ
Szczawno-Zdrój
Krzyżowa
Kiełczyn
Kreisau
Strzelin (Strehlen)
Wałbrzych (Waldenburg)
Łagiewniki
Bystrzyca Górna
Mościsko
Sieniawka
Prusy
Wierzbnik
Boguszów-Gorce
Lutomia
Dzierżoniów
Wawrzyszów
Jedlina-Zdrój
Pieszyce
Gilów
395
Przeworno
Grodków
Unisław Śląski
Walim
Przerzeczyn-Zdrój
Niemcza
Woitowice
Głuszyca
1015
Góry Sowie
Bielawa
E67
Ciepłowody
Henryków
Sarby Dolne
Mieroszów
936
Kamienne
Sokolec
Kluczowa
Golińsk
Ostroszowice
Ząbkowice Śląskie
Ziębice
Skoroszyce
Meziměstí
Świerki
Jaszów
Nowa Ruda
Nowa Wieś Kł.
Budzów
Stolec
Teplice n. Metují
Broumov
Tłumaczów
Glatzer Bergland
Braszowice
Pakosławice
Police n. Metují
Ścinawka Śrdn.
Janowa
Kamieniec Ząbkowicki
Ligota Wlk.
Jez. Otmuchowskie
Nysa
Radków
Wojbórz
Bardo
Kartów (Karlsberg)
Ożary
Paczków
Hronov
Wambierzyce (Albendorf)
Ścinawka Dln.
Twierdza z XVIII w.
Otmuchów
P. N. Gór Stołowych
Heuscheuer Gebirge
Jez. Głębinowskie
Czermna
Łężyce
Kłodzko (Glatz)
Złoty Stok
Dziewiętlice
Kałków
Nowy Świętów
Kudowa-Zdrój (Bad Kudowa)
Szczytna
Polanica-Zdrój (Bad Altheide)
Bílá Voda
Jasienica
Náchod
Duszniki-Zdrój (Bad Reinerz)
Travná
Javorník
Kijów
Lądek Zdrój (Bad Landeck)
Sławniowice
Nové Město n. Met.
Olešnice v Orl. h.
Zieleniec
Gorzanów
Góry Złote
Waliszów
Żulová
Velké Kunětice
Bohdašín
1115
Bystrzyca Kłodzka (Habelschwedt)
Mikulovice
Dobruška
Deštné v Orl. hor.
Orlické Záhoří
Mostowice
Nysa Kł.
Stronie Śląskie
Góry Bystrzyckie
Biała Woda
Opočno
Dobré
Zdobnice
977
Lipová-lázně
Jeseník

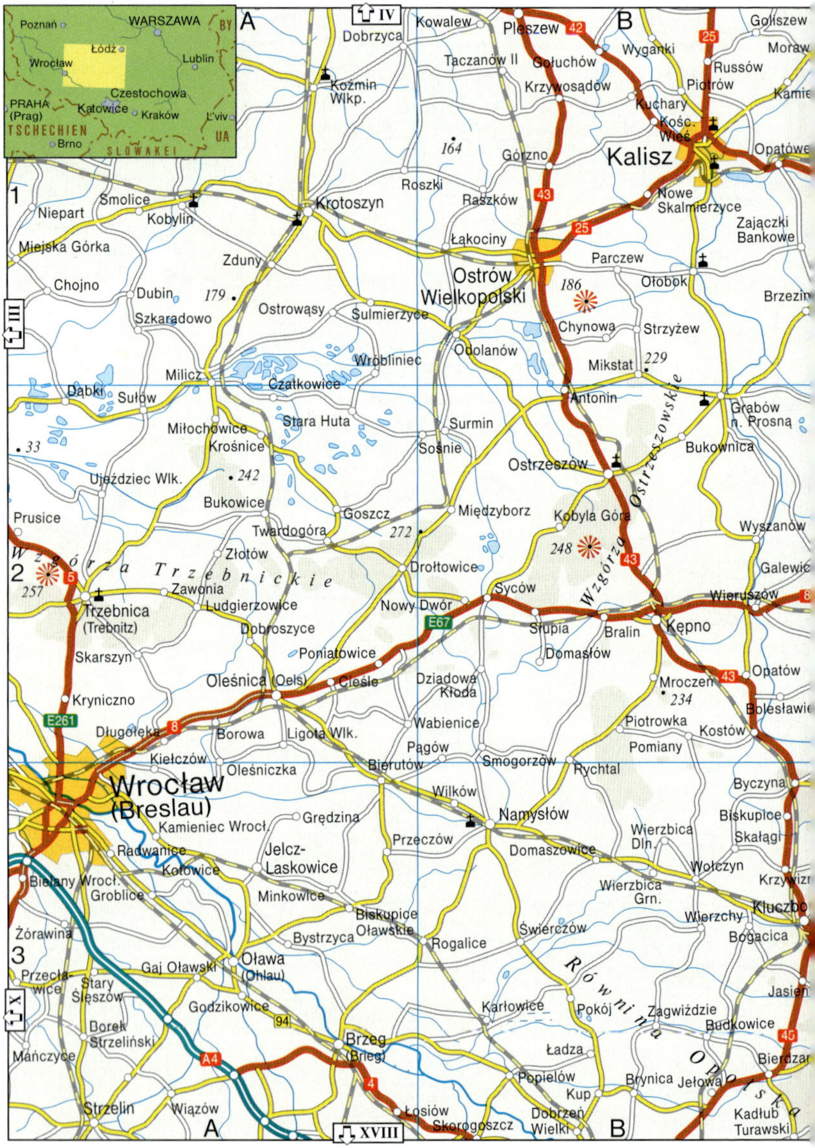
Poznań
WARSZAWA
BY
Łódź
Wrocław
Lublin
Czestochowa
PRAHA (Prag)
Katowice
Kraków
L'viv
TSCHECHIEN
UA
Brno
SLOWAKEI
A
IV
B
XVIII
III
X
1
2
3
Kowalew
Dobrzyca
Pleszew
42
Wyganki
25
Goliszew
Moraw
Taczanów II
Gołuchów
Russów
Koźmin Wlkp.
Krzywosądów
Piotrów
Kuchary
Kamie
Kość. Wieś
164
Górzno
Kalisz
Opatówe
Roszki
Raszków
43
Nowe Skalmierzyce
Smolice
Niepart
Kobylin
Krotoszyn
Zajączki Bankowe
Łąkociny
Miejska Górka
Zduny
Parczew
Chojno
Ostrów Wielkopolski
Ołobok
186
Dubin
179
Brzezin
Ostrowąsy
Sulmierzyce
Szkaradowo
Chynowa
Strzyżew
Odolanów
Wróbliniec
229
Mikstat
Milicz
Czatkowice
Antonin
Dąbki
Sułów
Grabów n. Prosną
Miłochowice
Stara Huta
Surmin
33
Krośnice
Sośnie
Bukownica
Ostrzeszów
242
Ujeździec Wlk.
Bukowice
Goszcz
Międzyborz
Prusice
Kobyla Góra
Wyszanów
Twardogóra
272
Złotów
248
Wzgórza Trzebnickie
Wzgórza Ostrzeszowskie
Drołtowice
Galewic
257
5
Zawonia
Syców
Trzebnica (Trebnitz)
Ludgierzowice
Nowy Dwór
Wieruszów
E67
Słupia
Bralin
Kępno
Dobroszyce
Domasłów
Skarszyn
Poniatowice
Opatów
Oleśnica (Oels)
Cieśle
Dziadowa Kłoda
Mroczeń
234
Kryniczno
Bolesławie
E261
Wabienice
Piotrowka
Długołęka
8
Borowa
Ligota Wlk.
Kostów
Pomiany
Pągów
Kiełczów
Smogorzów
Bierutów
Oleśniczka
Rychtal
Wrocław (Breslau)
Byczyna
Wilków
Gręzdina
Namysłów
Biskupice
Kamieniec Wrocł.
Wierzbica Dln.
Skałągi
Przeczów
Domaszowice
Radwanice
Jelcz-Laskowice
Kotowice
Wołczyn
Bielany Wrocł.
Krzywizn
Groblice
Wierzbica Grn.
Minkowice
Kluczbo
Wierzchy
Biskupice Oławskie
Żórawina
Świerczów
Bogacica
Bystrzyca
Rogalice
Oława (Ohlau)
Równina Opolska
Gaj Oławski
Przecława-wice
Stary Ślęszów
Jasien
Godzikowice
Karłowice
Pokój
Zagwiździe
94
Budkowice
Borek Strzeliński
Brzeg (Brieg)
45
Mańczyce
A4
Ładza
Bierdzan
4
Popielów
Brynica
Jełowa
Kup
Strzelin
Wiązów
Łosiów
Dobrzeń Wielki
Kadłub Turawski
Skorogoszcz

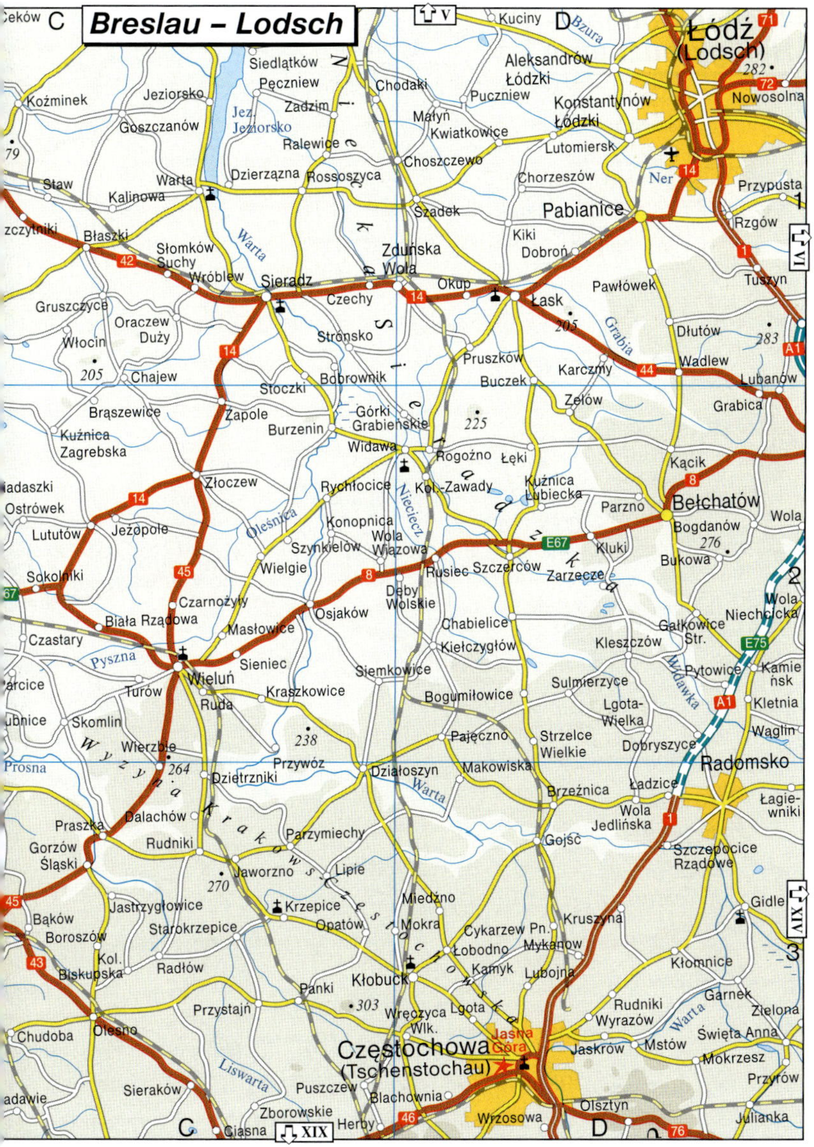
Breslau – Lodsch
C
D
V
Łódź
(Lodsch)
282
71
72
Nowosolna
Kuciny
Bzura
Aleksandrów
Łódzki
Konstantynów
Łódzki
Siedlątków
Pęczniew
Zadzim
Chodaki
Poczniew
Jez.
Jeziorsko
Koźminek
Jeziorsko
Goszczanów
Małyń
Kwiatkowice
Lutomiersk
Ralewice
79
Staw
Warta
Kalinowa
Dzierzązna
Rossoszyca
Choszczewo
Chorzeszów
Ner
14
Przypusta
zczytniki
Błaszki
42
Słomków
Suchy
Wróblew
Warta
Szadek
Zduńska
Wola
Pabianice
Kiki
Dobroń
Rzgów
1
VI
Tuszyn
Sieradz
Czechy
Okup
Łask
Pawłówek
Gruszczyce
Oraczew
Duży
Włocin
205
Stronsko
Pruszków
205
Grabia
Dłutów
283
Wadlew
A1
Lubanów
Karczmy
44
Buczek
Chajew
Stoczki
Bobrownik
Zelów
Grabica
Brąszewice
Zapole
Burzenin
Górki
Grabieńskie
225
Kuźnica
Zagrebska
Widawa
Rogoźno
Łęki
Kącik
8
Niemce
Sieradzka
Wyżyna Wieluńska
adaszki
Złoczew
Rychłocice
Kol.-Zawady
Kuźnica
Lubiecka
Parzno
Bełchatów
Ostrówek
Lututów
Jeżopole
Oleśnica
Konopnica
Wola
Wiązowa
Nieciecz
E67
Kluki
Bogdanów
276
Wola
Bukowa
Szynkielów
Wielgie
Rusiec
Szczerców
Zarzecze
Sokolniki
67
45
Czarnożyły
Dęby
Wolskie
2
Wola
Niechcicka
Biała Rządowa
Osjaków
Chabielice
Gałkowice
Str.
Czastary
Masłowice
Kiełczygłów
Kleszczów
E75
Pyszna
Sieniec
Siemkowice
Pytowice
Kamieńsk
arcice
Turów
Wieluń
Ruda
Kraszkowice
Bogumiłowice
Sulmierzyce
Widawka
Lgota-
Wielka
A1
Kletnia
ubnice
Skomlin
238
Pajęczno
Strzelce
Wielkie
Dobryszyce
Waglin
Wierzbie
Przywóz
Prosna
264
Dzietrzniki
Działoszyn
Makowiska
Radomsko
Warta
Brzeźnica
Ładzice
Łagiewniki
Praszka
Dalachów
Wyżyna Krakowsko-Częstochowska
Wola
Jedlińska
1
Gorzów
Śląski
Rudniki
Parzymiechy
Gojść
Szczepocice
Rządowe
Jaworzno
Lipie
270
45
Miedźno
Gidle
XIV
Bąków
Jastrzygłowice
Krzepice
Kruszyna
Boroszów
Starokrzepice
Opatów
Mokra
Cykarzew Pn.
Łobodno
Mykanów
3
43
Kol.
Biskupska
Radłów
Kamyk
Kłomnice
Kłobuck
Lubojna
Panki
Garnek
Przystajń
303
Lgota
Rudniki
Wyrazów
Zielona
Chudoba
Olesno
Wręczyca
Wlk.
Jasna
Góra
Warta
Święta Anna
Częstochowa
(Tschenstochau)
Jaskrów
Mstów
Mokrzesz
Liswarta
Przyrów
Sieraków
Puszczew
Blachownia
adawie
Olsztyn
Zborowskie
46
Wrzosowa
Julianka
C
Ciasna
XIX
Herby
D
76

Atlas

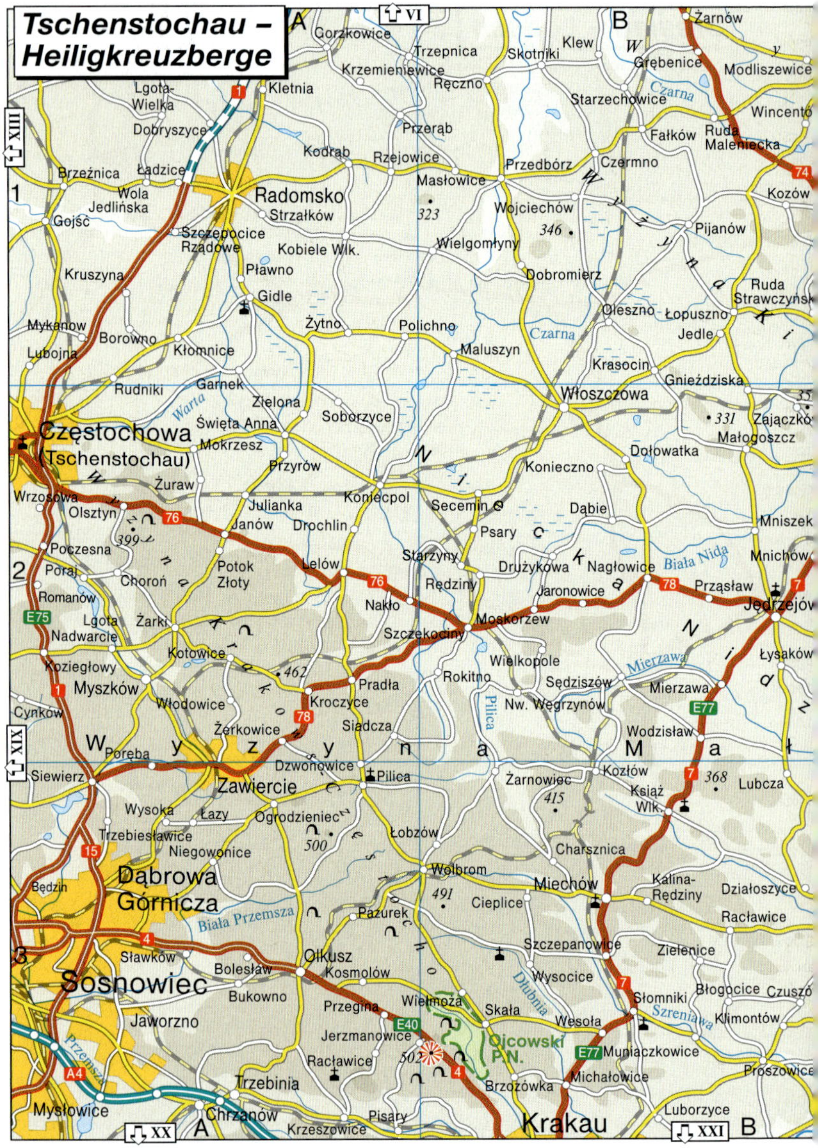
Tschenstochau – Heiligkreuzberge
VI
XIII
XIX
XX
XXI
A
B
1
2
3
Żarnów
Gorzkowice
Trzepnica
Skotniki
Klew
Grębenice
Modliszewice
Krzemieniewice
Ręczno
Lgota-Wielka
Kletnia
Starzechowice
Czarna
Dobryszyce
Przerąb
Wincentó
Fałków
Ruda Maleniecka
Kodrąb
Rzejowice
Czermno
Brzeźnica
Ładzice
Predbórz
Masłowice
Wola Jedlińska
Radomsko
Kozów
Strzałków
Wojciechów
Gojść
323
346
Pijanów
Szczepocice Rządowe
Kobiele Wlk.
Wielgomłyny
Kruszyna
Pławno
Dobromierz
Ruda Strawczyńsk
Gidle
Oleszno
Łopuszno
Żytno
Jedle
Mykanów
Polichno
Borowno
Czarna
Kłomnice
Maluszyn
Lubojna
Krasocin
Rudniki
Garnek
Gnieździska
Włoszczowa
Zielona
Warta
Soborzyce
Święta Anna
331
Zajączkó
Częstochowa (Tschenstochau)
Mokrzesz
Małogoszcz
Dołowatka
Przyrów
Konieczno
Żuraw
Wrzosowa
Koniecpol
Secemin
Dąbie
Julianka
Olsztyn
76
Janów
Drochlin
Mniszek
Psary
399
Poczesna
Potok Złoty
Starzyny
Drużykowa
Nagłowice
Biała Nida
Mnichów
Lelów
Poraj
Choroń
76
Rędziny
78
Prząsław
7
Romanów
Jaronowice
Jędrzejów
Nakło
E75
Lgota Nadwarcie
Żarki
Moskorzew
Szczekociny
Łysaków
Kotowice
Wielkopole
Koziegłowy
462
Mierzawa
Rokitno
Pradła
Sędziszów
1
Myszków
Mierzawa
Pilica
Kroczyce
Cynków
Włodowice
Nw. Węgrzynów
E77
78
Siadcza
Żerkowice
Wodzisław
Poręba
Wyżyna Małopolska
Dzwonowice
Pilica
Kozłów
Siewierz
Żarnowiec
7
368
Zawiercie
Lubcza
Książ Wlk.
415
Wysoka
Łazy
Ogrodzieniec
Łobzów
Trzebiesławice
Charsznica
500
Niegowonice
15
Wolbrom
Kalina-Rędziny
Działoszyce
Będzin
Dąbrowa Górnicza
Miechów
491
Cieplice
Racławice
Biała Przemsza
Pazurek
4
Szczepanowice
Zielenice
Sławków
Olkusz
Bolesław
Kosmolów
Wysocice
Sosnowiec
7
Błogocice
Czuszó
Bukowno
Wielmoża
Słomniki
Przeginia
Skała
Dłubnia
Szreniawa
Wesoła
Klimontów
Jaworzno
E40
Jerzmanowice
Ojcowski P.N.
E77
Muniaczkowice
502
Racławice
4
Michałowice
Proszowice
A4
Przemsza
Trzebinia
Brzozówka
Mysłowice
Chrzanów
Pisary
Luborzyce
Krzeszowice
Krakau
Wyżyna Krakowsko-Częstochowska
Wyżyna Przedborska
Niecka Nidziańska

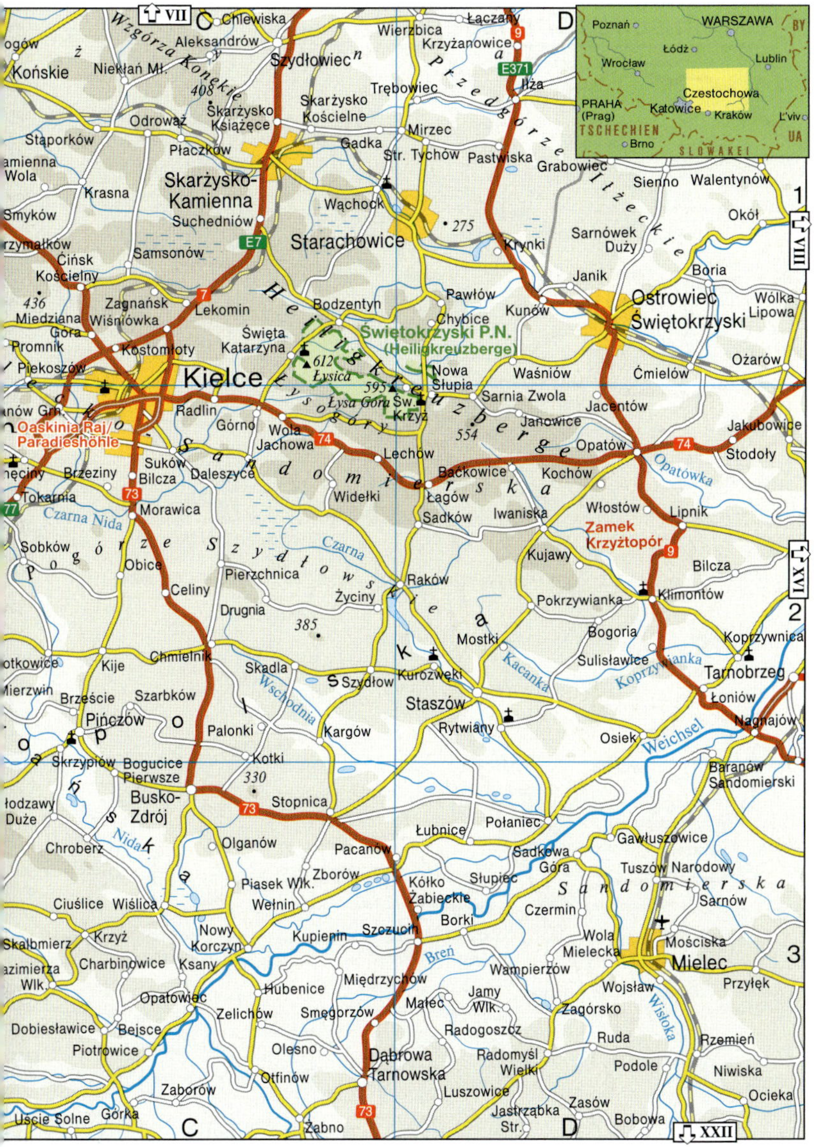
VII
C
D
Chlewiska
Łączany
Wierzbica
Krzyżanowice
Końskie
Niekłań Mł.
Aleksandrów
Wzgórza Koneckie
Szydłowiec
Przedgórze Iłżeckie
E371
Iłża
408
Skarżysko Książęce
Skarżysko Kościelne
Trębowiec
Odrowąż
Mirzec
Stąporków
Płaczków
Gadka
Str. Tychów
Pastwiska
Grabowiec
Kamienna Wola
Skarżysko-Kamienna
Krasna
Sienno
Walentynów
Wąchock
Suchedniów
Smyków
275
Okół
Starachowice
Krynki
Sarnówek Duży
E7
Samsonów
Ćińsk Kościelny
Janik
Boria
Pawłów
Ostrowiec Świętokrzyski
Wólka Lipowa
436
Zagnańsk
Lekomin
Bodzentyn
Kunów
Miedziana Góra
Wiśniówka
Święta Katarzyna
Chybice
Świętokrzyski P.N. (Heiligkreuzberge)
Heiligkreuzberge
Promnik
Kostomłoty
612 Łysica
Ożarów
Piekoszów
Kielce
595
Nowa Słupia
Waśniów
Ćmielów
Łysa Góra
Św. Krzyż
Sarnia Zwola
Jacentów
Łysogóry
Radlin
Górno
Janowice
Oaskinia Raj/ Paradieshöhle
Wola Jachowa
74
554
Jakubowice
Opatów
Stodoły
Suków
Lechów
Chęciny
Brzeziny
Bilcza
Daleszyce
Bałkowice
Kochów
Opatówka
Łagów
Tokarnia
73
Widełki
Włostów
Lipnik
Czarna Nida
Morawica
Sadków
Iwaniska
Zamek Krzyżtopór
Sobków
Kujawy
9
Bilcza
Obice
Czarna
XVI
Pierzchnica
Raków
Celiny
Życiny
Pokrzywianka
Klimontów
Drugnia
2
385
Mostki
Bogoria
Koprzywnica
Chmielnik
Kije
Sulisławice
Skadla
Szydłów
Kurozwęki
Kacanka
Koprzywianka
Tarnobrzeg
Brzeście
Szarbków
Wschodnia
Staszów
Łoniów
Pińczów
Palonki
Kargów
Rytwiany
Osiek
Nagnajów
Weichsel
Skrzypiów
Bogucice Pierwsze
Kotki
Baranów Sandomierski
330
Busko-Zdrój
Stopnica
Chroberz
Nida
Olganów
Łubnice
Połaniec
Pacanów
Sadkowa Góra
Gawłuszowice
Zborów
Tuszów Narodowy
Piasek Wlk.
Kółko Żabieckie
Słupiec
Sandomierska
Ciuślice
Wiślica
Wełnin
Czermin
Sarnów
Borki
Skalbmierz
Krzyż
Nowy Korczyn
Kupienin
Szczucin
Wola Mielecka
Mościska
Kazimierza Wlk.
Charbinowice
Ksany
Breń
Wampierzów
Mielec
3
Hubenice
Międzychów
Wojsław
Przyłęk
Opatowiec
Jamy Wlk.
Zelichów
Smęgorzów
Małec
Zagórsko
Wisłoka
Dobiesławice
Bejsce
Radogoszcz
Ruda
Rzemień
Piotrowice
Olesno
Dąbrowa Tarnowska
Radomyśl Wielki
Podole
Niwiska
Otfinów
Luszowice
Ocieka
Zaborów
Zasów
Ujście Solne
Górka
Żabno
Jastrząbka Str.
Bobowa
XXII
1
VIII
Poznań
WARSZAWA
Łódź
Wrocław
Lublin
Częstochowa
PRAHA (Prag)
Katowice
Kraków
L'viv
TSCHECHIEN
Brno
SLOWAKEI
BY
UA

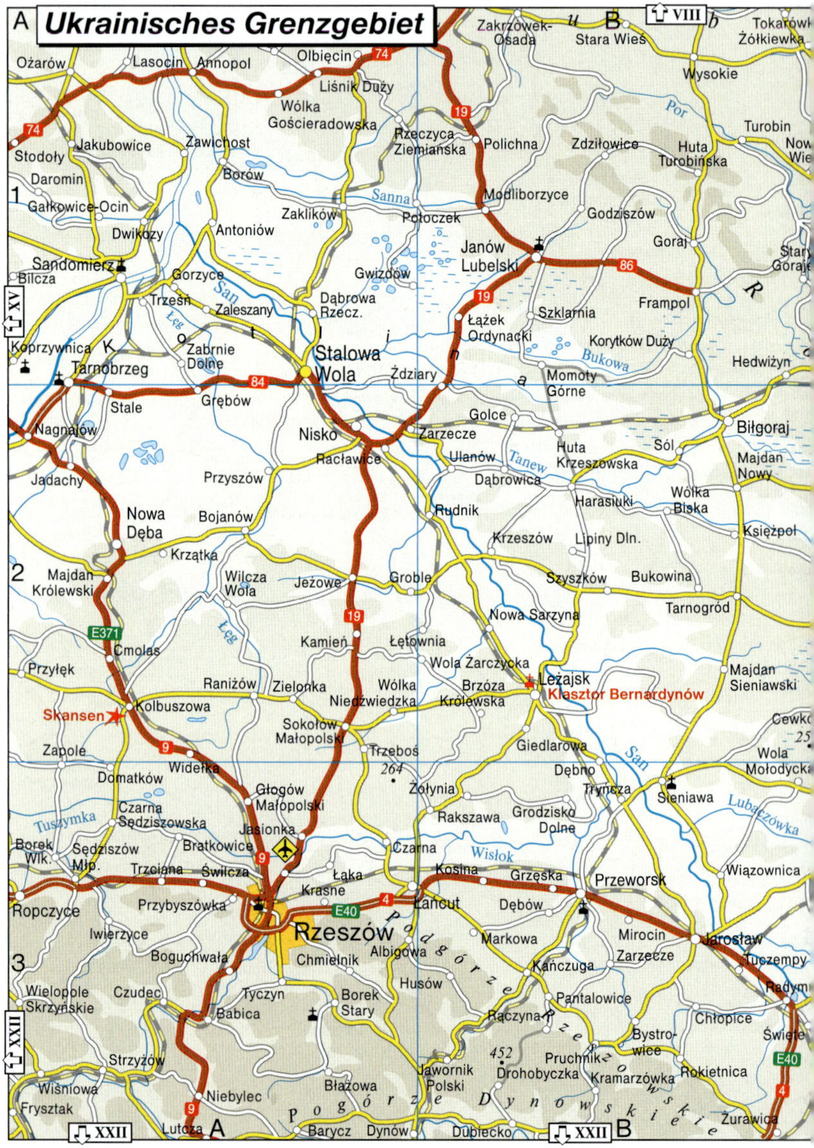

Ukrainisches Grenzgebiet
A
B
VIII
XV
XXII
XXII
XXII
1
2
3
Ożarów
Lasocin
Annopol
Olbięcin
74
Zakrzówek-Osada
Stara Wieś
Tokarówka
Żółkiewka
Wysokie
Lisnik Duży
Wólka Gościeradowska
19
Por
Turobin
Stodoły
Jakubowice
Zawichost
Rzeczyca Ziemiańska
Polichna
Zdziłowice
Huta Turobińska
Daromin
Borów
Gałkowice-Ocin
Sanna
Modliborzyce
Zaklików
Potoczek
Godziszów
Dwikozy
Antoniów
Goraj
Janów Lubelski
Sandomierz
86
Bilcza
Gorzyce
Gwizdów
Frampol
Trześń
San
Dąbrowa Rzecz.
Zaleszany
Łążek Ordynacki
Szklarnia
Łęg
Koprzywnica
Zabrnie Dolne
Stalowa Wola
Korytków Duży
Tarnobrzeg
84
Żdziary
Bukowa
Hedwiżyn
Momoty Górne
Stale
Grębów
Golce
Nagnajów
Nisko
Zarzecze
Biłgoraj
Racławice
Ulanów
Tanew
Huta Krzeszowska
Sól
Majdan Nowy
Jadachy
Przyszów
Dąbrowica
Harasiuki
Wólka Biska
Rudnik
Nowa Dęba
Bojanów
Krzeszów
Lipiny Dln.
Księżpol
Krzątka
Majdan Królewski
Wilcza Wola
Jeżowe
Groble
Szyszków
Bukowina
Tarnogród
E371
Nowa Sarzyna
Kamień
Łętownia
Cmolas
Wola Żarczycka
Przyłęk
Majdan Sieniawski
Leżajsk
Raniżów
Zielonka
Wólka Niedźwiedzka
Brzóza Królewska
Klasztor Bernardynów
Skansen
Kolbuszowa
Sokołów Małopolski
Cewków
Trzeboś
Giedlarowa
Wola Mołodycka
Zapole
264
Widełka
Dębno
Domatków
Żołynia
Tryńcza
Sieniawa
Głogów Małopolski
Czarna Sędziszowska
Tuszymka
Rakszawa
Grodzisko Dolne
Lubaczówka
Jasionka
Borek Wlk.
Sędziszów Młp.
Bratkowice
Czarna
Wisłok
Trzciana
Świlcza
Łąka
Kosina
Grzęska
Przeworsk
Wiązownica
Ropczyce
Krasne
Przybyszówka
E40
Łańcut
Dębów
Rzeszów
Iwierzyce
Markowa
Mirocin
Jarosław
Boguchwała
Chmielnik
Albigowa
Kańczuga
Zarzecze
Tuczempy
Wielopole Skrzyńskie
Czudec
Husów
Radymno
Tyczyn
Borek Stary
Pantalowice
Babica
Rączyna
Chłopice
Święte
Bystrowice
Strzyżów
452
Pruchnik
Jawornik Polski
Drohobyczka
Kramarzówka
Rokietnica
Wiśniowa
Błażowa
Niebylec
Frysztak
Żurawica
Barycz
Dynów
Dubiecko
Lutcza
Pogórze Dynowskie
Podgórze Rzeszowskie

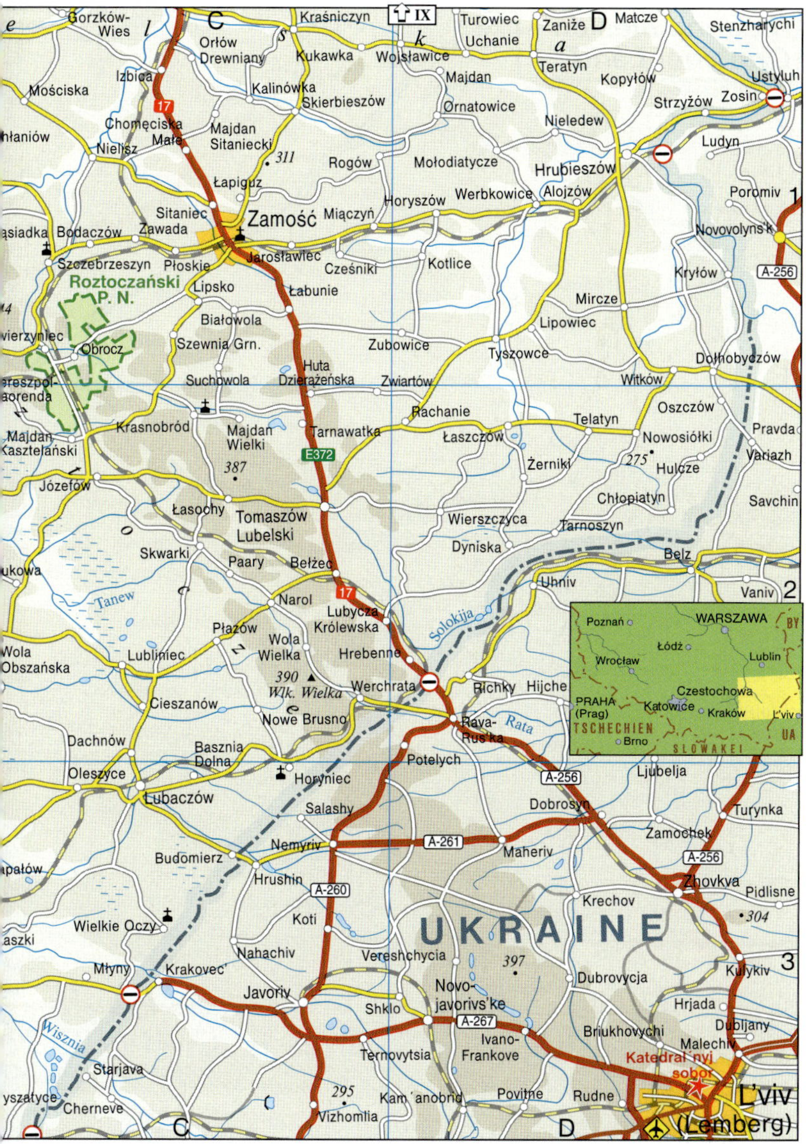
IX
Gorzków-Wieś
Kraśniczyn
Turowiec
Zaniże
Matcze
Stenzharychi
Orłów Drewniany
Kukawka
Wojsławice
Uchanie
Teratyn
Kopyłów
Ustyluh
Mościska
Izbica
Kalinówka
Skierbieszów
Majdan
Ornatowice
Strzyżów
Zosin
Chomęciska Małe
Majdan Sitaniecki
Nieledew
Ludyn
Nielisz
311
Rogów
Mołodiatycze
Hrubieszów
Łapiguz
Horyszów
Werbkowice
Alojzów
Poromiv
Sitaniec
Zawada
Zamość
Miączyń
Bodaczów
Novovolyns'k
Szczebrzeszyn
Płoskie
Jarosławiec
Cześniki
Kotlice
Krylów
A-256
Roztoczański P. N.
Lipsko
Łabunie
Mircze
Białowola
Lipowiec
Obrocz
Szewnia Grn.
Zubowice
Tyszowce
Dołhobyczów
Huta Dzierążeńska
Suchowola
Zwiartów
Witków
Oszczów
Rachanie
Krasnobród
Majdan Wielki
Tarnawatka
Łaszczów
Telatyn
Nowosiółki
Pravda
Majdan Kasztelański
E372
275
Hulcze
Variazh
387
Żerniki
Józefów
Chłopiatyn
Savchin
Łasochy
Tomaszów Lubelski
Wierszczyca
Tarnoszyn
Skwarki
Paary
Dyniska
Bełżec
Belz
Tanew
17
Uhniv
Vaniv
Narol
Lubycza Królewska
Solokija
Poznań
WARSZAWA
BY
Łódź
Płazów
Wola Wielka
Lublin
Wrocław
Wola Obszańska
Lubliniec
Hrebenne
Częstochowa
390
Wlk. Wielka
Werchrata
Richky
Hijche
PRAHA (Prag)
Katowice
Kraków
L'viv
Cieszanów
Nowe Brusno
Rava-Rus'ka
Rata
TSCHECHIEN
UA
Brno
SLOWAKEI
Dachnów
Basznia Dolna
Potelych
Ljubelja
Oleszyce
Horyniec
Lubaczów
Salashy
Dobrosyn
Turynka
Zamochek
Nemyriv
A-261
Maheriv
Budomierz
Hrushin
A-260
Zhovkva
Pidlisne
Krechov
304
Wielkie Oczy
Koti
UKRAINE
Nahachiv
Vereshchycia
397
Kulykiv
Młyny
Krakovec'
Dubrovycja
Novo-javorivs'ke
Javoriv
Shklo
Hrjada
A-267
Dubljany
Wisznia
Briukhovychi
Ivano-Frankove
Malechiv
Ternovytsia
Starjava
Katedral'nyj sobor
295
Kam'anobrid
Povitne
Rudne
L'viv (Lemberg)
Cherneve
Vizhomlia
C
D
1
2
3

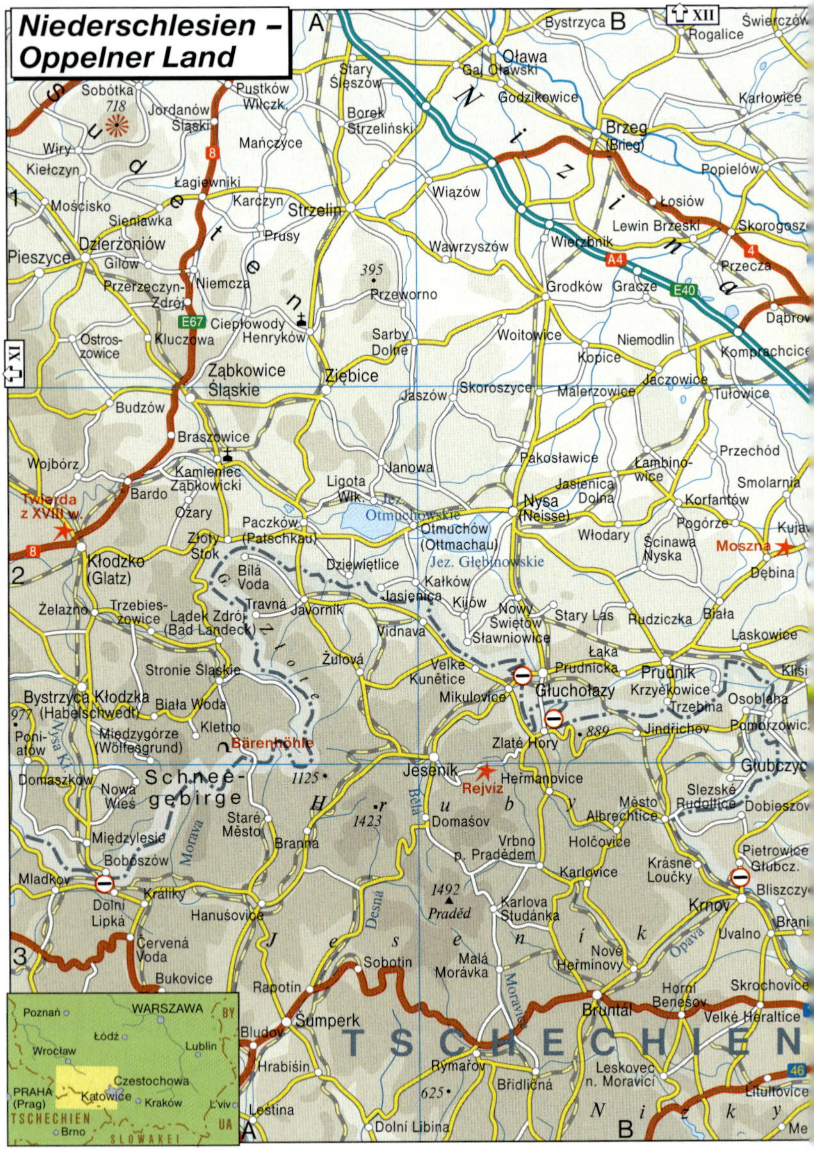
Niederschlesien – Oppelner Land
XII
XI
A
B
1
2
3
Sudeten
Niziny
Złote Hory
Hrubý Jeseník
Schneegebirge
Jeseníky
Nízký
TSCHECHIEN
Bystrzyca
Oława
Gaj Oławski
Godzikowice
Rogalice
Świerczów
Karłowice
Brzeg (Brieg)
Popielów
Łosiów
Lewin Brzeski
Skorogoszcz
Przecza
Dąbrowa
Komprachcice
Stary Śleszów
Borek Strzeliński
Pustków Wilczk.
Sobótka
718
Jordanów Śląski
Mańczyce
Wiry
Kiełczyn
Łagiewniki
Karczyn
Strzelin
Wiązów
Wawrzyszów
Wierzbnik
A4
E40
4
8
E67
Grodków
Gracze
Mościsko
Sieniawka
Dzierżoniów
Pieszyce
Gilów
Przerzeczyn-Zdrój
Niemcza
Prusy
395
Przeworno
Ciepłowody
Henryków
Sarby Dolne
Woitowice
Niemodlin
Kopice
Ostroszowice
Kluczowa
Ząbkowice Śląskie
Ziębice
Jaszów
Skoroszyce
Malerzowice
Jaczowice
Tułowice
Budzów
Braszowice
Janowa
Pakosławice
Łambinowice
Przechód
Smolarnia
Wojbórz
Kamieniec Ząbkowicki
Bardo
Twierda z XVIII w.
Ożary
Ligota Wlk.
Jez. Otmuchowskie
Jasienica Dolna
Nysa (Neisse)
Korfantów
Pogórze
Kujawy
Paczków (Patschkau)
Otmuchów (Ottmachau)
Włodary
Ścinawa Nyska
Moszna
Dębina
Kłodzko (Glatz)
Złoty Stok
Dziewiętlice
Jez. Głębinowskie
Bílá Voda
Kałków
Jasienica
Kijów
Nowy Świętów
Stary Las
Rudziczka
Biała
Żelazno
Trzebieszowice
Lądek Zdrój (Bad Landeck)
Travná
Javorník
Vidnava
Sławniowice
Laskowice
Żulová
Łąka Prudnicka
Prudnik
Klisino
Stronie Śląskie
Velké Kunětice
Mikulovice
Głuchołazy
Krzyżkowice
Trzebina
Osobłaha
Bystrzyca Kłodzka (Habelschwerdt)
Biała Woda
977
Poniatów
Nysa Kł.
Międzygórze (Wölfesgrund)
Kletno
Bärenhöhle
Zlaté Hory
889
Jindřichov
Pomorzowice
Głubczyce
Domaszków
Nowa Wieś
1125
Jeseník
Rejvíz
Heřmanovice
Slezské Rudoltice
Dobieszów
Staré Město
Bělá
Domašov
Albrechtice
Holčovice
1423
Międzylesie
Morava
Branná
Vrbno p. Pradědem
Karlovice
Krásné Loučky
Pietrowice Głubcz.
Bobószów
Mladkov
Dolní Lipka
Králíky
1492
Praděd
Karlova Studánka
Krnov
Bliszczyce
Hanušovice
Desná
Uvalno
Branice
Červená Voda
Opava
Nové Heřminovy
Sobotín
Malá Morávka
Bukovice
Rapotín
Moravice
Horní Benešov
Skrochovice
Šumperk
Bruntál
Velké Heraltice
Bludov
Rýmařov
Hrabišin
Leskovec n. Moravicí
46
Břidličná
Litultovice
625
Leština
Dolní Libina
Me
Poznań
WARSZAWA
BY
Łódź
Wrocław
Lublin
Częstochowa
PRAHA (Prag)
Katowice
Kraków
L'viv
TSCHECHIEN
UA
Brno
SLOWAKEI

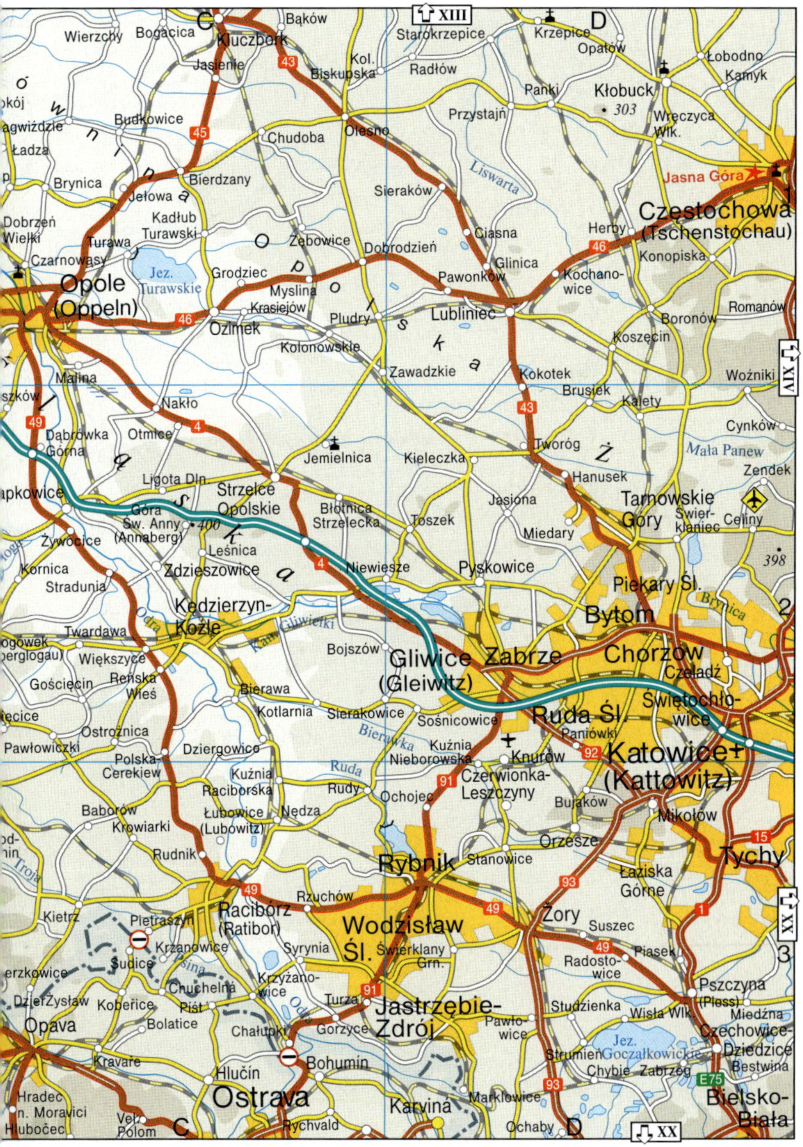
XIII
XIV
XX
Wierzchy
Bogacica
Kluczbork
Bąków
Jasienie
Kol. Biskupska
Starokrzepice
Radłów
Krzepice
Opatów
Łobodno
Kamyk
Panki
Kłobuck
303
Wręczyca Wlk.
Przystajń
Olesno
Budkowice
Chudoba
Brynica
Bierdzany
Jełowa
Kadłub Turawski
Turawa
Dobrzeń Wielki
Czarnowąsy
Opole (Oppeln)
Jez. Turawskie
Grodziec
Myslina
Krasiejów
Ozimek
Kolonowskie
Zębowice
Dobrodzień
Sieraków
Liswarta
Ciasna
Glinica
Pawonków
Lubliniec
Pludry
Zawadzkie
Kokotek
Herby
Kochanowice
Konopiska
Boronów
Koszęcin
Romanów
Częstochowa (Tschenstochau)
Jasna Góra
Malina
Nakło
Otmice
Dąbrówka Górna
Jemielnica
Kieleczka
Tworóg
Brusiek
Kalety
Woźniki
Cynków
Mała Panew
Zendek
Hanusek
Jasiona
Tarnowskie Góry
Świerklaniec
Celiny
398
Ligota Dln.
Strzelce Opolskie
Błotnica Strzelecka
Toszek
Miedary
Góra Św. Anny (Annaberg)
400
Leśnica
Żywocice
Kórnica
Stradunia
Zdzieszowice
Niewiesze
Pyskowice
Piekary Śl.
Brynica
Bytom
Kędzierzyn-Koźle
Odra
Kan. Gliwicki
Twardawa
Większyce
Gościęcin
Reńska Wieś
Bojszów
Gliwice (Gleiwitz)
Zabrze
Chorzów
Czeladź
Świętochłowice
Ruda Śl.
Bierawa
Kotlarnia
Sierakowice
Sośnicowice
Paniówki
Katowice (Kattowitz)
Ostrożnica
Pawłowiczki
Polska Cerekiew
Dziergowice
Bierawka
Kuźnia Nieborowska
Knurów
Kuźnia Raciborska
Ruda
Rudy
Czerwionka-Leszczyny
Bujaków
Mikołów
Baborów
Krowiarki
Łubowice (Lubowitz)
Nędza
Ochojec
Orzesze
Tychy
Rudnik
Rybnik
Stanowice
Łaziska Górne
Troja
Kietrz
Racibórz (Ratibor)
Rzuchów
Wodzisław Śl.
Żory
Suszec
Pietraszyn
Krzanowice
Sudice
Syrynia
Świerklany Grn.
Radostowice
Pielgrzymowice
Chuchelná
Krzyżanowice
Turza
Jastrzębie-Zdrój
Studzienka
Pszczyna (Pless)
Wisła Wlk.
Miedźna
Dzierżysław
Kobeřice
Píšť
Bolatice
Opava
Chałupki
Gorzyce
Pawłowice
Jez. Goczałkowickie
Strumień
Czechowice-Dziedzice
Bestwina
Kravaře
Bohumín
Hlučín
Chybie
Zabrzeg
Ostrava
Karviná
Marklowice
Bielsko-Biała
Hradec n. Moravici
Hlubočec
Vel. Polom
Rychvald
Ochaby
43
45
46
49
4
91
92
93
15
1
E75
Atlas

A
B
XIV
XIX
1
2
3
Siemianowice Śl.
Ruda Śl.
Świętochłowice
Katowice (Kattowitz)
Sosnowiec
Sławków
Bolesław
Olkusz
Trzyciąż
Ojcowski P.
Bukowno
E40
Przegina
Grodzisko
Jerzmanowice
Knurów
Jaworzno
Bujaków
Racławice
Przemsza
A4
Mikołów
Orzesze
Trzebinia
Brzozówka
Kobylany
Pisary
Mysłowice
Stanowice
Tychy
Chrzanów
Krzeszowice
Bolęcin
Zabierzów
Łaziska Górne
Libiąż
228
Grójec
Zalas
Morawica
Żory
Suszec
Oświęcim (Auschwitz)
Babice
Brodła
Byly niemiecki obóz zagłady Auschwitz
Włosienica
Wisła
Przeginia Duchowna
Liszki
Krzyżowice
Radostowice
Pszczyna (Pless)
Zator
Skawina
Brzeszcze
Spytkowice
Wołowice
Pawłowice
Studzienka
Wisła Wlk.
Miedźna
Osiek
Skawa
Marcyporęba
Rzozów
E75
Strumień
Mogilany
Golasowice
J. Goczałkowickie
Czechowice-Dziedzice
Wilamowice
Gierałtowice
Przytkowice
Chybie
Zabrzeg
Radocza
Dom Papieża
Izdebnik
Drogomyśl
Bestwina
Kęty
Wadowice
E462
Kończyce Wielkie
Kozy
Kobiernice
Andrychów
Barwałd Średni
Kalwaria Zebrzydowska
Hażlach
Ochaby
Jasienica
Bielsko-Biała (Bielitz-Biala)
Rzyki
Palcza
Skoczów
Mucharz
Jaworze
Międzybrodzie Bialskie
Zembrzyce
Budzów
Cieszyn (Tschen)
Bystra Śląska
Wilkowice
Mały Beskid
929
Krzeszów
Ustroń
1119
Oczków
Maków Pohalański
Goleszów
Szczyrk
Kuków
Sucha Beskidzka
Brenna
Łodygowice
Stryszawa
Białka
Beskid Mak
Trinec
995
Wisła (Weichsel)
Skrzyczne 1257
Żywiec (Saybusch)
Gilowice
Zawoja
Nýdek
Jeleśnia
Koszarawa
Jordanów
Bystřice
Radziechowy
Soła
1368
Tyra
Schlesische Beskiden
Juszczyna
Ciśniawy
Olše
1220 Barania G.
Sopotnia Wlk.
Babiogórski P. N.
Jablunkov
Cisiec
Żabnica
Babia G. 1725
Spytkowice
Istebna
Korbielów
Zubrzyca Grn.
Bukovec
Kamesznica
Pilsko 1557
Koniaków
Laliki
Złatna
Przywarówka
Mosty u Jab.
Rajcza
Oravská Polhora
E7
Sól
Ujsoły
Jabłonka
553
Skalité
Rycerka Górna
Mútne
Czarny Dunajec
Svrčinovec
Oravské Veselé
Raková
Oščadnica
Wlk. Racza
Glinka
Čadca
Soblówka
1152
Novoť
Námestovo
Chyżne
Krásno n. Kysucou
1236
1226
Vyšný Koniec
Zákopčie
Zákamenné
Chochołów
59
Stará Bystrica
Nová Bystrica
Oravská Lesná
Vod. nádrž Orava
Trstená
Suchá Hora
Kysucký Lieskovec
Biela Orava
Lokca
Budin 1222
Tvrdošín
Nesluša
Brezovica
1314
Dlhé Pole
v. n. Nova Bystrica
Zábiedovo
Oravice
Lutiše
Svederník
Kysucké Nové Mesto
Zázrivá
Terchová
Habovka
Múz. Orav. dediny
Belá
N.p. Malá Fatra
Vrátna dol.
Dol. Hričov
Žilina
2050 Salatín
E50
Vrátna
Párnica
Hohe
Rosina
Varín
Strečno
1647
2189
Poznań
WARSZAWA
BY
Łódź
Lublin
Wrocław
Częstochowa
PRAHA (Prag)
Katowice
Kraków
L'viv
TSCHECHIEN
Brno
SLOWAKEI
UA

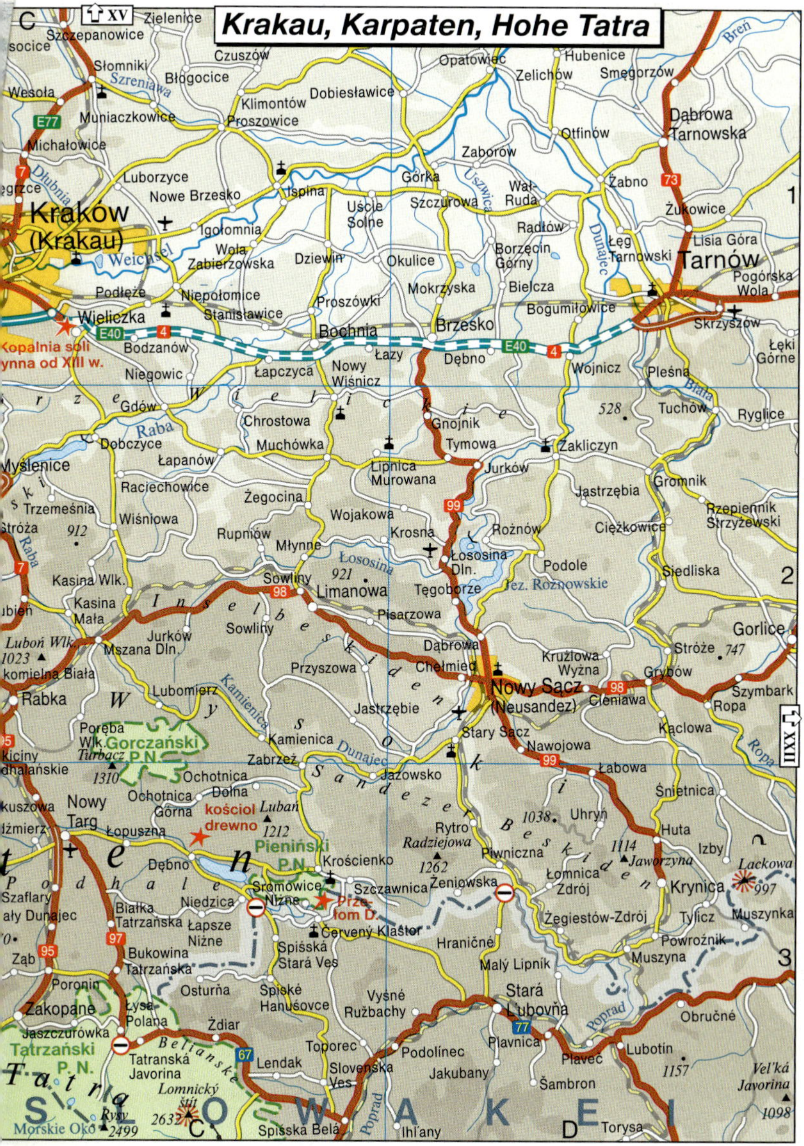

XV
Krakau, Karpaten, Hohe Tatra
C
Zielenice
Szczepanowice
Czuszów
Opatowiec
Hubenice
Breń
Słomniki
Szreniawa
Błogocice
Zelichów
Smęgorzów
Wesoła
Klimontów
Dobiesławice
E77
Muniaczkowice
Proszowice
Dąbrowa Tarnowska
Michałowice
Otfinów
Zaborów
Dłubnia
7
Luborzyce
Górka
Żabno
73
Nowe Brzesko
Ispina
Uście Solne
Szczurowa
Wał-Ruda
Uszwica
Kraków (Krakau)
Igołomnia
Żukowice
Radłów
Wola Zabierzowska
Dziewin
Okulice
Borzęcin Górny
Dunajec
Łęg Tarnowski
Lisia Góra
Tarnów
Weichsel
Mokrzyska
Bielcza
Pogórska Wola
Podłęże
Niepołomice
Proszówki
Stanisławice
Bogumiłowice
Wieliczka
Bochnia
Brzesko
Skrzyszów
E40
4
Bodzanów
Łazy
E40
4
Łęki Górne
Kopalnia soli
ynna od XIII w.
Niegowic
Łapczyca
Nowy Wiśnicz
Dębno
Wojnicz
Pleśna
Biała
Gdów
Wielicki
Pogórze
Chrostowa
Gnojnik
528
Tuchów
Ryglice
Raba
Dobczyce
Muchówka
Tymowa
Zakliczyn
Myślenice
Łapanów
Lipnica Murowana
Jurków
Gromnik
Raciechowice
Żegocina
Jastrzębia
Trzemeśnia
99
Rzepiennik Strzyżewski
Wojakowa
Stróża
912
Wiśniowa
Krosna
Rożnów
Ciężkowice
Rupniów
Młynne
Łososina
Łososina Dln.
Podole
Raba
Kasina Wlk.
921
Sowliny
Siedliska
98
Limanowa
Tęgoborze
Jez. Rożnowskie
2
Kasina Mała
Beskid Wyspowy
Sowliny
Pisarzowa
Gorlice
Luboń Wlk.
1023
Jurków
Dąbrowa
Stróże
747
Mszana Dln.
Chełmiec
Krużlowa Wyżna
Skomielna Biała
Przyszowa
Grybów
Nowy Sącz (Neusandez)
98
Rabka
Lubomierz
Kamienica
Szymbark
Cieniawa
Ropa
Jastrzębie
Poręba Wlk.
Gorczański P.N.
Stary Sącz
Kąclowa
XXII
Turbacz
Kamienica
Nawojowa
Ropa
Zabrzeż
Dunajec
99
Łabowa
1310
Ochotnica Dolna
Jazowsko
Ochotnica Górna
Nowy Targ
Beskid Sądecki
Śnietnica
kościół drewno
Lubań
1038
Uhryń
1212
Łopuszna
Huta
Rytro
Radziejowa
Pieniński P.N.
Piwniczna
1114
Izby
Jaworzyna
Dębno
Krościenko
1262
Łomnica Zdrój
Lackowa
Szaflary
Podhale
Sromowice Niżne
Szczawnica
Żeniowska
Krynica
997
Biały Dunajec
Niedzica
Przełom D.
Białka Tatrzańska
Łapsze Niżne
Żegiestów-Zdrój
Tylicz
Muszynka
Červený Kláštor
97
Powroźnik
Hraničné
95
Bukowina Tatrzańska
Spišská Stará Ves
Muszyna
Zab
Malý Lipník
3
Poronin
Osturňa
Spišské Hanušovce
Vyšné Ružbachy
Stará Ľubovňa
Poprad
Zakopane
Łysa Polana
Obručné
Ždiar
77
Jaszczurówka
Toporec
Tatrzański P.N.
Belianske
67
Podolínec
Plavnica
Ľubotín
Tatranská Javorina
Lendak
Plaveč
Tatra
Slovenská Ves
Jakubany
1157
Veľká Javorina
Lomnický štít
Šambron
Rysy
2632
SLOWAKEI
Poprad
1098
Morskie Oko
2499
C
Spišská Belá
Ihľany
D
Torysa

Atlas

Nowy Sącz, Krosno, Łańcut, Przemyśl, Rzeszów,

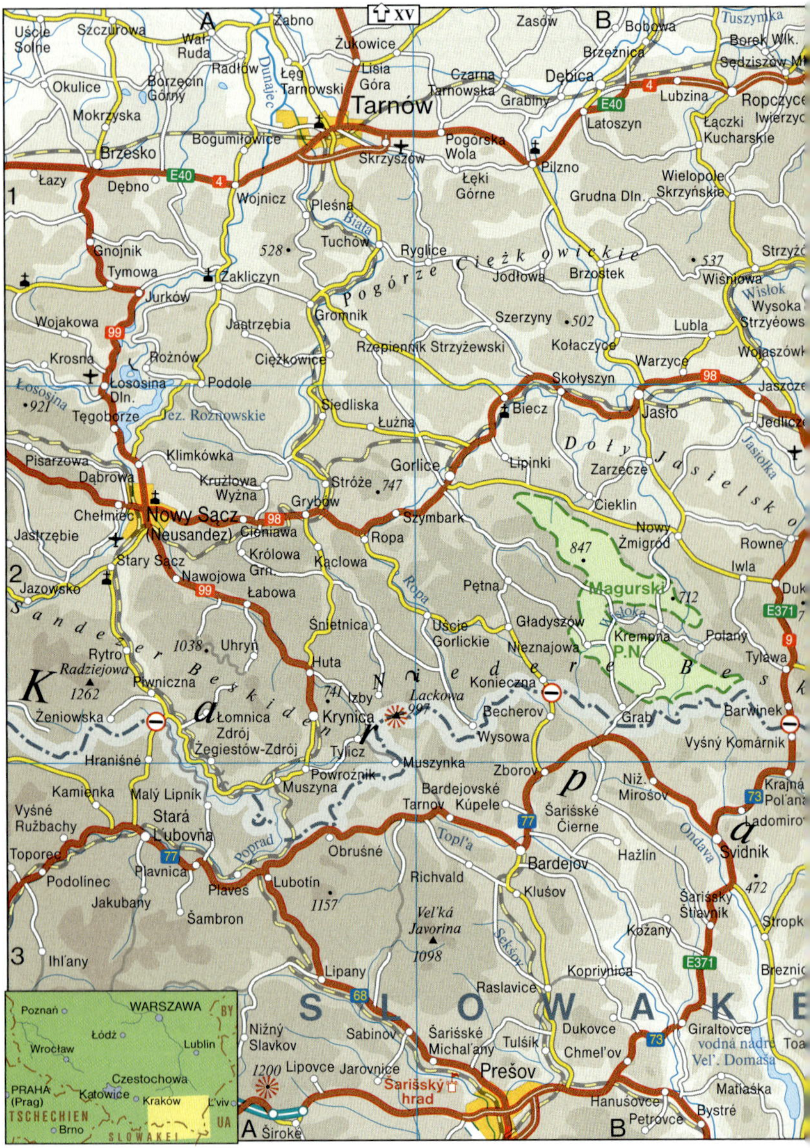

Waldkarpaten
C
D
Bratkowice
Jasionka
Świlcza
Łąka
Krasne
Przybyszówka
Zagłobień
Rzeszów
Boguchwała
Chmielnik
Albigowa
Tyczyn
Babica
Borek Stary
Wisłok
Kosina
Grzęska
Łańcut
Dębów
Markowa
Przeworsk
Gorzyce
Wiązownica
Zapałów
Pełkinie
Mirocin
Jarosław
Laszki
Zarzecze
Kańczuga
Tuczempy
Radymno
Wisznia
Pantalowice
Święte
Chłopice
Rączyna
Podgórze Rzeszowskie
452
Drohobyczka
Pruchnik
Kramarzówka
Rokietnica
Dylągówka
Błażowa
Dynowskie
Dubiecko
Żurawica
Medyka
Volycja
Niebylec
Pogórze
Barycz
Dynów
Lutcza
Domaradz
Hłudno
Nozdrzec
Iskań
Krzywcza
Korytniki
Krasiczyn
Przemyśl
Popovychi
581
Korczyna
Wara
Pogórze
Stobnica
Jawornik Ruski
510
Fredropol
Krosno
Brzozów
San
Bircza
Cisowa
Mizhenec'
Iskrzynia
Grabownica Starzeńska
Trójca
Rybotycze
Nyzhankovychi
Miejsce Piastowe
Trześniów
Przemyskie
Kalwaria Pacławska
Mrzygłód
A-270
Nove Misto
Iwonicz
G.
Kuźmina
Rymanów
Zarszyn
671
618
Dobromyl'
Sanok
Skelivka
Nowosielce
Tyrawa Wołoska
Jureczkowa
Kwaszenina
Chyriv
Stara Sil'
Niebieszczany
Zagórz
Wańkowa
Słonne
Nowotaniec
Łopuśnycja
Bukowsko
Lesko
Olszanica
Krościenko
Staryj Sambir
777
Czaszyn
768
Rosochi
Jaśliska
Uherce Mineralne
Wisłok
Wola Niżna
897
Wisłok Wlk.
Hoczew
Ustrzyki Dolne
Sosnivka
749
Bóbrka
UKRAINE
Rzepedź
Berezka
Solina
Teleśnica Oszwarowa
Lavriv
Beskid Niski
Certižné
Komańcza
Polańczyk
J. Solińskie
Mishanec'
Baligród
Laborec
Sakowczyk
1022
Radoszyce
997
Czarna Górna
Vydraň
Palota
Polana
Dnister
Nowy Łupków
Lutowiska
A-262
Medzilaborce
San
938
Krásny Brod
Čabalovce
Oslawa
Maniów
Cisna
Buk
Stuposiany
Boberka
Dwernik
583
Svetlice
Wetlina
Brzegi Górne
Verkh. Yablun'ka
Oľka
Radvaň n. Laborcom
Udava
Bieszczadzki P. N.
Wlk. Rawka 1307
Ustrzyki Górne
1346
1333
Nižná Jablonka
Hostovice
Ruská Kajňa
Runina
1188
1214
Wołosate
Borynja
Nižná Sitnica
Zubné
vod. nádrž Starina
N. Sedlica
Struzhycja
Koškovce
Jalová
Ruský Potok
Zboj
Už
Yavoriv
Snina
Stavne
Uzhok
E40
4
9
98
1
2
3

Atlas

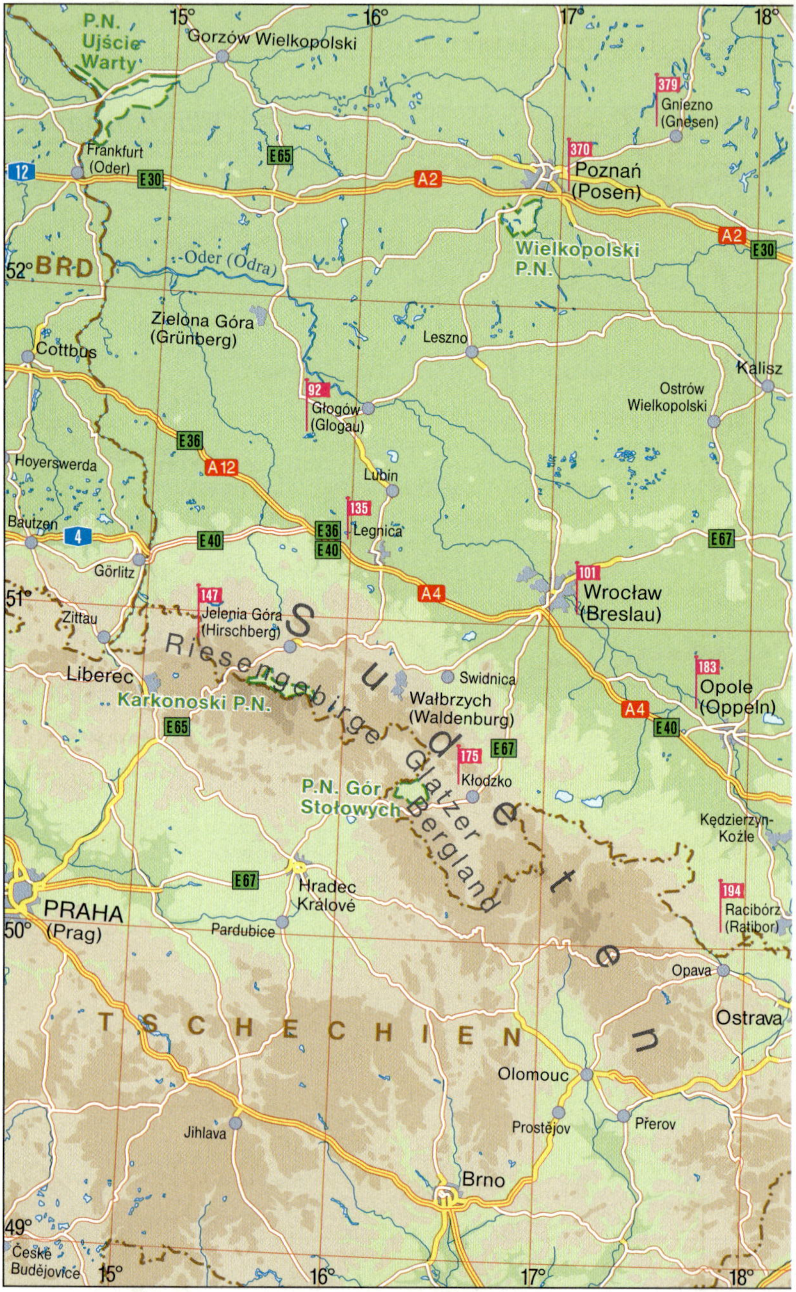
P.N. Ujście Warty
15°
Gorzów Wielkopolski
16°
17°
18°
379
Gniezno (Gnesen)
370
Poznań (Posen)
Frankfurt (Oder)
12
E 30
E 65
A 2
A 2
E 30
Wielkopolski P.N.
52°
BRD
Oder (Odra)
Zielona Góra (Grünberg)
Leszno
Cottbus
Kalisz
Ostrów Wielkopolski
92
Głogów (Glogau)
E 36
Hoyerswerda
A 12
Lubin
135
Legnica
E 36
E 40
Bautzen
4
E 40
E 67
Görlitz
101
Wrocław (Breslau)
A 4
51°
147
Jelenia Góra (Hirschberg)
Zittau
Sudeten
Riesengebirge
Liberec
Swidnica
183
Opole (Oppeln)
Karkonoski P.N.
Wałbrzych (Waldenburg)
A 4
E 40
E 65
175
E 67
Kłodzko
P.N. Gór Stołowych
Glatzer Bergland
Kędzierzyn-Koźle
E 67
Hradec Králové
194
PRAHA (Prag)
Racibórz (Ratibor)
50°
Pardubice
Opava
TSCHECHIEN
Ostrava
Olomouc
Prostějov
Přerov
Jihlava
Brno
49°
České Budějovice
15°
16°
17°
18°